Harald Keller

Schräg, schrill, scharf und schundig

Tausend Filme zwischen Trash und Kult

Rowohlt Taschenbuch Verlag

Originalausgabe
Veröffentlicht im Rowohlt Taschenbuch
Verlag GmbH, Reinbek bei Hamburg,
Februar 2000

Fotos: Fotoarchiv für Film und populäre Kultur
Umschlaggestaltung Notburga Stelzer
Umschlagfoto: Pam Grier in «Coffy,
die Raubkatze» (pwe Kinoarchiv Hamburg)
Satz Lexicon No 1 und Lucida Sans PostScript,
QuarkXPress 4.04
Gesamtherstellung Clausen & Bosse, Leck
Printed in Germany
ISBN 3 499 60653 4

Zum Geleit

Willkommen in den Grenzbereichen der Kinematographie. Schön, daß Sie hergefunden haben. Dieses Buch versammelt Geschichten aus 1000 Kinonächten, allesamt Lichtspiele, die mehr oder minder neben der Hauptspur liegen. Es stellt, wohlgemerkt, keine Bestenliste dar, sondern liefert einen Querschnitt durch gut fünf Jahrzehnte einschlägiges Filmschaffen.

Das vorliegende Kompendium soll genreübergreifend als Wegweiser dienen durch das Angebot der Fernsehkanäle und Videoanbieter, die vielen Filmfreunden die klassischen Kinonachtvorstellungen ersetzen müssen. Der wunderbaren Sendervermehrung ist immerhin einiges zu verdanken: Manch ein zuvor von den Verleihern verschmähtes *blaxploitation*-Movie beispielsweise gelangte erst in den Spätprogrammen der Privatsender zur deutschen Erstaufführung.

Berücksichtigt wurden Filme, die gewisse Absonderlichkeiten aufweisen, die von ganz eigener Art sind, Werke der B-Kategorie vor allem, aber auch einige leicht abseitige Großproduktionen. Bei der Auswahl waltete pure Willkür. Das muß so sein, wenn die Zahl der Seiten und Einträge beschränkt ist. Auch der Zufall mischte sich ein – ein unbefangener Kinobesuch, ein Fernsehabend, und unverhofft gewahrt man ein Lichtspiel, das in einem solchen Buch gut aufgehoben ist.

Aber es gibt auch verläßliche Indikatoren für schräge Werke. Die Mitwirkung von hochmögenden Kapazitäten wie Klaus Kinski, Cameron Mitchell, Charles Napier oder Henry Silva, die Ausstellung von Grazien wie Linnea Quigley, Sybil Danning, Mary Woronov oder Caroline Munro beispielsweise. Auch sind manche Regisseure unverrückbar Garanten für das gelind Abwegige – Al Adamson, Jess Franco, Freddie Francis, Paul Bartel, Fred Olen Ray, der frühe Sam Raimi ... Sie alle fanden Eingang mit einigen ihrer vorzüglichsten Werke.

Zudem galt es, den frühen Arbeiten unserer Großen nachzuspüren. Gefeierte Regisseure wie Francis Coppola, David Cronenberg, John Sayles, Jonathan Demme haben ihre B-Film-Meriten, Erfolgsgaranten wie George Lucas, Ivan Reitman, Ron Howard, Steven Spielberg, James Cameron erlernten ihr Handwerk auf dem B-Sektor. Auch viele heute üppig verdienende Stars verbrachten ihre Wanderjahre in der B-Ebene – das ist schließlich nichts, dessen man sich schämen müßte.

Die Schauspieler- und Stabangaben wurden nach bestem Vermögen recherchiert und wiedergegeben. Eine knifflige Aufgabe, da die Schlußtitel nicht nur von Fernsehsendern kupiert werden, sondern auch auf einigen der herangezogenen Leih- und Kaufvideos fehlten. Die Literaturlage aber ist heikel, weil enorm fehlerlastig. Senderinformationen und Programmzeitschriften, nicht einmal Pressemappen sind durchweg vertrauenswürdig. Eine Entschuldigung vorweg, sollten sich Ungenauigkeiten unbemerkt herangepirscht und eingeschlichen haben. Die Minutenangaben in den Credits geben die Maximallänge wieder. Manche Kino- und Fernsehfassungen weichen davon ab, weil sie, beispielsweise aus Jugendschutzgründen, gekürzt wurden.

Über den Informationsgehalt hinaus soll das Geschriebene sich seinem Gegenstand insofern anverwandeln, daß es auch der Unterhaltung zuträglich ist – als amüsante Lektüre und als kleines papierenes Universum, in dem noch Entdeckungen zu machen sind.

Viel Spaß also.

Harald Keller

Abbott und Costello treffen Frankenstein Abbott and Costello meet Frankenstein

Ende der 40er Jahre kam ein gewitzter Mitarbeiter der Universal Studios auf die Idee, zwei kriselnde Markenprodukte des Hauses zu kombinieren. So traf das Komikerpaar Abbott & Costello, dessen immer gleiche Vaudeville-Späße sich mit der Zeit abgenutzt hatten, in einer Reihe von Komödien auf die reizenden alten Monsterfiguren der Universal. Gleich im ersten Film dieser Art begegneten sie Dracula, Frankenstein, dem Werwolf und dem Unsichtbaren, die eigentlich in ein Gruselkabinett geschafft werden sollten, aber Reißaus nehmen und Lou Costellos Hirn in Frankensteins Monster einpflanzen möchten. Was der eigentliche Inhaber natürlich nicht gern sieht.

USA 1948, SW, 92 Min **Buch:** John Grant, Frederic I. Renaldo, Robert Lees **Regie:** Charles T. Barton **Mit:** Bud Abbott *(Chick Young)*, Lou Costello *(Wilbur Gray)*, Lon Chaney jr. *(Lawrence Talbot)*, Bela Lugosi *(Dracula)*, Glenn Strange *(Frankensteins Monster)*, Lenore Aubert *(Andra Mornay)*, Vincent Price *(Stimme des Unsichtbaren)*.

Alternativtitel:
«Mein Gott, Frankenstein»

Gut zu wissen:
Boris Karloff wurde hier von Glenn Strange, später der Barkeeper in «Rauchende Colts», vertreten, mußte sich den wüsten Späßen der beiden Witzbolde aber trotzdem noch aussetzen: In «Abbott and Costello meet the Killer, Boris Karloff» (USA 1949) und in «Abbott und Costello gegen Dr. Jekyll und Mr. Hyde» (USA 1953).

Ab in die Ewigkeit Happy Birthday to Me

Melissa Sue Anderson, die kleine Mary aus «Unsere kleine Farm», hat eine unfallbedingte Gehirnoperation hinter sich und fragt sich ernstlich, ob bei dem Eingriff ein paar Synapsen gelitten haben, als ihre Freunde von der Studentenverbindung «Top Ten Club» peu à peu ihr Leben lassen und alles darauf hindeutet, daß sie die Mordwerkzeuge geschwungen hat. Hilfe sucht sie beim Psychotherapeuten Glenn Ford. Das Rätsel löst sich schließlich in einer makabren Runde: in Anwesenheit der Gemeuchelten.

Kanada 1980, Farbe, 111 Min. **Buch:** John Saxton, Peter Jobin, Timothy Bond **Regie:** J. Lee Thompson **Mit:** Melissa Sue Anderson *(Virginia)*, Glenn Ford *(Dr. Faraday)*, Lawrence Dane *(Hal Wainwright)*, Tracy Bregman *(Ann Thomerson)*, Matt Craven *(Steve)*, Jack Blum *(Alfred)*, Lisa Langlois *(Amelia)*.

Abraxas – Retter des Universums Abraxas / Abraxas – Guardian of the Universe

Nicht umsonst spielt die Geschichte im Winter, denn es weihnachtet in neutestamentarischem Sinne: Aus überirdischen Sphären steigt ein Extraterrestrier auf die Erde nieder und nähert sich einer braven Maid, die wenig später eine unbefleckte Empfängnis registriert. Der Verursacher sitzt derweil in Haft, denn er ist keiner von den Guten. Jahre später steht er wieder vor der Tür und verlangt nach seinem Sohn, dessen übernatürliche Kräfte ihm ewige Unbesiegbarkeit verleihen könnten. Doch Wrestler Jesse «The Body» Ventura ist erneut zur Stelle, dem schändlichen Tun Einhalt zu gebieten.

USA / Kanada 1991, Farbe, 92 Min. **Buch** und **Regie:** Damiar Lee **Mit:** Jesse Ventura *(Abraxas)*, Marjorie Bransfield *(Sonia)*, Sven-Ole Thorsen *(Secundos)*, James Belushi *(Schulrektor)*, Michael Copeman *(Sharp)*.

Abrechnung in Tokio **Tokyo Nagaremono**

Bonbonbunt ist das Leben im Tokio der 60er Jahre, hart aber das Leben eines Yakuza, der sich aus dem aktiven Dienst zurückgezogen hat. Dies bringt Konkurrenten und Kombattanten gegen ihn auf, und sie versauern ihm den Ruhestand in einem Maße, daß er sich trotz aller Ausweichversuche gezwungen sieht, die Widersacher ruhigzustellen. 1966 gedreht, sehr pop-artig und nach Strich und Faden stilisiert.

Japan 1966, Farbe, 83 Min. **Buch:** Yasunori Kawauchi **Regie:** Seijun Suzuki **Mit:** Tetsuya Watari *(Tetsuya Hondo)*, Isao Tamagawa *(Kurata)*, Chieko Matsubara *(Chiharu)*, Hideaki Nitani *(Kenji Aizawa)*, Eiji Go *(Tanaka)*, Tamio Kawaji *(Tatsuzo)*, Hideaki Esumi *(Otsuka)*.

Alternativtitel:
«Tokyo Drifter – Der Mann aus Tokio»

Starke Töne:
«Ein Vagabund mit Frau? Das geht nicht.» TETSUYA

Abyss – Abgrund des Todes **The Abyss**

Seit je zog es James Cameron in feuchte Gefilde. Schon sein Gesellenstück «Piranhas 2», das vermutlich insgesamt billiger war als die Inneneinrichtung der nachgebauten Titanic, mündete in eine abenteuerliche Tauchszene. Für «Abyss» jagte Cameron gar alle Beteiligten, Schauspieler wie Aufnahmeteam, in die Fluten. Dort wartet ein abgesoffenes Atom-U-Boot, das geborgen werden soll. Die Aktion mißlingt, der beteiligte Offizier dreht durch, nur der Zivilist Ed Harris bewahrt kühlen Kopf. Er wagt einen lebensgefährlichen Tauchgang in einen Unterwassergraben, wo er im Tiefenrausch einen Luxusliner entdeckt, der freilich auf keiner irdischen Werft gebaut wurde.

USA 1989, Farbe, 136 Min./171 Min. («Special Edition»), **Buch** und **Regie:** James Cameron **Mit:** Ed Harris *(Virgil «Bud» Brigman)*, Mary Elizabeth Mastrantonio *(Lindsey Brigman)*, Michael Biehn *(Lt. Coffey)*, Leo Burmester *(Catfish De Vries)*, Todd Graff *(Alan «Hippy» Carnes)*, Kimberly Scott *(Lisa «One Night» Standing)*.

Alternativtitel:
«Abyss – Der Abgrund»

Gut zu wissen:
In diesem Film wurde erstmals das als *morphing* bekannte Verfahren zur computergestützten Bildgestaltung angewandt, das für die Optik von Camerons folgendem Film «Terminator 2» erhebliche Bedeutung hatte.

Ace Ventura – Ein tierischer Detektiv **Ace Ventura, Pet Detective**

Ace Ventura – oder Atze, wie Plattdeutsche ihn nennen würden – ein Privatermittler, der sich auf die Wiederbeschaffung verschwundener Haus- und Streicheltiere spezialisiert hat, steht vor dem schwersten Auftrag seiner Lauf- und freien Wildbahn: Der Football-Mannschaft Miami Dolphins ist ihr Maskottchen, der Delphin Snowflake, abhanden gekommen. Da der Superbowl bevorsteht und die Spieler überaus abergläubisch sind, muß der Schwanzwedler eilends aufgetrieben werden. Die Recherchen führen Ventura und seine Auftraggeberin unter anderem zu Udo Kier, Millionär, Sponsor der Dolphins und Liebhaber seltener Meeresbewohner, der gern mal im trüben fischt. Neben diesem Dunkelmann ist auch alles andere vorhanden, was ein Detektivfilm braucht: klasse Miezen, stolze Hengste, eitle Platzhirsche, dumpfe Bullen.

USA 1994, Farbe, 86 Min. **Buch:** Jack Bernstein & Tom Shadyac und Jim Carrey **Regie:** Tom Shadyac **Mit:** Jim Carrey *(Ace Ventura)*, Sean Young *(Lt. Einhorn)*, Courteney Cox *(Melissa)*, Tone Loc *(Emilio)*,

Ace Ventura: Jim Carrey

Noble Willingham *(Riddle)*, Udo Kier *(Camp)*, Troy Evans *(Podacter)*, Dan Marino.

Gut zu wissen:
Auf Basis der beiden Kinofilme um Ace Ventura entstand 1996 die Zeichentrickserie «Ace Ventura – Der Tierdetektiv», nachdem bereits «Jim Carreys Die Maske» und «Dumm und dümmer» in das andere Medium übernommen worden waren.

Starke Töne:
«Sie sind ja völlig irre, Ace. Wirklich völlig irre.»
DAN MARINO

Action Hunter Dragons Forever

Jackie Chan einmal im Maßanzug – als unbestechlicher Anwalt, der notfalls gegen seinen eigenen Klienten Partei ergreift, sofern dieser sich unlauterer Methoden bedient. Aktuell vertritt er eine Chemiefirma,

Action Jackson: Carl Weathers

deren giftige Abwässer einen See verseuchen. Jackie und die attraktive Gegenanwältin taxieren sich bei einem gemeinsamen Essen, während Jackies Mitarbeiter im Hintergrund allerhand Schabernack treiben. Sein Adlatus Sammo Hung entwickelt alsbald zarte Gefühle für die Klägerin, und die Liebe wie auch ein ausgeprägter Gerechtigkeitssinn bewirken, daß Jackie und seine Rasselbande gegen die Chemiefirma Stellung beziehen, zumal dort unter dem Deckmantel der Giftmischerei in Wahrheit illegale Drogen hergestellt werden.

Hongkong
1988, Farbe, 89 Min. **Regie:** Sammo Hung **Mit:** Jackie Chan *(Johnny Lung)*, Sammo Hung *(Luke Wang)*, Deanie Yip *(Miss Yeh)*, Pauline Yeung *(Wen Mei-Ling)*, Yuen Biao *(Tung Te-Piao)*, Yuen Wa *(Hua)*, Benny «The Jet» Urquidez.

Action Jackson

Weniger der Herr Jackson, wohl aber die Action dieses Films hat einiges von dem Aberwitz und Übermut asiatischen Filmschaffens. Da hechten Menschen Kopf voraus quer über eine Straße in ein gegenüberliegendes geschlossenes Fenster, und es bereitet dem titelgebenden Helden keinerlei Probleme, dauerlaufend ein zügig fahrendes Auto einzuholen. Dies alles ist nötig, um einen ungerechtfertigten Mordverdacht auszuräumen, was hinlänglich Gelegenheit bietet, die Vorzüge seines athletischen Körperbaus einmal so richtig auszuspielen. Dazu gibt's Soul- und Dancefloormusik aus der Feder von Herbie Hancock und Michael Kamen. ▌USA 1988, Farbe, 95 Min. **Buch:** Robert Reneau **Regie:** Craig R. Baxley **Mit:** Carl Weathers *(Jericho «Action» Jackson)*, Craig T. Nelson *(Peter Dellaplane)*, Vanity *(Sydney Ash)*, Sharon Stone *(Patrice Dellaplane)*, Bill Duke *(Capt. Armbruster)*, Thomas F. Wilson *(Officer Kornblau)*.

Alarm für Sperrzone 7 The Monster That Challenged the World

In Kalifornien wackelt öfter mal die Erde, und so fährt man in der Militärbasis am Saltonsee gelassen fort in seinem Tun. Eine Fallschirmübung steht auf dem Plan, die beiden Soldaten hüpfen befehlsgemäß in den See. Aber nur einer taucht wieder auf. Commander Twillinger wird mit der Untersuchung beauftragt. Er findet glitschigen Belag auf dem Rettungsboot, und seine Taucher entdecken einen unterseeischen Schlund auf dem Grund des Sees sowie ein gigantisches Ei. Als sie das an Bord hieven, grabscht aus der Tiefe schneckenartiges Gewürm nach ihnen, und da haben wir das Malheur: Die freßgierigen Schleimer gelangten durch einen Erdriß in den See und verursachen nun mächtigen Ärger. ▌USA 1957, SW, 84 Min. **Buch:** Patricia Fiedler **Regie:** Arnold Laven **Mit:** Tim Holt *(Com. John «Twill» Twillinger)*, Audrey Dalton *(Gail McKenzie)*, Hans Conried *(Dr. Jess Rogers)*, Mimi Gibson *(Sandy McKenzie)*, Harlan Warde *(Lt. Bob Clemens)*.

Gut zu wissen:
Tim Holt war in den 30er und 40er Jahren häufig als Hauptdarsteller in Western der B-Kategorie zu sehen, spielte aber auch in Klassikern wie «Stagecoach» und «Der Schatz der Sierra Madre».

Alarm im Weltall: Anne Francis

Alarm im Weltall Forbidden Planet

Als Leslie Nielsen wenngleich nicht schön, so doch noch sehr jung war, verschlug es ihn einmal in ein fernes Planetensystem. Dort fand er mit Walter Pidgeon den Überlebenden einer Schiffshavarie sowie dessen leib- und liebliche Tochter, freilich auch grausige Energiewesen, die Leslies Besatzung dezimierten. Eine Fabel, die nicht von ungefähr an Shakespeares «The Tempest» erinnert. ▌USA 1956, Farbe, 99 Min. **Buch:** Cyril Hume **Regie:** Fred McLeod Wilcox **Mit:** Walter Pidgeon *(Dr. Morbius)*, Anne Francis *(Altaira)*, Leslie Nielsen *(Capt. Adams)*, Warren Stevens *(Dr. Ostrow)*, Jack Kelly *(Lt. Farman)*, James Drury *(Strong)*, Robby, dem Roboter.

Gut zu wissen:
James Drury wurde später Vormann der «Leute von der Shiloh Ranch».

ALF – Der Film

Alboin, König der Langobarden Rosamunda e Alboino

Jack Palance spielt den Langobarden-
Häuptling namens Alboin
Der läßt sein Heer auf fremden Pfaden
Wider die Gepiden ziehn.

Mit Feuereifer wird gemetzelt
Gestaucht, gestutzt und auch zerschnetzelt
Es unterliegen die Gepiden
Doch Alboin ist's nicht zufrieden.

Den Sieg bereits in beiden Händen
Läßt er's noch immer nicht bewenden
Er will des Königs Tochter frei'n
Die sagt zwar ja, meint aber nein.

Italien 1961, Farbe, 96 Min. **Buch:** Roberto Gianviti, Carlo Campogalliani, Alessandro Ferrau **Regie:** Carlo Campogalliani **Mit:** Jack Palance *(Alboin)*, Eleonora Rossi-Drago *(Rosamunda)*, Guy Madison *(Amalchi)*, Carlo D'Angelo, Edy Vessel.

ALF – Der Film Project ALF

Die Fernsehserie endete 1990 mit dem Herannahen der finsteren Gestalten von der «Alien Task Force». Die, so weiß man mittlerweile, verschleppten den pelzigsten Außerirdischen seit Chewbacca auf eine Militärbasis, um ihn haarklein zu examinieren. Was, man denke nur einmal an E.T. oder an Fox Mulders Schützlinge, galaktischen Lebensformen gar nicht gut bekommt. Deshalb nimmt der kosmische Kobold Reißaus, und er tut gut daran.

D/USA 1995, Farbe, 92 Min. **Buch:** Tom Patchett, Paul Fusco **Regie:** Dick Lowry **Mit:** Martin Sheen *(Col. Milfoil)*, Miguel Ferrer *(Dr. Dexter Moyers)*, William O'Leary *(Lt. Rick Mullican)*, Jensen Daggett *(Capt. Melissa Hill)*, Ray Walston *(Motelbesitzer)*.

Starke Töne:

«Außerirdische haben keine Menschenrechte. Deshalb sind sie Außerirdische.» MARTIN SHEEN

«Wenn ihr Jungs mit dem Video Kohle machen wollt, will ich aber Prozente.» ALF

Das Alien aus der Tiefe Alien degli abissi / Alien from the Deep

Der Originaltitel «Alien degli abissi» gibt bereits Auskunft über die Inspirationsquellen dieses italienischen Verschnitts aus «Alien» und «The Abyss». Zunächst aber geht's in einen anderen Film: eine Greenpeace-Aktivistin und ihr Kameramann lassen sich auf einer Vulkaninsel absetzen, wo ein Konzern radioaktives Material in einem Krater verklappt. Sie werden bei der Dokumentation des Vorgangs ertappt, Jane gelingt die Flucht in den Dschungel, wo sie in

Am wilden Fluß

Gestalt eines vorzeigbaren Schlangenfarmers ihren Tarzan findet. Inzwischen ist das titelgebende Alien vom Himmel gefallen, eine Art Riesenhummerschere mit Kabeln und Schläuchen, und versetzt den gesamten Industriekomplex in Aufruhr. Und was sagt man in so einer Situation? «Rufen Sie Houston an, Kovacs – wir stecken in ernsten Schwierigkeiten» (Joffre).

Italien/USA 1989, Farbe, 92 Min. **Buch:** Tito Carpi **Regie:** Anthony M. Dawson (= Antonio Margheriti) **Mit:** Daniel Bosch *(Lee)*, Julia McKay *(Jane)*, Alan Collins *(Joffre)*, Charles Napier *(Col. Kovacs)*, Robert Marius *(Bob Shane)*.

Alien Intruder

Da schmunzelt der Hobbypsychologe: Ein gemeingefährlicher Alien hüpft in den Bordcomputer eines Raumschiffes und inkarniert als attraktives weibliches Geschöpf (Tracy Scoggins, die verführerische Klatschkolumnistin aus der Fernsehserie «Superman – Die Abenteuer von Lois und Clark»), das den sie umstreunenden Jungs den Tod bringt. Demnach: Finger weg!

USA 1993, Farbe, 90 Min. **Buch:** Nick Stone **Regie:** Ricardo Jacques Gale **Mit:** Billy Dee Williams *(Capt. Skyler)*, Maxwell Caulfield *(Nick)*, Tracy Scoggins *(Ariel)*, Richard Cody *(D. J.)*, Stephen Davies *(Peter)*, Jeff Conaway *(Borman)*.

Das alte finstere Haus The Old Dark House

Der gleichnamige Film von James Whale aus dem Jahr 1932, Charles Laughtons Hollywood-Debüt, war eine sarkastische Mischung aus Gesellschaftskomödie und Spukschloßgrusel. William Castle drehte sein Remake 1963 in Großbritannien und trieb den Ulk noch um einiges weiter. Da paßt es gut, daß Charles Addams, seines Zeichens Erfinder der «Addams Family», die Vorspanntitel gestaltete. Der Autoverkäufer Tom soll ein Fahrzeug in einem dieser ver-

Amateur: Martin Donovan

winkelten englischen Schlösser abliefern, erfährt dort aber vom vorzeitigen Ableben des Kunden. Tom bleibt wetterbedingt über Nacht und lernt die wunderlichsten Gestalten und ihre abnormen Gewohnheiten kennen. Keine Frage, daß auch die eine oder andere Leiche anfällt.

USA/GB 1963, Farbe, 90 Min. **Buch:** Robert Dillon **Regie:** William Castle **Mit:** Tom Poston *(Tom Penderell)*, Robert Morley *(Roderick Femm)*, Janette Scott *(Cecily)*, Fenella Fielding *(Morgana)*, Joyce Grenfell *(Agatha Femm)*, Peter Bull *(Jasper/Casper)*.

Am wilden Fluß The River Wild

Ins gemachte Flußbett legen sich Kevin Bacon und Kumpel John C. Reilly, die über reißende Fluten in die Freiheit zischen möchten. Zufällig vor Ort ist nämlich samt Sohn und Ehemann Meryl Streep, und die kennt das Gewässer besser als ihre Badewanne. Da braucht man nur den Filius bedrohen, und schon ist Meryl eine willige Lotsin. Aber es muß sich noch zeigen, wer da wen ausbootet. Angeblich ging die Dame Streep bei den Dreharbeiten aufs Ganze und ließ ihr Stuntdouble am Ufer zurück.

USA 1994, Farbe, 104 Min. **Buch:** Denis O'Neill **Regie:** Curtis Hanson **Mit:** Meryl Streep *(Gail)*, Joseph Mazzello *(Roarke)*, Stephanie Sawyer *(Willa)*, Kevin Bacon *(Wade)*, David Strathairn *(Tom)*, John C. Reilly *(Terry)*, Benjamin Bratt *(Ranger Johnny)*, Elizabeth Hoffman *(Gails Mutter)*.

Amateur

Wer die lakonischen Dialoge von «Pulp Fiction» ergötzlich fand, wird auch an «Amateur» seine helle Freude haben. Eine Ex-Nonne schreibt pornographische Geschichten, ein brutaler Gangster verliert sein Gedächtnis und wird fügsam, ein Pornostar erpreßt einen Waffenhändler, und alle miteinander werden von zwei extrovertierten Profikillern gejagt. Klingt gut? Ist auch gut.

Frankreich/USA 1993, Farbe, 105 Min. **Buch** und **Regie:** Hal Hartley **Mit:** Martin Donovan *(Thomas)*, Isabelle Huppert *(Isabelle)*, Elina Lowensohn *(Sofia)*, Damian Young *(Edward, der Steuerberater)*, Chuck Montgomery *(Killer)*, David Simonds *(Killer)*, Erica Gimpel, Pamela Stewart.

Gut zu wissen:

In einem Brief an Hal Hartley äußerte Isabelle Huppert ihre Begeisterung für dessen Filme und bekundete ihr Interesse, einmal unter seiner Regie zu spielen. Und so kam es dann ja auch.

Erica Gimpel ist in der Rolle der «Angel» festes Ensemblemitglied der TV-Serie «Profiler».

Ameisen It Happened at Lakewood Manor / Panic at Lakewood Manor

Die feinnervigen Angehörigen eines Ameisenstaates reagieren empfindlich auf den

American Werewolf: David Naughton

Lärm einiger Bauarbeiter, die das im Originaltitel verewigte Sommerhotel renovieren. Statt sich in ruhigere Gefilde zu verfügen, packen die Ameisen das Problem beherzt beim Schopf und fallen über das Haus und dessen Bewohner her. Damit erreichen sie eher das Gegenteil des Gewünschten, denn die Herrschaften geben keine Ruhe, sondern kreischen vor Entsetzen. Dafür wurden sie schließlich auch bezahlt.

USA 1977, Farbe, 92 Min. **Buch:** Guerdon S. Trueblood **Regie:** Robert Scheerer **Mit:** Suzanne Somers *(Gloria Henderson)*, Robert Foxworth *(Mike Carr)*, Myrna Loy *(Ethel Adams)*, Lynda Day George *(Valerie Adams)*, Bernie Casey *(Vince)*, Brian Dennehy *(Chef der Feuerwehr)*.

Alternativtitel:
«Ameisen – Die Rache der schwarzen Königin»

American Werewolf

An American Werewolf in London

Warren Zevon besang die «Werewolves of London» bereits 1978: «He's a hairy-handed

American Werewolf in Paris

gent who ran amuck in Kent». Nicht Kent, sondern Schottland bildet die Kulisse dieser schaurigen Mär. Zwei vorwitzige US-Collegeboys geraten zuvörderst an wenig vertrauenerweckende Eingeborene, hernach im nebelverhangenen Hochmoor unter die Wiedergänger. Die Getüme reffen die Lefzen, fletschen die Zähne, packen zu. Fortan ist einer der beiden als Mensch nicht mehr zu gebrauchen, als Nachtmahr aber mopsfidel und springlebendig. Der andere glaubt, diesem Schicksal entronnen zu sein – bis er sich bei Vollmond nackicht im Londoner Zoo wiederfindet.

USA 1981, Farbe, 97 Min. **Buch** und **Regie:** John Landis **Mit:** David Naughton *(David Kessler)*, Griffin Dunne *(Jack Goodman)*, Jenny Agutter *(Alex Price)*, John Woodvine *(Dr. Hirsch)*, Lila Kaye *(Barfrau)*, Frank Oz *(Collins)*.

American Werewolf in Paris
An American Werewolf in Paris

John Landis' «An American Werewolf in London» war einflußreicher, als es auf den ersten Blick scheinen mag. Die kesse Kreuzung von Komödie mit knallhartem Grusel schlug neue Töne an und fand alsbald etliche Nachahmer. Anthony Waller, durch den Thriller «Stumme Zeugin» namhaft geworden, wagte sich an eine Neuinterpretation des Stoffes und schickt drei Amerikaner nach Paris, wo – grauslig genug – Julie Delpy lauert. Die versucht zwar, ihrem ungeliebten Werwolfdasein via Selbstentleibung zu entrinnen, jedoch wirft sich einer der übermütigen amerikanischen Burschen buchstäblich dazwischen. Auf Anhieb verliebt, versucht unser Mann, Identität und Aufenthaltsort der Unbekannten zu ermitteln. Dadurch geraten er und seine Freude in Kreise, denen sie besser ferngeblieben wären. GB / USA / Luxemburg / F 1997, Farbe, 95 Min. **Regie:** Anthony Waller **Buch:** Tim Burns, Tom Stern, Anthony Waller **Mit:** Tom Everett Scott *(Andy)*, Julie Delpy *(Serafine)*, Vince Vieluf *(Brad)*, Phil Buckman *(Chris)*, Thierry Lhermitte *(Dr. Pigot)*, Julie Bowen *(Amy)*.

Achtung:
Anthony Waller gönnt sich ein kleines Gastspiel in Hitchcock-Manier – behalten Sie den Metrofahrer im Auge!

Amityville Horror The Amityville Horror

Die frisch bezogene Immobilie der Familie Lutz benimmt sich, wie es sich für ein Geisterhaus gehört, in dem mehrere Morde stattgefunden haben: Es wispert, wettert und verbreitet Gestank, und seine Bewohner welken zusehends dahin. Statt einen Fachmann für Wohngifte heranzuziehen, hofft man auf die Macht des Kruzifixes. Das kann sich gegen das Böse nicht durchsetzen, und als sich im Keller ein Höllenschlund öffnet, gehen die Lutzens endlich stiften. Kaum an der frischen Luft, fällt ihnen ein, daß sie Hund Harry vergessen haben. Also nimmt Vater allen Mut zusammen und kehrt noch einmal zurück ins Gebäude, das ... *Lutz, paß auf!* ... natürlich nur auf ihn gewartet hat. USA 1978, Farbe, 101 Min. **Buch:** Sandor Stern **Regie:** Stuart Rosenberg **Mit:** James Brolin *(George Lutz)*, Margot Kidder *(Kathleen Lutz)*, Rod Steiger *(Rev. Delaney)*, Don Stroud *(Rev. Bolen)*, Murray Hamilton *(Rev. Ryan)*, Natasha Ryan *(Amy)*, K. C. Martel *(Greg)*, Meeno Peluce *(Matt)*, Helen Shaver *(Carolyn)*.

Gut zu wissen:
Der Film wurde zu einem der größten Hits der unabhängigen Produktionsfirma AIP, und darum kam es unausweichlich zu:

Amityville II: Der Besessene
Amityville II: The Possession

Der zweite Teil der Amityville-Saga ist ein Prequel und entstand unter der Ägide Dino de Laurentiis', der aus Italien Regisseur Damiano Damiani mitbrachte, eher ein Spezialist des Polit- und Mafiathrillers. Wieder zieht eine Familie in das fluchbeladene Haus, aber der italienische Einfluß ist schon daran zu erkennen, daß es sich um weit weniger vorzeigbare Menschen handelt. Vater prügelt, Mutter frömmelt, der Sohn ist verhaltensgestört und brunstet nach seiner Schwester Patricia. Der Filius wird denn auch zum Organ des Bösen, er mordet und mutiert und muß exorziert werden, was Pater Adamski übernimmt, eine hehre Aufgabe, ist doch der Bocksbeinige selbst im Spiel. USA 1982, Farbe, 102 Min. **Buch:** Tommy Lee Wallace **Regie:** Damiano Damiani **Mit:** Burt Young *(Anthony Montelli)*, Rutanya Alda *(Deloris Montelli)*, Jack Magner *(Sonny Montelli)*, Diane Franklin *(Patricia Montelli)*, James Olson *(Pater Adamski)*, Ted Ross *(Mr. Booth)*.

Amok Schizo / Amok / Blood of the Undead

Als siebenjähriges Kind mußte Samantha Gray den Mord an ihrer Mutter beobachten. Der Täter, ein gewisser Haskin, wurde gefaßt und zu einer Haftstrafe verurteilt. Die Erinnerung an das verstörende Ereignis kehrt schlagartig zurück, als sie den Mörder unter den Gästen ihrer eigenen Hochzeit entdeckt. Auch an den folgenden Tagen scheint er sie zu verfolgen, gespenstische Erscheinungen deuten ebenso darauf hin wie mysteriöse Todesfälle in Samanthas unmittelbarer Umgebung. GB 1976, Farbe, 109 Min. **Buch:** David McGillivray **Produktion** und **Re-**

gie: Pete Walker **Mit:** Lynne Frederick *(Samantha Gray)*, John Leyton *(Alan Falconer)*, Stephanie Beacham *(Beth)*, John Fraser *(Leonard)*, Jack Watson *(Haskin)*, Queenie Watts *(Mrs. Wallace)*, Paul Alexander *(Peter)*.

Gut zu wissen:
Lynne Frederick war die vierte Ehefrau des Charakterkomikers Peter Sellers.

Amok Train Beyond the Door III

Fangen wir also die Geschichte von hinten an, denn der auslösende Film, «Beyond the Door», fand, soweit sich feststellen ließ, in Deutschland keinen Verleih, was schade ist, ging er doch mit dem ebenso neuen wie nichtsnutzigen Soundsystem «Possessound» ins Rennen. Er entstand 1974 in Italien im Fahrwasser von → DER EXORZIST. Und auch hier geht es wieder mit dem Teufel zu, wenn sich Studentin Beverly auf Klassenfahrt begibt und dabei ihrer Bestimmung näher rückt, Satans Braut zu werden. Sie hätte freilich gewarnt sein können – wenn der Reiseleiter schon auf einen Namen wie Andromalek hört …

USA / Italien 1989, Farbe, 93 Min. **Buch:** Sheila Goldberg **Regie:** Jeff Kwitny **Mit:** Mary Kohnert *(Beverly)*, Bo Svenson *(Prof. Andromalek)*, Victoria Zinny *(Beverlys Mutter)*, Savina Gersak *(Zigeunerin Sava)*, Sarah Ciminera Conway *(Christie)*.

Alternativtitel:
«Amok Train»

And Soon the Darkness

Brian Clemens war einer der kreativen Köpfe hinter der Kultserie «Mit Schirm, Charme und Melone» und ist damit ausgewiesen als Fachmann für atmosphärischen Grusel. Den liefert er auch hier: Zwei britische Krankenschwestern unternehmen eine Radtour durch Frankreich. Cathy ist einem Flirt nicht abgeneigt und läßt sich auf eine Verabredung mit einem Motorradfahrer namens Paul ein. Der taucht später wieder auf, Cathy nicht – ihre Freundin Jane findet nur noch ihre Kamera und ihren Slip. Paul gibt sich als Polizist aus, Jane aber hält ihn für einen Frauenmörder, der in der Gegend umgeht. Aber im Grunde sind diese Franzosen, britische Erbfeinde immerhin, allesamt verdächtig.

GB 1970, Farbe, 98 Min. **Buch:** Brian Clemens, Terry Nation **Regie:** Robert Fuest **Mit:** Pamela Franklin *(Jane)*, Michelle Dotrice *(Cathy)*, Sandor Eles *(Paul)*, John Nettleton *(Flic)*, Clare Kelly *(Lehrerin)*, Hana-Maria Pravda *(Mme. Lassal)*, John Franklyn *(Alter Mann)*, Claude Bertrand *(Lassal)*.

Gut zu wissen:
Von Robert Fuest stammt auch der Genreklassiker → DAS SCHRECKENSKABINETT DES DR. PHIBES.

Pamela Franklin brachte gute Voraussetzungen mit für ihre Rolle – sie hatte schon als Zwölfjährige im «Schloß des Schreckens» gute Nerven bewiesen.

Ein Android wird gejagt The Questor Tapes

… weil er sich eigenmächtig aus dem Staub gemacht hat, um nach seinem Schöpfer zu suchen, den er in London vermutet. Zum einen läßt man den teuren Prototypen nur ungern unkontrolliert in der Weltgeschichte herumbummeln, zum anderen birgt der Android einen Wasserstoffkern, der unter gewissen Umständen bombastische Wirkung entfaltet. Ausgeheckt hat diesen Streich der große Gene Roddenberry, der aus dem Stoff eine TV-Serie machen wollte. Es wurde aber nichts draus.

USA 1973, Farbe, 92 Min. **Buch:** Gene Roddenberry, Gene L. Coon **Regie:** Richard A. Colla **Mit:** Robert Foxworth *(Questor)*, Mike Farrell *(Jerry Robinson)*, John Vernon *(Geoffrey Darro)*, Lew Ayres *(Emil Vaslovik)*,

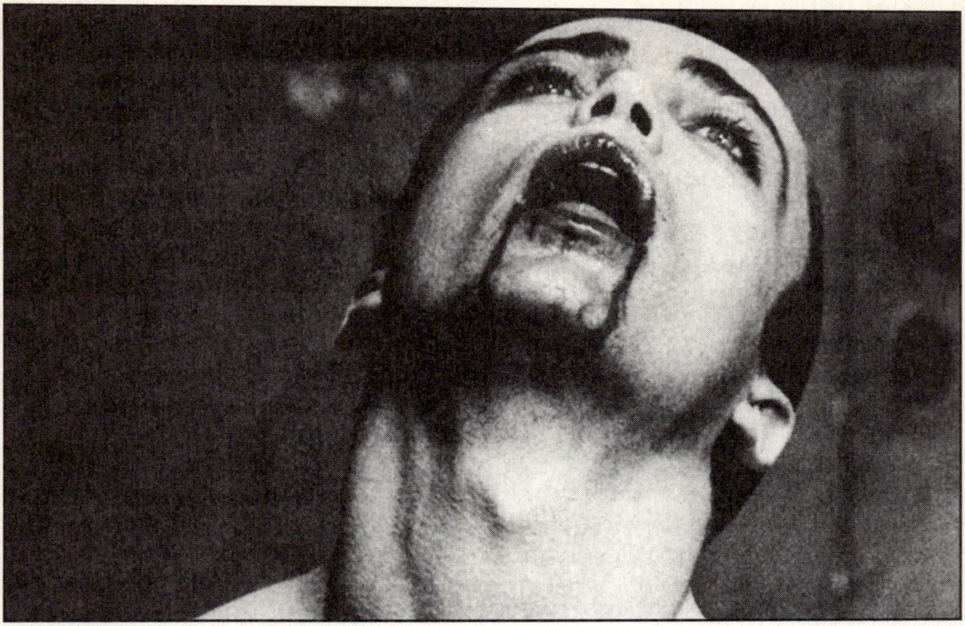

Andy Warhols Dracula: Udo Kier

James Shigeta *(Dr. Chen)*, Majel Barrett *(Dr. Bradley)*, Walter Koenig *(Assistent der Administration)*.

Alternativtitel:
«Ein Computer wird gejagt»

Andy Warhols Dracula Dracula vuole vivere: cerca sangue di vergine

Vom B-Film lernen heißt siegen lernen, muß sich Paul Morrissey gedacht haben. Da er seine Lieblingsschauspieler gerade mal alle beieinander hatte, noch dazu in Italien, drehte er parallel zu seiner «Frankenstein»-Groteske auch noch eine Grand-Guignol-Version von «Dracula». Die geriet weniger blutig, auch wenn der rote Saft im Mittelpunkt steht, sucht doch der hinfällige Lutschknabe dringend nach einer jungfräulichen Blutspenderin, die er im Haushalt des mit vier gesitteten Töchtern gesegneten Grafen di Fiori zu finden hofft. Deren Tugend ist freilich nur eitel Blendwerk, denn der stämmige Hausdiener Joe Dallessandro hat schon eifrig vorgefühlt. Und das Blut angegriffener Damen findet der werte Graf buchstäblich zum Speien.

Italien 1973, Farbe, 102 Min. **Buch** und **Regie:** Paul Morrissey
Mit: Vittorio de Sica *(Graf di Fiori)*, Joe Dallesandro *(Mario)*, Udo Kier *(Graf Dracula)*, Maxime de la Falaise *(Gräfin di Fiori)*, Dominique Darel *(Saphiria)*, Arno Juerging *(Anton)*, Roman Polanski *(Gast)*, Stefania Casini *(Rubinia)*, Silvia Dionisio *(Perla)*.

Andy Warhols Frankenstein Carne per Frankenstein

Baron Frankenstein gibt sich alle Mühe, ein Pärchen mit Idealmaßen in die Welt zu setzen. Dem bereits komplettierten Weib ist er schon hoffnungslos verfallen. Auch der

Rumpf des Mannes liegt picobello parat, nur ein passender Kopf fehlt noch. Der aber findet sich, was den Butler des Hauses, zugleich Beschäler Katrin Frankensteins, Schwester des Hausherrn und Mutter seiner Kinder, wütend macht, stammt der Schädel doch von einem engen Freund. Am Ende fallen alle übereinander her, des Barons Monster aber ist des jungen Lebens schon so müd, daß es seine frisch gestichelten Nähte aufreißt und lieber stirbt, nicht ohne vorher seinen Schöpfer aufzuspießen, was in der 3-D-Version besonders schmuck zur Geltung kommt, weil am Ende des meterlangen Speers ein Stück seiner Innereien haften bleibt. Italien / Frankreich 1973, Farbe, 94 Min. **Buch** und **Regie:** Paul Morrissey **Mit:** Udo Kier *(Baron Frankenstein)*, Joe Dallesandro *(Nicholas)*, Monique van Vooren *(Katrin Frankenstein)*, Arno Juerging *(Otto)*, Carla Mancini *(weibliches Monster)*, Srdjan Zelenovic *(männliches Monster)*, Fiorella Masselli *(Prostituierte)*.

Angels from Hell

Drehbuchautor Jerome Wish geriet arg ins Schleudern beim Abfassen dieser grimmigen Rockermoritat, läßt er doch einen jungen Kerl mit waidwunder Seele aus Vietnam heimkehren und diesen dann ausgerechnet eine Motorradbande gründen, mit der er jenem Establishment die Hölle heiß machen will, dem er eben noch an der Front bis aufs Blut gedient hat. Regisseur Bruce Kessler, vormals unter anderem Stuntkoordinator für den Film «Bonnie & Clyde», entschied sich für herben Realismus, um aus der krausen Vorlage das Beste zu machen. Dazu musizieren Bands wie «Peanut Butter Conspiracy» oder «The Lollipop Shoppe». USA 1968, Farbe, 86 Min. **Buch:** Jerome Wish **Regie:** Bruce Kessler **Mit:** Tom Stern *(Mike)*, Arlene Martell *(Ginger)*, Ted Markland *(Smiley)*, Stephen Oliver *(Speed)*, Paul Bertoya *(Nutty Norman)*, Bob Harris, Sandra Gayle, Jack Starrett.

Gut zu wissen:
Arlene Martell (vormals Arlene Sax) ist «Star-Trek»-Freunden bekannt aus der Episode «Weltraumfieber», in der sie Mr. Spocks Verlobte T'Pring verkörperte.

Angriff aus der Tiefe
Tentacoli

«Tentacoli» versprach die Menükarte des italienischen Schlocklieferanten Oliver Hellman (alias Ovidio G. Assonitis), der damit aus dem Erfolg des weißen Hais Nutzen ziehen wollte und immerhin Namen wie John Huston, Henry Fonda und Shelley Winters in die Waagschale warf. All die Zelebritäten sehen sich einem gewaltigen Kraken gegenüber, dem offenbar nur mit dressierten Killerwalen Einhalt geboten werden kann ... Grauenerregender als alle Oktopoden ist die Filmmusik Stelvio Ciprianis, insbesondere wenn er mit elektronischen Instrumenten die Gesänge der Wale nachzuahmen versucht. Italien 1977, Farbe, 103 Min. **Buch:** Tito Carpi, Jerome Max, Sonia Molteni, Steven W. Carabatsos **Regie:** Oliver Hellman **Mit:** John Huston *(Ned Turner)*, Shelley Winters *(Tillie Turner)*, Bo Hopkins *(Will Gleason)*, Henry Fonda *(Mr. Whitehead)*, Claude Akins *(Capt. Robards)*, Delia Boccardo *(Vicky Gleason)*, Cesare Danova *(John Corey)*.

Alternativtitel:
«Der Polyp – Die Bestie mit den Todesarmen»

Angriff der Killerbienen
Deadly Invasion / Deadly Invasion: The Killer Bee Nightmare

Zufrieden summen die Bienen, wenn sie abends im Stock auf ihr Tagewerk zurückblicken. Sie haben zwei frühreifen Früchtchen eine stichhaltige Lektion erteilt, eine Hochzeitsfeier vereitelt, Telefonleitungen ausgeschaltet, einen präpotenten Jüngling auf Normalmaß gestutzt, ein paar Existenzen vernichtet ... Ein beachtliches Ergebnis und viel abwechslungsreicher, als immer nur stupide Honig einzusammeln. Diese neue Art der Zerstreuung geht auf südamerikanische Killerbienen zurück, die sich mit ihren kalifornischen Artgenossen paarten, weshalb es ein Ende hat mit der Beschaulichkeit im Bienenzüchterland, gerade als Robert Hayes nebst Gattin und drei Kindern ebendort Zuflucht suchte vor dem Lärm und der Unlauterkeit der Großstadt.

USA 1994, Farbe, 95 Min. **Buch:** Steven Rae und William Bast & Paul Huson **Regie:** Rockne S. O'Bannon **Mit:** Robert Hayes *(Chad Ingram)*, Nancy Stafford *(Karen Ingram)*, Whitney Danielle Porter *(Lucy Ingram)*, Gina Philips *(Tracy Ingram)*, Jeff Johnson *(Travis)*, Dennis Christopher *(Beauchamp)*, Jennifer Buckalew *(Randi)*, Ryan Phillippe *(Tom Redman)*, Tom Dillon *(Bürgermeister)*.

Achtung:
Eine der beteiligten Produktionsfirmen nennt sich «St. Franciscus of Assisi Pictures».

Angriff der Killertomaten
Attack of the Killer Tomatoes

Die Einblendung zu Beginn gibt zu denken: «1963 drehte Alfred Hitchcock den Film ‹Die Vögel›. Er zeigte dort einen wilden Angriff eines riesigen Schwarms dieser geflügelten Kreaturen auf den Menschen. Die Leute lachten. Im Herbst 1975 fielen sieben Millionen Amseln über Hopkinsville, Kentucky, her und widerstanden allen Versuchen seitens der Menschen, sie zu vertreiben. Seitdem lacht niemand mehr.» Vielleicht sollten auch wir nicht lachen, wenn gezeigt wird, wie wildgewordene Tomaten die glorreichen USA an den Rand des Ruins treiben. Agenten, Undercoverboys, Frontkämpfer, Veteranen, Verkleidungsspezialisten werden gegen die rote Gefahr ins Feld geschickt, aber ihre Bemühungen bleiben fruchtlos. Und doch gibt es Hoffnung auf Rettung.

USA 1978, Farbe **Buch:** Costa Dillon, John De Bello, Steve Peace **Regie:** John De Bello **Mit:** David Miller *(Mason Dixon)*, George Wilson *(Jim Richardson)*, Sharon Taylor *(Louise Fairchild)*, Jack Riley, Roch Peace, Al Sklar und einer «Special Appearance of the Royal Shakespearean Tomatoes. By Arrangement with the Queen».

Angriff der 20-Meter-Frau
Attack of the Fifty Foot Woman

Größe zählt doch, denn im Normalformat ist Daryl Hannah ihren Problemen nicht mehr gewachsen. Ihr Gatte betrügt sie, ihr Vater mißbraucht sie als Strohfrau für unsaubere Geschäfte. Was Wunder, daß ihr Selbstwertgefühl zusehends schrumpft. In dieser Situation gerät sie in den Lichtstrahl eines Ufos, der ihr Medaillon fixiert. Niemand glaubt ihr, doch die bislang so duldsame Blondine macht sich in einem Wutanfall Luft und beginnt zu sprießen. Mit dem Vergrößerungs- geht ein Emanzipationsprozeß einher. Jetzt nimmt sie sich ihre Peiniger zur Brust. Das Patriarchat aber läßt sich dergleichen nicht gefallen und eröffnet das Feuer.

USA 1993, Farbe, 89 Min. **Buch:** Joseph Dougherty **Regie:** Christopher Guest **Mit:** Daryl Hannah *(Nancy Archer)*, Daniel Baldwin *(Harry Archer)*, William Windom *(Hamilton Cobb)*, Frances Fisher *(Dr. Kushing)*, Christi Conway *(Honey)*, Victoria Hass *(Dep. Charlie Spooner)*, Hamilton Camp *(Eddie)*, Richard Edson *(Tony)*.

Gut zu wissen:
Daryl Hannah war auch Koproduzentin des Films.

Achtung:
Als Nancy über die Leinwand eines Autokinos

lugt, läuft dort gerade der Schwarzweißfilm «Attack of the Fifty Foot Woman» aus dem Jahr 1957, der die Vorlage abgab für dieses Remake.

Hoppla:
Da Nancy schlagartig in die Höhe schießt, sprengt ihr aufblühender Körper Schuhe und Kleidchen – nur die Unterwäsche wächst seltsamerweise mit.

Starke Töne:
«Ich bin kein kleines Mädchen, Vater.» NANCY

Angriff der 20-Meter-Frau: Daryl Hannah

Der Angriff kommt aus dem All Occhi dalle stelle / Eyes Behind the Stars

Und siehe, unerblickbare Ungeheuer kamen aus der Tiefe des Raumes und bevölkerten im stillen die Erde. Ein Fotograf wurde ihrer gewahr, als er sich ein Bildnis machen wollte, und ward bald nicht mehr gesehen. Sein Mannequin jedoch wußte um die Begebenheiten und legte Zeugnis ab gegenüber einem Nachrichtenhändler, allein finstere Mächte, irdische und nichtirdische darunter, mochten nicht dulden, daß das Volk ihrer ansichtig werde.

Italien 1978, Farbe, 90 Min. **Buch** und **Regie:** Roy Garrett (= Mario Gariazzo) **Mit:** Robert Hoffmann *(Anthony Harris)*, Nathalie Delon *(Monica Stiles)*, Martin Balsam *(Jim Grant)*, Sherry Buchanan *(Karin Hale)*, Carlo Hinterman, Giorgio Ardisson.

Alternativtitel:
«Der Angriff kommt aus dem All, und auf der Erde herrscht Terror»; «Terror»; «Terror aus dem Weltall»; «Die Augen der Sterne»

Gut zu wissen:
Der polyglotte Autor und Regisseur gibt im Vorspann bekannt, er sei «Membro del National Invastigations Committee on Aerial Phenomena (N.I.C.A.P.) e Field Investigator dell'Aerial Phenomena Research Organization (A.P.R.O.) degli Stati Uniti d'America». Da dem so ist, müssen wir dem Mann wohl Glauben schenken.

Hoppla:
Vorgeblich spielt der Film im «Blow Up»-Land Großbritannien. Dennoch fährt man rechts, und die Autos tragen ihre Lenkrädchen links.

Angst Bloody Birthday / Creeps

Debbie, Curtis und Steven wurden selbdritt zum Zeitpunkt einer Mondfinsternis geboren. Daran liegt es wohl, daß sie sich zu äußerst unartigen Kindern entwickelt haben, die nicht zögern, ihre Lehrerin umzubringen, schlicht weil sie keine Hausaufgaben machen wollen. Weniger mißraten sind Timmy und Joyce Russel, denen das Treiben ihrer Freunde nicht ganz geheuer ist. So geraten auch sie auf die Todesliste. Nichtsahnend läßt sich Joyce darauf ein, in Debbies Elternhaus einzuhüten – damit macht sie den hinterhältigen Rotzlöffeln eine große Freude.

USA 1980, Farbe, 85 Min.

Buch: Barry Pearson, Ed Hunt **Regie:** Ed Hunt **Mit:** José Ferrer *(Doktor)*, Susan Strasberg *(Mrs. Davis)*, Lori Lethin *(Joyce Russel)*, Melinda Cordell *(Mrs. Brody)*, Julie Brown *(Beverly Brody)*, K. C. Martel *(Timmy Russel)*.

Alternativtitel:
«Kinder des Teufels»

Anthony III The Runestone

Vor dem ungeschminkten Grauen ist man nirgendwo sicher, auch nicht in den Kohlengruben Pennsylvanias. Dort findet sich ein Runenstein, der zur archäologischen Untersuchung nach New York geschafft wird und schon unterwegs die ersten mysteriösen Unglücksfälle verursacht. Der Entdecker des Artefakts, der Archäologe Martin, fällt früh durch stieren Blick auf, und man ahnt es schon: das Böse hat von ihm Besitz ergriffen. Wann immer ihm danach ist, geht Martin als Monster um, molestiert seine geschiedene Gattin und gerät auch schon mal auf eine Vernissage, deren Besucher den Auftritt – «Junge, wie realistisch» – als Bestandteil der Inszenierung auffassen. Das einzig wirksame Mittel gegen das unverwundbare Ungetüm findet sich in einem prächtigen alten Kino – merkt's euch, ihr Multiplexbetreiber!

USA 1991, Farbe, 98 Min. **Buch** und **Regie:** Willard Carroll **Mit:** Peter Riegert *(Gregory Fanducci)*, Joan Severance *(Marla Stewart)*, Alexander Godunov *(Sigvaldson)*, Mitchell Laurance *(Martin)*.

Starke Töne:
«Das einzige, was älter ist als Religion, ist Pornographie.» MARLA STEWART

Der Anti-Christ L'Anticristo / The Antichrist / The Tempter

Massimo Oderisi führt schon wieder ein genußreiches Leben, obwohl bei einem von ihm verschuldeten Unfall die Gattin getötet und seine Tochter Ippolita so schwer verletzt wurde, daß sie seither auf den Rollstuhl angewiesen ist. Dies verübelt die junge Dame ihrem Vater sehr, und da trifft es sich gut, daß eine ihrer Ahninnen schon einmal mit dem Teufel paktierte. Ippolita tut es ihr und Linda Blair nach und gebärdet sich recht ausgelassen, spuckt, schwebt und koitiert mit einem Unsichtbaren. Ein familieneigener Kardinal scheitert beim Exorzismus, ein beherzter Mönch springt ein, und der Showdown ereignet sich bildwirksam im Kolosseum.

Italien 1974, Farbe, 112 Min.

Buch: Gianfranco Clerici, Alberto de Martino, Vincenzo Mannino **Regie:** Alberto de Martino **Mit:** Carla Gravina *(Ippolita Oderisi)*, Mel Ferrer *(Massimo Oderisi)*, Arthur Kennedy *(Kardinal Ascanio Oderisi)*, George Coulouris *(Mittner)*, Alida Valli *(Irene)*, Anita Strindberg *(Greta)*, Umberto Orsini *(Psychiater)*.

Gut zu wissen:
Die Kamera führte Aristide Massaccesi, auch bekannt und berüchtigt als Joe d'Amato.

The Apocalypse

Laura San Giacomo, eine geistig abweichend orientierte Programmiererin mit Shakespeare-Faible, schickt einen mit explosivem Material beladenen Raumfrachter auf Erdkurs, verschlüsselt ihre Eingaben mit Zitaten aus dem Werk des großen Stratforders und stiehlt sich aus der Geschichte. Sandra Bernhard soll den Irrläufer bergen, findet aber keine andere Mannschaft als die ihres Ex-Geliebten Frank Zagarino. Ihr schwant Böses, und das mit Recht: Frank hat es auf

Arizona Junior: Nicolas Cage

die Ladung des Frachters abgesehen, jene Substanz, die, vielleicht weil sie der Brutzelei Vorschub leistet, «Solarium» geheißen wurde. Bei seinem Vorhaben mag sich der finstere Frank auch von früheren Intimfreundinnen nicht aufhalten lassen.

USA 1996, Farbe, 92 Min. **Buch:** J. Reifel **Regie:** Hubert de La Bouillerie **Mit:** Sandra Bernhard *(Capt. J. T. Wayne)*, Frank Zagarino *(Vandler)*, Cameron Dye *(Lennon)*, Michelle Anne Johnson *(Misha)*, Lee Arenberg *(Noel)*, Matt McCoy *(Suarez)*.

Starke Töne:
«Drei Millionen Jahre Evolution, und Sie können mir nicht einmal einen trockenen Martini machen?» J. T.

Arizona Junior Raising Arizona

Bei seinen zahlreichen Stippvisiten beim Erkennungsdienst des örtlichen Polizeireviers lernt Nicolas Cage die Polizeifotografin Holly Hunter kennen und lieben, kann sich schließlich nicht mehr beherrschen und heiratet sie. Ihr Trailer wäre bis zur Oberkante voll des Glücks, könnte Holly nur Kinder bekommen. Da es nun mal nicht geht, schickt sie Nicolas aus, eines zu rauben. Arizona sr. nämlich ist Vater von Fünflingen, und da könnte er doch eines erübrigen. Der patente Möbelhändler denkt anders darüber, und so hat das junge Glück Polizei, Kopfgeldjäger und obendrein noch Nics alte Knastkumpel an den Hacken, was Gelegenheit gibt, die wildesten Kamerafahrten diesseits von Hongkong zu veranstalten.

USA 1987, Farbe, 94 Min. **Buch:** Ethan und Joel Coen **Regie:** Joel Coen **Mit:** Nicolas Cage *(H. I. McDunnough)*, Holly Hunter *(Ed)*, Trey Wilson *(Nathan Arizona sr.)*, John Goodman *(Gale)*, William Forsythe *(Evelle)*, Sam McMurray *(Glen)*, Frances McDormand *(Dot)*, Randall «Tex» Cobb *(Leonard Smalls)*.

Gut zu wissen:
Für die Entfesselung der Kamera zeichnet Barry Sonnenfeld verantwortlich, der später selbst ins Regiefach wechselte und unter anderem der «Addams Familie» einer glanzvollen Leinwandauftritt bescherte.

Starke Töne:
«Wenn du einen Gangster suchst, dann wendest du dich an einen Gangster. Wenn du 'nen Donut suchst, dann wendest du dich an einen Bullen.»
LEONARD SMALLS

Der Arzt und die Teufel
The Flesh and the Fiends / Mania / The Fiendish Ghouls / Psycho Killers

Die Leichenräuber Burke und Hare sind in die britische Folklore eingegangen und haben den Vorzug, historisch nachweisbar zu sein. In den 20er Jahren des 19. Jahrhunderts läßt sich der ehrgeizige Chirurg Dr. Knox von ihnen mit Leichen versorgen, die er für seine Forschungen benötigt. Um den Nachschub zu sichern, satteln seine Lieferanten um auf Totschlag und ermorden Prostituierte und Landstreicher. Als sie gefaßt werden, stellt sich Hare als Kronzeuge gegen Burke zur Verfügung, fällt aber dem Mob zum Opfer. Dr. Knox muß sich vor einem Standesgericht verantworten. Das Verfahren endet glimpflich, und er etabliert sich als medizinische Koryphäe.

GB 1959, SW, 97 Min. **Buch:** John Gilling, Leon Griffiths **Regie:** John Gilling **Mit:** Peter Cushing *(Dr. Robert Knox)*, June Laverick *(Martha)*, Donald Pleasence *(William Hare)*, George Rose *(William Burke)*, Renee Houston *(Helen Burke)*, Dermot Walsh *(Dr. Mitchell)*, Billie Whitelaw *(Mary Patterson)*, June Powell *(Maggie O'Hara)*.

Gut zu wissen:
Als Kameramann fungierte Monty Berman, der den Film auch produzierte. Seine Firma lieferte später dem Fernsehen zu, darunter Kultserien wie «Simon Templar» und «Department S».

Asphaltkannibalen **Apocalypse Domani / Cannibal Apocalypse / Cannibals in the City / The Cannibals are in the Streets / Cannibals in the Street / Invasion of the Flesh Hunters / The Last Hunter / Savage Apocalypse / The Slaughterers / Virus**

Und es kann einem amerikanischen Vietnamveteranen doch schlimmeres passieren als nach seiner Rückkehr unter die B-Filmer zu geraten – wenn er nämlich italienischen B-Filmern anheimfällt. Die hecken zum Beispiel Geschichten aus wie jene, in der sich zwei GIs in Vietnam mit einem Virus infizieren, der kannibalische Neigungen hervorruft. Mag dieses Verhalten im Dschungel auch geduldet werden, daheim in den Staaten geht die Polizei in die Offensive.

Italien 1979, Farbe, 95 Min. **Buch** und **Regie:** Anthony M. Dawson (= Antonio Margheriti) **Mit:** John Saxon *(Norman Hopper)*, Elisabeth Turner *(Jane Hopper)*, Tony King *(Tom Thompson)*, Giovanni Lombardo Radice *(Charlie Bukowski)*, Ramiro Oliveros *(Dr. Phil Mendayers)*, May Heatherley *(Helen)*.

Astro-Zombies, Roboter des Grauens **The Astro Zombies**

Professor DeMarco dreht nicht lange Däumchen, nachdem er als Leiter eines Raumlabors entlassen worden ist. Er unterhält im eigenen Heim eine passende Forschungsstätte und montiert dort unter Mithilfe seines selbstredend mißgestalteten Faktotums Juan einen künstlichen Menschen zusammen, der den Spitznamen «Astro-Man» erhält. Die CIA wird aufmerksam, als man nahebei ausgeweidete Leichen entdeckt, und plaziert die Undercover-Agentin Janine als Assistentin in unmittelbarer Nähe des Professors. Aus fernen Landen kommt die rassige Agentin Satanna, die ebenfalls an den Geschöpfen des Wissenschaftlers interessiert ist.

USA 1969, Farbe, 90 Min. **Buch:** Ted V. Mikels, Wayne M. Rogers (auch **Produktion**) **Regie:** Ted V. Mikels **Mit:** John Carradine *(Dr. DeMarco)*, Wendell Corey *(Holman)*, Tom Pace *(Eric Porter)*, Rafael Campos *(Juan)*, Joan Patrick *(Janine Norwalk)*, Tura Satana *(Agentin Satanna)*, William Bagdad *(Franchot)*.

Gut zu wissen:
Wayne M. Rogers gelangte drei Jahre später durch die TV-Serie «M.A.S.H.» zu Ruhm und Ansehen.

Asylum Asylum / House of Crazies

Bei seinem Dienstantritt in einer ziemlich geschlossenen Anstalt erwartet den jungen Arzt Dr. Martin eine nicht alltägliche Prüfung. Auf Geheiß des Chefarztes soll er unter vier ihm vorgeführten Patienten denjenigen herausfinden, der früher die Leitung des Hauses innehatte und darüber selbst irre geworden ist. Die ausführlich geschilderten Anamnesen enthalten vielfältige phantastische Elemente wie Begegnungen mit lebenden Toten, Seelenwanderungen und ähnliches mehr. Als Dr. Martin das Rätsel löst, muß er schmerzlich erfahren, daß nicht alle Geschichten auf purem Wahnsinn beruhen.

GB 1972, Farbe, 88 Min. **Buch:** Robert Bloch **Regie:** Roy Ward Baker **Mit:** Patrick Magee *(Dr. Rutherford)*, Peter Cushing *(Smith)*, Herbert Lom *(Byron)*, Charlotte Rampling *(Barbara)*, Britt Ekland *(Lucy)*, Barry Morse *(Bruno)*, Geoffrey Bayldon *(Max)*.

Gut zu wissen:
Geoffrey Bayldon, hier als Anstaltsfaktotum zu sehen, wurde durch die Kinderserie «Catweazle» weithin bekannt.

Robert Bloch schrieb unter anderem die literarische Vorlage zu Alfred Hitchcocks «Psycho».

Atemlos vor Angst Sorcerer

Teufelskerl William Friedkin («Der Exorzist») wagte sich 1976 an ein Remake des französischen Klassikers «Lohn der Angst». Der Drehbuchautor Walon Green widmete den Biographien der vier Hauptfiguren – hier dargestellt von Roy Scheider, Bruno Cremer, Amidou und Francisco Rabal – größere Aufmerksamkeit, schickte sie dann aber wie gehabt mit einer hochexplosiven Fracht über den Parcours. Die Nitroglyzerin-Rallye wurde leidlich spannend und teils superb abgelichtet und von den Elektronikpionieren Tangerine Dream musikalisch untermalt.

USA 1976/77, Farbe, 92 Min. **Buch:** Walon Green **Regie:** William Friedkin **Mit:** Roy Scheider *(Scanlon/Dominiquez)*, Bruno Cremer *(Manzon)*, Francisco Rabal *(Nilo)*, Ramon Bieri *(Corlette)*, Karl John *(Marquez)*, Amidou *(Kassem)*.

Auch ein Sheriff braucht mal Hilfe Support your local Sheriff

Eigentlich auf dem Weg nach Australien, wird James Garner von den Bürgern einer aufstrebenden Gemeinde angetragen, die Gesetzeshut zu übernehmen. Wer erst um zwölf Uhr mittags aufsteht, ist ein ausgeschlafener Bursche und bekommt keinen Ärger mit rachlüsternen Strolchen, mag sich der unversehens ins Amt gesetzte Schlawiner gedacht haben, wird aber in die Pflicht genommen, da Walter Brennan und seine Jungs sowohl Unruhe als auch Unheil stiften. Da heißt es pfiffig sein, denn das Publikum soll ja auch was zu lachen haben.

USA 1968, Farbe, 96 Min. **Buch:** William Bowers **Regie:** Burt Kennedy **Mit:** James Garner *(Jason McCullough)*, Joan Hackett *(Prudy Perkins)*, Walter Brennan *(Pa Danby)*, Harry Morgan *(Bürgermeister Olly Perkins)*, Jack Elam *(Jake)*, Gene Evans *(Tom*

Danby), Bruce Dern *(Joe Danby)*, Dick Peabody *(Luke Danby)*, Henry Jones *(Henry Jackson)*.

Gut zu wissen:
In ähnlicher Manier trat James Garner 1971 in «Latigo» («Support your local Gunfighter») in Erscheinung. Sein Partner war wiederum Jack Elam, Burt Kennedy führte Regie, Chuck Connors absolvierte einen Cameo-Auftritt.

Die Aufsässigen **Teachers**

Hier werden wir gewahr, wie man ein Bildungsinstitut richtig aufmischt. Das Kollegium hat längst alle Bemühungen um einen geregelten Unterricht aufgegeben, bis Nick Nolte, wie immer desillusioniert und versoffen, unter dem positiven Einfluß einer früheren Schülerin der Anstalt die Kurve kriegt und Besserung anstrebt. Als Satire insgesamt eher mäßig, aber drollig geistert der treffliche Richard Mulligan durch die Handlung, und wer sein Auge schulen möchte, halte nach den Kleindarstellern Laura Dern und Morgan Freeman Ausschau.

USA 1984, Farbe, 107 Min. **Buch:** W. R. McKinney **Regie:** Arthur Hiller **Mit:** Nick Nolte *(Alex Jurel)*, JoBeth Williams *(Lisa Hammond)*, Judd Hirsch *(Roger Reubel)*, Ralph Macchio *(Eddie Pilikian)*, Allen Garfield *(Rosenberg)*, Lee Grant *(Dr. Burke)*, Richard Mulligan *(Herbert)*, Laura Dern *(Diane)*, Crispin Glover *(Danny)*.

Aufstand der Gladiatoren
La rivolta dei gladiatori / La revolte des gladiateurs

Mesopotamien ist gefallen
Und Kaiser Trojan plus Vasallen
Freu'n sich bereits aufs Bacchanal
Auf Met und Mädchen sonder Zahl
Doch wird die Orgie abgesagt
Weil es dem Kaiser nicht behagt
Daß die Armenier im Norden
So munter seine Männer morden
Des Kaisers Paladin ist ein Getreuer
In dessen Gattin jedoch brennt das Feuer
Des Aufstands und der Rebellion
Sie meuchelt Ehemann und auch den Sohn
Was – Kenner ahnen, wie's geschieht –
Sehr rasch Vergeltung nach sich zieht
Das Urteil, es ist ziemlich hart
Verfügt Amirä Himmelfahrt.

Frankreich / Italien / Spanien 1958, Farbe, 90 Min. **Buch:** Gian Paolo Callegari, Francesco de Feo, Gianfranco Parolini, Giovanni Simonelli, Ennio de Concini **Regie:** Vittorio Cottafavi **Mit:** Ettore Manni *(Marc Numidius)*, Georges Marchal *(Asclépios)*, Gianna Maria Canale *(Amira)*, Mara Cruz *(Zahar)*, Véga Vinci *(Armodia)*.

Aufstand der Legionen
Salammbo

Karthagos Söldner machen Dampf
Und rufen auf zum Arbeitskampf
Massenmord ist eine Fron
Man tut's nicht gerne ohne Lohn
Als die Tarifverhandlung eskaliert
Wird reihum tüchtig massakriert
Man läßt nicht ab, sich zu versohlen
Lautstark erschallen die Parolen:
«Wenn ihr's denn roh wollt,
könnt ihr's haben
Wir plätten euch wie Küchenschaben!»
Doch etwas Gutes ist dabei:
Es werden Arbeitsplätze frei.

Italien / Frankreich 1959, Farbe, 93 Min. **Buch:** Georges Tabet **Regie:** Sergio Grieco, Giuseppe Mangione, Mario Chiano, Sergio Grieco **Mit:** Jeanne Valerie *(Salammbo)*, Jacques Sernas *(Mathos)*, Arnoldo Foà *(Spendius)*, Edmund Purdom *(Narhavas)*, Riccardo Garrone *(Hamilcar)*, Charles Fawcett, Kamala Devi, Raffaele Baldassarre, Andrea Aureli.

Auf U-17 ist die Hölle los
The Atomic Submarine

Aus der Warte des Entstehungsjahres wirft der Film einen Blick in die nähere Zukunft, in der Atom-U-Boote im regulären Fracht- und Passagierdienst eingesetzt werden. Dabei müssen sie auch unter dem Nordpol durch. Als sich die Betriebsunglücke häufen, wird die «Tiger Shark» ausgesandt, den Dingen auf den Grund zu gehen. Man stößt auf ein UFO, das vom magnetischen Pol Energie bezieht. Bewohnt wird es von einer einäugigen Qualle, die ausgesandt wurde, die Möglichkeiten zur Besiedelung der Erde zu eruieren. Nebenher streiten sich Commander Holloway und der Meereswissenschaftler Nielson über Sinn und Unsinn von Kernwaffen. Nielson ist Pazifist, wird aber seine Lektion schon noch lernen.

USA 1959, SW, 73 Min. **Buch:** Orville H. Hampton **Regie:** Spencer G. Bennet **Mit:** Arthur Franz *(Comm. Richard Holloway)*, Brett Halsey *(Dr. Carl Nielson)*, Tom Conway *(Sir Ian Hunt)*, Dick Foran *(Capt. Dan Wendover)*, Paul Dubov *(Lt. David Milton)*, Joi Lansing *(Julie)*.

Gut zu wissen:
Spencer Bennet war ein versierter Serial-Regisseur, der in den 40ern unter anderem «Batman» und «Superman» durch ihre Abenteuer gelotst hatte.

Die Augen der Laura Mars
Eyes of Laura Mars

Der Oscar, den sie für «Network» bekommen hatte, war vermutlich noch handwarm, als Faye Dunaway die Titelfigur in «Die Augen der Laura Mars» verkörperte. Die Glamourfotografin Mars träumt immer wieder von gräßlichen Morden, die wenig später tatsächlich begangen werden, durchweg an Personen aus ihrem Bekanntenkreis. In höchstem Maße irritiert, sucht sie Polizeischutz bei Tommy Lee Jones, der mit dem Fall betraut ist.

USA 1977, Farbe, 105 Min. **Buch:** John Carpenter, David Z. Goodman **Regie:** Irvin Kershner **Mit:** Faye Dunaway *(Laura Mars)*, Tommy Lee Jones *(John Neville)*, Brad Dourif *(Tommy Ludlow)*, Darlanne Fluegel *(Lulu)*, René Auberjonois *(Donald Phelps)*, Lisa Taylor *(Michelle)*.

Gut zu wissen:
Die Laura Mars zugeschriebenen Fotos stammen realiter von Helmut Newton und Rebecca Blake.

Wenngleich als Koautor genannt, lieferte John Carpenter doch nur einen rudimentären Entwurf der Story.

Die Augen des Satans
The Brain from Planet Arous

Sally Fallon merkt gleich, daß ihrem Verlobten Steve etwas zugestoßen sein muß – plötzlich küßt er ungleich besser, und es gelüstet ihn nach, urrgh, vorehelichem Sex. In der Tat, ein Spacetrotter namens Gor hat Besitz ergriffen von dem vormals unbescholtenen Atomwissenschaftler, was auch an dessen hervorstehenden schwarzen Augäpfeln zu erkennen ist, mit denen er Menschen verbrutzeln und Flugzeuge zerpuffen lassen kann. Aber es gibt auch Außerirdische guten Willens, Vol zum Beispiel, der Gor auf den Fersen ist und vorerst in Sallys Hündchen Platz nimmt, damit er den Übeltäter im Auge behalten kann.

USA 1957, SW, 71 Min. **Buch:** Ray Buffam **Regie:** Nathan Hertz (= Nathan Juran) **Mit:** John Agar *(Steve / Gor)*, Joyce Meadows *(Sally Fallon)*, Robert Fuller *(Dan)*, Henry Travis *(Col. Frogley)*, Thomas B. Henry *(John Fallon)*.

Die Außerirdischen Il visitatore / The Visitor

Italienische Paranoia ist die spaßigste. Hier stürzen die Außerirdischen nicht blödsinnig ab, sie setzen telekinetisch begabte Nachfahren in die Welt, um die Erde unter ihre Knute zu zwingen. Wohlmeinende Sternenreisende suchen das Unheil zu verhindern. Hollywood-Veteranen wie John Huston, Mel Ferrer, Glenn Ford und Shelley Winters nahmen die italienische Gage gerne mit, zumal ihnen die Italiener bis Atlanta entgegenkamen, wo Teile des Films gedreht wurden. Sam Peckinpah tritt mal ins Bild, und auch der junge Lance Henriksen ist schon zugange, der dieser Art Kino fürderhin die Treue hielt.

Italien / USA 1979, Farbe, 108 Min. **Buch:** Lou Comici, Robert Mundy **Regie:** Michael J. Paradise (= Giulio Paradisi) **Mit:** Glenn Ford *(Det. Jake Durham)*, Paige Conner *(Katy Collins)*, Mel Ferrer *(Dr. Walker)*, John Huston *(Jerzy Colsowicz)*, Shelley Winters *(Jane Phillips)*, Joanne Nail *(Barbara Collins)*, Lance Henriksen *(Raymond Armstead)*, Sam Peckinpah *(Dr. Sam Collins)*, Franco Nero *(Jesus Christ)*.

Austin Powers – Das Schärfste, was Ihre Majestät zu bieten hat Austin Powers: International Man of Mystery

Die Carnaby Street war das Zentrum der Welt, die Herren James Bond, Matt Helm und Derek Flint standen für den Erhalt des Abendlandes gerade, derweil «Barbarella» die Sinne sämtlicher Jungmänner verwirrte, die wegen «Blow Up» später alle Fotografen geworden sind. In dieser Zeit treibt auch Austin Powers sein Wesen, ist Lichtbildner bei Tag und Geheimagent bei Nacht, immer aber übermütiger Potenzprotz und von keinerlei Selbstzweifel zerwirrt. Sein ärgster Widersacher heißt Dr. Evil, ähnelt bis aufs

Austin Powers: Mike Myers

fehlende Haar einem gewissen Ernest Blofeld und verfolgt das bescheidene Anliegen, die Welt zu ergattern. Da dies vorerst scheitert, läßt er sich einstweilen einfrieren. Austin Powers tut es ihm nach, und so landen die beiden Kontrahenten in den 90er Jahren, in denen sich die Frauen zwar wieder wie damals kleiden, sich ansonsten aber allerhand geändert hat.

USA 1997, Farbe, 89 Min. **Buch:** Mike Myers **Regie:** Jay Roach **Mit:** Mike Myers *(Austin Powers / Dr. Evil)*, Elizabeth Hurley *(Vanessa Kensington)*, Michael York *(Basil Exposition)*, Mimi Rogers *(Mrs. Kensington)*, Robert Wagner *(No. Two)*, Seth Green *(Scott Evil)*, Fabiana Udenio *(Alotta Fagina)*, Charles Napier *(Comm. Gilmour)*.

Gut zu wissen:
Koproduzentin der Agentenburleske war Demi Moore.

Die Autos, die Paris auffraßen

Automatic

Anno 2033 dienen die Automatics, praktische Haushaltsandroiden, in vielerlei Funktionen. Als Noras Vorgesetzter der jungen Frau zu nahe tritt, greift ein Automatic ein, der Sittenstrolch wird durch einen unglücklichen Zufall getötet. Der Cyborg will entsprechend seiner Programmierung die Polizei rufen, was dem Konzernchef nicht genehm ist, da er andertags ein neues Automatic-Modell der Öffentlichkeit vorzustellen gedenkt. Der Android kann nicht gegen seine Art und unternimmt alles, dem implantierten Befehl zu gehorchen, so daß sogar der Einsatz einer Hi-Tech-Söldnertruppe notwendig wird, das Gerät unter Kontrolle zu bringen. Vor dem hermetisch abgeriegelten Firmensitz aber haben sich Demonstranten und Medien versammelt, denen das Kampfgeschehen letztlich nicht verborgen bleibt.

USA 1994 **Buch:** Susan Lambert und Patrick Highsmith **Regie:** John Murlowski **Mit:** Daphne Ashbrook *(Nora Rochester)*, Olivier Gruner *(J 269)*, John Glover *(Goddard Marx)*, Jeff Kober *(Maj. Simon West)*, Penny Johnson *(Julia Rodriguez)*, Marjean Holden *(Epsilon Leader)*, Annabelle Gurwitch *(Gloria Takamatsu)*.

Gut zu wissen:
Olivier Gruner fungierte auch als «Fight Choreographer».

Penny Johnson ist bekannt aus der TV-Serie «Larry Sanders Show», die in Deutschland bei RTL zu sehen war.

Die Autos, die Paris auffraßen **The Cars That Ate Paris / The Cars That Eat People**

Paris ist nicht allein in Frankreich und Texas zu finden, auch in Australien gibt es ein Städtchen dieses Namens. Das frühere Goldgräber-Dorado erweist sich nicht gerade als

Stadt der Liebenden: Autotouristen werden von der Straße geschubst und ausgeraubt. Ihre Körper landen bei einem windigen Mediziner, der sich an ihren Gehirnen zu schaffen macht. In den Straßen randalieren Jugendliche mit stachelbewehrten Kraftwagen, die offenbar für die später entstandenen «Mad Max»-Filme recycelt wurden. Eine Horrorkomödie von Peter Weir, noch weit entfernt von gefühlslösenden Verabreichungen wie «Club der toten Dichter» oder «Green Card».

Australien 1974, Farbe, 91 Min. **Buch:** Peter Weir, Keith Gow, Piers Davies **Regie:** Peter Weir **Mit:** Terry Camilleri *(Arthur)*, John Meillon *(Bürgermeister)*, Melissa Jaffa *(Beth)*, Kevin Miles *(Dr. Midland)*, Max Gillies *(Metcalfe)*, Peter Armstrong *(Gorman)*, Edward Howell *(Tringham)*, Bruce Spence *(Charlie)*.

Alternativtitel:
«Die Killer-Autos von Paris»

Avatar – Wiedergeburt des Bösen: Eileen Davidson und Jon Voight

Avatar – Wiedergeburt des Bösen Eternity

Schon vor Jahrhunderten, so verrät dieser Film, sorgte das Böse für fortwährende Unbill und feiert auch im zeitgenössischen New York fröhliche Urständ. Ein integrer Fernsehjournalist erinnert sich in seinen Träumen an die wüsten Fehden in grauer Vorzeit, die ihn mit seinem bösartigen Bruder hadern ließen. Tagsüber ficht er wider einen abgefeimten Großunternehmer und Umweltverschmutzer, der sich bei näherem Hinsehen als Reinkarnation seines damaligen Gegenspielers entpuppt und dringend von seinen schlechten Taten abgebracht werden muß.

USA 1989, Farbe, 99 Min. **Buch:** Jon Voight, Steven Paul, Dorothy Koster Paul **Regie:** Steven Paul **Mit:** Jon Voight *(Edward/James)*, Armand Assante *(Romi/Sean)*, Wilford Brimley *(König/Eric)*, Eileen Davidson *(Dahlia/Valerie)*, Kaye Ballard *(Sabrina/Selma)*, Frankie Valli *(Guido)*, John P. Ryan *(Ankläger/Thomas)*.

Gut zu wissen:
Der mehrfach Oscar-nominierte Jon Voight war stets politisch engagiert und tritt – hier als Koautor – auch auf dem Felde des B-Films für seine Überzeugungen ein.

Baby – Das Geheimnis einer verlorenen Legende Baby – Secret of the Lost Legend

Sean Young, sonst meist die große Laszive oder doch mindestens im Psychostreß, begegnet uns hier einmal eindeutig jugendfrei in einem naiven Sauriermärchen aus dem Hause Disney. Als Paläontologin auf Dschungeltrip stöbert sie Familie Brontosaurus auf, die den Befehl zum Aussterben irgendwie nicht mitbekommen hat. Wie weiland bei König Kong, machen einige Gewinnstreber, unter ihnen auch Patrick «Nummer sechs» McGoohan, Jagd auf die Dickhäuter. Sean und Film-Gatte William Katt kommen bei ihrem Rettungsversuch ganz schön außer Puste.

USA 1985, Farbe, 93 Min. **Buch:** Clifford Green, Ellen Green **Regie:** Bill L. Norton **Mit:** William Katt *(George Loomis)*, Sean Young *(Susan Matthews-Loomis)*, Patrick McGoohan *(Dr. Eric Kiviat)*, Julian Fellowes *(Nigel Jenkins)*, Kyalo Mativo *(Cephu)*.

Alternativtitel:
«Das Dinosaurier-Baby – Geheimnis einer verlorenen Legende»

Barb Wire

Barb Wire: Pamela Anderson

Im Jahr 2017 hat das diktatorische «Kongreß-Direktorium» das Kriegsrecht über die USA verhängt. Nur die Exklave Steel Harbor liegt außerhalb des Machtbereichs. Hier unterhält die frühere Widerstandskämpferin Barb Wire den Club «Hammerhead» und geht im Nebenberuf in fetischistenfreundlicher Arbeitskleidung auf Kopfgeldjagd, hält dabei aber, anders als ihr kriegsblinder Bruder Charlie, strikt auf Neutralität. Eines Tages steht Barbs verhaßter Ex-Liebhaber Axel in der Bar. Seine jetzige Frau Cora D ist auf der Flucht. Sie verfügt über ein Mittel gegen eine tödliche Seuche, die von den Kongreßleuten in Umlauf gebracht wurde. Barb lehnt zunächst jede Hilfe ab, ändert aber ihre Meinung, als die Kongreßleute ihren Bruder ermorden.

USA 1995, Farbe, 99 Min. **Buch:** Chuck Pfarrer, Ilene Chaiken **Regie:** David Hogan **Mit:** Pamela Anderson *(Barb Wire)*, Temuera Morrison *(Axel)*, Victoria Rowell *(Cora D)*, Xander Berkeley *(Alexander Willis)*, Steve Railsback *(Col. Pryzer)*, Udo Kier *(Curly)*, Jack Noseworthy *(Charlie)*, Clint Howard *(Schmitz)*.

Hoppla:
Der Ganove Schmitz bittet Barb Wire um Hilfe bei der illegalen Ausreise nach Kanada. Als Gegenleistung offeriert er ihr ein paar Kontaktlinsen, mittels deren die Augenscanner der Grenzbehörden getäuscht werden können. Würde er die Linsen behalten, wäre die Ausreise gar kein Problem.

Starke Töne:
«Keiner nennt mich Babe!» BARB WIRE

Barbarella

Roger Vadim, der für den ursprünglich vorgesehenen Regisseur Valerio Zurlini eingesprungen war und dem Filmvorhaben auch gleich seine damalige Lebensgefährtin Jane Fonda zugeführt hatte, bekam einiges zu

Barbarella

hören von der französischen Kritik. «Eklig», «trivial», «krankhaft», donnerte es. Vadim habe, so echote der deutsche «Filmdienst», die «Grenzen des guten Geschmacks» überschritten. Inzwischen sieht man die Sache gelassener. So schrieb die unzüchtiger Umtriebe unverdächtige Programmzeitschrift «TV Hören und Sehen» sehr verständig: «25 Jahre später zählte das Fantasy-Abenteuer mit der schmollmundigen Astro-Agentin zu den Kultstreifen in den Programmkinos (...) In ihrem Raumschiff begibt sich die futuristische Heroine auf einen galaktischen Trip, bei dem sie nicht zuletzt im Dienste der sexuellen Revolution agiert. Doch ob Space oder Sex – beides ist reine Parodie.»

Italien / Frankreich 1967, Farbe, 98 Min. **Buch:** Terry Southern, Brian Degas, Claude Brule, Clement Wood, Tudor Gates, Vittorio Bonicelli, Jean-Claude Forest, Roger Vadim **Regie:** Roger Vadim **Mit:** Jane Fonda *(Barbarella)*, John Phillip Law *(Pygar)*, Anita Pallenberg *(Schwarze Königin)*, David Hemmings *(Dildano)*, Milo O'Shea *(Durand-Durand)*, Marcel Marceau *(Prof. Ping)*, Ugo Tognazzi *(Mark Hand)*, Antonio Sabato *(Jean-Paul)*, Claude Dauphin *(Präsident)*.

Gut zu wissen:
Comic-Zeichner Jean-Claude Forest hatte sich für den himmlischen Körper seines flotten Milchstraßenfegers seinerzeit Brigitte Bardot zum Vorbild genommen. Verantwortlich für deren Aufstieg zum Star war niemand anderes als der nachmalige «Barbarella»-Regisseur Roger Vadim.

Baron Blood Baron Blood / Gli orrori del castelo di Norimberga

Obwohl in deutscher Koproduktion – mit Dieter Geissler – hergestellt, fand dieser gut durchblutete Film nicht in die hiesigen Kinos, sondern wurde erst 1995 bei RTL 2 uraufgeführt. An der Besetzung kann es nicht gelegen haben: Joseph Cotten macht sich doppelt nützlich als an den Rollstuhl gebundener Aristokrat, dessen österreichische Bastille einem Hotelkonzern überantwortet

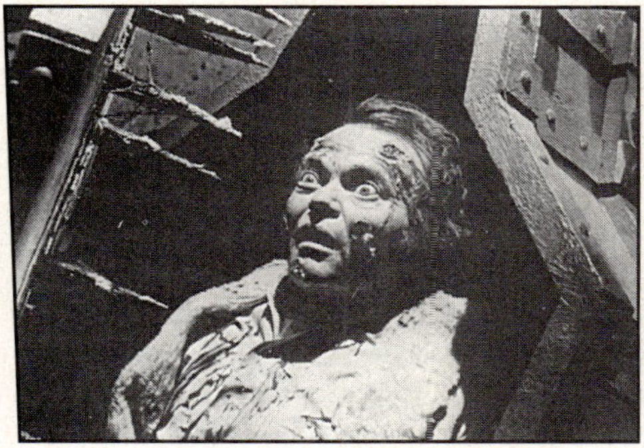

Baron Blood: Luciano Pigozzi

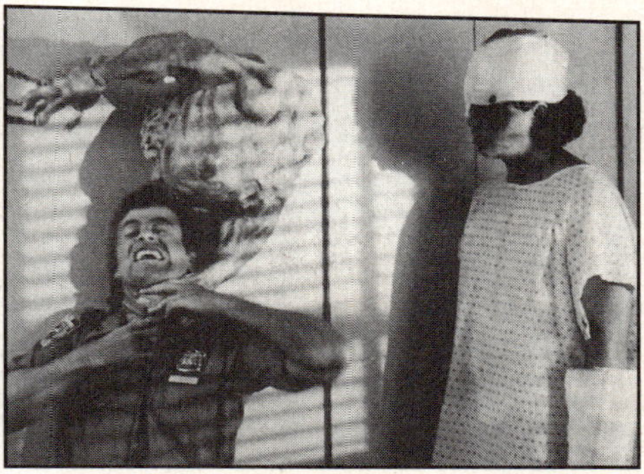

Basket Case

wurde und zur Renovierung ansteht, was einem schminktechnisch arg aufgedunsenen, aus seiner Grabesruhe aufgescheuchten Alter ego des Schloßherrn recht wenig behagt, so daß Elke Sommer hinlänglich Gelegenheit erhält, ihr Talent als Kreischkönigin zu entfalten.

Italien/BRD 1969, Farbe, 93 Min. **Buch:** Willibald Eser, Mario Bava **Regie:** Mario Bava **Mit:** Joseph Cotten *(Becker/Der Baron)*, Elke Sommer *(Eva)*, Massimo Girotti *(Onkel Karl)*, Antonio Cantafora *(Peter Kleist)*, Alan Collins *(Fritz)*, Luciano Pigozzi.

Gut zu wissen:
In ➜ DER TEUFLISCHE spielte Elke Sommer erneut unter Mario Bavas Regie.

Basket Case – Der unheimliche Zwilling **Basket Case**

Duane Bradley kam mißgestaltet zur Welt, verwachsen mit einem unausgebildeten Zwillingsbruder. Ein lebloser Fleischklumpen, meinen die Ärzte, und zücken das Skalpell. Das verschrumpelte Etwas namens Bilal aber ist durchaus bei Sinnen und nimmt auf telepathischem Wege Einfluß auf den Bruder. Der rettet es aus dem medizinischen Abfall, verstaut es in einem Körbchen, und gemeinsam zieht man aus, die an der Operation Beteiligten zu vernichten. Es trifft auch einige Unbeteiligte, die sich dem mit Zähnen und Klauen ausgestatteten Korbmonster unvorsichtigerweise nähern. Als aber Duane eine Freundin findet und sich mit den Dingen befaßt, die einem Jungen seines Alters zustehen, wird Bilal böse, und es kommt zum Bruderzwist.

USA 1982, Farbe, 89 Min. **Buch** und **Regie:** Frank Henenlotter **Mit:** Kevin Van Hentenryck *(Duane Bradley)*, Terri Susan Smith *(Sharon)*, Beverly Bonner *(Casey)*, Lloyd Pace *(Dr. Harold Needleman)*, Diana Browne *(Dr. Judith Kutter)*, Robert Vogel *(Hotelmanager)*, Bill Freeman *(Dr. Julius Lifflander)*.

Batman hält die Welt in Atem **Batman**

Die Helden aus der «Batman»-Fernsehserie und die vornehmsten Bösewichter – das Katzenweib, der Pinguin und der Joker – unternehmen einen gemeinsamen Ausflug auf die Kinoleinwand und fechten einen ordentlichen Strauß aus – wie stets absolut unblutig und gänzlich ohne Tote, einfallsreich und in echter Comic-Manier. Was die sowjetische «Prawda» seinerzeit nicht davon abhielt, die bonbonbunte TV-Serie wie folgt zu analysieren: «Batman unterzog die jungen Amerikaner einer Gehirnwäsche, um sie zu willigen Mördern für den vietnamesischen

Dschungel zu erziehen.» Heiliges Bat-Manifest – dieses Verdikt möge allen potentiellen Kriegsdienstverweigerern zur Warnung dienen.

USA 1966, Farbe, 105 Min. **Buch:** Lorenzo Semple jr. **Regie:** Leslie H. Martinson **Mit:** Adam West *(Batman)*, Burt Ward *(Robin)*, Cesar Romero *(Joker)*, Burgess Meredith *(Pinguin)*, Lee Meriwether *(Catwoman)*, Frank Gorshin *(Riddler)*.

Beach Babes – Die Girls vom anderen Stern Cave Girls Island / Beach Babes 2: Cave Girls Island / Beach Babes from Beyond 2

Es war einmal ein Dreigroschenfilm mit dem Titel «Beach Babes from Beyond». Der erzählte die Geschichte dreier galaktischer Grazien, die auf die Erde niederkommen und dort mit athletisch gebauten Strandjungs herumtoben. Wenn sonst schon nicht viel, hatte dieses Werk immerhin Auftritte von Linnea Quigley und Joey Travolta zu bieten. Drei Jahre später wurde der Film ein zweites Mal gedreht, mit noch weniger Geld und noch weniger Handlung. Geblieben war einzig Darstellerin Sarah Bellomo, die unter den Namen Roxanne Blaze und Crystal Lea auch mal im Hardcore-Gewerbe tätig war, hier aber, tateinheitlich mit ihren Kolleginnen Tina Hollimon und Stephanie Hudson, vorrangig unbeholfene Tanzbewegungen und simulierte Begattungen zum besten gibt. Eingefügt sind ein paar Schnipsel aus alten Saurierfilmen.

USA 1996, Farbe, 71 Min. **Buch:** Mark Michelini («Characters created by Alexander Sachs») **Regie:** Ellen Cabot (= David DeCoteau) **Mit:** Sarah Bellomo *(Xena)*, Tina Hollimon *(Sola)*, Stephanie Hudson *(Luna)*, Rodrigo Botero *(Dusty / Tommy)*, Stefan Galio *(Rock / Jimmy)*, Kenny Johnson *(Moon / Neil)*, Lenny Rose *(James T. Renford II.)*, Guy Payne *(Gund)*.

Starke Töne:
«Urzeitliche Ungeheuer im Kampf gegen Sexbestien – das gefällt mir!» RENFORD

Beastmaster The Beastmaster

Nachdem Erzfeinde seinen Stamm niedergemetzelt haben, ist Dar, ein von den Göttern gebenedeiter Kraft- und Naturbursche, auf sich allein gestellt. Während seiner Wanderungen versammelt er einen kleinen Zoo um sich und begegnet einigen abstoßenden Kreaturen, die gern Menschenbrühe zubereiten. Die Tiere und die liebreizende Kiri sind ihm bei den erforderlichen Heimzahlaktivitäten behilflich. Im weiteren steht ihm die Erkenntnis bevor, daß er einen Königsthron geerbt hat, was allerlei Mühen und Verpflichtungen mit sich bringt, die diesem Grzimek unter den Barbaren eher weniger behagen.

USA 1982, Farbe, 94 Min. **Buch:** Don Coscarelli, Paul Pepperman **Regie:** Don Coscarelli **Mit:** Marc Singer *(Dar)*, John Amos *(Seth)*, Tanya Roberts *(Kiri)*, Rip Torn *(Maax)*, Rod Loomis *(Zed)*.

Alternativtitel:
«Beastmaster – Der Befreier»; «Der Befreier»

Hoppla:
In einer Szene zieht ein weißer Wolf den bewußtlosen Dar mit den Zähnen aus der Gefahrenzone. Als der Wolf seinen Biß für einen Moment lockert, bewegt sich Dars Leib im gleichen Tempo weiter.

Beetlejuice

Alec Baldwin und Geena Davis, soeben verstorben, nehmen vom Jenseits aus den Kampf auf gegen die neuen Besitzer ihres Häuschens, weil diese das traute Heim auf das geschmackloseste verschandeln. Da sich die beiden kultivierten Phantome nicht anders zu helfen wissen, holen sie den bösartigen Beetlejuice herbei – und werden den

Beim Sterben ist jeder der Erste: Ned Beatty und Burt Reynolds

Geist, den sie unvorsichtigerweise riefen, vorerst nicht mehr los. Regisseur und Hauptdarsteller dieser grellen Horrorkomödie wurden im nachhinein zu Stars.

USA 1988, Farbe, 92 Min. **Buch:** Michael McDowell, Warren Skaaren **Regie:** Tim Burton **Mit:** Alec Baldwin *(Adam)*, Geena Davis *(Barbara)*, Michael Keaton *(Betelgeuse)*, Winona Ryder *(Lydia Deetz)*, Catherine O'Hara *(Delia Deetz)*, Jeffrey Jones *(Charles Deetz)*, Glenn Shadix *(Otho)*, Sylvia Sidney *(Juno)*, Dick Cavett *(Bernard)*.

Alternativtitel:
«Lottergeist Beetlejuice»

Hoppla:
Der inhärenten Logik der Geschichte zufolge verfügen Gespenster über kein Spiegelbild – und doch kann man ihre Antlitze in den Fensterscheiben widerscheinen sehen.

Begierde The Hunger

Catherine Deneuve begegnet uns als ägyptische Untote, die seit einigen Jahrtausenden auf Erden wandelt und sich's mit ihrem Gefährten David Bowie wohlergehen läßt. Dann aber droht die zarte Jugend des bleichen britischen Adligen zu schwinden, und die Gerontologin Susan Sarandon wird zu Rate gezogen. Catherine verliebt sich in die schmucke Ärztin, was zu unnötigen Verwicklungen führt, aber die Handlung mühelos auf Spielfilmlänge bringt. Bitte beachten Sie auch die Kleindarsteller, namentlich den methodisch agierenden Herrn Dafoe in seiner Telefonzelle.

GB 1982, Farbe, 98 Min. **Buch:** Ivan Davis, Michael Thomas **Regie:** Tony Scott **Mit:** Catherine Deneuve *(Miriam)*, David Bowie *(John)*, Susan Sarandon *(Sarah Roberts)*, Cliff De Young *(Tom Haver)*, Beth Ehlers *(Alice Cavender)*, Rufus Collins *(Charlie Humphries)*, Dan Hedaya *(Allegrezza)*, John Pankow, Willem Dafoe.

Achtung:
Eingebaut ist ein Auftritt der Kultband Bauhaus, die den programmatischen Song «Bela Lugosi's Dead» zur Aufführung bringt.

Beim Sterben ist jeder der Erste Deliverance

Vier Stadtbewohner suchen das Abenteuer und sind mehr als verdutzt, als sie es tatsächlich finden: Ed, Lewis, Bobby und Drew unternehmen eine Kanufahrt auf dem Chattooga. Bei einem Halt in der Wildnis nehmen zwei Streuner Bobby und Ed gefangen, Bobby wird vergewaltigt. Lewis eilt hinzu und erschießt einen der Männer. Der andere entkommt. Er ist mit einem Gewehr bewaffnet und macht aus dem Hinterhalt Jagd auf die Ausflügler, die nur Pfeil und Bogen zur Verteidigung haben.

USA 1971, Farbe, 109 Min. **Buch:** James Dickey **Regie:** John Boorman **Mit:** Jon Voight *(Ed)*, Burt Reynolds *(Lewis)*, Ned Beatty *(Bobby)*, Ronny Cox *(Drew)*, James Dickey *(Sheriff Bullard)*.

Alternativtitel:
«Flußfahrt»

Gut zu wissen:
Der Instrumentaltitel «Dueling Banjos», der perfekt die bedrohliche Atmosphäre des Films wiedergibt, wurde 1973 in den US-Charts verzeichnet und erlangte Goldstatus. Ebenfalls erfolgreich war die Parodie «Dueling Tubas».

Bel ami 2000 oder: Wie verführt man einen Playboy?

Ein seltsames Geschick verschlug den Biedermann Peter Alexander in eine frivole Komödie des neueren deutschsprachigen Kinos. Michael Pfleghar hatte Pop und Sexsatire im Sinn und ließ den Schlagerstar in der Rolle eines verknöcherten Buchhalters von einem Magazin namens Bel Ami zum idealen Playboy wählen. Diesem Anspruch muß der Gekürte jetzt dringend gerecht werden und wird eilig zum Lebemann gedrillt, besucht Filmpartys in Rom, fläzt sich im japanischen Bade, tändelt in Pariser Betten herum, immer begleitet und umsorgt von Starlets, Mannequins und anderen Buhlerinnen. Da bleibt es nicht aus, daß selbst Muttis Liebling die Unschuld verliert. Und da er ein Objekt öffentlichen Interesses ist, kalligraphiert ein Himmelsschreiber ans Firmament: «Knolle ist keine Jungfrau mehr.» Tägliche TV-Boulevardmagazine gab es damals ja noch nicht.

Österreich 1966, Farbe, 101 Min. **Buch:** Klaus Munro, Michael Pfleghar **Regie:** Michael Pfleghar **Mit:** Peter Alexander *(Peter Knolle)*, Antonella Lualdi *(Vera)*, Scilla Gabel *(Anita Bionda)*, Helga Anders *(Lucy)*, Linda Christian *(Lucys Mutter)*, Joachim Fuchsberger *(Sokker)*, Renato Salvatori *(Boy Schock)*.

Gut zu wissen:
Beim Erststart war der Film für Besucher ab 18 Jahren freigegeben. Nach einer Neubewertung wurde der Bescheid revidiert. Nun hieß es: ab 12.

Bell mir das Lied vom Tod
Baxter

Ein Bullterrier namens Baxter berichtet über seinen Lebensweg, der von etlichen Leichen gesäumt ist. Baxters Frauchen mußte dran glauben, weil die alte Dame kaum noch ihr trautes Heim verließ und ihr Kläffer sich von einem jungen Ehepaar aus der Nachbarschaft angezogen fühlte. Dort landet das Tier denn auch, gerät aber unversehens ins Abseits, als die Eheleute Nachwuchs erwarten. Der von Liebesentzug bedrohte Baxter sinnt erneut auf eine rigide Maßnahme, deren Opfer das Neugeborene werden soll.

Frankreich 1988, Farbe, 79 Min. **Buch:** Jacques Audiard, Jérôme Boivin **Regie:** Jérôme Boivin **Mit:** Lise Delamare *(Madame Deville)*, Jean Mercure *(Monsieur Cuzzo)*, Jacques Spiesser *(Michel Ferrer)*, Catherine Ferran *(Florence Morel)*, Sabrina Leurquin *(Noelle)*.

Alternativtitel:
«Baxter – Ein Höllenhund»; «Baxter»; «Baxter – Bell mir das Lied vom Tod»

Ben

Ben is back, der Anführer des Rattenheeres aus → WILLARD. Er weist seinem Volk den Weg in die Tiefen der Kanalisation, wo es eine neue Heimat findet. Bei einer Stippvisite in der Oberwelt trifft Ben auf den Knaben Danny Garrison. Seiner Herzerkrankung wegen hat der Junge kaum Freunde und sieht in dem klugen Nager einen willkommenen Spielgefährten. Aber es braut sich Unheil zusammen, denn die Kammerjäger forschen bereits emsig nach dem Zufluchtsort der Ratten, die von der weniger tierlieben Bevölkerung als Plage empfunden werden.

USA 1972, Farbe, 92 Min. **Buch:** Gilbert A. Ralston **Regie:** Phil Karlson **Mit:** Lee Harcourt Montgomery *(Danny Garrison)*, Joseph Campanella *(Cliff Kirtland)*, Meredith Baxter-Birney *(Eve Garrison)*, Arthur O'Connell *(Billy Hatfield)*, Rosemary Murphy *(Beth Garrison)*, Kaz Garas *(Joe Greer)*.

Gut zu wissen:
Meredith Baxter-Birney spielte die Mutter in der TV-Serie «Familienbande».

Besessen The Possessed

Vorübergehend nistet das schlechthin Böse in den Räumlichkeiten eines Mädchenpensionats. Absonderliches begibt sich dort: Ohne erkennbare Ursache gehen Vorhänge, Ponchos und andere Textilien in Flammen auf. Die Polizei ist wie immer machtlos. Da kommt ein geheimnisvoller Fremder in die Stadt und kümmert sich um die Sache. Das Pech auf seiner Seite hat allerdings Harrison Ford – der war damals nur Nebendarsteller und verschwand noch vor dem Happy-End von der Bildfläche.

USA 1977, Farbe, 71 Min. **Buch:** John Sacret Young **Regie:** Jerry Thorpe **Mit:** James Farentino *(Kevin Leahy)*, Claudette Nevins *(Ellen Sumner)*, Eugene Roche *(Sergeant Taplinger)*, Harrison Ford *(Paul Winjam)*, Ann Dusenberry *(Weezie Sumner)*, Joan Hackett *(Louise Gelson)*, Dinah Manoff *(Celia)*, Carol Jones *(Alex)*.

Die Bestechlichen Les ripoux

Im XVIII. Pariser Arrondissement kennt man den liebenswerten Flic René. Wenn er seine Runde macht, gibt es hier einen netten Plausch, dort einen Kaffee; ein kleiner Gauner wird ermahnt, aber laufengelassen. René verfolgt eine Politik maßvoller Korruption; dadurch behält er das Viertel im Griff und profitiert noch davon. Das geht so lange gut, bis er einen neuen Partner bekommt, einen ehrgeizigen Wichtigtuer, der in Renés gemütlichem Bezirk New Yorker Methoden einführen will. Behutsam lehrt René ihn die Kunst des Laisser-faire. Allmählich werden sie zu einem eingespielten Team, das zusammenhält wie Pech und Schwefel, als es sich in der Stunde arger Bedrängnis zu bewähren hat.

Frankreich 1984, Farbe, 107 Min. **Buch:** Claude Zidi, Didier Kaminka **Regie:** Claude Zidi **Mit:** Philippe Noiret *(René)*, Thierry Lhermitte *(François)*, Régine *(Simone)*, Grace de Capitani *(Natacha)*, Julien Guiomar *(Kommissar Bloret)*, Claude Brosset *(Inspecteur Vidal)*, Albert Simono *(Inspecteur Leblanc)*.

Die Bestie mit dem Skalpell
Corruption / Carnage

Peter Cushing schickt sich an, das Fotomodell Sue Lyon zu heiraten, und reagiert erbost, als seine Verlobte auf einer Party von einem lüsternen Fotografen umworben wird. Ein Scheinwerfer fällt um und verbrennt die geldwerten Gesichtszüge der Dame. Glücklicherweise ist Cushing Chirurg und somit in der Lage, den Schaden qua Hauttransplantation zu beheben. Doch hält der Erfolg nicht lange an; binnen kurzem verwelkt das Flickstück und muß ersetzt werden – und zwar durch lebendes Gewebe. Cushing vergißt den hippokratischen und andere Eide und zieht hinaus, bedauernswerten Opfern die Haut abzuziehen. Nicht alle aber lassen sich dies widerstandslos gefallen.

GB 1967, Farbe, 91 Min. **Buch:** Donald

Ford, Derek Ford **Regie:** Robert Hartford-Davis **Mit:** Peter Cushing *(Sir John Rowan)*, Sue Lloyd *(Lynn Nolan)*, David Lodge *(Groper)*, Anthony Booth *(Mike Orme)*, Noel Trevarthen *(Steve Harris)*, Kate O'Mara *(Val Nolan)*, Wendy Varnals *(Terry)*, Vanessa Howard *(Kate)*.

Gut zu wissen:
Die phantastischen Kulissen stammen von Robert Mattey, der später – bereits als Ruheständler – Spielbergs weißen Hai entwarf.

Die Bestie mit den fünf Fingern The Beast with Five Fingers

Nicht von Richard Clayderman ist die Rede, sondern von der abgetrennten Hand eines verstorbenen Pianisten. Peter Lorre versteht sich darauf, das eiskalte Händchen gedanklich fernzusteuern, und läßt es nicht nur die Klaviertasten, sondern auch manchen Schwanenhalse drücken, Szenen, an deren Gestaltung Luis Buñuel einigen Anteil hatte.

USA 1946, SW, 90 Min. **Buch:** Curt Siodmak **Regie:** Robert Florey **Mit:** Peter Lorre *(Hilary Cummins)*, Robert Alda *(Conrad Ryler)*, Andrea King *(Julie Holden)*, J. Carrol Naish *(Ovidio Castanio)*, Victor Francen *(Francis Ingram)*, Belle Mitchell *(Savanna)*.

Bestien lauern vor Caracas The Lost Continent

... und eine davon heißt Hildegard Knef. Als vormaliges Diktatorenliebchen muß sie einiges erdulden an Bord der nicht ganz rostfreien «Carita», die zu explodieren droht – woraufhin es das mehr oder minder zwielichtige Personal originaltitelgemäß an die Gestade des von uralten Piratengeschlechtern, spanischen Konquistadoren sowie überaus ulkigem Gezücht bewohnten «Lost Continent» verschlägt.

GB 1967, Farbe, 100 Min. **Buch:** Michael Nash **Regie:** Michael Carreras **Mit:** Eric Porter *(Capt. Lansen)*, Hildegard Knef *(Eva)*, Suzanna Leigh *(Unity Webster)*, Tony Beckley *(Harry Tyler)*, Jimmy Hanley *(Pat)*, Nigel Stock *(Dr. Webster)*, Benito Carruthers *(Ricaldi)*.

Die Besucher Les visiteurs

Auf dem Wege vom original Kultstar zum verläßlichen Einspielgaranten brachte Jean Reno auch diese Zeitreiseklamotte hinter sich, mit der er seinen Marktwert daheim in Frankreich erheblich zu steigern vermochte, nachdem der Klamauk 1993 über vier Millionen Betrachter angelockt hatte. Reno ist ein Rittersmann aus dem Jahr 1122, meuchelt als solcher rein aus Versehen seinen Schwiegervater in spe und möchte das Ungeschick durch einen kurzen Trip in die Vergangenheit auf die Schnelle beheben, landet aber infolge eines Versehens des zuständigen Druiden mitsamt dem Knappen in der Zukunft. Dort gilt es, Turniere mit ruchlosen Postautos auszufechten und die degenerierten Nachkommen auf Vordermann zu bringen.

F 1993, Farbe, 107 Min. **Regie:** Jean-Marie Poiré **Buch:** Christian Clavier, Jean-Marie Poiré **Mit:** Christian Clavier *(Jacquouille/Jacquart)*, Jean Reno *(Godefroy)*, Valérie Lemercier *(Frénégonde/Béatrice)*, Marie-Anne Chazel *(Ginette)*, Christian Bujeau *(Jean-Pierre)*.

Big

Der 13jährige Josh wäre gern erwachsen. Ein magischer Jahrmarktsautomat erfüllt ihm diesen Wunsch – urplötzlich hat der Gernegroß verteufelte Ähnlichkeit mit Tom Hanks. Aber nun erkennt ihn niemand mehr wieder. Er ist auf sich allein gestellt und muß sich in der verzwickten Welt der Erwachsenen erst einmal zurechtfinden. Mit ein wenig Glück macht er Karriere bei einem

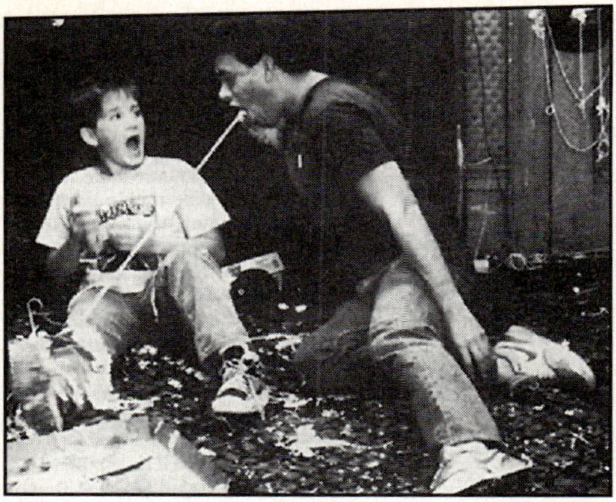

Big: Tom Hanks

Spielwarenhersteller. Denn wer wüßte besser, was Kinder wollen, als ein Teenager? Neue Erfahrungen ganz anderer Art stehen ihm bevor, als sich eine attraktive Kollegin für ihn zu interessieren beginnt. USA 1988, Farbe, 105 Min. **Regie:** Penny Marshall **Buch:** Gary Ross und Anne Spielberg **Mit:** Tom Hanks *(Josh Baskin)*, Elizabeth Perkins *(Susan)*, John Heard *(Paul)*, Robert Loggia *(MacMillan)*, Jared Rushton *(Billy)*, Mercedes Ruehl *(Mrs. Baskin)*, Jon Lovitz *(Scotty Brennen)*.

Gut zu wissen:
Bei Testvorführungen sprach sich das Publikum dafür aus, Josh und Susan miteinander glücklich werden zu lassen. Trotzdem blieb der Schluß unverändert, was dem Erfolg des Films keineswegs im Wege stand.

Zeitweilig war Harrison Ford für die Hauptrolle vorgesehen.

Big Birds abenteuerliche Flucht Follow That Bird

Big Bird, der große gelbe Vogel aus der Sesamstraße, wird von den Behörden zwangsexpediert und bei seinesgleichen in Oceanview untergebracht. Bei den Dodos aber fühlt er sich gar nicht wohl und entfleucht. Unterdessen sind auch die Sesamstraßenbewohner unterwegs, ihren Freund heimzuholen. Die Reisenden treffen unter anderem auf Country & Western-Ikone Waylon Jennings, auf John Candy, Chevy Chase, Paul Bartel und Sandra Bernhard. USA 1985, Farbe, 84 Min. **Buch:** Tony Geiss, Judy Freudberg **Regie:** Ken Kwapis **Mit:** Caroll Spinney *(Bibo/Oskar)*, Paul Bartel *(Koch)*, Sandra Bernhard *(Kellnerin)*, John Candy *(Highway-Polizist)*, Chevy Chase *(Nachrichtensprecher)*, Joe Flaherty *(Sid Sleaze)*.

Alternativtitel:
«Bibos abenteuerliche Flucht»

Bill und Teds verrückte Reise durch die Zeit Bill and Ted's Excellent Adventure

Beinahe wäre es nichts geworden mit Keanu Reeves' großer Leinwandkarriere, denn die Herren Produzenten waren in einem Maße unsicher über die Qualitäten dieser Teenagerkomödie, daß sie sie gar nicht in die Kinos bringen mochten. Dann aber streikten die Drehbuchautoren, Filme wurden knapp, und Bill und Teds verrückte Reise durch die Filmtheater nahm ihren Lauf – so erfolgreich, daß 1992 noch eine ziemlich alberne Fortsetzung fällig wurde, die immerhin Pam Grier als Mitwirkende zu bieten hat. Alles aber beginnt damit, daß Bill und Ted ihre Geschichtshausaufgaben machen müssen und der Einfachheit halber persönlich bei den Altvorderen vorbeischauen. USA 1988, Farbe, 90 Min. **Buch:** Chris Matheson, Ed Solomon **Regie:** Stephen Herek **Mit:** Alex Winter *(Bill S. Preston)*, Keanu Reeves *(Ted Logan)*, George Carlin *(Rufus)*, Terry Camilleri *(Napoleon)*, Dan Shor *(Billy the Kid)*, Tony Steedman *(Sokrates)*, Bernie Casey *(Mr. Ryan)*.

Starke Töne:
«Das müßte absolut triumphal werden.» TED

Der Biß der Schlangenfrau: Amanda Donohoe

Der Biß der Schlangenfrau
The Lair of the White Worm

Amanda Donohoe windet sich durch Derbyshire und vergöttert einen Lindwurm, der in unterirdischen Höhlen überlebt hat. Gelegentlich füttert sie ihn mit Pfadfindern, ihr eigentliches Trachten aber richtet sich darauf, ihm eine Jungfrau zu opfern. Die findet sich mit Catherine Oxenberg, die mit ihrer Schwester nahebei eine Frühstückspension betreibt. Hugh Grant, der amtierende Schloßherr, und ein junger schottischer Archäologe versuchen, das Schlimmste zu verhindern ... Ken Russell ließ es sich nicht nehmen, die dem auf Bram Stoker zurückgehenden Stoff innewohnende Sexualsymbolik genüßlich auszuspielen und obendrein noch ein paar kühne, weil unverhohlen blasphemische Bilderwirbel anzurichten. Auch mit Splattereinlagen ist zu rechnen.

GB 1988, Farbe, 93 Min. **Buch** und **Regie:** Ken Russell **Mit:** Amanda Donohoe *(Lady Sylvia Marsh)*, Hugh Grant *(Lord James D'Ampton)*, Catherine Oxenberg *(Eve Trent)*, Sammi Davis *(Mary Trent)*, Peter Capaldi *(Angus Flint)*.

Black Cat 2 Black Cat II: The Assassination of President Yeltsin

«Black Cat 1» war die Hongkong-Version von Luc Bessons modernem *film noir* «Nikita». Für die chinesische Mordbeauftragte, der zu Kontrollzwecken ein Mikrochip unter die Kopfhaut gepflanzt wurde, ging die Arbeit allerdings weiter – in der Fortsetzung wird sie Boris Jelzins Schutzengel.

Hongkong 1993, Farbe, 85 Min. **Buch:** James Fung, Sin Kam-Ching, Ivy Lee **Regie:** Stephen Shin **Mit:** Jade Leung *(Catherine)*, Simon Yam, Robin Shou, Zoltan Buday, Skorokhed Alexander, Bob Wilde.

Alternativtitel:
«Black Cat II – Codename Cobra»; «Codename Black Cat»

Black Cobra

Nach Abflauen der *blaxploitation*-Welle suchte Fred Williamson zeitweilig Glück und billige Produktionsverhältnisse in Italien. «Black Cobra» spielt an auf den Stallone-Film «Die City Cobra» («Cobra»), und wie der hellhäutige Kollege stapft auch Williamson schwer armiert durch die Großstadtszenerie, um eine gefährdete Tatzeugin vor einem Rudel maskierter Mordbuben zu bewahren. Mußte Stallone sich mit Brigitte Nielsen abgeben, die ja eines Tages auch mal in Italien landen sollte, wurde Williamson zum Beschützer von Eva Grimaldi und Sabrina Siani.

Italien/USA 1986, Farbe, 87 Min. **Buch:** Danilo Massi **Regie:** Stelvio Massi **Mit:** Fred Williamson *(Det. Robert Malone)*, Adlo Menegolino *(Politiker)*, Eva Grimaldi *(Alyce)*, Sabina Gaddi *(Krankenschwester)*, Karl Landgren *(Snake)*, Sabrina Siani *(Tochter des Polizeichefs)*.

Black Cobra 2 – Einsatz in Manila Black Cobra II

Noch billiger als in Italien ließen sich Filme auf den Philippinen produzieren, und eben dorthin wird Detective Malone strafversetzt, weil er eine Geiselnahme mit einem sehr riskanten finalen Rettungsschuß beendet hatte. Gleich auf dem Flughafen von Manila gerät er in eine neue Malaise. Ein scheinbar unbedeutender Taschendiebstahl erweist sich als Auftakt zu einer diffizilen Angelegenheit mit dem Komplettangebot an Mord, Totschlag und handfesten Balgereien. All das bleibt freilich immer sehr übersichtlich, weil das Budget keine großen Sprünge zuließ, die sich der auch nicht mehr ganz junge Williamson ohnehin nicht hätte erlauben können.

Italien 1988, Farbe, 94 Min. **Buch:** Stelvio Massi **Regie:** Stan Edwards (= Stelvio Massi) **Mit:** Fred Williamson *(Det. Robert Malone)*, Nicholas Hammond *(Kevin McCole)*, Emma Hoagland *(Peggy)*, Majib Jadali, Ned Hourani.

Starke Töne:
«Ich verspreche Ihnen: Mich kriegen Sie auf keinen Fall auf diese Scheißphilippinen.» MALONE

Black Gestapo The Black Gestapo

Schamloser ging wohl niemand zu Werke beim Versuch, aus der *blaxploitation*-Welle Kapital zu schlagen. General Ahmed, der seinen Rang beim Militär ehrlich erworben hat, leitet die People's Army of Watts, eine Initiative, die in dem gleichnamigen Stadtteil von Los Angeles gegen das Drogenproblem vorgeht. Die weißen Gangster sind bei der Wahl ihrer Methoden nicht zimperlich, und der gemäßigte Ahmed wird von dem militanten Col. Kojah abgelöst. Er verwandelt die Organisation in eine straff geführte

Miliz und erzielt den gewünschten Erfolg. Dann aber errichtet Kojah, von der erworbenen Macht berauscht, ein totalitäres Regime. Es liegt bei General Ahmed, die brutalen Exzesse der schwarzen Sturmtruppen zu unterbinden.

USA 1975, Farbe, 88 Min. **Buch:** Lee Frost, Wes Bishop **Regie:** Lee Frost **Mit:** Rod Perry *(Gen. Ahmed)*, Charles P. Robinson *(Col. Kojah)*, Phil Hoover *(Vito)*, Ed Cross *(Delmay)*, Angela Brent *(Marsha)*, Wes Bishop *(Ernest)*, Lee Frost *(Vincent)*.

Gut zu wissen:
Regisseur Lee Frost ist der Anführer der weißen Verbrecher ... auf der Leinwand.

The Black Godfather

J. J. gehört zur jungen Generation schwarzer Gangster und geht mit Ungestüm sein Vorhaben an, sich einen Platz in der illegalen Geschäftswelt zu erobern. Seine Strategie, die er sich vermutlich in einem *blaxploitation movie* abgeguckt hat: die italienischen Mafiabanden aus den Schwarzenvierteln zu verjagen. Er versichert sich, wie sollte es anders sein, der Unterstützung einer afroamerikanischen Miliz und zieht die schwarzen Hausangestellten in den Luxusvillen als Informanten heran. Als er auch noch eine große Ladung Heroin in die Luft jagt, wird die Gegenseite pampig ... Sehr viele neue Ideen hat John Evans nicht zu bieten.

USA 1974, Farbe, 86 Min. **Produktion, Buch, Regie:** John Evans **Mit:** Rod Perry *(J. «J. J.» Johnson)*, Damu King *(Diablo)*, Don Chastain *(Tony)*, Diane Sommerfield *(Yvonne Williamson)*, Jimmy Witherspoon *(Big Nate Williamson)*, Duncan McLeod *(Lt. Joe Sterling)*, Tony Burton *(Sonny Spider Brown)*, Anny Green *(Honey)*.

Alternativtitel:
«Der schwarze Pate»

The Black Klansman

Der Produzent und Regisseur Ted V. Mikels schrieb sich mit unsterblichen Werken wie «The Astro-Zombies» oder «The Corpse Grinders» in die Filmgeschichte ein. 1966 ahnte er bereits das Aufkommen des *blaxploitation*-Genres voraus und kurbelte einen Trashfilm herunter, in dem sich ein hellhäutiger afroamerikanischer Musiker in den Ku-Klux-Klan einschleicht, um den Mord an seiner Tochter zu rächen. Als der Klan seine weiße Freundin und einen schwarzen Freund gefangennimmt, wird's spannend.

USA 1966, Farbe, 88 Min. **Buch:** John T. Wilson, Arthur A. Names **Regie:** Ted V. Mikels **Mit:** Richard Gilden *(Jerry Ellsworth/John Ashley)*, Rima Kutner *(Andrea)*, Harry Lovejoy *(William Rook)*, Max Julien *(Raymond Estes)*, Jackie Deslonde *(Farley)*.

Alternativtitel:
«I Crossed the Color Line» (USA); «Brutes» (GB)

Black Scorpion

Eigentlich hätte man Batmans Gegenspielerin Catwoman auf der Seite der Guten und überhaupt gern mal wiedergesehen. Dachte sich auch Autor Craig J. Nevius und ersann die schwarze Skorpionin, eine heißblütige Polizistin, die nächtens getarnt auf Verbrecherjagd geht, und zwar in einem Kostüm, dessen Anblick allein schon jeden männlichen Bösewicht – zumindest partiell – erstarren läßt. Die Schurken sind von besonderem Kaliber, namentlich der asthmatische Darth-Vader-Verschnitt «Breathtaker» will der Menschheit eins husten. Joan Severance aber piekt die kurzatmigen Kerle, bis die Welt gerettet ist. Fürs erste jedenfalls, denn bald folgte «Black Scorpion II: Aftershock».

USA 1995, Farbe, 88 Min. **Buch:** Craig J. Nevius **Regie:** Jonathan Winfrey **Mit:** Joan Severance *(Det. Darcy Walker)*, Bruce Abbott *(Michael Russo)*, Rick Rossovich *(Lt. Stan Walker)*, Casey Siemaszko *(Dr. Goddard/Breathtaker)*, Stephen Lee *(Capt. Strickland)*, Garrett Morris *(Argyle)*, Darryl M. Bell *(E-Z Streete)*, Terri J. Vaughn *(Tender Lovin)*.

Starke Töne:

«Die Straße ist ja nicht mal mehr für Kriminelle sicher.» ARGYLE

Black Scorpion: Ground Zero

«Black Scorpion II: Aftershock»

Die Frau mit dem Stachel ist zurück. Noch immer bereitet ihr die enorme Verbrechensrate ihrer Heimatstadt City of Angels schlaflose Nächte. Zudem plagen sie Gefühlswirrnisse bezüglich ihres Freundes und Partners Rick. Auch schüttelt sich des öfteren die Erde in der Engelstadt, woran die Helfershelfer des Bürgermeisters ihren Anteil haben, der sich von anhaltenden Erdbeben finanzielle Beihilfen der Regierung verspricht und darum die Bemühungen einer Wissenschaftlerin sabotiert, die Katastrophen zu unterbinden. Die Dame tut es der Skorpionin gleich, schlüpft in ein aufreizendes Kostüm und verfolgt ihre Rachepläne, in denen der verspielte Chefhalunke Gangster Prankster und auch Black Scorpion eine gewisse Rolle spielen.

USA 1996, Farbe, 85 Min. **Buch:** Craig Nevius **Regie:** Jonathan Winfrey **Mit:** Joan Severance *(Det. Darcy Walker)*, Whip Hubley *(Rick Bromley)*, Stoney Jackson *(The Gangster Prankster)*, Sherrie Rose *(Aftershock)*, Stephen Lee *(Capt. Strickland)*, Terri J. Vaughn *(Veronica)*, Carl Banks *(Grimace)*, David Harris *(Heckler)*, Matt Roe *(Bürgermeister Worth)*.

Gut zu wissen:

Bei der mißlungenen, weil unentschlossen inszenierten Fortsetzung übernahm Joan Severance auch die Pflichten einer Produzentin.

Black Shampoo

In der Blütezeit des *blaxploitation*-Kinos verfiel man darauf, bekannte Mainstream-Titel heranzuziehen und mit dem Wörtchen «Black» zu verzieren (vergleiche → THE BLACK GODFATHER). «Shampoo» war eine erfolgreiche Satire von Hal Ashby um die finanziellen und sexuellen Drangsale eines Society-Friseurs. «Black Shampoo» hat ebenfalls einen Figaro zum Helden, aber die Berufsgruppe ist kaum von Belang. Probleme jedenfalls sind diesem muskelbepackten Boliden eher fremd. Die Damen wollen nur das eine, Gangsterbanden nur das andere, und beide werden zufriedenstellend bedient, letztere notfalls mit der Kettensäge.

USA 1976, Farbe, 83 Min. **Buch:** Alvin L. Fast, Greydon Clark **Regie:** Greydon Clark **Mit:** John Daniels *(Jonathan Knight)*, Tanya Boyd *(Brenda St. John)*, Joe Ortiz *(Mr. Wilson)*, Skip E. Lowe *(Artie)*, Gary Allen *(Richard)*, Jack Mehoff *(Maddox)*, Bruce Kerley *(Jackson)*, Diana St. Clair *(Mrs. Simpson)*, Fred Scott *(Freddie)*.

The Black Six

Afroamerikanische Filmstars wie Woody Strode, Fred Williamson und Jim Brown waren erfolgreiche Sportler, ehe sie ins Lichtspielgewerbe wechselten. Der Nimbus als Sportidol kam ihnen – und ihren Produzenten – dabei meist zugute. Aus dieser Überlegung heraus heuerte Matt Cimber gleich sechs populäre Football-Spieler an und besetzte sie als Vietnamveteranen, die in «Easy-Rider»-Manier durch die Staaten brausen, ihren Frieden suchen, aber nicht finden. Heimgekehrt zu Muttern, erfährt Bubba, daß sein Bruder von Rednecks ermordet wurde, weil er eine weiße Freundin hatte. Bubba mag die Angelegenheit nicht auf sich beruhen lassen, ruft seine

Blacula, Filmplakat

Kriegskameraden zusammen und bittet die Übeltäter zum Motorradduell aufs Schlachtfeld.

USA 1973, Farbe, 90 Min. **Buch:** George Theakos **Produktion** und **Regie:** Matt Cimber **Mit:** Gene Washington *(Bubba Daniels)*, Carl Eller *(Junior Bro)*, Lem Barney *(French)*, Mercury Morris *(Boakie)*, Willie Lanier *(Tommy)*, «Mean» Joe Greene *(Kevin)*, Rosalind Miles *(Ceal)*, Cynthia Daly *(Jenny King)*, John Isenbarger *(Moose King)*, Ben Davidson *(Thor)*.

Blacula

«That is one strange dude», bemerkt einer der Aufführenden, wahre Worte, wie sie nur in billigen Filmen zu finden sind. Samuel Z. Arkoff, der große B-Film-Produzent, steckt dahinter, wenn ein Herr Mamuwalde aus Afrika anreist und beim Grafen Dracula vorstellig wird, um Hilfe gegen die Sklaverei zu erbitten. Statt diese zu gewähren, schnappt der Transsylvanier zu, da es ihn nach der Gattin seines Gastes gelüstet. Jahre später begegnen wir Herrn Mamuwalde, der jetzt Blacula heißt, in Los Angeles. Und was er dort trieb, ward vom Publikum so gern gesehen, daß er im Jahr darauf ein weiteres Mal erstand und unter der Überschrift «Scream, Blacula, Scream» Pam Grier nachstellte, die keinen Tarantino braucht, um einem blutschlürfenden Lustgreis Paroli zu bieten.

USA 1972, Farbe, 93 Min. **Buch:** Joan Torres, Raymond Koenig **Regie:** William Crain **Mit:** William Marshall *(Mamuwalde/Blacula)*, Vonetta McGee *(Tina/Luva)*, Denise Nicholas *(Michelle)*, Thalmus Rasulala *(Dr. Gordon Thomas)*, Charles Macauley *(Graf Dracula)*, Elisha Cook jr. *(Sam)*.

Gut zu wissen:
Bei einem Nachtclub-Besuch Blaculas tritt die Hues Corporation auf und leistet ihren Beitrag zum bis dato wohl souligsten Vampirfilm.

Blade

Wesley Snipes war im Fitneß-Studio und hat noch einmal ordentlich draufgelegt. Das war nötig, denn als Darsteller der Comic-Figur Blade bekommt er es mit einem aufmüpfigen Vampir zu tun, der gegen die alte Garde aufbegehrt. Blade ist dieser Spezies sehr nahe, denn auch in seinen Adern fließt vampirisches Blut: Seine Mutter ward während der Schwangerschaft von einem Blutsauger gebissen und starb an den Folgen. Seither macht der rachelüsterne Blade Jagd auf seine entfernten Verwandten und kennt dabei kein Pardon.

USA 1998, Farbe, 120 Min. **Buch:** David S. Goyer **Regie:** Stephen Norrington **Mit:** Wesley Snipes *(Blade)*, Stephen Dorff *(Deacon Frost)*, Kris Kristofferson *(Whistler)*, N'Bushe Wright *(Karen)*, Udo Kier *(Dragonetti)*, Traci Lords *(Racquel)*.

Gut zu wissen:
Wesley Snipes praktiziert seit frühester Jugend Kung Fu und wollte in «Blade» seine Talente einmal

Blade, Filmplakat

voll zur Geltung bringen. Da er selbst als Produzent fungierte, konnte er dies seinen Vorstellungen entsprechend tun. Deshalb hat der Film ein paar beachtliche Kabinettstückchen zu bieten, wie sie sonst eher in Hongkong-Filmen zu finden sind.

Starke Töne:
«Es gibt doch immer wieder welche, die es ganz genau wissen wollen.» BLADE

Das blaue Paradies Paradise

Ein überlanger Werbespot für Baccardi, ein Stück bewegliche Tapete – das war «Die blaue Lagune». Aber es kam noch schlimmer. Zum einen mit der Fortsetzung «Rückkehr zur blauen Lagune», die eigentlich ein Remake war, zum anderen mit dem inoffiziellen Remake «Das blaue Paradies», in der das Geschehen vom tropischen Strand an die Gestade einer vom Sand umspülten Oase verlegt wurde. Dorthin verschlagen hat es die Teenager Phoebe Cates und Willie Aames, weil einer dieser ruchlosen Wüstenscheichs Phoebe gern in seinem Harem sähe. Gelegentlich kommt der Drehbuchautor sogar auf diese Angelegenheit zurück, hauptsächlich aber sieht man die beiden durch die Natur tollen.

Kanada 1981, Farbe, 93 Min.
Buch und **Regie:** Stuart Gillard **Mit:** Willie Aames *(David)*, Phoebe Cates *(Sarah)*, Richard Curnock *(Sir Geoffrey)*, Tuvia Tavi *(Der Schakal)*, Aviva Marks *(Rachel)*, Neil Vipond.

Gut zu wissen:
Dem Vernehmen nach versuchte das Studio Columbia Pictures, das «Die blaue Lagune» produziert hatte, das kanadische Plagiat durch Gerichtsbeschluß stoppen zu lassen, wurde aber abgewiesen.

Bleichgesicht junior Son of Paleface

Vier Jahre nach «The Paleface» kehrt Bob Hope als «Son of Paleface» zurück und trifft auch gleich wieder auf Jane Russell, die damals, schmunzel, Calamity Jane hieß, jetzt aber Mike genannt wird und einen Saloon führt, der diversen gesetzwidrigen Unternehmungen als Tarnung dient. Bob Hope aber ist mindestens so habgierig wie sie, obendrein niederträchtig, aber feige. Beide müssen sich mit dem asketischen Glamourcowboy Roy Rogers auseinandersetzen, der selbst angesichts der leichtgeschürzten Jane Russell keine Miene verzieht, während sich Bob Hope der Pfeifendeckel aufstellt. Die Suche nach dem Gold des verblichenen Paleface sr. führt zu den aberwitzigsten Verwicklungen und Kleindramen. Sogar eine klassische Bettszene mit Bob Hope und dem klugen Gaul Trigger geht vonstatten.

USA 1952, Farbe, 95 Min. **Buch:** Frank Tashlin, Robert L. Welch, Joseph Quillan **Regie:** Frank Tashlin **Mit:** Bob Hope *(Junior Potter)*, Jane Russell *(Mike)*,

***Blink:* Madeleine Stowe und Paul Dillon**

Roy Rogers *(Roy Barton)*, Bill Williams *(Kirk)*, Lloyd Corrigan *(Doc Lovejoy)*, Paul E. Burns *(Ebeneezer Hawkins)*, Douglas Dumbrille *(Sheriff McIntyre)*, Iron Eyes Cody *(Häuptling)*, dem Pferd Trigger.

Erhabene Momente:
«Für wen hältst du dich? Für Cecil B. DeMille?» stänkert Potter einen unter seinem Tuch verborgenen Fotografen an. Der tritt hinter seiner schweren Holzkamera hervor und entpuppt sich als – Cecil B. DeMille.

Achtung:
Zu Beginn wird kurz Bob Hopes mehrfacher Filmpartner Bing Crosby eingeblendet, bis Junior Potter angesäuert darauf aufmerksam macht, daß der doch in diesem Film gar nicht mitwirke.

Blink – Tödliche Augenblicke
Blink

Gemein, wie das Kino nun mal ist, verübt es lustvoll Anschläge aufs Augenlicht, gerade weil es vom konzentrierten Blick lebt – hallo, Zuschauer, wart nur, bis es dunkel wird. Im hier angesprochenen Thriller erlernt die Violinistin Madeleine Stowe nach einer Augenoperation mühsam das Sehen, wird währenddessen Zeugin eines Mordes und zweifelt als Ungeübte an der eigenen Wahrnehmung. So auch unsereins, der unten im Parkett bang die Hände vor die Augen schlägt.

USA 1994, Farbe, 106 Min. **Buch:** Dana Stevens **Regie:** Michael Apted **Mit:** Madeleine Stowe *(Emma Brody)*, Aidan Quinn *(Det. John Hallstrom)*, James Remar *(Thomas Ridgely)*, Laurie Metcalf *(Candice)*, Peter Friedman *(Dr. Ryan Pierce)*, Bruce A. Young *(Lt. Mitchell)*.

Gut zu wissen:
Manchen Biographien Madeleine Stowes ist zu entnehmen, sie habe ihre Karriere im Theater begonnen. Soweit richtig. Allerdings arbeitete sie im Solaryi Theatre in Los Angeles nicht als Schauspielerin, sondern verrichtete Gelegenheitsarbeiten. Als sie dort von einem Agenten angesprochen wurde, erfand sie aus dem Stegreif eine Vita – und wurde unter Vertrag genommen.

Blob – Schrecken ohne Namen **The Blob**

Köstlicher Trash aus den daran nicht darbenden 50ern mit dem 28jährigen Steve McQueen in seiner ersten Hauptrolle. Ignorant, wie die ältere Generation nun einmal ist, glauben nicht Eltern noch Polizisten dem sympathischen Steve, daß er ein gallertartiges Monstrum nichtirdischer Herkunft gesehen haben will. Pech für die Zweifler, daß Steve die Wahrheit gesagt hat – der blutgierige Wackelpudding nimmt sich ihrer an und schmatzt sie munter weg. Hundsgemein ist jene Sequenz, die zeigt, wie der Blob in den Projektionsraum eines Kinos eindringt – in dem gerade «Daughter of Horror» gezeigt wird – und von dort durch die Sichtluken in den Saal schwappt, um sich die Zuschauer einzuverleiben. Was den echten Zuschauern seinerzeit einen heillosen Schrecken eingejagt haben mag.

USA 1958, Farbe, 82 Min. **Buch:** Theodore Simonson, Kate Phillips **Regie:** Irvin S. Yeaworth jr. **Mit:** Steve McQueen *(Steve Andrews)*, Aneta Corseaut *(Judy Martin)*, Earl Rowe *(Dave, Polizist)*, Olin Howlin *(Alter Mann)*, Steven Chase *(Dr. Hallen)*.

Blood and Donuts: Gordon Currie

Alternativtitel:
«Angriff aus dem All»

Blood and Donuts

Vampir Boya wird im Jahr 1969 Zeuge der ersten Mondlandung, kann aber die Euphorie anderer Erdbewohner nicht teilen. Er legt sich schlafen und wacht erst 20 Jahre später wieder auf. Doch auch jetzt ist das Leben kein leichtes. Die Nahrungssuche bereitet Probleme, da Boya menschlichem Treibstoff entsagt hat. Er begibt sich unter die Sterblichen und gewinnt neue Freunde. Die plagen sich mit einigen Gangstern herum, welche namens des Bowlingbahnbesitzers die Kontrolle über das Viertel ausüben. Eine bereinigende Konfrontation mit diesem Oberschurken – gespielt von niemand geringerem als David Cronenberg! – ist letztlich unausweichlich.

Kanada 1995, Farbe, 89 Min. **Buch:** Andrew Rai Berzins **Regie:** Holly Dale **Mit:** Gordon Currie *(Boya Zsekely)*, Justin Louis *(Earl)*, Helene Clarkson *(Molly)*, Fiona Reid *(Rita)*, David Cronenberg *(Stephen)*, Frank Moore *(Pierce)*, J. Winston Carroll *(Bernie)*.

Blood Force Day of the Woman / I Spit On Your Grave

Camille Keaton, die mit Buster Keaton einen prominenten Verwandten vorweisen kann, sucht in der Einsamkeit Erholung vom harten Brot der Schriftstellerei. Die ist ihr nicht vergönnt, fällt sie doch vier verrohten Hinterwäldlern in die Hände, wird mißbraucht und gepeinigt. Nach kurzer Erholungsphase geht die Initiative an sie, und den Vergewaltigern widerfahren höchst unangenehme Dinge, potentiellen Nachahmern zur Warnung ... Der Film wurde lange Zeit kaum zur Kenntnis genommen. Erst die Zuhilfenahme des Titels eines Romans von Boris Vian («Ich werde auf eure Gräber spucken», Paris 1946) und eine ausgeklügelte Werbekampagne machten ihn bekannt – aber natürlich um keinen Deut besser.

USA 1979, Farbe, 97 Min. **Buch, Regie, Schnitt:** Meir Zarchi **Mit:** Camille Keaton *(Jennifer)*, Eron Tabor *(Johnny)*, Richard Pace *(Matthew)*, Gunter Kleeman *(Andy)*, Traci Ferrante *(Kellnerin)*, Anthony Nichols.

Blood Moon Moon in Scorpio

Auch in den Achtzigern waren die Vietnamveteranen noch immer auf der Walz und haben sich in diesem Fall für eine lustige Seefahrt entschieden, doch wird die gute Stimmung von abscheulichen Vorfällen getrübt, und dies nicht nur, weil ein unheimlicher Mörder an Bord sein Unwesen treibt. Obendrein gab es immer wieder längere Pausen zwischen den Dreharbeiten, und es sollte nimmer gelingen, die einzelnen Teile zu einer sinnvollen Handlung zusammenzufügen. Fred Olen Ray aber fungierte als Koproduzent, und nichts läge ihm ferner, als einmal gedrehtes Material ungenutzt verkommen zu lassen.

Bloody Mama, Filmplakat

Bloody Mama

USA 1987, Farbe, 83 Min. **Buch:** Robert S. Aiken **Kamera** und **Regie:** Gary Graver **Mit:** Britt Ekland *(Linda)*, John Phillip Law *(Allen)*, William Smith *(Burt)*, Lewis van Bergen *(Mark)*, April Wayne *(Isabel)*.

Gut zu wissen:
Gary Graver ist gelernter Kameramann. Er führte die Optik bei Orson Welles' «F wie Fälschung», fotografierte diverse Roger-Corman-Produktionen und arbeitete mehrfach mit Fred Olen Ray zusammen. Unter dem Pseudonym Robert McCallum stand er als Kameramann und Regisseur auch für pornographische Produktionen zur Verfügung.

In den 30er Jahren begegneten Ma Barker und ihre vier Söhne der Wirtschaftskrise mit gezogenen Waffen und kamen auf ein ansehnliches Sündenregister, ehe die renitente Dame 1935 in Florida durch die Kugel starb. Vielen Filmen diente sie, ob namentlich genannt oder verbrämt, als Hauptfigur, und auch Roger Corman widmete ihr eines seiner Lichtspiele. Shelley Winters übernahm die Hauptrolle und spielt sie mit der gewohnten Verve, an ihrer Seite bewegen sich die Galgengesichter Robert De Niro, Don

Stroud, Robert Walden, Clint Kimbrough sowie Bruce Dern als «intimer» Freund der Familie.

USA 1969, Farbe, 90 Min. **Buch:** Robert Thom **Regie:** Roger Corman **Mit:** Shelley Winters *(Kat «Ma» Barker)*, Pat Hingle *(Sam Pendlebury)*, Don Stroud *(Herman Baker)*, Diane Varsi *(Mona Gibson)*, Bruce Dern *(Kevin Kirkman)*, Robert De Niro *(Lloyd Barker)*.

Starke Töne:

«The family that stays together slays together!» VERLEIHWERBUNG

Bloody Pom Poms Cheerleader Camp

Was Alfred Sole bereits 1982 in der Parodie → FREITAG, DER 713. geziemend verulkte, wird hier noch einmal bar jeder Ironie aufgetischt: Betsy Russell, namhaft geworden durch «Angel kehrt zurück», begibt sich trotz schicksalsdüsterer Alpträume zu einem Cheerleader-Wettbewerb wohin? Richtig, in ein Waldcamp. Ihre Kombattantinnen treten durch äußere Einwirkung vorzeitig ab, was Betsy in schlechtes Licht rückt. Lucinda Dickey spielt ein Maskottchen im Alligatorkostüm, Rebecca Ferratti bringt ihr «Playboy»-Portfolio als Qualifikation mit, und Teri Weigel erholt sich von den körperlich anspruchsvolleren Anforderungen des Hardcore-Geschäfts, ihrem sonstigen Arbeitsgebiet.

USA 1988, Farbe, 88 Min. **Buch:** David Lee Fein, R. L. O'Keefe **Produktion** und **Regie:** John Quinn **Mit:** Betsy Russell *(Alison Wentworth)*, Leif Garrett *(Brent Hoover)*, Lucinda Dickey *(Cory Foster)*, Lorie Griffin *(Bonnie Reed)*, George «Buck» Flower *(Pop)*, Teri Weigel *(Pam Bently)*, Rebecca Ferratti *(Theresa Salazar)*.

Alternativtitel:

«Blutiges Feriencamp»

Gut zu wissen:

Ende der 70er war Leif Garrett begehrtes Fotoobjekt der Teenagerpresse. Mit einigen den Surf-Sound der frühen 60er nachahmenden Singles plazierte er sich 1978 in den US-Charts. Schon vorher war er als Kinderstar in diversen Fernsehrollen aufgetreten, unter anderem als Felix Ungers Sohn in der Sitcom «Männerwirtschaft».

Bloody Weekend

Sieben junge Leute beziehen ein einsames Landhaus, um einen Amateurhorrorfilm zu drehen. Während die Szenen vorbereitet werden, erörtern die Filmfans Konventionen und Zielsetzung eines solchen Films. Rose, die Hauptdarstellerin, fühlt sich bloßgestellt, weil sie meint, intime Details aus ihrem eigenen Leben im Drehbuch wiedererkannt zu haben. Das Beisammensein auf engstem Raum bringt gruppendynamische Prozesse in Gang: Liebe, Eifersucht, Frustrationen, Mißverständnisse, durch die Einnahme von LSD noch verschärft – und manche Drehbuchideen werden Wirklichkeit ... Ein psychologischer Film mit Selbstreflexionen und subtilem Horror, für Splatterfans nicht zu empfehlen.

GB/Neuseeland 1994, Farbe, 90 Min. **Buch** und **Regie:** Anna Campion **Mit:** Oliver Milburn *(Neil)* Catherine McCormack *(Rose)*, Thandie Newton *(Zita)*, Nick Patrick *(Giles)*, Matthew Eggleton *(Lionel)*, Danny Cunningham *(Lance)*, Biddy Hodson *(Charlotte)*.

Starke Töne:

«Nein, kein Video. Irgendwie wird man dadurch entblößt.» PSYCHOLOGIN

Blue Fever Incident at Raven's Gate

Wer braucht noch Drogen, solange Filme wie dieser gedreht werden. Schon der Originaltitel ist ein Gedicht: «Encounter at Raven's Gate». Die gleichnamige Farm liegt in der australischen Einöde. Dort begeben

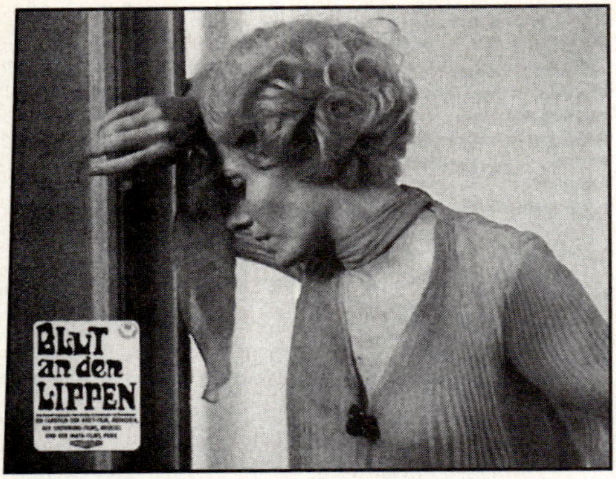

Blut an den Lippen: Delphine Seyrig

sich staunenswerte Dinge: Es regnet tote Vögel, ehemals harmlose Haustiere verwandeln sich in Bestien, Polizisten hören Opernmusik und zeigen auch sonst abnormes Verhalten. Vielleicht ist das UFO schuld, das kürzlich auf ein Picknick am Hanging Rock stoppte ... «X-Akten»? – Hier bietet sich Stoff für die wirklich Hartgesottenen.

Australien 1988, Farbe, 86 Min. **Buch:** Marc Rosenberg, Rolf de Heer **Regie:** Rolf de Heer **Mit:** Steven Vidler *(Eddie)*, Celine Griffin *(Rachel)*, Ritchie Singer *(Richard)*, Vincent Gil *(Skinner)*, Saturday Rosenberg *(Annie)*.

Blut auf den Lippen Le rouge aux lèvres / Daughters of Darkness

Umständehalber sind zwei Flitterwöchner zur Übernachtung in einem luxuriösen Hotel an der saisonbedingt menschenleeren belgischen Küste gezwungen. Schon aber nähert sich ein symbolhaft blutrotes Auto, an Bord Delphine Seyrig in Begleitung der sehnsuchtsvoll dreinblickenden Andrea Rau. Rasch freundet man sich an, im plüschig-morbiden Ambiente unterhält Seyrig den jungen Ehemann mit passenden Horrorgeschichten, derweil sein Gespons Fluchtinstinkte entwickelt. Doch die Gräfin, eine Person von porzellanener Hinfälligkeit, becirct sie mit Charme, während Rau ihre Verführungskünste erfolgreich am Gatten erprobt. Leider fällt sie dann in ein offenes Rasiermesser, woraufhin sich die Personenkonstellation verändert.

BRD / Belgien / Frankreich 1970, Farbe, 89 Min. **Buch:** Harry Kümel, Manfred R. Köhler, Pierre Drouot, J. J. Amiel **Regie:** Harry Kümel **Mit:** Delphine Seyrig *(Gräfin Elisabeth Bathory)*, Andrea Rau *(Ilona Harczy)*, John Karlen *(Stefan)*, Daniele Ouimet *(Valérie)*, Paul Esser *(Portier)*, Fons Rademakers *(Transvestit «Mutter»)*, Joris Collet.

Alternativtitel:
«Blut an den Lippen»

Starke Töne:
«Ich bin nur eine Frau mit altmodischen Vorstellungen.» BARONIN BATHORY

Blutgericht in Texas The Texas Chainsaw Massacre

Nicht das Spielfilmdebüt der Kettensäge, aber noch kein Regisseur vorher stellte sie dermaßen in den Mittelpunkt des Geschehens, sie damit zum Kultobjekt erhebend. Tobe Hooper richtete seine ohne die geringste Nuancierung auf Schocks abgestellte Dramaturgie ganz auf die Wirkung des Geräts aus und machte es zum integralen Bestandteil einer simplen Geschichte, die den wahren Fall des Massenmörders Ed Gein, Vorbild bereits für Hitchcocks «Psycho», zu einem fraglos sehr unappetitlichen Comic strip mit apokalyptischem Finale travestierte: «Die Situation ist hoffnungslos, das letzte Bild zeigt Leatherface, wie er den Sonnenuntergang der Menschheit mit erhobener Kettensäge begrüßt.» NORBERT STRESAU

USA 1974, Farbe, 87 Min. **Buch:**

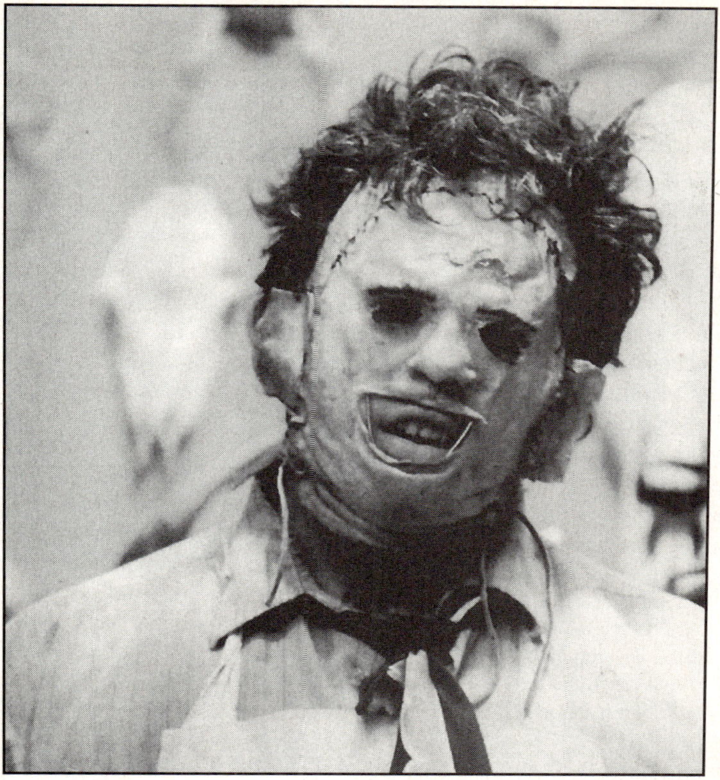

Blutgericht in Texas: Gunnar Hansen

Kim Henkel, Tobe Hooper **Regie:** Tobe Hooper **Mit:** Marilyn Burns *(Sally)*, Allen Danziger *(Jerry)*, Paul A. Partain *(Franklyn)*, William Vail *(Kirk)*, Teri McMinn *(Pam)*, Edwin Neal *(Anhalter)*, Jim Siedow *(alter Mann)*, Gunnar Hansen *(Leatherface)*, John Dugan *(Großvater)*, Jerry Lorenz *(Pick-up-Fahrer)*.

Gut zu wissen:
Der Film kostete 160 000 Dollar und spielte allein in den USA zwischen 1974 und 1976 20 Millionen Dollar ein, die freilich nicht von Hooper, sondern von der Verleihfirma kassiert wurden.

Blutige Seide **Sei donne per un assassino / L'atelier della morte / Blood and Black Lace**

«The 30 most glamorous girls in the world», versprach die englischsprachige Werbemater. Soviel Grazie wirkt auf Cameron Mitchell offenbar höchst verwirrend, denn er zieht metzelnd und schnetzelnd durch das Modeatelier, dem er als Geschäftsführer vorsteht. Gemeinsam mit der Inhaberin hat er deren Mann ermordet und glaubt sich nun von Mitwisserinnen umgeben, den Models nämlich, die in nicht geringer Zahl durchs Haus schwärmen.

Italien / Frankreich / Monaco 1964, Farbe, 87 Min. **Buch:** Mario Bava, Marcello Fondato, Giuseppe Barilla **Regie:** Mario Bava **Mit:** Cameron Mitchell *(Massimo Morlacchi)*, Eva Bartok *(Contessa Christiana)*, Thomas Reiner *(Insp. Silvestri)*, Giuliana Raffaeli *(Ass. Insp. Zanchin)*, Dante di Paolo *(Franco Seala)*, Mary Arden *(Peggy)*.

Blutnacht des Teufels Werewolves on Wheels / Lost Exorcist

Die Rockerbande nennt sich großspurig «Advokaten des Teufels». Als sie es aber mit echten Teufelsanbetern zu tun bekommt, werden die Jungs ganz kleinmütig. Rockerbraut Helen, mit dem Anführer der Truppe liiert, wird von den Anhängern des Bocksbeinigen zur Teufelsbraut geweiht. Beelzebub bevorzugt offenbar pelzige Gefährtinnen, denn die vorher so ansehnliche Dame verwandelt sich in einen Werwolf. Ihr Ledermann tut es ihr nach, nachdem er ihre Zähne zu spüren bekommen hat. Die restlichen Rocker geraten in Rage und wollen den Jüngern Luzifers den Garaus machen, doch die sind ja mit dem Jenseits im Bunde und darum nicht so leicht zu bezwingen.

USA 1971, Farbe, 81 Min. **Buch:** David M. Kaufman, Michael Levesque **Regie:** Michael Levesque **Mit:** Stephen Oliver *(Adam)*, Severn Darden *(Hohepriester)*, Donna J. Anderson *(Helen)*, Duece Berry *(Tarot)*, Barry McGuire *(Scarf)*, William Gray *(Bill)*.

Gut zu wissen:
Barry McGuire war Interpret des Antikriegssongs «Eve of Destruction», der sein einziger großer Hit blieb. Vielleicht liegt's an obigem Film, daß er sich in gehobenem Alter einer christlichen Sekte anschloß und sein Repertoire fürderhin mit frommen Liedern gestaltete.

Das Böse: Angus Scrimm

Das Böse Phantasm

Jody und Reggie nehmen an der Beerdigung eines Freundes teil, der Selbstmord begangen haben soll. Für Jody ein doppelt schwerer Gang, denn auch seine Eltern sind auf tragische Weise umgekommen. Sein jüngerer Bruder Mike folgt ihm heimlich zur Trauerfeier und traut seinen Augen kaum: Der Bestatter stemmt den Sarg aus dem Grab, als sei er aus Papier. In der Leichenhalle beobachtet Mike kleinwüchsige Kreaturen, die ihm gefährlich zu werden drohen. Niemand glaubt dem Jungen. So wagt er sich allein in die Leichenhalle, um den Dingen auf den Grund zu gehen. Er wird ertappt und kann mit knapper Not fliehen. Immerhin hat er jetzt einen Beweis für seine Darstellungen: einen abgeschnittenen Finger, aus dem gelbes Blut tropft.

USA 1979, Farbe, 85 Min. **Buch, Kamera, Regie:** Don Coscarelli **Mit:** Michael Baldwin *(Mike)*, Bill Thornbury *(Jody)*, Reggie Bannister *(Reggie)*, Angus Scrimm *(der große Mann)*, Kathy Lester, Ken Jones, Susan Harper, David Arntzen.

Gut zu wissen:
Das Böse konnte nur vorübergehend niedergerungen werden – 1988 folgte Teil 2 mit mehreren Schauspielern der Originalbesetzung, die auch 1993 bei einer weiteren Fortsetzung wieder mit von der Partie waren.

Born to Fight 4 Zui jia zei pai dankg / The Outlaws / Outlaw Brothers

James und Bond sind zwei auf Porsche spezialisierte Autodiebe, die ein flottes Leben führen, bis ein konkurrierendes Unternehmen sie mit Druck in seine Dienste zwingt. Zum Schein gehen die beiden darauf ein, informieren aber insgeheim die Polizei, die fortan in Gestalt der liebreizenden, aber kampferprobten Cynthia Luster im Geschehen mitmischt, das noch etliche Volten schlägt. Unter anderem gilt es, James' Schwester vor ihrem prügelnden Ehemann zu bewahren, versehentlich geneppte Kokaindealer zu besänftigen, einen Rennwagen zu stehlen, wobei James auch noch das Herz der hübschen Kriminalbeamtin zu gewinnen sucht, der zuliebe er sogar die Diebereien aufgeben würde – wenn man ihn nur ließe.

Hongkong 1990, Farbe, 90 Min. **Buch:** Barry Wong **Regie:** Frankie Chan **Mit:** Cynthia Luster (= Yukari Oshima; *Tequila*), Frankie Chan, Brandy Mok, Kirk Min, Jeffrey Falcon, Michiko Nishiwaki.

Erhabene Momente:
In der Eröffnungssequenz liefern sich die beiden Taugenichtse ein turbulentes Katz-und-Maus-Spiel mit einer Gruppe von Wachleuten, das den Slapstick-Eskapaden der berühmten Keystone-Cops in nichts nachsteht.

Starke Töne:
«Eine Freundschaft hat nur dann Wert, wenn du den anderen schlagen darfst – ohne Erklärung.» JAMES

Born to Fight 5 Mu zhong wu ren / Final run / Kickboxer

Hufgetrappel, Mundharmonikagejammer – gäbe es da nicht diese mandeläugigen Kinder, man wähnte sich in einem Italowestern. Aber die Waffen sind hochmodern, und es geht um den verbitterten Kampf zwischen einer Antidrogeneinheit und einer mächtigen Gangsterorganisation. Ebender ist der unbestechliche Zollbeamte Peter Chang ein Ärgernis. Darum wird er diskreditiert, seine Familie findet den Tod. Nun muß Chang selbst vor der Polizei fliehen und sucht Zuflucht in Thailand. Hier aber haben auch seine Widersacher zu tun, denn von dort beziehen sie ihre Ware. Was als zünftiger Eastern begann, endet als Kriegsfilm, eine rotzige Synchronisation und rigorose Schnitte machten zumindest die gesichtete Fassung zum Ärgernis.

Hongkong 1989, Farbe, 82 Min. **Regie:** Phi ip Ko **Mit:** Cynthia Luster, Ron Van Lee, Miu Kiu Wai, K.K. Cheung, Simon Yam.

Hoppla:
Das Synchronstudio scheint unter Personalmangel zu leiden: Zwei Darstellerinnen sprechen mit identischer Stimme.

Die Braut The Bride

Regisseur Franc Roddam nimmt das Motiv des 1935 von James Whale gedrehten Horrorfilmklassikers «Frankensteins Braut» auf, in welchem dem von Baron Frankenstein geschaffenen Monster eine gleichfalls in Heimarbeit hergestellte Gefährtin beigesellt wurde. Hier allerdings verguckt sich Frankenstein selbst in sein Geschöpf, während das gar nicht mehr so schreckliche Monster seinen Lebensunterhalt im Zirkus verdienen muß. Eher Homunculi-Romanze als Gruselstoff, hat der Film mit seinem Vorbild nicht mehr viel gemein.

GB 1985, Farbe, 119 Min. **Buch:** Lloyd Fonvielle **Regie:** Franc Roddam **Mit:** Jennifer Beals *(Eva)*, Sting *(Frankenstein)*, Clancy Brown *(Viktor)*, Geraldine Page *(Mrs. Baumann)*, Anthony Higgins *(Clerval)*, Phil Daniels *(Bela)*, Alexei Sayle *(Magar)*.

Die Braut des Prinzen The Princess Bride

Rob Reiner plaziert Peter «Columbo» Falk am Bett eines kranken Jungen und läßt ihn ein Märchen vortragen von schönen Prinzessinnen und wackeren Recken. Der kleine Racker, der viel lieber mit seinem Computer spielen würde, hält davon wenig, wird aber dann doch vom Zauber der Geschichte gefangen. Und der Zuschauer auch.

USA 1987, Farbe, 98 Min. **Buch:** William Goldman **Regie:** Rob Reiner **Mit:** Robin Wright *(Buttercup)*, Cary Elwes *(Westley)*, Chris Sarandon *(Prinz Humperdinck)*, Peter Falk *(Großvater)*, Fred Savage *(Enkel)*, Wallace Shawn *(Vizzini)*, Christopher Guest *(Graf Rugen)*, Mandy Patinkin, *(Inigo Montoya)*, Andre the Giant *(Fezzik)*.

Achtung:
In einer kleineren Rolle taucht Billy Crystal auf, den Rob Reiner in «Harry und Sally» groß herausbrachte.

Die Braut des Prinzen: Andre the Giant, Mandy Patinkin, Wallace Shawn

Brenda Starr

Brenda Starr geht auf einen Zeitungs-Comic aus den 40er Jahren zurück. Bereits 1945 war die anmutige Reporterin Star eines Kinoserials, 1976 entstand eine Neuauflage fürs Fernsehen mit Jill St. John in der Titelrolle. Im Zuge der neueren Comic-Adaptionen fand auch Hollywood wieder Gefallen an der unerschrockenen, schönen und höchst emanzipierten Heldin. Im Film befreit sie sich von der Bevormundung durch ihren Zeichner Mike und geht allein auf Erlebnissuche. Mike bleibt nichts anderes übrig, als ihr in die Comic-Welt zu folgen. Daneben gibt es noch den aristokratischen Basil St. John (!), der verläßlich immer dann auftaucht, wenn Brenda in Schwierigkeiten steckt.

USA 1986, Farbe, 92 Min. **Buch:** Jenny Wolkind, Noreen Stone, James David Buchanan **Regie:** Robert Ellis Miller **Mit:** Brooke Shields *(Brenda Starr)*, Timothy Dalton *(Basil St. John)*, Diana Scarwid *(Libby «Lipps» Lipscomb)*, Tony Peck *(Mike Randall)* Charles Durning *(Livwright)*, Eddie Albert *(Polizeichef)*.

Gut zu wissen:
Die Lichtbildnerei oblag dem B-Movie-Veteranen und von prominenten Regisseuren wie David Lynch und Martin Scorsese sehr geschätzten Kameramann Freddie Francis.

Ein Teil des Budgets stammte aus dem Portefeuille eines saudischen Ölscheichs, der mit dieser Donation seiner Verehrung für Brooke Shields Ausdruck verleihen wollte.

Buckaroo Banzai – Die 8. Dimension **The Adventures of Buckaroo Banzai: Across the 8th Dimension / Buckaroo Banzai**

Ein ernstzunehmender Zukunftsentwurf ist von diesem Film sicher nicht zu erwarten. Dafür Figuren mit Namen wie Penny Priddy, Dr. Lizardo, Rahwide und Reno Nevada. Und ein durch und durch eklektizistisches, rotzmodernes, völlig über- und durchgedrehtes Konglomerat aus Comic, Groschenroman und Toys 'R' Us. Dargeboten immerhin von nachmaligen Elitedarstellern wie Ellen Barkin, Jeff Goldblum, Christopher Lloyd und Peter Weller im Titelpart des karatekämpfenden Neurochirurgen, Atomphysikers, Rennfahrers und erfolgreichen Rockstars Buckaroo Banzai.

USA 1983, Farbe, 102 Min. **Buch:** Earl MacRauch **Regie:** W. D. Richter **Mit:** Peter Weller *(Buckaroo Banzai)*, John Lithgow *(Dr. Emilio Lizardo)*, Ellen Barkin *(Penny Priddy)*, Jeff Goldblum *(New Jersey)*, Lewis Smith *(Tommy)*, Pepe Serna *(Reno Nevada)*, Robert Ito, Dan Hedaya, Rosalind Cash, Clancy Brown.

Der Bucklige vom Horror-Kabinett **Terror in the Wax Museum**

Ein Londoner Wachsfigurenmuseum soll an einen dieser drolligen neureichen Amerikaner veräußert werden. Anscheinend aber hat Jack The Ripper, als Wachspuppe im Figurenkabinett präsent, etwas gegen diesen Ausverkauf kultureller Werte einzuwenden. Er wird kurzerhand lebendig und greift zu altbewährten Methoden, das Geschäft zu verhindern. Gut möglich, daß sich Zuschauers Gänsehäutchen in Lachfältchen legt.

USA 1973, Farbe, 94 Min. **Buch:** Jameson Brewer **Regie:** George Fenady **Mit:** Ray Milland *(Harry Flexner)*, Nicole Shelby *(Peg)*, Elsa Lanchester *(Julia Hawthorn)*, Broderick Crawford *(Amos Burns)*, Maurice Evans *(Inspektor Daniels)*, John Carradine *(Claude Dupree)*, Louis Hayward *(Tim Fowley)*, Shani Wallis *(Laurie Mell)*, Steven Marlo *(Karkoff)*, Lisa Lu *(Madame Yang)*.

Starke Töne:
«Lassen Sie die Hände von Jack, dann läßt er seine vielleicht von Ihnen.» HARRY FLEXNER

Hoppla:
Einige der Wachsfiguren werden von Schauspielern dargestellt, die sich zwar alle Mühe geben, aber nicht die gleiche Starre erreichen wie die leblosen Puppen.

Buffy, der Vampirkiller **Buffy, the Vampire Slayer**

Teenager Buffy hat ihrem Alter entsprechende Dinge im Kopf, bis sie eines Tages dem undurchsichtigen Donald Sutherland begegnet, der sie über ihre wahre Bestimmung aufklärt: Buffy gehört kraft ihrer Herkunft zur Zunft der Vampirjäger – kein Job, sondern eine unabweisbare Verpflichtung. Nach anfänglichem Zögern stellt sich Buffy der schweren Aufgabe, unterzieht sich einem forcierten Trainingsprogramm und nimmt sich die Abkömmlinge derer von Eckzahn der Reihe nach vor ... Amerikas Teenager mochten Buffy; der Film ist Kult und wurde unter Federführung Joss Whedons mit großem Erfolg als Fernsehserie fortgeführt.

USA 1992, Farbe, 94 Min. **Buch:** Joss Whedon **Regie:** Fran Rubel Kuzui **Mit:** Kristy Swanson *(Buffy)*, Donald Sutherland *(Merrick)*, Paul Reubens *(Amilyn)*, Rutger Hauer *(Lothos)*, Luke Perry *(Pike)*, David Arquette *(Benny)*, Michele Abrams *(Jennifer)*, Candy Clark *(Buffys Mutter)*.

Gut zu wissen:
Joss Whedon war Koautor von «Toy Story», schrieb «Alien – Die Wiedergeburt» und legte beim Skript zu «Speed» letzte Hand an, ohne dafür im Nachspann genannt zu werden.

Paul Reubens ist besser bekannt als Pee-Wee Herman. An seiner Stelle sollte ursprünglich Joan Chen als Amilyn in Erscheinung treten, sagte aber kurzfristig ab.

Achtung:
Das erste Opfer des Blutsaugers ist David Arquette, inzwischen bekannt als einer der Hauptdarsteller des «Scream»-Zyklus.

Starke Töne:
«Entweder komme ich in den Himmel oder ins Disneyland.» MERRICK

Butterfly – Der blonde Schmetterling Butterfly

Nach diesem Personal lecken sich die Scouts nachmittäglicher Talk-Shows die Finger: Die frühreife Nymphe Kady ist als Tochter einer ehebrecherischen Mutter in deren Bordell aufgewachsen, hat ein Kind von einem Unternehmersohn, der ihr die Hochzeit verweigert, und sucht Zuflucht bei ihrem vermeintlichen Vater. Mami und ihr aktueller Lebensgefährte kommen nach, Kady heimzuholen, doch Mutti stirbt eines natürlichen Todes. Ihr Freund stirbt auch, es braucht aber ein bißchen Nachhilfe. Inzwischen ist klar, daß Daddy gar nicht Kadys Vater ist, und darum kommt er auch mit einem blauen Auge davon, als er wegen Inzucht angeklagt wird und in Orson Welles' strenge Richteraugen blickt.

USA 1981, Farbe, 105 Min. **Buch:** John Goff, Matt Cimber **Produktion** und **Regie:** Matt Cimber **Mit:** Pia Zadora *(Kady)*, Stacy Keach *(Jess Tyler)*, Lois Nettleton *(Belle Morgan)*, Orson Welles *(Richter Rauch)*, James Franciscus *(Moke)*, Stuart Whitman *(Rev. Rivers)*, Edward Albert *(Wash Gillespie)*.

Gut zu wissen:
Finanziert wurde der Film von Pia Zadoras Ehemann Meshulam Riklis.

Cabal – Die Brut der Nacht

Caged Heat

Cabal – Die Brut der Nacht
Nightbreed

Boone wird dermaßen von Alpträumen gequält, daß er sich in psychiatrische Behandlung begeben mußte. Im Zuge einer Sitzung verabreicht ihm Dr. Decker ein «Beruhigungsmittel», das Boones Zustand keineswegs bessert – er findet sich in einer Klinik wieder. Ein Mitpatient erzählt ihm von Midian, einem geheimnisvollen Land, das Boone bislang für eine Ausgeburt seiner Wahnvorstellungen gehalten hatte. Er geht einem Hinweis des Fremden nach und gerät in eine Unterwelt, in der ungeheuerliche Fabelwesen und Mutanten eine Heimat gefunden haben. Wenig später wird Boone als vermeintlicher Mörder erschossen, doch er verschwindet vom Seziertisch, denn nun gehört auch er zur Spezies der Wanderer zwischen Leben und Tod.

USA 1989, Farbe, 102 Min. **Buch** und **Regie:** Clive Barker **Mit:** Craig Sheffer *(Boone)*, David Cronenberg *(Dr. Decker)*, Catherine Chevalier *(Rachel)*, Charles Haid *(Capt. Eigerman)*, Hugh Quarshie *(Det. Joyce)*, Hugh Ross *(Narcisse)*, John Agar *(Tankstellenbesitzer)*.

Gut zu wissen:
«Cabal» lautet Boones neuer Name, nachdem er zum Anführer der «Stämme des Mondes» bestimmt worden ist.

Einige Szenen mit der Sängerin Suzi Quatro blieben leider am Schneidetisch zurück.

Starke Töne:
«So schlimm sind meine Träume gar nicht mehr. Einige mag ich sogar. Klingt ganz schön verrückt. Ich weiß.» BOONE

Caged Heat

Der katholische «film-dienst» erklärte es zur Jugendsünde, andere nennen es einen Kultfilm. Jonathan Demme, heuer bekannt durch Filme wie «Das Schweigen der Lämmer» und «Philadelphia», lernte die Filmerei bei Roger Corman und fertigte sein Regiedebüt in dessen Auftrag mit Ehefrau Evelyn Purcell als Produzentin. Resultat war eine autokinogerechte Frauen-hinter-Gittern-Variante unter anderem mit Barbara Steele. Die Musik schrieb Ex-Velvet-Underground-Mitglied John Cale, die Kamera übernahm, wie fürderhin bei allen Demme-Filmen, der treffliche Tak Fujimoto.

USA 1974, Farbe, 84 Min. **Buch** und **Regie:** Jonathan Demme **Mit:** Barbara Steele *(McQueen)*, Roberta Collins *(Belle)*, Erica Gavin *(Jackie Wilson)*, Warren Miller *(Randolph)*, Juanita Brown *(Maggie)*.

Alternativtitel:
«Renegade Girls»; «Das Zuchthaus der verlorenen Mädchen»

Gut zu wissen:
Eine der beteiligten Produktionsfirmen hieß «Renegade Women».

Barbara Steele war 1961 in dem Gruselklassiker «Die Stunde, wenn Dracula kommt» zu sehen und verbreitete ihren sinistren Charme in den 60ern in zahlreichen Horrorfilmen, außerdem in Schlöndorffs «Der junge Törless», in seiner Art allerdings auch recht schaurig. In den 70ern arbeitete Steele unter anderem mit David Cronenberg, Louis Malle und Joe Dante.

Erica Gavin wurde bekannt durch Russ Meyers «Vixen – Ohne Gnade, Schätzchen». Sie spielte eine kleinere Rolle in Meyers *Major*-Produktion «Blumen ohne Duft», faßte kurzzeitig in Hollywood Fuß, verschwand aber Mitte der 70er von der Bildfläche.

Camelot – Der Fluch des goldenen Schwertes **Sword of the Valiant**

Ob er den Rüpel-Cop mimt oder als Conan-Imitator auftritt, die Filme des Kraftstrotzes Miles O'Keeffe werden zumeist unter Umgehung der Filmtheater direkt in die Videotheken eingeliefert. Auch illustre Mitspieler wie Sean Connery, Trevor Howard und Peter Cushing änderten daran nichts. Sean Connery benimmt sich als Grüner Ritter gar nicht gut und verliert den Kopf, den er kraft seiner übernatürlichen Fähigkeiten stracks ersetzt. Frisch beschädelt, gibt er Gawain ein Rätsel auf, von dessen Lösung das Leben des jungen Ritters abhängt. Wenn er aber schlau wäre, besorgte er sich eine Kopie von «Gawain and the Green Knight», denn er befindet sich im Remake einer Geschichte, die das Autorengespann Breen / Weeks exakt zehn Jahre zuvor schon einmal unters Publikum brachte.

GB 1984, Farbe, 96 Min. **Buch:** Stephen Weeks, Philip M. Breen, Howard C. Penn **Regie:** Stephen Weeks **Mit:** Miles O'Keeffe *(Sir Gawain)*, Cyrielle Claire *(Linet)*, Sean Connery *(Grüner Ritter)*, Leigh Lawson *(Humphrey)*, Trevor Howard *(König Artus)*, Peter Cushing *(Seneschall)*, John Rhys-Davies *(Baron Fortinbras)*.

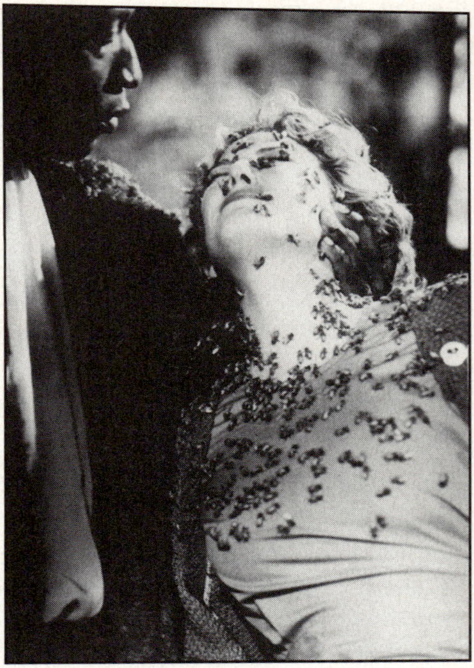

Candymans Fluch:
Tony Todd und Virginia Madsen

Candymans Fluch **Candyman**

Schaut man in den Spiegel und ruft fünfmal «Candyman», so die Legende, dann kommt er, der finstere Bengel. Virginia Madsen arbeitet an einer Promotion über derartige urbane Mythen, erprobt den Spruch im Selbstversuch und bekommt empirisches Material, auf das sie lieber verzichtet hätte. Madsen selbst wird zum Werkzeug des Unholds, der gekommen ist, Zweifel an seiner Existenz zu zerstreuen. Einige Male findet man sie an den Schauplätzen blutiger Verbrechen. Sie kann sich ihre Anwesenheit nicht erklären und wird in eine Anstalt eingewiesen. Der Candyman verhilft ihr zur Flucht. Hilfe sucht sie bei ihrem Ehemann, der jedoch bereits mit einer Jüngeren zusammenlebt. Madsen schließt einen Pakt mit dem Candyman – der untreue Gatte wird noch lange an sie denken. USA 1992, Farbe, 99 Min. **Buch** und **Regie:** Bernard Rose **Mit:** Virginia Madsen *(Helen)*, Tony Todd *(Candyman)*, Xander Berkeley *(Trevor)*, Kasi Lemmons *(Bernadette)*, Vanessa Williams *(Anne-Marie McCoy)*.

Gut zu wissen:
Das Skript basiert auf Clive Barkers «The Forbidden». Barker zeichnete auch als *executive producer*.

Die Filmmusik komponierte Philip Glass.

Achtung:
Gaststar Ted Raimi, Sam Raimis Bruder, hat einen kurzen Auftritt in der Eröffnungssequenz.

Candy Mountain

Julius, ein erfolgloser New Yorker Musiker, bekommt den lukrativen Auftrag, nach dem verschwundenen Gitarrenbauer Elmore Silk zu suchen. Silks Instrumente sind von besonderer Art und erzielen hohe Verkaufspreise. Ein Exklusivvertrag mit Silk könnte sich folglich als Goldgrube erweisen. Silk aber hat sich der Vermarktung entzogen und seine Spuren verwischt. Julius findet Elmores Bruder und seine Tochter, stromert immer weiter Richtung Norden und macht den Gesuchten wider Erwarten in einem entlegenen Ort ausfindig. Sein Glück scheint gemacht, doch der Alte erteilt ihm eine Lektion. USA 1988, Farbe, 91 Min. **Buch:** Rudy Wurlitzer **Regie:** Robert Frank, Rudy Wurlitzer **Mit:** Kevin J. O'Connor *(Julius Book)*, Harris Yulin *(Elmore Silk)*, Tom Waits *(Al Silk)*, Bulle Ogier *(Cornelia)*, Roberts Blossom *(Archie)*, Dr. John *(Henry)*, Joe Strummer *(Mario)*, Laurie Metcalf *(Alice)*, Leon Redbone *(Huey)*.

Gut zu wissen:
Die schauspielernden Musiker Dr. John, Leon Redbone und Tom Waits steuerten auch zum Soundtrack bei.

Cannibal Girls – Der Film mit der Warnglocke Cannibal Girls

Gloria und Cliff kreuzen mit ihrem Oldtimer durch die verschneiten kanadischen Wälder und machen Station in Farnhamville. «We deliver meat», steht auf einem Lieferwagen, der auf den ersten Filmmetern durch das beschauliche Nest kurvt, und dieses Spiel mit doppelt und dreifach deutbaren Aussagen ist bezeichnend für Ivan Reitmans Inszenierung. Von ihrer Motelwirtin vernehmen Gloria und Cliff die Legende von drei jungen Frauen, die regelmäßig Männer auf ihre Farm lockten, um sie in eßbare Portionen zu zerlegen. Mrs. Wainwright versichert, daß all das lange zurückliege, aber vielerlei Anzeichen deuten darauf hin, daß die Legende so sagenhaft gar nicht ist. Kanada 1972, Farbe, 82 Min. **Buch:** Robert Sandler **Ausführender Produzent** und **Regie:** Ivan Reitman **Mit:** Eugene Levy *(Clifford Sturges)*, Andrea Martin *(Gloria Wellaby)*, Ronald Ulrich *(Reverend Alex St. John)*, Bob McHeady *(Sheriff)*, May Jarvis *(Mrs. Wainwright)*, «Bunker» *(er selbst)* und Randall Carpenter, Bonnie Neilson, Mira Pavluk als *Cannibal Girls*.

Gut zu wissen:
Ivan Reitman ließ seine Darsteller die Dialoge nach Maßgabe des Skripts von Robert Sandler improvisieren.

Hoppla:
Nachdem Gloria und Cliff vom Sheriff aufgegriffen wurden, folgt eine Aufnahme von der Abfahrt des Streifenwagens. Die Einstellung wurde seitenverkehrt eingefügt, vermutlich, um einen Achsensprung bezüglich der Fahrtrichtung zu vermeiden.

Starke Töne:
«Farnhamville. The Friendly City» ORTSSCHILD

Captain Zoom Captain Zoom in Outer Space

400 Lichtjahre von der Erde entfernt hofft ein unterdrücktes Volk auf Hilfe. Der kleine

Baley, ein Technikus, blickt in die Tiefe des Alls und gerät in eine Serienepisode von «Captain Zoom», einer typischen 50er-Jahre-Serie. Irrtümlich hält Baley die Hauptfigur für einen echten Superhelden und transferiert den Captain mitten aus einer Live-Sendung ins karge Feldlager. Der Neuankömmling ist ein eitler Hasenfuß und Schürzenjäger und an intergalaktischen Freiheitskämpfen wenig interessiert, kann sich aber seinem Auftrag nicht entziehen und erweist sich sogar als der Auserwählte, von dem die Überlieferungen berichten. Daß er die folgenden Abenteuer heil übersteht, ist nicht zuletzt den Einfällen seiner irdischen Drehbuchautoren zu verdanken.

USA 1995, Farbe, 87 Min. **Buch:** Brian Levant, Rick Copp, David A. Goodman **Regie:** Max Tash **Mit:** Daniel Riordan *(Captain Zoom / Ty Farrell)*, Liz Vassey *(Tyra)*, Gregory Smith *(Baley)*, Ron Perlman *(Lord Vox)*, Gia Carides *(Vesper)*, Nichelle Nichols *(Sagan)*, Duane Davis *(Simulus)*.

Gut zu wissen:
Brian Levant, hier Storylieferant, inszenierte Kassenhits wie «Flintstones – Die Familie Feuerstein» und «Versprochen ist versprochen».

Starke Töne:
«Haben wir die Folge nicht schon gedreht?» CAPTAIN ZOOM

Carnosaurus

Roger Cormans Konter auf «Jurassic Park». Eine schon unerhört verschrobene Wissenschaftlerin schwängert unwissende Frauen mit Dinogenen, was nicht nur im Kreißsaal für ein großes Hallo sorgt. Einer ihrer Saurier unternimmt vorzeitig einen Ausflug in die Umgebung. Das hat für einige Passanten unangenehme Folgen und läßt eine Regierungsbehörde aufmerksam werden, die prompt mit harter Hand durchgreift. Zwar sehen Diane Ladds Saurier aus wie im Spielzeugladen erworben, ansonsten aber ist Adam Simon eine sehr einfallsreiche, mit allerlei Finessen aufwartende Inszenierung anzurechnen. So findet der Kampf Sheriff vs. Saurier ausgerechnet vor einer Tierhandlung mit dem schönen Namen «Pet Village» statt, und die wirrköpfige Mater dolorosa Diane Ladd nennt als ihren Mentor einen gewissen «Dr. Moreau».

USA 1993, Farbe, 83 Min. **Buch** und **Regie:** Adam Simon **Mit:** Diane Ladd *(Dr. Jane Tiptree)*, Raphael Sbarge *(«Doc» Smith)*, Jennifer Runyon *(Thrush)*, Harrison Page *(Sheriff Fowler)*, Ned Bellamy *(Fallon)*, Clint Howard *(Trucker)*.

Gut zu wissen:
Diane Ladd ist die Mutter Laura Derns, die ihrerseits im selben Produktionsjahr in «Jurassic Park» mit Sauriern zu tun bekam – muß wohl in den Genen liegen.

Starke Töne:
«In diesem Moment wird in Ihrem Körper das Kapitel Gene neu geschrieben. Ihre Seele, die Flamme in Ihnen, diese Hitze, die Ihr Körper im Augenblick entwickelt, ist das schöpferische Feuer einer neuen Kreatur.» DR. TIPTREE

Carnosaurus 2 Carnosaurus II

In einer neu eröffneten, geheimen, vom Militär betriebenen Uraniummine ereignen sich Dinge, die Major McQuade «ein Problem» zu nennen beliebt. Zunächst war es nur ein Kabelschaden, aber wir wissen schon, daß es sich um etwas Ungeheuerliches handelt. Eine private High-Tech-Söldnertruppe wird mit der Bereinigung des Schadens beauftragt. Bei ihrem Eintreffen bietet sich ihnen ein grausiges Bild, das Fluchtinstinkte wachruft, doch die Hubschrauberpilotin läßt sie sitzen. Weil der Titel Saurier verspricht und noch Modelle von Teil 1 übrig waren, kommen sie dann auch, die munteren Allesfresser.

USA 1994,

Farbe, 79 Min. **Buch:** Michael Palmer **Regie:** Louis Morneau **Mit:** John Savage *(Jack Reed)*, Cliff De-Young *(Tom McQuade)*, Rick Dean *(«Monk» Brody)*, Ryan Thomas Johnson *(Jesse Turner)*, Don Stroud *(Ben Kahane)*, Arabella Holzbog *(Sarah Rawlins)*.

Alternativtitel:
«Carnosaurus – Attack of the Raptors»

Achtung:
Während des Hubschrauberanflugs auf die abgelegene Militäreinrichtung spielt «Monk» eine Kassette mit Wagners «Ritt der Walküren» – eines von vielen Vorzeichen der drohenden Apokalypse.

Carrera – Das Geheimnis der blonden Katze

Füglich und triftig darf man diesen Film auch «Samtpfötchen dreht sein letztes Ding» nennen. Verantwortlich für Samtpfötchens Rücksturz in die Gesetzlosigkeit ist natürlich eine kratzbürstige Mieze. Die heißt Ursula, und allein dieser Umstand hätte Samtpfötchen eine Warnung sein sollen, zumal sich hinter dem Nom de guerre die nachmalige Landarztgattin, seinerzeit aber noch in Sturm und Drang und ihrem Ruf als Sexsymbol befangene Gila von Weitershausen verbirgt.

BRD / Italien / Spanien 1968, Farbe, 104 Min. **Buch** und **Regie:** José Antonio De la Loma **Mit:** Thomas Hunter, Gila von Weitershausen, Dieter Augustin, Walter Barnes, Fernando Sancho

Alternativtitel:
«Samtpfötchen dreht sein letztes Ding»

Car Wash

«Nervtötende Musikkulisse», schäumte das Lexikon des Internationalen Films und bürstete die Musicalkomödie schnippisch ab. Das Verdikt bezog sich auf das spritzige Titelstück von Rose Royce, die mitreißende Einlage der Pointer Sisters und die flotte Filmmusik von Norman Whitfield. Beschwingte Klänge renommierter Interpreten untermalen den Arbeitsalltag einer Gruppe von Autowäschern, einer Korona bewußt stereotyp angelegter Figuren. Da wird naßforsch karikiert, Richard Pryor hat einen herrlich eitlen Gastauftritt, und Bill Duke, inzwischen selbst Regisseur, agitiert mit Mao-Zitaten, bis die Seifenblasen platzen.

USA 1976, Farbe, 97 Min. **Buch:** Joel Schumacher **Regie:** Michael Schultz **Mit:** Antonio Fargas *(Lindy)*, Sully Boyar *(Mr. B.)*, Richard Brestoff *(Irwin)*, Franklyn Ajaye *(T. C.)*, George Carlin *(Taxifahrer)*, den Pointer Sisters, Ivon Dixon, Tracy Reed.

Gut zu wissen:
Das Drehbuch schrieb Joel Schumacher, später auf «Batman»-Fortsetzungen abonniert und mit «8 mm» im Kreuzfeuer der Kritik.

Casper

Von Habgier förmlich geschüttelt, trachtet Cathy Moriarty nach einem Schatz, der angeblich im Gemäuer des ererbten Spukschlößchens Whipstaff Manor verborgen liegen soll. Vor dem Umzug wird Gespenstertherapeut Bill Pullman beauftragt, die dort hausenden Phantome zu vertreiben, doch seine Tochter Christina Ricci schließt Freundschaft mit Casper und den anderen verspielten Astralgesellen. Im geheimen wirkt ein unsichtbarer Zauberer, der heißt Steven Spielberg und zieht mit seiner Magie Zuschauer aller Altersklassen in seinen Bann.

USA 1995, Farbe, 100 Min. **Buch:** Sherri Stoner, Deanna Oliver **Regie:** Brad Silberling, Deanna Oliver **Mit:** Bill Pullman *(Dr. James Harvey)*, Christina Ricci *(Kat)*, Eric Idle *(Dibs)*, Cathy Moriarty *(Carrigan Crittenden)*, Chauncey Leopardi *(Nicky)*.

Gut zu wissen:
Vorlage des Films war ein Comic von Joseph Oriolo. Das 1997 entstandene Prequel «Casper – Wie alles begann» («Casper, a Spirited Beginning») wurde nur auf Video veröffentlicht. Die Hauptrollen spielten: Brendon Ryan Barrett, Steve Guttenberg, Lori Loughlin, Rodney Dangerfield und Michael McKean.

Catchfire Backtrack / Catch Fire / Do It the Hard Way

Hinter dem allgemein gebräuchlichen Pseudonym «Alan Smithee» verbirgt sich in diesem Fall Dennis Hopper, der diese von den Produzenten verschnittene Fassung nicht zeichnen mochte. Dennoch ist dem verbliebenen Stückwerk Hoppers Handschrift noch anzumerken: Die exquisiten Bilder, die gelungene Schauspielerführung gehen fraglos auf sein Konto; schließlich deutet die Art, wie moderne Kunst in die Erzählung einbezogen wird, auf den Einfluß des einschlägig sachverständigen Regisseurs.

USA 1989, Farbe, 98 Min. **Buch:** Rachel Kronstadt Mann, Ann Louise Bardach **Regie:** Alan Smithee (= Dennis Hopper) **Mit:** Dennis Hopper *(Milo)*, Jodie Foster *(Ann Benton)*, Fred Ward *(Fauling)*, Dean Stockwell *(John Luponi)*, John Turturro *(Pinella)*, Vincent Price *(Mr. Avoca)*, Joe Pesci, Charlie Sheen, Bob Dylan, Toni Basil, Julie Adams, Sy Richardson.

Gut zu wissen:
Die einzelnen Stationen des Roadmovies sind jeweils Orte, die für Dennis Hopper besondere biographische Bedeutung haben.

1991 wurde für den US-Videovertrieb eine längere Fassung erstellt, die Hoppers ursprünglichen Intentionen näherkam.

Die Skulpturen, die im Film Jodie Foster zugeschrieben werden, sind tatsächlich Arbeiten der Konzeptkünstlerin Jenny Holtzer.

Cat-Women of the Moon

Als das erste Erdenraumschiff den Mond ansteuert, rächt es sich bald, daß auch eine Frau an Bord ist. Die fällt nämlich schon beim Anflug in Trance. Das fünfköpfige Team landet auf der erdfernen Seite des Trabanten, wo die Navigatorin Helen sich intuitiv zurechtfindet und ihre Kollegen unter die Oberfläche führt. Dort hausen die Katzenfrauen, die auf Männer gern verzichten und, wie Helen nun erfährt, ihre irdische Geschlechtsgenossin via Telepathie gelenkt und gelockt haben, denn man hätte angesichts schwindender Atmosphäre gern die Rakete, um gen Erde aufzubrechen. Die Raubkatzen geben sich zahm und becircen die Astronauten, um die Geheimnisse des Fluggeräts zu ergründen, hegen aber insgeheim böse Absichten.

USA 1953, SW, 64 Min.
Buch: Roy Hamilton **Regie:** Arthur Hilton **Mit:** Sonny Tufts *(Laird Grainger)*, Victor Jory *(Lt. Kip Reisler)*, Marie Windsor *(Helen Salinger)*, Douglas Fowley *(Walt Willis)*, Carol Brewster *(Alpha)*, Bill Phipps *(Doug Smith)*, Suzanne Alexander *(Zeta)*, Susan Morrow *(Lambda)*.

Caveman – Der aus der Höhle kam Caveman

Ringo Starr – der Mann für alle Felle –, sein privater Augenstern Barbara Bach wie auch Dennis Quaid und Shelley Long kobolzen durch die Prähistorie und vollführen Kapriolen, die Autor Carl Gottlieb wohl den Wiederholungen alter Stummfilme entlehnt hat. Ringo liebäugelt mit der rassigen Barbara, die dem Duckmäuser indes nur abschätzige Blicke entgegenbringt. Er muß erst in die Steinöde hinaus, den aufrechten Gang erlernen und das Feuer nutzbar machen, die Axt konstruieren und das Bratgeflügel erfinden, ehe er sich in Siegerpose werfen darf und endlich auch mitbekommt, daß die aufgeweckte Shelley Long der hinterhältigen Bach bei weitem vorzuziehen ist. Im richtigen Leben aber blieben sie einander hold.

USA 1981, Farbe, 91 Min. **Buch:** Rudy De Luca, Carl Gottlieb **Regie:** Carl Gottlieb **Mit:** Ringo Starr *(Atouk)*, Dennis Quaid *(Lar)*, Shelley Long *(Tala)*, Barbara Bach *(Lana)*, John Matuszak *(Tonda)*, Avery Schreiber *(Ock)*, Jack Gilford *(Gog)*.

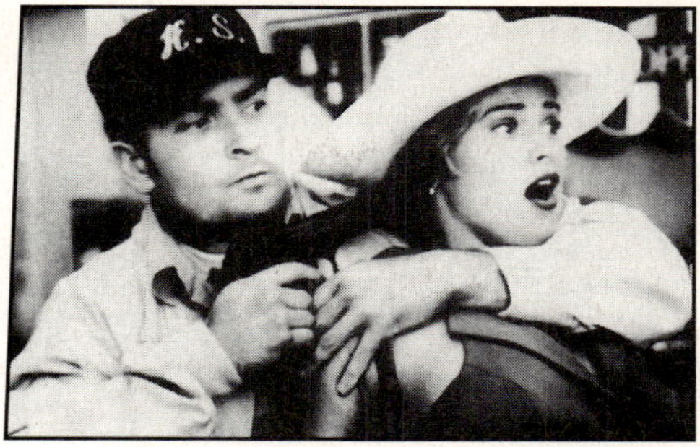

The Chase: Charlie Sheen und Kristy Swanson

C. C. und Company C. C. and Company

Auch der lederverkleidete Busen eines Bikers mit verwegenem Erscheinungsbild birgt bisweilen ein barmend Herz. So in etwa lautet das Fazit dieses kuriosen Zweitaktgemischs, mit dem der Autor und Produzent Roger Smith geschäftstüchtig im Windschatten von «Easy Rider» kurvte, wobei er in der ihm angetrauten Sozia Ann-Margret eine preiswerte Hauptdarstellerin zur Verfügung hatte. Dazu musizieren Wayne Cochran & The C. C. Riders, Mitch Ryder, und auch Ann-Margret erhebt ihre wohlklingende Stimme.

USA 1970, Farbe, 94 Min. **Buch:** Roger Smith **Regie:** Seymour Robbie **Mit:** Joe Namath *(C. C. Ryder)*, Ann-Margret *(Ann McCalley)*, William Smith *(Moon)*, Greg Mullavey *(Lizard)*, Jennifer Billingsley *(Pom Pom)*, Teda Bracci *(Pig)*.

Alternativtitel:
«Höllenengel und Company»

The Chase – Highway Heat The Chase

Exploitation movies alter Schule landen heutzutage gemeinhin direkt auf dem Videomarkt. Dieses aber kam verdientermaßen zu Kinoehren. Der Regisseur und Autor Adam Rifkin hat bereits einiges auf dem Kerbholz, Titel wie «Die total beknackte Nuß» und «Das Highway-Trio» beispielsweise. Bei letzterem war ihm Charlie Sheen ein williger Hauptakteur und ist es auch in diesem hochtourig in satirische Bereiche vorpreschenden Thriller, dem vorläufigen Meisterstück im gemeinsamen Œuvre der beiden Spießgesellen. Sheen kapert kurzerhand Kristy Swansons BMW und die verwöhnte Göre gleich mit. Polizei und Medien eröffnen die Jagdsaison, derweil die Antipoden im Sportwagen erst einander näher und später im Zuge eines der Straßenverkehrsordnung hohnsprechenden recht verwegenen Akts sogar zum Höhepunkt kommen. Gastauftritte von Henry Rollins und anderen runden das fröhliche Treiben zum unbeschwerten Gesamtvergnügen.

USA 1994, Farbe, 85 Min. **Buch** und **Regie:** Adam Rifkin **Mit:** Charlie Sheen *(Jack Hammond)*, Kristy Swanson *(Natalie Voss)*, Henry Rollins *(Officer Dobbs)*, Josh Mostel *(Officer Figus)*, Ray Wise *(Dalton Voss)* und Wayne Grace, Rocky Carroll, Miles Dougal, Marshall Bell, Claudia Christian.

Alternativtitel:
«Chase – die Wahnsinnsjagd»

Gut zu wissen:
Kristy Swanson war schon 1990 ungebremst auf Achse, konnte sich aber deutlich verbessern, denn damals führte der ➜ HIGHWAY ZUR HÖLLE.

Henry Rollins ist Mitbegründer der Punkformation Black Flag.

Ray Wise kommt Ihnen bekannt vor? Denken Sie mal an «Twin Peaks».

Achtung:
«Hot Shots!»-Star Cary Elwes läßt sich kurz in einer Gastrolle blicken.

Erhabene Momente:
Kristy Swanson rückt Charlie Sheen zu Leibe und stülpt sich über seinen Schoß, während er hinter dem Volant des mit Höchstgeschwindigkeit dahinrasenden Flitzers mühsam Haltung nebst Bodenhaftung zu wahren versucht.

Chatterbox Chatterbox!

Der spätere Starkameramann Tak Fujimoto hielt auch die Linsen drauf, als der in derlei Dingen wenig zimperliche Tom De Simone ein entschärftes Replikat des Hardcore-Pornos «Pussytalk» anfertigte. In beiden Filmen entwickelt das Geschlecht der Protagonistin ein unkontrollierbares Eigenleben, schnauzt hier, scherzt da, schnattert immerdar, wird deswegen in Talk-Shows eingeladen und beginnt sogar eine Gesangskarriere. Die dazu nötigen Songs mit Titeln wie «Wang Dang Doodle» komponierte Neil Sedaka, woraus sich wohl auf schwere finanzielle Probleme des weiland Hitlieferanten schließen läßt. Dorris Dörrie drehte 1989 mit «Ich und Er» die maskuline Variante.

USA 1977, Farbe, 73 Min. **Buch:** Mark Rosin, Nonnan Yanemoto **Regie:** Tom De Simone **Mit:** Candice Rialson *(Penelope)*, Larry Gelman, Jane Kean, Perry Bullington, Rip Taylor, Irwin Corey.

Cherry 2000

Im Jahr 2017 gibt es lebensechte Roboter weiblichen Geschlechts wie das fügsame Modell «Cherry 2000», so daß Frauen herkömmlicher Bauart verzichtbar werden. Meint jedenfalls der Held dieses Films. Dann aber glüht seine Cherry durch, und unser Mann muß hinaus in die gefährliche Z-Zone, um passende Ersatzteile aufzutreiben. Dabei stößt er auf die kratzbürstige Melanie Griffith, eine überaus attraktive Abenteurerin menschlichen Geblüts. Während die beiden in feindseliger Umgebung zu bestehen versuchen, kommen sie sich mählich näher.

USA 1986, Farbe, 95 Min.
Buch: Michael Almereyda **Regie:** Steve DeJarnatt **Mit:** Melanie Griffith *(E. Johnson)*, David Andrews *(Sam Treadwell)*, Pamela Gidley *(Cherry 2000)*, Tim Thomerson *(Lester)*, Ben Johnson *(Six Finger Jake)*, Harry Carey jr. *(Snappy Tom)* und Larry Fishburne, Michael C. Gwynne, Robert Z'Dar.

Starke Töne:
«Schatz, ich würde mir das lieber im Fernsehen angucken.» CHERRY 2000

Chicago Poker Truck Turner

Als Komponist des «Shaft»-Soundtracks kam Isaac Hayes mit Hollywood in Kontakt, und bei seinem damaligen Faible für exzentrische Mimikry lag es nahe, einmal selbst vor die Kamera zu treten. Nach der US-italienischen Koproduktion «Three Tough Guys» war «Chicago Poker» sein zweiter Film, ein simpel gestricktes *blaxploitation movie*, in dem Hayes als Kopfgeldjäger einen Zuhälter jagt, der im Übermut einige marktbeherrschende Gangster verärgert hat. Selbstredend lieferte der Meister auch die musikalische Untermalung zum recht ruppigen Geschehen. Bemerkenswert immerhin die Mitwirkung von «Star Trek»-Kommunikationsoffizier Nichelle Nichols, hier mal als Bordellwirtin mit eher unguten Absichten.

USA 1974, Farbe, 91 Min. **Buch:** Leigh Chapman, Oscar Williams, Michael Allin **Regie:** Jonathan Kaplan **Mit:** Isaac Hayes *(Matt «Truck»*

Turner), Yaphet Kotto *(Harvard Blue)*, Alan Weeks *(Jerry)*, Annazette Chase *(Annie)*, Nichelle Nichols *(Dorinda)*, Scatman Crothers *(Duke)*, Paul Harris *(Gator)*, Dick Miller *(Fogarty)*.

Gut zu wissen:
Jonathan Kaplan erhielt seine Ausbildung bei Roger Corman. Später rückte er in die A-Liga auf und inszenierte unter anderem «Angeklagt» mit Jodie Foster.

Starke Töne:
«Tell 'em you were hit by a Truck!» TRUCK TURNER

China Heat Nu huo wei long / Crystal Hunt / China Heat

Miss Li, die eigener Aussage zufolge immer bekommt, was sie will, sucht den Goldenen Kristall, von dem sie sich Heilung für die mysteriöse Krankheit ihres Vaters verspricht. Sie kooperiert mit einem Professor, der kurz darauf verschwindet. Joyce, die Tochter des Wissenschaftlers, ihr Freund Brett und dessen frühere Kollegin Sally suchen den Verschwundenen, wobei sie sich in wechselndem Maße ins Gehege kommen. Ein Hongkong-Film ohne Studiomätzchen, vorwiegend an Außenschauplätzen gedreht, wo sich die durchtrainierten Akteure nach Herzenslust austoben und allerlei artistische Kabinettstückchen demonstrieren konnten.

Hongkong 1991, Farbe, 84 Min. **Buch:** Hen Pan Hung **Regie:** Chui Pak Lam **Mit:** Sibelle Hu *(Wu/Trina/Sally)*, John Saluti *(Stephen)*, Donnie Yen *(Brett)*, Chia Hui Liu *(Lung)*, Ken Lo *(Gordon)*, Fujimi Nadeki *(Kitty)*, Carrie Ng *(Li/Lisa)*.

Hoppla:
In einer Disco-Szene ist eine Band mit akustischen Instrumenten zugange, zu hören ist aber das synthetische «Los Niños Del Parque».

Starke Töne:
«Manchmal denke ich, das Leben ist wie ein Traum. Es geht vorbei, und zurück bleibt nur ein leeres Glas. Und niemand fragt, was einmal darin war.» SALLY

China Swordsman Xiao ao jiang hu zhi dong fang bu bai / Swordsman II

Japanische Invasoren und einheimische Räuberbanden haben zur Zeit der Ming-Dynastie in Südchina ein Schreckensregime errichtet und den legitimen Herrscher festgesetzt. Jet Li, ein trinkfreudiger Leichtfuß, gehört zum Klan des Regenten und wird, wie auch seine Schwestern, von den Usurpatoren verfolgt. In deren Reihen kämpft sein Onkel, der gelegentlich als Frau in Erscheinung tritt und in dieser Inkarnation auch seinem Neffen begegnet. Die beiden verlieben sich, was vielerlei Verwirrungen zur Folge hat ... Optisch gibt der Film einiges her: Schwertkämpfer flitzen über Grashalme, zerteilen im Vorbeilaufen Pferde in zwei Hälften, sausen wie menschliche Hubschrauber durch die Lüfte und prügeln mit ausgewachsenen Bäumen aufeinander ein.

Hongkong 1991, Farbe, 110 Min. **Buch:** Hanson Chan, Pik-yin Tang **Regie:** Ching Siu-Tung, Stanley Tong **Mit:** Jet Li *(Ling Wu Chung/Fox)*, Michelle Reis *(Kiddo)*, Rosamund Kwan *(Ying)*, Brigitte Lin *(Asia)*, Fennie Yuen *(Blue Phoenix)*, Yan Yee Kwan *(Wu)*, Waise Lee, Kar Lok Chin, Yee-Kwan Yang.

Starke Töne:
«Menschlichkeit ist die Tugend, die uns vom Tier unterscheidet.» LING

China Swordsman II Tung fong bat bai III / East is Red / Swordsman III

Auch wenn er in Deutschland die Zwei im Titel führt, ist der Film doch der dritte Teil der turbulenten «Swordsman»-Trilogie. Hier rückt das wiederum von Brigitte Lin gespielte androgyne Geschöpf namens Asia in den Mittelpunkt und macht allen

A Chinese Ghost Story: Joey Wang

den Garaus, die in seinem Namen Missetaten vollbringen. Auf der Gegenseite agieren Asias frühere Geliebte Snow, spanische Konquistadoren und japanische Eindringlinge, die bereits über ein prähistorisches U-Boot verfügen.

Hongkong 1993, Farbe, 100 Min. **Buch** und **Produktion:** Tsui Hark **Regie:** Ching Siu Tung, Raymond Lee **Mit:** Brigitte Lin *(Asia)*, Yu Rong Guang *(Koo)*, Wang Tsu Hsien (= Joey Wang, *Snow*), Eddie Ko, Yuen King-tan.

Alternativtitel:
«The East is Red»

Starke Töne:
«Wie die Sonne, wird auch die Hoffnung immer wieder neu aufsteigen.» KOO

A Chinese Ghost Story
Qian'nü youhun

Ein mittelloser, vom Pech verfolgter Geldeintreiber gerät auf der Suche nach kostenlosem Logis in einen verrufenen Tempel, der seinem schlechten Nimbus alle Ehre macht, denn neben einem eher ungeschlachten Geist lauert dort auch eine bildschöne Frau, die ihren Liebhabern den Tod zu bringen pflegt. Den kleinen Wanderburschen aber hat sie in ihr Herz geschlossen und bewahrt ihn vor Schlangen, Wölfen und anderen Fährnissen wie dem 1000 Jahre alten Baummonster, dem sie gegen ihren Willen als Köder dienen muß. Auch ein taoistischer Kämpfer liegt im Streit mit dem Ungetüm. Der junge Bursche und seine Herzensdame geraten mehrfach zwischen die Fronten und müssen gar kurz mal in die Hölle hinab, um alles zum Guten zu wenden.

A Chinese Ghost Story II: Joey Wang

Christine

Hongkong 1987, Farbe, 101 Min. **Buch:** Yuen Kai Chi **Regie:** Ching Siu-Tung **Mit:** Leslie Cheung *(Ning Tsai-Shen)*, Wang Tsu Hsien (= Joey Wang; *Nieh Hsiao Tsing)*, Wu Ma *(Yen Che-Hsia)*, Lau Siu-Ming *(Lau Lau)*, Ling Bo *(Shao Qing)*.

Alternativtitel:
«Verführung aus dem Reich der Toten»

Starke Töne:
«Der Gedanke formt das Schwert.» TAO-KRIEGER

A Chinese Ghost Story II

Qian'nü youhun II / A Chinese Ghost Story, Part II

Nach seinen schier unglaublichen Abenteuern in Teil 1 kehrt unser kleiner Steuereintreiber in die Stadt zurück. Die aber hat sich verändert – die Gassen sind verlassen, allerorten liegen Leichen, im Wirtshaus wird Menschenfleisch aufgetragen. Aufgrund einer Verwechslung gerät Ning in Haft, kann aber fliehen und sucht erneut Zuflucht im Geisterhaus. Bald hat er gespenstische Begegnungen, doch das Schlimmste kommt noch: In der Umgebung haust die Inkarnation übel gesinnter Dämonen, ein wandlungsfähiges Monstrum, das selbst entzweigehauen noch immer mörderischen Schaden anrichtet. Nach etlichen Scharmützeln kommt es zum großen Schlußkampf, in dessen Verlauf zwei der Helden gar in die Verdauungsorgane des Monsters vordringen.

Hongkong 1990, Farbe, 98 Min. **Buch:** Lau Tai Mok, Lam Kee To, Leung Yiu Ming **Regie:** Ching Siu-Tung **Mit:** Leslie Cheung *(Ning Tsai-Shen)*, Joey Wang *(Quing Feng)*, Jacky Cheung *(Zhi-Qiou)*, Michelle Li *(Moon Fu)*, Wu Ma *(Yen)*, Waise Lee *(Hu)*, Lau Shun *(Hohepriester)*.

Alternativtitel:
«Verführung aus dem Reich der Toten (2)»

Christine

Christine hat Charakter und ist fraglos eine Schönheit. So verwundert wenig, daß der bläßliche Arnie Cunningham dem 58er Plymouth Fury auf Anhieb verfällt, obwohl die 20 Jahre alte Kalesche bereits gewisse Abnutzungserscheinungen zeigt. Arnie nimmt sich die Zeit und bringt den Wagen wieder auf Hochglanz. Nicht ahnen kann er freilich, daß das Auto besessen ist und bereits ein erstes Opfer forderte, kaum daß es vom Band gelaufen war. Zwar hängt Christine am zunehmend selbstbewußter werdenden Arnie, aber gerade darum beginnt ihr Betriebsöl zu kochen, als ihr stolzer Halter erstmals eine junge Dame auf den Beifahrersitz bittet.

USA 1983, Farbe, 110 Min. **Buch:** Bill Phillips **Regie:** John Carpenter **Mit:** Keith Gordon *(Arnie)*, Alexandra Paul *(Leigh)*, Robert Prosky *(Darnell)*, Harry Dean Stanton *(Junkins)*, Kelly Preston, Roberts Blossom.

Chrom und heißes Leder
Chrome and Hot Leather

Ausgemusterte Elitesoldaten balgen sich mit ungewaschenen Motorradrockern, die des Anführers Verlobte auf dem Gewissen haben. Lachhafter Revanche-Humbug nach gehabtem Muster, jedoch eine Pflichtveranstaltung für die Fans des 1984 ermordeten Soulsängers Marvin Gaye, der in diesem Film als Schauspieler debütierte. Ain't that peculiar?

USA 1971, Farbe, 88 Min. **Buch:** Michael Allen Haynes, David Neibel, Don Tait **Kamera** und **Regie:** Robert Lee Frost **Mit:** William Smith *(T. J.)*, Tony Young *(Mitch)*, Marvin Gaye *(Jim)*, Michael Haynes *(Casey)*, Peter Brown *(Al)*, Michael Stearns *(Hank)*, Kathy Baumann *(Susan)*, Wes Bishop *(Sheriff)*.

Gut zu wissen:
Koautor Michael Allen Haynes, von Hauptberuf Stuntman, ist in einer Nebenrolle zu sehen. In gehobenem Alter ritt er als Marlboro Man über die Leinwände dieser Erde.

Achtung:
Ebenfalls in Nebenrollen zu entdecken: Die späteren TV-Stars Cheryl Ladd («Drei Engel für Charlie»), Erik Estrada («CHiPs») und Dan Haggerty («Der Mann in den Bergen»).

Chucky – Die Mörderpuppe
Child's Play

Detective Andy Norris verfolgt den Killer C. L. Ray bis in einen Spielzeugladen. Der Spitzbube wird angeschossen, vor dem endgültigen Abgang aber ruft er die Schwarzen Mächte an und überantwortet seinen Geist einer der neben ihm gestapelten Spielzeugpuppen, die nach den Kinderserienfiguren «The Good Guys» geformt wurden. Jede trägt ihren eigenen Namen, die von Ray eingenommene heißt Chucky und landet auf Umwegen bei dem kleinen Andy. Während der Bube schlummert, entwickelt sein neues Spielzeug ein reges Eigenleben. Babysitter Maggie indes verliert ihres, was auch Detective Norris wieder ins Spiel bringt. Andy kommt bald hinter Chuckys Geheimnis, scheitert aber an der Ignoranz der Erwachsenen, so daß weitere Mordopfer nicht ausbleiben.

USA 1988, Farbe, 87 Min. **Buch:** Don Mancini & John LaFia, Tom Holland **Regie:** Tom Holland **Mit:** Brad Dourif *(Charles Lee Ray)*, Catherine Hicks *(Karen Barclay)*, Chris Sarandon *(Detective Mike Norris)*, Alex Vincent *(Andy Barclay)*, Dinah Manoff *(Maggie Peterson)*, Tommy Swerdlow *(Jack Santos)*, Jack Colvin *(Dr. Ardmore)*.

Alternativtitel:
«Die Mörderpuppe»

Starke Töne:
«Hi! Ich bin Chucky. Wollen wir spielen?» CHUCKY

City Hunter Cheng shi lie ren

Sprechblasen, kunterbunte Farben, Nonsens-Dialoge – kein Zweifel, daß hier ein filmischer Comic angestrebt wurde. Es beginnt mit einer Standardsituation: Jackie Chan soll ein entlaufenes Millionärstöchterchen aufspüren. Der Auftrag führt ihn auf ein Kreuzfahrtschiff, das bald darauf von Gangstern gekapert wird. Die haben genügend Fußvolk dabei, um Jackie Chans vielfältige Talente zur Geltung zu bringen, wobei sehr viel Selbstironie zu verzeichnen ist: Zwei baumlange Gegner überwältigt er erst, nachdem er im Bordkino einen Bruce-

Chucky – Die Mörderpuppe: Alex Vincent

Lee-Film gesehen hat, den er zwar abschätzig kommentiert, aber dann nachahmt, als den beiden Riesen nicht anders beizukommen ist. Auch gibt es Verfremdungseffekte wie beispielsweise sichtbare Funksignale, die das Wörtchen «HELP» bilden, und anderen Schabernack.

Hongkong 1992, Farbe, 92 Min. **Buch** und **Regie:** Wong Jing **Mit:** Jackie Chan *(Ryo Saeba)*, Richard Norton *(Col. MacDonald)*, Gary Daniels *(Ken)*, Kumiko Goto *(Kiyoko)*, Joey Wang *(Kaori)*, Leon Lai *(Kao Ta)*.

Starke Töne:

«Ich sterbe den Hungertod, und Sie wollen mich umbringen. Sie Unmensch!» JACKIE CHAN

City Wolf 3 – Hexenkessel Saigon A Better Tomorrow III: Love and Death in Saigon

1974. Chow Yun-Fat reist nach Vietnam, einen Freund und dessen Vater heim nach Hongkong zu lotsen. Gleich am Flughafen lernt er Anita Mui kennen, eine geheimnisvolle Frau mit weitreichenden Verbindungen. An ihrer Seite besteht er zahlreiche Abenteuer, sie ist es auch, die dem Trio letztlich zur Flucht verhilft, doch daheim in Hongkong werden alle Beteiligten von ihrer Vergangenheit eingeholt. Zurückgebliebene

Werte und die Liebe zwingen Chow, noch einmal ins bereits in Auflösung begriffene Saigon zurückzukehren ... Tsui Harks partiell rasant inszenierter, unter dem Eindruck des Massakers auf dem Tiananmen Platz sehr pessimistisch geratener Thriller ist das Prequel zu John Woos Kultfilm «A Better Tomorrow». ▌ Hongkong 1989, Farbe, 113 Min. **Buch:** Daai Foo Hiu, Leung Yiu Ming **Regie:** Tsui Hark **Mit:** Chow Yun-Fat *(Mark Cheung)*, Anita Mui *(Kitty Joe)*, Tony Leung *(Michael Cheung)*, Saburo Tokito *(Sam Ho)*, Shek Kin *(S. C. Cheung)*.

Alternativtitel:
«Hexenkessel Saigon»

Starke Töne:
«Je größer die Hoffnung ist, desto tiefer fällt man.»
MARK CHEUNG

Cleopatra Jones gegen die Drachenlady Cleopatra Jones and the Casino of Gold

Der überraschend große Erfolg des Vorgängers «Cleopatra Jones» verführte naturgemäß dazu, eine Fortsetzung in die Welt zu setzen. Nunmehr schlägt sich die wehrhafte Heldin in Hongkong durch, wo Stella Stevens in einem Casino hockt und Rauschgifthandel in großem Stil betreibt. Zwei Kollegen Cleos kamen ihr auf die Schliche und wurden eingekerkert; Cleo eilt herbei, das Schicksal der beiden Brüder zu wenden. Gemeinsam mit ihrer einheimischen Kollegin Mi Ling rückt sie der lasziven Drachenlady auf den attraktiven Leib, nicht ohne vorher Dutzende von deren Schergen hinwegzufegen. Den Endkampf machen die Damen dann unter sich aus. ▌ USA / Hongkong 1975, Farbe, 94 Min. **Buch:** William Tennant **Regie:** Chuck Bail **Mit:** Tamara Dobson *(Cleopatra Jones)*, Stella Stevens *(Bianca Jovan, die Drachenlady)*, Tanny *(Mi Ling)*, Norman Fell *(Stanley Nagel)*, Albert Popwell *(Matthew Johnson)*, Caro Kenyatta *(Melvin Johnson)*, Chan Sen, Lin Chen Chi, Liu Loke Hua, Mui Kwok Sing, John Cheng.

Clockwise – In letzter Sekunde Clockwise

John Cleese in seiner angestammten Rolle: als pedantischer, mit Furor und leichtem Anflug von Wahnsinn ins Unglück stürmender, erzbritischer Spießbürger. Hier ist er der Rektor einer Gesamtschule, der eigentlich nur einem hochkarätig besetzten Treffen seiner Kollegen beiwohnen wollte. Aber schon die ersten Schritte auf seinem Weg führen ins Chaos: Er landet im falschen Zug, verliert das Manuskript seiner Rede, wird von einer motorisierten Schülerin aufgegabelt und prompt der Unzucht verdächtigt und hat dennoch nach wie vor nichts anderes im Sinn, als pünktlich auf der Rednertribüne zu erscheinen. ▌ GB 1986, Farbe, 92 Min. **Buch:** Michael Frayn **Regie:** Christopher Morahan **Mit:** John Cleese *(Brian Stimpson)*, Alison Steadman *(Gwenda Stimpson)*, Penelope Wilton *(Pat)*, Sharon Maiden *(Laura)*, Stephen Moore *(Mr. Jolly)*.

Alternativtitel:
«In letzter Sekunde»

Coca-Cola Kid The Coca Cola Kid

Dusan Makavejev wurde bekannt mit skandalumwitterten Collagefilmen wie «WR – Mysterien des Organismus». Nach seiner Übersiedelung in den Westen drehte der Jugoslawe vermeintlich gefälligere Werke, deren klammheimliche Bosheit sich aber spätestens in der Schlußpointe offenbart. So auch in dieser auf den ersten Blick so netten Geschichte, die uns berichtet, wie der Coca-

Coffy – Die Raubkatze, Filmplakat

Cola-Konzern in Australien einen von der braunen Brause noch ungetrübten Landstrich entdeckt und Eric Roberts ausschickt, diesen Mißstand zu beheben. Der aber stößt auf den hartnäckigen Widerstand eines lokalen Sprudelherstellers und verliebt sich obendrein in dessen reizende Tochter Greta Scacchi.

Australien 1985, Farbe, 97 Min. **Buch:** Frank Moorhouse **Regie:** Dusan Makavejev **Mit:** Eric Roberts *(Becker)*, Greta Scacchi *(Terri)*, Bill Kerr *(T. George McDowell)*, Chris Haywood *(Kim)*, Kris McQuade *(Juliana)*, Max Gillies, Tony Barry.

Coffy – Die Raubkatze Coffy

Pam Grier ist hauptberuflich Krankenschwester und versorgt nach Feierabend ihre Kolleginnen, mehr noch aber den Leichen-

Cold Blooded: Jason Priestley

beschauer mit Arbeit. Ihr Ingrimm resultiert aus dem Umstand, daß ihre elfjährige Schwester drogenabhängig gemacht wurde und eine geistige Behinderung davontrug. Bei ihrem Rachefeldzug greift Coffy zu derart großem Kaliber, daß es einen Dealer buchstäblich den Kopf kostet. Als ihr früherer Liebhaber von maskierten Schlägern übel zugerichtet wird und auch dies in Zusammenhang mit Drogengeschäften steht, schmuggelt sie sich als Edelprostituierte getarnt in den Verbrecherring ein, zeigt sich wenig zimperlich und gelangt so bis in die oberste Etage – wo sie zu ihrem Erstaunen auf einen guten Bekannten trifft.

USA 1973, Farbe, 91 Min. **Buch** und **Regie:** Jack Hill **Mit:** Pam Grier *(Coffy)*, Booker Bradshaw *(Howard Brunswick)*, Robert DoQui *(King George)*, William Elliott *(Carter Brown)*, Allan Arbus *(Arturo Vitroni)*, Sid Haig *(Omar)*, Barry Cahill *(McHenry)*, Morris Buchanan *(Sugar Man)*.

Gut zu wissen:
Die Filmmusik komponierte Roy Ayers.

Cold Blooded

Jason Priestley, hauptberuflich als Blondschopf in «Beverly Hills, 90210» unterwegs, ist zunächst ein kreuzbraver Buchhalter, wird dann aber als Auftragskiller angelernt und zeigt Begabung, bis ihn die Liebe kalt erwischt und sein geregeltes Dasein verkompliziert ... Der Humor ist schwarz in dieser Killerkomödie, und der Koproduzent hieß Michael J. Fox. Grund genug für ihn, sich auch kurz vor der Kamera blicken zu lassen.

USA 1995, Farbe, 91 Min. **Buch** und **Regie:** Wallace Wolodarsky **Mit:** Jason Priestley *(Cosmo)*, Peter Riegert *(Steve)*, Kimberley Williams *(Jasmine)*, Robert Loggia *(Gordon)*, Michael J. Fox *(Tim Alexander)*, Janeane Garofalo *(Honey)*.

Colossus The Forbidden Project

Die Armee hat ein neues Spielgerät: Der gigantische, sich über mehrere Stockwerke eines hermetisch abgeschlossenen Bunkers erstreckende Computer Colossus bekommt die gesamte Verteidigung der USA anbefohlen. Dummerweise haben auch die Sowjets einen Supercomputer installiert. Der eigenwillige Silikonkoloß fordert stur eine Verbindung zu seinem Pendant. Die beiden fraternisieren und machen sich die Regierungen gefügig, indem sie mit Waffenschlägen drohen. Der Computerspezialist Forbin wird zum Sklaven der Maschinen, rund um die Uhr beobachtet und abgehört. Das bezieht sein Liebesleben mit ein, bei dessen Abbildung der Regisseur mit recht putzigen Einfällen aufwartet.

USA 1969, Farbe, 100 Min. **Buch:** James Bridges **Regie:** Joseph Sargent **Mit:** Eric Braeden *(Dr. Charles Forbin)*, Susan Clark *(Cleo)*, Gordon Pinsent *(Präsident)*, William Schallert *(Grauber)*, Willard Sage *(Blake)*, Alex Rodine *(Kuprin)*.

Communion – Messe des Grauens Communion / Alice Sweet Alice / Holy Terror

Bevor er die Gattung in «Freitag, der 713.» gehörig veralberte, versuchte sich Alfred Sole an einem ungetrübten Slasher-Film. Hintergrund für die Mordserie liefert das katholische Milieu; das Prinzip von Schuld und Sühne ist die Antriebskraft des oder der Mörder. Selbst ein Geistlicher ist nicht gegen den wahnhaften moralischen Kreuzzug gefeit ... Die elfjährige Brooke Shields gab in diesem Schocker ihr Kinodebüt – und bekam es gleich mit einem maskierten Killer zu tun.

USA 1976, Farbe, 105 Min. **Buch:** Rosemary Ritvo, Alfred Sole **Regie:** Alfred Sole **Mit:** Linda Miller *(Catherine)*, Mildred Clinton *(Mrs. Tredoni)*, Paula Shepard *(Alice)*, Niles McMaster *(Dom Spages)*, Brooke Shields *(Karen)*, Jane Lowry *(Tante Annie)*.

Comtesse des Grauens Countess Dracula

Die verwitwete Gräfin Elisabeth, geborene Bathory, nutzt weidlich ihre Entdeckung aus, daß das Blut junger Mädchen sich verjüngend auswirkt. Nach der Anwendung erscheint sie mädchenhafter als ihre Tochter Ilona, die nach längerer Abwesenheit zurückerwartet wird. Die Rabenmutter läßt sie vorsichtshalber entführen, was ihr die andere Hälfte des Erbes sichert und die Möglichkeit gibt, selbst als Ilona aufzutreten. Dummerweise ist die Wirkung ihres Allheilmittels befristet, und sie braucht stets neue Opfer, um ihr attraktives Aussehen zu erhalten. Es wird immer schwieriger, frisches Blut aufzutreiben, und das Verschwinden so vieler Mädchen ruft bald auch die Behörden auf den Plan.

GB 1970, Farbe, 92 Min. **Buch:**

Alexander Paal, Peter Sasdy, Gabriel Ronay **Regie:** Peter Sasdy **Mit:** Ingrid Pitt *(Gräfin Elisabeth Nadasdy)*, Nigel Green *(Capt. Dobi)*, Sandor Elès *(Imre Toth)*, Maurice Denham *(Meister Fabio)*, Patience Collier *(Julia)*, Lesley Ann Down *(Ilona)*.

Achtung:
Noch blutjung und kaum zu erkennen ist die Nebendarstellerin Lesley Ann Down, die mit der Serie «Fackeln im Sturm» Weltruhm erlangte.

Die Coneheads Coneheads

In einer regnerischen Nacht plumpst das Raumschiff der Coneheads nahe Jersey City in einen Teich. Dem Wasser entronnen, nehmen sie Quartier in einem Motel und erschrecken zutiefst, als sie im Fernsehen ein Bowlingturnier verfolgen und mit ansehen müssen, wie die massive Kugel ihresgleichen schwer zusetzt. Da ihnen Ersatzteile für ihr Raumschiff fehlen, beschließen sie, sich unauffällig unter die Menschen zu mischen. Sie leben sich ein und bleiben, werden allerdings von der Einwanderungsbehörde gejagt. Im Schmelztiegel New York finden sie Zuflucht und sind bereits zu einer typisch amerikanischen Vorstadtfamilie geworden, als die alte Akte wieder aufgeschlagen wird.

USA 1993, Farbe, 82 Min. **Buch:** Tom Davis & Dan Aykroyd, Bonnie Turner & Terry Turner **Regie:** Steve Barron **Mit:** Dan Aykroyd *(Beldar)*, Jane Curtin *(Prymaatt)*, Michelle Burke *(Connie)*, Chris Farley *(Ronnie)*, Sinbad *(Otto)*, Phil Hartman *(Marlas)*, Michael McKean und Gastauftritten von Drew Carrey, Jason Alexander, Dave Thomas, David Spade.

Gut zu wissen:
Die Conehead-Familie geht zurück auf eine Sketch-Reihe der TV-Serie «Saturday Night Live». Deren langjähriger Produzent Lorne Michaels verhalf zuvor bereits Dana Carvey und Mike Myers, Chris Farley und anderen Mitgliedern der Comedy-Truppe zu Kinokarrieren.

Erhabene Momente:
Auf seinem Heimatplaneten muß Beldar strafweise gegen ein Ungeheuer kämpfen. Er besiegt das Untier, indem er sich auf seine Golfkünste besinnt.

Achtung:
Während der Credits sind Aufnahmen aus der Luftraumüberwachung zu sehen. Einer der dort Tätigen verfolgt gerade «Star Trek», als die Meldung von der UFO-Wahrnehmung eintrifft.

Congo

«Jurassic Park»-Autor Michael Crichton veranstaltet ein Affentheater: Tief im Kongodschungel hausen perfekt abgerichtete Gorillas und bewachen einen kostbaren Schatz. High-Tech-gestützte Abenteurer wollen trotzdem zugreifen und kriegen eines mit der Primatenpranke übergezogen. Viel Computerzauber, noch mehr Exotik, ein bißchen Thrill und als TV-Dinner eine Banane für jeden.

USA 1995, Farbe, 108 Min.
Buch: John Patrick Shanley **Regie:** Frank Marshall **Mit:** Dylan Walsh *(Peter Elliot)*, Laura Linney *(Dr. Karen Ross)*, Ernie Hudson *(Monroe Kelly)*, Tim Curry *(Herkemer Homolka)*, Grant Heslov *(Richard)*, Joe Don Baker *(R. B. Travis)*.

Cool As Ice

Die eiskalte Schulter zeigte das Publikum dem weißen Rapper Vanilla Ice, der aus dem Erfolg seiner Hitsingle «Ice, Ice, Baby» schloß, daß weite Kreise ihn auch gern als Filmstar sehen würden. Hierin aber irrte der Künstler, und seither ward nicht mehr viel von ihm gehört. Im Film reitet er per Motorrad in einer kalifornischen Kleinstadt ein, becirct eine unverdorbene Tochter aus gutem Hause und bewährt sich als Held, als deren kleiner Bruder entführt wird, woraufhin sich endlich auch die Eltern der Angebeteten für den ungestümen, aber gutherzigen Kerl erwärmen.

***Congo:* Laura Linney und Dylan Walsh**

USA 1991, Farbe, 87 Min. **Buch:** David Stenn **Regie:** David Kellogg **Mit:** Vanilla Ice (= Robert van Winkle, *Johnny*), Kristin Minter *(Kathy)*, Michael Gross *(Gordon Winslow)*, Candy Clark *(Grace Winslow)*, Naomi Campbell *(Singer)*, Sydney Lassick *(Roscoe McCallister)*, Dody Goodman *(Mae)*, Bobby Brown *(Monique)*, Victor Dimattion *(Tommy)*.

Coonskin – Schwarzer Haß
Coonskin / Street Fight

In einer Mischung aus Animations- und Realfilm erzählt Ralph Bakshi, der selbst in den Slums aufwuchs, eine typische *blaxploitation*-Story: Brother Rabbitt, Brother Bear und Preacher werden in Harlem mit dem organisierten Verbrechen konfrontiert. Wacker bekämpfen sie die Gangster, die das Ghetto beherrschen. Die zynische Pointe: Einmal an der Macht, behält das Trio die Kontrolle über Glücksspiel, Prostitution und Drogenmarkt – die Zustände bleiben, wie sie sind. Bewußt überreizte Bakshi die Stereotype schwarzer Kinofiguren und wurde prompt mißverstanden. Bürgerrechtsverbände protestierten gegen den Film, eingeschüchtert überließ Paramount die Distribution einem unabhängigen Verleih. Die hitzigen Diskussionen ebbten rasch ab, nachdem sich das Publikum selbst ein Bild gemacht hatte.

USA 1974, Farbe, 97 Min. **Buch** und **Regie:** Ralph Bakshi **Mit:** Barry White *(Samson / Bruder Bear)*, Philip Michael Thomas *(Randy / Bruder Rabbit)*, Scatman Crothers *(Pappy / Old Man Bone)*, Charles Gordone *(Prediger / Bruder Fox)*.

Gut zu wissen:
Aus Philip Michael Thomas wurde später der geschniegelte Det. Ricardo Tubbs in der Erfolgsserie «Miami Vice».

Cover Hard **Full Contact**

Jeff ist schon beinahe auf dem Wege in die USA, muß aber zunächst noch seinem Cou-

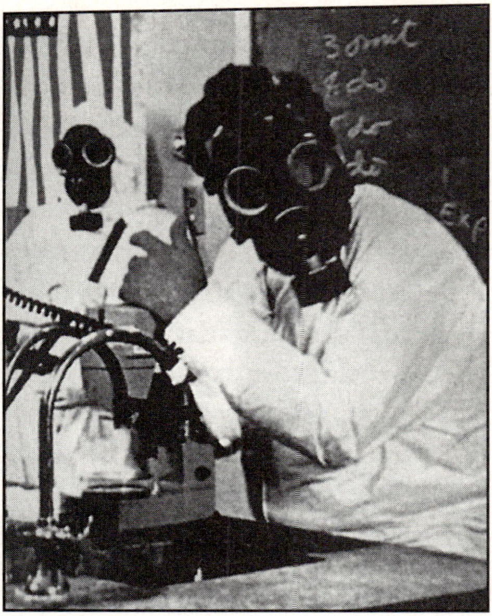

Crazies

sin Sam beistehen, der einem hochrangigen Gangster viel Geld schuldet. Obendrein fordert der Triadenboß Revanche, weil Jeff seine gesamte Truppe vertrimmt hat. Jeff ist somit gezwungen, sich mit dem Punker Deano, dem schwulen Dandy Judge und dem rabiaten Luder Virgin zusammenzutun, um einen Waffentransport zu überfallen. Der Coup gelingt, aber auch der damit verbundene Verrat: Sam wechselt die Seiten, Jeff wird schwer verwundet. Die anderen halten ihn für tot, die Fronten verwischen sich. Nach seiner Genesung aber kehrt Jeff zurück, was Judge und Konsorten dauerhafte gesundheitliche Schäden einbringt.

Hongkong 1992, Farbe, 87 Min. **Buch:** Nam Yin **Regie:** Ringo Lam **Mit:** Chow Yun-Fat *(Jeff)*, Anthony Wong *(Sam)*, Ann Bridgewater *(Mona)*, Simon Yam *(Judge)*, Bonnie Fu *(Virgin)*, Frankie Chin *(Deano)*.

Erhabene Momente:
Beim Showdown übernimmt die Kamera («Bulletcam») einige Male die Perspektive einer fliegenden Kugel.

Cowgirl Blues Even Cowgirls Get the Blues

Uma Thurman verfügt über magische Daumen, die sie überall hintragen, ist sie doch fortwährend als Tramperin unterwegs und lebt für gewöhnlich unter freiem Himmel. Nur gelegentlich logiert sie bei der geschlechtlich indifferenten «Countess», die sie protegiert. Auf Bitten ihrer Mentorin besucht sie eine Schönheitsfarm und lernt dort eine Gruppe lesbischer Cowgirls kennen, die wenig später revoltieren und die Farm übernehmen. Ein Film nach dem gleichnamigen Bestseller von Tom Robbins, von Gus Van Sant mit vielen prominenten Gaststars in Szene gesetzt.

USA 1992/93, Farbe, 96 Min. **Buch** und **Regie:** Gus Van Sant **Mit:** Uma Thurman *(Sissy Hankshaw)*, Lorraine Bracco *(Dolores del Ruby)*, John Hurt *(«The Countess»)*, Rain Phoenix *(Bonanza Jellybean)*, Noriyuki «Pat» Morita *(«The Chink»)*, Keanu Reeves *(Julian Gitche)*, Angie Dickinson *(Miss Adrian)*, Sean Young *(Marie Barth)*, Crispin Glover *(Howard Barth)*, Ed Begley jr. *(Rupert)*, Carol Kane *(Carla)*, River Phoenix *(Pilger)*, Udo Kier *(Regisseur)*, Roseanne Barr, Ken Kesey, William Burroughs, Buck Henry, Victoria Williams.

Alternativtitel:
«Even Cowgirls Get the Blues»

Gut zu wissen:
Der Film wurde zunächst auf den Festivals in Venedig und Toronto gezeigt, vor dem Kinostart aber noch einmal neu geschnitten.

Crazies The Crazies / Code Name: Trixie

In George A. Romeros zweitem Horrorstreich mußten die lebenden Toten gar nicht erst sterben, um zum Abschuß freigegeben zu werden – ein Zug des durch einen Unfall freigewordenen militärischen Kampfstoffes Trixie genügt, und sie vergessen ihre gute Kinderstube. Betroffen ist die Kleinstadt

Evans City, die abgeriegelt und von Sondereinheiten in Schutzanzügen besetzt wird. Eine Idee von eigenem Reiz: Gesichts- und namenlose Kriegsroboter massakrieren im Namen der Staatsräson die eigenen Landsleute, darunter Protagonisten, die zumindest als filmische Stereotype einen vertrauten Eindruck machen. Die Truppen metzeln ohne Ansehen der Person, und so wird gewaltsamer Widerstand zur Voraussetzung für das Überleben.

USA 1973, Farbe, 103 Min. **Buch** und **Regie:** George A. Romero **Mit:** Lane Carroll *(Judy)*, W. G. McMillan *(David)*, Harold Wayne Jones *(Clank)*, Lloyd Hollar *(Col. Peckem)*, Richard Liberty *(Art)*, Lynn Lowry *(Kathie)*, Harry Spillman *(Maj. Ryder)*.

Erhabene Momente:
Einer der in Astronautenkluft einmarschierenden Soldaten wird von einer liebenswerten alten Dame scheint's von Herzen willkommen geheißen – ehe sie ihm eine ihrer Stricknadeln in den Leib rammt.

Creator – Der Professor und die Sünde Creator

Professor Harry läßt nichts verkommen in seinem Haushalt, schon gar nicht die sterblichen Überreste seiner Gattin, trägt er sich doch mit dem Gedanken, die Verblichene bei passender Gelegenheit zu revitalisieren. Die Situation ist da, als eine propere Studentin seinen Weg nicht nur kreuzt, sondern auch quert und sich willig für nicht näher zu erläuternde Experimente zur Verfügung stellt. Nach einem Intermezzo der abschweifenden Art fällt die Kommilitonin ins Koma, was Herrn Harry Gelegenheit gibt, die zuvor gewonnenen Erkenntnisse in der Praxis zu erproben. Da dies alles eher auf eine Komödie hinausläuft, wird es nicht gar so grauslich.

USA 1985, Farbe, 103 Min. **Buch:** Jeremy Leven **Regie:** Ivan Passer **Mit:** Peter O'Toole *(Harry)*, Mariel Hemingway *(Meli)*, Vincent Spano *(Boris)*, Virginia Madsen *(Barbara)*, David Ogden Stiers *(Sid)*, Ellen Geer, Rance Howard, John Dehner.

Creepshow: E. G. Marshall

Creepshow

Am Halloween-Abend nimmt ein autoritärer Vater seinem Sohn die Lektüre weg: den Horror-Comic «Creepshow». Worum es sich dabei handelt, gewahren wir in den folgenden Episoden. «Vatertag» beispielsweise berichtet von der ungemein belebenden Wirkung einer bestimmten Whiskey-Sorte. Stephen King tritt in «Mondgestein» als Farmer auf, dem das Gemüse über den Kopf wächst. «Expedition ins Tierreich» bringt die Abstrafung Adrienne Barbeaus wegen ordinären Verhaltens, «Insektenspray» eine Invasion der Krabbeltiere, und im Epilog bekommt der oben erwähnte Vater die angemessene Quittung für sein unfreundliches Verhalten.

USA 1982, Farbe, 112 Min. **Buch:** Stephen King **Regie:** George A. Romero **Mit:**

Viveca Lindfors *(Bedelia)*, Stephen King *(Jordy Verrill)*, Hal Holbrook *(Henry Northrup)*, Fritz Weaver *(Prof. Stanley)*, Adrienne Barbeau *(Wilma Northrup)*, E. G. Marshall *(Upson Pratt)*, Ted Danson *(Stan)*.

Alternativtitel:
«Die unheimlich verrückte Geisterstunde»

Gut zu wissen:
Die nur 94 Minuten lange deutsche Fassung wurde um eine Episode mit dem Titel «Something to Tide You Over» gekürzt. Deren Hauptdarsteller war Leslie Nielsen *(Richard Vickers)*.

Starke Töne:
«Grundstücke in einer Universitätsstadt zu kaufen tut genauso weh, als wenn man in den Arsch gefickt wird.» WILMA NORTHRUP

Critters – sie sind da! Critters

Ein paar gefräßige Wollknäuel sind aus der Haftanstalt eines fernen Planeten entwichen und haben auf der Erde Zuflucht gefunden. Zwei intergalaktische Kopfgeldjäger eilen ihnen hinterher. Derweil terrorisieren die Critters die Bewohner einer kleinen Farm in Kansas und vertilgen alles, was nicht niet- und nagelfest ist. Zwar sind die Critters nicht ganz so charmant anarchisch und wunderbar destruktiv wie die artverwandten Gremlins, aber auch mit ihnen kann man sehr viel Lustiges erleben. Das fanden auch die Produzenten und strickten zwei Fortsetzungen gleichen Inhalts, über die nur zu erwähnen wäre, daß in Teil 3 Leonardo DiCaprio mitwirkt. In Teil 4 schossen die Critters und Jäger Charlie dann ins All hinaus und enterten ein Raumschiff.

USA 1986, Farbe, 86 Min. **Buch:** Stephen Herek, Dominic Muir **Regie:** Stephen Herek **Mit:** Dee Wallace Stone *(Helen Brown)*, M. Emmett Walsh *(Harv)*, Billy Green Bush *(Jay Brown)*, Scott Grimes *(Brad Brown)*, Don Keith Opper *(Charlie McFadden)*, Terrence Mann *(Johnny Steele/Ug)*, Nadine Van Der Velde *(April Brown)*, Billy Zane *(Steve Elliott)*.

Gut zu wissen:
Die Anregung zu dieser ausgelassenen Monsterkomödie lieferte die Episode «Zanti Misfits» der anthologischen TV-Serie «The Outer Limits».

Alternativtitel:
«Critters – Sie beißen»

Critters 4 – Das große Fressen geht weiter Critters 4

Der zweite und dritte Teil der Critters-Saga folgten weitgehend dem vorgegebenen Muster. Anders der Schluß der Tetralogie. Hier wird der bereits bekannte Kopfgeldjäger Charlie, Dienstnummer 060127, mit den letzten Critters-Eiern in einem Raumgleiter eingeschlossen. 53 Jahre später fischt der Raumkreuzer RSS Tesla die trudelnde Sonde auf. Die Eigentümer melden sich und bitten um Rückgabe. Zwecks Übergabe steuert man eine verlassene Raumstation an und begeht den Fehler, den Zylinder zu öffnen. Denn die Critters sind mittlerweile geschlüpft und halten nun Festmahl: *Captains first*. Auch Charlie purzelt aus dem Container und nimmt alsbald die Jagd wieder auf, unterstützt von Ethan, dem Nesthäkchen der Crew.

USA 1991, Farbe, 83 Min. **Buch:** Joseph Lyle, David J. Schow **Regie:** Rupert Harvey **Mit:** Don Keith Opper *(Charlie McFadden)*, Angela Bassett *(Fran)*, Paul Whitthorne *(Ethan)*, Brad Dourif *(Al Bert)*, Eric Da Re *(Berni)*, Terrence Mann *(Ug/Counselor Tetra)*.

Gut zu wissen:
Regisseur Rupert Harvey ist der Koproduzent aller vier «Critters»-Filme.

Cronos La invencion de cronos

Gelungenes Genrestückchen eines 29jährigen mexikanischen Regisseurs, in seinem Heimatland verdientermaßen mit Erfolg gekrönt. Der Trödler Jesus entdeckt das Geheimnis eines aus dem 16. Jahrhundert stammenden Apparates: Er verleiht ewige Jugend. Allerdings ist der Nutzer ständig auf die Zufuhr frischen Blutes angewiesen. Der Millionär de la Guardia blickt bereits dem Tod ins kalte Auge und schickt seinen Sohn Angel aus, ihm das lebensverlängernde Gerät zu verschaffen. Angel meuchelt den Besitzer, doch wird sein Vater keineswegs glücklich mit der Horrormaschine.

Mexiko 1993, Farbe, 88 Min. **Buch** und **Regie:** Guillermo del Toro **Mit:** Federico Luppi *(Jesus Gris)*, Ron Perlman *(Angel de la Guardia)*, Claudio Brook *(Dieter de la Guardia)*, Margarita Isabel *(Mercedes)*, Tamara Shanath *(Aurora)*.

Cross – Zwei knallharte Profis Cross

Zu den Meriten des Autors Philippe Setbon gehören die Drehbücher zu Godards «Détective» und dem Delon-Film «Der Panther». Vielversprechender aber ist noch, daß er eine ehrerbietige Biographie Klaus Kinskis abfaßte. Mit «Cross» debütierte Setbon als Regisseur und lieferte eine düstere Ballade um einen Polizisten, der zwecks Befreiung seiner gekidnappten Angehörigen einen Profikiller um Schützenhilfe bittet. Die geistig gestörten Ausbrecher unter Führung des von Rachegelüsten getriebenen kühlen Strategen Simon verbergen sich in einem verfallenen Hotel. Schritt für Schritt arbeiten sich die Befreier vor, während unter den Gangstern die Spannungen wachsen ... Vorangestellt ist dem Film ein Roger-Corman-Zitat.

Frankreich 1986, Farbe, 85 Min. **Buch** und **Regie:** Philippe Setbon **Mit:** Michel Sardou *(Thomas Crosky)*, Roland Giraud *(Eli Cantor)*, Patrick Bauchau *(Simon Lenhardt)*, Marie-Anne Chazel *(Catherine Crosky)*, Stéphane Jobert *(Jacques Kester)*.

Cross – Zwei knallharte Profis: Michel Sardou

Curucu, die Bestie vom Amazonas Curucu, Beast of the Amazon

Wer Amazonas sagt, muß auch Bestie sagen. Die nämlich tobt durch den brasilianischen Regenwald und vergreift sich an den wenigen dort lebenden Menschen. Ein besonnener Pflanzer – hier zeigt sich der Kolonialismus von seiner herrlichsten Seite – und eine Ärztin rücken dem Scheusal mutig zu Leibe. Nur um festzustellen, daß sich hinter dem abstoßenden Äußeren ein gemeiner Indianer verbirgt. Der soll bloß noch mal kommen und Entwicklungshilfe verlangen.

USA/Brasilien 1956, Farbe, 74 Min.

Buch und **Regie:** Curt Siodmak **Mit:** John Bromfield *(Rock Dean)*, Beverly Garland *(Dr. Andrea Romar)*, Tom Payne *(Tupanico)*, Harvey Chalk *(Pater Flaviano)*, Wilson Viana *(Tico)*, Larri Thomas *(Tänzerin)*.

Cybertech P. D.

Lorenzo Lamas sieht wieder einmal gar nicht aus wie ein Gesetzeshüter, gibt sich aber dennoch dieser Tätigkeit hin und jagt mit großer Einsatzfreude einen Hersteller von illegalen Computerchips, die rauschartige Wirkungen hervorrufen. Der Hintermann dieser Machenschaften schickt sich unterdessen an, seinen Geschäftsbereich auszuweiten – er gibt geklonte Erotikstars in Auftrag. Über diese Doubles können die Käufer nach Belieben verfügen, und einige von ihnen haben sehr unappetitliche Neigungen. Verantwortlich für die Produktion der Klone ist der geschaßte Wissenschaftler Vivyan. Als der inhaftiert wird, kidnappt die Gegenseite die Freundin des Helden, um ihren Goldesel freizupressen.

USA 1995, Farbe, 90 Min. **Buch:** Wynne McLaughlin, Frederick Bailey **Regie:** Rick King **Mit:** Lorenzo Lamas *(Chase)*, Chris Sarandon *(Matthews)*, Kari Salin *(Pamela)*, Peter Coyote *(Vivyan)*, Barry Flatman *(Philipps)*.

Starke Töne:
«Wir alle können täglich wiedergeboren werden.»
VIVYAN

Cyber World Arcade

In würdiger Nachfolge der vielgepeinigten Dee Wallace Stone ist Megan Ward zur Schmerzensfrau (nicht nur) des phantastischen Genres herangereift – siehe beispielsweise ihren Part in der TV-Serie «Dark Skies». Im vorliegenden Fall besteht die Bewährungsprobe in der kämpferischen Auseinandersetzung mit einem Computerspiel, das die Seelen seiner Nutzer verzehrt. Der Freund der Heldin ist dem Ding schon auf den Leim gegangen. Ihn zu retten, wagt die Dame den Einstieg in die virtuelle Welt.

USA 1992, Farbe, 78 Min. **Buch:** David S. Goyer **Regie:** Albert Pyun **Mit:** Megan Ward *(Alex Manning)*, Peter Billingsley *(Nick)*, John de Lancie *(Difford)*, Sharon Farrell *(Alex' Mutter)*, Norbert Weisser *(Albert)*, Seth Green.

Cyber Zone Droid Gunner / Cyberzone

Anno 2077 ist Kalifornien weggespült und Phoenix (Arizona) das neue Zentrum im Westen, was aber für die Geschichte keine nennenswerte Rolle spielt, außer daß Marc Singer sich hier herumtreibt und abgängige Androiden aufspürt. Aktuell sucht er nach vier Vergnügungsandroiden, die von einer Jupiterkolonie entführt und auf der Erde verhökert wurden. Bei diesen Geschöpfen handelt es sich um die technisierte Variante der Liebesdienerin; sie schieben beträchtliche Mengen Silikons vor sich her, die auch gebührend ins Bild gesetzt werden. Begleitet von der flotten Technikerin Beth, begibt sich Singer in die Unterwasserstadt New Angeles, deren Bürgermeister hochmoralische Reden schwingt, aber ganz ohne Sündenfälle auch nicht auskommt.

USA 1995, Farbe, 87 Min. **Buch:** William C. Martell **Regie:** Fred Olen Ray **Mit:** Marc Singer *(Jack Ford)*, Matthias Hues *(Hawks)*, Rochelle Swanson *(Beth)*, Robin Clarke *(Humberstone)*, Kim Shriner *(Walsh)*, Brinke Stevens *(Kitten)*.

Achtung:
Für die Dauer einer Sequenz machte sich Regisseur Fred Olen Ray zum Piloten.

Cyborg 3

Der Film beginnt mit den Worten: «Das Goldene Zeitalter war zu Ende gegangen.» Begonnen hat es mit Jean-Claude Van Damme, der im ersten Teil noch die Hauptrolle gespielt hatte. Michael Schroeder, seit Teil 2 Albert Pyuns Ablösung im Regiestuhl, muß sich mit Zach Galligan begnügen. Dem läuft eine Androidin zu, die mal etwas neues zu bieten hat: eine eingebaute In-vitro-Automatik. Will sagen: Sie ist schwanger. Mit Richard Lynch jagt ein brutaler «*Recycler*» hinter ihr her. Man flieht ins entlegene «*Cytown*», eine Zufluchtsstätte angeschlagener Cyborgs, doch müssen erst noch Blut und Betriebsöl in Strömen fließen, ehe wieder Friede einkehrt.

USA 1994, Farbe 84 Min. **Buch:** Barry Victor und Troy Bolotnick **Regie:** Michael Schroeder **Mit:** Zach Galligan *(Charles Osborne Evans)*, Khrystyna Haje *(Cash)*, Richard Lynch *(Lewellyn)*, Andrew Bryniarski *(Jocko)*, Rebecca Ferratti *(Elexia)*, Margaret Avery *(Doc Edford)* und einem Cameo von Malcolm McDowell als *Lord Talon*.

Starke Töne:

«Für ein 80 Jahre altes Gerät sind Sie gut programmiert.» EVANS

C 2 – Killerinsekt Ticks

Eine Gruppe schwererziehbarer Jugendlicher wird im Rahmen einer pädagogischen Maßnahme in ein einsam gelegenes Ferienlager verfrachtet. Das wäre schon schlimm genug, aber im Blockhaus findet Tyler gleich beim Einzug eine Art Kokon, der mit einer gallertartigen Masse gefüllt ist, bei der es sich offensichtlich nicht um Wackelpudding handelt. Und wahrlich, da reift die Brut einer mutierten Zecke, und sie hat zahllose Geschwister. Panics Hund wird als erster verzehrt, woraufhin Panic heimzutrampen versucht. Jedoch sind die umliegenden Waldwege eher verkehrsarm. Derweil seziert eine Tierärztin Wauzis Leiche und macht eine unappetitliche Entdeckung. Zweck des sogenannten Inner City – Wilderness Projects war das Erlernen solidarischen Verhaltens – und das klappt besser als erwartet.

USA 1992, Farbe, 82. Min. **Buch:** Brent V. Friedman **Regie:** Tony Randel **Mit:** Seth Green *(Tyler Burns)*, Rosalind Allen *(Holly)*, Peter Scolari *(Block)*, Alfonso Ribeiro *(Mex)*, Amy Dolenz *(Dee Dee)*, Virginya Keehne *(Melissa)*, Barry Lynch *(Panic)*, Michael Medeiros *(Jerry)*, Dina Dayright *(Ärztin)*, Clint Howard *(Hanfbauer)*, Rance Howard *(Sheriff)*.

Gut zu wissen:

Alfonso Ribeiro ist bekannt aus der Sitcom «Der Prinz von Bel Air», Seth Green spielte in den Serien «Vier für Hawaii» und «Buffy – Im Bann der Dämonen». Clint und Rance Howard sind Vater und Sohn.

Starke Töne:

«Mit Gewalt geht alles besser.» TIERÄRZTIN

D.O.A. – Bei Ankunft Mord
D.O.A.

Dexter Cornell, der nach frühem, aber schnell vergangenem schriftstellerischem Ruhm sein Auskommen als Literaturprofessor an der Universität von Austin (Texas) fristet, fühlt sich nach einer ausgiebigen Zechtour nicht sonderlich wohl. Im Krankenhaus erfährt der geschockte Dozent, daß nicht der Alkoholspiegel, sondern ein tödliches Gift dafür verantwortlich ist und er binnen 48 Stunden sterben wird. Verstört flieht Cornell aus der Klinik – er will den ihm unbekannten Mörder finden, vor allem aber den Grund für dessen unerklärliche Tat erfahren. Zunächst stößt er allerdings auf etwas ganz anderes, nämlich auf die Leiche seiner Ex-Frau. Der Totgeweihte steht nun selbst unter Mordverdacht und muß sich vor der Polizei verbergen.

USA 1988, Farbe, 97 Min **Buch:** Charles Edward Fogue **Regie:** Rocky Morton und Annabelle Jankel **Mit:** Dennis Quaid *(Dexter Cornell)*, Meg Ryan *(Sydney Fuller)*, Charlotte Rampling *(Mrs. Fitzwarning)*, Daniel Stern *(Hal Petersham)*, Jane Kaczmarek *(Gail Cornell)*.

Gut zu wissen:

Rocky Morton und Annabel Jankel hatten zuvor wesentlichen Anteil am Werden des künstlichen Fernsehmoderators und Serienhelden Max Headroom.

Drehbuchautor Charles Edward Pogue schrieb auch Cronenbergs «Die Fliege» und «Psycho III». Sein Skript zu diesem Film basiert auf dem gleichnamigen *film noir*-Klassiker von Rudolph Matè.

D.O.A. – Bei Ankunft Mord: Meg Ryan und Dennis Quaid

Dämon des Grauens
Craze / The Infernal Idol

Das glaubt man auf Anhieb und unbesehen, daß Jack Palance im Keller seines Antiquitätengeschäfts einer trüben afrikanischen Gottheit huldigt. Was im Rahmen der Religionsfreiheit durchaus zulässig ist, bis ihm eines Tages einfällt, seinem Götzen Blutopfer darzubringen aus dem Wahn heraus, im Gegenzug mit materiellen Werten bedacht zu werden. Sein Partner sieht's mit Befremden, und auch die Polizei würde gern einschreiten, hat aber keine rechte Handhabe. Weil Jack aber nicht nachläßt in seinem schändlichen Tun, löst sich dieses Problem beizeiten wie von selbst.

GB 1974, Farbe, 96 Min. **Buch:** Aben Kandel (= Kenneth Langtry), Herman Cohen **Regie:** Freddie Francis **Mit:** Jack Palance *(Neil Mottram)*, Diana Dors *(Dolly Newman)*, Julie Ege *(Helena)*, Dame Edith Evans *(Tante Louise)*, Trevor Howard *(Superintendant Bellamy)*, Hugh Griffith *(Anwalt)*, Suzy Kendall *(Callgirl Sally)*.

Der Dämon mit den blutigen Händen The Blood of the Vampire

Der Originaltitel und die Namen der Produzenten Baker und Berman lassen Konfektionsware vermuten, dem aber ist nicht so. Denn der sinistre Dr. Callistratus, Herr über einen Kerker für gewalttätige Geisteskranke, ist blutgierig nicht qua Biß oder Fluch, sondern aus medizinischer Notwendigkeit. Einmal bereits konnte ihn sein verwachsenes Faktotum Carl durch eine spezielle Bluttherapie vor dem Tode bewahren, doch zerfällt sein Blut und bedarf dringend der Erneuerung. So zapft Callistratus seine Häftlinge an, darunter ein zu Unrecht eingewiesener, klar denkender Arzt und dessen Freundin, die ihrem Liebsten zur Flucht verhelfen wollte, ertappt wurde und nun auch als Blutquell herhalten soll. ▌ GB 1958, Farbe, 86 Min. **Buch:** Jimmy Sangster **Regie:** Henry Cass **Mit:** Donald Wolfit *(Dr. Callistratus)*, Vincent Ball *(Dr. Pierre)*, Barbara Shelley *(Madeleine)*, Victor Maddern *(Carl)*, William Devlin *(Urach)*, Andrew Faulds *(Wetzler)*.

Gut zu wissen:
Der Film galt zeitweilig als verschollen; es fanden sich aber einige guterhaltene Kopien in den USA.

Der Dämon und die Jungfrau: Christopher Lee

Dämon über dem Atlantik
The Horror at 37,000 Feet

Umständehalber sind zehn Passagiere an Bord des Frachtfluges Nr. 19 X. Bei der Ladung handelt es sich um eine zerlegte Kapelle, die in den USA wiederaufgebaut werden soll. Bald nach dem Start stellen sich Crew und Passagieren die Nackenhaare auf – es seufzt, stöhnt und rumort im Laderaum, der Jet kommt nicht recht voran, die Bordküche vereist. Eine der Mitreisenden kennt das Geheimnis: In den Bauteilen haust ein keltischer Geist, den es nach einem Opfer verlangt. Da trifft es sich gut, daß der abtrünnige Priester William Shatner gern seine Seelenruhe wiederfände. Er gibt sich hin, und der Spuk hat ein Ende. ▌ USA 1972, Farbe, 70 Min. **Buch:** Ron Austin, Jim Buchanan **Regie:** David Lowell Rich **Mit:** Chuck Connors *(Capt. Ernie Slade)*, Buddy Ebsen *(Glenn Farlee)*, Roy Thinnes *(Alan O'Neill)*, William Shatner *(Paul Kovalik)*, Jane Merrow *(Sheila O'Neill)*, France Nuyen *(Annalik)*, Lyn Loring *(Manya)*, Paul Winfield *(Dr. Enkalla)*, Tammy Grimes *(Mrs. Pinder)*.

Der Dämon und die Jungfrau
La frusta e il corpo / Le corps et le fouet

Als Frauenschänder von Adel treibt es Christopher Lee dermaßen zügellos, daß er sogar von seinem Vater verstoßen wird. Einige Jahre danach ist der Unhold zurück und fällt mit der Peitsche über seine Schwägerin Daliah Lavi her. Zur Rede gestellt, gibt sich Christopher ohne Arg und packt schon mal die Koffer, wird aber noch vor seinem Abgang erdolcht. Dies bleibt nicht die einzige Bluttat, und es hat den Anschein, als setze Christopher auch als Jenseitiger seine Missetaten fort. ▌ Italien / Frankreich 1963, Farbe, 86 Min. **Buch:** Martin Hardy, Julian Berry, Robert Hugo **Regie:** John M. Old (= Mario Bava) **Mit:** Daliah Lavi *(Nevenka)*, Christopher Lee *(Kurt Menliff)*, Tony Kendall *(Christian)*, Alan Collins, Isli Oberon, Harriet White, Jacques Herlin.

Alternativtitel:
«Der Mörder von Schloß Menliff»

Dämonen der Seele Demons of the Mind / Blood Will Have Blood

Wenn eine Kutsche in solch rasender Fahrt durch die Landschaft getrieben wird, das wissen wir seit Murnau, ist Unheil im Schwange. Die junge Frau in der Chaise reist offensichtlich gegen ihren Willen. Sie bekommt ein dubioses Elixier verabreicht. Erinnerungsbilder flackern auf von der Begegnung mit einem Wildhüter, mit dem sie tat, was schon Lady Chatterley Behagen bereitete. Kurz darauf wurde sie von den Schergen ihres Vaters entführt. Auf dessen Schloß verschleppt, muß sie alternative Heilmethoden wie Aderlässe erdulden und wird zum Drogenmißbrauch genötigt. Draußen scheint derweil ein großer Unheilbrauer am Werk, die Wälder sind so düster, die Menetekel so grauslich, daß der Regisseur tarnendes Blattwerk aufhängen läßt, denn manch lüsterne Dorfmaid endet vor der Zeit.

GB 1971, Farbe, 89 Min. **Buch:** Christopher Wigking **Regie:** Peter Sykes **Mit:** Robert Hardy *(Zorn)*, Shane Briant *(Emil)*, Gillian Hills *(Elizabeth)*, Yvonne Mitchell *(Hilda)*, Paul Jones *(Carl)*, Patrick Magee *(Falkenberg)*, Kenneth J. Warren *(Klaus)*.

Gut zu wissen:
Als zweiter Popstar neben Paul Jones war ursprünglich Marianne Faithfull gebucht worden. Sie sollte die Rolle der Elizabeth übernehmen.

Hoppla:
Bei einer Totalen vom Schloßdach sind auf einem Sandstück gänzlich unzeitgemäße Spuren einer Gummibereifung zu erkennen.

Starke Töne:
«Sind wir nicht alle verrückt?» ELIZABETH' VATER

Die Dämonischen Invasion of the Body Snatchers

Ein herzliches «mir doch egal» schleuderte Don Siegel all jenen entgegen, die seinen Science-fiction-Film je nach Gusto als antikommunistisch oder als Warnung vor dem McCarthyismus vereinnahmten. Er zielte eigener Auskunft zufolge eher auf den spröden Zivilisationsmenschen schlechthin: «They simply live – breathing, eating, sleeping», notierte er in seiner Autobiographie und bedauerte, daß der Anflug von Ironie, den er dem Film zugedacht hatte, von den geldgebenden Produzenten ausgemerzt wurde. Dieselben Burschen verweichlichten das dramatische Ende des Films – Kevin McCarthy wendet sich an die Zuschauer und brüllt hysterisch: «Ihr seid die nächsten!» – durch einen nachträglich angefügten Epilog.

USA 1956, SW, 80 Min. **Regie:** Don Siegel **Buch:** Daniel Mainwaring, Sam Peckinpah **Mit:** Kevin McCarthy *(Dr. Miles Bennell)*, Dana Wynter *(Becky Driscoll)*, King Donovan *(Jack Velicec)*, Carolyn Jones *(Theodora Velicec)*, Larry Gates *(Dr. Daniel Kaufman)*, Tom Fadden, Richard Deacon, Whit Bissell.

Gut zu wissen:
An Remakes versuchten sich Philip Kaufman mit «Die Körperfresser kommen» (1977) und Abel Ferrara mit «Body Snatchers – Die Invasion lebt fort» (1993).

Carolyn Jones verkörperte die betörende Morticia in der Kultserie «Die Addams Familie».

Achtung:
Richten Sie Ihr Augenmerk auf den aufdringlichen Außerirdischen, der das flüchtige Heldenpaar in einer Höhle aufspürt – es handelt sich um den vielversprechenden Jungautor Sam Peckinpah.

***Darkman:* Colin Friels**

Dark Breed – Invasion aus dem All Dark Breed

Ein junges Pärchen sieht einen Raumgleiter über sich hinwegrauschen und der Nase nach ins Hafenbecken stürzen. Flugs ist das Militär zugegen und riegelt das Gelände ab. Angeblich sollen die Astronauten an Bord von einer Seuche befallen sein, tatsächlich bewirten sie parasitäre Aliens, die sich auf der Erde auszubreiten gedenken, zuvor aber noch eine gesondert expedierte Kapsel mit ihren eigenen Körpern finden müssen. Nicholas Saxon erfährt, daß die Astronauten unwissentlich als Köder gedient haben, die kampfstarken Außerirdischen herbeizulocken. Beraten von einer wohlwollenden Vertreterin derselben Spezies, die sich im Körper seiner Ex-Frau eingenistet hat, setzt er den illegalen Einwanderern nach und weiß seinerseits die skrupellosen Initiatoren des fehlgeschlagenen Unternehmens auf seiner Fährte.

USA 1995, Farbe, 91 Min. **Buch:** Richard Preston jr. **Regie:** Richard Pepin **Mit:** Jack Scalia *(Nicholas Saxon)*, Jonathan Banks *(Joseph Shay)*, Donna W. Scott *(Deborah)*, Robin Curtis *(Marian)*, Carlos Carrasco *(Fox)*, Lance LeGault *(Cutter)*, Josh Clark *(Rice)*.

Achtung:
Die Stunts des Films können sich sehen lassen. Einige Einfälle wie der Kampf auf einem rollenden LKW, der ein Fertighaus transportiert, tauchen ganz ähnlich in dem drei Jahre später gedrehten Blockbuster «Lethal Weapon 4» wieder auf.

Hoppla:
Bei einem Autostunt wird eine unbemannte Kamera von einem fliegenden Auto erwischt und in die Luft geschleudert, was auf den Aufnahmen der zweiten Kamera deutlich zu erkennen ist, obwohl man die fragliche Kamera mit einem schwarzen Tuch zu kaschieren versuchte.

Darkman – Der Mann mit der Gesichtsmaske **Darkman**

In Sam Raimis holpriger, jedoch forscher Aufarbeitung einiger bewährter Horrorfilmmotive, vorgenommen im Auftrag der Universal Studios, die uns einst Frankenstein, Dracula und, in diesem Fall besonders relevant, das Phantom der Oper schenkten, begegnen wir zwei jungen Vertretern der Thespiskunst, die noch gebührend auf sich aufmerksam machen sollten: Liam Neeson, später der Ire vom Dienst, wird von einem schon mehr als absonderlichen Tunichtgut ins Säurebad getunkt, restauriert sich selbst mit Hilfe der von ihm entwickelten, aber noch nicht ganz ausgereiften künstlichen Haut und nimmt gar grausliche Rache. Und das alles nur, weil Frances McDormand belastendes Material in seinem Labor hinterlegte. Die nämliche gerät dann auch noch in arge Bedrängnis, doch der geheimnisvolle Darkman kommt zur rechten Stunde, das ruchlose Lumpenpack mit harter Hand zusammenzustauchen.

USA 1989, Farbe, 95 Min. **Regie:** Sam Raimi **Buch:** Chuck Pfarrer, Sam Raimi, Ivan Raimi, Daniel Goldin, Joshua Goldin **Mit:** Liam Neeson *(Peyton Westlake)*, Frances McDormand *(Julie Hastings)*, Colin Friels *(Louis Strack jr.)*, Larry Drake *(Robert G. Durant)*, Nelson Mashita *(Yakitito)*, Jesse Lawrence Ferguson *(Eddie Black)*, Jenny Agutter, Bruce Campbell.

Achtung:
Raimis Regiekollege John Landis («Blues Brothers»), immer für einen deftigen Spaß zu haben, mischte sich unter die Nebendarsteller, desgleichen Sams Bruder Theodore «Ted» Raimi.

Gut zu wissen:
Frances McDormand erhielt 1989 eine Oscar-Nominierung für «Mississippi Burning». 1997 gewann sie die Statuette für die Thrillerkomödie «Fargo», in der sie unter der Regie ihres Mannes Joel Coen gespielt hatte.

Da steht der ganze Freeway kopf **Honky Tonk Freeway**

Der deutsche Titel sucht an die seinerzeit erfolgreichen «Highway»-Spektakel des Radauregisseurs Hal Needham anzuknüpfen. Nun haben wir es aber mit einer Arbeit John Schlesingers zu tun, der ebenfalls einen recht derben, aber gehaltvolleren Humor pflegt. Besagter Freeway nämlich schneidet einen kleinen Ort von den Touriströmen ab, und da lassen sich die Einheimischen allerhand einfallen, die Reisenden wieder ins Dorf zu lotsen, was zu einigen grotesken Szenen – beispielsweise mit einem wasserskifahrenden Elefanten – führt und mitunter in satirische Bereiche vorstößt.

USA 1981, Farbe, 107 Min. **Buch:** Edward Clinton **Regie:** John Schlesinger **Mit:** Beau Bridges *(Duane Hansen)*, Beverly D'Angelo *(Carmen Odessa Shelby)*, William Devane *(Bürgermeister Calo)*, George Dzundza *(Eugene)*, Geraldine Page *(Schwester Maria Clarissa)*, Teri Garr *(Erica)*, Jessica Tandy *(Carol)*, Hume Cronyn, Deborah Rush.

Gut zu wissen:
In Deutschland wurde der Film bereits für die Kinoauswertung auf 92 Minuten gekürzt.

Dead Eyes **The Black Cat / De Profundis / Out of the Depths / Levana**

Geradezu mitleiderregend, wie tapfer und doch vollends vergeblich Lewis Coates alias Luigi Cozzi hier versucht, auf den Spuren seines ungleich begabteren Kollegen Dario Argento zu wandeln, dem er in einigen Dialogzeilen Würdigung zuteil werden läßt. Ansonsten haben wir zwei Filmemacher, deren Lebensgefährtinnen um die Hauptrolle in beider neuestem Werk wettstreiten, einem Horrorfilm um eine Hexe namens Levana, die prompt in persona vorstellig wird und vor allem Regisseursgattin Ann zu nahe tritt und sie wiederholt mit grünem Plasma besabbert. USA 1990, Farbe, 84 Min. **Buch** und **Regie:** Lewis Coates **Mit:** Caroline Munro *(Nora)*, Florence Guerin *(Ann)*, Brett Halsey *(Produzent)*, Maurizio Fardo, Urbano Barberini, Luisa Maneri.

Starke Töne:
«Der Regisseur ist ein Idiot.» ANN

Dead Funny – Ein Scherz zuviel **Dead Funny**

Ausgerechnet am ersten Jahrestag ihrer Verbindung findet Viv ihren Geliebten Reggie tot in ihrem gemeinsamen Domizil, durchbohrt von einem Samuraischwert. Rückblenden erzählen die Geschichte ihrer Beziehung und auch von Reggies makabren Streichen, in denen er sich ein ums andere Mal als Leiche in Szene setzte. Doch diesmal ist der Abgang echt, und Viv gerät in Konfusion. Ihre Freundin Louise ist schockiert, versucht zu helfen. Gemeinsam bemühen sie sich, die Ereignisse des Vorabends zu rekonstruieren. Auch die Damen ihrer Frauengruppe trudeln ein und lassen sich nicht abwimmeln, weil sie der aufgewühlten Viv beistehen wollen, nicht ahnend, was passiert ist. Nach und nach kommen Vivs Erinnerungen zurück. USA 1994, Farbe, 100 Min. **Buch:** John Feldman, Cindy Oswin **Regie:** John Feldman **Mit:** Andrew McCarthy *(Reggie)*, Elizabeth Peña *(Viv)*, Paige Turco *(Louise)*, Blanche Baker *(Barbara)*, Allison Janney *(Jennifer)*, Adelle Lutz *(Mari)*.

Alternativtitel:
«Schluß mit lustig»

Starke Töne:
«Nur so überlebst du in den 90er Jahren: Nimm die Dinge selbst in die Hand und warte nicht, daß andere deine Probleme lösen.» LOUISE

Deadly Trap **Un posto ideale per uccidere / Dirty Pictures**

Ornella Muti ist trotz zarter 16 Lenze ein durchtriebenes Früchtchen, bringt sie doch im Zusammenspiel mit ihrem Komplizen Ray Lovelock, der Gesetzeslage trotzend, jugendgefährdendes Bildmaterial unter die Leute. Dabei geraten die beiden auch an Irene Papas und werden herzlich willkommen geheißen, denn die noble Dame hat soeben den Gemahl ins Jenseits befördert und freut sich, der Polizei gleich zwei ins Täterprofil passende Schuldige vorführen zu können. Das Pärchen sucht eilends das Weite, wird es aber nie finden. Italien / Frankreich 1971, Farbe, 88 Min. **Buch:** Lucia Drudi Demby, Antonio Altoviti, Umberto Lenzi **Regie:** Umberto Lenzi **Mit:** Irene Papas *(Barbara)*, Ray Lovelock *(Dick)*, Ornella Muti *(Ingrid)*, Michel Bardinet, Jacques Stany, Umberto D'Orsi, Calisto Calisti.

Death Ship

Irgendwann muß der Fliegende Holländer das Schiff gewechselt, sich dann aber davongemacht haben. Jetzt treibt der rostige Eimer auf See und rammt einen Vergnügungsdampfer, dessen Besatzung und Passagiere sich auf den verbeulten Frachter retten, um alsbald zu gewahren, daß dort allerhand böse Geister versammelt sind, darunter auch einige mit Naziideologie. Altkapitän George Kennedy wird von den Gespenstern vereinnahmt, andere Anwesende verlieren ihr Leben. Kate Reid zum Beispiel verendet an mörderischem Hautausschlag, und manche Zuschauer lachen sich tot. Kanada / GB 1980, Farbe, 82 Min. **Buch:** Jack Hill, David P. Lewis, John Robins **Regie:** Alvin Rakoff **Mit:** George Kennedy *(Capt. Ashland)*, Richard Crenna *(Trevor Marshall)*, Kate Reid *(Sylvia)*, Sally Ann Howes *(Margaret Marshall)*, Nick Mancuso *(Nick)*, Saul Rubinek *(Jackie)*.

Deep Red Profondo rosso

Es war schon recht unbedacht vom Mörder, ausgerechnet dem Europäischen Kongreß für Parapsychologie beizuwohnen. Natürlich kommt ihm ein Medium per Gedankenlektüre auf die Schliche. Statt aber eine klare Aussage zu treffen, kündigt die hellsichtige Dame die Niederschrift ihrer Erkenntnisse an, woran sie dann, wen sollte es wundern, per Axthieb gehindert wird. David Hemmings wird von fern Zeuge des Verbrechens und fühlt sich wie schon in «Blow Up» herausgefordert, den Täter zu entlarven. Der verübt unterdessen weitere bizarre Morde. Ein tödlicher Reigen, von Dario Argento gewohnt ausschweifend in bedeutungsbeladenen Bildern in Szene gesetzt.

Italien 1975, Farbe, 104 Min. **Buch:** Giuseppe Bassan **Regie:** Dario Argento **Mit:** David Hemmings *(Marcus Daly)*, Daria Nicolodi *(Gianna Brazzi)*, Macha Meril *(Dr. Helga Ullmann)*, Glauco Mauri *(Prof. Giordani)*, Clara Calamai *(Carlos Mutter)*, Giuliana Calandra *(Amanda Righetti)*.

Gut zu wissen:
Die Rolle der Journalistin Gianna Brazzi besetzte Argento mit seiner damaligen Ehefrau Daria Nicolodi.

Deep Red

Es war einer dieser Tage, und es war einer dieser Aufträge. Die Raumtemperatur in seinem stickigen Büro stieg noch um einige Grade, als sie durch die Tür trat und allerhand Staub aufwirbelte. Ihren Mann sollte er suchen, den Vater des Mädchens, das sie am Arm hielt. Ihre Geschichte hörte sich nicht gerade nach der Wahrheit an, aber das war ihm egal. Joe Keyes machte sich an die Arbeit. Kein Problem, den Mann zu finden, aber damit fingen die Schwierigkeiten erst an. Denn wenig später war er tot. Und der Mörder suchte das Kind. In dessen Körper befand sich «Deep Red», eine Substanz, die menschliche Zellen regenerieren konnte. Vielleicht ein Segen für die Menschheit – je nachdem, wer das Zeug als erster in die Finger bekam.

USA 1994, Farbe, 82 Min. **Buch:** D. Brent Mode **Regie:** Craig R. Baxley **Mit:** Michael Biehn *(Joe Keyes)*, John de Lancie *(Thomas Newmeyer)*, Joanna Pacula *(Monica)*, Lindsay Haun *(Gracie Rickman)*, Lisa Collins *(Mrs. Rickman)*, Steven Williams *(Eldon James)*, John Kapelos *(Mack Waters)*, Tobin Bell *(Warren Rickman)*, Michael Des Barres *(Lew Ramirez)*.

Gut zu wissen:
Steven Williams spielte in der Kultserie «Akte X» den geheimnisvollen «Mr. X».

Starke Töne:
«Nicht denken, handeln – Denken läßt sich logisch zurückverfolgen.» MRS. RICKMAN

Deep Space

Fred Olen Ray verfertigt Filme wie Roger Corman in seinen besten Jahren. Ob Kulissen eines Werbespots ungenutzt herumstehen, überzählige Requisiten oder abgelegte Kostüme aus anderen Produktionen günstig feilgeboten werden oder ein einigermaßen namhafter Darsteller für ein paar Drehtage zur Verfügung steht – Fred Olen Ray hat rasch ein Drehbuch bei der Hand. Im vorliegenden Falle ersann er menschenfressende Mutationen, die militärischen Labors entsprangen und nach kurzem Aufenthalt im All wieder zur Erde gelangten. Doch der erhabene Charles Napier, seines Zeichens ragende Ikone des B-Films, begegnet dem ringelnden Gewürm mit Kettensäge und anderen Eisenwaren.

USA 1987, Farbe, 86 Min. **Buch:** Fred Olen Ray, T. L. Lankford **Regie:** Fred Olen Ray **Mit:** Charles Napier *(Det. McLemore)*, Ann Turkel *(Carla Sanborn)*, Ron Glass *(Jerry Morris)*, Bo Svenson *(Capt. Robertson)*, Julie Newmar

Delicatessen

(Elaine Wentworth), James Booth *(Dr. Forsyth)*, Norman Burton *(General Randolph)*, Anthony Eisley *(Dr. Rogers)*, Michael Forest *(Hawkins)*.

Delicatessen

... lautet der Name eines Ladenlokals am Ende der Welt, ein kleiner abgeschiedener Kosmos, in dem Kannibalismus betrieben wird und die Metzgerstochter musizierend von der großen Liebe träumt, derweil radikale Vegetarier im Untergrund die Revolution vorantreiben. Selten gab es, zumal im europäischen Kino, eine vergleichbare Ansammlung derart aberwitziger Einfälle, die mit einem ausgeprägten Sinn für Slapstick perfekt in Szene gesetzt wurden. ▌ Frankreich 1990, Farbe, 99 Min. **Buch:** Jean-Pierre Jeunet, Marc Caro, Gilles Adrien **Regie:** Jean-Pierre Jeunet, Marc Caro **Mit:** Marie-Laure Dougnac *(Julie Clapet)*, Dominique Pinon *(Louison)*, Jean-Claude Dreyfus *(Der Fleischer)*, Karin Viard *(Fräulein Plusse)*, Ticky Holgado *(Tapioca)*.

Delta Force

Wer erhebt sich da nach vier erfolgreich bestandenen «Airport»-Filmen erneut in die Lüfte? George Kennedy, der immer mit in der Malaise steckt, wenn, wie in → ERDBEBEN, die Styroporkulissen ins Wanken geraten. Er trifft an Bord die gleichfalls desastererfahrene Shelley Winters, deren hysterische Anfälle so sicher kommen wie die Eispause. Hanna Schygulla mag in den kalten Melodramen des im Grabe rotierenden R.W. Fassbinder recht gut aufgehoben gewesen sein, ist hier, in der Rolle einer

Stewardess, aber völlig fehl am Platze und wird in Sachen schauspielerischer Ausdruckskraft von jeder Sauerstoffmaske problemlos ausgestochen. Hauptdarsteller der revisionistischen Klamotte ist Gürteltier Chuck Norris, der sich träge und desinteressiert durch die Szenerie bewegt, sofern er nicht mit Fäusten oder Füßen Terroristen malträtieren muß.

USA 1985, Farbe, 129 Min. **Buch:** James Bruner, Yoram Globus, Menahem Golan **Regie:** Menahem Golan **Mit:** Chuck Norris *(Scott McCoy)*, Lee Marvin *(Nick Alexander)*, Hanna Schygulla *(Ingrid Harding)*, Martin Balsam *(Ben Kaplan)*, Joey Bishop *(Harry Goldman)*, Robert Forster, George Kennedy, Robert Vaughn, Susan Strasberg, Bo Svenson.

Delta Heat – Erbarmungslose Jagd Delta Heat

Der Film hat zwei Attraktionen: Lance Henriksen und den Schauplatz New Orleans. Der wettergegerbte Mime fügt sich paßgenau ins Ambiente, spielt er doch einen privatisierenden Ex-Polizisten, der einen Arm an einen Alligator verloren hat und nun im Sumpf zwischen Krabben und Krokodilen haust. Anstelle der Hand trägt er einen Haken, und den drückt er schon mal einem Übeltäter ins Gemächt, um ihn zu einem Tänzchen zu zwingen. Diese einzigartige Gestalt wird Anthony Edwards' Gewährsmann, nachdem dieser aus Los Angeles angereist ist, um eine Undercover-Operation durchzuführen. Die indes scheitert daran, daß sein ursprünglicher Partner bereits umgelegt wurde. Und weil man sich in der Voodoo-Hauptstadt New Orleans befindet, scheint denn auch manches nicht mit rechten Dingen zuzugehen.

USA 1991, Farbe, 91 Min. **Buch:** Sam A. Scribner **Regie:** Michael Fischa **Mit:** Anthony Edwards *(Mike Bishop)*, Lance Henriksen *(Jackson Rivers)*, Betsy Russell *(Vicki Forbes)*, Linda Donà *(Tine Tulane)*, Rod Masterson *(Crawford)*.

Dem Tode geweiht: Ernest Borgnine

Gut zu wissen:
Anthony Edwards spielt den Arzt Mark Greene in der erfolgreichen Krankenhausserie «Emergency Room». Betsy Russell wurde bekannt mit der Titelrolle in «Angel kehrt zurück».

Dem Tode geweiht Deadly Blessing

Wes Craven, der große Mythograph, schließt für diesmal die Nachtmahre aus und begibt sich zu den Agrariern, wo Ernest Borgnine einer Sekte sittenstrenger Eiferer vorsteht. Er zürnt seinem Sohn, der abtrünnig wurde, eine Frau aus der Stadt heiratete und Umgang mit Teufelszeug wie dieselbetriebenen Motoren hat. Prompt wird der Verfemte vom eigenen Traktor zermalmt, und auch die Witwe muß fortan manche Heimsuchung erdulden – ein Nachbarsjunge findet den Tod, in der Scheune regt sich was, und nachts schleicht die subjektive Kamera ums Haus. Die Hinterbliebene ruft unter anderem Sharon Stone zu Hilfe, damals eine noch wenig bekannte Darstellerin und deswegen nach gängigen Genreregeln ständig vom Tode bedroht.

USA 1981, Farbe, 102 Min.
Buch: Glenn M. Benest & Matthew Barr, Wes Craven **Regie:** Wes Craven **Mit:** Maren Jensen *(Martha)*, Sharon Stone *(Lana)*, Lois Nettleton *(Louisa)*, Ernest Borgnine *(Isaiah)*, Susan Bruckner *(Vicky Anderson)*, Lisa Hartman *(Faith)*, Coleen Riley *(Melissa)*, Jeff East *(John)*.

Alternativtitel:
«Wes Cravens Dem Tod geweiht»; «Tödlicher Segen»

Achtung:
Das örtliche Kino zeigt gerade «Summer of Fear», einen thematisch verwandten TV-Thriller von wem? Richtig: Wes Craven.

Hoppla:
In der Badeszene steigt Martha nackt in die Wanne, trägt im Wasser aber überraschend ein Bikinihöschen. Sekunden später, sie ruht noch immer im schaumigen Naß, ist der Slip wieder verschwunden.

Dementia 13 Dementia 13/The Haunted and the Hunted

Demenz, der erworbene Schwachsinn also, ist das große Leiden unserer Zeit und im B-Film nicht selten zu beobachten. Man tritt einem mehrfachen Axtmörder wohl nicht zu nahe, wenn man ihn laienhaft eines gestörten Geistes bezichtigt. Im Hause Haloran jedenfalls geht ein verhinderter Holzfäller um und spaltet Schädel. Louise Haloran wird vom schlechten Gewissen geplagt, weil sie ihren eines natürlichen Todes gestorbenen Gatten zwecks Erbschaftssicherung im Gartenteich versenkte. Oder war er womöglich gar nicht tot? Ihre Schwiegermutter ist schon lange nicht mehr bei Verstand; nur Hausarzt Caleb scheint noch alle sechs bis sieben Sachen beieinander zu haben. Aber wem kann man in solchen Filmen schon trauen?

USA/Irland 1963, SW, 81 Min.
Buch und **Regie:** Francis Coppola **Mit:** William Campbell *(Richard Haloran)*, Luana Anders *(Louise Haloran)*, Bart Patton *(Billy Haloran)*, Mary Mitchell *(Kane)*, Patrick Magee *(Dr. Justin Caleb)*, Ethel Dunn *(Lady Haloran)*.

Gut zu wissen:
Coppola assistierte Roger Corman in Irland bei den Dreharbeiten zu «The Young Racers» und nutzte überzählige Drehtage, um mit wenig Geld und einigen Darstellern der Corman-Produktion seinen ersten regulären Spielfilm zu inszenieren.

Derek Flint – Hart wie Feuerstein In Like Flint

Dem britischen Pop-Agenten James Bond setzten die US-Amerikaner 1965 «Our Man Flint» entgegen, dessen erstes Leinwandabenteuer ausreichend Kasse machte, um die Fortsetzung «In Like Flint» zu rechtfertigen, welche Deutschland unter obigem Titel vorgesetzt bekam. Derek Flint ist gefordert, dem schlimmsten Alptraum der westlichen Welt ein Ende zu bereiten: Eine militante Frauenorganisation plaziert einen Doppelgänger des US-Präsidenten im Weißen Haus und kontrolliert somit die Nuklearwaffen. Als eigentlicher Feind aber erweist sich ein größenwahnsinniger Militarist, und so verbünden sich Macho und Suffragetten, das Unheil abzuwenden.

USA 1966, Farbe, 115 Min. **Buch:** Hal Fimberg **Regie:** Gordon Douglas **Mit:** James Coburn *(Derek Flint)*, Lee J. Cobb *(Cramden)*, Jean Hale *(Lisa)*, Andrew Duggan *(Präsident Trent)*, Anna Lee *(Elisabeth)*, Hanna Landy *(Helena)*, Totty Ames *(Claire)*, Thomas Hasson *(Avery)*, Yvonne Craig *(Ballerina Natasha)*.

Achtung:
Hier ergibt sich die rare und unter ästhetischen Gesichtspunkten auch nur bedingt begrüßenswerte Gelegenheit, Lee J. Cobb in Frauenkleidern zu erleben.

Derek Flint schickt seine Leiche Our Man Flint

Befragt, wer die Welt vor drei genialen, aber erpresserischen Wettermachern retten könne, nennt der Computer nur einen Namen: Derek Flint. Der sträubt sich zunächst, weil ihm hierarchische Befehlswege zuwider sind, steht aber bereits auf der Abschußliste der Gegenseite und ist somit aus Gründen des Selbstschutzes zum Eingreifen gezwungen. Über Marseille, wo er sich mit einem Sean-Connery-Doppelgänger rauft, und Rom geht die Erkundungsreise bis auf eine vulkanische Insel. Dort haben die Schlauberger eine utopische Gesellschaft en miniature errichtet. Deren Bewohner allerdings sind gründlich gehirngewaschen, der freie Wille ist gebändigt. Und das gefällt Flint als unverbesserlichem Libertin nun überhaupt nicht.

USA 1965, Farbe, 119 Min. **Buch:** Hal Fimberg, Ben Starr **Regie:** Daniel Mann **Mit:** James Coburn *(Derek Flint)*, Lee J. Cobb *(Cramden)*, Gila Golan *(Gila)*, Edward Mulhare *(Malcolm Rodney)*, Benson Fong *(Dr. Schneider)*, Shelby Grant *(Leslie)*, Sigrid Valdis *(Anna)*.

Starke Töne:

«Die Weltorganisation, die Sie vertreten, bietet mir Gewähr für unterhaltsame Stunden.» DEREK FLINT

Des Satans heiße Katzen The Female Bunch / A Time to Run

Der Verlobte des Las-Vegas-Showgirls Sandy hat sich gerade mit ihren Ersparnissen aus dem Staub gemacht, und auch ein halbseidener Schnulzier, mit dem sie sich laut ächzend auf der Liege wälzt, ist nicht der Mann fürs Leben. Eine Kollegin nimmt sie mit auf die Ranch der rassigen Weiber, die unter dem Regiment einer gertenschwingenden Chefin, einer drogenschmuggelnden Killerlesbe, steht. Einziger Mann ist der bedauernswerte Pferdeknecht Lon Chaney jr. Wenn die Damen der Hafer sticht, reiten sie über die Grenze nach Mexiko und mischen das Grenzstädtchen auf. Russ wagt den Besuch des für Männer verbotenen Geländes, wird ertappt und strafweise gebrandmarkt. Der Wunsch nach Rache treibt ihn zur Wiederkehr.

USA 1970, Farbe, 86 Min. **Buch:** Jale Lockwood, Brent Nimrod **Regie:** Al Adamson, John «Bud» Cardos **Mit:** Russ Tamblyn *(Russ)*, Jennifer Bishop *(Grace)*, Lon Chaney jr. *(Monty)*, Nesa Renet *(Sandy)*, Geoffrey Land *(Jim)*, Regina Carrol *(Kellnerin)*, Don Epperson *(Sänger)*, John «Bud» Cardos *(Mexikanischer Farmer)*, Albert Cole *(Barkeeper)*.

Gut zu wissen:

Die Fama besagt, daß der Film auf der Ranch der Charles-Manson-Kommune gedreht wurde.

Des Satans Satellit Satan's Satellites

Die Marsianer stören sich an der Erde, da sie ihren Planeten der Sonne näherbringen wollen. Also werden zwei Saboteure – einer von ihnen ist Leonard «Mr. Spock» Nimoy – ausgesandt, den mißliebigen Planeten zu atomisieren. Der Mensch als solcher ist korrupt, darum finden sich Kollaborateure, die ihnen bereitwillig zuarbeiten. Doch – Fanfare – es gibt auch noch den Raketenmann Larry Martin, der den Unterwanderburschen und ihrem drolligen Roboter tapfer die Stirn bietet und ihnen mit Zügen, Booten, Panzerwagen und Raketenrucksack nachstellt und ordentlich zusetzt. Eigentlich handelt es sich um den Serienhelden *Commando Cody*. Aber das braucht ja niemand zu wissen.

USA 1958, SW, 78 Min. **Buch:** Ronald Davidson **Regie:** Fred C. Bannon **Mit:** Judd Holdren *(Larry Martin)*, Aline Towne *(Sue David)*, Wilson Wood *(Bob Wilson)*, Lane Bradford *(Marex)*, Leonard Nimoy *(Nareb)*, John Crawford *(Mr. Roth)*.

Des Teufels Saat: Gerrit Graham

Gut zu wissen:
Der Film ist zusammengestückelt aus dem zwölfteiligen Serial «Zombies of the Stratosphere», weshalb die ohnehin sprunghafte Handlung mitunter in Riesensätzen vorwärts eilt, jedwede Logik weit hinter sich zurücklassend.

Hoppla:
Der Zufall will es, daß irdische und marsianische Raumschiffe innen wie außen nahezu identisch ausgefallen sind.

Des Teufels Saat Demon Seed

Der Film warnt ernstzunehmend vor vermeidbarem Verdruß und erteilt wertvollen Ratschlag: Ziehen Sie anonyme Computer solchen mit Namen vor. Insbesondere «Prometheus IV» sollten Sie nicht einmal mit der Rohrzange anfassen. Überlassen Sie Ihrem Chipsträger nie und nimmer die Kontrolle über Fenster und Türen. Für den Fall der Zuwiderhandlung ist nicht auszuschließen, daß Ihr Gerät größenwahnsinnig wird, der Herrschsucht anheimfällt und gar mit der Frau des Hauses ein Kind zu zeugen gedenkt … Wo kämen wir denn da hin?

USA

1976, Farbe, 94 Min. **Buch:** Robert Jaffe, Roger O. Hirson **Regie:** Donald Cammell **Mit:** Julie Christie *(Susan Harris)*, Fritz Weaver *(Alex Harris)*, Gerrit Graham *(Walter Gabler)*, Lisa Lu *(Soon Yen)*, Berry Kroeger *(Petrosian)*, Larry J. Blake *(Cameron)*, Dana Laurita *(Amy)*, Robert Vaughn *(Prometheus' Stimme)*.

Destiny – Ein schicksalshafter Coup Destiny Turns on the Radio

Die Mitwirkung des allzeit spaßverdächtigen Quentin Tarantino hebt Jack Barans Regiedebüt aus der Dutzendware. Der erfolgreiche Kollege spielt einen gutartigen Geist mit übersinnlichen Fähigkeiten. In der Wüste von Nevada gabelt er den abgängigen Sträfling Dylan McDermott auf und nimmt ihn mit nach Las Vegas, wo der Flüchtige die Beute eines früheren Bankraubs eintreiben und seine ehemalige Freundin Nancy Travis zurückzuerobern trachtet. Todsicher läuft dabei allerhand quer.

USA 1994/95, Farbe, 101 Min. **Buch:** Robert Ramsey, Matthew Stone **Regie:** Jack Baran **Mit:** Dylan McDermott *(Julian Goddard)*, Quentin Tarantino *(Johnny Destiny)*, James LeGros *(Harry Thoreau)*, Nancy Travis *(Lucille)*, James Belushi *(Tuerto)*, Janet Carroll *(Escobel)*, Bobcat Goldthwait, David Cross, Richard Edson.

Achtung:
Einer von Quentin Tarantinos Dialogpartnern ist Allen Garfield – sein früherer Schauspiellehrer.

Gut zu wissen:
Jack Baran produzierte vorher diverse Filme von Jim McBride («Atemlos»).

Diamanten kalt wie Eis Ice

Ellen Reed ist eine geschickte Diebin. Ihre Raubzüge unternimmt sie an der Seite ihres Mannes im Auftrage von Versicherungen, die sich unter der Hand gestohlene Güter wiederbeschaffen lassen. Den Gangsterboß Malta erleichtern sie um Diamanten im Wert von 50 Millionen Dollar. Fatalerweise hat Charley Reed sich entschlossen, diesmal auf eigene Rechnung zu arbeiten. Beim Versuch, die Ware zu veräußern, wird er erschossen. Ellen Reed gerät zwischen die Fronten von Polizei, der Hehlerbande und Maltas Leuten, die ihren Bruder entführen, um die Rückgabe der Edelsteine zu erpressen. Gefälligerweise gehen diese tumben Burschen nie in Deckung, sondern werfen sich stets wie geistverlassen direkt in Ellens Kugeln, was ihr den Racheakt enorm erleichtert.

USA 1993, Farbe, 91 Min. **Buch:** Sean Dash **Regie:** Brook Yeaton **Mit:** Traci Lords *(Ellen Reed)*, Zach Galligan *(Rick Corbett)*, Jorge Rivero *(Vito Malta)*, Jaime Alba *(Det. Alan Little)*, Phillip Troy *(Charley Reed)*, Michael Bailey Smith *(Courter)*.

Alternativtitel:
«The Diamond Killing»

Gut zu wissen:
Traci Lords und Regisseur Brook Yeaton waren von 1990 bis 1995 miteinander verheiratet.

Diana – Tochter der Wildnis
Eva en la selva

Graziös wie ein Mannequin und ebenso gut frisiert durchschreitet die blondierte Diana den Urwald, stets darauf bedacht, ihre zarten Füßchen nicht zu verletzen. Im Kreise ihrer dunkelhäutigen Mannen beobachtet sie den Absturz eines Sportflugzeuges. Damit hat die Idylle ein Ende. Weitere Weiße treffen ein, nach den Verschollenen zu suchen. Die Kunde von der weißen Stammesführerin macht die Runde und erreicht auch Christopher Lee, dessen Enkelin einst im Dschungel verlorenging. Eine Hochstaplerin nahm ihre Stelle ein, um das Erbe zu kassieren, entlarvt sich aber selbst. Derweil hat Diana das Vertrauen ihres Stammes verloren, glücklicherweise lauern Yates und José schon in den Büschen und übernehmen ihre Rettung.

Spanien/GB 1967, Farbe, 82 Min. **Buch:** Peter Welbeck **Regie:** Jeremy Summers **Mit:** Celeste Yarnall *(Diana)*, Herbert Lom *(Diego)*, Christopher Lee *(Colonel)*, Robert Walker, Fred Clark.

Hoppla:
Des Sprachkolorits wegen streuen die Synchronautoren immer wieder mal spanische Brocken in die Dialoge, des Umstands nicht achtend, daß der Film in Brasilien spielt, wo portugiesisch gesprochen wird.

... die sich selbst zerfleischen The Black Angels

In der Bikergang The Serpents sind weiße Motorsportfreunde versammelt, im MV Chopper organisieren sich die schwarzen. Beide Gruppen hassen sich bis aufs Blut. Johnny Reb, der seiner hellen Haut wegen als Weißer durchgeht, schmuggelt sich bei den Serpents ein und mischt ihnen angelegentlich einer Party Beruhigungsmittel in die Drinks. Dann ruft er seine Freunde herbei. Auf Anhieb sind die ruhiggestellten Lederjungs wieder wach, und man keult aufeinander ein, was Police Lieutenant Harper aus sicherer Entfernung, aber mit großer Genugtuung betrachtet, weil ihm der Kleinkrieg viel Arbeit erspart.

USA 1970, Farbe, 89 Min. **Buch** und **Regie:** Lawrence Merrick **Mit:** King John III. *(Johnny Reb)*, Des Roberts *(Chainer)*, Linda Jackson *(Jackie)*, James Whitwirth *(Big Jim)*, James Young-El *(Jimmy)*, Clancy Syrko *(Lt. Harper)*, Beverly Gardner *(Wallflower)*.

Gut zu wissen:
The Chopper ist eine real existierende Motorradbande aus Kalifornien, deren Mitglieder im Film als Darsteller mitwirkten.

Das Ding aus dem Sumpf Swamp Thing

Das Ding aus dem Sumpf: Adrienne Barbeau und Dick Durock

Ray Wise versumpft im Moorwald South Carolinas, wo er in seinem Labor tierisches und pflanzliches Erbgut zu verschmelzen suchte. Die daraus resultierende Substanz bewirkt ein rasches Pflanzenwachstum und erregt naturgemäß die Begierden eines verbrecherischen Unternehmers vom Kaliber Louis Jourdans. Wise wird Opfer seines Elixiers und verwandelt sich in ein bemoostes Pflanzenwesen, das im umliegenden Feuchtgebiet artgerechte Lebensbedingungen vorfindet und so kraftvoll wie maßregelnd eingreift, als die mißbräuchliche Anwendung seiner Erfindung droht. Der Film macht aber auch deutlich, daß verunstaltete Außenseiter einsame und darum recht traurige Wesen sind.

USA 1981, Farbe, 90 Min. **Buch** und **Regie:** Wes Craven **Mit:** Louis Jourdan *(Arcane)*, Adrienne Barbeau *(Alice Cable)*, Ray Wise *(Dr. Alec Holland)*, Nicholas Worth *(Bruno)*, David Hess *(Ferret)*.

Gut zu wissen:
Als Vorlage des Films diente die seit 1972 erscheinende Comic-Reihe.

Das Ding aus einer anderen Welt The Thing

Famose Burschen forschen am Nordpol friedlich vor sich hin, als ein fremdes Flugobjekt vom Himmel fällt. Dem entsteigt ein blutrünstiges, mit herkömmlichen Waffen nicht zu beeindruckendes Monstrum. Die findigen Militärs der Gruppe aber ersinnen Mittel und Wege, dem ungeschlachten Hünen Einhalt zu gebieten. Als Gemüse auf zwei Beinen stakst James Arness durch die Schneelandschaft. Einige Jahre später wurde er resozialisiert und unter dem Namen Matt

Das Ding aus einer anderen Welt: James Arness

Dillon zentrale Figur der Westernserie «Rauchende Colts».

USA 1951, SW, 82 Min. **Buch:** Charles Lederer **Regie:** Christian Nyby, Howard Hawks **Mit:** Kenneth Tobey *(Capt. Patrick Hendry)*, Margaret Sheridan *(Nikki Nicholson)*, Robert Cornthwaite *(Dr. Carrington)*, Douglas Spencer *(Ned Scott)*, James Young *(Lt. Eddie Dykes)*.

Dirty Harry V – Das Todesspiel The Dead Pool

Solche Filme machen es dem Kritiker leicht. Ein als Law-and-order-Typ ausgewiesener Protagonist, ein einschlägig bekannter Hauptdarsteller – da wissen wir, woran wir sind. Andererseits wurde Clint Eastwood auf seine alten Tage noch als *auteur* entlarvt, und unversehens scheinen auch seine alten Filme nicht mehr so schlecht, wie man einst dachte. Eingedenk der Tatsache, daß «Dirty Harry V» ausgerechnet im Horrorfilmmilieu spielt, Regisseur Van Horn mit Genreversatzstücken herumjuxt und die

Dirty Harry V – Das Todesspiel: Clint Eastwood

Kamera Eastwood gar beim Schmunzeln ertappt, just als er das alte Wer-hat-den-Größten-Spielchen souverän für sich entscheidet, könnte man beinahe auf die Idee kommen, daß hier eine selbstreferentielle Ironisierung vorliegt.

USA 1988, Farbe, 91 Min. **Buch:** Steve Sharon **Regie:** Buddy Van Horn **Mit:** Clint Eastwood *(Harry Callahan)*, Patricia Clarkson *(Samantha Walker)*, Liam Neeson *(Peter Swan)*, Evan C. Kim *(Al Quan)*, David Hunt *(Harlan Rook)*, Michael Currie *(Capt. Donnelly)*, Michael Goodwin *(Lt. Ackerman)*.

Achtung:
Der damals kaum bekannte Jim Carrey hat einen kurzen Auftritt als heroinabhängiger Hardrocker Johnny Squares. In «Pink Cadillac», Eastwoods nächstem Film, war Carrey in einer kleinen Rolle als «Lounge Entertainer» zu sehen.

Django

Sengende Sonne, verschwitzte Gesichter, verstaubte Helden kennzeichneten das Bild des Italowestern. Sergio Corbucci modifizierte diese Konstanten auf sehr einfache Weise: Er ließ es regnen. Naß und vor Dreck strotzend bewegt sich der schwarz gekleidete Held durch eine Schlammlandschaft.

Sein Gepäck besteht aus einem Sarg, den er hinter sich herzieht. Von diesem grotesken Auftritt ausgehend, entspinnt sich eine wilde Geschichte, in der der wortkarge Streuner Django zum finsteren Rächer wird, aber auch seinerseits einiges einstecken muß – wohl mehr als je ein Westernheld vor ihm. Italien / Spanien 1966, Farbe, 88 Min. **Buch:** Franco Rossetti, José Maesso, Piero Vivarelli **Regie:** Sergio Corbucci **Mit:** Franco Nero *(Django)*, Loredana Nusciak *(Maria)*, José Bodalo *(Gen. Hugo Rodriguez)*, Angel Alvarez *(Nataniele)*, Eduardo Fajardo *(Maj. Jackson)*.

Gut zu wissen:
Pate des Helden war der Jazzgitarrist Django Reinhardt.

Doc Savage – Der Mann aus Bronze Doc Savage – The Man of Bronce

Aus seinem eisigen «Fortress of Solitude» wird der universell talentierte Doc Savage heimgerufen und erfährt, daß sein Vater in Südamerika verstorben ist. Nicht erst durch ein fehlgeschlagenes Attentat mißtrauisch geworden, reist der güldene Hüne zusammen mit seinen fünf Getreuen, den «sagenhaften Fünf», nach Hidalgo, wo der verbrecherische Captain Seas auf eine Goldquelle spekuliert, die ein weltfern angesiedelter Indianerstamm aus Dankbarkeit Docs Vater überschrieben hatte. Bei all dem vergißt der Doc nie, daß er eigentlich ein Comic-Held ist, wenn er beispielsweise seine Augen exakt auf einen musikalischen Akzent hin gleißend aufleuchten läßt. USA 1974, Farbe, 100 Min. **Buch:** George Pal, Joe Morhaim **Regie:** Michael Anderson **Mit:** Ron Ely *(Doc Savage)*, Paul Gleason *(Long Tom)*, Bill Lucking *(Renny)*, Michael Miller *(Monk)*, Eldon Quick *(Johnny)*, Darrell Zwerlin *(Ham)*.

Erhabene Momente:
Doc ficht mit einem Ventilator gegen geisterhafte grüne Luftschlangen.

The Doll Squad The Doll Squad / Hustler Squad

Arbeitsentlastung für James Bond: Der in Ungnade gefallene Ex-CIA-Agent Eamon O'Reilly bekommt es nicht mit 007, sondern mit Sabrina Kincaid zu tun, als er einen Raketenstart sabotiert. Standesgemäß residiert er auf einer abgelegenen Insel und ist umgeben von exzentrischem Wachpersonal wie den Cahayman-Zwillingen. Der eine trägt den Vornamen Doktor, der andere Mister. All das aber ist nichts, wovon sich Sabrina Kincaid beeindrucken ließe. Sie mobilisiert ihren kleinen Frauenverband, dem sich auch die statuarische Tura Satana, ein Satansweib aus Tittfield, angeschlossen hat, und läßt ihn das Inselgesindel aufmischen, derweil sie selbst sich O'Reilly vorknöpft, mit dem sie in besseren Zeiten mal liiert war. USA 1973, Farbe, 90 Min. **Buch:** Jack Richesin, Pamela Eddy, Ted V. Mikels **Regie:** Ted V. Mikels **Mit:** Francine York *(Sabrina Kincaid)*, Michael Ansara *(Eamon O'Reilly)*, Leigh Christian *(Sharon O'Connor)*, Elizabeth White *(Judy McConnell)*, Sherri Vernon *(Cat)*, Tura Satana *(Lavelle Sumara)*, Anthony Eisley *(Victor Connelly)*.

Donovans Hirn Donovan's Brain

Lew Ayres separiert das Gehirn eines verunglückten Mieslings und verwahrt es im Einmachglas. Die bösen Strömungen aber halten an und nehmen Einfluß auf das Schaffen des famosen Wissenschaftlers, was Nancy Davis, verheiratete Reagan, schwer zu denken gibt und seinen Mitstreiter Gene Evans beinahe das Leben kostet ... Von apartem

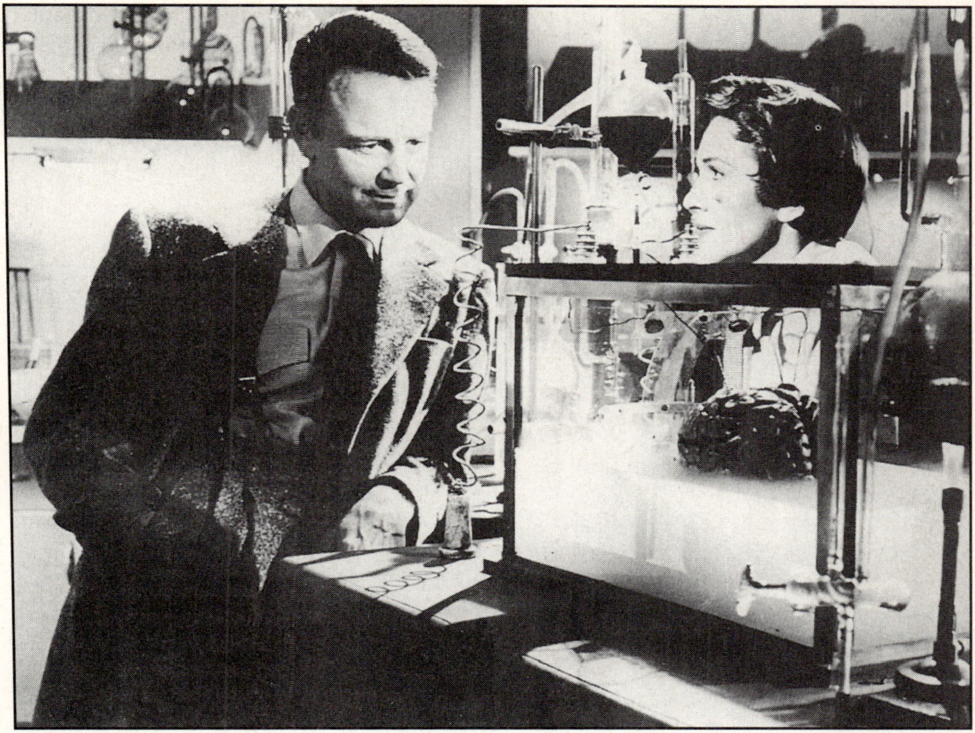

Donovans Hirn: Lew Ayres und Nancy Davis

Witz ist der Umstand, daß Lew Ayres zwischen 1938 und 1942 in der Titelrolle der «Dr. Kildare»-Filme ein ungleich nützlicheres Exemplar der hippokratischen Zunft verkörperte.

USA 1953, SW, 83 Min. **Buch und Regie:** Felix Feist **Mit:** Lew Ayres *(Dr. Patrick Cory)*, Gene Evans *(Dr. Frank Schratt)*, Nancy Davis *(Janice Cory)*, Steve Brodie *(Herbie Yocum)*, Lisa K. Howard *(Chloe Donovan)*.

Gut zu wissen:

Die Romanvorlage des Films stammte von Curt Siodmak.

Starke Töne:

«Verstand ist etwas Rätselhaftes.» FRANK SCHRATT

Das Dorf der Verdammten

The Village of the Damned

Selten trauten sich Filmemacher, Kinder als abgrundtief böse Wesen darzustellen. Hier sind es gleich zwölfe, die nach einer mysteriösen Massenohnmacht von Bewohnerinnen eines kleinen englischen Dorfes zur Welt gebracht werden, was bei den jeweiligen Vätern nicht gerade Freudentaumel hervorruft. Bald erweisen sich die jungen Dinger als äußerst frühreife kleine Strolche, die auf telepathischem Wege miteinander kommunizieren und nichts Gutes im Schilde führen. George Sanders untersucht die altklugen Wunderkinder, entdeckt ihre außerirdische Abkunft und zieht entsprechende Konsequenzen. John Carpenter drehte 1995

Das Dorf der Verdammten

ein Remake mit Christopher Reeve («Superman») und Kirstie Alley («Cheers»).

GB

1959, SW, 78 Min. **Buch:** Wolf Rilla, Stirling Silliphant, George Barclay **Regie:** Wolf Rilla **Mit:** George Sanders *(Gordon Zellaby)*, Barbara Shelley *(Anthea Zellaby)*, Laurence Naismith *(Dr. Willers)*, Michael Gwynn *(Maj. Alan Bernard)*, Martin Stevens *(David Zellaby)*, Richard Vernon *(Sir Edgar Hargraves)*.

Gut zu wissen:
Als Vorlage diente der Roman «The Midwich Cuckoos» von John Wyndham.

1961 entstand eine Fortsetzung unter dem Titel «Children of the Damned».

Dr. Jekyll und Ms. Hyde
Dr. Jekyll and Ms. Hyde

Bei Tag komponiert Dr. Jacks Duftwässerchen, bei Nacht forscht er – zum Unwillen seiner Verlobten – an Bedeutenderem. Als er die Forschungsunterlagen seines Vorfahren Dr. Jekyll erbt, geht's einen großen Schritt voran. Die Transformation gelingt, und er verwandelt sich in Sean Young. Die verhält sich, ganz wie einstmals Mr. Hyde, überaus eigensinnig, kennt Skrupel nicht einmal vom Hörensagen und wird nicht nur in beruflichen Belangen zur ärgsten Konkurrentin ihres Alter ego. Es entbrennt ein heftiger Kampf zwischen den beiden

Dr. Jekyll und Sister Hyde: Ralph Bates und Martine Beswick

Identitäten, Verfasser und Regisseur lassen sie einige ausgemacht bösartige Streiche verüben.

USA 1995, Farbe, 87 Min. **Buch:** Tim John & Oliver Butcher, William Davies & William Osborne **Regie:** David Price **Mit:** Timothy Daly *(Richard Jacks)*, Sean Young *(Helen Hyde)*, Lysette Anthony *(Sarah Carver)*, Stephen Tobolowsky *(Oliver Mintz)*, Harvey Fierstein *(Yves Dubois)*.

Starke Töne:

«Wir haben alle eine weibliche Seite.» RICHARD JACKS

Dr. Jekyll und Sister Hyde
Dr. Jekyll and Sister Hyde

Verglichen mit der Romanvorlage von Robert Louis Stevenson geht hier einiges durcheinander. Da wird der ursprünglich als Philanthrop beschriebene Dr. Jekyll zum irren Wissenschaftler, der nach Feierabend Prostituierte ausweidet, um menschliche Organe für seine Experimente zu erlangen. Doch bewirkt die Einnahme des Mittels nicht die angestrebte Verjüngung, und es erscheint auch nicht der hutzelige, furchteinflößende Mr. Hyde der früheren Verfilmungen, sondern eine knackige Sister Hyde, die mit ihren körperlichen Reizen nicht zurückhält – ein früher Fall von *gender crossing*, der freilich das Ableben einiger Geschlechtsgenossinnen voraussetzt und darum keinesfalls gutgeheißen werden kann.

GB 1971, Farbe, 94 Min. **Buch:** Brian Clemens **Regie:** Roy Ward Baker **Mit:** Ralph Bates *(Dr. Henry Jekyll)*, Martine Beswick *(Schwester Hyde)*, Gerald Sim *(Prof. Robertson)*, Lewis Flander *(Howard)*, Ivor Dean *(Burke)*, Tony Calvin *(Hare)*.

Gut zu wissen:

Produzent Albert Fennell, Autor Brian Clemens und auch Regisseur Roy Ward Baker hatten einigen Anteil am Gelingen der TV-Serie «Mit Schirm, Charme und Melone».

Anstelle von Ralph Bates war ursprünglich Ray Davies, der Sänger der Kinks, als Hauptdarsteller vorgesehen.

Dr. M schlägt zu La venganza del Dr. Mabuse

Ein Dr. Cranko, der in der Originalfassung Prof. Farkas heißt, jagt Dokumenten nach, die Informationen über eine neuartige Waffe enthalten, eine Art frühes SDI-Programm. Er läßt eine Mitarbeiterin des betreffenden Forschungsinstituts entführen und will sie Friedrich Joloff vorwerfen, dem finster dreinblickenden Vernehmungsexperten. Crankos Abgesandte überfallen einen Transport und stehlen die Pläne, können diese aber nicht dechiffrieren. Sie geraten unter den Druck ihrer Auftraggeber, ermorden Orloff, den Leiter des Projekts, und entführen dessen Nichte Wanda, was sie letztlich auch nicht weiterbringt ... Sehr stilbewußt inszeniert, mit futuristischen Bauten in wüstenähnlichen Landschaften, untermalt von gellenden Jazzeruptionen des Komponisten Rolf Kühn.

BRD / Spanien 1971, Farbe, 100 Min. **Buch:** Jess Frank, Art Bernd **Regie:** Jess Frank **Mit:** Fred Williams *(Insp. Tho-*

mas), Jack Taylor *(Prof. Farkas / Dr. Cranko)*, Ewa Stroemberg *(Wanda)*, Siegfried Lowitz *(Orloff)*, Friedrich Joloff, Roberto Camardiel, Ewa Garden, Gustavo Re «und als Monster ROCHA» (Original-Credit; gemeint ist Moises Augusto Rocha).

Alternativtitel:
«Mabuse 7»

Hoppla:
Die Stripperin Jenny wird in finsterer Nacht aus einem Club entführt. Bei der anschließenden Überlandfahrt aber ist es hellichter Tag.

Als Jennys Lebensgefährte am Leuchtturm eintrifft, fährt mit der Kamera deutlich sichtbar auch deren Schatten in die Höhe.

Dracula braucht frisches Blut The Satanic Rites of Dracula

Spleenige Briten laden auf einem ihrer unüberschaubaren Landsitze zu satanischen Ritualen. Ein Regierungsbeamter, der den trüben Machenschaften auf die Schliche gekommen ist, wird im oberen Stockwerk des Anwesens gefangengehalten. Trotz schwerer Verletzungen kann er seine Bewacher überlisten und entfliehen. Mit letzter Kraft erstattet er seinen Kollegen brisanten Bericht: Ein Minister soll an den teuflischen Orgien beteiligt sein. Auch andere Prominente unterhalten Beziehungen zu der Sekte, die sich als «Psychologische Untersuchungs- und Forschungsgruppe (P.E.R.G.)» tarnt. Der in diesen Dingen seit je kompetente Peter Cushing spendet Rat, während eine Sekretärin des Büros entführt wird und sehr bald Besuch vom IHM erhält: Christopher Lee.

GB 1973, Farbe, 87 Min. **Buch:** Don Houghton **Regie:** Alan Gibson **Mit:** Christopher Lee *(Graf Dracula)*, Peter Cushing *(Prof. Van Helsing)*, Barbara Yu-Ling *(Chin Yang)*, Freddie Jones *(Prof. Keeley)*, Joanna Lumley *(Jessica Van Helsing)*.

Gut zu wissen:
Joanna Lumley spielte ab 1976 die Agentin Purdey in der Neuauflage des Fernsehklassikers «Mit Schirm, Charme und Melone». Kultstatus erlangte die Serie «Absolutely Fabulous», in der sie als Partnerin von Jennifer Saunders zu sehen war.

Dracula jagt Minimädchen: Christopher Lee und Caroline Munro

Starke Töne:
«Dinge, die des Nachts Alpträume verursachen, gibt es sehr viele.» VAN HELSING

Dracula im Schloß des Schreckens Edgar Poe chez les morts-vivants / Nella stretta morsa del ragno / Les fantômes des Hurlevent

Der Journalist Forster und Lord Blackwood genießen die Gesellschaft des Dichters Edgar Allan Poe, der mit allerlei Schauergeschichten aufwartet. Deren Wahrheitsgehalt stellt der Rationalist Forster keck in Abrede. Im Zuge einer Wette läßt er sich dazu herbei, eine Nacht in einem einschlägig verrufenen Spukschloß zu verbringen. Dort erwarten ihn Geistererscheinungen unterschiedlicher Wesensart, allesamt geprügelte Seelen, dazu verdammt, ihren Tod immer wieder aufs neue zu erleben. Für Forster Grund genug, die eigene Wahrnehmung in Frage zu stellen – zumal der im Titel versprochene Dracula weit und breit nicht zu erblicken ist.

BRD / Italien / Frankreich 1971, Farbe, 97 Min. **Buch:** Anthony M. Dawson, Giovanni Addessi **Regie:** Anthony M. Dawson (= Antonio Margheriti) **Mit:** Anthony Franciosa *(Alan Forster)*, Michèle Mercier *(Elisabeth)*, Karin Field *(Julia)*, Klaus Kinski *(Edgar Allan Poe)*, Peter Carsten *(Dr. Carmus)*, Heinz Ostermann *(Lord Blackwood)*, Silvano Tranquili *(William)*.

Dracula jagt Minimädchen
Dracula A. D. 1972

Was blieb ihm anno 1972 auch anderes übrig, da die Erotik längst weniger sublim auf die Leinwand gebracht wurde als noch wenige Jahre zuvor – und gerade die sexuelle Komponente doch immer mitverantwortlich gewesen war für die Erfolge der Beißerreißer … In einer halbverfallenen Kirche treffen sich ein paar Twens, um fröhlich eine Art schwarzer Messe zu zelebrieren. Einer der Jugendlichen nennt sich Jonny Alucard, und wenn wir den Namen rückwärts lesen, ahnen wir, wes Geistes Kind er ist. Mit viel *Swinging-London*-Atmosphäre und phantastischer Live-Musik von den zu Unrecht vergessenen Funkrockern Stoneground.

GB 1971, Farbe, 96 Min. **Buch:** Don Houghton **Regie:** Alan Gibson **Mit:** Christopher Lee *(Graf Dracula)*, Peter Cushing *(Prof. Van Helsing)*, Stephanie Beacham *(Jessica Alucard)*, Christopher Neame *(Jonny Alucard)*, Marsha Hunt *(Gaynor)*.

Achtung:
Bei der jungen Dame, die sich im Zuge der Zeremonie freiwillig als Opfer zur Verfügung stellt, handelt es sich um Caroline Munro.

Draculas Todesrennen
Crash! / Death Ride

Zwar hat es durchaus schon blutsüffelnde Autos gegeben, aber dieses hier zeigt sich an anderem interessiert. Durch ihre Fahrkünste in den Rollstuhl gebracht, möchte José Ferrer seiner Gattin im Gegenzug spürbaren Schaden zufügen. Die tut ihm den Gefallen und greift sich eines seiner seltsamen Amulette, wird vom Haushund angefallen und landet besinnungslos im Spital. Inzwischen rast ihr Auto unbemannt und eigenmächtig durch die Stadt und verbiegt so manches Blechkleid. Damit vertreibt es sich die Zeit bis zum nächsten Anschlag auf das Leben seiner Besitzerin. Dann aber ist es rechtzeitig zur Stelle, mit kreischenden Reifen dazwischenzufahren.

USA 1976, Farbe, 86 Min. **Buch:** Marc Marais **Regie:** Charles Band **Mit:** José Ferrer *(Marc Denne)*, Sue Lyon *(Kim Denne)*, John Ericson *(Dr. Greg Martin)*, John Carradine *(Dr. Edwards)*, Leslie Parrish *(Krankenschwester Kathy)*.

Gut zu wissen:
Sue Lyon wurde in der Titelrolle der Nabokov-Verfilmung «Lolita» weltbekannt. José Ferrer war zeitweilig mit Rosemary Clooney verheiratet und damit sozusagen «Teilzeitonkel» des späteren Kinoidols George Clooney.

Draculin El pobrecito Draculin

Kein Respekt mehr vor dem Alter – so lautete in den 70ern eine oft gehörte Klage, und der mit Jahren reich gesegnete Vampir Draculin hat mannigfachen Grund, darin einzustimmen. Direkt über seiner Gruft wurde eine Disco eröffnet, die ihm den Schlaf raubt. Die jungen Dinger sind nicht bereit, sich ihm hinzugeben, und aus Mangel an Blut wird ihm so blümerant, daß er sich im Krankenhaus mit einer Transfusion aufhelfen lassen muß. Da zieht er doch lieber heim ins Stammschloß nach Transsylvanien, doch auch hier hat die neue Zeit bereits Einzug gehalten.

Spanien 1976, Farbe, 90 Min. **Buch:** nicht ermittelbar **Regie:** Juan Fortuny **Mit:** Joe Rigoli *(Draculin)*, Josele Roman *(Ludgarda)*, Victor Israel *(Vladimir)*, Pipper *(Ivan)*, Ricardo Palmerola *(Laurenz)*, Juan Borras *(Zacharias)*, Fernando Rubio *(Petronio)*, Lita Claver *(Agatha)*.

Dragon from Russia The Dragon from Russia

Der «Meister des Todes» mußte sich so häufig verstellen, daß sein Gesicht zur Fratze gefror. Jetzt lebt der japanische Geheimbundchef in einem Landhaus, umgeben von reizenden, aber schlagkräftigen jungen Dingern, und man weiß nie so recht, welches Anliegen er eigentlich verfolgt, außer daß er den freundlichen Yao aus Rußland entführt, dessen Gedächtnis löscht und ihn zum kaltblütigen Killer drillt. Gehorsam geht Yao seiner Aufgabe nach, bis er auf seine Moskauer Freundin May trifft und sich mit deren Hilfe an alte Zeiten erinnert. Einer gemeinsamen Zukunft steht nichts im Wege, nachdem er seinem Ausbilder ein letztes Mal gegenüber getreten ist.

Hongkong 1992, Farbe, 89 Min. **Buch:** Ella Chan **Regie:** Clarence Ford (= Fok Yiu-leung) **Mit:** Samuel Hui *(Yao)*, Maggie Cheung *(May)*, Nina Li Chi *(Ling)*, Carrie Ng *(Jägerin)*, Sandee Lee *(Queenie)*, Dean Shek *(Snooker)*, Loletta Lee *(Pearl)*.

Gut zu wissen:
Für «Dragon from Russia» wurde erstmals ein Hongkonger Filmteam in Moskau tätig. Ein prunkvoller U-Bahnhof war Schauplatz turbulenter Kampfszenen.

Das Skript basiert auf dem japanischen Comic «Crying Freeman».

Starke Töne:
«Du mußt lernen, mit dem Herzen zu sehen statt mit den Augen.» DER «MEISTER DES TODES»

Dreamscape

Max von Sydow widmet sich in seinem Institut der Traumforschung. Es gelingt ihm, das Oberbewußtsein eines wachen Menschen zu Besuch in das Unterbewußtsein eines Schlafenden zu schicken. Bösewicht Christopher Plummer möchte das Verfahren nutzen, um den integren US-Präsidenten von seinen Abrüstungsplänen abzubringen. Da muß erst einmal Dennis Quaid los und Bewußtseinsarbeit leisten, ehe er sein libidinös gelenktes Augenmerk wieder auf Kate Capshaw richten kann.

USA 1984, Farbe, 93 Min. **Buch:** David Loughery, Chuck Russell, Joseph Ruben **Regie:** Joseph Ruben **Mit:** Dennis Quaid *(Alex Gardner)*, Max von Sydow *(Paul Novotny)*, Christopher Plummer *(Bob Blair)*, Kate Capshaw *(Jane De Vries)*, Eddie Albert *(US-Präsident)*, David Patrick Kelly *(Tommy Ray Glatman)*.

Alternativtitel:
«Höllische Träume»

Drei Engel auf der Todesinsel The Lost Empire

Siebzehn Jahre lang scharwenzelte Lassie über den Bildschirm und verbrauchte dabei so manches Herrchen. Einer davon war Tommy Rettig, damals ein blondschöpfiger Dreikäsehoch, später mitunter in abseitigen Filmen wie dem vorliegenden zugange. Das Hauptaugenmerk aber richtet sich auf Melanie Vincz, Angela Aames und die auch als Koproduzentin zeichnende Raven De La Croix. Alle drei ziehen aus, die Weltherrschaftsgelüste eines finsteren Inselherrn zu durchkreuzen.

USA 1983, Farbe, 83 Min. **Produktion, Buch, Regie:** Jim Wynorski **Mit:** Melanie Vincz *(Angel Wolfe)*, Raven De La Croix *(Whitestar)*, Angela Aames *(Heather)*, Paul Coufos *(Rick Stanton)*, Robert Tessier *(Koro)*, Angus Scrimm *(Dr. Sin Do/Lee Chuck)*, Angelique Pettyjohn *(Whiplash)*, Tom Rettig *(Off. Robinson)*, Stacey Adams, Linda Shayne.

Gut zu wissen:
Angelique Pettyjohn und Stacey Adams sind auch als Hardcore-Stars bekannt, Raven De La Croix war hauptberuflich Stripperin und spielte zuvor in Russ Meyers «Drüber, drunter und drauf».

Die drei Gesichter der Furcht I tre volti della paura

Der 1980 verstorbene Mario Bava war ein gelernter Kameramann, verhinderter Maler und Liebhaber phantastischer Literatur. Einen Namen machte er sich als Regisseur opulent-barocker Horrorfilme; dieser soll ihm der liebste gewesen sein. Inspiriert von Tolstoi, Tschechow und Maupassant, entwarf Bava eine Reihe von Schreckensbildern, wobei ihm Boris Karloff, der König der spinnwebverhangenen Kulissen, eine große Stütze war und durch Geschichten geistert, die Salvadore Dalí und Roger Corman bei einem gemeinsamen Umtrunk unter schaurigem Gelächter auf einem Bierdeckel notiert haben könnten.

Italien/Frankreich 1963, Farbe, 90 Min. **Buch:** Marcello Fondato, Alberto Bevilacqua, Mario Bava **Regie:** Mario Bava **Mit:** Boris Karloff *(der Greis)*, Susy Andersen *(Sdenka)*, Jacqueline Pierreux *(Helen)*, Michèle Mercier *(Rosy)*, Lydia Alfonsi *(Mary)*, Mark Damon *(Vladimir)*.

Drei tolle Kerle

Drei Burschen in roten Strampelhosen schwingen sich auf, den ganz großen Übeltätern dieser Welt Paroli zu bieten. Ihre Stunde kommt, als die Sowjets einen pikanten Film benutzen wollen, um Britanniens Aufnahme in die EWG zu verhindern. Da lassen sich zwei der tollen Hechte kurzerhand auf Westentaschenformat verkleinern, um das freizügige Lichtspiel zu entwenden. Der Plan gelangt zur Ausführung, allein die Filmdose ist leer: «Sollte etwa die Filmselbstkontrolle ...» – «Sie rechnen aber auch immer gleich mit dem Schlimmsten!» Der heitere Unfug gipfelt in einfallsreich und sehr gekonnt choreographierten Slapstick-Keilereien zwischen den drei Muskeltieren und den zahlenmäßig meist überlegenen, prügeltechnisch aber nachhilfebedürftigen Galgengesichtern.

BRD/Italien 1967, Farbe, 89 Min. **Buch:** Mario Amendola, Alberto B. Albertini, Evroni Ebert **Regie:** Alberto Bitto Albertini **Mit:** George Martin *(Insp. Martin)*, Willy Newton *(Willy)*, Dick Gordon *(Nick)*, Michael Lenz *(Tony)*, Heidy Fischer *(Jeanette)*, Lisabeth Whu *(Yamita)*, Gloria Paul *(Gloria)*.

Erhabene Momente:
Noch immer verkleinert, beginnen Willy und Nick eine Prügelei und nehmen in deren Verlauf langsam wieder ihre ursprüngliche Größe an.

Starke Töne:
«Ich halte es ja mit dem Grundsatz: Je länger, je dankbarer.» WILLY

Die 13 Sklavinnen des Dr. Fu Man Chu The Brides of Fu Man Chu

Nachdem Joachim Fuchsberger in «Ich, Dr. Fu Man Chu» an der Aufgabe schmählich scheiterte, nimmt nunmehr Heinz Drache den Kampf auf wider den Superverbrecher

***Drop Zone:* Wesley Snipes und Yancy Butler**

mit den Mandelaugen. Der verfügt mittlerweile über eine Apparatur, mit deren Hilfe er unbescholtene Menschen atomisieren kann. Außerdem raubt er die schönsten Frauen Englands. Eine davon, Marie Versini, hätte Heinz, nur zu verständlich, recht gerne für sich selber.

GB 1966, Farbe, 86 Min. **Buch:** Peter Welbeck **Regie:** Don Sharp **Mit:** Heinz Drache *(Franz Baumer)*, Christopher Lee *(Fu Man Chu)*, Marie Versini *(Marie Lentz)*, Harald Leipnitz *(Nikki Sheldon)*, Tsai Chin *(Lin Tang)*, Roger Hanin *(Pierre)*, Rupert Davies *(Merlin)*.

Starke Töne:
«Ich will die Weltherrschaft. Ich werde sie bekommen.» FU MAN CHU

Dreizehn Stufen zum Terror
The Attic

Als bösartiger alter Mann im Rollstuhl tyrannisiert Ray Milland seine Tochter Carrie Snodgress, an deren Dasein als alte Jungfer er erheblichen Anteil hat. Snodgress, deren Bräutigam einst am Tag der Hochzeit verschwand, ahnt davon. Ihr ganzer Haß kommt zum Ausbruch, als sie realisiert, daß ihr Vater seine Behinderung all die Jahre nur vorgetäuscht hat. Sie stürzt den Falschspieler in einen Abgrund, doch damit ist ihre Leidensgeschichte noch nicht zu Ende – ihr steht noch ein unverhofftes Wiedersehen mit dem verschollenen Verlobten bevor.

USA 1980, Farbe, 85 Min. **Buch:** Tony Crechales, George Edwards **Regie:** George Edwards **Mit:** Ray Milland *(Wendell Elmore)*, Carrie Snodgress *(Louise Elmore)*, Ruth Cox *(Emily)*, Marjorie Eaton *(Mrs. Fowler)*, Rosemary Murphy *(Mrs. Perkins)*, Fern Barry *(Mrs. Mooney)*, Francis Ray *(Bibliothekar)*.

Drop Zone

Black men can jump – wenn es sein muß, auch mit Fallschirm. Wesley Snipes wirft sich furchtlos in die Tiefe, denn es gilt, einen einmaligen Fall von Luftpiraterie aufzuklären: Die Entführung eines wichtigen Gefangenen aus einer Boeing – in 12 000 Meter Höhe. Dahinter steckt Gary Busey, der erneut mit Verve den Erzbösewicht mimt. Abgabe nur an Schwindelfreie.

USA 1994, Farbe, 102 Min. **Buch:** Peter Barsocchini, John Bishop **Regie:** John Badham **Mit:** Wesley Snipes *(Pete Nessip)*, Gary Busey *(Ty Moncrief)*, Yancy Butler *(Jessie Crossman)*, Michael Jeter *(Earl Leedy)*, Corin Nemec *(Selkirk)*, Kyle Secor *(Swoop)*, Malcolm Jamal-Warner, Grace Zabriskie.

Drunken Master Tsui Kun 2/Drunken Master 2

Anfangs ist Jackie Chan das unreife Schlitzohr in diesem Kostümfilm. Gegen den Wil-

***Drunken Master:* Jackie Chan im ersten Film der «Drunken Master»-Reihe**

len seines Vaters versteckt er eine wertvolle Ginsengwurzel im Gepäck eines britischen Diplomaten, um keine Steuern zahlen zu müssen. Ein Dieb verwechselt die gleich verpackte Pflanze mit einem wertvollen Siegel, und so gerät Jackie nicht nur gegenüber seinem Vater in Zugzwang, sondern auch gegenüber dem verbrecherischen britischen Konsul, in dessen Stahlwerk die Arbeiter grausam gepeinigt werden und der zudem wertvolle chinesische Kunstschätze aus dem Land schmuggelt. Gegen Ende reift Jackie zum Widerstandskämpfer, läßt sich aber seinen Übermut nicht nehmen.

Hongkong 1994, Farbe, 98 Min. **Buch:** Edward Tang, Ton Man Ming, Yuen Chiem Chin **Regie:** Lau Kar Leung **Mit:** Jackie Chan *(Wong Fei Hung)*, Anita Mui *(Wongs Mutter)*, Ti Lung *(Wongs Vater)*, Lau Kar Leung *(Meister Fu)*, Andy Lau *(Offizier der Gegenspionage)*, Low Houi Kang *(John)*.

Alternativtitel:
«Jackie Chan: Drunken Master»

Gut zu wissen:
Der Film wurde als Koproduktion auf dem chinesischen Festland, unter anderem in Shanghai, gedreht. Dies erklärt die für Jackie Chan eher ungewöhnliche kolonialkritische Tendenz des Films.

Achtung:
Der Nachspann verzeichnet neben zahlreichen Stuntmen auch eine «Tea Lady». Es war Madam Yuk, die diese wertvolle Aufgabe übernahm.

Hoppla:
Beim finalen Kampf verbrennt sich Wong Fei Hung so fürchterlich die Hände, daß die Haut in Fetzen hängt. Sekunden später aber ist schon nichts mehr davon zu sehen.

Starke Töne:
«Wenn sie Orden tragen, fühlen sie sich wichtig.»
MADAM WONG

Duell am Missouri **Missouri Breaks**

Mehr noch: Duell der Giganten. Mietkiller Marlon Brando trägt gern Küchenschürze und Spitzenhäubchen, wenn er Jagd auf Viehdiebe macht. Gegenspieler Jack Nicholson, der diesem nicht sonderlich gelittenen Berufsstand angehört, entdeckt im weiteren Verlauf seine Liebe zu Land und Leuten, hauptsächlich aber zur Nachbarstochter, deren Vater wiederum Leute seines Schlages kurzerhand niederschießen läßt, was denn doch einen dunklen Schatten auf die Buhlschaft wirft. Die Verheißung des Verleihs aber lautete: «One steals. One kills. One dies.» Päng.

USA 1975, Farbe, 126 Min. **Buch:** Thomas McGuane **Regie:** Arthur Penn **Mit:** Marlon Brando *(Robert Lee Clayton)*, Jack Nicholson *(Tom Logan)*, Randy Quaid *(Little Tod)*, Kathleen Lloyd *(Jane Braxton)*, Frederic Forrest *(Cary)*, Harry Dean Stanton *(Calvin)*, John McLiam *(David Braxton)*, John Ryan *(Si)*, Sam Gilman *(Hank Rate)*, Richard Bradford *(Pete Marker)*, R. L. Armstrong *(Bob)*.

Duell der Giganten The One Armed Boxer vs. the Flying Guillotine

Im Originaltitel «The One Armed Boxer vs. the Flying Guillotine» scheint die ganze Poesie des Fernen Ostens auf. Der Film stammt aus einer Zeit, als Hongkong-Filme hierzulande alles andere als à la mode waren, und stellt mit dem vormaligen Schwimmsportler Jimmy Wang Yu einen der frühen Stars des Genres vor, der sich nicht nur als Darsteller, sondern auch als Autor, Regisseur und Choreograph hervortat. Das Motiv des einarmigen oder anderweitig behinderten Recken findet sich in einer ganzen Reihe von Filmen und geht zurück auf den Publikumserfolg «The One-Armed Swordsman» aus dem Jahr 1967, mit dem Jimmy Wang Yu der Durchbruch gelang.

Hongkong / Taiwan 1977, Farbe, 81 Min. **Buch** und **Regie:** Jimmy Wang Yu **Mit:** Jimmy Wang Yu *(Der einarmige Boxer)*, Kam Kang *(Fung Sheng Wu Chi)*, Lun Kun-Yee *(Wu Shao Tieh)*, Cheng Cheng-Po *(Thai Boxer)*.

Das düstere Haus Fanatic / Die! Die! My Darling

Filme wie diese bringen alte Damen, noch ältere Gemäuer und Donald Sutherland in Verruf. Wie später in der gleichnamigen TV-Serie, begegnet man der Amerikanerin Stefanie Powers «hart, aber herzlich» in dem entlegenen britischen Landhaus, dem sie einen Besuch abstattet, weil sie mit dem verstorbenen Sohn der Besitzerin einmal liiert war. Die Gastgeberin versteigt sich zu der Vorstellung, Stefanie mit ihrem Sohn vereinigen zu wollen, und sperrt sie ein. Deren anfängliche Belustigung macht alsbald schierer Panik Platz, denn das Personal, der lüsterne Peter Vaughan, die in ihre Religiosität eingesponnene Yootha Joyce und der imbezile Donald Sutherland, erweist sich nicht als hilfreich.

GB / USA 1964, Farbe, 98 Min. **Buch:** Richard Matheson **Regie:** Silvia Narizzano **Mit:** Tallulah Bankhead *(Mrs. Trefoile)*, Stefanie Powers *(Patricia Carroll)*, Peter Vaughan *(Harry)*, Donald Sutherland *(Joseph)*, Yootha Joyce *(Anna)*, Maurice Kaufman *(Alan Glentower)*.

Die dunkle Macht der Finsternis Creature

Auf dem Saturnmond Titan gibt's kostbares Erz zu ernten, also landen irdische Wissenschaftler nach langer Reise und finden erst einmal ein verschrumpeltes Wesen, das aber zu neuerlichem Leben erwacht und sich der Prospektoren bemächtigt. Davon nicht weiter beeindruckt, brechen gleich zwei weitere Expeditionen auf, deren eine, die westdeutsche, nicht nur mit besagtem Alien, sondern auch noch mit Klaus Kinski fertig werden muß. Zartbesaitete sollten Nerventonikum bereithalten!

USA 1985, Farbe, 93 Min. **Buch:** William Malone, Alan Reed **Regie:** William Malone **Mit:** Klaus Kinski *(Hans Rudy Hofner)*, Wendy Schaal *(Beth Sladen)*, Annette McCarthy *(Dr. Wendy Oliver)*, Diane Salinger *(Melanie Bruce)*, Lyman Ward *(David Perkins)*, Stan Ivar *(Mike Davidson)*.

Easy Flyer – Grauen im Dschungel Dance of the Dwarfs / Jungle Heat

Nachdem er in «Easy Rider» so unsanft von seinem Chopper heruntergeholt worden war, ließ Peter Fonda zunächst einmal ab von pneugestützten Vehikeln und durchwanderte lieber die Niederungen des Aktionsfilms der B-Kategorie. Erst 1983 ging es wieder aufwärts, freilich nur im Film, sehen wir Peter doch als einen dem Alkohol sehr zugeneigten Piloten, der eine Anthropologin mit höchst unakademischem Aussehen im Urwald absetzt, wo bereits possierliche Ungeheuer auf die beiden warten. Ei, wie das gruselt.

USA 1982, Farbe, 93 Min. **Buch:** Gregory King, Michael Viner **Regie:** Gus Trikonis **Mit:** Peter Fonda *(Harry Bedeker)*, Deborah Raffin *(Dr. Evelyn Howan)*, John Amos, Carlos Palomino, Arthur Cervantes.

Ed Wood: Johnny Depp und Martin Landau

Eating Raoul

Mitten im Sündenbabel L.A. führen Weinverkäufer Paul und Gattin Mary ein braves Leben und träumen von einem eigenen Restaurant. Doch nichts will ihnen gelingen. Als ein verirrter Freier Mary belästigt, zieht Paul ihm die Pfanne über den Schädel. Die Leiche wird entsorgt, das Geld des Mannes Grundstock der geplanten Existenzgründung. Der Unfall bringt Mary auf eine Geschäftsidee: Mit Sexanzeigen lockt das Paar eine ganze Phalanx schräger Figuren. Die ersten Opfer landen im Müllschlucker, später, nachdem der Einbrecher Raoul erst in die Wohnung, dann auch ins Unternehmen eingestiegen ist, werden die Leichen als Frischfleisch an die umliegenden Restaurants geliefert.

USA 1982, Farbe, 83 Min. **Buch:** Richard Blackburn, Paul Bartel **Regie:** Paul Bartel **Mit:** Paul Bartel *(Paul Bland)*, Mary Woronov *(Mary Bland)*, Robert Beltran *(Raoul Mendoza)*, Susan Salger *(Doris)*, Ed Begley Jr. *(Pseudo-Hippie)*, Dan Barrows, Buck Henry, Billy Curtis.

Gut zu wissen:
Paul Bartel hatte bereits einige Filme für Roger Corman inszeniert, fand aber keine Finanziers für «Eating Raoul» – ausgenommen seine Eltern. Auch der Verleih des fertigen Werks erwies sich anfangs als schwierig. Inzwischen aber genießt es Kultstatus, ebenso wie die beiden Hauptdarsteller und Robert Beltran, der später als Erster Offizier Chakotay mit der «Voyager» durchs «Star Trek»-Universum streifte.

Ed Wood

Vielleicht hätte Ed Wood unter anderen Umständen ja wirklich Karriere gemacht. Aber der angeblich schlechteste Regisseur der

Welt mußte große Etats durch unerschöpflichen Enthusiasmus ersetzen, Schauspieler durch Laien und drogenkranke Altstars. Tim Burton und Hauptdarsteller Johnny Depp widerstanden der Versuchung, diesen schrulligen Kauz dem Spott preiszugeben, und widmeten dem König des schrägen Films ein gleichermaßen liebevolles wie überaus unterhaltsames Porträt. USA 1995, Farbe, 126 Min. **Buch:** Scott Alexander, Larry Karaszewski **Regie:** Tim Burton **Mit:** Johnny Depp *(Ed Wood)*, Patricia Arquette *(Kathy O'Hara)*, Sarah Jessica Parker *(Dolores Fuller)*, Martin Landau *(Bela Lugosi)*, Jeffrey Jones *(Criswell)*, Vincent D'Onofrio *(Orson Welles)*, Lisa Marie *(Vampira)*, Bill Murray *(Bunny Breckinridge)*.

Gut zu wissen:
Martin Landau gewann mit der Rolle des Bela Lugosi 1995 den Oscar für den «Besten Nebendarsteller».

Die Eingefrorenen The Frozen Dead

Der frühere NS-Wissenschaftler Norberg befaßt sich in tiefen Kellern unter seinem Londoner Haus mit Kryobiologie. Im Kühlfach hortet er eine Gruppe eingefrorener Naziführer; weitere sind in aller Welt verteilt. Nur das Auftauen gelingt noch nicht, entweder sterben die Probanden, oder sie erleiden schwere Hirnschädigungen. General Lubeck dringt auf raschen Fortschritt, der aber nur möglich ist, wenn Norberg an einem lebenden Gehirn forschen kann. Norbergs schlicht denkender Helfershelfer Karl ermordet kurzerhand die Freundin von dessen Nichte Jean. Norberg, nur kurz von Skrupeln geplagt, pflanzt das frisch gewonnene Hirn auf seine Meßgeräte und macht sich an die Arbeit. GB/USA 1966, Farbe, 95 Min. **Produktion, Buch, Regie:** Herbert J. Leder **Mit:** Dana Andrews *(Dr. Norberg)*, Anna Palk *(Jean Norberg)*, Philip Gilbert *(Dr. Ted Roberts)*, Kathleen Breck *(Elsa Tenney)*, Alan Tilvern *(Karl Essen)*, Karel Stepanek *(Gen. Lubeck)*, Edward Fox *(Jeans Vater)*.

Erhabene Momente:
Zwecks späterer Verwendung bewahrt Norberg mehrere vom Körper gelöste Arme auf, die wie Jagdtrophäen an der Wand hängen. Von der geköpften Elsa telepathisch gesteuert, gehen die Arme den Herren Norberg und Lubeck an die Kehlen.

Der eisige Atem des Todes
Cold Sweat

Killer Ben Cross hat soeben sauber und korrekt seinen Auftrag erledigt, da kommt unglücklicherweise die kleine Grafikerin zurück, mit der der Verblichene kurz vor seinem Ableben noch ein Pläsierchen hatte. Auch die unliebsame Zeugin muß ins Jenseits, kehrt aber als Gespenst zurück und behelligt Cross bei jeder erdenklichen Gelegenheit als sexuell aufreizende Erscheinung. Der ist inzwischen damit befaßt, einen bankrotten Unternehmer von dessen Partner zu befreien, was dem Auftraggeber eine erkleckliche Versicherungssumme einbringen würde. Obendrein unterhält der Todeskandidat eine Affäre mit der Gattin des Kompagnons. Bei der Dame handelt es sich um Shannon Tweed, die ganz eigene Pläne verfolgt. Kanada 1993, Farbe, 93 Min. **Regie:** Gail Harvey **Mit:** Ben Cross *(Mark Cahill)*, Leonore Zann *(Geist)*, Adam Baldwin *(Mitch Simmons)*, Shannon Tweed *(Brenda Moore)*, Dave Thomas *(Larry Moore)*, Henry Czerny *(Sean Mathieson)*.

Gut zu wissen:
Der Titelsong stammt von Chris Rea.

Starke Töne:
«Okay, ich hab' Sie erschossen. Na und? Ist nun mal passiert. Sie hätten genausogut unter einen Bus kommen können.» MARK CAHILL

El Condor

André de Toth, von Haus aus selbst Regisseur und als solcher verantwortlich für Filme wie → DAS KABINETT DES PROFESSOR BONDI, debütierte hier als Produzent und überließ John Guillermin den Regiestuhl. Der drehte in Spanien mit *blaxploitation*-Kraftprotz Jim Brown und Lee Van Cleef und das hört sich nicht nur nach Italo-Western an, das sieht auch annähernd so aus – weit und breit keine Spur von positiven Helden. Dafür gibt's Schießereien satt und eine Extraportion Galgenhumor.

USA 1970, Farbe, 102 Min. **Buch:** Larry Cohen, Steven Carabatsos **Regie:** John Guillermin **Mit:** Jim Brown *(Luke)*, Lee Van Cleef *(Jaroo)*, Marianna Hill *(Claudine)*, Patrick O'Neal *(Chavez)*, Iron Eyes Cody *(Santana)*, Imogen Hassall *(Dolores)*, Gustavo Rojo *(Col. Aguinaldo)*, Angel Del Pozo *(Leutnant)*, Elisha Cook jr. *(Old Convict)*.

El Dorado

Den gefürchteten Revolvermann John Wayne behindert eine zeitweilig auftretende Lähmung, Folge einer früheren Schußverletzung. Sheriff Robert Mitchum hat ein Alkoholproblem, beide werden schließlich auch noch verwundet. Der des Schießens unkundige junge James Caan ist den kampfunfähigen Veteranen auch keine Hilfe. Und mit diesem invaliden Haufen soll nun der Schurkerei Einhalt geboten werden ... Die Art und Weise, wie Regisseur Howard Hawks und seine Männer doch noch alles zum Guten wenden, macht den Film zu einem der besten seines Genres.

USA 1966, Farbe, 126 Min. **Buch:** Leigh Brackett **Regie:** Howard Hawks **Mit:** John Wayne *(Cole Thornton)*, Robert Mitchum *(Sheriff J. P. Harrah)*, James Caan *(Alan Bourdillon Traherne)*, Charlene Holt *(Maudie)*, Michele Carey *(Joey MacDonald)*, Arthur Hunnicutt *(Bull Harris)*, R. G. Armstrong *(Kevin MacDonald)*, Edward Asner *(Bart Jason)*, Paul Fix *(Doc Miller)*, Adam Roarke, Christopher George, Johnny Crawford, Robert Donner, John Gabriel, Mariana Ghane, Robert Rothwell.

El Mariachi

Der beste Freund des Mariachi ist sein Gitarrenkoffer. Mit diesem ist er auf der Walz durch Mexiko, auf der Suche nach einem Engagement. Doch moderne Keyboards haben traditionelle Weisen abgelöst. In der Schenke, in der der Mariachi eben noch vorsprach, werden wenig später mehrere Männer erschossen – von einem Mann mit Gitarrenkoffer, in dem sich freilich ganz andere Instrumente befanden. Fortan sind die Compañeros der Ermordeten auf der Suche nach einem Mann mit Koffer, und natürlich machen sie Jagd auf den Falschen, der sich zu halsbrecherischen Aktionen gezwungen sieht.

USA 1991/92, Farbe, 81 Min. **Buch, Produktion, Kamera, Schnitt, Regie:** Robert Rodriguez **Mit:** Carlos Gallardo *(El Mariachi)*, Consuelo Gómez *(Domino)*, Jaime De Hoyos *(Bigotón)*, Peter Marquardt *(Mauricio)*, Reinol Martinez *(Azul)*.

Gut zu wissen:
Das Budget des binnen zwei Wochen abgedrehten Films betrug 7000 Dollar. Carlos Gallardo fungierte auch als Koproduzent.

Erhabene Momente:
Der Mariachi singt und spielt um das Leben seiner Nachkommen, als die schöne Domino, seiner Identität ungewiß, einen Dolch auf seine Weichteile richtet und einen Beweis seiner Musikalität verlangt.

Starke Töne:
«Was ist aus den Zeiten geworden, als die Gitarristen noch Götter waren?» DER MARIACHI

Elvira – Herrscherin der Dunkelheit: Cassandra Peterson

Elvira – Herrscherin der Dunkelheit Elvira, Mistress of the Dark

«Da ist ja nichts Schlimmes dran, an diesen jugendfreien Filmen – solange genug Sex und Gewalt drin ist ...» So lautet das Motto der lasziven Elvira, die im Nachtprogramm eines TV-Senders horrible Schmuckstücke aus der Mottenkiste des Gruselfilms präsentiert. Eine Erbschaft führt die Diva mit dem neckischen Sex-Appeal einer Mae West und dem grabkühlen Charme einer Morticia Adams in die amerikanische Provinz, wo sie ihren eigenen Horrorfilm erlebt und den Eingeborenen einige atemberaubende Sinneseindrücke beschert.

USA 1988, Farbe, 96 Min. **Buch:** Sam Egan, John Paragon, Cassandra Peterson **Regie:** James Signorelli **Mit:** Cassandra Peterson *(Elvira)*, William Duell *(Mr. Meeker)*, Pat Crawford Brown *(Mrs. Meeker)*, Daniel Greene *(Bob Redding)*, Susan Kellerman *(Patty)*, Edie McClurg *(Chastity Pariah)*.

Gut zu wissen:
Cassandra Peterson betätigte sich tatsächlich als Gastgeberin einer Late-Night-TV-Horrorshow mit dem Titel «Movie Macabre». Bevor sie das Alter ego «Elvira» annahm, arbeitete Cassandra Peterson als Tänzerin, Sängerin und Schauspielerin und war unter anderem in «Fellinis Roma» zu sehen.

Achtung:
Elvira präsentiert unter anderem Szenen aus «Angriff der Killertomaten» und aus Roger Cormans in deutschen Kinos bislang nicht gezeigtem Monster-Film «It Conquered the World» (1956).

Embryo

Rock Hudson, nach dem Tode seiner Frau dem Trübsinn verfallen, überfährt versehentlich eine trächtige Hündin. Einen der Föten vermag er zu retten und versorgt ihn mit einem Wachstumshormon, das er gemeinsam mit seiner Frau entwickelt hatte. Das Tier überlebt und wächst im Eiltempo heran. Hudsons Forscherdrang ist neu erwacht, und er erprobt sein Mittel nun auch an einem menschlichen Fötus, aus dem binnen kurzem die bildschöne Barbara Carrera erwächst, hochintelligent, aber ohne Seele und Gewissen. Zu den Nachteilen des Behandlungsverfahrens zählt ein beschleunigter Verfallsprozeß, dem die stramme Babs durch die Zuführung von Zellen eines Ungeborenen entgegenwirken möchte.

USA 1976, Farbe, 101 Min. **Buch:** Anita Doohan (auch **Produktion**), Jack W. Thomas **Regie:** Ralph Nelson **Mit:** Rock Hudson *(Dr. Paul Hollister)*, Diane Ladd *(Martha)*, Barbara Carrera *(Victoria)*, Roddy McDowall *(Riley)*, Ann Schedeen *(Helen)*, John Elerick *(Gordon)*, Jack Colvin *(Dr. Wiston)*, Dr. Joyce Brothers *(sie selbst)*.

Das Ende der Welt End of the World

Die Apokalypse geht von einem Kloster aus, fürs Jüngste Gericht aber bleibt keine Zeit. Macht nichts, denn bei den Betbrüdern und -schwestern handelt es sich ohnehin nicht um echte Nonnen und Priester, sondern um Aliens, die in den Körpern der Glaubensleute Platz genommen haben und im Schutz des Glockenturms an einer Apparatur bauen, die sie heim nach Utopia bringen soll. Der blauäugige Andrew hilft den Leutchen bereitwillig und erfährt erst kurz vor deren Abreise, daß sie mit der Sprengung der Erde betraut wurden. Weil er aber so freundlich war, dürfen Andrew und Ehefrau Sylvia mit nach Utopia. Denn was dann folgt, hätten sie kaum überlebt.

USA 1977, Farbe, 88 Min. **Buch:** Frank R. Perilli **Regie:** John Hayes **Mit:** Christopher Lee *(Pater Pergado / Zindar)*, Kirk Scott *(Prof. Andrew Boran)*, Sue Lyon *(Sylvia Boran)*, Dean Jagger *(Ray Collins)*, Lew Ayres *(Comm. Beckerman)*, Macdonald Carey *(Davis)*.

Engel der Hölle Born Losers

Eine Gruppe von Freunden motorisierter Zweiräder übt so mächtigen Einfluß aus in einem kleinen kalifornischen Städtchen, daß sogar Sheriff und Hilfssheriff verzagen und eine Vergewaltigung ungesühnt bleibt. Die beiden Gesetzeshüter befassen sich lieber mit dem Halbblut Billy Jack – immerhin der einzige, der den Rowdies tapfer die Stirn bot. So kann's nicht bleiben, hier muß mal ordentlich durchgegriffen werden.

USA 1967, Farbe, 112 Min. **Buch:** E. James Lloyd **Regie:** T. C. Frank (= Tom Laughlin) **Mit:** Tom Laughlin *(Billy Jack)*, Elizabeth James *(Vicky Barrington)*, Jeremy Slate *(Danny)*, Jack Starrett *(Hilfssheriff)*, Jane Russell *(Mrs. Shorn)*, Stuart Lancaster *(Sheriff)*, Janice Miller *(Jodell Shorn)*.

Alternativtitel:
«Der Regulator»

Der Engel, der seine Harfe versetzte

1958 wandelte Nachkriegs-Deutschlands bester Komödienregisseur Kurt Hoffmann auf Frank Capras Spuren und inszenierte ein optimistisch-philanthropisches Märchen, angesiedelt an der norddeutschen Küste. Ein engelsgleiches Mädchen kommt in eine Pfandleihe, versetzt seine Harfe, und fortan wendet sich mancherlei zum Guten.

BRD 1958, SW, 97 Min. **Buch:** Heinz Pauck, Günter Neumann **Regie:** Kurt Hoffmann **Mit:** Matthias Fuchs *(Klaas Henning)*, Dunja Movar *(Lissy Haverkamp)*, Ullrich Haupt *(Hinrich Prigge)*, Nana Osten *(Engel)*, Henry Vahl *(Josua Webmann)*.

Gut zu wissen:
Die Bildgestaltung oblag Ingmar Bergmans Stammkameramann Sven Nykvist.

Ein Engel für den Teufel Un angelo per Satana / An Angel for Satan

Eigentlich ist gut auskommen mit Harriett, bis in einem Teich eine alte Statue gefunden wird, die den ihren gleichende Züge aufweist. Belinda, das Vorbild ihres gemeißelten Alter ego, war ihren Mitmenschen wenig wohlgesinnt. Ihr düsterer Geist wird durch Hypnose erneut beschworen und ergreift von Harriett Besitz, was den zur Wiederherstellung der Statue herbeibeorderten Restaurator gleichermaßen fasziniert wie beunruhigt.

Italien 1966, SW, 93 Min. **Buch:** Giuseppe Mangione, Camillo Mastrocinque **Regie:** Camillo Mastrocinque **Mit:** Barbara Steele *(Harriett/ Belinda)*, Claudio Gora *(Graf von Montebruno)*, Aldo Berti *(Ilda)*, Anthony Steffen (= Antonio de Teffé; *Restaurator*), Betty Delon, Mario Brega.

Gut zu wissen:
Mit dieser Doppelvorstellung beendete Barbara Steele ihr Gastspiel im italienischen Horrorfilm der frühen 60er.

Starke Töne:
«Die treibende Kraft des Dramas ist immer die dunkle Seite.» BARBARA STEELE

Entführung in die Zukunft
Millenium

Optimistischerweise gaben die Autoren dieser Zeitreisefabel der Menschheit noch zwei Jahrtausende, ehe der Erdball vollends zerschrumpelt durch die Milchstraße kullert. Besorgte Wichtigwedler schicken frühzeitig seltsam frisierte Fachleute durch die Zeitkanäle in die Vergangenheit, um den Fortbestand der Menschheit zu sichern, was in der Gegenwart des Jahres 1989 mannigfache Irritationen auslöst. Den Hauptakteuren Kris Kristofferson und Cheryl Ladd ist hoffentlich mittlerweile peinlich, daß sie sich jemals mit derart lächerlichen Haartrachten in die Öffentlichkeit wagten.

USA 1989, Farbe, 108 Min. **Buch:** John Varley **Regie:** Michael Anderson **Mit:** Kris Kristofferson *(Bill Smith)*, Cheryl Ladd *(Louise Baltimore)*, Daniel J. Travanti *(Arnold Mayer)*, Robert Joy *(Sherman)*, Al Waxman *(Dr. Brindle)*.

Gut zu wissen:
Cheryl Ladd war einst einer der «Drei Engel für Charlie», Daniel J. Travanti der Boß im «Polizeirevier Hill Street».

Erdbeben **Earthquake**

Brennende Wolkenkratzer, sinkende Schiffe, außer Kontrolle geratene Züge – die 70er waren reich an atemberaubenden Kinokatastrophen, die unter Einsatz ausgereifter Tricktechnik und gern gesehener Alt-Stars auf die Leinwand gedonnert wurden. Das gilt auch für die von Mario «Der Pate» Puzo und George Fox verfaßte Seismiker-Kolportage «Erdbeben». Die optischen Effekte wurden ergänzt durch das eigens entwickelte Sensurround-Tonsystem, das den Film zur Zitterpartie machte und den Kinobesuchern eine im Wortsinne erschütternde Erfahrung vermittelte.

USA 1974, Farbe, 122 Min. **Buch:** Mario Puzo, George Fox **Regie:** Mark Robson **Mit:** Charlton Heston *(Stewart Graff)*, Ava Gardner *(Remy Graff)*, Lorne Greene *(Royce)*, George Kennedy *(Lew Slade)*, John Randolph *(Bürgermeister)*, Geneviève Bujold, Richard Roundtree, Walter Matthau, Victoria Principal, Pedro Armendariz, Barry Sullivan.

Gut zu wissen:
Der Film lärmte bis in die Kunstgeschichte hinein: Der Schweizer Künstler Christoph Draeger verwendete die Geräusch-Tracks der kinematographischen Erdstöße für eine Klanginstallation.

Der Erfolgreiche **O Lucky Man!**

Die episodisch strukturierte, von Regisseur Lindsay Anderson und Szenarist David Sherwin teils unter Zuhilfenahme des I-Ging hingedeichselte Geschichte vom beruflichen Aufstieg eines kleinen Kaffeeverkäufers basiert auf eigenen Erfahrungen des Hauptdarstellers Malcolm McDowell und birgt eine Fülle von ironischen Zitaten, Querverweisen und Anspielungen. Der Held fällt unter die Militärs, erlebt bizarre medizinische Experimente und verstrickt sich in den Verkauf von Napalm an einen afrikanischen Staat. Zusammen mit «If ...» (1968) und «Britannia Hospital» (1982) fügt sich «O Lucky Man» (1972) zu einer drei Jahrzehnte britischer Geschichte umfassenden Trilogie.

GB 1972, Farbe, 166 Min. **Buch:** David Sherwin, **Koproduktion** und **Regie:** Lindsay Anderson **Mit:** Malcolm McDowell *(Mick Travis)*, Ralph Richardson *(Monty/Sir James Burgess)*, Rachel Roberts *(Gloria Rowe/Mme. Paillard/Mrs. Richards)*, Arthur Lowe *(Mr. Duff/Charlie Johnson/Dr. Munda)*, Helen Mirren *(Patricia Burgess)*, Michael Medwin *(Army Capt./Elektrizitätswerkstechniker/Duke of Belminster)*.

Gut zu wissen:
Michael Medwin, mit mehreren Rollen betraut, war auch Koproduzent des Films.

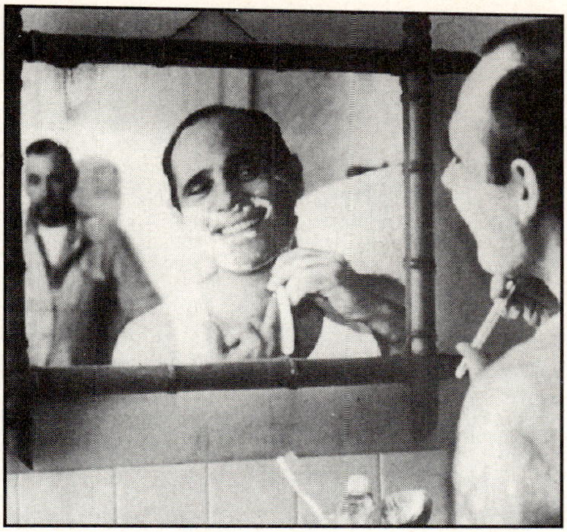

Ertrinken verboten: Guy Marchand

Erst die Arbeit und dann?

Kaum hat er zart die Kuh entsaftet, der Bauer sich mit Charme bewaffnet. Der Trecker trägt ihn in die Stadt, weil's dort die schärfsten Keulen hat ...

BRD 1984, Farbe, 43 Min. **Buch** und **Regie:** Detlev Buck **Mit:** Detlev Buck *(Gerhard Ramm)*, Ella Nitzsche *(Chantalle)*, Gerhard Ramm, Chantalle Krüger.

Die erste Fahrt zum Mond
First Man in the Moon

Der Ärger der Astronauten ist verständlich. Da tut man einen kleinen Schritt, der ein großer für die Menschheit sein könnte, und dann war schon jemand vor einem da. So widerfährt es der Besatzung eines UNO-Raumschiffs, das vermeintlich zum ersten Mal den Mond betritt und einen schönen Gruß von einem gewissen Arnold Bedford vorfindet, der den Trabanten schon 1899 namens der Königin Victoria in Besitz genommen haben will. Noch weilt der greise Mr. Bedford unter den Lebenden. Man macht ihn ausfindig und bekommt eine unerhörte Geschichte vorgesetzt, wie nämlich Prof. Cavor die Schwerelosigkeitspaste erfand, mit Bedford und dessen Verlobter Kate zum Mond durchstartete und dort die überlegene Technologie der Seleniten kennenlernte.

GB 1964, Farbe, 103 Min. **Buch:** Nigel Kneale, Jan Read **Regie:** Nathan Juran **Mit:** Edward Judd *(Arnold Bedford)*, Martha Hyer *(Kate Calender)*, Lionel Jeffries *(Prof. Cavor)*, Peter Finch *(Bailiff)*, Erik Chitty *(Gibbs)*, Betty McDowall *(Maggie)*.

Ertrinken verboten Noyade interdite

Als wär's ein Stückchen von Chabrol: In einem kleinen französischen Badeort werden immer wieder totgemeuchelte Männer angeschwemmt. So kommt Oberinspektor Molinat aus der großen Stadt, den Kasus zu examinieren. Er kennt den Ort auffallend gut und hat noch eine alte Rechnung offenstehen. Sein fürwitziger Assistent Leroyer vermutet ein dunkles Geheimnis, insinuiert und konspiriert und bekommt auch prompt die nicht steuerabzugsfähige Quittung.

Frankreich 1987, Farbe, 100 Min. **Buch:** Pierre Granier-Deferre, Dominique Roulet **Regie:** Pierre Granier-Deferre **Mit:** Philippe Noiret *(Oberinspektor Molinat)*, Guy Marchand *(Leroyer)*, Elizabeth Bourgine *(Elizabeth)*, Anne Roussel *(Marie)*, Stefania Sandrelli *(Winny)*, Gabrielle Lazure *(Jeanne)*, Andréa Ferréol *(Cora)*, Marie Trintignant *(Isabelle)*.

Das Erwachen der Sphinx The Awakening

Die Mengenverhältnisse seines späteren Kassenerfolges «Vier Hochzeiten und ein Todesfall» erscheinen in Mike Newells Kinodebüt eher umgekehrt. Charlton Heston buddelt im ägyptischen Sand herum und findet die Gebeine der berüchtigten Pharaonin Kara. Deren Geist gibt auch nach Jahrtausenden noch keine Ruhe, sondern fährt stracks in Hestons Tochter Margaret, die im selben Moment geboren wird. Zeitsprung nach vorn, 18 Jahre später ... Vergleiche auch → DAS GRAB DER BLUTIGEN MUMIE.

GB/USA 1980, Farbe, 105 Min. **Buch:** Allan Scott, Chris Bryant, Clive Exton **Regie:** Mike Newell **Mit:** Charlton Heston *(Matthew Corbeck)*, Susannah York *(Jane Turner)*, Jill Townsend *(Anne Corbeck)*, Stephanie Zimbalist *(Margaret Corbeck)*, Patrick Drury *(Paul Whittier)*, Bruce Myers *(Dr. Khalid)*.

Evil Toons

«Warum in Dreiteufelsnamen müssen solche Geschichten immer damit beginnen, daß junge hübsche Mädchen in den Keller gehen müssen?» Kein Satz von Kevin Williamson, sondern von der jungen hübschen Roxanne, die sich trotz ihrer Klarsicht bereitfindet, mit ihren Freundinnen ein altes Spukhaus bezugsfertig aufzumöbeln. Eines Abends steht dann David Carradine vor der Tür und bringt ein Päckchen, in dem sich ein dem Nekronomicon aus «Tanz der Teufel» nicht unähnlicher Foliant befindet. Dem entspringt ein wolfshundartiges Wesen und geistert fortan als Zeichentrickfigur durch den Film. Als erstes ergreift das Unikum stürmisch Besitz von der frivolen Roxanne, woraufhin diese zur Gefahr für die anderen Frauenzimmer wird.

USA 1990, Farbe, 85 Min. **Buch** und **Regie:** Fred Olen Ray **Mit:** Monique Gabrielle *(Megan)*, Madison Stone *(Roxanne)*, David Carradine *(Gideon)*, Stacey Nix *(Jan)*, Barbara Dare, Susanne Ager *(Terry)*, Dick Miller, Michelle Bauer, Arte Johnson.

Achtung:
Nach Feierabend erfreut sich Dick Miller vor dem Fernseher an Roger Cormans «Das Vermächtnis des Professor Bondi».

Der Exorzist The Exorcist

William Blatty bewies seherische Fähigkeiten, als er das Böse im Irak verortete. Dort findet Max von Sydow bei Ausgrabungsarbeiten ein Amulett, bei dessen Anblick ihm schwindelig wird. Wenig später etabliert sich das Böse in Amerika und fährt in Linda Blair, zunächst ein gräßlich altkluges Kind, das einem als Teufelsbraten gleich sehr viel sympathischer wird. Im weiteren gibt Blair ein paar bemerkenswerte Kunststücke zum besten, spuckt Schleim, verdreht sich selbst den Kopf und hebt ziemlich ab, als ihr die entsprechende Aufmerksamkeit zuteil wird.

USA 1973, Farbe, 115 Min. **Buch:** William Peter Blatty **Regie:** William Friedkin **Mit:** Ellen Burstyn *(Chris MacNeil)*, Linda Blair *(Regan MacNeil)*, Max von Sydow *(Pater Merrin)*, Lee J. Cobb *(Lt. Kinderman)*, Kitty Wynn *(Sharon)*, Jack McGowran *(Burke Dennings)*, Jason Miller *(Pater Karras)*.

Gut zu wissen:
Regans verruchte Stimme stammte im Original von Mercedes McCambridge. In den etwas unappetitlicheren Szenen sprang Eileen Smith für die minderjährige Linda Blair ein.

Exorzist II: Der Ketzer
Exorcist II: The Heretic

Bei der wohl unvermeidlichen Fortsetzung reagierte das Publikum wie besessen – es lachte den Film einfach nieder. Der neue Teufelskerl heißt Richard Burton, und er bekommt von seinem Kardinal den Auftrag, die bekannten Vorgänge zu erhellen. Ein böser Geist, hier erstmals Pazuzu geheißen, lechzt noch immer nach Linda Blairs inzwischen fülliger gewordenem Leib. Auf technischem Wege dringt Burton in ihr Bewußtsein ein und wird nach Afrika gewiesen, was zwar schöne Bilder, aber keinen

Der Exorzist: Linda Blair

Fortschritt erbringt. Also heim nach New York, wo sich Blair inzwischen in die böse und die gute Linda aufgespalten hat. Burton knöpft sich die böse vor, bis die Heuschrecken kommen. Dem ursprünglichen Ende nach wankten beide in den Sonnenuntergang. Nach ersten ablehnenden Reaktionen wurde eine neue Fassung erstellt, die allein Blair übrigließ. Das Einspielergebnis war dennoch mager.

USA 1976, Farbe, 118 Min. **Buch:** William Goodhart **Regie:** John Boorman **Mit:** Richard Burton *(Pater Lamont)*, Linda Blair *(Regan MacNeil)*, Louise Fletcher *(Dr. Gene Truskin)*, Max von Sydow *(Pater Merrin)*, Paul Henreid *(Kardinal)*, James Earl Jones *(Kokumo)*, Belinda Beatty *(Liz)*, Ned Beatty *(Edwards)*.

Gut zu wissen:
Ned Beatty debütierte als Filmschauspieler in ➜ BEIM STERBEN IST JEDER DER ERSTE, ebenfalls unter John Boormans Regie.

Der Exorzist III The Exorzist III

Bei der dritten der Austreibergeschichten legte William Peter Blatty selber Hand an und tat das einzig Richtige: Er implementierte eine gehörige Portion rabenschwarzen Humors. Die Dialogzeilen von George C. Scott und Ed Flanders zu Beginn des Films allein lohnen das Anschauen. Dennoch wird's auch hier bald diabolisch – grausige Morde ereignen sich, die Scott aufzuklären hat. In einer Klinik stößt er auf einen Patienten ohne Namen und Vergangenheit. Er gleicht äußerlich dem in Teil 1 verunglückten Pater Karras und gibt sich als «Gemini Killer» aus – der allerdings wurde längst hingerichtet ... Blattys Inszenierung ist beinahe ein Gegenentwurf zu Boormans Effektgepolter. In ruhigen, aber wirkungsvollen Bildern folgt der Film zunächst einer klassischen Mordermittlung, ehe das Übernatürliche mählich wirksam wird.

USA 1990, Farbe, 110 Min. **Buch** und **Regie:** William Peter Blatty **Mit:** George C. Scott *(Lt. Kinderman)*, Ed Flanders *(Pater Dyer)*, Brad Dourif *(Der Gemini Killer)*, Jason Miller *(Patient X/Pater Karras)*, Nicol Williamson *(Pater Morning)*, Scott Wilson *(Dr. Temple)*, Nancy Fish *(Schwester Allerton)*.

Gut zu wissen:
Der gravitätische George C. Scott trat mit der Rolle des Lt. Kinderman in die Fußstapfen von Lee J. Cobb.

In der Schlußszene des Films durften die Spezialeffektemechaniker einmal richtig auftrumpfen. Dieses Ende entsprach allerdings nicht Blattys Vorstellungen, sondern wurde auf Anweisung der Produzenten im nachhinein hinzugefügt.

Experiment des Grauens The Breakthrough

Wenn Donald Sutherland sich nach Neufundland verfügt, um unbeobachtet herumzuwissenschaftlern, dann ahnt selbst der Genreneuling, daß es hier wenig geheuer zugeht. Darum schickt die CIA Mimi Kuzyk aus, dem Sonderling auf die Finger zu schauen. Der Mann erprobt das Einfangen menschlicher Lebensenergie, und dergleichen Experimente, das wissen wir von Mary Shelley, nimmt die Schöpfung gern mal übel. Die literarische Vorlage stammt von Daphne du Maurier, die auch «Die Vögel» ersann. Aber Piers Haggard verfügt nicht über die kinematographischen Visionen und die Konsequenz eines Alfred Hitchcock. In entscheidenden Momenten läßt er es regnen und stürmen und hält sich auch sonst mit originellen Einfällen zurück.

USA 1993, Farbe, 88 Min. **Buch:** Mike Hodges, Gerard MacDonald **Regie:** Piers Haggard **Mit:** Donald Sutherland *(Dr. «Mac» MacLean)*, Mimi Kuzyk *(Jessica Saunders)*, Vlasta Vrana *(Dr. Robbie Allman)*, Corin Nemec *(Ken Ryan)*, Hayley Reynolds *(Niki Janus)*, Miguel Fernandes *(George Cornwall)*.

Explorers – Ein phantastisches Abenteuer
Explorers

Joe Dante versieht seine Filme gern mit einer parodistischen Note. Hier beispielsweise bauen der früh vollendete River Phoenix und Spielkamerad Ethan Hawke sowie Jason Presson ein flugtaugliches Raumschiff, unternehmen einen Ausflug in den Orbit und treffen auf zwei halbwüchsige Außerirdische, die die Erde nur von Fernsehbildern kennen – und darum Angst haben, diesen garstigen Planeten zu betreten. Wie nicht anders zu erwarten, markiert dieses denkwürdige Zusammentreffen den Beginn einer wunderbaren interstellaren Freundschaft.

USA 1985, Farbe, 109 Min. **Buch:** Eric Luke **Regie:** Joe Dante **Mit:** Ethan Hawke *(Ben Crandall)*, River Phoenix *(Wolfgang Muller)*, Jason Presson *(Darren Woods)*, Amanda Peterson *(Lori Swenson)*, Dick Miller *(Charlie Drake)*, Robert Picardo *(Wak)*.

Gut zu wissen:
Wie der B-Movie-Veteran Dick Miller zählt Robert Picardo zu Joe Dantes Stammschauspielern. Er war unter anderem bei «Das Tier», «Gremlins 2» und «Matinee» dabei. Später übernahm er den Part des holographischen Arztes in der «Star Trek»-Serie «Voyager».

Expresso Bongo

Die Popularität des jungen Rocksängers Cliff Richard wurde nur kurze Zeit nach seinen ersten Hitparadenerfolgen auch von den Filmproduzenten genutzt für zumeist schlichte Popcorn-Epen nach dem Vorbild amerikanischer Strand- und Collegekomödien. Anders «Expresso Bongo». Der Film basiert auf einem Theaterstück von Wolf Mankowitz, der die Karriere des Teenageridols Tommy Steele zum Vorbild nahm für eine satirische Abrechnung mit Manieren und Mechanismen der Pop-Branche. Die Filmversion ist weniger bissig als die Bühnenfassung, gibt aber auf amüsante Weise Einblick in die Machenschaften der Drahtzieher hinter den Kulissen des Rock-'n'-Roll-Gewerbes.

GB 1959, SW, 111 Min. **Buch:** Wolf Mankowitz **Regie:** Val Guest **Mit:** Cliff Richard *(Bongo Herbert)*, Laurence Harvey *(Johnny Jackson)*, Sylvia Syms *(Maisie King)*, Yolande Donlan *(Dixie Collins)*, Meier Tzelniker *(Mayer)*, Ambrosine Philpotts *(Lady Rosemary)*, Eric Pohlmann *(Leon)*.

Faculty The Faculty

Der Breakfast Club trifft die Körperfresser: Sechs Schüler, die sich aus unterschiedlichen Gründen nicht so recht ins soziale System ihrer High-School einfügen, werden zur Schicksalsgemeinschaft, als sie erkennen, daß Lehrer und viele Mitschüler von außerirdischen Parasiten vereinnahmt wurden, die sich weiter auszubreiten drohen. Die Gruppe entschließt sich zum Widerstand, wobei die selbstgepanschten Drogen eines jugendlichen Dealers wertvolle Hilfe leisten. Aber auch untereinander wächst das Mißtrauen und droht den Zusammenhalt zu zerstören ... Ein fast schon subtiles Stückchen der beiden hartgesottenen Urheber Williamson und Rodriguez, mit einer klaren Aussage gegen Anpassertum und Gleichmacherei, nicht nur was wurmartige Usurpatoren anbelangt: Die Schrifttafeln auf dem Schulgelände mit Verhaltensmaximen erinnern wohl nicht von ungefähr an Orwells «1984».

USA 1999, Farbe, 107 Min.
Buch: Kevin Williamson **Regie:** Robert Rodriguez **Mit:** Elijah Wood *(Casey)*, Jordana Brewster *(Delilah)*, Clea DuVall *(Stokeley)*, Laura Harris *(Marybeth)*, Josh Hartnett *(Zeke)*, Shawn Hatosy *(Stan)*, Bebe Neuwirth *(Rektorin Drake)*, Famke Janssen *(Miss Burke)*, Salma Hayek *(Schwester Harper)*, Robert Patrick *(Trainer Willis)*, Piper Laurie *(Mrs. Olson)*.

Achtung:
Ein Graffito in der Jungstoilette verweist auf Tito & Tarantula, die auf dem Soundtrack von ➜ FROM DUSK TILL DAWN zu hören sind.

Faculty, Filmplakat

Fahrstuhl des Grauens De Lift

Einem Fahrstuhl in einem Bürohochhaus wird das ewige Auf und Ab zu langweilig, und er probt den Aufmupf. Opfer sind Besucher und Angestellte des Komplexes, die in einer geschlossenen Anstalt, im Krankenhaus oder sogar auf dem Friedhof enden. Obwohl von seinem Chef immer wieder zurechtgewiesen, ist der zuständige Mechaniker Adelaar hartnäckig um Aufklärung bemüht, meist begleitet von der Journalistin de Beer. Auf barsche Zurückweisung stoßen sie bei der Firma Rising Sun, von der die Computertechnik des Lifts stammt und die insgeheim mit organischen Chips experimentiert. Nach einem weiteren Vorfall wagt Adelaar einen gefährlichen Alleingang ... Empfohlen für ein Triplefeature mit Carl Schenkels «Abwärts» und Jerry Jamesons «Fahrstuhl des Schreckens».

Niederlande 1983, Farbe, 98 Min. **Buch, Regie, Musik:** Dick Maas **Mit:** Huub Stapel *(Feliks Adelaar)*, Willeke van Ammelrooy *(Mieke de Beer)*, Josine van Dalsum *(Saskia Adelaar)*, Piet Roemer *(Ravestein)*, Hans Veerman *(Kroon)*, Gerard Thoolen *(Nachtwächter)*.

Fair Game

Fair wird hier nicht gespielt, da Cindy Crawford unwissentlich ein Fähnlein hochqualifizierter Ex-KGBler daran hindert, eine Millionenrente zu ergaunern. Fortan wird sie gröblich durch die Gegend gescheucht. William Baldwin macht den Schutzmann und kann bald gar nicht mehr von ihr lassen. Das ist pures Exploitation-Kino und will auch gar nichts anderes sein. So gesehen, macht die Chose durchaus Spaß.

USA 1995, Farbe, 87 Min. **Buch:** Charles Fletcher **Regie:** Andrew Sipes **Mit:** Cindy Crawford *(Kate McQuean)*, William Baldwin *(Max Kirkpatrick)*, Steven Berkoff *(Kazak)*, Christopher MacDonald *(Meyerson)*, Salma Hayek *(Rita)*, Miguel Sandoval *(Juantorena)*, John Bedford Lloyd *(Louis)*.

Ein Fall für Cleopatra Jones
Cleopatra Jones

Mit ihrer extravaganten Garderobe erscheint sie wie eine Angehörige des internationalen Jet-set, doch die hochgewachsene Cleopatra Jones ist Drogenfahnderin und verrichtet diese Tätigkeit mit beachtlicher Hingabe. Sie tritt Türen ein, beherrscht das Maschinengewehr und spart nicht mit Handkantenschlägen. Korrupte Polizisten machen ihr das Leben schwer, vor allem aber Mommy, eine von hübschen Mädchen umgebene dralle Lederlesbe, die Rauschgift in die Schwarzenviertel liefert und nicht verwinden kann, daß Cleopatra Jones ihre türkischen Mohnfelder abbrennen ließ. Als Titelheldin macht Ex-Model Tamara Dobson eine gute Figur, ihre Gegenspielerin Shelley Winters geht in die vollen.

USA 1973, Farbe, 89 Min. **Buch:** Max Julien **Regie:** Jack Starrett **Mit:** Tamara Dobson *(Cleopatra Jones)*, Bernie Casey *(Reuben Masters)*, Shelley Winters *(Mommy)*, Brenda Sykes *(Tiffany)*, Antonio Fargas *(Doodlebug)*, Bill McKinney, Dan Frazer, Mike Warren, Hedley Mattingly, Angela Gibbs.

Gut zu wissen:
Drehbuchautor Max Julien war seinerseits Hauptdarsteller des ebenfalls 1973 produzierten *blaxploitation movies* «The Mack». Die Rolle der Cleopatra Jones hatte er ursprünglich für seine damalige Freundin Vonetta McGee maßgeschneidert.

Falling Down – Ein ganz normaler Tag Falling Down

Wenn Michael Douglas den Unterkiefer nach vorn schiebt, wird's gefährlich. Eines heißen Sommertages platzt dem ehemals biederen Angestellten der Kragen. Eine Fliege, ein Schweißtropfen, lärmende Bauarbeiter, jugendliche Gangster zerren an seinen Nerven. Der Namenlose schlägt zurück und pflügt sich, eine Spur der Gewalt hinterlassend, quer durch Los Angeles, um pünktlich bei der Geburtstagsfeier seines Sohnes zu sein ... Wer Joel Schumacher nur als «Batman»-Regisseur kennt, wird überrascht sein, daß er zu derart abgründigen Inszenierungen fähig ist.

USA 1993, Farbe, 115 Min. **Buch:** Ebbe Roe Smith **Regie:** Joel Schumacher **Mit:** Michael Douglas *(D-Fens)*, Barbara Hershey *(Beth)*, Robert Duvall *(Prendergast)*, Rachel Ticotin *(Sandra)*, Tuesday Weld *(Mrs. Prendergast)*, Frederic Forrest *(Armee-Shop-Besitzer)*, Lois Smith *(D-Fens' Mutter)*, Ebbe Roe Smith *(Typ am Highway)*.

Der Fall X 701 Frozen Alive

Dr. Overton forscht auf dem Gebiet der Kryobiologie weltabgewandt vor sich hin und vernachlässigt darob seine Gattin. Die hält sich vorderhand einen Geliebten und spielt vor lauter Langeweile mit einer Pistole. Beides gehört bestraft, darum löst sich ein Schuß, und Dr. Overton ist Witwer. Er

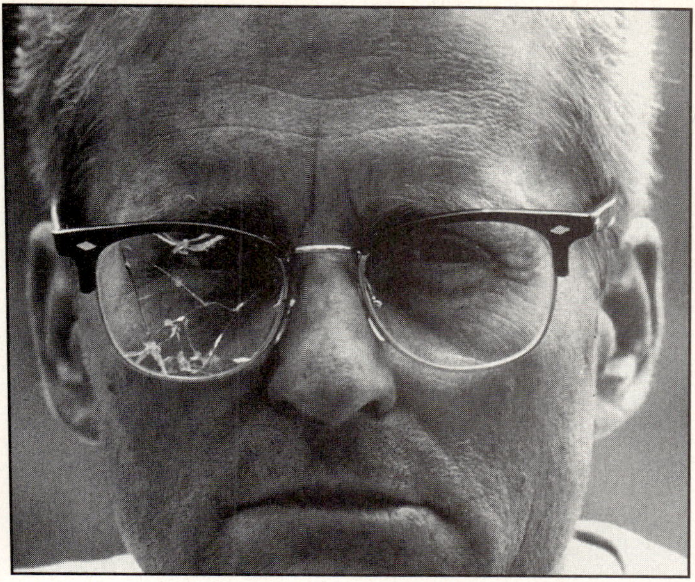

Falling Down: Michael Douglas

weiß allerdings nichts von seinem Unglück, denn er hat sich probehalber auf Eis gelegt. Der Hausfreund der Verblichenen könnte das Vorgefallene enträtseln, zieht es aber vor, sich davonzumachen. Die Polizei wähnt nun verständlicherweise, der kaltgestellte Overton sei der Mörder. Dessen Assistentin Helen zieht gar aus purer Barmherzigkeit in Betracht, den stiekum geliebten Weißkittel auf ewig in der Frischhaltebox zu belassen. Wer da keine Gänsehaut bekommt.

BRD/GB 1964, SW, 81 Min. **Buch:** Evelyn Frazer **Regie:** Bernard Knowles **Mit:** Mark Stevens *(Dr. Frank Overton)*, Marianne Koch *(Helen)*, Joachim Hansen *(Tony)*, Walter Rilla *(Sir Keith)*, Wolfgang Lukschy *(Insp. Prentow)*, Delphi Lawrence *(Joan)*, John Longden *(Prof. Hubbard)*.

Falscher Verdacht

Ulli Lommel lümmelte in einigen Filmen des Neuen Deutschen Kinos herum, seit 1971 inszeniert er auch selbst. Sein Œuvre umfaßt diskutable Werke wie → DIE ZÄRTLICHKEIT DER WÖLFE, aber auch obskure Stöpselfilme wie «Jodeln is ka Sünd». Ende der 70er verzog er sich in die USA, wo er seither abstruse B-Filme fertigt mit Titeln wie «Brain Check» oder «Devonsville Terror». «Falscher Verdacht» zeigt uns Eddie Constantine als Bio-Chemiker auf der Suche nach der Unsterblichkeitsformel. Mit der Hilfe eines Außerirdischen reist er in die Vergangenheit, wo er die Lösung seines Problemchens vermutet. Rainer Langhans war Koautor des Drehbuchs und wirkt neben Uschi Obermeier und Katrin Schaake auch vor der Kamera. So schön können Autorenfilme sein.

BRD 1971, Farbe, 75 Min. **Buch:** Ulli Lommel, Herbert J. Bamberger, Rainer Langhans, Hannes Fuchs, Peter Moland **Regie:** Ulli Lommel **Mit:** Eddie Constantine *(Professor)*, Katrin Schaake *(Frau Professor)*, Rainer Langhans *(Wissenschaftler)*, Uschi Obermeier, Rainer Werner Fassbinder, Barbara Constantin, Ulli Lommel.

Alternativtitel:
«Haytabo»

Fantomas Fantomas / Fantomas 70

Ein verbrecherisches Phantom hält Paris in Atem, ergaunert hier eine Handvoll Juwelen, sprengt dort eine unliebsame Zeitung in die Luft, weil ein Redakteur namens Fandor den findigen Finstermann mit einem fingierten Interview verärgert hatte. Nicht lange, und Fantomas entführt Fandor in sein unterirdisches Quartier, um auf eine Richtigstellung zu dringen. Der Kontakt wird ruchbar und bringt Fandor ein paar Tage Beugehaft ein. Eine weitere Räuberpistole verärgert den blau maskierten Fantomas dermaßen, daß er als Doppelgänger Fandors die übelsten Verbrechen verübt und ein Durcheinander sondergleichen anrichtet. Zu allem Übel entführt er auch Fandors Freundin, was wiederum bei diesem größte Entrüstung auslöst.

Frankreich / Italien 1964, Farbe, 105 Min. **Buch:** Jean Halain, Pierre Foucaud **Regie:** André Hunebelle **Mit:** Jean Marais *(Jerome Fandor / Fantomas)*, Mylène Demongeot *(Hélène)*, Louis de Funès *(Kommissar Juve)*, Marie-H. Arnaud *(Lady Beltham)*, Jacques Dynam *(Adjutant)*.

Hoppla:
Fantomas schläfert das Wachpersonal einer Juwelenpräsentation ein, indem er Giftgas in den Raum leitet. Kurz darauf betritt er selbst ungeschützt den Raum, ohne einen Anflug von Müdigkeit zu zeigen.

Starke Töne:
«Ich morde zwar ein bißchen, zugegeben, aber immer mit einem Lächeln auf den Lippen.» FANTOMAS

Fantomas gegen Interpol
Fantomas contre Interpol / Fantomas se déchâne

Eben noch stellt Juve via TV Fantomas' Wiederkehr in Abrede, da schmuggelt sich der Missetäter auch schon selbst ins Programm und verkündet selbstsicher seine neuen Pläne, hat er doch vor, eine Gruppe von Wissenschaftlern einzusammeln, die ihm eine neuartige Waffe bauen sollen. Um dies zu vereiteln, schlüpft Fandor in die Rolle eines Professors. Vom nichtsahnenden Juve streng bewacht, reist er gen Rom. Doch auch Fantomas ist in der Maske des Wissenschaftlers unterwegs, und als auch noch das Original am Tiber eintrifft, gerät Juve dermaßen in Verwirrung, daß er zeitweise in einer geschlossenen Anstalt Einkehr hält. Fantomas aber beschafft sich ein wertvolles Pfand: Hélènes Bruder, denn er begehrt nicht nur materielle Werte, sondern auch Hélène selbst.

Frankreich / Italien 1965, Farbe, 99 Min. **Buch:** Jean Halain, Pierre Foucaud **Regie:** André Hunebelle **Mit:** Jean Marais *(Fantomas / Fandor)*, Louis de Funès *(Kommissar Juve)*, Mylène Demongeot *(Hélène)*, Jacques Dynam *(Juves Assistent)*, Robert Dalban *(Verleger)*, Olivier de Funès *(Michou)*.

Hoppla:
Das Drehbuch will es, daß Juve ungesichert aus einem Flugzeug stürzt. Der Stuntman, der diese Aufgabe übernahm, ist aber erkennbar mit einem Fallschirm ausgestattet. Besser so.

Starke Töne:
«Wir leben in der Epoche der Geheimagenten und der *gadgets.*» JUVE

Fantomas bedroht die Welt
Fantomas contre Scotland Yard

Es kommt beinahe einem Stilbruch gleich, wenn Fantomas im dritten Teil der Spielfilmreihe sein Wirkungsfeld nach Schottland verlegt. Dudelsackklänge, Rolls-Royce, ein Spukschloß mit allen Schikanen wie Poltergeist, Geheimgängen und verborgenen Katakomben. Hier läßt Fantomas seiner Bosheit freien Lauf. Fandor, Hélène und Juve machen sich bereit, das Schlimmste zu vereiteln, doch ihr Widersacher hat ihr Erscheinen bereits eingeplant – vor allem Juve soll Fantomas unwissentlich zuarbeiten bei seinem Plan, regelmäßige Abgaben von den Mächtigen dieser Welt einzustreichen als Gegenleistung dafür, daß er sie am Leben läßt. Aber auch Fandor beherrscht inzwischen die Kunst der theatralischen Camouflage.

Frankreich / Italien 1965, Farbe, 101 Min. **Buch:** Jean Halain **Regie:** André Hunebelle **Mit:** Jean Marais *(Fantomas / Fandor)*, Louis de Funès *(Kommissar Juve)*, Mylène Demongeot *(Hélène)*, Françoise Christophe *(Lady Rashley)*, Jean-Roger Caussimon *(Lord Rashley)*.

Alternativtitel:
«Fantomas gegen Scotland Yard»

Starke Töne:
«Ich bin der König aller Verbrecher!» FANTOMAS

Feuerkäfer Bug!

Kalifornien ist mit seinen Erdbeben noch nicht genug gestraft, es zieht obendrein noch manches Ungeziefer an. Killerbienen zum Beispiel, Filmproduzenten oder, wie hier, feuerspeiende Käfer, die aus einer frisch aufgeworfenen Erdspalte emporkrabbeln. Es bereitet einige Mühe, aber einfallsreiche Wissenschaftler dämmen die Kerbtierplage ein. Zusätzliches Ungemach zieht herauf, als ein an der neuen Spezies brennend interessierter Pfiffikus einen der kleinen Flammenwerfer mit einer Küchenschabe kreuzt. Eine zündende Idee.

USA 1975, Farbe, 99 Min. **Buch:** William Castle, Thomas Page **Regie:** Jeannot Szwarc **Mit:** Bradford Dillman *(James Parmiter)*, Joanna Miles *(Carrie Parmiter)*, Richard Gilliland *(Gerald Metbaum)*, Jamie Smith Jackson *(Norma Tacker)*, Alan Fudge *(Mark Ross)*, Patty McCormack *(Silvia Ross)*, Jesse Vind *(Tom Tacker)*.

Der Feuerteufel Firestarter

Drew Barrymore, in «E.T.» ein entzückendes kleines Ding, hat sich zu einem hitzigen Racker entwickelt, wofür allerdings weniger sie als vielmehr eine ominöse Regierungsorganisation mit Namen «The Shop» verantwortlich zu machen ist. Deren unerfreulichen Machenschaften suchen das mit übernatürlichen Fähigkeiten ausgestattete Mädchen und ihr Vater zu entkommen. Vergebens – die Schergen töten den Papi, und Drew nimmt erstens sämtliche Feuerkräfte zusammen und zweitens flammende Rache an den Kerlen. Ausgeheckt wurde der Zündstoff von Stephen King.

USA 1983, Farbe, 114 Min. **Buch:** Stanley Mann **Regie:** Mark L. Lester **Mit:** Drew Barrymore *(Charlie McGee)*, David Keith *(Andrew McGee)*, Heather Locklear *(Vicky McGee)*, Martin Sheen *(Capt. Hollister)*, George C. Scott *(John Rainbird)*, Art Carney *(Irv Manders)*, Freddie Jones *(Dr. Joseph Wanless)*, Louise Fletcher, Antonio Fargas, Moses Gunn.

Alternativtitel:
«Stephen Kings Der Feuerteufel»

Gut zu wissen:
Heather Locklear, später Star in Serien wie «T.J. Hooker» und «Melrose Place», gab in diesem Film ihr Kinodebüt.

Ursprünglich hatten die Produzenten John Carpenter als Regisseur vorgesehen.

Die Filmmusik stammt von den deutschen Elektronikpionieren Tangerine Dream.

Fire Syndrom Spontaneous Combustion

1955 wohnen Brian und Peggy Bell als Testpersonen einem Atomtest bei. In einem Bunker sollen sie Schutzmaßnahmen erproben, nicht eingeplant war dabei, daß sie dort ein Kind zeugen. Am 6. August, dem 10. Jahrestag des Abwurfs der Hiroshima-Bombe,

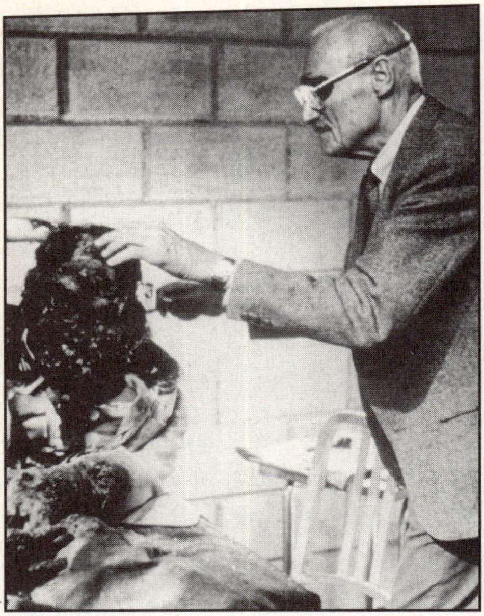

Fire Syndrom: Joe Mays

Flash Gordon: Sam Jones

kommt das Kind zur Welt. Alles scheint normal – bis die jungen Eltern urplötzlich in Flammen aufgehen. Ihr Sohn Sam leidet als Erwachsener chronisch an leichtem Fieber, und wenn er in Rage gerät, wird sein Zeigefinger zum Feuerzeug. Nach und nach enthüllt sich ihm, daß sein Leben minutiös gesteuert und kontrolliert wurde. Er ist ein artgerecht gehaltenes Versuchsobjekt. Freunde, Ärzte, Ex-Frau – alle sind Bestandteil der Inszenierung. Wutentbrannt sinnt Sam auf Revanche.

USA 1990, Farbe, 108 Min. **Buch:** Tobe Hooper, Howard Goldberg **Regie:** Tobe Hooper **Mit:** Brad Dourif *(Sam Bell)*, Cynthia Bain *(Lisa)*, Jon Cypher *(Dr. Marsh)*, William Prince *(Orlander)*, Dey Young *(Rachel)*, Melinda Dillon *(Nina)*, Stacy Edwards *(Peggy)*, André De Toth *(Cameo)*.

Achtung:
Der unvermittelt feuerspuckende Radiotechniker Brett Wilson wird gespielt von Hoopers Regiekollegen John Landis.

Flash Gordon

Der Baseball-Spieler Flash Gordon und seine Verlobte Dale zischen in Begleitung des NASA-Dissidenten Dr. Zarkov auf den Planeten Mongo, um dessen Herrscher Ming zusammenzustauchen, da der doch den Mond auf Erdkurs gebracht hat und sich auch sonst ziemlich ungebührlich aufführt. Erstklassige Schauspieler wie Max von Sydow, Ornella Muti, Timothy Dalton, Mariangela Melato und Peter Wyngarde gönnten sich den Spaß, an dieser farbenfrohen Weltraumoper teilzuhaben, die nie vergessen läßt, daß sie auf einen Comic strip zurückgeht. Flash Gordon gilt als «Urbild aller Science-fiction- und Fantasy-Helden» (Massimo Mascati). Bereits in den 30er Jahren war der kapitale Bursche in drei Serials zu sehen, deren naiver Charme in dieser Großproduktion aufscheint.

GB 1980, Farbe, 112 Min. **Buch:** Lorenzo Semple jr. **Regie:** Mike

Hodges **Mit:** Sam Jones *(Flash Gordon)*, Max von Sydow *(Ming)*, Melody Anderson *(Dale Arden)*, Chaim Topol *(Dr. Hans Zarkov)*, Ornella Muti *(Prinzessin Aura)*, Timothy Dalton *(Prinz Barin)*, Brian Blessed *(Vultan)*, Peter Wyngarde *(Klytus)*, Mariangela Melato *(Kala)*, John Osborne *(Priester)*, Richard O'Brien *(Fico)*.

Gut zu wissen:
Lorenzo Semple jr. hatte bereits Erfahrung in der Adaption von Comic-Stoffen – er schrieb 1966 «Batman hält die Welt in Atem», einen fürs Kino gedrehten Ableger der erfolgreichen TV-Serie.

Richard O'Brien ist der Autor der «Rocky Horror Picture Show».

Flesh Gordon

Was andere allenfalls am Tresen durchhecheln, Howard Ziehm und seine Kumpane setzten es um – sie versetzten den Comic- und Serialhelden Flash Gordon in ein Environment, in dem die Sexwelle nur so schwappte. Das Vorbild hatten sie eingehend studiert und hielten sich eng daran – aber so, wie aus Flash Gordon der sündige Flesh wurde, bekamen auch alle anderen Komponenten eine einschlägige Färbung: Sexstrahlen verursachen auf der Erde orgiastische Umtriebe und veranlassen Dr. Jerkoff, mit seiner Rakete den Planeten Porno zu penetrieren, wo lüsterne Roboter, Penisaurier und andere bizarre Gestalten recht triebhaften Umgang pflegen, ehe die Sendboten der Keuschheit den Ausschweifungen ein Ende bereiten.

Kanada 1974, Farbe, 85 Min. **Buch:** Michael Benveniste, Howard Ziehm **Regie:** Howard Ziehm **Mit:** Jason Williams *(Flesh Gordon)*, Suzanne Fields *(Dale Ardor)*, Joseph Hudgins *(Dr. Flexi Jerkoff)*, William Hunt *(Kaiser Hodis)*, John Hoyt *(Prof. Gordon)*, Candy Samples, Judy Ziehm, Mycle Brandy, Nora Witernik, Lance Larsen.

Gut zu wissen:
Der Film war ursprünglich als Hardcore-Porno geplant und soll entsprechende Szenen enthalten haben, die zum Zwecke einer breiteren Vermarktung entfernt wurden.

An der Herstellung beteiligt waren renommierte Special-Effects-Fachleute wie Jim Danforth sowie junge Nachwuchstalente wie der inzwischen mehrfach Oscar-prämierte Rick Baker.

Flesh Gordon – Schande der Galaxis Flesh Gordon Meets the Cosmic Cheerleaders

Auch Großkritiker können irren – so glaubte der Rezensent des allwissenden Fachblattes «film-dienst» seinerzeit, in dieser eher reizarmen Science-fiction-Alberei eine Fortsetzung des 1980 von der Rampe gebrachten Weltraumabenteuers «Flash Gordon» zu erkennen. Wer aber Fisch von Fleisch und Flesh von Flash zu unterscheiden vermag, wird kaum übersehen, daß Howard Ziehm bündig an seinen bereits 1974 lancierten «Flesh Gordon» anknüpft. Diesmal wird Flesh ins ferne All entführt, weil die dortigen Männer durch Anti-Potenz-Strahlen an der Erfüllung gewisser Pflichten gehindert sind – da kommt ein irdischer Kraftbolzen gerade recht. Der aber beseitigt lieber die Ursache der zwischengeschlechtlichen Mißstimmungen.

Kanada 1989, Farbe, 102 Min. **Buch:** Howard Ziehm, Doug Frisby **Regie:** Howard Ziehm **Mit:** Vince Muducco *(Flesh Gordon)*, Morgan Fox *(Prof. E. Jackull/Robunda Hooters)*, Robyn Kelly *(Dale Ardor)*, Bruce Scott *(Master Bator)*.

Gut zu wissen:
Hauptdarsteller Vince Muducco schlägt sich ansonsten in der Kickboxer-Branche durch.

Die Fliege

Die Fliege The Fly

Ein naseweiser Wissenschaftler entwickelt ein Verfahren, mittels dessen Materie in Energie verwandelt wird, die sich dann umstandslos durch die Gegend beamen läßt. Der Kniff funktionierte bislang aber nur bei «Star Trek», und darum gibt's auch ein Malheur: Nach einem Selbstversuch tauscht unser Forscher ein paar Gene mit einer zufällig mitgereisten Fliege. Das Original aus dem Jahr 1958 war ein drolliger Horrorfilm alter Schule, Cronenberg macht daraus ein glitschig-verklebtes Spektakel und verwandelt seinen Wissenschaftler peu à peu in eine Fliege, für deren Erledigung eine ziemlich große Klatsche vonnöten ist.

USA 1985, Farbe, 100 Min. **Buch:** Charles Edward Pogue, David Cronenberg **Regie:** David Cronenberg **Mit:** Jeff Goldblum *(Seth Brundle)*, Geena Davis *(Veronica Quaife)*, John Getz *(Stathis Borans)*, Joy Boushel *(Tawny)*, Les Carlson *(Dr. Cheevers)*, David Cronenberg *(Gynäkologe)*.

Fliegende Untertassen greifen an Earth vs. the Flying Saucers / Invasion of the Flying Saucers

Die fachgerechte Zerlegung des Weißen Hauses blieb dem Teutonen Roland Emmerich vorbehalten, aber schon 1956 leistete der Trickzauberer Ray Harryhausen ganze Arbeit, als er antriebsgestörte UFOs das Capitol schrägen ließ. Da waren die Menschen aber selber schuld, denn die Außerirdischen traten ihnen zunächst ganz friedlich gegenüber, fingen sich aber trotzdem mehrere Gewehrgarben ein, noch ehe sie überhaupt das Wort erhoben hatten. Weil sie nämlich ihre Heimatgalaxis verloren hatten, wollten sie gern auf Erden heimisch werden. Dagegen sträubte man sich hienieden, heckte eine Abwehrtechnik aus und zwang die Aliens zur Kamikazefliegerei.

USA 1956, SW, 83 Min. **Buch:** George Worthin Yates, Raymond T. Marcus (= Bernard Gordon) **Regie:** Fred F. Sears **Mit:** Hugh Marlowe *(Dr. Russell Marvin)*, Joan Taylor *(Carol Marvin, geb. Hanley)*, Donald Curtis *(Maj. Huglin)*, Morris Ankrum *(Gen. Hanley)*, John Zaremba *(Prof. Kanter)*, Thomas B. Henry *(Admiral Enright)*, Grandon Rhodes *(Gen. Edmunds)*, Charles Evans *(Dr. Alberts)*, Frank Wilcox *(Alfred Cassidy)*.

Gut zu wissen:
John Zaremba findet zwar im Film ein gewaltsames Ende, erholte sich aber bis Mitte der 60er und konnte in der TV-Serie «Time Tunnel» als «Dr. Raymond Swain» die wissenschaftliche Betreuung der Zeitreisenden übernehmen.

Flintstones – Die Familie Feuerstein The Flintstones

Nach dem großen Erfolg von «Jurassic Park» sollten die Dinos noch ein wenig gemolken werden. Und es lohnte sich: Binnen kurzem spielte die Realfilmversion der bekannten Cartoonreihe 500 Millionen Dollar

Fliegende Untertassen greifen an: John Zaremba

ein; der Videovertrieb brachte noch ein paar Steintaler mehr. Erstaunlich genug, denn beim Transfer muß der Witz des Originals irgendwo in der Geröllhalde steckengeblieben sein. Wäre da nicht John Goodmans überschäumende Lebensfreude und Halle Berrys Sex-Appeal, das Werk müßte der Verbreitung steinerweichender Langeweile gezogen werden.

USA 1994, Farbe, 91 Min. **Buch:** Tom S. Parker, Jim Jennewein, Steven E. de Souza **Regie:** Brian Levant **Mit:** John Goodman *(Fred Feuerstein)*, Elizabeth Perkins *(Wilma Feuerstein)*, Rick Moranis *(Barney Geröllheimer)*, Rosie O'Donnell *(Betty Geröllheimer)*, Elizabeth Taylor *(Pearl Slaghoople)*, Kyle MacLachlan *(Cliff Vandercave)*, Halle Berry *(Miss Stone)*, Dann Florek *(Mr. Slate)*, Richard Moll *(Hoagie)*, Jay Leno.

Gut zu wissen:
Offiziell werden nur drei Autoren genannt, tatsächlich trugen vierzehn Szenaristen und achtzehn Gag-Spezialisten zum Drehbuch bei.

Achtung:
William Hanna und Joseph Barbera, die beiden Erfinder und Produzenten der 1960 uraufgeführten Originalserie, spielen kleine Rollen: Hanna tritt auf als «Vorstandsmitglied im Sitzungssaal», Barbera ist der «Mann im Mersandes». Regisseur Sam Raimi leistet sich ein *cameo* als «Cliffs Doppelgänger».

Flotte Sprüche auf Kanal 9
Citizens Band / Handle With Care

Bevor er Hannibal Lecter zum finalen «feast of friends» bitten ließ, machte Jonathan Demme mit kleinen, aber nicht minder delikaten Komödien auf sich aufmerksam. Diese wird vereinzelt gar als Kultfilm gehandelt. Das mag ein wenig übertrieben sein, aber amüsant sind die episodenhaften Erzählungen aus dem Truckermilieu, dem Land der Lichter und Lenker, allemal. Zum Aufgebot gehört auch Charles Napier, hier der *Chrome Angel*, im «Schweigen der Lämmer» Hannibals uniformierter Appetithappen.

USA 1977, Farbe, 98 Min. **Buch:** Paul Brickman **Regie:** Jonathan Demme **Mit:** Paul Le Mat *(Spider)*, Candy Clark *(Pam)*, Ann Wedgeworth

(Dallas Angel), Bruce McGill *(Dean Lovejoy)*, Marcia Rodd *(Portland Angel)*, Charles Napier *(Chrome Angel)*, Ed Begley jr. *(The Priest)*.

Der Fluch der Mumie **The Mummy's Shroud**

Eine britische Expedition bricht auf, einen Pharaonenhäuptling und vor allem dessen Grabbeigaben auszuscharren. Wir kennen unsere Horrorliteratur und ahnen früh, daß ein solches Vorhaben ungut endet. In der Tat erhebt sich Prem, der einst mit seinem Gebieter in den Tod ging, zupft die kleidsamen Leichenwickel zurecht und macht sich daran, die Reihen der Archäologen zu lichten. Bis ihn ein markiger Zauberspruch in Staub und Asche verwandelt. Ganz schön prem-prem, was John «Das schwarze Reptil» Gilling da wieder ausgeheckt hat.

GB 1966, Farbe, 90 Min. **Buch** und **Regie:** John Gilling **Mit:** Andre Morell *(Sir Basil Walden)*, John Phillips *(Stanley Preston)*, David Buck *(Paul Preston)*, Elizabeth Sellars *(Barbara Preston)*, Maggie Kimberley *(Claire)*, Dickie Owen *(Prem)*, Toolsie Persaud *(Kah-to-Bey)*, Eddie Powell *(Mumie)*.

Der Fluch der Sphinx **Sphinx**

Ob als korrupter Präsidentenberater in «Dave» oder als Skeletor in «Masters of the Universe», Frank Langella gibt immer einen prächtigen Erz- und Megaschurken ab. In diesem wüsten Wüstenabenteuer verkörpert er den ägyptischen Regierungsbeamten Ahmed Khazzan, der einer US-amerikanischen Archäologin im Kampf gegen Grabräuberbanden beisteht. Sir John Gielgud und Maurice Ronet tun ein übriges, damit es uns geziemend graust und gruselt.

USA 1980, Farbe, 118 Min. **Buch:** John Byrum **Regie:** Franklin J. Schaffner **Mit:** Lesley-Ann Down *(Erica Baron)*, Frank Langella *(Ahmed Khazzan)*, Maurice Ronet *(Yvon)*, Sir John Gielgud *(Abdu Hamdi)*, Vic Tablian *(Khalifa)*, John Rhys-Davies *(Stephanos Markoulis)*.

Flucht aus Atlantis **Alien from L.A.**

Wanda, ein Mauerblümchen mit Brille und penetranter Stimmlage, fleht zu Gott, daß sich in ihrem Leben etwas ereignen möge. Prompt erhält sie die Nachricht vom Tode ihres Vaters, der in Afrika nach einem Zugang zum Erdmittelpunkt gesucht hatte, wo er die «Atlanten» vermutet, die Nachfahren einer aus den Tiefen des Alls stammenden Raumschiffbesatzung. Wandas Vater war in einen Schacht gestürzt, und seine trampelige Tochter tut es ihm prompt nach. Im Erdinnern findet sich eine eigene Welt, eine Art Amateurnachbau der «Blade Runner»-Kulissen. Hier gelten die fallsüchtigen Oberflächenbewohner als Aliens und werden entsprechend gejagt. Wanda gerät wiederholt in Bedrängnis, findet aber auch Verbündete, die ihr bei der Suche nach ihrem Vater behilflich sind.

USA 1988, Farbe, 87 Min. **Buch:** Debra Ricci & Regina Davis, Albert Pyun **Regie:** Albert Pyun **Mit:** Kathy Ireland *(Wanda Saknussemm)*, Thom Mathews *(Charmin)*, Don Michael Paul *(Robbie)*, Linda Kerridge *(Tante Pearl / Freki)*, Richard Hains *(Vater)*, William R. Moses *(Gus)*, Janie du Plessis *(General Rykov)*.

Gut zu wissen:
Der Film entstand in den Kulissen der Neuverfilmung von «Journey to the Center of the Earth». Um die im südlichen Afrika errichteten Dekors optimal zu nutzen, ließen Menahem Golan und Yoram Globus den bereits einschlägig hervorgetretenen Albert Pyun noch schnell eine Billigvariante des Stoffes drehen. In dem erst später fertiggestellten «Hauptfilm» spielen Kathy Ireland und Janie du Plessis dieselben Rollen.

Flucht in die Zukunft Time After Time

An einem nebligen Abend des Jahres 1893 hat der Schriftsteller H. G. Wells seine Freunde geladen, um ihnen seine Zeitreisemaschine vorzustellen. Er kann nicht ahnen, daß mit Dr. John Stevenson der gesuchte Dirnenmörder Jack the Ripper unter seinem Dach weilt. Als die Polizei anklopft, macht sich der Wüstling mit dem Zeitvehikel aus dem Staub. Wells folgt ihm in das San Francisco des Jahres 1979. Verwirrt stolpert er durch die lebenslustige Moderne, bringt es aber mit detektivischem Gespür fertig, Stevenson ausfindig zu machen. Der hat inzwischen seine üblen Gewohnheiten wiederaufgenommen und bedroht die Bankangestellte Amy Robbins, die auf Anhieb Gefallen gefunden hat an dem etwas unbeholfenen Wells.

USA 1979, Farbe, 110 Min. **Buch** und **Regie:** Nicholas Meyer **Mit:** Malcolm McDowell *(Herbert G. Wells)*, David Warner *(Dr. John Stevenson)*, Mary Steenburgen *(Amy Robbins)*, Charles Cioffi *(Lt. Mitchell)*, Patti D'Arbanville *(Shirley)*.

Gut zu wissen:
In «Zurück in die Zukunft III» ging Mary Steenburgen erneut auf Zeitreise.

Achtung:
Nicholas Meyer zitiert nicht nur H. G. Wells' Biographie und viktorianische Literatur, sondern gestattet sich auch dezente Anspielungen auf andere Filme wie «Bullitt» und «Is was, Doc».

Starke Töne:
«Der Mensch, der die Faust hebt, ist der Mensch, dem nichts Neues einfällt.» H. G. WELLS

Flying Toys – Die Rache des roten Barons Plane Fear

Dem legendären Roten Baron widmete Roger Corman bereits einen Film und reanimierte das Fliegeras für diese Fantasykomödie, in der der Geist des Helden in eine Puppe fährt und seinem mittlerweile hochbetagten einstigen Widersacher und dessen Enkel als «Small Soldier» noch einmal schwer zu schaffen macht. Für die Rückblenden spendierte Corman Ausschnitte aus dem von ihm selbst inszenierten Fliegerfilm «Manfred von Richthofen – Der rote Baron».

USA 1993, Farbe, 84 Min. **Buch:** Michael James McDonald **Regie:** Robert Gordon **Mit:** Mickey Rooney *(Großvater Spencer)*, Tobey Maguire *(Jimmy)*, Laraine Newman *(Carol)*, Cliff De Young *(Richard)*, Ronnie Schell *(Lou)*.

The Fog

The Fog – Nebel des Grauens The Fog

Das Küstenstädtchen Antonio Bay rüstet sich zur Hundertjahrfeier. Doch die Gründerväter, die geehrt werden sollen, waren gewissenlose Strandpiraten, die einst ein Schiff mit wertvoller Fracht vorsätzlich auf Grund laufen ließen und dabei den Tod der Besatzung in Kauf nahmen. Die Seeleute sind mittlerweile ein wenig modrig geworden, aber aus Anlaß des Jubiläums kehren sie im Schutz eines unheimlichen Nebels zurück und nehmen Rache an den Nachfahren ihrer Mörder.

USA 1979, Farbe, 90 Min. **Buch:** John Carpenter, Debra Hill **Regie:** John Carpenter **Mit:** Adrienne Barbeau *(Stevie Wayne)*, Jamie Lee Curtis *(Elizabeth Solley)*, John Houseman *(Machen)*, Janet Leigh *(Kathy Williams)*, Hal Holbrook *(Pater Malone)*, Charles Cyphers *(Dan O'Bannon)*.

Gut zu wissen:
Mit Janet Leigh und Jamie Lee Curtis stehen Mutter und Tochter vor der Kamera.

Achtung:
Aus mehreren Insiderscherzen zwei zur Auswahl: Charles Cyphers' Figur heißt wie der Koautor von Carpenters Science-fiction-Parodie «Dark Star» Dan O'Bannon, eine andere wurde nach der Schreckensfigur «Dr. Phibes» benannt.

Die Folterkammer des Dr. Fu Man Chu The Castle of Fu Man Chu / El castillo de Fu Man Chu

Fu Man Chu wird abermals von schweren Weltherrschaftsgelüsten geplagt. Um die amtierenden Staatschefs gefügig zu machen, schickt er schon mal einen Eisberg in die Karibik und versenkt ein Kreuzfahrtschiff. In Istanbul bezieht Fu den Gouverneurspalast und läßt Professor Henderson verschleppen, der die chemische Vereisung erfunden hat. Henderson aber ist schwer krank, und so entführt man seinen Leibarzt noch dazu, der eine Herztransplantation vornehmen soll. Scotland Yard sind diese Vorgänge nicht verborgen geblieben. Nayland Smith trifft in der Türkei ein und findet in dem zwielichtigen Omar Pascha einen Verbündeten, nachdem Fu dessen Helfershelfer hat ausrotten lassen. Gemeinsam macht man sich daran, Fus Residenz zu erstürmen.

BRD / Italien / Spanien 1968, Farbe, 92 Min. **Buch:** Peter Welbeck, Michael Haller **Regie:** Jess Franco **Mit:** Christopher Lee *(Dr. Fu Man Chu)*, Günther Stoll *(Dr. Curt Kessler)*, Richard Greene *(Nayland Smith)*, Maria Perschy *(Marie)*, Howard Marion Crawford *(Dr. Petrie)*, Tsai Chin *(Lin Tang)*, Rosalba Neri *(Lisa)*, José Manuel Martin *(Omar Pascha)*.

Die Folterkammer des Hexenjägers The Haunted Palace

Ohne Arg reist Vincent Price in Begleitung Debra Pagets nach Arkham, die ererbte Residenz in Besitz zu nehmen. In der grau verhangenen Stadt wird er schroff zurückgewiesen; bei einem Erkundungsgang trifft das Paar gräßlich verwachsene Menschen. Vom Arzt des Ortes erfahren sie die Vorgeschichte: Joseph Curwen, ein Urahn des Neuankömmlings, experimentierte weiland mit künstlicher Insemination, ehe er von aufgebrachten Bürgern verbrannt wurde. Sein Fluch lastet auf der Stadt, ebenso seine Verheißung, dereinst zurückzukehren. Diese Stunde ist nun da, der Hexer nimmt die Gestalt seines Nachkommen an und seine Untaten wieder auf. Doch die gute Seite seines Wirtskörpers sträubt sich gegen den Eindringling.

USA 1963, Farbe, 87 Min. **Buch:** Charles Beaumont **Regie:** Roger Corman **Mit:** Vincent Price *(Charles Dexter Ward / Joseph Curwen)*, Debrah Paget *(Ann Ward)*, Lon Chaney jr. *(Simon Orne)*, Frank Maxwell *(Dr. Marinus Willet)*, Elisha Cook jr. *(Peter Smith)*, Cathy Merchant *(Hester Tillinghast)*.

Gut zu wissen:
Der – nicht von Corman ausgewählte – Originaltitel verweist zwar auf ein Gedicht von E. A. Poe, die

Die Folterkammer des Hexenjägers, Filmplakat

Geschichte beruht aber auf einem Stoff von H. P. Lovecraft.

Starke Töne:
«Ich fange an, mir über diese Stadt Sorgen zu machen.» DR. WILLET

Forbidden Beauty

Jennifer Rubin, vom Maskenbildner mehr schlecht als recht mit Alterserscheinungen versehen, gebietet über eine Kosmetikfirma und hat bislang noch selbst mit ihrem Gesicht für deren Produkte geworben. Jetzt aber wollen ihre Geschäftspartner ein neues Aushängeschild. Da kommen ihr die Experimente eines Wissenschaftlers sehr zupaß, der aus Wespengift ein Verjüngungspräparat zu gewinnen hofft. Die Unternehmerin dringt auf einen sofortigen Test und stellt sich als Versuchsperson zur Verfügung. Tatsächlich blüht sie wieder auf, doch zur Wespentaille gesellen sich andere insektoide Merkmale, und geschäftliche Auseinandersetzungen werden fortan mit stichhaltigen Argumenten ausgetragen.

USA 1995, Farbe, 90 Min. **Buch:** Danielle Purcell, Guy Prevost **Regie:** Jim Wynorski **Mit:** Jennifer Rubin *(Janice Starlin)*, Doug Wert *(Alec)*, Daniel J. Travanti *(Dr. Zinthorp)*, Maria Ford *(Caitlin)*, Melissa Brasselle *(Mary)*.

Ford Fairlane – Rock'n'Roll Detective **The Adventures of Ford Fairlane**

Mit dem Radiowecker der von Rex Weiner erdachten Comic-Figur Ford Fairlane ließe sich eine Konzerthalle beschallen, sein stromlinienförmiges Vehikel ist ein bildhübsches Museumsstück. Mit ihm durchmißt der exzentrische Privatdetektiv, der sich auf die Musikbranche spezialisiert hat, die Rock-'n'-Roll-Kapitale Los Angeles, eine abgängige Tochter aus erstbestem Hause aufzuspüren und nebenbei Überlebende der Disco-Ära zu quälen. Fairlanes Weg wird gekreuzt von Sheila E., Vince Neil, Tone Loc und anderen Selbstdarstellern.

USA 1990,

Farbe, 101 Min. **Buch:** Daniel Waters & James Cappe, David Arnott **Regie:** Renny Harlin **Mit:** Andrew Dice Clay *(Ford Fairlane)*, Wayne Newton *(Julian Grendel)*, Priscilla Presley *(Colleen Sutton)*, Morris Day *(Don Cleveland)*, Lauren Holly *(Jazz)*, Robert Englund *(Smiley)*, Ed O'Neill, Madie Corman, Kurt Loder *(cameo)*, Gilbert Gottfried, Delia Sheppard.

Alternativtitel:
«Die Abenteuer des Ford Fairlane»

Starke Töne:
«Man nennt mich Ford Fairlane, der Rock'n'Roll Detective. Ich komme in die schärfsten Clubs, in die schärfsten Garderoben und in die schärfsten Mädchen. Und zugegeben – theoretisch klingt das ziemlich reizvoll.» FORD FAIRLANE

Formicula Them!

Die Armee hat den Schaden angerichtet, da ist es nur recht und billig, wenn sie ihn selbst wieder beseitigt. Um die oberirdischen Atomtests des Jahres 1945 geht es, die bei einem Ameisenvolk krasse Mutationen hervorgerufen haben. Die Tiere sind auf LKW-Größe angewachsen und haben nun auch Menschen auf ihrem Speisezettel. Ihr ursprünglicher Bau wird zerbombt, zwei Königinnen aber entfleuchen. Die eine kapert ein Schiff und wird versenkt, die andere errichtet im Kanalsystem von Los Angeles einen neuen Staat. Zur Vorratshaltung gehören zwei kleine Kinder, weswegen sich ein ähnliches Vorgehen wie in der Wüste verbietet. Die Infanteristen schnallen sich den Flammenwerfer um und bitten zur Grillparty.

USA 1954, SW, 93 Min. **Buch:** Ted Sherdemann **Regie:** Gordon Douglas **Mit:** James Whitmore *(Sgt. Ben Peterson)*, Edmund Gwenn *(Dr. Harold Medford)*, Joan Weldon *(Dr. Patricia Medford)*, James Arness *(Robert Graham)*, Sandy Descher *(kleines Mädchen)*, Onslow Stevens *(Gen. O'Brien)*, Sean McClory *(Maj. Kibbee)*.

Formicula

Gut zu wissen:
James Arness wurde im Jahr darauf Hauptdarsteller der Westernserie «Rauchende Colts».

Achtung:
Unter den Komparsen läßt sich Leonard Nimoy ausmachen, der ebenfalls ein TV-Star werden sollte.

Foxy Brown

Schon der Vorspann ist von zaubrischem Prunk: Farbverfremdungen in Pop-art-Manier, Willie Hutchs soulige Hymne an die Titelheldin und Pam Grier in verschiedenen Kostümen, tanzend, posierend, schattenboxend. Im weiteren Verlauf wird sie all ihre Talente einsetzen, um Vergeltung zu üben für die Ermordung ihres Freundes, der als FBI-Ermittler einen Drogenring unterwandert hatte. Foxy mogelt sich ebenfalls in die Organisation hinein. Als man sie entlarvt, wird sie unter Heroin gesetzt, gemar-

Foxy Brown, Filmplakat

tert und vergewaltigt, kann sich aber befreien und kennt nun kein Halten mehr – mit Hilfe eines den Black Panthers nicht unähnlichen Bürgerkomitees zerpflückt sie die Bande, wobei sie für deren Chefin noch ein besonderes Präsent bereithält.

USA 1974, Farbe, 92 Min. **Buch** und **Regie:** Jack Hill **Mit:** Pam Grier *(Foxy Brown)*, Antonio Fargas *(Link Brown)*, Peter Brown *(Steve Elias)*, Terry Carter *(Michael Anderson)*, Kathryn Loder *(Katherine Wall)*, Harry Holcombe *(Richter Fenton)*, Juanita Brown *(Claudia)*.

Gut zu wissen:

Produzent des Films war Buzz Feitshans, der später A-Produktionen wie «Total Recall», «Rambo III» und «Color of Night» betreute.

Frankenstein: Immer Ärger mit den Monstern Mojave Frankenstein / Frankenstein and Me / Frankenstein et moi

Immer wieder wird Earl gemaßregelt, weil er im Unterricht seinen Träumen nachhängt. Darin gleicht er seinem Vater, der seinerseits gern Hirngespinsten hinterherjagt. Wenig später stirbt der Vater unerwartet an einem Herzanfall. Auf einem Rummelplatz entdeckt Earl eine Schaubude, in der angeblich Frankensteins Monster ausgestellt wird. Als die Schausteller weiterziehen, fällt die Kiste mit dem Leichnam vom LKW direkt vor Earls Füße. Er schafft das Wesen in ein verlassenes Bergwerksgebäude, das an Frankensteins Burgturm erinnert. Gemeinsam mit seinen Freunden versucht er, Frankensteins Experiment nachzustellen ... Kein Horrorfilm, sondern ein sympathisches Plädoyer, Phantasie als besondere Begabung anzuerkennen.

Kanada 1996, Farbe, 91 Min. **Buch:** Richard Goudreau, David Sherman, Robert Tinnell **Regie:** Robert Tinnell **Mit:** Jamieson Boulanger *(Earl William)*, Burt Reynolds *(Les William)*, Myriam Cyr *(Judy William)*, Ricky Mabe *(Larry William)*, Ryan Gosling *(Kenny)*, Polly Shannon *(Elizabeth)*, Louise Fletcher *(Mrs. Perdue)*.

Starke Töne:

«Ich hab's mal in Hollywood versucht. Wollte unbedingt zum Film ...» LES WILLIAM

Frankensteins Monster-Party Mad Monster Party

Illustre Gäste versammeln sich auf der Schloßinsel des Monstermachers. Natürlich darf sein eigenes Geschöpf nicht fehlen, und auch das Reptil, besser bekannt als «Schrecken vom Amazonas», ist immer dabei, wenn irgendwo gesumpft wird. Der Glöckner von Notre-Dame gönnt Paris ein

Frankensteins Todesrennen

wenig Ruhe, Dracula und der Werwolf fletschen freundlich die Zähne und bitten einander zum Tanz der Vampire. Die Mumie Imhoteps läßt sich nicht einwickeln, Dr. Jekyll und Mr. Hyde sind sich uneins. Geladen wurden sie, weil Baron von Frankenstein seinen Neffen als neuen Vorsitzenden der kleinen Interessensgemeinschaft präsentieren möchte. Graf Dracula und seiner Vertrauten allerdings ist dies gar nicht recht.

USA 1967, Farbe, 80 Min. **Buch:** Len Korobkin, Harvey Kutzman **Regie:** Jules Bass

Gut zu wissen:
Alle Partybesucher werden von Puppen dargestellt. In der Originalfassung spricht Baron von Frankenstein mit der Stimme des Horrorveteranen Boris Karloff.

Frankensteins Tochter Frankenstein's Daughter

Auch in der dritten Generation der Frankensteins wird eifrig geforscht und modelliert. Oliver Frankenstein, der sich diskret Oliver Frank nennt, und sein Faktotum Elsu erproben an der Tochter seines Arbeitgebers ein dubioses Serum, das diese zeitweise in ein bedrohlich häßliches Weib verwandelt. Sie erinnert sich an nichts, hat aber ungute Ahnungen. Zudem werkelt Frank in alter Familientradition am künstlichen Menschen, der diesmal ein weibliches Gehirn bekommen soll, weil Frauen, so die Erkenntnis des sonnigen Quacksalbers, per se besser gehorchen. Und weil Frankie-Boy diesmal von vielen jungen Leuten umgeben ist, gibt es auch eine zünftige Pool-Party mit Musik von Page Cavanaugh & seinem Trio nebst einer Gesangseinlage von Harold Lloyd jr., der einen berühmten Vater hat.

USA 1958, SW, 85 Min. **Buch:** H. E. Barrie **Regie:** Richard E. Cunha **Mit:** Donald Murphy *(Oliver Frank)*, Sandra Knight *(Trudy Morton)*, John Ashley *(Johnny)*, Sally Todd *(Suzy)*, Harold Lloyd jr. *(Don)*, Wolfe Barzell *(Elsu)*, Felix Locher *(Dr. Carter Morton)*.

Frankensteins Todesrennen
Death Race 2000

Anno 2000 steht es nicht zum besten mit den Vereinigten Provinzen von Amerika. Das Land wird von einem Diktator regiert, das Volk murrt, der Widerstand wächst. Um die Menschen von den Mißständen abzulen-

Frankenstein und die Monster aus dem All

ken, wird ein Autorennen von Küste zu Küste veranstaltet, bei dem nicht nur Schnelligkeit, sondern auch die Zahl überfahrener Passanten gewertet wird. Das Publikum ist berechtigt, zugunsten seiner Favoriten ins Geschehen einzugreifen, sei es mit Umleitungsschildern, sei es mit Sprengsätzen. Die Fahrer sind recht urige Gestalten, vorneweg «Frankenstein», der angeblich durch mehrere Unfälle so entstellt ist, daß er sein Gesicht hinter einer Ledermaske verbirgt. Seine Gegner tragen verheißungsvolle Namen wie «‹Machine Gun› Joe Viterbo» oder «Mathilde, die Hunnin».

USA 1974, Farbe, 79 Min. **Buch:** Robert Thom, Ib Melchior, Charles Griffith **Regie:** Paul Bartel **Mit:** David Carradine *(Frankenstein)*, Simone Griffith *(Annie)*, Sylvester Stallone *(«Machine Gun» Joe Viterbo)*, Mary Woronov *(Calamity Jane)*, Roberta Collins *(Mathilde, die Hunnin)*, Martin Kove *(Nero the Hero)*, Fred Grandy *(Herman the German)*.

Gut zu wissen:

Produzent Roger Corman verlangte einen unverwässerten Action-Film, Regisseur Paul Bartel war mehr am schrägen Humor interessiert. Nachdem Corman Szenen im gewünschten Stil hatte nachdrehen und einfügen lassen, enthielt das Endprodukt sozusagen das Beste von beidem.

Frankenstein und die Monster aus dem All **Kaiju Soshingeki / Destroy all Monsters! / Operation Monsterland**

Im Jahr 1999 hegt eine UN-Organisation die mitunter etwas unleidlichen Urzeitmonster japanischen Filmschaffens, die auf der Insel Ogasawara artgerecht gehalten werden und sich gut benehmen, bis die Kilaaks, Teufelsweiber aus entfernteren Bereichen der Milchstraße, die Monster unter ihre Kontrolle bringen. Die wüten nun in den Metropolen dieser Erde, wobei sie sich auf allseits bekannte Bauwerke wie den Kreml oder den Arc de Triomphe konzentrieren, ehe sie sich im Gruppenverband der japanischen Architektur zuwenden. Doch gelingt es Capt. Yamabe, die Schaltzentralen der Kilaaks zu zernichten, und fortan agieren die Monster wieder unter menschlicher Leitung, was den niederträchtigen Kilaaks nicht zur Freude gereicht.

Japan 1968, Farbe, 89 Min. **Buch:** Karuo Mabuchi, Inoshiro Honda **Regie:** Inoshiro Honda **Mit:** Akira Kubo *(Capt. Katsuo Yamabe)*, Jun Tazaki *(Dr. Yoshiba)*, Yoshio Tsuchiya *(Dr. Otani)*, Yukiko Kobayashi *(Kyoko)*, Kyoko Ai *(Anführerin*

Frankenstein: Zweikampf der Giganten

der Kilaaks), Haruo Nakajima *(Godzilla)*, Susumu Utsumi *(Ghidora)*, Teruo Nigaki *(Rodan)*, Hiroshi Sekida *(Angilaa)*, Little Man Machan *(Godzillas Sohn)*.

Frankenstein: Zweikampf der Giganten **Furankenshutain no kaiju – Sanda tai gairah / War of the Gargantuas / Duel of the Gargantuas**

Als ein im Labor geschaffener Riesengorilla einige Zellen seiner ungepflegten Haut verliert, treiben die ins Meer, vermehren sich und wachsen zu einem amphibischen Doppelgänger heran, der Fischern und Küstenbewohnern einen heillosen Schrecken einjagt. Die Armee bläst zur Hatz, während die Wissenschaftler ihr Geschöpf bewahren möchten. Erst spät realisieren die Verantwortlichen, daß es sich um zwei verschiedene Getüme handelt: einen braunen, friedlichen Zottelaffen und einen grünen, gemeingefährlichen. Akemi, die den Braunen von klein auf betreute, ist ihm noch immer verbunden und versucht, sein Leben zu retten.

Japan / USA 1966, Farbe, 93 Min. **Buch:** Kaoru Mabuchi, Inoshiro Honda **Regie:** Inoshiro Honda **Mit:** Russ Tamblyn *(Dr. Kitei)*, Kumi Mizuno *(Akemi)*, Kenji Sahara *(Assistent)*, Haruo Nakajima *(Sanda)*, Kipp Hamilton *(Sängerin)*, Jun Tazaki.

Gut zu wissen:
In den USA lautete Russ Tamblyns Rollenname Dr. Paul Stewart.

Starke Töne:
«Der alte Teddybär hat Ihnen schon wieder das Leben gerettet. Auf den bin ich ganz schön stolz.»
«FRANKENSTEIN-EXPERTE» DR. KITEI

Die Frau mit der 45er Magnum:* *Zoe Tamerlis

Frauen in Ketten Black Mama, White Mama / Hot, Hard and Mean

Auch dieser Film geht auf das Konto des heutigen Edelfilmers Jonathan Demme, denn er lieferte die an den Klassiker «Flucht in Ketten» angelehnte Story. Hier sind es zwei Frauen unterschiedlichen Charakters, die aneinandergekettet aus einem südamerikanischen Straflager fliehen, und das nicht nur, weil dort aggressiv lesbische Aufseherinnen das Sagen haben. Die weiße, idealistische Karen gehört zu einer Gruppe von Widerstandskämpfern, die robuste Lee war Prostituierte, hat ihrem Zuhälter, der auch mit Drogen handelt, einen passablen Geldbetrag entwendet und möchte möglichst schnell das Land verlassen, während Karen dringend zu den Guerillas zurück muß. Die beiden raufen sich buchstäblich zusammen, schlagen sich gemeinsam durch und scheiden als Freundinnen.

USA 1972, Farbe, 86 Min. **Buch:** H. R. Christian **Produktion** und **Regie:** Eddie Romero **Mit:** Pam Grier *(Lee Daniels)*, Margaret Markov *(Karen Brent)*, Sid Haig *(Ruben)*, Lynn Borden *(Wärterin Densmore)*, Zaldy Zshomack *(Ernesto)*, Laurie Burton *(Logan)*, Eddie Garcia *(Capt. Alfredo Cruz)*, Alona Alegre *(Juana)*, Vic Diaz *(Vic Cheng)*.

Hoppla:
Die Beschriftung des Anstaltsbusses besteht erkennbar aus einem schlichten Papierstreifen, der mit Klebeband befestigt wurde.

Die Frau mit der 45er Magnum Ms. 45 / Angel of Vengeance

Eines Abends nimmt das Leben der stummen Näherin Thana eine abrupte Wendung: Auf dem Heimweg von ihrem Arbeitsplatz im New Yorker Modeviertel lauert ihr ein maskierter Mann auf und vergewaltigt sie. Zu Hause angekommen, ertappt sie einen Einbrecher, der ebenfalls über sie herfällt. *Diesen* Schänder ereilt die Strafe umgehend. Als Instrument dient ein Bügeleisen, das bald durch eine Schußwaffe ersetzt wird – Thana beginnt einen mörderischen Rachefeldzug … Bei seinem Erscheinen wurde der Film in eine Reihe gestellt mit «Ein Mann sieht rot». Inzwischen genießt Abel Ferrara einen besseren Leumund und die Zuwendung der Stirnrunzlerkritik, die seine Filme gern auf katholische Schuld-und-Sühne-Motive absucht. In diesen Kontext fügt sich trefflich, daß Ferrara den ersten Vergewaltiger selber spielte.

USA 1981, Farbe, 82 Min. **Buch:** Nicholas St. John **Regie:** Abel Ferrara **Mit:** Zoe Tamerlis *(Thana)*, Steve Singer *(Fotograf)*, Jimmy Laine (= Abel Ferrara; *erster Vergewaltiger*), Jack Thibeau *(Gast in der Bar)*, Peter Yellen *(Einbrecher)*, Darlene Stuto *(Laurie)*.

Gut zu wissen:
Mit identischer Aufgabenverteilung drehte das Team St. John / Ferrara zuvor das Splattermovie «The Driller-Killer», in dem Ferrara selbst die Hauptrolle spielte.

Freaked

Alex Winter war 1987 Keanu Reeves Partner in der nicht gerade durch feinsinnigen Humor ausgewiesenen Teenagerkomödie «Bill und Teds verrückte Reise durch die Zeit». Hier nun machte er sich als Darsteller, Koautor und Koregisseur zu schaffen in einer Geschichte über einen TV-Serienstar, der toxische Pflanzenschutzmittel bewirbt. Ein südamerikanischer Schausteller benutzt das Zeug, um Menschen zu deformieren. Auch der Schauspieler wird sein Opfer. Bei all dem handelt es sich um einen Jux für gestählte Gemüter, und es begegnen uns teils in ungewöhnlichen Rollen: Brooke Shields, Morgan Fairchild, Mr. T als «Bärtige Lady» und Winters Weggefährte Keanu Reeves in der Maske eines «Hundemenschen».

USA 1993, Farbe, 78 Min. **Buch:** Timothy Burns, Tom Stern, Alex Winter **Regie:** Tom Stern, Alex Winter **Mit:** Alex Winter *(Rick Coogin)*, Randy Quaid *(Elijah C. Skuggs)*, Brooke Shields *(Skye Daley)*, Megan Ward *(Julie)*, Bill Sadler *(Dick Brian)*, Morgan Fairchild *(Stewardess)*, Keanu Reeves *(Wolfsmensch)*, Mr. T *(bärtige Lady)*.

Starke Töne:
«Im Grunde ist physische Schönheit nur ein auferlegter Mythos.» JULIE

***Freejack:* Emilio Estevez**

Freddy's New Nightmare – The Real Story Wes Craven's New Nightmare

Anfangs gibt es eine neue Stahlkralle, nicht für Freddy, sondern für einen Ersatzmann. Eine Szene, die flugs als filmische Inszenierung entlarvt wird. Dann aber geht der Horror wirklich los: Die Kralle macht sich selbständig und sucht ihr erstes Opfer. Abermals ätsch – alles nur geträumt, von *scream queen* Heather Langenkamp. Heather Langenkamp spielt Heather Langenkamp, die Angetraute eines FX-Spezialisten. Auch Wes Craven selbst tritt auf und doziert, daß das Böse, sprich Freddy, zehn Jahre lang in den «Nightmare»-Filmen gefangen gewesen sei, sich nun aber ins echte Leben begeben habe. Und in der Tat erfährt Heather mannigfache Drangsale, und selbst Robert Englund wird von Horrorvisionen geplagt.

USA 1994, Farbe, 108 Min. **Buch** und **Regie:** Wes Craven **Mit:** Heather Langenkamp *(sie selbst/Nancy)*, Robert Englund *(er selbst/Freddy)*, Miko Hughes *(Dylan)*, Fran Bennett *(Dr. Heffner)*, David Newsom *(Chase Porter)*, Tracy Middendorf *(Julie)*, Wes Craven, John Saxon, Marianne Maddalena (auch **Produktion**), Nick Corri, Sam Rubin, Sara Risher, Robert Shaye.

Starke Töne:
«Es war nur ein Skript. Es war nur ein Traum!» WES CRAVEN

Freejack – Geisel der Zukunft Freejack

Just setzt Rennfahrer Emilio Estevez seinen Boliden vor eine haltbare Betonwand, da wird er in letzter Nanosekunde weggebeamt und findet sich unversehens im Jahr 2009 wieder. In dieser Gegenwart benötigt man ständig knackige junge Körper, die wohlhabenden Sterbenden das Weiterleben ermöglichen. Aber Emilio möchte nicht zugunsten ihm unbekannter Herrschaften mental entkernt werden und muß sich darum mit einem wulstlippigen Killer auseinandersetzen, den es vermutlich nach «Satisfaction» gelüstet.

USA 1992, Farbe, 108 Min. **Buch:** Steven Pressfield, Ronald Shussett, Dan Gilroy **Regie:** Geoff Murphy **Mit:** Emilio Estevez *(Alex Furlong)*, Renee Russo *(Julie Redlund)*, Mick Jagger *(Vacendak)*, Anthony Hopkins *(McCandless)*, Jonathan Banks *(Michelette)*, David Johansen, Amanda Plummer, Esai Morales, John Shea.

Achtung:
Jerry Hall begleitete ihren Gatten Mick Jagger zu den Dreharbeiten und machte sich ein wenig nützlich: Sie spielt eine Fernsehreporterin.

Hoppla:
Anders als Alex Furlong hat seine Freundin Julie Redlund fast zwei Jahrzehnte durchlebt. Und doch scheint sie keinen Tag gealtert, als sich die beiden anno 2009 wiederbegegnen.

Free Snowball – Rettet den weißen Wal! Palla di neve / Snowball

Wer «Free Willy» als zu gefühlsduselig empfand, bekommt aus Italien das passende Gegenstück. Hier gibt's Slapstick, Klamauk und Kindereien, garniert mit, bei einer italienischen Produktion unverzichtbar, attraktiven Damen. Eine davon trainiert den Belugawal Snowball, der einem Tunichtgut namens Markov gehört. Was die schmollmundige Helena nicht ahnt: Snowball soll eingesetzt werden, um ein Schiff in die Luft zu sprengen. Entsprechend hysterisch reagiert Markov, als Snowball ausrückt. Der Schauspieler Billy und sein kleiner Freund Theo geben ihr Bestes, den weißen Wal vor Ungemach zu bewahren. Unter anderem verwandeln sie einen Bus in ein fahrendes Aquarium, um Snowball zu entführen. Weitere Gadgets: Markovs multifunktionaler Klumpfuß, der unter anderem als Bildtelefon und Kleinkanone dient.

Italien 1995, Farbe, 110 Min. **Buch:** Gianni Romoli, Stefano Sudriè, Maurizio Nichetti, Ciro Ippolito **Regie:** Maurizio Nichetti **Mit:** Paolo Villaggio *(Billy Bolla)*, Fabiano Vagnarelli *(Theo)*, Anna Falchi *(Helena)*, Alessandro Haber *(Marcov)*, Leo Gullotta *(Sidik)*, Monica Bellucci *(Melina)*.

Gut zu wissen:
Anna Falchi wurde in Deutschland durch den Fernsehzweiteiler «Die falsche Prinzessin» bekannt.

Freitag, der 13. Friday, the 13th

Der Vollmond bescheint den Crystal Lake, im Ferienlager werden scheußliche Fahrtenlieder gesungen. Zwei Teenager stehlen sich davon, um auf dem Dachboden zu knutschen. Schon aber kommt die subjektive Kamera ins Spiel ... Zwanzig Jahre später. Das Camp lag lange brach und soll wiederhergerichtet werden. Steve Christy hat sieben junge Leute als Helfer engagiert. Annie, die Köchin, kommt gar nicht erst an. Die anderen lernen, immer schön der Reihe nach, die Unverträglichkeit spitzer und scharfer Gegenstände kennen, und der alte Ralph, der immerzu behauptet, die Anlage am See sei verflucht, könnte sogar recht behalten.

USA 1979, Farbe, 95 Min. **Buch:** Victor Miller **Produktion** und **Regie:** Sean S. Cun-

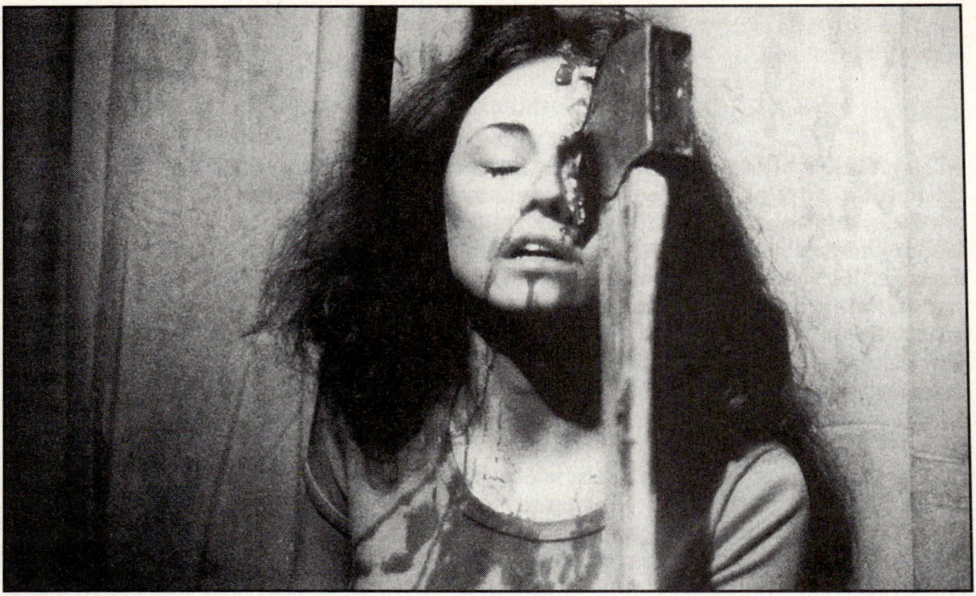

Freitag, der 13.

ningham **Mit:** Robbi Morgan *(Annie)*, Kevin Bacon *(Jack)*, Jeannine Taylor *(Marcie)*, Laurie Bartram *(Brenda)*, Adrienne King *(Alice)*, Mark Nelson *(Ned)*, Peter Brouwer *(Steve Christy)*, Rex Everhart *(Truck Driver)*, Ronn Carroll *(Sgt. Tierney)*, Walt Gorney *(Crazy Ralph)*, Betsy Palmer *(Mrs. Voorhees)*, Ari Lehman *(Jason)*.

Gut zu wissen:
Betsy Palmer war in den 50ern und 60ern ein bekannter Fernsehstar. Ihr Ruhm gründete sich auf zahllose TV-Rollen, mehr noch aber auf ihre regelmäßige Mitwirkung in diversen Gameshows. In den 70ern geriet sie in Vergessenheit – bis sie sich in FREITAG, DER 13. mit einer für sie ungewöhnlichen Rolle zurückmeldete. In der Folge war sie wieder häufig auf dem Bildschirm zu sehen, unter anderem als Gastgeberin einer eigenen Talk-Show.

Achtung:
In der Krankenhausszene wird via Sprechanlage nach einem Dr. Miller verlangt – vergleiche den Namen des Drehbuchautors.

Freitag, der 713. Pandemonium / Thursday the 12th

1963. Nach einem turbulenten Football-Spiel steht der Star der Gewinnermannschaft im Mittelpunkt des Interesses. Ganz anders Bambi, das von den Cheerleadern verlachte Mauerblümchen. Die Strafe folgt sogleich: Von unbekannter Hand geworfen, durchbohrt ein Speer die Cheerleader-Riege und diverse Gemüseattrappen, so daß sich die Anmutung eines Schaschlikspießes ergibt. Jahre später unterhält Bambi ein koedukatives Cheerleadercamp – zur Freude des Killers, der noch immer sein Unwesen treibt. Mounty Cooper und sein Pferd Bob sind ihm seit zwanzig Jahren auf der Spur. Wiederum bekommt Cooper Arbeit, denn die Zahl männlicher wie weiblicher Cheerleader-Aspiranten nimmt rapide ab: Sie wollen Sex und ernten den Tod.

USA 1982, Farbe, 82 Min. **Buch:** Richard Whitley, Jaime Klein

Regie: Alfred Sole **Mit:** Carol Kane *(Candy Jefferson)*, Judge Reinhold *(Glenn Dandy)*, Tom Smothers *(Sgt. Reginald Cooper)*, Phil Hartman *(Reporter)*, Paul Ruben (= Peewee Herman; *Johnson)*, Teri Landrum *(Mandy North)*, Candice Azzara *(Bambi)*, Debralee Scott *(Sandy)*, Tab Hunter *(Blue Grange)*, Eve Arden *(Warden June)*, Donald O'Connor *(Glenns Vater)*.

Starke Töne:
«Du hast dir doch keine Rückfahrkarte gekauft?» BUSFAHRERIN

Friday Foster – Im Netz der schwarzen Spinne Friday Foster

Mit diesem Film gingen Pam Griers wilde Tage als kratzbürstige B-Movie-Ikone zu Ende. Als Friday Foster ist sie eine angepaßte Fotografin, den Männern untergeordnet, eher kokett als kraftvoll, und sie fällt auf schmierige Charmeure herein, denen Foxy Brown mit der Stiefelspitze geantwortet hätte. Im Zuge eines Fotoauftrages, der eigentlich einem männlichen Kollegen zugedacht war, wird sie Zeugin eines Mordanschlages, bekommt die Attentäter aufs Bild und gerät in eine großangelegte, gegen wichtige afroamerikanische Persönlichkeiten gerichtete Verschwörung.

USA 1975, Farbe, 89 Min. **Buch:** Orville Hampton **Regie:** Arthur Marks **Mit:** Pam Grier *(Friday Foster)*, Yaphet Kotto *(Colt Hawkins)*, Paul Benjamin *(Sen. David Lee)*, Godfrey Cambridge *(Ford Malotte)*, Thalmus Rasulala *(Blake Tarr)*, Eartha Kitt *(Madame Rena)*, Carl Weathers *(Yarbro)*, Jim Backus *(Enos Griffith)*, Scatman Crothers *(Rev. Noble Franklin)*, Julius Harris *(Monk Riley)*, Rosalind Miles *(Cloris Boston)*.

Gut zu wissen:
Die Titelfigur entstammt einer 1970 aufgelegten Comic-Reihe von Jorgo Longaron (Text) und Jim Lawrence (Grafik).

Arthur Marks ist der Sohn von Comedy-Legende Groucho Marx.

Fright Night – Die rabenschwarze Nacht Fright Night

Einiges deutet darauf hin, daß sich zwei Vampire im Nebenhaus der Brewsters eingenistet haben. Den neuen Bewohnern bleibt Charley Brewsters Interesse nicht verborgen, und als seine alleinerziehende Mutter Nachbar Jerry zum Begrüßungstrunk hereinbittet, wird die Situation unerfreulich, denn der gibt sich Charley gegenüber freimütig als Vampir zu erkennen. Charley und seine Freundin Amy suchen Hilfe bei dem ehemaligen Horrorfilmdarsteller und jetzigen TV-Moderator Peter Vincent und hoffen auf dessen Sachverstand. Der lehnt zunächst ab, besinnt sich aber eines anderen, als er die Chance sieht, seinem Leinwandimage gerecht zu werden. Unterdessen hat der Vampir Amy in seine Gewalt gebracht und fordert Charley zum Duell.

USA 1985, Farbe, 99 Min. **Buch** und **Regie:** Tom Holland **Mit:** William Ragsdale *(Charley Brewster)*, Chris Sarandon *(Jerry Dandridge)*, Amanda Bearse *(Amy Peterson)*, Roddy McDowell *(Peter Vincent)*, Stephen Geoffreys *(Evil Ed)*, Dorothy Fielding *(Judy Brewster)*, Jonathan Stark *(Billy Cole)*.

Alternativtitel:
«Rabenschwarze Nächte»

Gut zu wissen:
Amanda Bearse ist bekannt als Marcy D'Arcy aus der Sitcom «Eine schrecklich nette Familie».

Starke Töne:
«Also, bis jetzt ist alles genau so gewesen wie im Film. Hoffen wir, daß es so weitergeht.» PETER VINCENT

Fright Night 2 – Mein Nachbar, der Vampir Fright Night Part 2

Peter Vincents Worte, siehe die obigen «Starken Töne», verhallten nicht ungehört. Zu

Beginn der Fortsetzung ist Charley in psychiatrischer Behandlung und nunmehr überzeugt, Vampire seien eine Ausgeburt seiner Phantasie. Bis er Peter, den er eine Zeitlang gemieden hat, daheim aufsucht und aus dem Fenster den Antransport mehrerer sargähnlicher Kisten beobachtet. In der Halle begegnet er einigen reichlich bizarren Gestalten, die ihm und seiner Freundin Alex bald zu schaffen machen werden: Jerry Dandridges Schwester Regine ist mitsamt Hofstaat gekommen, Sühne zu fordern für die Vernichtung ihres Bruders. Und die verführerische Frau hat sich vorgenommen, ihre Rache in vollen Zügen auszukosten.

USA 1989, Farbe, 97 Min. **Buch:** Tim Metcalfe, Miguel Tejada-Flores, Tommy Lee Wallace **Regie:** Tommy Lee Wallace **Mit:** William Ragsdale *(Charley Brewster)*, Roddy McDowall *(Peter Vincent)*, Traci Lin (= Traci Lind; *Alex)*, Julie Carmen *(Regine)*, Russell Clark *(Belle)*, Jonathan Gries *(Louie)*, Ernie Sabella *(Dr. Harrison).*

Gut zu wissen:
Jon Gries spielt in der TV-Serie «Pretender» den Computerfex Broots.

Fritz the Cat

Der seinerzeit für jugendliche Kinogänger verbotene Animationsfilm entstand 1972 nach Comics von Robert Crumb und liefert eine sympathisierende Karikatur US-amerikanischer Subkulturen. Fritz, der anarchistische Kater, legt sich mit der Polizei an, konsumiert Drogen, trifft Motorradrocker und schwarze Stadtguerilleros. Vor allen anderen Dingen aber ist er rollig wie Schmidts Katze.

USA 1971, Farbe, 78 Min. **Buch** und **Regie:** Ralph Bakshi

Gut zu wissen:
Robert Crumb befiel der Katzenjammer, als er sah, was Ralph Bakshi aus seinen Figuren gemacht hatte.

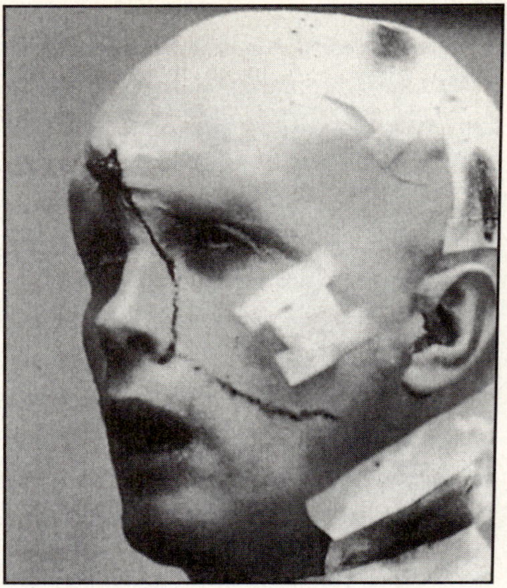

From Beyond

Frogs – Killer aus dem Sumpf Frogs

Und es kam der Tag, an dem Lurche, Libellen und anderes Getier aus der Spezies der Lappalien genug erduldet hatten von Umweltschänder Ray Milland und seinen ruchlos emittierenden Schergen. So aber begab es sich, daß die gepeinigten Kreaturen allen Mut zusammennahmen und Milland auf seinem privaten Eiland heimsuchten, ihm einmal ganz gehörig die Leviten zu quaken.

USA 1972, Farbe, 78 Min. **Buch:** Robert Hutchinson, Robert Blees **Regie:** George McCowan **Mit:** Ray Milland *(Jason Crockett)*, Sam Elliott *(Pickett Smith)*, Joan Van Ark *(Karen Crockett)*, Adam Roarke *(Clint Rockett)*, Judy Pace *(Bella Berenson)*, Lynn Borden.

Alternativtitel:
«Frogs – Die Frösche»

From Dusk Till Dawn: Harvey Keitel und George Clooney

From Beyond – Aliens des Grauens From Beyond

Ja, halluzinieren wir denn? Da hebelt jemand an einem sogenannten Resonator, und unversehens schwänzelt eine Art Piranha durch die Studierstube, dessen Vorfahren mit H. R. Gigers «Alien» gekreuzt worden sein müssen. Es ist eine Imagination, aber eine, die schmerzhafte Bißwunden hinterläßt. Ein Dr. Pretorius forscht an der Zirbeldrüse herum und verursacht diese Erscheinungen, die manch einen Beteiligten in den Wahnsinn treiben. Pretorius selbst wird, als die Sicherungen durchbrennen, zu einem beliebig formbaren Etwas und labt sich gern an menschlichen Körpern. Die Umstände verlangen danach, den Strom abzustellen, aber die Maschine ist klug und läßt sich von selbstgeschaffenen Monstren bewachen.

USA 1986, Farbe, 81 Min. **Buch:** Dennis Paoli **Regie:** Stuart Gordon **Mit:** Jeffrey Combs *(Crawford Tillinghast)*, Barbara Crampton *(Dr. Catherine McMichaels)*, Ted Sorel *(Dr. Edward Pretorius)*, Ken Foree *(Bubba Brownlee)*, Carolyn Purdy-Gordon *(Dr. Roberta Bloch)*, Bunny Summers *(Hester Gilman)*, Bruce McGuire *(Jordan Fields)*, Del Russel *(Fahrer)*.

Alternativtitel:
«Aliens des Grauens»

Erhabene Momente:
Die ansonsten streng gewandete Psychiaterin Catherine McMichaels verwandelt sich unter dem Einfluß der Maschine in einen kessen Vamp, legt aparte Lederunterwäsche an und macht sich am ohnmächtig daniederliegenden Crawford zu schaffen.

Starke Töne:
«Der Körper ist teilbar. Aber niemals der Verstand.»
DR. PRETORIUS

From Dusk Till Dawn

George Clooney und Quentin Tarantino haben einen Teil ihres Fluchtweges mit Leichen gepflastert, als sie auf Harvey Keitel stoßen, der mit Tochter und Adoptivsohn unterwegs ist. Im Wohnmobil der kleinen Familie entkommen die von einem Riesenaufgebot an Polizisten gejagten Schwerverbrecher nach Mexiko. Dort wollen sie ihren Gewährsmann in der Fernfahrerspelunke «Titty Twister» treffen, in deren Mauern so ziemlich alle erdenklichen Gelüste befriedigt werden. Bei den dort tätigen Mitarbeitern handelt es sich indes um Vampire, und als die Gebrüder auch hier wieder Bluttaten begehen, kommt die sinistre Truppe auf den Geschmack und muß von den wenigen Warmblütern im Raum gepfählt, zerstükkelt und filetiert werden, worüber dann der Rest des Films vergeht.

USA 1995/96, Farbe, 110 Min. **Buch:** Quentin Tarantino **Regie:** Robert Rodriguez **Mit:** George Clooney *(Seth Gecko)*, Harvey Keitel *(Jacob Fuller)*, Quentin Tarantino *(Richard Gecko)*, Juliette Lewis *(Kate Fuller)*, Ernest Liu *(Scott Fuller)*, Fred Williamson *(Frost)*, Tom Savini *(Sex Machine)*, Salma Hayek *(Santanico Pandemonium)*, Cheech Marin, Kelly Preston, John Saxon, Danny Trejo, Michael Parks.

Gut zu wissen:

Tom Savini war Maskenbildner etlicher George-Romero-Filme und einer der Hauptdarsteller in Romeros ➔ RITTER AUF HEISSEN ÖFEN.

Fred Williamson, eine Ikone des *blaxploitation*-Kinos, spielt die Rolle des Frost, zugleich Zitat und Würdigung seiner früheren Parts.

Starke Töne:

«Von jetzt an steht ihr alle in meinem Buch der coolen Leute.» SETH GECKO

Für immer: Lulu Forever, Lulu

Amos Kollek hat sich Susan Seidelmans Komödie «Susan ... verzweifelt gesucht» recht gut angesehen und kam wohl zu der Ansicht, das könne er auch. Konnte er aber nicht. Hanna Schygulla kommt Rosanna Arquette nicht im entferntesten nahe, sondern schauspielert wieder einmal so geistesabwesend vor sich hin, als weile sie in Gedanken an Fassbinders Grab. Debbie Harry wurde angestellt, Madonna zu ersetzen, aber es bleibt beim Versuch. Und das gilt für den ganzen Film.

BRD/USA 1986, Farbe, 82 Min. **Buch** und **Regie:** Amos Kollek **Mit:** Hanna Schygulla *(Elaine)*, Deborah Harry *(Lulu)*, Annie Golden *(Diana)*, Alec Baldwin *(Buck)*, George Kyle *(Pepe)*, Dr. Ruth Westheimer *(sie selbst)*, Amos Kollek *(Larry)*.

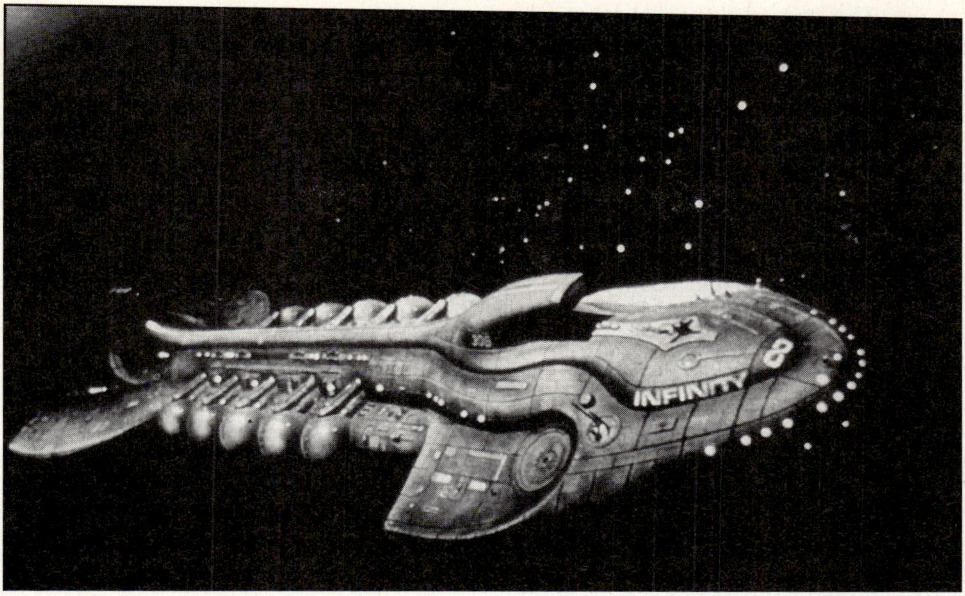

Galaxina, Raumschiff «Blue Star»

Galaxina

Die Postmoderne ist ein geordnetes System, verglichen mit dem Popkulturpotpourri des 31. Jahrhunderts. Die Besatzung des Raumschiffs «Blue Star», ausgesandt auf eine zwanzigjährige Reise, um den Mißbrauch eines Allmacht verleihenden Edelsteins zu verhindern, wundert sich kaum, auf dem Zielplaneten eine Biker-Sekte anzutreffen, die ihrem Gott Harley Davidson huldigt. Ein «Mr. Spot» spitzt die Ohren, eine Westernstadt ist von menschenfressenden Scheusalen bevölkert, und zu all dem fügen sich noch private Probleme: Sgt. Thor ist in den Dienstleistungsroboter Galaxina verliebt, der sich während der Überfahrt zur Top-Frau umprogrammiert hat, und Capt. Butt muß mit einem Alien zurechtkommen, das ihn für seinen Vater hält.

USA 1980, Farbe, 85 Min. **Buch** und **Regie:** William Sachs **Mit:** Dorothy Stratten *(Galaxina)*, Avery Schreiber *(Capt. Cornelius Butt)*, Stephen Macht *(Sgt. Thor)*, James David Hinton *(Buzz)*, Ronald Knight *(Ordric)*, Lionel Smith, Tad Horino.

Galgameth – Das Ungeheuer des Prinzen Galgameth / The Adventures of Galgameth

Eigentlich ist dem Prinzen das possierliche Getüm ja durchaus geheuer, das er durch seine bitteren Tränen zum Leben erweckt. Der kleine Spielgefährte wächst zu einem formvollendeten Drachen heran und wird des Prinzen engster Verbündeter, als der darangeht, den Mörder seines Vaters vom unrechtmäßig besetzten Thron zu verjagen. Vorher muß er seinen schuppigen Gefährten aber noch ordentlich mit Schwermetall füttern, damit der groß und stark wird. Der Kerl frißt nämlich beinah alles.

USA 1995, Farbe, 100 Min. **Buch:** Michael Angeli, Turi Meyer

Gefährliche Freundin: Jeff Daniels und Melanie Griffith

Regie: Sean McNamara **Mit:** Devin Oatway *(Davin)*, Johna Stewart *(Julia)*, Sean McNamara *(König Henryk)*, Stephen Macht *(El El)*, Lou Wagner *(Zethar)*, Elizabeth Cheap *(Periel)*, Time Winters *(Templeton)*, Felix Silla *(Little Galgy)*.

Gate – Die Unterirdischen
The Gate

Manchmal ist das Grauen gar nicht so weit entfernt. Der junge Glen, für ein Wochenende von den Eltern verlassen, findet es gleich vor der Haustür. Dort öffnet die Hölle ihren Schließmuskel und entlädt eine Horde übelwollender Kobolde. Statt ihre Party gemächlich ausklingen zu lassen, haben die Teens alle Hände voll zu tun, die hartnäckigen Quälgeister unter Kontrolle zu bringen. ▮

▮ Kanada 1986, Farbe, 86 Min. **Buch:** Michael Nankin **Regie:** Tibor Takacs **Mit:** Stephen Dorff *(Glen)*, Christa Denton *(Al)*, Louis Tripp *(Terry)*, Kelly Rowan *(Lori Lee)*, Jennifer Irwin *(Linda Lee)*, Deborah Grover *(Mom)*, Scot Denton *(Dad)*, Ingrid Veninger *(Paula)*.

Achtung:
Der altkluge Terry trägt auf seiner Jeansweste einen Aufnäher mit den Worten: «Killer Dwarfs».

Starke Töne:
«Ihr ward ungezogen!» MONSTER

Gefährliche Freundin
Something Wild

Das Thema «Der Yuppie als Phänotyp im Spiegel des US-amerikanischen Unterhaltungsfilms unter besonderer Berücksichtigung des Sozialneidaspekts» wäre auch mal eine Magisterarbeit wert. Diese Komödie gehörte in das Kapitel «Verunsicherung». Als aufstrebender Finanzberater wähnt sich Charlie Diggs im Yuppie-Milieu glücklich und zufrieden, bis ein Louise-Brooks-Verschnitt namens Lulu des Weges kommt und den braven Renditeschinder in die Mangel nimmt. In der turbulenten Komödie des Oscar-Sammlers Jonathan Demme ist alles drin, was sich für eine Yuppie-Verhöhnung geziemt: aufsässige Frauen, bornierte Kollegen, mordlustige Soziopathen, flotte Musik von David Byrne, John Cale und Laurie Anderson und Gastauftritte einiger Kollegen aus der Regiebranche wie John Sayles und John Waters.

USA 1986, Farbe, 113 Min.
Buch: E. Max Frye **Regie:** Jonathan Demme
Mit: Jeff Daniels *(Charles Driggs)*, Melanie Griffith *(Lulu/Audrey Hankell)*, Ray Liotta *(Ray Sinclair)*, Margaret Colin *(Irene)*, George Schwartz *(Mann am Tresen)*, Leib Lensky *(Frenchy)*, John Sayles *(Motorrad-Cop)*, John Waters *(Autohändler)*, Tracey Walter *(Country Squire)*, Charles Napier.

Achtung:
Die Band beim Klassentreffen sind The Feelies.

Gefährlicher Ruf Call to Danger

Schon bei «Kobra, übernehmen Sie» war Peter Graves der richtige Mann für unmögliche Aufgaben, und er wird auch hier zu Rate gezogen, als ein Kronzeuge wider das organisierte Verbrechen von den inkriminierten Herren kurzerhand entführt wird. Graves soll ihn aus der Bastion des Verbrecherrings herausholen ... Autor und Produzent der schmissigen Geschichte war der «Kobra»-erprobte Laurence Heath, der mit seinem Stoff hernach in Serie gehen wollte. Doch daraus wurde nichts.

USA 1973, Farbe, 90 Min. **Produktion** und **Buch:** Laurence Heath **Regie:** Tom Gries **Mit:** Peter Graves *(Doug Warfield)*, Diana Muldaur *(Carrie Donovan)*, John Anderson *(Edward McClure)*, Clu Gulager *(Emmet Jergens)*, Tina Louise *(April Tierney)*, Stephen McNally *(Joe Barker)*.

Der gefährlichste Mann der Welt The Most Dangerous Man in the World

Ausgerechnet der sonst so solide, wenn nicht sogar stoische Gregory Peck wird brandgefährlich, und er weiß es nicht einmal. Weil er, ein hochmögender Biochemiker, nach China gesandt werden soll, ein von Maos Wissenschaftlern entwickeltes Wachstumsenzym zu rauben, bekommt er nicht nur ausgefuchste Überwachungstechnologie, sondern auch eine Sprengkapsel implantiert, die ihn im Falle einer Festnahme zerreißen soll. Und eine solche droht selbstredend ein ums andere Mal.

GB 1968, Farbe, 99 Min. **Buch:** Ben Maddow **Regie:** J. Lee Thompson **Mit:** Gregory Peck *(John Hathaway)*, Anne Heywood *(Kay Hanna)*, Arthur Hill *(Shelby)*, Conrad Yama *(Vorsitzender)*, Francisca Tu *(Soong Chu)*, Keye Luke *(Soong Li)*.

Alternativtitel:
«The Chairman»

Gut zu wissen:
In dem Serienklassiker «Kung Fu» spielte Keye Luke den weisen Master Po.

Gefangene des Universums Prisoners of the Lost Universe

Universum hat es eher wenig in dieser erkennbar preiswerten Produktion. Der apollinische Ex-Sternenkämpfer Richard Hatch und Kay Lenz geraten vielmehr via Zeittransmitter in ein barbarisches Zeitalter, wohin es zuvor schon Prof. Hartmann, den Erfinder der Apparatur, verschlagen hat. Er überstand die dräuenden Gefahren, indem er sich als Alchimist ausgab und dem amtierenden Despoten John Saxon moderne Waffentechnik andiente. Kay Lenz landet im Kerker, Hatch sammelt eine kleine Schar von Getreuen, die Gefährtin zu befreien. GB

1983, Farbe, 91 Min. **Buch:** Terry Marcel, Harry Robertson **Regie:** Terry Marcel **Mit:** Richard Hatch *(Dan)*, Kay Lenz *(Carrie Madison)*, John Saxon *(Kleel)*, Peter O'Farrell *(Malachi)*, Kenneth Hendel *(Prof. Hartmann)*.

Starke Töne:
«Sterben ist hart, aber gerecht.» DER DIEB

Gegen die Zeit Nick of Time

Lauf, Johnny, lauf ... Immer wieder werden Uhren ins Bild gerückt, denn John Badham erzählt seinen Thriller in Echtzeit und schickt Johnny Depp in netto 89 Minuten über einen schweißtreibenden Parcours. Seine Tochter nämlich wird des Todes sein, sofern er nicht, wie von deren Entführern nachdrücklich erbeten, die Gouverneurin von Kalifornien meuchelt. Deren Sicherheitsleute und selbst ihr Ehemann sind in die Sache verwickelt. Schwierig also für Johnny, eine Vertrauensperson aufzutreiben, zumal Christopher Walken ständig ein Auge auf ihn hat.

USA 1995, Farbe, 89 Min. **Buch:** Patrick Sheane Duncan **Regie:** John Badham **Mit:** Johnny Depp *(Gene Watson)*, Christopher Walken *(Mr. Smith)*, Roma Maffia *(Miss Jones)*, Marsha Mason *(Eleanor Grant)*, Peter Strauss *(Brendan Grant)*, Courtney Chase *(Lynn Watson)*, Gloria Reuben *(Krista Brooks)*, Charles S. Dutton *(Huey)*.

Gut zu wissen:
Roma Maffia spielt eine wiederkehrende Rolle in der Thrillerserie «Profiler», Gloria Reuben ist bekannt aus «Emergency Room».

Das Geheimnis der fliegenden Teufel Without Warning

Greydon Clark, Regisseur unsterblicher Werke wie «Satan's Cheerleaders», engagierte mit dem grobgeschnitzten Jack Palance, Cameron «Onkel Buck» Mitchell, Ralph Meeker, Neville Brand und Martin Landau gleich fünf ruhmreiche Topfiguren des Randlagenkinos. Alsdann verrümpelte Clark leicht angestaubte Genremotive und patinierte Kulissen zu einem weiteren Extremwerk zwerchfellerschütternden Spätvorstellungshorrors. Palance als Tankstellenbesitzer erweist sich als der geeignete Mann, ein blutschlürfendes Monsterviech und dessen Ableger, eine Schar fliegender Quallen, zu exekutierten. Ehe es jedoch soweit ist, sind noch einige Abgänge zu verzeichnen.

USA 1980, Farbe, 89 Min. **Buch:** Lynn Freeman, Daniel Grodnik, Ben Nett, Steve Mathis **Regie:** Greydon Clark **Mit:** Jack Palance *(Taylor)*, Martin Landau *(Fred)*, Cameron Mitchell *(Jäger)*, Neville Brand *(Leo)*, Ralph Meeker *(Dave)*, Tarah Nutter *(Sandy)*, Sue Ann Langdon *(Aggie)*, David Caruso.

Alternativtitel:
«Alien – Without Warning»; «Alien Shock»; «It Came Without Warning»

Gut zu wissen:
Kameramann Dean Cundey wechselte in eine andere Gehaltsklasse, blieb aber dem Großwild treu – er bannte u. a. die Saurier aus dem «Jurassic Park» auf Film.

Das Geheimnis der roten Blume Kindar l'invulnerabile

In Uthor wird ein Kind geboren
Und Lärm zieht auf am Firmament
Den Höflingen zerfranst's die Ohren
Indes der Himmel lohend brennt.

Der Knabe ist gebenedeit
Als Thronerbe erkoren
Weil gegen Wundenschlag gefeit
Doch dann geht er verloren.

Des Königs Widersacher ließ ihn kalt
Aus seiner Wiege nehmen
Der Bub wird groß, der Vater alt
Hat viel Zeit, sich zu grämen
Weil sich die Schreiber nicht so bald
Zum Happy-End bequemen.

Italien 1965, Farbe, 91 Min. **Buch:** Alessandro Ferrau, Roberto Gianviti **Regie:** Osvaldo Civirani **Mit:** Mark Forest, Mimmo Palmara, Rosalba Neri, Dea Flowers, Red Ross.

Alternativtitel:
«Der Unverwundbare»

Das Geheimnis der sieben goldenen Nadeln Golden Needles

Robert Clouse ist ein US-amerikanischer Regisseur mit großem Faible für das Hongkong-Kino. Er inszenierte Bruce Lee in «Der Mann mit der Todeskralle» und brachte im weiteren wiederholt Hongkong-Elemente in Filme anderer Genres ein. Hier läßt er den robusten Joe Don Baker und andere Herrschaften zur Musik von Lalo Schifrin einer Statuette nachjagen, die Angaben über die entscheidenden Ansatzpunkte für eine lebensverlängernde Akupunktur enthalten soll. Allerdings existiert auch eine Doublette – wer die Nadeln nach deren Maßgabe plaziert, findet ein vorschnelles Ende.

USA 1974, Farbe, 86 Min. **Buch:** S. Lee Pogostin, Sylvia Schneble **Regie:** Robert Clouse **Mit:** Joe Don Baker *(Dan)*, Jim Kelly *(Jeff)*, Elizabeth Ashley *(Felicity)*, Ann Sothern *(Finzie)*, Burgess Meredith *(Winters)*.

Alternativtitel:
«Der Bulle von Hongkong – Das Geheimnis der 7 goldenen Nadeln»

Gut zu wissen:
Wayne Wang, später mit Filmen wie «Smoke» sehr erfolgreich, trug als Regieassistent zum Gelingen bei.

Mit dem schwarzen Kung-Fu-Star Jim Kelly drehte Clouse ein Jahr zuvor das *blaxploitation movie* «Freie Fahrt ins Jenseits»

Das Geheimnis der Todesinsel La isla de la muerte / Bloodsuckers / The Island of the Doomed / The Maneaters of Hydra / Island of the Dead

Ernst von Theumer, der hier als Mel Welles zeichnet, war dem großen Trashfilmer Adrian Hoven beinahe ebenbürtig, wenn es darum ging, fabelhaften Unsinn ins Bild zu setzen. Hier gerät eine Gruppe von Touristen auf eine italienische Insel, wo Cameron Mitchell einen pflanzlichen Dracula herangezogen hat, einen mit Fangarmen bewehrten Baum nämlich, der gern Menschen entsaftet. Was dem einen oder anderen Besucher denn auch widerfährt. Da hilft nur eins: die Axt.

BRD / Spanien 1966, Farbe, 85 Min. **Buch:** Ira Meltcher, Stephen Schmidt **Regie:** Mel Welles (= Ernst von Theumer) **Mit:** Cameron Mitchell *(Baron von Weser)*, Elisa Montez *(Beth Christiansen)*, George Martin *(David Moss)*, Kai Fischer *(Cora Robinson)*, Hermann Nehlsen *(Prof. Julius Demerist)*.

Gut zu wissen:
Ernst von Theumer war auch Produzent des Films, verbarg sein Tun aber hinter dem *nom de guerre* George Ferrer. Von Theumer wirkte in diversen Ländern und hinterließ sogar nennenswerte Spuren in Hollywood, wiederum unter Pseudonym: Als Mel Welles spielte er den Gravis Mushnik in Roger Cormans ➜ KLEINER LADEN VOLLER SCHRECKEN, als Richard Jackson produzierte er den Schottenschinken «Rob Roy».

Das Geheimnis des gelben Grabes **L' etrusco uccide ancora**

Bryan Edgar Wallace eiferte wieder dem berühmten Vater nach und lieferte die Vorlage für diese europäische Koproduktion. Ein Archäologe stößt in einer etruskischen Grabstelle auf Abbildungen von Menschenopfern. Irgendein Mitbürger findet Gefallen an den dort dargestellten Verrichtungen und handelt auch danach. So weit, so wenig neu. Drollig aber ist, daß sich zu den erstbesten Verdächtigen auch ein hochmögender Dirigent gesellt, der einige Ähnlichkeit mit Herbert von Karajan aufweist.

BRD / Jugoslawien / Italien 1971/72, Farbe, 105 Min. **Buch:** Lucio Battistrada, Armando Crispino, Lutz Elsholtz **Regie:** Armando Crispino **Mit:** Alex Cord *(Jason)*, Samantha Eggar *(Myra)*, John Marley *(Nikos)*, Horst Frank *(Stephen)*, Enzo Tarascio *(Giuranna)*, Enzo Cerusico *(Alberto)*, Carlo de Mejo *(Igor)*, Nadja Tiller, Christiane von Blanc.

Gut zu wissen:
Alex Cord wurde 1984 Jan-Michael Vincents Verbindungsmann zur ominösen «Firma» in der Hubschrauberserie «Airwolf».

Die geheimnisvolle Insel **Mysterious Island**

Während des US-amerikanischen Bürgerkriegs gelingt einigen Soldaten und einem Journalisten per Wetterballon die Flucht aus einem Kriegsgefangenenlager der Konföderierten. Sie werden davongetragen und landen auf einer scheint's menschenleeren exotischen Insel. Doch lassen einige mysteriöse Vorfälle auf die Anwesenheit intelligenter Lebewesen schließen. Unübersehbar jedenfalls sind die haushohen Tiere, die die Insel bevölkern. Zwei schiffbrüchige Frauen ergänzen die kleine Gemeinschaft aufs trefflichste; Gefahr droht von Piraten, und eines Tages stößt man in einer Grotte auf ein geheimnisvolles U-Boot. Hallo, Captain Nemo, Sie auch hier?

GB 1961, Farbe, 101 Min. **Buch:** John Prebble, Daniel Ullman, Crane Wilbur **Regie:** Cyril Endfield **Mit:** Michael Craig *(Capt. Cyrus Harding)*, Gary Merrill *(Gideon Spilett)*, Joan Greenwood *(Lady Mary Fairchild)*, Michael Callan *(Herbert Brown)*, Beth Rogan *(Elena)*, Herbert Lom *(Capt. Nemo)*.

Das Geheimnis von Centreville **Strange Invaders**

Außerirdische bevölkern ein kleines Kaff in der amerikanischen Provinz, indem sie menschliche Gestalt annehmen, derweil die wahren Bewohner in einer Art Raum-Zeit-Zone zwecks späterer Wiederverwendung eingelagert werden. Nun kommt aber ein gewisser Dr. Bigelow nach längerer Abwesenheit zurück nach Centreville und merkt, weil studiert und auch sonst nicht dumm, daß da etwas faul ist ... Nicht von ungefähr spielt das Geschehen anno 1958, als *Body Snatcher* und andere illegal eingereiste Gestalten auf amerikanischen Leinwänden umgingen. Allerdings gibt es eine auffällige Akzentverschiebung: In diesem Fall ist die Regierung komplizenhaft mit von der Partie.

USA 1983, Farbe, 90 Min. **Buch:** Michael Laughlin, William Condon **Regie:** Michael Laughlin **Mit:** Paul LeMat *(Charles Bigelow)*, Nancy Allen *(Betty Walker)*, Diana Scarwid *(Margaret)*, Fiona Lewis *(Alien)*, Lulu Sylbert, Wallace Shawn, Caroline Munro, Louise Fletcher, June Lockhart, Charles Lane, Michael Lerner.

Geheimsache Schweinebacke **Not for Publication**

Das hätte auch Paul Verhoeven passieren können: «Showgirls schwören Blutrache!

Produzent verdrückt sich». Doch dieser Film entstand zehn Jahre vor Verhoevens extravaganter Las-Vegas-Drolerie, mit weniger Geld, aber mehr Witz. Die obigen Worte sind eine Schlagzeile des Revolverblattes «Informer», bei dem Louise Thorndike mühsam ihre Miete verdient. Sie hofft darauf, aus dem Blatt eines Tages wieder eine seriöse Zeitung machen zu können. Wenn sie nicht skandalträchtige Geschichten ausgräbt, arbeitet sie für die Wiederwahl des Bürgermeisters Franklyn. Nach einer Tanzeinlage im Schafskostüm, einer jugendfreien Orgie und einem absurden Raubüberfall dämmert ihr langsam, daß beide Tätigkeiten nicht zu trennen sind.

USA 1984, Farbe, 81 Min. **Buch:** Paul Bartel, John Meyer (auch Musik) **Regie:** Paul Bartel **Mit:** Nancy Allen *(Louise Thorndike)*, David Naughton *(Barry Denver)*, Laurence Luckinbill *(Bürgermeister Franklyn)*, Richard Joseph Paul *(Troppogrosso)*, Cork Hubbert *(Odo)*, Alice Ghostley *(Doris Denver)*, Don Peoples *(Cy Katz)*, Catherine Schultz *(Maureen)*.

Achtung:
Die Rolle des Fernsehregisseurs im Rollstuhl übernahm Paul Bartel selbst.

Das Gehirn The Brain

Er ist im Fernsehen, also muß er etwas taugen. So denken die Eltern des ungebärdigen James und geben ihren Sohn beim TV-Psychiater Dr. Blake in Behandlung. Doch hinter dessen «*Think Positive*»-Botschaft verbirgt sich ein Abgrund an Infamie: Der gutgelaunte Wunderdoktor ist in Wahrheit Helfershelfer eines monströsen Zellenhaufens, der für Gehirnwaschungen großen Stils, Halluzinationen und anderes Ungemach verantwortlich ist. James kommt dem schleimigen Gewächs auf die Schliche, aber wer hört schon auf einen Teenager.

USA 1988, Farbe, 88 Min. **Buch:** Barry Pearson **Regie:** Edward Hunt **Mit:** Tom Breznahan *(James)*, Cyndy Preston *(Janet)*, David Gale *(Dr. Blake)*, George Buza, Brett Pearson.

Gut zu wissen:
David Gale spielte einen nicht unähnlichen Part im Genreklassiker ➜ RE-ANIMATOR.

Die Geister, die ich rief ...:* *Bill Murray und Carol Kane

Die Geister, die ich rief ... Scrooged

Beim Originaltitel «Scrooged» schwant uns schon, daß Regisseur Richard Donner sich an einer zeitgemäßen Adaption von Charles Dickens «A Christmas Carol» versucht. Tropfgesicht Bill Murray verkörpert einen zynischen Fernsehrüpel, der selbst an Weihnachten nur an die Einschaltquoten denkt und wenig feierliche Gedanken hegt – bis ihn einige Geister mit drakonischen Maßnahmen eines Beßren belehren. David Johansen hat gleich mehrere berückende Szenen als überirdisch hundsgemeiner Taxifahrer.

USA 1988, Farbe, 101 Min. **Buch:** Mitch Glazer und Michael Donoghue **Regie:** Richard Donner **Mit:** Bill Murray *(Frank Cross)*, Karen Allen *(Claire Phillips)*, John Forsythe *(Lew Hayward)*, John Glover *(Brice Cummings)*, Bobcat Goldthwait, David Johansen, Carol Kane, Robert Mitchum, Alfre Woodard, Buddy Hackett.

Gut zu wissen:
Vor seiner Schauspielkarriere war David Johansen Sänger der berüchtigten Glamrock-Formation The New York Dolls. Später wechselte er die Stilrichtung und gab unter dem Pseudonym Buster Poindexter eine Art *Fun-Swing* zum Besten.

Generation X

Es sind, sagt Sean, seltsame Zeiten. Die staatliche M.E.A. fahndet nach jungen Mutanten, die mit Beginn der Pubertät außerordentliche Fähigkeiten entwickeln. Eine klandestin wirkende Organisation bringt diese Wunderkinder in einem Internat unter, wo sie den bewußten Umgang mit ihren Kräften lernen. Russel Tresh, ein verrückter Schrat, der der Werbung zuarbeitet und mit Ausbilderin Emma noch eine Rechnung zu begleichen hat, will sich die unerfahrenen Mutanten durch Gedankenmanipulation dienstbar machen ... Dieser zentrale Konflikt wird indes eher en passant erledigt; der Film verwendet viel Zeit auf die Nöte der X-Kids und ihre Probleme mit den ‹Normalen›, denen sie sich aus Gründen des Selbstschutzes nicht offenbaren dürfen.

USA 1996, Farbe, 75 Min. **Buch:** Eric Blakeney **Regie:** Jack Sholder **Mit:** Amarilis *(Monet «M» St. Croix)*, Suzanne Davis *(Arlee «Buff» Hicks)*, Matt Frewer *(Russel Tresh)*, Finola Hughes *(Emma «White Queen» Frost)*, Heather McComb *(Jubilation «Jubilee» Lee)*, Jeremy Ratchford *(Sean «Banshee» Cassidy)*, Bumper Robinson *(Mondo)*, Agustin Rodriguez *(Angelo «Skin» Espinosa)*, Randall Slavin *(Kurt «Refrax» Pastorius)*.

Gut zu wissen:
Comic-Star-Autor Stan Lee fungierte als *executive producer*.

Heather McComb spielte in der Krimiserie «Profiler» die schwererziehbare Tochter des VCTF-Chefs Bailey Malone.

Starke Töne:
«Nichts ist so ungebunden wie ein Gedanke.» MISS FROST

Das Gesicht im Dunkeln
A doppia faccia

Als die Millionenerbin Helen ein vorzeitiges Ende nimmt, gerät automatisch ihr Ehemann in Verdacht, was niemanden verwundern kann, da dieser doch das Galgengesicht Klaus Kinskis umherträgt. Doch hüten wir uns vor Vorverurteilungen! Nur weil der Mann immer so böse guckt, die Lippen nach außen stülpt und nichtsnutzige Journalisten erschreckt, ist er noch lange kein Mörder. Hingegen gerät er durch den Tod seiner Frau mental schwer ins Schlittern, was durch Unschärfen, hektische Zooms und kippende Kamera sehr schlicht und damit ebenso rührend verbildlicht wird wie jenes originelle Hippie-Bacchanal, das einen entscheidenden Wendepunkt markiert.

BRD/Italien 1969, Farbe, 81 Min. **Buch:** Paul Hengge, Richard Freda (= Riccardo Freda) **Regie:** Richard Freda **Mit:** Klaus Kinski *(John Alexander)*, Christiane Krüger *(Christine)*, Günther Stoll *(Inspektor Steevens)*, Margaret Lee *(Helen Alexander)*, Annabella Incontrera *(Liz)*, Sydney Chaplin *(Mr. Brown)*.

Hoppla:
In einer Szene verweilen Kinski und Gattin beim Pferderennen und verfolgen von der Tribüne aus mit ihren Ferngläsern das Feld. Offenbar vergaß der Regisseur zu erwähnen, in welcher Richtung sich die imaginären Pferde bewegen sollen – Kinski blickt stramm nach links, die Gattin hingegen nach rechts.

Als Helen Alexander verunglückt, tut sie dies unübersehbar in einem Spielzeugauto inmitten einer Modellbaulandschaft.

Starke Töne:
«Irgend etwas gefällt mir nicht an dieser Geschichte.» STEEVENS

Ghetto Busters I'm Gonna Git You Sucka

Gewichtig rollt der Funk, wenn The Gap Band zum Titelstück «I'm Gonna Git You

Ghostbusters: Bill Murray, Dan Akroyd und Harold Ramis

Sucka» anhebt. Der Autor, Regisseur und Hauptdarsteller Keenen Ivory Wayans verulkt in dieser nicht immer subtilen Komödie die Klischees des *blaxploitation*-Kinos. Einige der Originalstars sind mit von der Partie: Bernie Casey, Antonio Fargas (als, wie sollte es anders sein, «Pimp of the Year»), Jim Brown und der große Isaac Hayes. Der Soundtrack verzeichnet Namen wie The Four Tops und Aretha Franklin, Curtis Mayfield und Fishbone; die jüngere Generation wird vertreten von der K-9 Posse und Boogie Down Productions.

USA 1988, Farbe, 87 Min. **Buch** und **Regie:** Keenen Ivory Wayans **Mit:** Keenen Ivory Wayans *(Jack Spade)*, Bernie Casey *(John Slade)*, Isaac Hayes *(Hammer)*, Jim Brown *(Slammer)*, Antonio Fargas *(Flyguy)*, Steve James *(Kung Fu Joe)*, Ja'net DuBois *(Ma Bel)*, Clu Gulager *(Lt. Baker)*, John Vernon *(Mr. Big)*, Anne-Marie Johnson, Kadeem Hardison, Damon Wayans, Eve Plumb, Chris Rock, Clarence Williams III.

Alternativtitel:
«I'm Gonna Git You Sucka»

Ghostbusters

Ob die Phantome des Hutmachers, das Gespenst von Canterville, der Geist von Mrs. Muir oder der American Werewolf – wo immer es auch spukt, die Jungunternehmer Bill Murray, Dan Aykroyd und Harold Ramis exorzieren, daß jegliches Zombiegewürm winselnd zur Hölle fährt. Ghost-Writer der Gruselkomödie, der von der deutschen Synchronisation einige Geistesblitze ausgetrieben wurden, waren die Hauptdarsteller Aykroyd und Ramis.

USA 1984, Farbe, 105 Min. **Buch:** Dan Aykroyd, Harold Ramis **Regie:** Ivan Reitman **Mit:** Bill Murray *(Dr. Peter Venkman)*, Dan Aykroyd *(Dr. Raymond Stantz)*, Sigourney Weaver *(Dana Barrett)*, Harold Ramis *(Dr. Egon Spengler)*, Rick Moranis *(Louis Tully)*, Annie Potts *(Janine Melnitz)*, William Atherton *(Walter Peck)*, Ernie Hudson *(Winston Zeddmore)*.

Gut zu wissen:
Die Grundzüge der Handlung finden sich bereits in der TV-Serie «The Ghost Busters», die von 1975 bis 1976 vom US-Fernsehen ausgestrahlt wurde.

Achtung:
In einer Szene ist ein Kino zu sehen, in dem gerade → CANNIBAL GIRLS aufgeführt wird – eine von Ivan Reitmans frühen Regiearbeiten.

Ghoulies IV

Es beginnt mit einem Knalleffekt und einer Augenweide für Lackfetischisten: Die dralle Alexandra betreibt den Raub eines Edelsteins und nimmt dabei auch Tote in Kauf. Die Leichen ordnet sie zum Pentagramm, dem Meister des Bösen Eintritt zu gewähren in die hiesige Welt. Der erscheint zwar, muß aber infolge eines Mißgeschicks noch mal zurück ins Jenseits. Zwei heimlich mitgereiste Ghoulies schauen sich derweil ein wenig um in unserer Welt, während Alexandra weitere Versuche unternimmt, ihrem Herrn zu dauerhaftem Bleiberecht zu verhelfen. Sie benötigt dazu unter anderem ein Juwel, das sich vorerst noch am Hals des abgekämpften Cops Graves befindet. Und der gerät denn auch ins Visier der strammen Verfechterin des Bösen. ▌USA 1993, Farbe, 81 Min. **Buch:** Mark Sevi **Regie:** Jim Wynorski **Mit:** Peter Liapis *(Det. Jonathan Graves / Faust)*, Barbara Allyn Woods *(Kate)*, Stacie Randall *(Alexandra)*, Raquel Krelle *(Jeanine)*, Bobby Di Cicco *(Det. Scott «Scotty» Mancuso)*.

Starke Töne:
«Was sehe ich denn da? Die suchen noch Statisten für den nächsten Spielberg-Film!» GHOULIE

«Wir sehen uns wieder – in unserem Remake!» GHOULIES

Giant Killer

Ein Computerfuchs ertüftelt ein Programm, mittels dessen Spielautomaten der Sorte «Einarmiger Bandit» geknackt werden können. Nun heißt unser Mann aber Harry, und darum wird er denn auch alsbald ermordet. Bo Svenson und Fred Williamson nehmen die Ermittlungen auf und verbreiten Angst und Schrecken in Las Vegas. ▌Italien 1984, Farbe, 81 Min. **Buch:** David Parker **Regie:** Larry Ludman **Mit:** Fred Williamson *(Lou)*, Bo Svenson *(George Ryan)*, Marcia Clingan *(Kathy)*, Vincent Conte, John Morghen.

Gier nach Blut **Macumba Love**

Auf Haiti frönen die Eingeborenen einem Kult mit höchst unzivilisierten Riten. Schriftsteller Walter Reed läßt sich herbei, dem barbarischen Treiben Einhalt zu gebieten, zumal er sich in das jüngste Opfer der exotischen Religionsgemeinschaft verliebt hat. Männliche Augen zu verwöhnen, wurde die Britin June Wilkinson aufgeboten, seinerzeit ein populäres ‹Playboy›-Model. William Wellman jr. ist der Sohn des gleichnamigen Hollywood-Regisseurs. ▌USA / Brasilien 1960, Farbe, 85 Min. **Buch:** Norman Graham **Regie:** Douglas Fowley **Mit:** Walter Reed *(Weils)*, Ziva Rodann *(Venus de Viasa)*, William Wellman jr. *(Sarahs Ehemann)*, June Wilkinson *(Sarah)*, Ruth De Souza *(Mama Rataloy)*.

Gut zu wissen:
June Wilkinson hatte einen frühen Filmauftritt in Russ Meyers «Der unmoralische Mr. Teas» und brachte es später zu einer ansehnlichen Filmographie, inklusive Gastauftritt in der unvergessenen «Batman»-Serie.

Gigant des Grauens **War of the Colossal Beast**

In Mexiko verschwinden mit Nahrungsmitteln beladene LKW, deren verstörte Fahrer von einem «Giganten» stammeln. Drüben in Los Angeles hört Joyce Manning davon und wähnt ihren Bruder am Werke, jenen Col. Manning, den wir bereits aus → DER KOLOSS kennen. Wahrlich, er hat den Sturz vom Boulder Dam überlebt, sich dabei aber kräftig den Kopf gestoßen, der nicht nur äußerlich erhebliche Beschädigungen aufweist. Ohne Verstand rüpelt er durch die Gegend und muß betäubt und gefesselt werden. Man beschließt, ihn auf einer einsamen Insel auszusetzen, aber Manning reißt sich los und nimmt seine Verwüstungen wieder auf. Nicht nur er, sondern auch der Drehbuchautor litt unter Gedächtnisverlust, war doch im ersten Teil bereits ein Mittel gegen Mannings unnatürliches Wachstum gefunden worden.

USA 1958, SW/Farbe, 68 Min.
Buch: George Worthing Yates **Produktion** und **Regie:** Bert I. Gordon **Mit:** Sally Fraser *(Joyce Manning)*, Dean Parkin *(Col. Glenn Manning)*, Roger Pace *(Maj. Mark Baird)*, Russ Bender *(Dr. Carmichael)*, George Becwar *(John Swanson)*, Charles Stewart *(Capt. Harris)*.

Hoppla:
Im vorangegangenen Film war noch ausführlich die Rede davon, daß Manning keinerlei Angehörige habe. Nun findet sich immerhin eine Schwester für ihn – die freilich wenig Freude am unverhofften Familienzuwachs hat.

Giganten am Himmel Airport 1975

Eingedenk der unverschämten Genreparodie «Die unglaubliche Reise in einem verrückten Flugzeug» vermag man beim Wiederbetrachten der Originale nur noch zu lachen. Hier sind sie alle versammelt, die Klischeefiguren des Katastrophenfilms: Das junge Mädchen auf dem Weg zur lebensrettenden Operation – gespielt von der frisch exorzierten Linda Blair –, der abgehalfterte Filmstar (wer anders als Gloria Swanson), die tapfere Stewardeß (Karen Black), der virile Pilot (Efrem Zimbalist jr.) und all die anderen. Zwei weitere Altstars, Myrna Loy und Dana Andrews, erledigen die unverzichtbaren Gastauftritte, während Haudegen Charlton Heston mit George Kennedy zur hoch-, nein höchst dramatischen Rettung des havarierten Jumbos bereitsteht.

USA 1974, Farbe, 107 Min. **Buch:** Don Ingalls **Regie:** Jack Smight **Mit:** Charlton Heston *(Alan Murdock)*, Karen Black *(Nancy Pryor)*, George Kennedy *(Joseph Patroni)*, Helen Reddy *(Schwester Ruth)*, Efrem Zimbalist jr. *(Stacy)*, Myrna Loy *(Mrs. Devaney)*, Susan Clark *(Mrs. Patroni)*, Gloria Swanson *(Gloria Swanson)*.

Alternativtitel:
«Airport 75 – Giganten am Himmel»

Girls Gang Easy Wheels

Eileen Davidson, in den USA bekannt als *daytime-soap*-Darstellerin, wurde dereinst von der Wölfin gesäugt und führt nun eine Schwadron verwegener Bikerinnen, die sich die Ausrottung des Patriarchats aufs Panier geschrieben haben. Im Verfolg dessen rauben sie Babys, um sie gleichfalls von Wölfen aufziehen zu lassen. Paul LeMat ist der Häuptling der Jungs-Gang und hat etwas gegen diese Usancen einzuwenden. Er findet Verständnis bei Barry Livingston, einem Reporter, der sein Fähnlein zeitweise begleitet. – Sam Raimi, Robert Tapert und Bruce Campbell zeichneten als Produzenten verantwortlich, und da schwant einem schon, daß dies kühne Werk nur bedingt ernst zu nehmen ist.

USA 1989, Farbe, 94 Min.
Buch: David O'Malley, Ivan Raimi, Celia Abrams **Regie:** David O'Malley **Mit:** Eileen Davidson *(She Wolf)*, Paul LeMat *(Bruce)*, Marjorie Bransfield *(Wendy)*, Jon Menick *(Professor)*, Barry Livingston *(Reporter)*, Theresa Randle *(Ace)*, Roberta Vasquez *(Tondalco)*, Mark Holton *(Animal)*.

Gut zu wissen:
Hinter dem Pseudonym Celia Abrams verbirgt sich Sam Raimi.

Der Gladiator von Rom II gladiatore di roma

König Archelgo läßt sein Leben
Weil andere nach der Krone streben
Und seine Tochter, gerade vier
Wird in barbarischer Manier
Versklavt und Richtung Rom verschickt
Eh' sie das Ränkespiel durchblickt.

Wir raffen nun die Zeit ein wenig
Inzwischen kommt ein neuer König
Der hört von Nisas fernem Walten
Und gibt Befehl, sie auszuschalten
Die Häscher jedoch müssen passen
Sie kriegen Nisa nicht zu fassen.

Denn auch in Rom wird abgeschlachtet
Weil man die Christen dort verachtet
Die Sklavenhalter sind schon tot
Und Nisa leidet höchste Not
Die Holde muß im Steinbruch schuften
Soviel vorweg: Sie wird verduften.

Italien 1962, Farbe, 86 Min. **Buch:** Gian Paolo Callegari, Giuseppe Mariano **Regie:** Mario Costa **Mit:** Gordon Scott *(Markus)*, Eleonore Vargas *(Prisca)*, Wandisa Guida *(Nisa)*, Roberto Risso *(Valerio jr.)*, Alberto Farnese *(Vezio Rufo)*.

Godfather of Harlem – Der Pate von Harlem Black Caesar / The Godfather of Harlem

Nachdem Tommy Gibbs, der mächtige Pate der schwarzen Bezirke New Yorks, angeschossen wurde, torkelt er waidwund an einem Kino vorbei, in dem «The Godfather» gezeigt wird. Larry Cohen erwies dem prominenten Vorläufer seine Reverenz, auch wenn sein eigener Film, nicht nur was den Originaltitel anbelangt, eher an die Gangsterepen der 30er Jahre anknüpft. Der Film überbrückt die Zeitspanne zwischen September 1953 und August 1972, zwei Jahrzehnte, in denen der in den Slums aufgewachsene frühere Schuhputzjunge Tommy Gibbs zum gefürchteten Gangsterboß aufsteigt, seine Herkunft mit zunehmendem Reichtum aber vergißt und an seinem Hochmut zugrunde geht.

USA 1973, Farbe, 91 Min. **Produktion, Buch, Regie:** Larry Cohen **Mit:** Fred Williamson *(Tommy Gibbs)*, Phillip Roye *(Joe Washington)*, Gloria Hendry *(Helen)*, Minnie Gentry *(Momma Gibbs)*, Art Lund *(John McKinney)*, Val Avery *(Sal Cardoza)*, D'Urville Martin *(Rev. Rufus)*, William Wellman jr. *(Alfred Coleman)*, Julius W. Harris *(Mr. Gibbs)*, Omer Jeffrey *(Tommy als Kind)*.

Alternativtitel:
«Der Pate von Harlem»; «Black Max»

Gut zu wissen:
Ursprünglich war Sammy Davis jr. als Hauptdarsteller vorgesehen.

Die Filmmusik lieferte «The Godfather of Soul»: James Brown.

Godzilla – Das Ungeheuer aus dem Meer Nankai no dai ketto

Frisch angespült auf einer Tropeninsel, entdecken Meisterdieb Ryota und Freunde einen Industriekomplex, in dem Eingeborene Zwangsarbeit verrichten. Eine Riesengarnele namens Ebirah verhindert die Flucht übers Meer. Die entwichene Sklavin Dayo berichtet von der kessen Motte Mothra, der geflügelten Schutzpatronin ihrer Heimat. Die Inselbesucher werden versprengt. Drei von ihnen wecken den in einer Höhle schlummernden Godzilla mittels eines herbeigelenkten Blitzstrahls. Godzilla rangelt mit Ebirah, verwandelt einen Riesenvogel in Grillfleisch, schmettert gegnerische Düsenjäger vom Firmament und legt dazu einen flotten Twist aufs Felsplateau. Leider setzen Godzillas Kraftakte auch den Zünder der Atomanlage in Gang. Nur wenige Minuten bleiben bis zur Katastrophe. Und Mothra, die einzige, die helfen könnte, ruht noch immer faul auf ihrem Altar.

Japan 1966, Farbe, 87 Min. **Buch:** Shinichi Sekizawa **Regie:** Jun Fukuda **Mit:** Akira Takarada *(Yoshimura)*, Toru Watanabe *(Ryota)*, Hideo Sunazuka *(Nida)*, Kumi Mizuno *(Dayo)*, Hiroshi Sekida *(Ebirah)*, Haruo Nakajima *(Godzilla)*, Jun Tazaki, Akihiko Hirata, die Alilena-Zwillinge.

Alternativtitel:
«Frankenstein und die Ungeheuer aus dem Meer»; «Godzilla – Das Ungeheuer aus der Tiefe»

Erhabene Momente:
In der Absicht, einander kräftig weh zu tun, spielen Godzilla und Ebirah mit großen Felsbrocken eine Mischung aus Fuß- und Volleyball.

Hoppla:
Beim eleganten Flug der Motte Mothra sind die Führungsfäden nicht zu übersehen.

Godzillas Sohn Gojira no musuko / Son of Godzilla

Es geht gleich wieder auf eine dieser abgelegenen Südseeinseln. UNO-Forscher haben sich dort etabliert, um künstliche Temperaturänderungen zu erproben. Ein Reporter drängt sich ihnen auf und entdeckt auf dem vermeintlich unbewohnten Eiland eine Eingeborene. Auch schleicht eine Riesenheuschrecke durch den Urwald. Andere Großbiester wollen Godzillas Nachwuchs futtern, doch der Senior geht dazwischen. Für die Wissenschaftler wird das Überleben immer schwieriger. In ihrer Not werfen sie noch einmal ihre Klimamaschine an und senken die Außentemperaturen, um so das tropische Ungeziefer zu vertreiben. Das war der Tag, an dem Godzilla den Schnupfen kennenlernte.

Japan 1967, Farbe, 86 Min. **Buch:** Shinichi Sekizawa, Kazue Shiba **Regie:** Jun Fukuda **Mit:** Tadeo Takashima *(Prof. Kusumi)*, Akira Kubo *(Gora)*, Bibari Maeda *(Reiko)*, Akihiko Hirata, Yoshio Tsuchiya.

Erhabene Momente:
Godzilla und Sohn Minya üben sich im Feuerspeien. Gar niedlich freut sich der Junior, als es ihm endlich gelingt. Die Fähigkeit erweist sich denn auch als lebensrettend, als ihm die Spinne Spiga jr. zu nahe tritt.

Godzilla und der Kampf der Titanen Mekagojira no gyakushu / Terror of Mechagodzilla / The Terror of Godzilla

Natürlich hat Professor Mafune eine bildhübsche Tochter, und die nimmt er mit in die Berge, als man ihm seinen Lehrstuhl unter dem Hintern wegzieht. Zwar ist er eine Universalkoryphäe, doch, so heißt es vielsagend, «seine Intelligenz, verstehen Sie, entwickelte sich in eine andere Richtung». In den Abgesandten einer außerirdischen Macht findet er neue Sponsoren und baut ein «Titanosaurier-Kontrollsystem», Vergeltung zu üben an der unverständigen Menschheit. Seine Freunde vom Planeten «Deep Hole» verfügen ihrerseits über den Mechagodzilla, dem weder mit Strahlenkanonen noch Kamikaze-Piloten beizukommen ist. Dann jedoch entsteigt der echte Godzilla dem Meer und bringt die beiden bösartigen Trampel zur Räson. Professor Mafune aber erfand später das Tamagochi, und die Rache ward sein.

Japan 1974, Farbe, 83 Min. **Buch:** Yukiko Takayama **Regie:** Inoshiro Honda **Mit:** Katsuhiko Sasaki, Tomoko Ai, Akihiko Hirata, Tadao Nakamura.

Godzilla und der Kampf der Titanen: Godzilla und Mechagodzilla

Alternativtitel:
«Die Brut des Teufels: Konga, Godzilla, King Kong»

Erhabene Momente:
Allein durch wackere Wedelei mit der aufgestellten Schwanzflosse fabriziert der Titanosaurier einen Orkan, der halb Tokio davonbläst.

Hoppla:
Als Mafunes Tochter von einer Kugel am Oberarm getroffen wird, zeichnet sich unter ihrer hautengen Lamékluft unübersehbar die Quelle der Kunstblutspende ab.

Godzilla und die Riesenkäfer Chikyu kogeki meirei: Gojira tai Gaigan / Godzilla on Monster Island / Godzilla vs. Gigan / War of the Monsters

Stilecht eröffnet der Film mit Bildern eines Comic strips, führt aber die Heftchengeschichte in Realbildern fort: Außerirdische Usurpatoren bauen einen Vergnügungspark mit dem «Godzilla-Turm» als Wahrzeichen, zugleich Schaltzentrale der geplanten Invasion. Davon nichts ahnend, präsentiert der bislang erfolglose Zeichner Gengo seine Monsterentwürfe und wird eingestellt. Doch nicht nur die laxe Kleiderordnung – der Vizechef trägt roséfarbenes Hemd zum orangeroten Jackett – weckt seinen Argwohn. Als er in den Besitz eines mysteriösen Tonbands gelangt und dieses abspielt, locken die Klänge außerirdische Ungeheuer und die Bewohner der Monsterinsel nach Japan, wo sie das gewohnte *TOHO*wabohu anrichten.

Hongkong 1972, Farbe, 89 Min.
Buch: Shinichi Sekizawa **Regie:** Jun Fukuda
Mit: Hiroshi Ishikawa *(Gengo Kotaka)*, Minoru Takashima *(Shosaku Takasugi)*, Tomoko Umeda *(Machiko Shima)*, Kunio Murai *(Takashi Shima)*, Yuriko Hishimi *(Tomoko Tomoe)*, Toshiaki Nishizawa *(Kubota)*.

Alternativtitel:
«Frankensteins Höllenbrut»

Godzilla und die Riesenkäfer

Die Göttliche Garbo Talks

Estelle Rolfe hält auch im Alter nichts von Contenance und schlägt Krach, wann immer sie eine Ungerechtigkeit wittert. Wenn Estelle übermütig wird, muß ihr spießiger Sohn sie auch schon mal aus dem Gefängnis auslösen. Der blasse Buchhaltertyp heißt Gilbert, nach Greta Garbos Liebhaber John Gilbert. Denn Mama verehrt seit je die göttliche Diva mit leidenschaftlicher Hingabe. Als Estelle tödlich erkrankt, hat sie nur einen Wunsch: ein persönliches Treffen mit der Garbo. Gilbert versucht das Unmögliche: die zurückgezogen lebende Leinwandlegende aufzuspüren.

USA 1984, Farbe, 104 Min. **Buch:** Larry Grusin **Regie:** Sidney Lumet **Mit:** Anne Bancroft *(Estelle Rolfe)*, Ron Silver *(Gilbert Rolfe)*, Carrie Fisher *(Lisa Rolfe)*, Catherine Hicks *(Jane Mortimer)*, Steven Hill *(Walter Rolfe)*, Harvey Fierstein *(Bernie Whitlock)*.

Die Goldene Banane von Bad Porno

Wieder einer ertappt; wer jedoch ohne Sünde ist, der werfe den ersten Steinhäger. Hauptdarsteller «Gary Dufner», der hier als Pornoproduzent allerlei Klamauk veranstaltet, machte sich später mit ungleich jugendgeeigneteren Beiträgen einen Namen: Als Synchronsprecher Gerd Duwner legte der schnauzbärtige Rundling dem Schlitzohr Ernie aus der «Sesamstraße» pädagogisch wertvolle Sentenzen in den Mund.

BRD 1971, Farbe, 95 Min. **Buch** und **Regie:** Ralf Gregan **Mit:** Gary Duwner *(Gary)*, Ingrid Steeger *(Frl. Pingel)*, Siegfried Mayer *(Siggi)*, Joachim Tennstedt *(Don Alfonso)*, Sybil Danning, Rena Bergen, Melitta Tegeler, Doris Bierett.

Gut zu wissen:
Sybil Danning reiste von Bad Porno weiter nach Hollywood, wo sie in den 80ern zur Königin der waffenschwingenden B-Film-Mädchen wurde.

Die goldene Göttin vom Rio Beni Les aventuriers de la jungle

Wieder einmal ist es ein Harry, der in ärgste Bedrängnis gerät: Nach guter alter Pilotentradition stürzt er koppheister in den Amazonas-Dschungel. Wohl ihm, da sich doch Pierre Brice und Harald Juhnke bereithalten, ihn aus seiner mißlichen Lage zu befreien. Entschlossen gehen sie es an, bewältigen vielerlei Strapazen und Ungemach, weshalb Brice belohnungshalber die porzellanfarbene, weil adoptierte Häuptlingstochter heimzuführen gestattet wird. Die holde

Dschungelmaid hört auf den aparten Namen Aloa und putzt ihr Dekolleté vermutlich mit Blumenkränzen auf. Des walte der Requisiteur.

BRD / Spanien / Frankreich 1964, Farbe, 91 Min. **Buch:** Gustav Kampendonk, Eugenio Martin **Regie:** Eugenio Martin **Mit:** Pierre Brice *(Jim)*, René Deltgen *(Bernard)*, Harald Juhnke *(Tom)*, Emma Penella *(Dinah)*, Hans von Borsody *(Jeff)*, Gillian Hill *(Aloa)*.

Goliath und Herkules Goliath e la schiava ribelle / Goliath et l'Hercule noir

Gordon Scott schlüpft unter Qualen
In prähistorische Sandalen
Mit Wehmut denkt er an die Zeit
Da er, vom Kleiderzwang befreit
Als Tarzan durch den Dschungel schlich
Und einem Affenmenschen glich
Nun hat es ihn nach Rom verschlagen
Dort muß er sich als Schläger plagen
Verräterscharen blutig metzeln
Und Widersacher roh zerschnetzeln
Die Leichenberge türmen sich
Gordon wird Gordian, der Wüterich.

Italien / Frankreich 1963, Farbe, 80 Min. **Buch:** Gian Paolo Callegari, Albert Valentin **Regie:** Mario Caiano **Mit:** Gordon Scott *(Gordian)*, Ombretta Colli *(Cori)*, Massimo Serato *(Macius)*, Gloria Milland *(Zoe)*, Mimmo Palmara *(Artafernes)*.

Alternativtitel:
«Der Tiger von Sardes»

Gothic

Im Juni 1816 bezogen Lord Byron, sein Arzt John Polidori, Percy Bysshe Shelley, dessen minderjährige Geliebte Mary Wollstonecraft und deren Halbschwester Claire Clairmont die Villa Diodati am Genfer See. Was

Gothic

genau in jenen Tagen in der düsteren Villa geschah, ist bis heute ungeklärt. Gesichert ist, daß in diesem Klima der emotionalen Verwicklungen, des Drogenkonsums, finsterer Alpträume und romantischer Schwärmereien zwei Horrormythen entstanden, die bis heute wirksam sind: Mary Wollstonecraft skizzierte den Roman «Frankenstein», Byron und Polidori ersannen den aristokratischen Vampir, der später Bram Stoker zu seinem «Dracula» inspirieren sollte. Bei Ken Russell wird die Genfer Nacht selbst zur «Gothic Novel», zum opulent bebilderten, schreckensreichen viktorianischen Schauerroman.

GB 1986, Farbe, 87 Min. **Buch:** Stephen Volk **Regie:** Ken Russell **Mit:** Gabriel Byrne *(Lord Byron)*, Julian Sands *(Percy Bysshe Shelley)*, Natasha Richardson *(Mary Wollstonecraft)*, Myriam Cyr *(Claire)*, Timothy Spall *(Dr. John Polidori)*.

Gottseidank, es ist Freitag: Jeff Goldblum

Gottseidank, es ist Freitag
Thank God, it's Friday

Schnell noch ein Abstecher in eine Ära, als Glitzer und Glamour in voller Blüte standen. Die Village People hatten soeben mit «Macho Man» ihr Debüt gegeben, Sylvester war noch quicklebendig, der Soundtrack zu «Saturday Night Fever» das bis dahin meistverkaufte Album aller Zeiten. Auch die kriselnde Plattenfirma Motown suchte vom Boom zu profitieren und investierte in einen handlungsarmen, aber musikgesättigten Disco-Film mit der damals erfolgreichsten schwarzen Sängerin Donna Summer in der Hauptrolle und den hauseigenen Commodores als Gaststars sowie den noch unbekannten und vergleichsweise blassen Jungdarstellern Jeff Goldblum und Debra Winger.

USA 1978, Farbe, 89 Min. **Buch:** Barry Armyan Bernstein **Regie:** Robert Klane **Mit:** Valerie Landsburg *(Frannie)*, Andrea Howard *(Sue)*, Donna Summer *(Nicole Sims)*, Jeff Goldblum *(Tony)*, Terri Nunn *(Jeannie)*, Debra Winger, Chuck Vennera, Ray Vitte, Paul Jabara.

Erhabene Momente:
Chuck Vennera liefert eine gekonnte Gene-Kelly-Parodie auf dem Parkplatz vor der Diskothek «The Zoo», dem hauptsächlichen Schauplatz des Geschehens.

Das Grab der blutigen Mumie **Blood from the Mummy's Tomb**

Im selben Moment, da der Archäologe Fuchs dem Wüstensand die mehr als wohlerhaltene Mumie Teras entreißt, gebiert seine Gattin eine Tochter. Als Volljährige weist die

Das Grab der blutigen Mumie: Valerie Leon

junge Frau verblüffende Ähnlichkeit mit der altägyptischen Priesterin auf. Deren Korpus ruht im Keller des Eigenheims der Fuchs', ihr Geist aber ist unvermindert kregel und beschert den Teilnehmern der damaligen Expedition schwerstes Unheil. Um Schlimmeres zu verhüten, sollen Körper und Seele der «Königin der Dunkelheit» wiedervereinigt werden. Doch einer der Beteiligten hat anderes im Sinn.

GB 1972, Farbe, 94 Min. **Buch:** Christopher Wicking **Regie:** Seth Holt **Mit:** Andrew Keir *(Prof. Fuchs)*, Valerie Leon *(Margaret/Tera)*, James Villiers *(Corbeck)*, Hugh Burden *(Dandridge)*, George Coulouris *(Berigan)*, Mark Edwards *(Tod Browning)*.

Gut zu wissen:

Seth Holt verstarb während der Dreharbeiten, Michael Carreras brachte den Film zu Ende.

Das Skript basiert auf Bram Stokers Roman «Jewel of the Seven Stars» («Die sieben Finger des Todes»), der 1980 unter dem Titel «Das Erwachen der Sphinx» erneut verfilmt wurde.

Grampire – Mein Großvater ist ein Vampir Moonrise

Der zwölfjährige Lonny verbringt die Ferien bei seiner Tante Leah in Neuseeland. Er und sein einheimischer Freund Kanziora haben sehr viel Spaß mit Großvater Cooger, einem liebenswerten Schelm und Spaßmacher, mit dem es gesundheitlich nicht zum besten steht. Verunsichert nehmen die beiden Jungen zur Kenntnis, daß Opa auf älteren Urlaubsfotos nicht abgebildet ist. Als der Alte wenig später stirbt, bestätigt sich ihr Verdacht – er meldet sich zurück und gesteht den beiden, bereits seit 281 Jahren auf Erden zu wandeln, obgleich er den üblichen Vampirgewohnheiten entsagt hat. Prekär wird die Situation, als Tante Leah, eine Sterbliche, und deren Liebhaber Ernie den lästigen Nestor ein für allemal unter die Erde bringen wollen.

Neuseeland 1991, Farbe, 90 Min. **Buch:** Michael Heath **Regie:** David Blyth **Mit:** Al Lewis *(Großvater Cooger)*, Justin Gocke *(Lonny)*, Milan Borich *(Kanziora)*, Pat Evison *(Tante Leah)*, Noel Appleby *(Ernie Noad)*, David Weatherley *(Sgt. Ticker)*.

Gut zu wissen:

Al Lewis' Make-up erinnert nicht von ungefähr an Grandpa Munster aus der Sitcom «The Munsters» – diese Rolle hatte er von 1964 bis 1966 inne.

Starke Töne:

«Eure Phantasie ist tausendmal mächtiger, als es ein Film sein könnte.» GROSSVATER COOGER

Das Grauen aus der Tiefe
Humanoids from the Deep

Zorn erhitzt die Gemüter in der Gemarkung Noyo, denn von der projektierten Ansiedlung einer Fischverarbeitungsfabrik sind dringend benötigte Arbeitsplätze zu erwarten, aber auch nachhaltige Verunreinigungen der Küstenregion, was insbesondere den

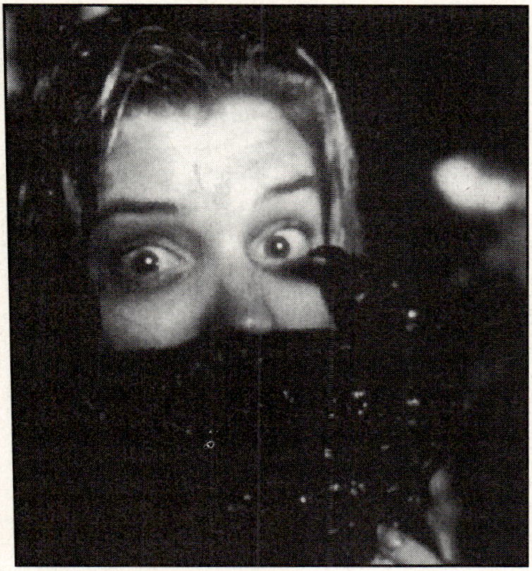

Das Grauen aus der Tiefe

indianischen Fischern gar nicht schmeckt. Der Streit muß hintanstehen, als bestialisch zugerichtete Leichen gefunden werden. Auskunft erteilt eine völlig verstörte junge Frau: mit Schlingpflanzen behängte Fischmenschen sind dem Meer entstiegen und morden und vergewaltigen, um das Überleben ihrer Spezies zu sichern. Eine Meeresbiologin kennt die Ursache des evolutionären Mißgeschicks: die experimentelle Anwendung von Wachstumshormonen bei Lachsen.

USA 1980, Farbe, 81 Min. **Buch:** Frederick James **Regie:** Barbara Peeters **Mit:** Doug McClure *(Jim Hill)*, Ann Turkel *(Dr. Susan Drake)*, Vic Morrow *(Hank Slattery)*, Cindy Weintraub *(Carol Hill)*, Anthony Penya *(Johnny Eagle)*, Denise Galik *(Linda Beale)*.

Das Grauen aus der Tiefe
Humanoids from the Deep

Schon zu Beginn dieses Remakes aus Roger Cormans Wirkungsbereich steht außer Zweifel, daß das Militär wieder einmal etwas Häßliches ausgebrütet hat. Das ist sogar den Uniformierten suspekt, sie feuern und brennen und lassen es doch entwischen – direktemang in die Kanalisation. In einer unterseeischen Höhle nisten sich die mutierten Gestalten ein und verschleppen junge Mädchen, um ihnen ihren Nachwuchs einzupflanzen, der sich, wie unverbrämt gezeigt wird, seinen Weg direkt durch die Bauchdecke sucht. Der Vater und der Freund eines der entführten Mädchen gehen gegen die fischköpfigen Monstren vor, passenderweise unter anderem im Horrorkabinett eines Vergnügungsparks.

USA 1996, Farbe, 82 Min. **Buch** und **Regie:** Jeff Yonis **Mit:** Justin Walker *(Matt)*, Robert Carradine *(Wade Parker)*, Emma Samms *(Dr. Drake)*, Mark Rolston *(Bill Taylor)*, Danielle Weeks *(Kim Parker)*, Clint Howard *(Deputy)*, Kaz Garas *(Sheriff Barnes)*, Warren Burton *(Major Knapp)*.

Great Balls of Fire

Einen breitmäulig grimassierenden, sein immerhin noch lebendes Vorbild zur Karikatur degradierenden, die Legende nachgerade hinrichtenden Dennis Quaid hat der «Killer» Jerry Lee Lewis weiß Gott nicht verdient. Ehrlich verdient dagegen hat Regisseur Jim McBride für diesmal eine Bezeichnung, die mit A anfängt und mit Geige aufhört.

USA 1989, Farbe, 107 Min. **Buch:** Jack Baran, Jim McBride **Regie:** Jim McBride **Mit:** Dennis Quaid *(Jerry Lee Lewis)*, Winona Ryder *(Myra Gale Lewis)*, Alec Baldwin *(Jimmy Swaggart)*, Trey Wilson *(Sam Phillips)*, John Doe *(J. W. Brown)*, Joe Bob Briggs *(Dewey «Daddy-O» Phillips)*.

Gut zu wissen:
Dennis Quaid bewegt nur die Lippen zu Jerry Lee Lewis' Gesang, spielt aber die Klavierpassagen selbst.

Die Grotte der vergessenen Leichen, Filmplakat

Die Grotte der vergessenen Leichen **La notte che evelyn usci' dalla tomba / The Night Evelyn Came out of the Grave / The Night She Arose from the Tomb / The Night that Evelyn Left the Tomb**

Lord Alan, der sich in so gar nicht englisch aussehender Landschaft bewegt, ist vom Tod seiner geliebten Frau sehr mitgenommen und darüber doch ein wenig wunderlich geworden. Seine Umgebung sorgt und kümmert sich und beschafft dem Wehleider eine frische neue Gattin, die allerdings, und schon wird's wieder häßlich, nur auf sein Geld aus ist. Besser könnte sie's genießen, wenn der Gemahl in einer geschlossenen Anstalt säße, und so bemüht man sich, den bereits Labilen vollends in den Wahnsinn zu treiben. Aber auch untereinander meinen es die Intriganten nicht gut ... Erika Blanc trägt Stiefel bis übers Knie und schwingt die Peitsche. Was braucht es mehr?

Italien 1971, Farbe, 103 Min. **Buch:** Fabio Pittorru, Massimo Felisatti, Emilio P. Miraglia **Regie:** Emilio P. Miraglia **Mit:** Anthony Steffen (= Antonio de Teffé; *Lord Alan Cunningham*), Erika Blanc (= Enrica Bianchi Colombatto; *Susan*), Marina Malfatti *(Gladys)*, Rod Murdock *(George)*, Giacomo Rossi Stuart, Umberto Raho, Joan C. Davis, Roberto Maldera.

Das grüne Blut der Dämonen

Quatermass and the Pit / Five Million Years to Earth

Keine Erfindung der Neuzeit, Kinohits zu Serien zu machen – Titel wie «Barfuß im Park», «Männerwirtschaft», «M*A*S*H» belegen es. Auch der umgekehrte Weg wurde in der Frühzeit des Fernsehens bereits praktiziert. Da machten die Produzenten der britischen Hammer Studios aus dem TV-Mehrteiler «The Quatermass Experiment» das (Zwie-)Lichtspiel «Quatermass Xperiment». Der dermaßen an- und eingeführte Professor Quatermass findet in den Schächten der Londoner U-Bahn Spuren fremdartiger Wesen, die weniger tot sind, als es auf den ersten Blick den Anschein hat. Mit eiskalten Schauern und gelegentlicher Gänsehautbildung ist zu rechnen. Quatermass aber überstand nicht nur dieses, sondern noch etliche andere Abenteuer.

GB 1967, Farbe, 98 Min. **Buch:** Nigel Kneale **Regie:** Roy Ward Baker **Mit:** Andrew Keir *(Prof. Quatermass)*, Barbara Shelley *(Barbara Judd)*, James Donald *(Dr. Matthew Roney)*, Julian Glover *(Col. Breen)*, Duncan Lamont *(Sladden)*.

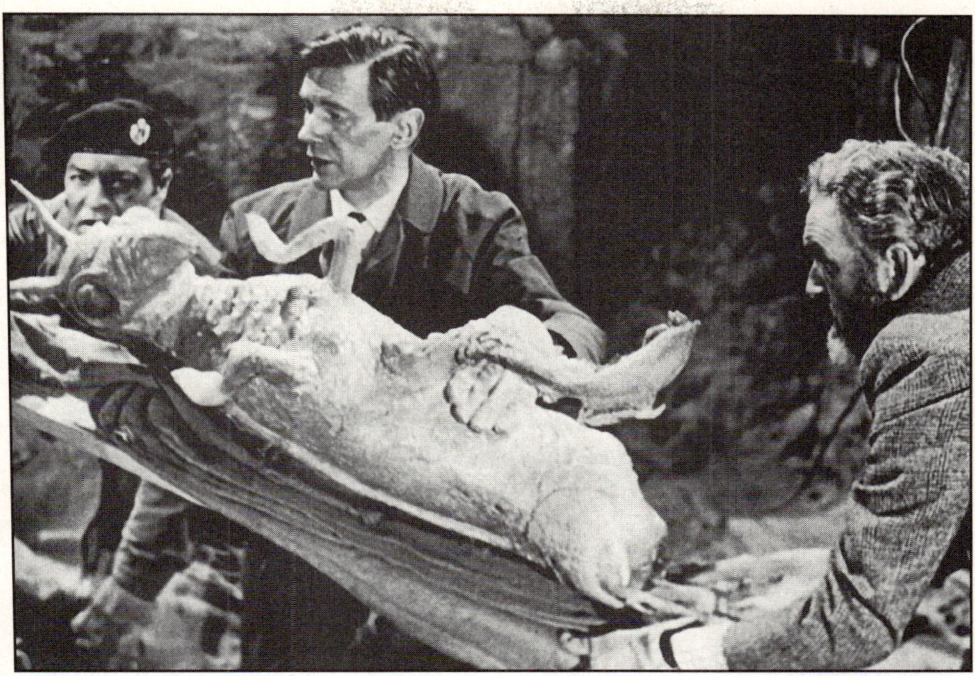

Das grüne Blut der Dämonen

Gumshoe

Auf du und du mit dem Gummischuh zu sein erträumt sich Albert Finney, der Ansager einer Liverpooler Bingo-Halle. Er möchte Detektiv werden und hat sich Humphrey Bogart zum Vorbild erkoren. Als dann wirklich ein Mord geschieht, ist die Verwirrung groß ... Mit dem 1971 entstandenen Genrespielchen debütierte Stephen Frears als Filmregisseur, Chris Menges führte die Kamera, und auch vom Soundtrack-Komponisten sollte man noch hören – es war Andrew Lloyd-Webber.

GB 1972, Farbe, 88 Min.

Buch: Neville Smith **Regie:** Stephen Frears **Mit:** Albert Finney *(Eddie Ginley)*, Billie Whitelaw *(Ellen)*, Frank Finlay *(William)*, Janice Rule *(Mrs. Blankerscoon)*, Carolyn Seymour *(Alison)*, Neville Smith *(Arthur)*.

Guyver – Dark Hero Guyver 2: Dark Hero

Teil eins trug in Deutschland den Titel → MUTRONICS und wurde seinerzeit für karge drei Millionen Dollar gedreht. Für die Fortsetzung stand noch weniger Geld zur Verfügung, das nicht einmal mehr für Mark Hamills Gage reichte. David Hayter übernahm den einem japanischen Manga entlehnten Part des Kung-Fu-Kämpfers mit der Guyver-Maske, die dem Träger Superkräfte verleiht. Dessenungeachtet bedient sich unser Mann doch der bewährten altasiatischen Kampfkunst, als er gegen ergrimmt trompetende, tentakelbewehrte Monstren antreten muß. Auch bei diesen Geschöpfen handelt es sich um Zweitinkarnationen humanoider Lebensformen, doch sind sie allesamt um einiges häßlicher als unser Held.

USA 1994, Farbe, 120 Min. **Buch:** Nathan Long **Regie:** Steve Wang **Mit:** David Hayter *(Sean Barker/Guyver)*, Kathy Christopherson *(Cori)*, Bruno Gianotta *(Crane)*, Christopher Michael *(Atkins)*, Stuart Weiss *(Marcus)*, Billy Lee *(Mizky)*.

Gut zu wissen:
Steve Wang ist Spezialist für Spezialeffekte und war u. a. an der Produktion von «Predator» beteiligt. Namentlich ungenannt blieb er als Koregisseur des Films «Power Rangers – Der Film».

Gwangis Rache The Valley of Gwangi

US-amerikanische Abenteurer verschaffen sich Zugang zum sogenannten Verbotenen Tal, wo die üblichen prähistorischen Tierarten erhalten geblieben sind. Die Eindringlinge verschnüren einen Allosaurus und packen ihn ein, ihn in abendländischen Zentren gegen Bezahlung zu exhibieren. Gwangi aber mag nicht, bricht aus und ramponiert die städtische Architektur. Trickmagier Ray Harryhausen, der schon viele Fabelwesen das Laufen lehrte, zeigte sich hier auf der Höhe seines Könnens.

USA 1968, Farbe, 95 Min. **Buch:** William Bast, Julian More **Regie:** Jim O'Connolly **Mit:** James Franciscus *(Tuck Kirby)*, Gila Golan *(T. J. Beckenridge)*, Richard Carlson *(Champ Connors)*, Laurence Naismith *(Prof. Horace Bromley)*, Freda Jackson *(Tia Zorina)*, Gustavo Rojo *(Carlos)*.

Hoppla:
Gegen Ende wird Gwangi in eine Kirche gesperrt. Das Gotteshaus geht in Flammen auf und stürzt ein. Trotz der gewaltigen Feuersbrünste bleiben die unmittelbar angrenzenden Häuser völlig ohne Schaden und zeigen nicht einmal Rauchspuren.

Gymkata

Ein Hochleistungssportler wird von der US-Regierung in einen abgelegenen fernöstlichen Gebirgsstaat entsandt, wo er sich einer mörderischen Hetzjagd zu stellen hat. Besteht er die Prüfung, dürfen die Amis dem Khan von Parmistan die Erdstation eines Satellitennetzes vor die Nase setzen. Besteht er sie nicht, braucht er sich über die nächste Steuererklärung keine Sorgen mehr zu machen. Auf seinem Wege lauern Ninjas, zahnlose Sensenmänner und Richard Norton. Beschert wurde uns das Ganze vom B-Movie-*Dreamteam* Fred Weintraub und Robert Clouse.

USA 1985, Farbe, 86 Min. **Buch:** Charles Robert Carner **Regie:** Robert Clouse **Mit:** Kurt Thomas *(Jonathan Cabot)*, Tetchie Agbayani *(Prinzessin Rubali)*, Richard Norton *(Zamir)*, Edward Bell *(Paley)*, Buck Kartalian *(der Khan)*, John Barrett *(Gomez)*.

Alternativtitel:
«Asia Mission»

Gut zu wissen:
Die parmistanischen Gebirgslandschaften befinden sich in Wirklichkeit in Jugoslawien.

Half Moon Street: Michael Caine

Half Moon Street

Unterbezahlte Wissenschaftlerin wird nebenberuflich Callgirl. Hm. Einer ihrer Kunden ist der hochrangige Nahostunterhändler Lord Bulbeck. Hm, hm. Die beiden verlieben sich. Hm, hm, hm. Frau Doktor wird ohne ihr Wissen instrumentalisiert, den Briten in eine Falle zu locken. Er überlebt das Komplott, eng umschlungen spaziert das Paar in eine harmonische Zukunft. Wären da nicht Sigourney Weaver und Michael Caine, man müßte allerlei Köpfe schütteln. Vor allem die der Drehbuchautoren.

GB / USA

1986, Farbe, 90 Min. **Buch:** Bob Swaim, Edward Behr **Regie:** Bob Swaim **Mit:** Sigourney Weaver *(Dr. Lauren Slaughter)*, Michael Caine *(Lord Bulbeck)*, Patrick Kavanagh *(Gen. Newhouse)*, Patrick Newman *(Julian Shuttle)*, Keith Buckley *(Hugo van Arkady)*, Michael Elwyn *(Tom Haldane)*.

Halt mal die Bombe, Liebling

Que gioia vivere

1960 war Alain Delon noch etwas milchgesichtig, zeigte aber unter der Regie René Cléments bereits beachtliches und zumal komisches Talent. Als Attentäter im Auftrag der Faschisten wechselt er der Liebe wegen die Fronten und wird quasi durch Zufall Anarchist – die Tochter seines potentiellen Opfers ist nur zu apart und lohnt fürwahr die Abkehr von einer menschenverachtenden Ideologie. Daraus resultieren zwangsläufig erhebliche Irrungen und Wirrungen, die Clément zu einem despektierlich-boshaften Lustspiel arrangierte.

Frankreich / Italien 1960, SW, 115 Min. **Buch:** René Clément, Leo Benvenuti, Piero de Bernardi **Regie:** René Clément **Mit:** Alain Delon *(Ulysse Cecconato)*, Barbara Lass *(Franca Fossati)*, Gino Cervi *(Olinto Fos-*

sati), Ugo Tognazzi *(Anarchist)*, Carlo Pisacane *(Großvater Fossati)*, Rina Morelli *(Rosa Fossati)*, Paolo Stoppa *(Friseur)*.

Halt mich, küß mich, lieb mich Hold Me, Thrill Me, Kiss Me

Als die exzentrische Twinkle ihn mit vorgehaltener Waffe zur Eheschließung zwingen will, begehrt Eli auf – es kommt zu einem Gerangel, und Twinkle bleibt blutend zurück. Eli wähnt sich des Mordes schuldig. In einem Striplokal wird die Tänzerin Sabra auf ihn aufmerksam und nimmt ihn mit heim, wo Sabras Schwester Dannie ihn anderntags mit Handschellen gefesselt im Bett vorfindet. Mr. Jones verspricht Eli eine neue Identität, vorerst aber muß er sich verbergen und zieht darum in den Trailerpark, in dem auch Sabra und Dannie wohnen. Hier begegnet er einem wahren Panoptikum skurriler Gestalten, freundet sich mit der scheuen Dannie an und muß sich mit Sabra auseinandersetzen, die vor Eifersucht rast, sofern sie nicht gerade mit einem ihrer Liebhaber turtelt oder für einen Porno vor der Kamera steht.

USA 1992, Farbe, 92 Min. **Buch** und **Regie:** Joel Hershman **Mit:** Max Parrish *(Eli/Bud/Fritz)*, Adrienne Shelly *(Dannie)*, Andrea Naschak *(Sabra)*, Sean Young *(Twinkle)*, Diane Ladd *(Lucille)*, Bela Lehoczky *(Laszlo)*, Timothy Leary *(Mr. Jones)*.

Achtung:
Die finale Auseinandersetzung zwischen Twinkle und Dannie ereignet sich im Lagerraum eines Autokinos vor einer alten Leuchttafel, die, sehr passend, einst für «Faster Pussycat! Kill! Kill!» warb.

Starke Töne:
«Ich schätze, seine Schwester umzubringen, seinen Hund zu begraben und seine Jungfernschaft zu verlieren, alles an einem Tag, ist ein bißchen viel für ein Mädchen.» ELI

Hammer

«The Hammer» war der Beiname des Football-Spielers Fred Williamson, der seine Durchschlagskraft nach Beendigung seiner sportlichen Karriere als Action-Held unter Beweis stellte und auch hinter der Kamera tätig wurde. Wie die Faust aufs Auge paßt der Name auf den Helden des gleichnamigen *blaxploitation movies*, in welchem Williamson als aufstrebender Boxer zur Schiebung eines Kampfes erpreßt werden soll. Hilfe findet er bei dem schwarzen Kriminalisten Bernie Hamilton, der später Chef der TV-Cops «Starsky & Hutch» werden sollte. An Action hat es keinen Mangel, aber unter Verzicht auf den genretypischen Comic-Stil gelingt dem aus Neuseeland stammenden Regisseur Bruce Clark eine vergleichsweise milieugetreue Darstellung.

USA 1972, Farbe, 92 Min. **Buch:** Charles Johnson **Regie:** Bruce Clarke **Mit:** Fred Williamson *(B. J. Hammer)*, Vonetta McGee *(Lois)*, Bernie Hamilton *(Davis)*, William Smith *(Brenner)*, Charles Lampkin *(Big Sid)*, Mel Stewart *(der Professor)*, D'Urville Martin *(Sonny)*, Tracy Ann King *(«The Black Magic Woman»)*.

Starke Töne:
«Manche Dinge kommen zu dem, der es versteht, darauf zu warten.» B. J. HAMMER

Die Hand The Hand

Quasi als Fingerübung für kommende große Aufgaben drehte Oliver Stone 1980 einen selbstverfaßten Horrorfilm um einen Comic-Zeichner, der bei einem Unfall seine rechte Pranke verliert. Die wandert nicht etwa auf allen Fünfen in den medizinischen Abfall, sondern lebt weiter und beginnt zu morden. Hauptdarsteller Michael Caine hat alle Mühe, das eiskalte Händchen wieder in den Griff zu bekommen, zumal Handschellen in diesem speziellen Falle wenig nutzen. Ob das tödliche Handwerk goldenen Boden hat?

USA 1981, Farbe, 104 Min. **Buch** und **Regie:** Oliver Stone **Mit:** Michael Caine *(Jonathan Lansdale)*, Andrea Marcovicci *(Anne Lansdale)*, Annie McEnroe *(Stella Roche)*, Viveca Lindfors *(Psychologin)*, Rosemary Murphy *(Karen Wagner)*, Mara Hobel *(Lizzie Lansdale)*.

Hard to Die Crime Story

Jackie Chan, hier einmal nicht frohgemut und munter, sondern nach einer Schießerei psychisch angeschlagen, bearbeitet die Anzeige eines Geschäftsmannes, der eine Entführung fürchtet. Das sorgfältig geplante Verbrechen ist freilich nicht zu verhindern. Seine Ermittlungen führen Jackie und einen Kollegen nach Taiwan. Die Aushebung der Kidnapper-Bande mündet in ein wüstes Gemetzel, aber die Anführer entkommen. Die atemlose Verfolgungsjagd führt über Gerüste, Dächer, einen Schnürboden und andere vertrackte Fluchtwege. Ein korrupter Polizist verhindert den Fahndungserfolg – und das Entführungsopfer ist noch immer nicht frei ... Einer der härtesten und schwermütigsten aller Chan-Filme.

Hongkong 1993, Farbe, 100 Min. **Buch:** Chun Tin Nam **Regie:** Kirk Wong **Mit:** Jackie Chan *(Insp. Eddie Chan)*, Kent Cheng *(Detective Hunt)*, Christine Ng *(Lara)*, Law Hang Kang *(Wong)*, Au-Yeung Pui Shan *(Wongs Ehefrau)*, Phua Leng Leng *(Psychologin)*.

Das Haus der lebenden Leichen Don't Go in the House

Während andernorts Lenins «Was tun» erörtert wurde, gaben gewisse B-Movie-Titel an, was besser *nicht* zu tun sei: «Don't Look in the Basement» hatte den Anfang und auch Kasse gemacht; es folgten Filme

***Das Haus der Vergessenen:* Everett McGill**

wie «Don't Open the Window» (→ DAS LEICHENHAUS DER LEBENDEN TOTEN) und «Don't Answer the Phone» (→ TODESSCHREI PER TELEFON), darunter einige geschäftstüchtig umgetitelte US- oder Europroduktionen. «Don't Go to the House» ist ein wohlfeil heruntergedrehter Thriller um einen Lauser, dessen Mutter ihn einst mit der Gasflamme quälte, weshalb er als Erwachsener dem weiblichen Geschlecht ungemein feurig gegenübertritt.

USA 1979, Farbe, 82 Min. **Buch:** Joseph Ellison, Ellen Hammill (auch **Produktion**), Joseph R. Masefield **Regie:** Joseph Ellison **Mit:** Dan Grimaldi *(Donny Kohler)*, Robert Osth *(Bobby)*, Ruth Dardick *(Mrs. Kohler)*, Bill Ricci *(Vito)*, Charlie Bonet *(Ben)*.

Das Haus der Vergessenen The People Under the Stairs

Fool – sein Spitzname geht auf die entsprechende Tarot-Karte zurück – wird zu einem Einbruch angestiftet, den seine erwachsenen Komplizen nicht überleben. Das gespenstische Haus hat ein ungewöhnliches Innenleben. Es wird von schmalen Gängen durchzogen, und im Keller finden sich Verschläge, in denen greulich gräuliche Wesen hausen. Ein Robin Hood der Zombies haust hier herinnen, und in einem abgelegenen Zimmer wohnt Alice, die das Haus noch nie verlassen durfte. Die Inhaber der hermetisch abgeriegelten Immobilie führen ein bizarres Dasein, machen Jagd auf Kinder, horten Geld in einem Bunker und haben mehr als nur eine Leiche im Keller. Fool gelingt die Flucht, doch er kehrt zurück, um auch Alice zu befreien. USA 1991, Farbe, 99 Min. **Buch** und **Regie:** Wes Craven **Mit:** Brandon Adams *(«Fool» Paul Dexter)*, Everett McGill *(Mann)*, Wendy Robie *(Frau)*, A. J. Langer *(Alice)*, Ving Rhames *(LeRoy)*, Sean Whalen *(Roach)*, Bill Cobbs *(Großvater Booker)*.

Alternativtitel:
«Wes Cravens Haus der Vergessenen»

Gut zu wissen:
Wendie Robie und Everett McGill bildeten schon in «Twin Peaks» eine bizarre Lebensgemeinschaft.

Starke Töne:
«Ihr Kinder seid noch mal mein Tod.» FRAU

Das Haus des Satans The Legacy / The Legacy of Maggie Walsh

Katharine Ross wird wie immer über alle Maßen vom Pech verfolgt. Eben noch kreuzt sie frohgemut als Sam Elliotts Sozia durch England, als ein Unfall einen Zwischenstopp auf einem düsteren Landsitz nötig macht. Dort, seltsam genug, scheint man auf die junge Amerikanerin bereits gewartet zu haben. Weitere Gäste treffen ein, einflußreiche und illustre Personen, unter ihnen auch Who-Sänger Roger Daltrey. Nicht alle aber, dafür ist zuverlässig gesorgt, werden das Finale erleben. GB/USA 1979, Farbe, 102 Min. **Buch:** Jimmy Sangster, Patrick Tilley, Paul Wheeler **Regie:** Richard Marquand **Mit:** Katharine Ross *(Margaret Walsh)*, Sam Elliott *(Pete Danner)*, John Standing *(Jason Mountolive)*, Roger Daltrey *(Clive)*, Ian Hogg *(Harry)*, Margaret Tyzack *(Schwester Adams)*, Charles Gray *(Karl)*, Lee Montague *(Jacques)*, Hildegard Neil *(Barbara)*, Marianne Broome *(Maria)*.

Gut zu wissen:
Der Film hatte Spätfolgen: 1984 traten Katharine Ross und Sam Elliott vor den Traualtar.

Head

Bob Rafelson war Miterfinder der Retortenband The Monkees, die zu ihrem ersten Hit auch gleich die passende Fernsehserie lieferte. Die Karriere der Teenageridole wurde anfangs fremdgesteuert, bald aber pochten die vier Individuen auf Autonomie und strebten auch musikalisch zu neuen Ufern. Der Kinofilm «Head», «a movie for a turned-on audience» (‹New York Times›), markierte den Versuch, neue Publikumsschichten zu gewinnen. Rafelson, gemeinsam mit Jack Nicholson auch Drehbuchautor, gab mit diesem dem Anschein nach schwer drogenbeeinflußten, diverse Stilmittel und Genres munter aufmischenden Werk sein Regiedebüt. In Gastrollen wirken u.a. Frank Zappa und Victor Mature. USA 1968, Farbe, 86 Min. **Buch:** Jack Nicholson, Bob Rafelson **Regie:** Bob Rafelson **Mit:** Mickey Dolenz, Davy Jones, Michael Nesmith, Peter Tork *(The Monkees)*, Frank Zappa *(Kritiker)*, Teri Garr *(Testy True)*, Vito Scotti *(I. Vitelloni)*, Timothy Carey *(Lord High'n'Low)*, Jack Nicholson, Victor Mature, Sonny Liston.

Die heilige Bestie der Kumas Il fiume del grande caimano

Im Regenwald wird eifrig Frevel getrieben. Mel Ferrer leitet hier eine touristische Enklave, Barbara Bach assistiert. Der Fotograf Daniel und ein Model treffen ein, anderntags auch die ersten Pauschalurlauber. Das Model bandelt mit einem der Eingeborenen an, der ihretwegen gegen die religiösen Gebote seines Stammes verstößt. Eine böse Sache, wie die in Höhe des Wasserspiegels schwimmende Kamera ahnen läßt. Der junge Mann ist denn auch der erste, dem das Riesenkrokodil ein gehöriges Stück abbeißt. Mel Ferrer verweigert sich allen Vorsichtsmaßnahmen und bekommt die Quittung – nicht nur die schnappfreudige Echse bereitet Scherereien, auch die Eingeborenen begehren auf gegen Ferrers Kolonialherrenmanier.

Italien 1979, Farbe, 89 Min. **Buch:** Sergio Martino, Ernesto Gastaldi **Regie:** Sergio Martino **Mit:** Barbara Bach *(Alice)*, Claudio Cassinelli *(Daniel)*, Mel Ferrer *(Joshua)*.

Erhabene Momente:
Alice und Daniel stürzen mit einem VW-Bus in den Fluß, und auch das Krokodil versucht zuzusteigen.

Hell Night – Der Tod kam zur Party Hell Night

... und er war ein unleidlicher Gast. Um in die Studentenverbindung Alpha Sigma Rho aufgenommen zu werden, müssen vier junge Studierende wohl oder übel in einem Gruselhaus übernachten, Stätte eines grausigen Verbrechens, bei dem eine ganze Familie ausgemerzt wurde. Nur eines der Kinder, und zwar das bösartigste, konnte nie gefunden werden. Wir ahnen schon, daß sich dem tapferen Quartett eine Lösung des Rätsels auftun wird, und auch die Anführer der Verbindung, die das Haus mit einigen Geisterbahneffekten präpariert haben, erleben ein blaues und andere Wunder.

USA 1981, Farbe, 100 Min. **Buch:** Randolph Feldman **Regie:** Tom De Simone **Mit:** Linda Blair *(Marti Gaines)*, Vincent Van Patten *(Seth Davis)*, Jenny Neumann *(May)*, Kevin Brophy *(Peter)*, Suki Goodwin *(Denise Dunsmore)*, Peter Barton *(Jeff Reid)*, Jimmy Sturdevant.

Alternativtitel:
«Paranoia»

Gut zu wissen:
Produzent Irwin Yablans war auch die ordnende Hand hinter John Carpenters «Halloween».

Hell's Angels in Vietnam Nam Angels

Das 1970 entstandene Original mit dem deutschen Titel → VERDAMMT, VERKOMMEN, VERLOREN war schon ein Wahnwitz sondergleichen, das Remake aber schießt vollends ins Kraut. Nicht nur setzt sich eine Gruppe Hell's Angels in Bewegung, in Vietnam einsitzende Kriegsgefangene herauszuhauen und -zufahren, es gibt auch noch einen Indiana Jones in der Sparausgabe, der auf einen Goldschatz spekuliert, an dem obendrein ein Alt-Nazi lebhaftes Interesse zeigt.

USA 1988, Farbe, 87 Min. **Buch:** Dan Gagliasso **Regie:** Cirio H. Santiago **Mit:** Brad Johnson *(Calhoun)*, Vernon Wells *(Chard)*, Kevin Duffis *(Hickman)*, Rick Dean *(Larger)*, Mark Venturini *(Bonelli)*, Archie Adamos *(Trinh)*, Romy Diaz *(Turko)*, Ken Metcalfe *(Gen. Donipha)*, Leah Navarro *(Mai)*.

Hell's Angels 70 Hell's Angels 69

Schauspieler Tom Stern war schon mehrfach in die Biker-Montur gestiegen, ebenso Jeremy Slate. Beide taten sich zusammen, dem Genre als Autoren und Produzenten ein eigenes Werk hinzuzufügen, in welchem sie sich als Motorradrocker verkleiden und einer Gang anschließen, um ein Las-Vegas-Kasino auszurauben. Der Coup gelingt, aber als die ahnungslosen Bandenmitglieder realisieren, daß sie als Sündenböcke mißbraucht wurden, reagieren sie mit Recht sehr unwirsch und jagen die Betrüger in die Wüste.

USA 1969, Farbe, 96 Min. **Buch:** Don Tait, Tom Stern, Jeremy Slate **Regie:** Lee Madden **Mit:** Tom Stern *(Chuck)*, Jeremy Slate *(Wes)*, Conny Van Dyke *(Betsy)*, Steve Sandor *(Apache)*, G. D. Spradlin *(Detektiv)*, Sonny Barger *(Sonny)* und die Original Oakland Hell's Angels

Alternativtitel:
«Hells Angels – Horrortrip mit 100 PS»

Henker des Teufels Free Grass / Scream Free

Diese amüsante Produktion aus dem Jahr 1969 gewährt profunden Einblick in die jugendlichen Subkulturen der damaligen Zeit. Richard Beymer und Russ Tamblyn, schon in der «West Side Story» selbander zugange, schmuggeln auf ihren Mopeds Marihuana über die mexikanische Grenze. Bei Mord hört für Richard der Spaß aber auf; zur Strafe bekommt er eine Prise LSD in sein Getränk. Außerdem verschleppt Tamblyn seine Freundin, und das ist Lana Wood, die Schwester von Nathalie Wood, womit erneut ein Bogen zur «West Side Story» geschlagen wäre. Weitere interessante Familienbande: Lindsay Crosby hat Bing Crosby, Joel McCrea den gleichnamigen Filmstar zum Vater.

USA 1969, Farbe, 84 Min. **Buch:** Gerald Wilson, Paul Stevenson, John Lawrence, James Gordon White **Regie:** Bill Brame **Mit:** Richard Beymer *(Dean)*, Russ Tamblyn *(Link)*, Lana Wood *(Karen)*, Casey Kasem *(Phil)*, Warren Finnerty *(Barney)*, Joel D. McCrea *(Agent Nr. 1)*, Lindsay Crosby *(Agent Nr. 2)*.

Herkules, der Schrecken der Hunnen Il terrore dei barbari

Die Hunnen gen Italien zieh'n
Man bangt und barmt im Apennin,
Und Rom, längst matt vom schönen Leben
Hat angstverschwitzt klein beigegeben
Stornierte jede Gegenwehr
Es muß nun wohl ein Kraftprotz her
Obwohl der Titel es verspricht:
Herr Herkules, der kann heut' nicht
Statt seiner tritt Emiliano an
Verdrischt die Hunnen,
Mann für Mann.

Italien 1959, Farbe, 82 Min. **Buch:** Nino Stresa, Carlo Campogalliani, Gino Mangini **Regie:** Carlo Campogalliani **Mit:** Steve Reeves *(Emiliano)*, Chelo Alonso *(Landa)*, Giulia Rubini *(Lidia)*, Luciano Marin *(Marco)*, Andrea Checchi *(Herzog Delfo)*, Bruce Cabot *(König Albuin)*.

Herkules, der stärkste Mann der Welt Il trionfo di ercole / Le triomphe d'Hercule

Kommod lebt sich's im Reich Mykene
Doch tran-, Quatsch: konspirieren jene
Die nach dem Herrschersitze gieren
Den Ruf des Königs ruinieren
Und ihn zuletzt gar füsilieren
Das geht Eurystheus an die Nieren.

Er wird zum Volkstribun bestellt
Der Mörder Tage sind gezählt
Denn mit Eurystheus warm im Bunde
Ist Herkules, aus diesem Grunde
Wird den Tyrannen angst und bange
Ihr Regiment währt prompt nicht lange
Ja, netto nicht einmal achtzig Minuten
Dann müssen die Kanaillen bluten.

Italien / Frankreich 1964, Farbe, 76 Min. **Buch:** Roberto Gianviti, Alessandro Ferrau **Regie:** Alberto de Martino **Mit:** Dan Vadis *(Herkules)*, Pierre Cressoy *(Prinz Milo)*, Marilu Tolo *(Prinzessin Ati)*, Piero Lulli *(Eurystheus)*, Moira Orfei *(Parsiphae)*, Renato Rossini *(Fürst Gordio)*.

Alternativtitel:
«Der Triumph des Herkules»

Herkules erobert Atlantis

Herkules erobert Atlantis

Ercole alla conquista di atlantide / Hercule a la conquete de l'atlantide

Androkles ist der Boß in Theben
Er führt kein durchweg leichtes Leben
Denn Unheil droht von fremden Mächten
Da bleibt ihm nur, den Bund zu flechten
Mit Herkules, dem grundsoliden
Rundum gestählten Kraftboliden.

Recht animiert setzt man die Segel
Den Spaß verderben ein paar Flegel
Anstatt den kürzeren zu ziehen
Entschließt sich Herkules, zu fliehen
Und müht sich fortan ganz allein
Die Kameraden zu befrei'n.

Hernach geht's zügig heim nach Haus
Die Werbung kommt,
wir schalten aus.

Italien / Frankreich 1961, Farbe, 103 Min. **Buch:** Vittorio Cottafavi, Duccio Tessari **Regie:** Vittorio Cottafavi **Mit:** Reg Park *(Herkules)*, Fay Spain *(Antenea)*, Laura Altan *(Ismene)*, Ettore Manni *(Androkles)*, Luciano Marin *(Illo)*, Salvatore Furnari *(Timoteus)*.

Herkules in New York

Hercules in New York / Hercules – The Movie / Hercules Goes Bananas

Herkules, zur Hälfte Gott
Hat wenig Spaß am ew'gen Trott
Zeus läßt ihn runter auf die Erde
Auf daß sein Sprößling glücklich werde
Dabei entgeht dem Chefgott leider:
Auch der Olymp beherbergt Neider
Pluto und Nemesis, traut alliiert
Sind in den Vorgang involviert
Doch Herkules, nicht vollends dumm
Schnappt sich den Spieß und
kehrt ihn um.

USA 1970, Farbe, 94 Min. **Buch:** Aubrey Wisberg **Regie:** Arthur A. Seidelman **Mit:** Arnold Strong (= Arnold Schwarzenegger; *Hercules*), Arnold Stang *(Pretzie)*, Deborah Loomis *(Helen)*, James Karen *(der Professor)*, Ernest Graves *(Zeus)*, Taina Elg *(Nemesis)*, Michael Lipton *(Pluto)*, Tony «Mr. World» Carroll *(Monstro)*.

Gut zu wissen:
Taina Elgs Kostüm stammt von Christian Dior.

Hoppla:
Bei einer Fahrt auf die Milchglaskugel, die Zeus als Fernseher dient, spiegelt sich der gesamte technische Aufbau.

Starke Töne:
«Wenn ich geahnt hätte, was der Junge mir für Ärger bereiten würde, wäre ich damals lieber Golf spielen gegangen, als mich mit seiner Mutter einzulassen.» ZEUS

Herkules und die Königin der Amazonen

Hercule et la reine de lydie / Ercole e la regina di lidia

Herkules kommt heim nach Theben
Und sieht, wie dort die Wände beben:
Zwei Brüder kämpfen um den Thron –
Der Grieche gähnt, das kennt er schon

Die Herrscherin der Wüste

Doch Obacht, da ist noch Omphale
Die bereits diverse Male
Der Recken Fleischeslust entfachte
Und sie dann um die Ecke brachte
Dort stehn sie nun, mumifiziert
Hübsch aufgereiht und abserviert
Auch Herkules verfällt der Dame
Und sinkt ihr kopflos in die Arme.

Odysseus, diese treue Seele
Ist schwer auf Zack und bläht die Kehle
Ruft rasch den Männerbund herbei
Omphale schimpft, laut gellt ihr Schrei
Das hilft ihr nichts, sie beißt ins Gras
So ist es recht:
ein Schluß nach Maß.

Italien 1958, Farbe, 94 Min. **Buch:** Ennio de Concini **Regie:** Pietro Francisci **Mit:** Steve Reeves *(Herkules)*, Sylva Koscina *(Jole, seine Frau)*, Sylvia Lopez *(Amazonenkönigin Omphale)*, Primo Carnera *(Antäus)*, Gabriele Antonini *(Odysseus)*, Patricia Della Rovere *(Penelope)*.

Herr der Sterne **El caballero del dragon / El vuelo del dragon / The Knight of the Dragon**

Steven Spielberg habe, so behauptete der rabiate Rüpelmime Klaus Kinski in seinen Memoiren, ihn, Kinski, als Schauspieler für «Jäger des verlorenen Schatzes» gewinnen wollen, was er zurückgewiesen habe, weil das Drehbuch «verblödende Scheiße» gewesen sei. Diese spanische Produktion aber bestand vor den kritischen Augen des wählerischen Mimen; ihretwegen warf er sich in das Gewand eines mittelalterlichen Alchimisten, der die Welt kennenlernen will. Ein Herr Ix, mittels Untertasse angereist, könnte ihm da behilflich sein, schnappt sich aber erst einmal die Tochter des Königs. Nach ihrer Rückkunft ist sie hinlänglich konditioniert, dem Magier als Medium zu dienen.

Spanien 1986, Farbe, 90 Min. **Buch:** Andreu Martin, Fernando Colombo, Miguel Angel Nieto **Regie:** Fernando Colombo **Mit:** Klaus Kinski *(Boetius)*, Harvey Keitel *(Clever)*, Fernando Rey *(Fray Lupo)*, Maria Lamor *(Alba)*, Miguel Bosé *(Ix)*, José Vivo *(Graf Ruc)*.

Alternativtitel:
«Starknight – Der Herr der Sterne»

Die Hexe des Grafen Dracula: Barbara Steele

Die Herrscherin der Wüste
She

Ausgangspunkt der Geschichte ist ein Lokal mit pummeligen, dennoch aber leichten Mädchen, deren eines den gestrandeten Kriegsveteranen Leo in eine gemeine Falle lockt. Kaum hat er sich von den Folgen des Niederschlages erholt, schwebt Ursula Andress an sein Lager mit dem Auftrag, ihr verschollenes Reich zu suchen. In Leo nämlich glaubt sie ihren wiedergeborenen Hohepriester gefunden zu haben, den sie vor Unzeiten seiner Untreue wegen meucheln ließ. Nachdem Leo den mythischen Ort gefunden hat, entbrennen die beiden erneut in feuriger Liebe, die am Ende heißen Blutes vollzogen wird.

GB 1964, Farbe, 105 Min. **Buch:** David Chantler **Regie:** Robert Day **Mit:** John Richardson *(Leo Vincey)*, Ursula Andress *(Ayesha)*, Peter Cushing *(Major Holly)*, Christopher Lee *(Billali)*, Bernard Cribbins *(Job)*, Rosenda Monteros *(Ustane)*.

Starke Töne:

«Ich verspüre kein Verlangen, nach Cambridge zurückzukehren und pickelgesichtigen Erstsemestern die Geheimnisse früher Zivilisationen zu lehren.» MAJOR HOLLY

Die Hexe des Grafen Dracula
Curse of the Crimson Altar

Es beginnt wie die überschwappende Phantasievorstellung eines einschlägig disponierten Fetischisten: Eine tief dekolletierte Teufelspriesterin geht ihrem Geschäft nach, ein nur von ellenlangen blonden Haaren bedecktes Opfer liegt bereit, ein Scherge mit gehörnter Lederkappe und unzureichend bekleidete, dralle Gehilfinnen stehen zur Verfügung. Dann aber Ende der Orgie, denn nun muß erst einmal Antiquitätenhändler Bob Manning seinen verschollenen Bruder finden und nimmt darum Quartier in einem verwinkelten alten Gemäuer, dessen Bewohner, ausgenommen die zutrauliche Erbin Eve Morley, alle ein wenig jenseitig erscheinen. «Manchmal finde ich es unheimlich», sagt Eve. «Es erinnert mich etwas an diese Häuser in den Horrorfilmen.» Bob Manning gibt ihr recht: «Als wenn Boris Karloff jeden Moment auftauchen könnte.» Und da kommt er auch schon hereingerollt.

GB 1968, Farbe, 86 Min. **Buch:** Mervyn Haisman, Henry Lincoln **Regie:** Vernon Sewell **Mit:** Mark Eden *(Robert Manning)*, Virginia Wetherell *(Eve Morley)*, Christopher Lee *(Morley)*, Boris Karloff *(Prof. John Marsh)*, Barbara Steele *(Lavinia)*, Michael Gough *(Elder)*, Rupert Davies *(Vikar)*.

Hoppla:

Als Bob und seine Sekretärin Peters Sendung auspacken, zeichnet sich an der Wand hinter ihnen unübersehbar der Schatten des Mikrophongalgens ab.

Hexen – Geschändet und zu Tode gequält

Nicht nur die angeblichen Hexen trifft es arg bei dieser Dreigroschenversion des vergleichsweise diskutablen britischen Gruselfilms «Der Hexenjäger». Auch der Zu-

Die Hexen von Eastwick: Jack Nicholson

schauer wird gemartert, und zwar durch Langeweile. Ein echter Hoven eben. Laut Vorspanntext ist die Geschichte «Originalakten» entnommen und erzählt von der Gräfin von Salmenau, die erst ihren Mann und dann ihr Kind an die viehischen Hexenjäger verliert, schließlich sich selbst hingibt, um ihren Sohn zu retten. Eine vergebliche Tat, denn die Widerlinge haben es auf ihr Vermögen abgesehen und kennen kein Pardon – mit Ausnahme des Foltermeisters, der als einziger menschliche Regungen zeigt.

BRD 1972, Farbe, 88 Min. **Buch:** Adrian Hoven, Fred Denger **Regie:** Adrian Hoven **Mit:** Erika Blanc *(Elisabeth von Salmenau)*, Anton Diffring *(Balthasar von Ross)*, Percy Hoven *(Alexander von Salmenau)*, Adrian Hoven *(Alexander von Salmenau sr.)*, Reginald Nalder *(Hexenjäger)*, Rosy Rosy (= Rosemarie Heinikel; *Kräuterfrau*), Astrid Kilian *(Nonne)*, Ellen Umlauf *(Oberin)*, Jean Pierre Zola *(Domprobst)*, Lukas Ammann, Johannes Buzalski.

Die Hexen von Eastwick The Witches of Eastwick

Die Kleinstadtgrazien Cher, Susan Sarandon und Michelle Pfeiffer wettstreiten um den Großen Preis von Eastwick, den zuerkannt bekommt, wer die voluminöseste Dauerwelle zu Markte trägt. Jack Nicholson ist ein teuflisch genauer Kampfrichter.

USA 1986, Farbe, 118 Min. **Buch:** Michael Cristofer **Regie:** George Miller **Mit:** Jack Nicholson *(Daryl Van Horne)*, Cher *(Alexandra Medford)*, Susan Sarandon *(Jane Spofford)*, Michelle Pfeiffer *(Sukie Ridgemont)*, Veronica Cartwright *(Felicia Alden)*, Richard Jenkins *(Clyde Alden)*, Caroline Struzik *(Carol Medford)*, Carel Struycken *(Fidel)*.

Der Hexenclub The Craft

Umzugsbedingt kommt Sarah an eine neue Schule. Durch eine unbedeutende Übersinnlichkeit erregt sie die Aufmerksamkeit Bonnies, die mit ihren beiden Freundinnen einen Hexenzirkel bildet. Nach anfänglicher Ablehnung stößt Sarah dazu. Alle vier sind Außenseiter: Die Halbwaise Sarah gibt sich die Schuld am Tod ihrer Mutter, Bonnie ist durch Brandnarben entstellt, Rochelle wird ihrer dunklen Hautfarbe wegen gehänselt, Nancy schämt sich ihrer niederen Herkunft. Gemeinsam erlangen sie die Macht, diese Stigmata zu überwinden. Sie gewinnen an Selbstvertrauen, das jedoch bald umschlägt in pure Machtgier. Sarah geht auf Distanz; die anderen bescheren ihr daraufhin wilde Halluzinationen und versuchen, sie in den Selbstmord zu treiben.

USA 1996, Farbe, 97 Min. **Buch:** Peter Filardi, Andrew Fleming **Regie:** Andrew Fleming **Mit:** Robin Tunney *(Sarah)*, Neve Campbell *(Bonnie)*, Fairuza Balk *(Nancy)*, Rachel True *(Rochelle)*, Skeet Ulrich *(Chris)*, Cliff De Young, Christine Taylor, Assumpta Serna.

Der Hexenclub: Fairuza Balk

Achtung:
Beim gemeinsamen Fernsehen erfreut sich das Hexenquartett an der 60er-Jahre-Sitcom «Verliebt in eine Hexe».

Starke Töne:
«In diesem Moment, in dieser Nacht, sind wir die Magie, haben wir die Macht.» BESCHWÖRUNGSFORMEL

Hexina – Schön, verrückt und gefährlich **Hexed**

Der kleine Hotelangestellte Matthew Welsh neigt zur Hochstapelei und schwärmt für das Supermodel Hexina. Beides gelangt zur Deckung, als Hexina inkognito in der allenfalls mittelmäßigen Herberge absteigt und Matthew unter Vortäuschung falscher Tatsachen ein Rendezvous ergaunert. Dies bereut er bald, mißbraucht ihn Hexina doch als Sündenbock für den Mord an einem Erpresser. Nicht nur muß er sich vor der Polizei verantworten, sondern auch vor Hexina in acht nehmen, die munter weitermordet, um alle Spuren ihrer Anwesenheit zu beseitigen. – Es lohnt sich, auf lachdienliche Details zu achten, so wenn japanische Banker am Silvesterabend eine Torte in Form der USA verspeisen.

USA 1993, Farbe, 93 Min.

Buch und **Regie:** Alan Spencer **Mit:** Arye Gross *(Matthew Walsh)*, Claudia Christian *(Hexina)*, Adrienne Shelly *(Gloria O'Connor)*, R. Lee Ermey *(Det. Ferguson)*, Ray Baker *(Victor Thummell)*, Norman Fell *(Herschel Levine)*.

Gut zu wissen:
Claudia Christian, hier eine – in den freizügigen Szenen gedoubelte – Sexbombe, zeigt sich sonst züchtig in der Science-fiction-Serie «Babylon 5».

Hexina – Schön, verrückt und gefährlich: Claudia Christian

Arye Gross gehörte zum Ensemble der Sitcom «Ellen»; der Autor Alan Spencer ist Urheber der parodistischen Serie «Sledge Hammer».

Hoppla:
Beim heißen Liebesspiel in der Küche zieht sich Hexina eine Laufmasche zu. Sekunden später ist das Beinkleid wieder ohne Makel.

High Risk

Frech wird auf Action-Star Jackie Chan gezielt, wenn Jet Li als Bodyguard und heimliches Double des hasenfüßigen Kinoidols Frankie Lone (Jackie Cheung) auftritt, der wahrheitswidrig vorgibt, auch waghalsige Stunt-Szenen stets selbst durchzuführen. Beide geraten schließlich in eine lupenreine «Die Hard»-Situation, als Gangster ein Hochhaus überfallen und mehrere Geiseln nehmen.

Hongkong 1995, Farbe, 93 Min.
Buch und **Regie:** Wong Jing **Mit:** Jet Li *(Kit Li)*, Jacky Cheung *(Frankie Lone)*, Yau Shuk Ching *(Lorraine)*, Charlie Yeung *(Doc)*, Yang Chung Hsien *(Faye Chu)*, Kwan Sau Mei.

Alternativtitel:
«Total Risk»

Erhabene Momente:
Frankie und Begleiter glauben den Gangstern entronnen zu sein, geraten auf der Flucht in einen Ballsaal – und werden von einer klavierspielenden Terroristin sehr stilvoll mit Beethovens «Fünfter» empfangen.

Hoppla:
In einer Modellaufnahme trägt das Hotel den Namen «Granedur», in der Realaufnahme «Grandeur».

Highway zur Hölle Highway to Hell

Charly und Rachel steuern Richtung Las Vegas, wo sie heiraten wollen, kommen aber vom Weg ab. Beinahe verursacht Charly einen Unfall, woraufhin ihm ein befremdlicher Cop entgegentritt, der statt Handschellen zwei Hände am Gürtel trägt. Der Mann ist eine Ausgeburt der Hölle und verschleppt Rachel in die Unterwelt. Tankwart Sam klärt den hilflosen Charly über den düsteren Polizisten auf und versorgt ihn mit einem unterwelttauglichen Gefährt. Unterdessen hat sich Rachel aus der Gewalt des Teufelskerls befreien können und gerät an eine Bande von, na klar, Hell's Angels. Die beiden jungen Leute erleben eine Fülle bizarrer Abenteuer, ehe sie einander in die Arme sinken können.

USA 1990, Farbe, 93 Min. **Buch:** Brian Helgeland **Regie:** Ate de Jong **Mit:** Chad Lowe *(Charly)*, Kristy Swanson *(Rachel)*, Patrick Bergin *(Beezle)*, Richard Farnsworth *(Sam)*, C. J. Graham *(Höllen-Cop)*, Pamela Gidley *(Clara)*, Ben Stiller *(Attila, der Hunnenkönig)*, Lita Ford, Adam Storke, Jarrett Lennon.

Gut zu wissen:
Trotz dieser vielversprechenden Talentprobe ging es für Ate de Jong in Hollywood wohl nicht recht voran. In den folgenden Jahren arbeitete er wieder in Europa und drehte u. a. für RTL Deutschland das TV-Movie «Tödliche Lüge» (1993).

Erhabene Momente:
Charly erkundigt sich bei Rockröhre Lita Ford, ob sie den Weg zur Hölle kenne. Deren profunde Antwort: «Sex, Drogen, Rock 'n' Roll».

Hilfe, Dinosaurier! Dinosaurs

Timmy, Jamie und Mick verpassen keine Folge der Cartoonserie «Dinosaurs», die uns Diesseitige doch sehr an die «Flintstones» erinnert. Timmys Eltern experimentieren im Gartenhaus mit «interdimensionaler Physik». In ihrer Abwesenheit legt Timmy ein Video in die Versuchsanlage und spielt mit der Fernbedienung herum. Im Nu findet er sich mitsamt seinen Freunden in der Serienrealität wieder, in der Höhlenmenschen intelligente Dinosaurier molestieren und ein böser Allosaurus die Herrschaft über die Parallelwelt zu erlangen trachtet. Die drei eingereisten Menschen machen sich gleich ein wenig nützlich und haben sehr viel Spaß, sieht doch ihre neue Umgebung aus wie der halbherzig umgestellte Set der «Unendlichen Geschichte».

USA 1990, Farbe, 90 Min. **Buch:** Will Baronet, Lisa Morton **Regie:** Brett Thompson **Mit:** Omri Katz *(Timmy)*, Shawn Hoffman *(Mick)*, Tiffany Poston *(Jamie)*, Pete Koch *(Link)*, Megan Hughes *(Missy)*, Tony Doyle *(Rex)*, Marc Martorana *(Tops)*, R. A. Mihailoff *(Mr. Big)*.

Gut zu wissen:
1991 begann in den USA die Ausstrahlung der Serie «Dinosaurs» (dt. «Die Dinos»), die andere Urheber und mit der Serie aus dem Film auch nur die Grundidee gemein hat.

Starke Töne:
«Ist das ein Flugsaurier in deiner Jacke, oder freust du dich nur, mich zu sehen?» JAMIE

Hilfe, ich bin noch Jungfrau

Ein Film aus dem Zeitalter der Cordjacke. Schauplatz ist eine Universitätsstadt, wo Studentinnen als Teilzeitaktmodell und Studenten als Gelegenheitsfotografen arbeiten. Der Studiosus markiert gern den Sexprotz und unterhält eine gunstgewerbliche

Beziehung zu einer 30jährigen, mit der zu schlafen aus seiner Warte einem «ethischen Akt» gleichkommt. Seine Kommilitonin hingegen ist noch Jungfrau, in dieser Angelegenheit aber emsig um Fortschritt bemüht. – Anspielungen auf Kuba und China sind an den Schamhaaren herbeigezogen, Anleihen bei britischen Jugendfilmen wie «Catch Us If You Can» und den Beatles-Komödien nicht zu verkennen. ▌ BRD 1969, Farbe, 83 Min. **Buch:** Willibald Eser **Regie:** Wolfgang Becker **Mit:** Susanne von Sass *(Thea Siebenrock)*, Jochen Busse *(Lambert)*, Margot Trooger *(Gertrude)*, Konrad Georg *(Henry Ellenbogen)*, Henry van Lyck, Hannelore Cremer.

Alternativtitel:
«Ellenbogenspiele»; «Dressed for Love – Ellenbogenspiele»

Achtung:
Theas Kinobesuch im «Capitol» gilt dem Ethnoschocker «Mondo Cane 2».

Hip Hop Hood Don't Be a Menace to South Central While Drinking Your Juice in the Hood

«Menace II Society», «Juice», «Boyz N the Hood» und «South Central» waren seriöse Versuche, das Leben in den Schwarzenvierteln einigermaßen realistisch wiederzugeben, dabei dennoch nicht frei von gewissen Stereotypen, die die Gebrüder Wayans hier genüßlich zerpflücken. Der schier unerschöpfliche Wayans-Clan wurde populär durch die TV-Serie «In Living Color», von 1990 bis 1994 afroamerikanisches Gegenstück zu «Saturday Night Live» und Ausbildungsstätte für heutige Kinostars wie Jim Carrey oder Rosie Perez. Zwangsläufig muß dem deutschen Publikum manche Anspielung unverständlich bleiben. Aber die kühne Parade wider die Romantisierung des Ghettoalltags trifft auch bei uns das eine oder andere Ziel. ▌ USA 1996, Farbe, 88 Min. **Buch:** Shawn Wayans, Marlon Wayans, Phil Beauman **Regie:** Paris Barclay **Mit:** Shawn Wayans *(Ashtray)*, Marlon Wayans *(Loc Dog)*, Tracey Cherelle Jones *(Dashiki)*, Keenen Ivory Wayans *(Postbote)*, Chris Spencer *(Preach)*, Suli McCullough *(Crazy Legs)*, Lahmard Tate *(Ashtrays Vater)*, Antonio Fargas *(Old School)*.

Hitcher, der Highwaykiller
The Hitcher

«Meine Mutter hat mich immer davor gewarnt, das zu tun», sagt C. Thomas Howell noch schmunzelnd, als er schon Rutger Hauer in regnerischer Nacht den Schlag öffnet. Und Mutter hatte recht – unterwegs ängstigt der fremde Tramp seinen Fahrer mit kryptischem Gerede solchermaßen, daß der ihn bei voller Fahrt aus dem Wagen stößt. Doch der Anhalter des Grauens erweist sich als hartnäckige Plage. Howells Befürchtungen bestätigen sich, der Mann tötet wahllos und ohne Skrupel. Und mit dieser Erkenntnis beginnt ein mörderisches Katz-und-Maus-Spiel zwischen Wüstenlandschaften, menschenleeren Highways und einsamen Raststätten. ▌ USA 1986, Farbe, 97 Min. **Buch:** Eric Red **Regie:** Robert Harmon **Mit:** C. Thomas Howell *(Jim Halsey)*, Rutger Hauer *(John Ryder)*, Jennifer Jason Leigh *(Nash)*, Jeffrey DeMunn *(Capt. Esteridge)*, John Jackson *(Sgt. Starr)*, Billy Green Bush, Armin Shimerman, Henry Darrow.

Starke Töne:
«Hab ich Sie erschreckt?» JOHN RYDER

Eine Hochzeit A Wedding

Das Geschehen konzentriert sich auf eine Hochzeitsfeier, in deren Verlauf die Marotten, kleinen Sünden und schweren Verfehlungen der Beteiligten nach und nach zutage kommen. Nur die Oma hat keine Meinung mehr zu der ganzen Wirrsal – sie ist klammheimlich verstorben, was die minutiös geplante Dramaturgie der Feier arg durcheinanderbringt. Eine rabenschwarze Komödie, bis ins letzte Detail sorgsam arrangiert und mit einem Riesenaufgebot an Stars besetzt.

USA 1977/78, Farbe, 125 Min. **Buch:** John Considine, Patricia Resnick, Allan Nicholls, Robert Altman **Regie:** Robert Altman **Mit:** Carol Burnett *(Tulip Brenner)*, Mia Farrow *(Buffy Brenner)*, Vittorio Gassman *(Luigi Corelli)*, Geraldine Chaplin *(Rita Billingsley)*, Lillian Gish *(Nettie Sloan)*, Lauren Hutton *(Florence Farmer)*, Nina van Pallandt *(Regina Corelli)*, Viveca Lindfors, Desi Arnaz jr., Pam Dawber, Dina Merrill.

Alternativtitel:
«Robert Altmans Eine Hochzeit»

Höllenfeuer I Dismember Mama / Poor Albert and Little Annie

Offenbar hat Regisseur Paul Leder seiner Mutter noch einiges heimzuzahlen. Nach «Please Don't Eat My Mother», einer um Nuditäten bereicherten Paraphrase auf «The Little Shop of Horrors», drohte er ihr schon im Titel dieses Films mit Zerstückelung, was vorerst an seiner Statt Zooey Hall erledigte. Getrieben von inneren Furien, möchte er die Welt von unreinen Frauen befreien, und auch die zarte und unschuldige Freundschaft zu der neunjährigen Geri Reischl bringt ihn nicht zur Vernunft.

USA 1972, Farbe, 82 Min. **Buch:** William Norton **Regie:** Paul Leder **Mit:** Zooey Hall *(Albert)*, Geri Reischl *(Annie)*, Greg Mullavey *(Detective)*, Joanne Moore Jordan, Marlene Tracy, Frank Whiteman.

Gut zu wissen:
US-Zuschauer kennen Geri Reischl aus der «Brady Bunch Hour», einer Nachfolgesendung der Familien-Sitcom «Drei Mädchen und drei Jungen» / «The Brady Bunch».

Die Höllenhunde des Dschingis Khan Maciste contro i mongoli

Vom Sterbebett gibt Dschingis Khan
Dem Nachwuchs noch die Richtung an
Gen Westen sollen sie marschieren
Und andre Völker kujonieren.

Folgsam gehorcht die Brüderschar
Macht stolz des Vaters Träume wahr
In Lemberg kommt es dann zum Zwist
Weil es in Filmen halt so ist
Die Bengel haun sich grün und blau
Selbstredend geht's um eine Frau.

Italien 1963, Farbe, 82 Min. **Buch:** Domenico Paolella, Alessandro Ferrau, Luciano Martino **Regie:** Domenico Paolella **Mit:** Mark Forest *(Marko)*, José Greci *(Blanca)*, Maria Grazia Spina *(Ljuba)*, Ken Clark *(Sajan)*, Renato Rossini *(Susdal)*, Nadir Baltimor *(Kingkan)*.

Der Höllentrip Altered States

Mittels einer Droge, die er bei indianischen Eingeborenen kennengelernt hat, versucht der Wissenschaftler Eddie Jessup das in den Zellen des menschlichen Körpers vermutete Ur-Wissen aufzuspüren. Ein halsbrecherisches Unterfangen, denn auch die Persönlichkeit des Forschers verändert sich unter dem Einfluß der unbekannten Substanz, und es fällt ihm immer schwerer, zu sich selbst zurückzufinden. «One hell of a movie», nannte der US-Kritiker Roger Ebert die visuelle Tour de force des britischen Regieexzentrikers Ken Russell, der Jessups Abstiege ins menschliche Unterbewußtsein als wild flackernden Bilderwirbel aufzog.

USA 1980, Farbe, 103 Min. **Buch:** Sydney Aaron **Regie:** Ken Russell **Mit:** William Hurt *(Eddie Jessup)*, Blair Brown *(Emily Jessup)*, Bob Bala-

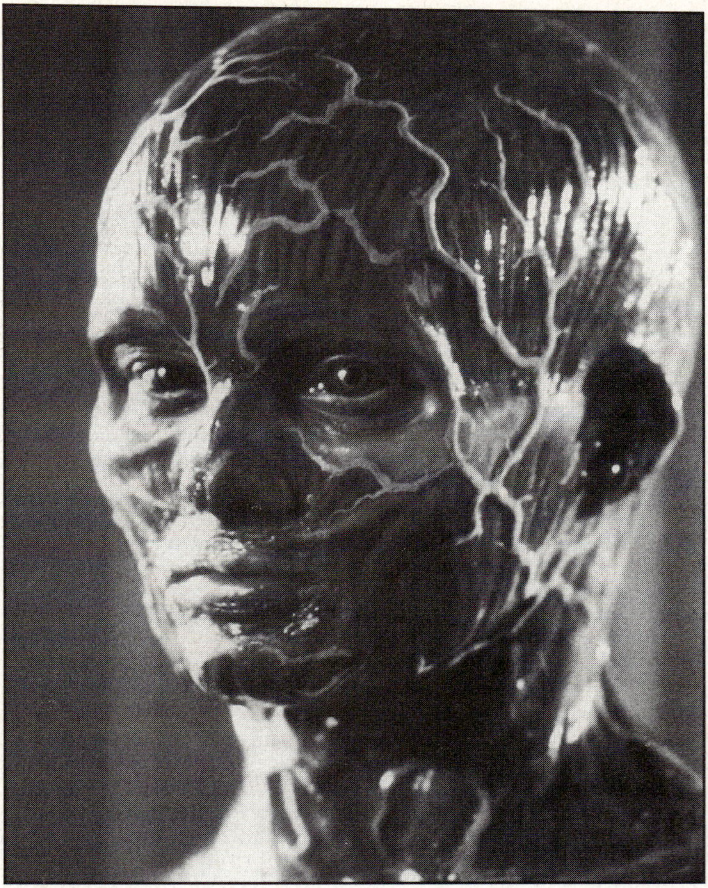

Der Höllentrip: William Hurt

ban *(Arthur Rosenberg)*, Charles Haid *(Mason Parrish)*, Thaao Penghlis *(Eccheverria)*, Drew Barrymore *(Margaret Jessup)*, Megan Jeffers *(Grace Jessup)*.

Gut zu wissen:
Die Vorlage zum Film stammte von Paddy Chayefsky, dem der Wissenschaftler John Lilly als Vorbild für seinen Romanhelden diente. Unter dem Pseudonym Sydney Aaron schrieb Chayefsky auch das Drehbuch.

Hollywood Chainsaw Hookers

Eine köstliche Persiflage auf das Aufkommen der Kettensäge im Action- und Horrorgenre: Ein schmieriger Detektiv stößt auf eine seltsame Sekte, deren leichtgeschürzte Tempeldienerinnen «Hilti, den Gott aller Kettensägen» anbeten, «Black & Decker-Choräle» singen und rituelle Tänze mit röhrenden Kettensägen aufführen. Nach den Glaubensgrundsätzen dieser obskuren Gemeinde reinigen die Klingen das Fleisch und stimmen die Götter gnädig – ein Sägen des Himmels gewissermaßen, der aber auf einer

Hollywood Shuffle: Robert Townsend (rechts)

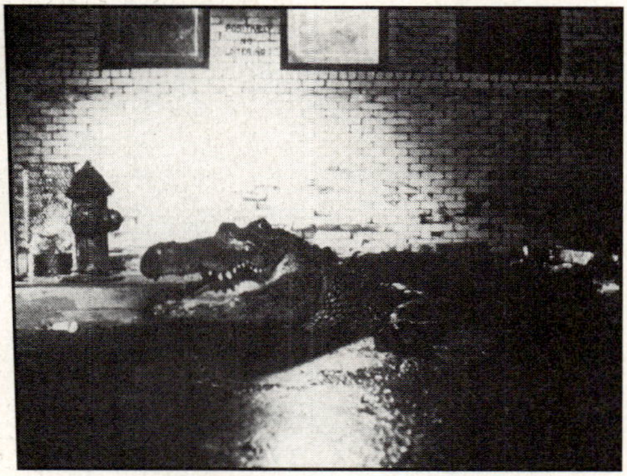

Der Horror-Alligator

falschen Annahme beruht: Kettensägen zerteilen mit reißenden Zähnchen, nicht mit der Klinge.

USA 1987, Farbe, 74 Min. **Buch:** Fred Olen Ray, T. L. Lankford **Regie:** Fred Olen Ray **Mit:** Gunnar Hansen *(Kultführer)*, Linnea Quigley *(Samantha Kelso)*, Jay Richardson *(Jack Chandler)*, Dawn Wildsmith *(Laurie)*, Michelle Bauer *(Mercedes)*.

Gut zu wissen:

Gunnar Hansen trug die Ledermaske in «Texas Chainsaw Massacre».

Ex-‹Penthouse›-*Pet* Michelle Bauer betätigte sich unter dem Künstlernamen Pia Snow auch auf dem Hardcore-Sektor.

Alternativtitel:

«Mit Motorsägen spaßt man nicht»; «Trouble in L.A.»; «Hollywood Chainsaw Hookers – Mit Motorsägen spaßt man nicht»

Hollywood Shuffle

Mit kleineren Rollen in Filmen wie «Straßen in Flammen», «Sergeant Waters – eine Soldatengeschichte» und «American Flyers» hatte sich Robert Townsend als Schauspieler etablieren können. In seinem ersten eigenen, auf höchst abenteuerliche Weise finanzierten Kinofilm verarbeitete er seine Erfahrungen als schwarzer Mime in Hollywood in satirischer Manier, gipfelnd in einer Szene, in der klassisch ausgebildete afroamerikanische Schauspieler eine Art Ghettoslang einstudieren, um ihre Karrierechancen zu verbessern. Townsends Koautor war Keenen Ivory Wayans, der 1988 seinerseits mit → GHETTO BUSTERS die Stereotype der *blaxploitation movies* verulkte.

USA 1987, Farbe, 81 Min. **Buch:** Robert Townsend, Keenen Ivory Wayans **Regie:** Robert Townsend **Mit:** Robert Townsend, *(Bobby Taylor)*, Anne-Marie Johnson *(Lydia)*, Starletta Dupois *(Bobbys Mutter)*, Helen Martin *(Bobbys Großmutter)*, Keenen Ivory Wayans *(Donald)*.

Der Horror-Alligator Alligator

Die kleine Marisa bekommt ein Alligatorenbaby geschenkt, doch Mami und Papi mögen keine Haustiere und spülen den wendigen Racker herzlos das Klo hinab. Unter dem Pflaster der Stadt wird aus dem Hänfling ein beeindruckendes Monstrum, das mit Genuß Kanalarbeiter und andere Zweibeiner verspeist. So geht's ja nicht, denkt sich die zur Zoologin herangewachsene Marisa, und Robert Forster ist sich mit ihr einig. Beide fassen die Verarbeitung der Echse zu Handtaschenleder ins Auge, aber bis es soweit ist, wird sich noch ordentlich gegruselt. Und weil der honorige John Sayles das Buch schrieb, steckt der Film voller Bissigkeiten, so daß die kleine Tierschau zu einem ersprießlichen Sehvergnügen wird.

USA
1980, Farbe, 91 Min. **Buch:** John Sayles **Regie:** Lewis Teague **Mit:** Robert Forster *(David Madison)*, Robin Riker *(Marisa)*, Henry Silva *(Brock)*, Dean Jagger *(Tycoon)*, Michael Gazzo *(Polizeichef)*, Perry Lang *(Kelly)*.

Horror-Express Horror Express / Pánico en el Transiberiano

Christopher Lee hat in Sibirien einen vereisten Kadaver ausgegraben, seiner Meinung nach das fehlende Glied zwischen Mensch und Affe. Mit dem von einer illustren Gesellschaft bevölkerten Transsibirien-Express transportiert er den kostbaren Leichnam Richtung Heimat. Einmal aufgetaut, zeigt sich das Geschöpf von seiner unleidlichsten Seite, birgt es doch ein außerirdisches Lebewesen, das all die Jahre überdauert hat und sich nun an den Zugreisenden gütlich hält. Fatalerweise ist es schwer zu fassen, weil es fortwährend den Wirtskörper wechselt. Angst und Mißtrauen gehen um, und die Anwesenheit eines wirrsinnigen Mönchs und des tobsuchtsgefährdeten Kosaken Telly Savalas macht die Bahnfahrt keineswegs erträglicher.

Spanien / GB
1972, Farbe, 88 Min. **Buch:** Arnaud D'Usseau, Julian Halvey **Regie:** Eugenio Martin **Mit:** Christopher Lee *(Alexander Saxton)*, Peter Cushing *(Dr. Wells)*, Telly Savalas *(Col. Kazan)*, Silvia Tortosa *(Irina Petrovski)*, Jorge Rigaud *(Graf Petrovski)*, Alberto de Mendoza *(Pujardov)*, Helga Line *(Natascha)*.

Horror Infernal Inferno

Auf eine herkömmliche Handlungsstruktur verzichtete der frühere Filmjournalist Dario Argento bei diesem Film, nicht einmal ein Handlungsgerüst stellte er parat. Statt dessen ornamentierte er sein Thema mit einer Fülle von Nebensträngen und Subplots, die ihm Gelegenheit geben, phantastische Bilderwelten zu inszenieren, die Idee zum Ausgang nehmend, daß dereinst ein Architekt für drei Frauen Häuser errichtete, je eines in Freiburg, New York und Rom. Die drei Dämoninnen geboten über das Flüstern, die Dunkelheit und die Tränen, und entsprechend gerieten auch ihre Immobilien, was die Bewohner noch in der Neuzeit zu spüren bekommen.

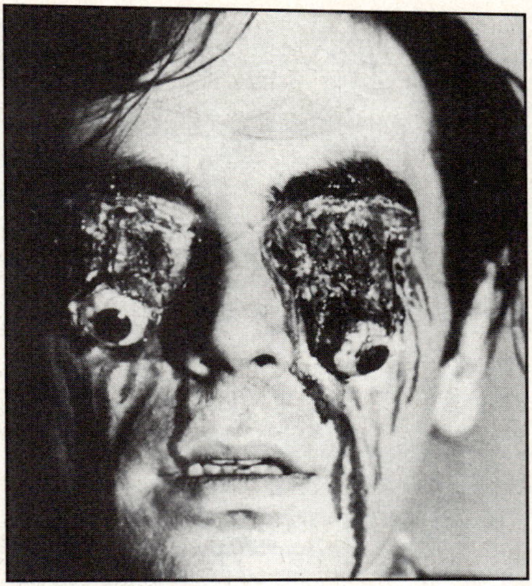

Horror Infernal

Italien 1979, Farbe, 106 Min.
Buch und **Regie:** Dario Argento **Mit:** Leigh McCloskey *(Mark Elliott)*, Irene Miracle *(Rose Elliott)*, Sacha Pitoëff *(Kazanian)*, Daria Nicolodi *(Elisa)*, Eleonora Giorgi *(Sara)*, Alida Valli *(Carol)*, Veronica Lazar *(Krankenschwester)*.

Gut zu wissen:
Einige Szenen wurden von Argentos ‹Ziehvater› Mario Bava in Szene gesetzt.

Die Musik stammt von Bombastrocker Keith Emerson (Emerson, Lake & Palmer).

Howard – Ein tierischer Held

House II House II – The Second Story

Norman Bates und seinesgleichen fänden in dieser Immobilie ihre Vorstellungen von «Schöner wohnen» verwirklicht – düster, weitläufig und verspukt ist das alte Gemäuer. Jesse, ein Nachkomme der Besitzer, und seine Gattin richten sich hier ein. Auf der Suche nach einem Artefakt aus dem Besitz seines Ururgroßvaters findet Jesse dessen Sarg. Doch Opi ist nicht so tot, wie er sein sollte, und wird neuer Wohngenosse des Paares. Im Verlauf einer Halloweenparty mischt sich ein ungebetener Zeitgenosse unter die Feiernden: Ein frisch aus dem Jenseits eingewechselter finsterer Koloß greift sich Opas mystischen Kristallschädel und enteilt in einen Urzeitdschungel, der sich hinter einer der dunklen Holztüren erstreckt. Es hilft nichts – Jesse und Freund Charlie müssen hinterher.

USA 1986, Farbe, 87 Min. **Buch** und **Regie:** Ethan Wiley **Mit:** Arye Gross *(Jesse McLaughlin)*, Lar Park Lincoln *(Kate McLaughlin)*, Jonathan Stark *(Charlie)*, Royal Dano *(Opa)*, John Ratzenberger *(Bill)*, Amy Yasbeck *(Lana)*, Bill Maher *(John)*, Mitzi Kapture, Devin Devasquez.

Alternativtitel:
«House 2 – Das Unerwartete»

Starke Töne:
«Ihr zwei habt wirklich Ahnung davon, wie man Wirbel macht.» BILL

Howard – Ein tierischer Held
Howard – The Duck / Howard – A New Breed of Hero

Weil diese Adaption eines sehr viel besseren Comics tierisch teuer war, tierisch floppte und im Original «Howard – The Duck» heißt, bezeichnet die Kinobranche seither kommerzielle Mißerfolge mitunter als «ducks». Noch das Beste, was man über den Film sagen kann, ist, daß Tim Robbins zum Ensemble gehörte.

USA 1985, Farbe, 109 Min. **Buch:** Gloria Katz, Willard Huyck **Regie:** Willard Huyck **Mit:** Lea Thompson *(Beverly Switzler)*, Jeffrey Jones *(Dr. Jenning)*, Tim Robbins *(Phil Blumburtt)*, Jordan Prentice *(Howard)*, Paul Guilfoyle *(Lt. Welker)*, Ed Gale.

Die hundert Ritter I cento cavalieri

El Cid hatte auch einen Sproß
Der maurisch' Blut en gros vergoß
Zwar war die Schar der Recken klein
Der Lorbeer letztlich dennoch sein
So trollten sich denn die Barbaren
Die gar nicht gerngesehen waren
Legten die Mordwerkzeuge aus der Hand
Und schlurften heim ins Morgenland
Doch ist der Maure ausgepicht
Kennt wohl das Wörtchen Skrupel nicht
Setzt sich frech aufs Petroleum
Und kehrt den Spieß böswillig um
Dies tut er auf vertrackte Weise:
Er hebt eiskalt die Erdölpreise.

I/Spanien/BRD 1965, Farbe, 125 Min. **Regie:** Vittorio Cottafavi **Buch:** Vittorio Cottafavi, Giorgio Prosperi, José Maria Otero, Enrico Ribulsi **Mit:** Mark Damon *(Fernando, Sohn des El Cid)*, Antonella Lualdi, Gastone Moschin, Wolfgang Preiss, Barbara Frey, Mario Feliciani.

Hundra

Hundra, willst du ewig leben, mag so mancher Urzeitbarbar gedacht haben, denn die armierte Amazone übt unbarmherzig Vergeltung für das Massaker an ihrem Volk und verfolgt nebenher das hehre Ziel, eine Frauenkolonie zu gründen.

Italien/Spanien/USA 1983, Farbe, 105 Min. **Buch:** Matt Cimber (= Matteo Ottaviano), John Doff **Regie:** Matt Cimber **Mit:** Laurene Landon *(Hundra)*, John Ghaffari *(Napatkin)*, Marisa Casal *(Drachima)*, Ramiro Oliveros *(Pateray)*, Luis Lorenzo.

Hydrotoxin – Die Bombe tickt in Dir Live Wire

Auch wieder falsch, denn die Bombe tickt eben gerade nicht, handelt es sich dabei doch um flüssigen Sprengstoff, der von böswilligen Lümmeln in zwei US-amerikanische Senatoren hineingefüllt wurde, woraufhin diese beiden in die Luft gehen, was beileibe nicht metaphorisch gemeint ist. Gluck, gluck, weg warn sie. Jetzt darf man gespannt sein, wie FBI-Sprengmeister Pierce Brosnan mit dieser Herausforderung fertig wird. Denn die alte Bombenentschärferfrage, «roter oder blauer Draht», stellt sich hier ja nicht.

USA 1992, Farbe, 86 Min. **Buch:** Bart Baker **Regie:** Christian Duguay **Mit:** Pierce Brosnan *(Danny Wilson)*, Ron Silver *(Frank Traveres)*, Ben Cross *(Mikhail Rashid)*, Lisa Eilbacher *(Terry Wilson)*, Al Waxman *(John Garvey)*, Tony Plana, Tracy Tweed, Nels Van Patten.

Alternativtitel:
«Hydrotoxin – Die lebenden Bomben»

Gut zu wissen:
In den USA hatte der auf kanadischem Boden gedrehte Film im Abokanal HBO Premiere. 1995 entstand eine Fortsetzung mit neuem Hauptdarsteller unter dem Titel «Live Wire: Human Timebomb».

Ich, Dr. Fu Man Chu The Face of Fu Man Chu

Hoppla, jetzt kommt Blacky. Die in den 60ern zwecks Kostenverteilung betriebene Koproduktionspolitik machte es möglich und nötig, daß sich 1965 unser Herr Fuchsberger auf die Spuren des mandeläugigen Superverbrechers setzte. Nämlicher hatte soeben Karin Dor entführt, die aber den Begierden des Schurken offenkundig nicht genügte, hieß doch die Fortsetzung «Die 13 Sklavinnen des Dr. Fu Man Chu».

GB 1965, Farbe, 89 Min. **Buch:** Peter Welbeck, Harry Alan Towers **Regie:** Don Sharp **Mit:** Joachim Fuchsberger *(Carl Jansen)*, Christopher Lee *(Dr. Fu Man Chu)*, Karin Dor *(Maria Merten)*, Nigel Green *(Nayland Smith)*, Tsai Chin *(Lin Tang)*, Walter Rilla *(Prof. Müller)*, Peter Mosbacher *(Hanuman)*, James R. Justice *(Fortescu)*.

Ich, ein Monster I, Monster

Nur die Namen der Hauptfiguren wurden geändert, die Figuren Utterson, Enfield, Lanyon und Poole aber verweisen noch aufs Original: Robert Louis Stevensons oftmals verfilmte Schauermär von der Persönlichkeitsspaltung des Dr. Jekyll nämlich. Hier übernahm Christopher Lee den Part, heißt aber Dr. Marlowe. Der tut seinen Patienten viel Gutes und möchte ihnen mittels eines Serums seelische Leiden erleichtern. Das Medikament trennt die guten von den schlechten Charaktereigenschaften. Marlowe erprobt den Stoff an sich selbst, wird Mr. Blake und durchwandert als solcher vorzugsweise die verrufenen Viertel Londons. Es bleibt nämlich nicht bei einer Umwandlung. Jedesmal aber wird Blake häßlicher und gemeiner.

GB 1971, Farbe, 75 Min. **Buch:** Milton Subotsky **Regie:** Stephen Weeks **Mit:** Christopher Lee *(Dr. Marlowe/Mr. Blake)*, Peter Cushing *(Utterson)*, Susan Jameson *(Diane)*, Richard Hurndall *(Lanyon)*, Mike Raven *(Enfield)*, George Merritt *(Poole)*, Michael Des Barres *(Knabe)*.

Ich glaub, ich steh im Wald Fast Times at Ridgemont High

Autor dieser High-School-Komödie ist Cameron Crowe, als Regisseur bekannt geworden mit «Singles» und «Jerry McGuire». Nach einer ausgiebigen Recherche, für die er nochmals die Schulbank drückte, entstand zunächst eine Reportage, dann ein Roman und schließlich das Drehbuch, das von Amy Heckerling sehr gepflegt in Szene gesetzt wurde. Beeindruckend die große Zahl späterer Stars, die hier in vorerst noch kleinen Rollen zu sehen sind.

USA 1981, Farbe, 91 Min. **Buch:** Cameron Crowe **Regie:** Amy Heckerling **Mit:** Jennifer Jason Leigh *(Stacy Hamilton)*, Judge Reinhold *(Brad Hamilton)*, Phoebe Cates *(Linda Barrett)*, Brian Backer *(Mark «Rat» Ratner)*, Sean Penn *(Jeff Spicoli)*, Robert Romanus *(Mike Damone)*, Ray Walston *(Mr. Hand)*, Forest Whitaker *(Charles Jefferson)*, Scott Thomson *(Arnold)*, Nicolas Cage, Anthony Edwards, Eric Stoltz, James Russo, Pamela Springsteen.

Gut zu wissen:
Die Musik zum Film schrieb Altrocker Joe Walsh.

Ich liebe dich zu Tode I Love You to Death

Lawrence Kasdan führte Regie, folglich kamen nur zwei Schauspieler für die männliche Hauptrolle in Betracht: Kevin Kline und William Hurt. Letzterer begnügte sich hier mit einem kleineren Part. Kline hingegen mußte sich nicht zurückhalten in der Rolle des Pizzabäckers Joey Boca, dessen zahllose Seitensprünge mit dem Tod bestraft werden sollen. So haben es seine Frau Rosalie und ihre Komplizen beschlossen. Auf verschiedenste Weise versuchen die Verschwörer, den Treulosen zur Strecke zu bringen. Doch der zähe Pizzamann ist einfach nicht totzukriegen. Eine hübsch verrückte Geschichte mit Echtheitszertifikat – sie hat sich nämlich wirklich ereignet. Zum Zeitpunkt der Dreharbeiten waren alle Beteiligten wohlauf.

USA 1989, Farbe, 96 Min. **Buch:** John Kostmayer **Regie:** Lawrence Kasdan **Mit:** Kevin Kline *(Joey Boca)*, Tracey Ullman *(Rosalie Boca)*, Joan Plowright *(Nadja)*, River Phoenix *(Devo)*, William Hurt *(Harlan James)*, Keanu Reeves *(Marlon James)*, Jon Kasdan *(Dominic Boca)*, Jack Kehler *(Wiley)*, Phoebe Cates *(Cameo)*.

Alternativtitel:
«Ich liebe dich zu Tode – Auf der Kugel steht Amore»

Achtung:
Regisseur Kasdan läßt sich ganz kurz als Anwalt auf dem Polizeirevier sehen.

Kevin Kline flirtet in einer Disco mit seiner realen Lebensgefährtin Phoebe Cates.

Ich spreng' Euch alle in die Luft – Inspektor Blomfields Fall Nr. 1

Als Kommissar Schimanski noch jung und besser bei Atem war, trug er den deutschen Autorenhirnen entwundenen Namen Eddie Blomfield und hatte es gerade mal bis zum Inspektor gebracht. Als solcher mußte er einen Fall von Nötigung, Erpressung und Geiselnahme bearbeiten. Auf der Gegenseite wütet das nach Klaus Kinski niederträchtigste Bösewichtelmännchen deutsch-italienischer Gemeinschaftsproduktionen: der von schlicht denkenden Regisseuren zwecks Unterstreichung seiner soziopathischen Ader häufig schweißgebadete Werner Pochath.

BRD 1967, Farbe, 92 Min. **Buch:** Rudolf Zehetgruber, Katharina Gajda **Regie:** Rudolf Zehetgruber **Mit:** Götz George *(Eddie Blomfield)*, Eddi Arent *(Harry Colman)*, Ingeborg Schöner *(Susan Gillespie)*, Werner Pochath *(Johnny Smith)*, Walter Barnes *(Lancaster)*, Anthony Steel *(Arthur Baker)*, Siegfried Wischnewski *(Inspektor Sterling)*, Karl Schönböck *(Colonel Lister)*.

Alternativtitel:
«Mad Joe – Ich spreng euch alle in die Luft»; «Der Superbulle»

Das Idol Sciarada alla francese / Cherchez l'idole

Ein gestohlenes Schmuckstück wird vom Dieb in einer Gitarre versteckt. Die turbulente Suche nach dem Instrument gibt dem Regisseur Michael Boisrond, der sein Handwerk bei René Clair und Jean Cocteau erlernte, Gelegenheit, die französischen Schlagerstars des Jahres 1963 ins Bild zu rükken – ein ganz putziges Zeitdokument mit unter anderem der jungen Sylvie Vartan und Charles Aznavour.

Frankreich / Italien 1963, Farbe, 85 Min. **Buch:** Richard Balducci **Regie:** Michel Boisrond **Mit:** Dany Saval *(Corinne)*, Franck Fernandel *(Richard)*, Sylvie Vartan, Eddy Mitchell, Mylène Demongeot, Frank Alamo.

Alternativtitel:
«Diamanten-Story»; «Corinne und der Diamant»

Ilsa, die Tigerin Ilsa – La tigresse Siberie / Ilsa – Tigress of Siberia / Tigress

Ilsas frühere Schandtaten, aufgeblättert in dem Film «Ilsa – She-Wolf of the SS», blieben dem deutschen Publikum erspart. So mußte sich auch niemand wundern, daß die eigentlich erschossene Titelheldin in «Ilsa – Haremswächterin des Ölscheichs» schon wieder kregel weiterfolterte, was ihr letztlich lebenslange Dunkelhaft einbrachte. Doch war sie nicht zu halten – 1953 führt die üppige Sadistin ein stalinistisches Straflager und genießt nach Feierabend die Zuwendung ihrer Untergebenen. Als Stalin stirbt, macht sich die Meute davon. 1977 hat sich Ilsa, kaum gealtert, in Montreal etabliert und verübt ihre Verbrechen nun auf eigene Rechnung. Eines ihrer früheren Opfer kommt mit einer Sportlergruppe nach Kanada. Ilsa erkennt ihn und läßt ihn festnehmen. Sowjetische Agenten machen sich auf die Suche, und die Requisite legt schon mal eine Großpackung Theaterblut bereit.

Kanada 1977, Farbe, 88 Min. **Buch:** Marven McGara **Regie:** Jean Lafleur **Mit:** Dianne Thorne *(Ilsa)*, Jean-Guy Latour *(Gregory)*, Tony Angelo, Terry Coady, Howard Mauer.

Gut zu wissen:
Die vorangegangenen «Ilsa»-Filme wurden von Don Edmonds inszeniert.

Der Darsteller Howard Mauer war Dianne Thornes Ehemann.

Starke Töne:
«Du darfst nicht glauben, daß wir Barbaren sind.»
ILSA

Im Bann des Voodoos
Netherworld

In den nordamerikanischen Sümpfen gedeiht so manches ‹Ding›, und wenn an einer Bordelltüre «Keep out» geschrieben steht, bleibt man besser draußen. Hier kann, wer alles Geld verpraßt hat, immer noch seine Seele in Zahlung geben. Die Abrechnung erledigt ein naher Verwandter des ‹Eiskalten Händchens›. In diese Welt kehrt Corey Thornton zurück, das Erbe seines Vaters anzutreten. In einem Brief kündigt der jedoch seine Auferstehung an, wofür er Coreys Hilfe einfordert. Zu Lebzeiten hatte der Verstorbene sexuellen Kontakt zur Voodoopriesterin Delores, mit der sich auch Corey einläßt. Coreys Realität verschiebt sich, er sieht seine Umgebung wie unter dem Einfluß bewußtseinsverändernder Mittel – ganz wie sein Vater es geplant hatte.

USA 1991, Farbe, 87 Min. **Buch:** Billy Chicago **Regie:** David Schmoeller **Mit:** Michael Bendetti *(Corey Thornton)*, Denise Gentile *(Delores)*, Anjanette Comer *(Mrs. Palmer)*, Holly Floria *(Diane Palmer)*, Robert Sampson *(Noah Thornton)*, Alex Datcher *(Mary Monroe)*.

Gut zu wissen:
Michael Bendetti spielte von 1990 bis 1991 Officer Anthony McCann in der TV-Serie «21, Jump Street».

Achtung:
Bei der Hauskapelle des Bordells handelt es sich um die Edgar Winter Band.

Im Geheimdienst Ihrer Majestät
On Her Majesty's Secret Service

Nur kurz erstrahlte der Ruhm George Lazenbys, der 132 Kinominuten lang James Bond mimen durfte. Zu groß waren die Fußstapfen, die Sean Connerys maßgefertigtes Schuhwerk hinterlassen hatte, zu schlecht die Voraussetzungen: ein Bond australischer Herkunft, der sich noch dazu unterstand, die charmante Diana Rigg wegheiraten zu wollen – das konnte nicht gutgehen. Folgerichtig verschwand Lazenby bald wieder von der Bildfläche, um fürderhin beim B-Film ein Auskommen zu suchen. Titel wie «Death Dimension» und «Der letzte Harem» künden davon.

GB 1969, Farbe, 139 Min. **Buch:** Richard Maibaum, Simon Raven **Regie:** Peter Hunt **Mit:** George Lazenby *(James Bond)*, Diana Rigg *(Contessa Teresa «Tracy» Vicenzo)*, Telly Savalas *(Ernst Stavro Blofeld)*, Ilse Steppat *(Irma Bunt)*, Gabriele Ferzetti *(Marc Ange Draco)*, Lois

Maxwell *(Miss Moneypenny)*, Bernard Lee *(«M»)*, Desmond Llewelyn *(«Q»)*.

Gut zu wissen:
Peter Hunt hatte bei den vorherigen Bond-Abenteuern als Schnittmeister gedient. Hier wurde der Schnitt von John Glen ausgeführt, der seinerseits zum Bond-Regisseur aufsteigen sollte.

Im Krankenhaus wird scharf geschossen Article 99

Kiefer Sutherland tritt eine neue Stellung an in einem Bundeskrankenhaus für Kriegsveteranen, das spürbar unter Budgetkürzungen zu leiden hat. Die Ärzte setzen sich mit subversiven Maßnahmen zur Wehr und schlagen die Bürokratie mit ihren eigenen Mitteln. Notfalls schieben sie einen Patienten von einer Station zur anderen, bis die erforderliche Operation genehmigt wird. Eines Tages aber eskaliert die Situation, Ray Liotta, der Kopf der Weißkittelguerilleros, wird entlassen. Die Veteranen besinnen sich auf ihre Ausbildung, greifen zu den Waffen und verbarrikadieren sich in der Klinik. Die Bundespolizei rückt an, derweil versuchen die Mediziner, bis zum Ablauf des Ultimatums so viele Patienten wie irgend möglich zu verarzten.

USA 1992, Farbe, 99 Min. **Buch:** Ron Cutler **Regie:** Howard Deutch **Mit:** Kiefer Sutherland *(Dr. Peter Morgan)*, Ray Liotta *(Dr. Richard Sturgess)*, Kathy Baker *(Dr. Diana Walton)*, Forest Whitaker *(Dr. Sid Handleman)*, Lea Thompson *(Dr. Robin Van Born)*, John Mahoney *(Dr. Dreyfoos)*, Eli Wallach, Noble Willingham.

Gut zu wissen:
Kathy Baker spielte auch in der TV-Serie «Picket Fences» eine Ärztin.

Starke Töne:
«Die Behandlung, die sie genehmigen, braucht er nicht. Und wir versuchen ihn so lange hierzubehalten, bis sie die Behandlung, die er nötig hat, genehmigen.» DR. STURGESS

Immer Ärger mit Bernie
Weekend at Bernie's

Zwei nicht allzu helle Yuppies, von ihrem vergaunerten Chef ins Strandhäuschen eingeladen, finden dessen Leiche und simulieren in der Hoffnung auf ein ungetrübtes Wochenende dessen Weiterleben. Was erhebliche Drangsal nach sich zieht, da die Mörder sicherstellen wollen, daß der Mann tatsächlich dahingegangen ist. Fast schon bewundernswert, wie Regisseur Ted Kotcheff mit einem Einfall 103 Minuten halbwegs amüsant ausfüllt, wenngleich er das große Vorbild «Immer Ärger mit Harry» nicht erreicht. Terry Kiser gibt eine äußerst geschmeidige Leiche ab; die zwangsläufig nachgeschobene Fortsetzung aber wäre nun wirklich nicht nötig gewesen.

USA 1989, Farbe, 103 Min. **Buch:** Robert Klane **Regie:** Ted Kotcheff **Mit:** Andrew McCarthy *(Larry Wilson)*, Jonathan Silverman *(Richard Parker)*, Catherine Mary Stewart *(Gwen Saunders)*, Terry Kiser *(Bernie Lomax)*.

Impulse – Stadt der Gewalt
Impulse

Nach einem kleineren Erdbeben werden die Bewohner des Städtchens Sutcliffe wunderlich. Das bekommt auch Jennifer zu spüren, die weit entfernt vom Geschehen einen Telefonanruf ihrer Mutter entgegennimmt, unflätige Beschimpfungen und dann einen Schuß mitanhören muß. Gemeinsam mit ihrem Gespons Stuart eilt sie heim zu Vater und Bruder und nimmt seltsame Entwicklungen wahr. Die Städter lassen ihren Emotionen freien Lauf, folgen ihren Trieben, begehen sogar Morde. Alle Telefonleitungen nach außen sind gekappt, ein Fluchtversuch scheitert an einer zerstörten Brücke, irgend jemand scheint im Hintergrund Einfluß zu nehmen … Ein Horrorfilm mit dezenten, aber einfallsreichen Bildern, die um so mehr Wirkung zeitigen.

USA 1984, Farbe, 91 Min. **Buch:** Bart Davis, Don Carlos Dunaway **Regie:** Graham Baker **Mit:** Meg Tilly *(Jennifer Russell)*, Tim Matheson *(Stuart Ames)*, Hume Cronyn *(Dr. Carr)*, John Carlen *(Bob Russell)*, Bill Paxton *(Eddi Russell)*.

Im Sommercamp ist die Hölle los G.O.R.P.

Nicht Autorenkino, sondern Autokino und einer der letzten Filme seiner Art, denn kurz darauf mußten sich die verdienstvollen B-Movie-Lieferanten der American International Pictures dem Fortschritt ergeben und wurden von Filmways geschluckt. Die zum Abschied gereichte Teenagerkomödie war alles andere als ein Glanzstück, hat aber nachmalige Aufsteiger wie Dennis Quaid, Rosanna Arquette und Fran Drescher im Aufgebot.

USA 1980, Farbe, 90 Min. **Koproduktion, Buch:** Jeffrey Konvintz **Regie:** Joseph Ruben **Mit:** Michael Lembeck *(Jay Kavell)*, Dennis Quaid *(«Mad» Grossman)*, Fran Drescher *(Evie)*, Rosanna Arquette *(Judy)*, Robert Trebor *(Rabbi Blowitz)*, Philip Casnoff *(Mark Bergman)*, David Hudleston *(Walrus Wallman)*.

Im Todesgriff der roten Maske The Oblong Box

Herrliche Schreckensmänner wie Vincent Price und Christopher Lee treffen aufeinander; tirilierende Käuzchen und knarrende Türen orchestrieren diesen Kanon des Grauens: Der schröckliche Lee läßt es sich angelegen sein, einen scheintoten Edelmann aus dem Grabe zu lüpfen und für dubiose Experimente herzurichten. Da jener aber noch unter den Lebenden weilt, läßt er dieses garstige Tun nicht fromm über sich ergehen, sondern meuchelt, was immer seinen Weg zu kreuzen wagt.

GB 1969, Farbe, 91 Min. **Buch:** Lawrence Huntington, Christopher Wicking **Regie:** Gordon Hessler **Mit:** Vincent Price *(Julian Markham)*, Christopher Lee *(Dr. Neuhartt)*, Alastair Williamson *(Sir Edward Markham)*, Hilary Dwyer *(Elizabeth Markham)*, Peter Arne *(Samuel Trench)*, Harry Baird *(N'Galo)*, Carl Rigg *(Mark Norton)*, Maxwell Shaw *(Tom Hackett)*, Rupert Davies, Uta Levka, Sally Geeson.

Alternativtitel:
«Die Todesmaske»

Gut zu wissen:
Gordon Hessler übernahm die Regie sehr kurzfristig, nachdem der ursprünglich als Regisseur vorgesehene Michael Reeves nach Beginn der Dreharbeiten verstorben war.

Im Zeichen der Jungfrau The January Man

Ein Serienmörder versetzt die New Yorker Bevölkerung in Unruhe. Bürgermeister Flynn weiß kaum noch, wie er den hartnäckigen Fragen der Medien ausweichen soll. Als schließlich eine enge Freundin seiner Tochter ums Leben kommt, erteilt er Anweisung, den aus politischer Opportunität zur Feuerwehr versetzten Polizisten Nick Starkey wieder in Dienst zu stellen, zum Verdruß von dessen Bruder, Commissioner Frank Starkey, und Captain Alcoa. Nick verläßt sich bei seinen Ermittlungen denn auch lieber auf den Maler und Computerspezialisten Ed … Kevin Kline macht sich gut als geschaßter Ermittler, der immer wieder in Konflikt mit Autoritäten gerät. In jeder Rolle sehenswert ist Alan Rickman, der Bösewicht aus «Stirb langsam».

USA 1989, Farbe, 97 Min. **Buch:** John Patrick Shanley **Regie:** Pat O'Connor **Mit:** Kevin Kline *(Nick Starkey)*, Mary

Elizabeth Mastrantonio *(Bernadette Flynn)*, Alan Rickman *(Ed)*, Harvey Keitel *(Frank Starkey)*, Susan Sarandon *(Christine Starkey)*, Danny Aiello *(Capt. Vincent Alcoa)*, Rod Steiger *(Bürgermeister Flynn)*.

In den Klauen des Giganten
Giant from the Unknown

In ruraler Umgebung am Fuße der Rocky Mountains werden zerfleischte Kadaver von Mensch und Vieh gefunden. Der vierschrötige Sheriff begegnet jedem mit Mißtrauen, auch dem Archäologen Cleveland, der mit seiner Tochter die Gegend bereist. Der Forscher weist den Ordnungshüter auf die Legende vom «Indianertöter» hin, der 500 Jahre zuvor die Gegend unsicher gemacht haben soll. Man unternimmt eine Expedition ins Teufelstal und durchkämmt das Areal, derweil die Tochter in guter präfeministischer Manier den Abwasch erledigt. Eben sie aber ist es, die schließlich den Weg weist zu Überbleibseln aus der Zeit der spanischen Eroberer. Indes lauert der Unhold im Gebüsch und findet sichtlich Gefallen an der adretten Dame.

USA 1957, SW, 76 Min.

Buch: Frank Hart Taussig, Ralphe Brooke **Regie:** Richard E. Cunha **Mit:** Edward Kemmer *(Wayne Brooks)*, Sally Fraser *(Janet Cleveland)*, Buddy Baer *(der Gigant)*, Joline Brand, Bob Steele, Morris Ankrum.

Hoppla:
Der Sheriff nimmt Wayne Brooks vor einem Drugstore ins Verhör. Hinter Brooks ist ein Werbeschild mit den Worten «Drey Goods, Small Hardware ...» zu erkennen. Als er den Sheriff stehenläßt und weitergeht, hat er das Schild plötzlich vor sich.

In den Krallen der Venus
Queen of Outer Space

Als die erdferne Raumstation 8 Zudringlichkeiten feindseliger Aliens vermeldet, müssen drei schneidige Piloten und ein Wissenschaftler los, maßregelnd einzugreifen, erleben aber nur noch die feurige Zerstörung der Station und werden vom Druck der Detonation auf die Venus geschleudert. Hier lauern junge Damen in Minikleidern und nehmen unsere Helden gefangen, um sie ihrer maskierten Königin vorzuführen. Die, das ist nicht persönlich gemeint, haßt alle Männer und hat vor, nach der Raumstation auch die Erde zu zerbröseln. Doch es gibt oppositionelle Kräfte im Amazonenreich, und angeführt werden sie von Zsa Zsa Gabor. Grund genug für die Gesandten des Nachbarplaneten, wieder ein wenig Hoffnung zu schöpfen.

USA 1958, SW, 80 Min.

Buch: Charles Beaumont **Regie:** Edward L. Bernds **Mit:** Zsa Zsa Gabor *(Talleah)*, Laurie Mitchell *(Yllana)*, Eric Fleming *(Capt. Neil Patterson)*, David Willock *(Mike Cruze)*, Patrick Waltz *(Larry Turner)*, Paul Birch *(Prof. Konrad)*, Marilyn Buford *(Odeena)*.

Gut zu wissen:
Eric Fleming war Clint Eastwoods Partner in der Westernserie «Cowboys» / «Tausend Meilen Staub».

In der Gewalt der Riesenameisen **Empire of the Ants**

Maklerin Joan Collins schippert eine kleine Gruppe von potentiellen Investoren auf eine abseits gelegene Halbinsel, um im Verlauf einer kleinen Strandparty Grundstücke an der versumpften «Traumküste» zu veräußern. Derweil schmecken einige Ameisen von einer silbriggrauen Mousse, die aus einem als radioaktiv gekennzeichneten angespülten Faß quillt. Schon fallen die deutlich herangewachsenen Tiere über die Strandparty her und kapern sogar das Boot. Bei der Flucht stellen sich die Protagonisten genregemäß blöd an, verknacksen sich den Knöchel oder verfangen sich im einzigen Gestrüpp im Umkreis von mehreren Metern.

Die Ameisen aber sind dermaßen schlecht einkopiert, daß man sich um die Bedrängten kaum sorgen mag.

USA 1976, Farbe, 95 Min.

Buch: Jack Turley **Regie:** Bert I. Gordon **Mit:** Joan Collins *(Marilyn Fryser)*, Robert Lansing *(Dan Stokely)*, Edward Power *(Charlie Pearson)*, John David Carson *(Joe Morrison)*, Jacqueline Scott *(Margaret)*.

Alternativtitel:
«Angriff der Nuklearmonster»; «Killer Termiten»

Hoppla:
Fünf der Überlebenden stehlen ein Auto. Beim nachfolgenden Stunt, einem Hops in einen Wasserlauf, sitzt aber nur noch eine Person darinnen.

Starke Töne:
«Wenn wir Glück haben, sehen wir einige von den wilden Tieren, die hier leben.» MARILYN FRYSER

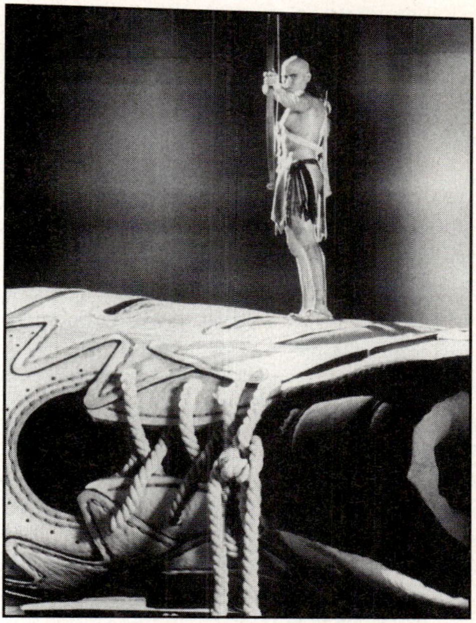

Der Indianer im Küchenschrank: Litefoot

Der Indianer im Küchenschrank The Indian in the Cupboard

Zum neunten Geburtstag bekommt Omri unter anderem ein Küchenschränkchen geschenkt. Bald entdeckt er dessen magische Fähigkeiten: Es macht Spielfiguren lebendig. Der Indianer Little Bear ist der erste, dem diese Behandlung zuteil wird. Der Däumling richtet sich in der neuen Welt ein, von Omri treulich umsorgt. Gefahren drohen von einem Cowboy, der ebenfalls dem Wunderschränkchen entsteigt, einer entlaufenen Hausratte und Omris Freund Patrick, der lange nicht realisiert, daß aus den Spielfiguren echte Menschen mit eigenen Bedürfnissen geworden sind. Trotz staunenswerter Trickszenen – der Film zieht sich gehörig in die Länge, ehe Omri zu der pädagogisch wertvollen Einsicht gelangt, daß jedes Wesen in seine eigene Welt gehört.

USA 1994, Farbe, 96 Min. **Buch:** Melissa Mathison **Regie:** Frank Oz **Mit:** Hal Scardino *(Omri)*, Litefoot *(Little Bear)*, David Keith *(Boone, der Cowboy)*, Lindsay Crouse *(Mutter)*, Richard Jenkins *(Vater)*, Rishi Bhat *(Patrick)*.

Starke Töne:
«Ich bin nicht klein. Du bist groß!» LITTLE BEAR

Das indische Grabmal II sepolocro indiano / Le tombeau hindou

Die jungen Heißsporne von den ‹Cahiers du Cinéma› hielten ihrem Fritz Lang die Treue, auch nachdem er aus Hollywood heimgekehrt war und in Deutschland für Artur Brauner ein zweiteiliges Remake des 1919 im Verein mit Thea von Harbou verfaßten Abenteuerfilms «Das indische Grabmal» inszenierte. Natürlich ist wieder alles schwer mit Bauten und Dekors vollgestellt; immerhin hatte der Architektensohn Lang dieses Fach damals in Wien mal zaghaft studiert.

Die Insel der neuen Monster: Barbara Bach

Die Insel der Ungeheuer: Ida Lupino

Und dann diese Geschichte: Ein talentierter Baumeister reist in die Ferne, Gutes zu verrichten, kommt einer Frau wegen vom Wege ab und schmachtet die nächste Zeit in den Katakomben seines vormaligen Gönners – beinahe möchte man meinen, da sei vage Biographisches verarbeitet worden.

BRD / Frankreich / Italien 1958, Farbe, 102 Min. **Buch:** Werner Jörg Lüddecke, Fritz Lang (im Abspann nicht genannt) **Regie:** Fritz Lang **Mit:** Debra Paget *(Seetha)*, Paul Hubschmid *(Harald Berger)*, Sabine Bethmann *(Irene Rhode)*, Walter Reyer *(Maharadscha Chandra)*, Claus Holm *(Dr. Walter Rhode)*, René Deltgen *(Fürst Ramigani)*.

Die Insel der neuen Monster
L'isola degli uomini pesce

Ein Rudel Schiffbrüchiger landet auf einer Art Gegenstück zum *Fantasy Island* und steht alsbald Barbara Bach gegenüber, was bedeutet, daß Ringo Starr und Kalamitäten der ausnehmend hanebüchenen Art nicht weit sein können. Und richtig: Barbaras Paps hat gemeinsam mit einem anderen *Mad Scientist* amphibische Wesen herangezogen, um sie in tiefsten Wassern nach den Schätzen Atlantis' suchen zu lassen. Mit der Dame Bach und Joseph Cotten hat die italienische Produktion schon zwei kapitale B-Movie-Existenzen zu bieten; die US-Amerikaner aber setzten noch drauf und drehten für die inländische Vermarktung zusätzliches Material mit den hochmögenden Eminenzen Mel Ferrer und Cameron Mitchell.

Italien 1978, Farbe, 85 Min. **Buch:** Sergio Donati, Sergio Martino, Cesare Frugoni **Regie:** Sergio Martino **Mit:** Barbara Bach *(Amanda)*, Richard Johnson *(Edmond)*, Claudio Cassinelli *(Claude)*, Joseph Cotten *(Professor Marvin)*, Beryl Cunningham.

Alternativtitel:
«Screamers»; «Isle of the Fishmen»; «Something Waits in the Dark»

Gut zu wissen:
Der amerikanische Verleih versprach in seinen Werbeanzeigen: «In this film you will actually see a man turned inside out!» Klang vielversprechend, war aber dreist gelogen.

Die Insel der Ungeheuer
The Food of the Gods

Inseln, die im Titel auftauchen, sind zumeist für einen Aufenthalt wenig empfehlenswert. So auch diese, auf der weißer Seim aus dem Untergrund blubbert. Den Hüh-

***Die Insel des Dr. Moreau:* Barbara Carrera**

nern eines Farmers schmeckt's, und sie schießen in die Höhe. Ein Unternehmer findet sich, der das wachstumsfördernde Zeug gewerblich nutzen möchte. Bedacht hat er nicht, daß neben dem Nutzvieh auch Schädlinge den Brei goutieren, und so sieht man sich alsbald einer Horde Großratten gegenüber, wobei sich die Insellage zunächst als strategischer Nachteil erweist.

USA 1976, Farbe, 87 Min. **Produktion, Buch, Spezialeffekte, Regie:** Bert I. Gordon **Mit:** Marjoe Gortner *(Morgan)*, Pamela Franklin *(Lorna Scott)*, Ralph Meeker *(Bensington)*, Ida Lupino *(Mrs. Skinner)*, Jon Cypher *(Brian)*, Belinda Balaski *(Rita)*, Tom Fisher *(Thomas)*, John McLiam *(Mr. Skinner)*.

Die Insel des Dr. Moreau
The Island of Dr. Moreau

Weder frommt noch fruchtet es, mit Dr. Moreau sich einzulassen, jenem von H. G. Wells erdachten Gentechnologen, der auf einer einsamen Insel haust und neue, von Natur aus friedfertige Menschen züchten möchte, was regelmäßig zu unliebsamen Ergebnissen führt. Die erste Verfilmung aus dem Jahr 1932 wurde der brisanten Thematik wegen weithin verboten, das vorliegende, 1976 entstandene Remake zahlte sich nicht aus, und auch John Frankenheimers '95er Neuinterpretation mit Marlon Brando stieß nicht auf großen Zuspruch. Das sollte den Filmproduzenten unter uns eine Warnung sein.

USA 1976, Farbe, 99 Min. **Buch:** John Hermann Shaner, Al Ramus **Regie:** Don Taylor **Mit:** Michael York *(Andrew Braddock)*, Burt Lancaster *(Dr. Moreau)*, Barbara Carrera *(Maria)*, Nigel Davenport *(Montgomery)*, Richard Basehart *(Gesetzsagender)*, Nick Cravat *(M'Ling)*.

Gut zu wissen:
Burt Lancaster und Nick Cravat kannten sich seit ihrer Zeit beim Zirkus und traten häufig, u. a. für den unübertrefflichen Piratenfilmklassiker «Der rote Korsar», gemeinsam vor die Kamera.

Hoppla:
Barbara Carreras knappe Dessous entsprechen nicht bis ins letzte Detail der Unterwäschemode der damaligen Zeit.

Starke Töne:
«Du mußt immer aufrecht gehen und nicht kriechen.» MOREAUS 1. GESETZ

Insel des Grauens Unknown Island

An computergenerierte Saurier war noch nicht zu denken, als 1948 eine bunt gemischte Expedition auf ein einsam, weil in einem Hollywooder B-Film-Studio gelegenes Eiland entsandt wurde, prähistorische Viecher aufzuspüren. Einige von denen stellten ein dickes Fell zur Schau, weshalb die Statisten, die drinnen steckten, ganz schön ins Schwitzen gerieten.

USA 1948,

Farbe, 75 Min. **Buch:** Harry Gerstad **Regie:** Jack Bernhard **Mit:** Virginia Grey *(Gloria Lane)*, Philip Reed *(Ted Osborne)*, Barton MacLane *(Capt. Tarnowksi)*, Richard Denning *(John Fairbanks)*.

Alternativtitel:
«Die Insel der Dinosaurier»

Starke Töne:
«Ich mache eher mit meinem bißchen Leben Schluß, bevor ich wieder auf diese Insel gehe.»
FAIRBANKS

Insel des Schreckens Island of Terror / Night of the Silicates

Auf einer Insel vor der Küste Irlands arbeiten Dr. Philips und seine Laboranten an einem Mittel gegen Krebs. Die Insellage erweist sich als großer Vorteil, nachdem sich die Experimente in eine unerwartete Richtung entwickelt haben – anstelle eines Organismus, der maligne Zellen auflöst, kreieren die Wissenschaftler tentakelbewehrte Ungeheuer, die Menschen anfallen und ihre Knochen aussaugen, weil sie auf Kalzium angewiesen sind. Die Forscher fallen ihnen als erste zum Opfer. Der lokale Arzt bittet auf dem Festland um Hilfe, und die nahezu unzerstörbaren Monster freuen sich auf den willkommenen Versorgungsnachschub.

GB 1966, Farbe, 87 Min. **Buch:** Edward Andrew Mann, Alan Ramsen **Regie:** Terence Fisher **Mit:** Peter Cushing *(Dr. Brian Stanley)*, Edward Judd *(Dr. David West)*, Carole Gray *(Toni Merrill)*, Eddie Byrne *(Dr. Landers)*, Sam Kidd *(Harris)*, Peter F. Robertson *(Dr. Philips)*.

Invasion der Tollwütigen Invasion of the Blood Farmers

Wie alle Glückssucher, treibt es auch einen Druidenring in die USA. Es gelüstet sie freilich nicht nach materiellen Werten. Vielmehr benötigen sie eine rare Blutgruppe, um ihre Königin Onhorrid wiederzubeleben. Warum sie sich ausgerechnet in ländlichen Gefilden ansiedeln, um passendes Plasma zu fördern, statt in der Großstadt, wo die Chancen erheblich besser stünden, bleibt das Geheimnis der sinistren Schelme. Fündig aber werden sie in den Adern der Tochter eines Pathologen, entführen sie und verärgern dadurch den Verlobten der jungen Dame, der ihren Bemühungen ein Ende bereitet ... Der Autor und Regisseur Ed Adlum, vormals Journalist beim ‹Creem Magazin›, hat mit Ed Wood mehr als nur den Vornamen gemeinsam.

USA 1971, Farbe, 80 Min. **Buch:** Ed Kelleher, Ed Adlum **Regie:** Ed Adlum **Mit:** Tanna Hunter *(Jenny Anderson)*, Cynthia Fleming *(Onhorrid)*, Norman Kelly *(Dr. Roy Anderson)*, Bruce Detrick, Jack Neubeck.

Alternativtitel:
«Invasion der Blutfarmer»

Invasion vom Mars Invaders from Mars

Der kleine Sternengucker David bezeugt eines Nachts die Landung eines Ufos. Sein Vater nimmt die angebliche Landestelle in Augenschein und kehrt merklich verändert zurück. Auch andere Erwachsene aus Davids Umgebung legen ein ungewohntes Verhalten an den Tag. David entdeckt, daß sie von Marsianern gelenkt werden, die ein weitläufiges Höhlensystem angelegt haben. In der Ärztin Pat Blake findet er eine vertrauenswürdige Person. Mit Hilfe des Astronomen Kelston gelingt der Beweis außerirdischer Machenschaften. Das in Kenntnis gesetzte Militär fährt schwere Panzer auf, David und Dr. Blake aber steht noch eine von Sphärenklängen untermalte direkte Begegnung mit den Fremdlingen bevor.

USA 1953, Farbe, 81 Min. **Buch:** Richard Blake **Regie:** William Cameron Menzies **Mit:** Jimmy Hunt *(David MacLean)*, Leif Erickson *(George MacLean)*, Helena Carter *(Dr. Pat Blake)*, Arthur Franz *(Dr. Stuart Kelston)*, Hillary Brooke *(Mary MacLean)*, Morris Ankrum *(Col. Fielding)*.

Invasion vom Mars Invaders from Mars

Tobe Hoopers Remake folgt weitgehend dem gleichnamigen Vorbild aus dem Jahr 1953 – manche Szenenbilder sind nahezu identisch –, übernimmt aber deutlicher die Sichtweise des Neunjährigen: Es sind vornehmlich Respektspersonen wie Eltern, Lehrer und Polizisten, die dem Bösen verfallen, und ausgerechnet die ungeliebte Schule ist ein Zentrum der Invasoren.

USA 1986, Farbe, 100 Min. **Buch:** Dan O'Bannon, Don Jakoby **Regie:** Tobe Hooper **Mit:** Hunter Carson *(David Gardner)*, Karen Black *(Linda)*, Timothy Bottoms *(George Gardner)*, Laraine Newman *(Ellen Gardner)*, Louise Fletcher *(Mrs. McKelsh)*, James Karen *(General Wilson)*.

Gut zu wissen:
Karen Black ist Hunter Carsons Mutter.

Jimmy Hunt, hier als Polizist zu sehen, spielte im Original die Rolle des kleinen Jungen.

Hoppla:
Als die verwandelte Mutter David umarmt, trägt sie aus seiner Sicht das Haar wie gewohnt. Im rückwärtigen Gegenschuß aber hat sie die Haare auf der rechten Seite bis hinter die Ohren zurückgestrichen.

Iron Monkey Siunin Wong Fei Hung tsi titmalau

Der unermüdliche Tsui Hark fungierte als Produzent dieses Historienstücks von Yuen Woo Ping, das in den USA seiner turbulenten Action-Szenen wegen mit Recht Kultrang genießt. Besagter «Iron Monkey» ist der Nom de guerre eines Naturheilers, der ähnlich wie Robin Hood gegen korrupte Staatsbeamte ficht und deren unrechtmäßig erworbene Reichtümer an das Volk verteilt. Im Bemühen, den geheimnisvollen «Iron Monkey» dingfest zu machen, wird der Knabe Wong Fei Hung festgenommen, um seinen rechtschaffenen Vater, einen Meister der Kampfkunst, zu zwingen, den maskierten Volkshelden zur Strecke zu bringen.

HK 1993, Farbe, 85 Min. **Buch:** Tsui Hark, Tang Pik-Yin, Lau Tai Muk, Cheung Tan **Regie:** Yuen Woo Ping, Corey Yuen **Mit:** Yu Rang Guang *(Dr. Yang/Iron Monkey)*, Jean Wang *(Orchid)*, Donnie Yen *(Wong Kai-ying)*, Tsang Sze Man *(Wong Fei Hung)*, Yan Yee Kwan *(Hiu Hing)*.

Gut zu wissen:
Wong Fei Hung ist eine historische Figur, ein Volksheld, der von Tsui Hark bereits in seinen «Once Upon a Time in China»-Filmen gewürdigt wurde.

Starke Töne:
«Das Leben ist wie ein Gericht mit vielen verschiedenen Zutaten. Man findet nicht immer, was man will. Also macht man einfach immer weiter.»
GARDEFÜHRER

Iron Thunder I Bought a Vampire Motorcycle

Das günstig erstandene neue Motorrad des Auslieferungsfahrers Nick erweist sich als von bösen Geistern besessen, was als erstes ein Mechaniker zu spüren bekommt, der sich dem Krad unsittlich genähert hatte. Darauf steht der Tod. In einer Alptraumsequenz kehrt der Schmutzfinger noch einmal zurück; in Exkremente verwandelt, entwindet er sich einer Toilette. Das Motorrad geht nächtens auf Blutsauftour, rächt sich an einer Rockerbande für den Tod seines Vorbesitzers und macht sich auch über Nicks

Freundin her. Ein Exorzismusversuch endet kläglich, aber die Maschine bekommt doch noch eins übergebrannt.

GB 1990, Farbe, 104 Min. **Produktion** und **Buch:** John Wolskel, Mycal Miller **Regie:** Dirk Campbell **Mit:** Neil Morrissey *(Noddy)*, Amanda Noar *(Kim)*, Daniel Peacock *(Mechaniker)*, Michael Elphick *(Inspector Cleaver)*, Anthony Daniels *(Priester)*, Andrew Powell *(Roach)*, George Rossi.

Iron Tiger Fong Sai-Yuk Tsuktsap / The Legend of Fong Sai Yuk 2 / Iron Tiger – Fong Sai Yuk II

Gar nicht leicht, der komplexen Geschichte zu folgen, was damit zu tun haben mag, daß bei Drehbeginn noch kein vollständig durchgearbeitetes Skript vorlag. Die Untergrundorganisation «Gesellschaft des Roten Adlers» kabaliert wider die Tyrannenherrschaft der Manchu-Dynastie. Innerhalb des Geheimbunds intrigiert der verworfene Vizechef gegen den weisen Anführer, der wackere Fong Sai-Yuk wird um der guten Sache willen zum Heiratsschwindler, bekommt dadurch zwangsläufig gehörigen Ärger mit seiner schlagkräftigen Verlobten Ting Ting und ist zu allem Überfluß von seinem potentiellen Opfer längst durchschaut worden. Nur gut, daß Fongs Mutter sich ebenfalls auf die Kunst des Nahkampfs versteht und wie ihr Sohn allen Schwer-, Flieh- und anderen Kräften zu trotzen weiß.

HK 1993, Farbe, 91 Min. **Buch:** Jay On, Chankin Chung, Lowell lo **Regie:** Corey Yuen **Mit:** Jet Li *(Fong Sai-Yuk)*, Josephine Siao *(Fongs Mutter)*, Michele Reis *(Ting Ting)*, Adam Chung *(Chen Chai-lu)*, Amy Kwok *(Man Yin)*.

Erhabene Momente:
Die vorübergehend gelähmte Amy Kwok auf den Armen tragend, setzt sich Jet Li gegen eine geradezu erdrückende Übermacht gegnerischer Schwertkämpfer zur Wehr. Dabei wirft er das zarte Wesen hoch in die Luft, mäht mit wirbelnden Extremitäten vier der Angreifer nieder und fängt seine Schutzbefohlene lässig wieder auf.

Gut zu wissen:
Jet Li fungierte tateinheitlich als *executive producer*.

Starke Töne:
«Was ist das Wichtigste im Leben? Mutterwitz!» FONGS MUTTER

Eine irre Safari Safari 3000

Christopher Lee wirft sich in einen mehr als extravaganten Rennanzug und fährt mit seinem Angestellten David Carradine Schlitten ... nein, um die Wette. Der Ex-Stuntman Carradine läßt ihn Staub fressen und wird daraufhin gefeuert. In den USA macht sich Stockard Channing bereit, auch eine Rolle in diesem Film zu übernehmen: Die Journalistin will als Beifahrerin an der Afrikarallye teilnehmen. Ihr ursprünglicher Partner hat leider im Zuge blutiger Unruhen den Kopf verloren. Sie sucht also Ersatz und findet Carradine, in dessen Gesellschaft sie halbierte Brücken, durchweichte Pisten und Christopher Lees unfaire Methoden meistert.

USA 1982, Farbe, 88 Min. **Buch:** Michael Harreschou **Regie:** Harry Hurwitz **Mit:** David Carradine *(Eddie Miles)*, Stockard Channing *(J. J. Dalton)*, Christopher Lee *(Graf Lorenzo Borgia)*, Hamilton Camp *(Feodor)*, Ian Yule *(Freddie Selkirk)*, Hugh Rouse, Mary Ann Berold.

Starke Töne:
«Ich hab' zu meiner Zeit auch ganz schön schräge Dinger gedreht.» J. J. DALTON

Ishtar

Im Wortsinn in den Sand gesetzt wurde diese mit großem Aufwand und einem Etat von 40 Millionen Dollar angegangene

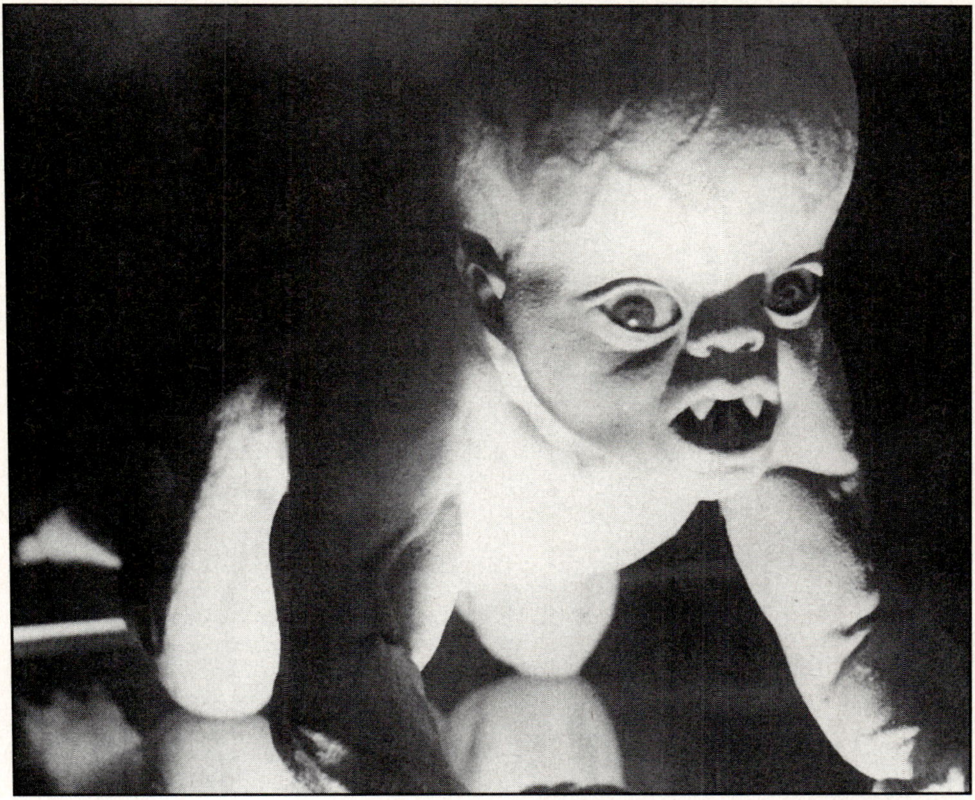

It's Alive

Wüstenklamotte, in der sich die beiden hoch und höher bezahlten Stars Warren Beatty und Dustin Hoffman als hoffnungslos schlechte Entertainer durch das Scheichtum Ishtar mogeln, ehe sie auf die bis unter die Augenbrauen verschleierte Isabelle Adjani treffen und ihr im Kampf gegen einen CIA-gestützten Despoten beistehen. Schnell streute man den Sand des Vergessens über die traurige Farce.

USA 1985/86, Farbe, 107 Min. **Buch** und **Regie:** Elaine May **Mit:** Dustin Hoffman *(Chuck Clarke)*, Warren Beatty *(Lyle Rogers)*, Isabelle Adjani *(Shirra Assel)*, Charles Grodin *(Agent Jim Harrison)*, Jack Weston *(Marty Freed)*, Tess Harper, Carol Kane.

Ist ja irre – Cäsar liebt Cleopatra Carry On Cleo

Vom Monumentalschinken bis hin zu den Emmanuelle-Filmen nahmen die Autoren der britischen «Carry On ...»-Reihe so ziemlich alle gängigen Filmgenres auf die Schippe. «Carry On Cleo» ist ein ganz eigener Fall: 1960 rückten die Amerikaner an, um in den Pinewood Studios die Großproduktion «Cleopatra» herzustellen. Dazu sollte es nicht kommen: Drehbuchänderungen, Kompetenzstreitigkeiten und Liz Taylors Erkrankung machten den Zeitplan zunichte. Schließlich zog der gesamte Troß gen Italien; die eigens errichteten monumentalen Kulissen waren nutzlos geworden. «Carry On Cleo» machte sich über die Abtrünnigen und ihren millionenschweren Flop lustig; die aber verstanden keinen Spaß und antworteten mit einer Plagiatsklage, auf Grund deren das Filmplakat zurückgezogen werden mußte.

GB 1964, Farbe, 92 Min. **Buch:** Talbot Rothwell **Regie:** Gerald Thomas **Mit:** Kenneth Williams *(Julius Cäsar)*, Sidney James *(Mark Anton)*, Kenneth Connor *(Hengist Pod)*, Charles Hawtrey *(Seneca)*, Joan Sims *(Calpurnia)*, Amanda Barrie *(Cleo)*, Jon Pertwee.

Alternativtitel:
«Cleo, Liebe und Antike»

It's Alive

Der Autor, Produzent und Regisseur Larry Buchanan war immer für eine filmische Missetat gut. Für karges Handgeld drehte er in den 60ern Remakes ohnehin schon billig gefertigter B-Movies. So niedrig waren die Etats, daß in mindestens drei Filmen dieselben Monsterkostüme verwendet wurden. Somit war das höllische Höhlenwesen aus «It's Alive» seinerzeit ein alter Bekannter – es hatte im Jahr zuvor schon in «Creature of Destruction» schlechtes Betragen an den Tag gelegt.

USA 1969, Farbe, 80 Min. **Buch** und **Regie:** Larry Buchanan **Mit:** Tommy Kirk *(Wayne Thomas)*, Shirley Bonne, *(Leilla Sterns)*, Bill Thurman *(Greely)*, Annabelle Weenick *(Bella)*, Corveth Ousternouse *(Norman Sterns)*.

Ivanhoe – der schwarze Ritter **Ivanhoe**

Löwenherz und seine Bande
Verwüsten grad die Morgenlande
Prinz John nutzt gern die Gunst der Stunde
Verbreitet frech erlog'ne Kunde
Wonach der King verblichen sei
Der Weg zum Thron scheint damit frei.

Einspruch erhebt der schwarze Ritter
Der kecke John vermerkt es bitter
Erkühnt sich doch der Angelsachs'
Und spielt bei Hof den großen Max
Verräter stößt er von der Zinne
So bleibt noch Zeit für Met und
Minne.

GB 1952, Farbe, 106 Min. **Buch:** Noel Langley **Regie:** Richard Thorpe **Mit:** Robert Taylor *(Ivanhoe)*, Joan Fontaine *(Rowena)*, Elizabeth Taylor *(Rebecca)*, George Sanders *(De Bois-Guilbert)*, Emlyn Williams *(Wamba)*, Robert Douglas *(Sir Hugh De Bracy)*, Finlay Currie *(Cedric)*, Felix Aylmer *(Isaac)*, Francis de Wolff *(Font De Boeuf)*, Guy Rolfe *(Prince John)*.

Jack the Ripper – Der Dirnenmörder von London

Eine enorme schauspielerische Herausforderung für Klaus Kinski, denn in einigen Szenen muß er nett sein und als Armenarzt der Wohlfahrt dienen. Nach Feierabend aber wetzt dieser entartete Hippokratiker das chirurgische Besteck und fällt über Londoner Prostituierte her. Die Morde ausgenommen, ist all dies reine Fiktion, denn der echte Ripper wurde nie gefaßt.

BRD 1976, Farbe, 92 Min. **Buch** und **Regie:** Jess Franco **Mit:** Klaus Kinski *(Dr. Denis Orloff)*, Josephine Chaplin *(Cynthia)*, Andreas Mannkopff *(Insp. Selby)*, Peter Nuesch *(Sgt. Ruppert)*, Herbert Fux *(Fischer-Charlie)*, Lina Romay *(Marika)*, Ursula von Wiese *(Miß Higgins)*, Francine Custer *(Sally)*, Esther Studer *(Rosa)*.

Starke Töne:
«Ich drehe den Scheiß in acht Tagen herunter. Den Rest der Zeit spiele ich Tennis ...» (Klaus Kinski in seinen Memoiren)

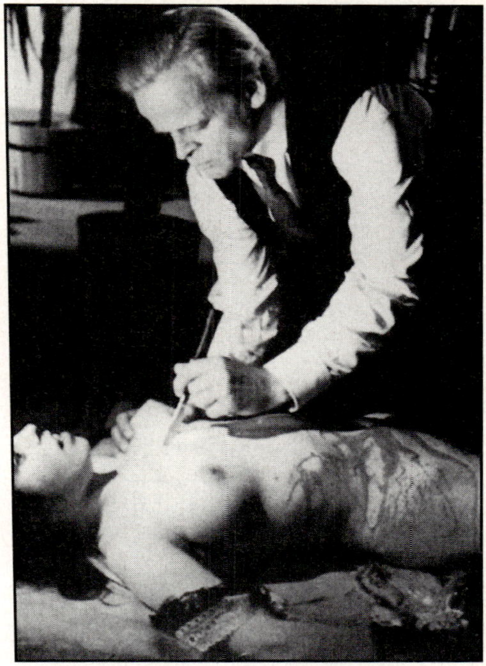

Jack the Ripper: Klaus Kinski

Jackie Chan ist Nobody **Who Am I?**

Anfangs weiß er gar nicht, wer er ist. Als Folge einer gescheiterten Militäraktion, bei der sämtliche Kameraden ums Leben gekommen sind, hat er das Gedächtnis verloren. Von Eingeborenen gesundgepflegt, macht er sich auf den Weg in die Zivilisation, seine Identität wiederzufinden. Das paßt denjenigen gar nicht, die die Verantwortung tragen für die Vorfälle im Dschungel. Gerade noch rechtzeitig wird sich Jackie Chan bewußt, wer er ist und was er kann – und dann heißt es staunen, denn als Autor, Regisseur und Hauptdarsteller hat sich der Tausendsassa eine Fülle von atemberaubenden Stunts einfallen lassen, darunter eine wilde Holzschuhschlacht und eine waghalsige Rutschpartie über das schräge Vordach eines 20stöckigen Hochhauses.

Hongkong 1998, Farbe, 124 Min. **Buch** und **Produktion:** Jackie Chan **Regie:** Benny Chan und Jackie Chan **Mit:** Jackie Chan *(Jackie)*, Michelle Ferre *(Christine)*, Mira Yamamoto *(Yuki)*, Ron Smerczak *(Morgan)*.

Jackie Chan's First Strike – Erstschlag **Jackie Chan's First Strike**

Jackie is on the road again. In «First Strike» spielt er abermals einen typischen Chan-Charakter: keinen Supermann der Marke Bond oder Batman, sondern einen normalen Polizisten, der durch widrige Umstände in eine weltweite Verschwörung verwickelt wird. Noch ein Unterschied: Statuarische

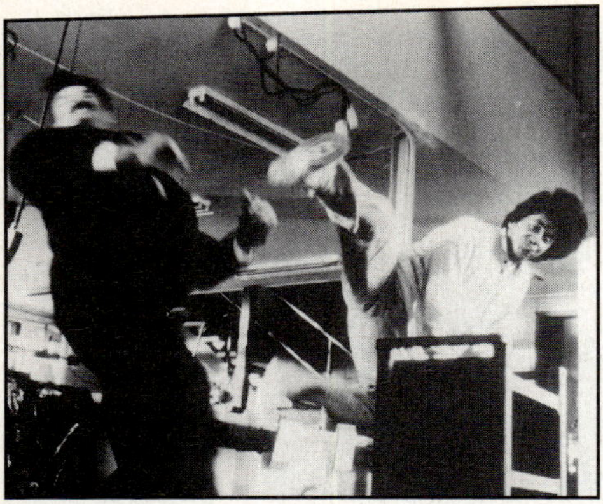

Jackie Chan's First Strike – Erstschlag: Jackie Chan (rechts)

Hollywood-Recken kennen keinen Schmerz, Chan und sein filmisches Alter ego schon – der Nachspann beweist es. Hongkong/USA 1996, Farbe, 84 Min., **Buch** und **Regie:** Stanley Tong **Mit:** Jackie Chan *(Jackie)*, Jackson Lou *(Tsui)*, Chen Chun Wu *(Annie)*, Bill Tung *(Onkel Bill)*, Jouri Petrov *(Col. Gregor Yogorov)*.

Die Jäger des Sarazenenschatzes **Le sette fatiche di Ali Baba**

Die Sarazenen sind pikiert
Man hat ihr Bergdorf annektiert
Und nur ein großer Sack Tantiemen
Wird diese Schmach von ihnen nehmen

Freund Ali Baba akquiriert
Von vierzig Räubern eskortiert
Verhandelt eifrig mit den Bösen
Die Eingepferchten auszulösen
Doch macht ihm Arglist schwer zu schaffen
Drum langt er lieber nach den Waffen
Scharmützelt sich mit Temperament
Recht zügig durch zum Happy-End.

Italien 1962, Farbe, 90 Min., **Buch** und **Regie:** Emimmo Salvi **Mit:** Rod Flash Ilush *(Ali Baba)*, Bella Cortez *(Loto)*, Furio Meniconi *(Mustafa)*, Liliana Zagra *(Morgana)*, Amedeo Trilli *(Hassan)*, Mario Polletin *(Kassim)*.

Alternativtitel:
«Die Rache des Ali Baba»

Ja, lüg ich denn? **Rabbit Test**

Hätten Sie's gewußt? Marcello Mastroianni, Arnold Schwarzenegger, Mike Krüger und Billy Crystal haben eines gemeinsam: Sie waren alle schon mal schwanger. Im Film jedenfalls. Die vorliegende Variante des schon häufiger durchgespielten Themas wurde geschrieben und inszeniert von der scharfzüngigen Komikerin Joan Rivers. USA 1977, Farbe, 86 Min. **Buch:** Jay Redack, Joan Rivers **Regie:** Joan Rivers **Mit:** Billy Crystal *(Lionel)*, Joan Prather *(Segoynia)*, Alex Rocco *(Danny)*, Doris Roberts *(Mrs. Carpenter)*, Paul Lynde *(Dr. Vidal)*, Norman Fell *(Segoynias Vater)*, Roddy McDowall *(Dr. Melton)*, Joan Rivers *(Krankenschwester)*, Imogen Coca *(Madame Marie)*, Mary Steenburgen.

Jeans, Teens und Luftballons **Malibu Beach**

«Baywatch» war noch nicht erfunden, und darum mußte man seinerzeit noch ins Kino, um am kalifornischen Strandleben teilzuhaben. Und welch ein prima Dasein ist das – Lagerfeuer am Strand, Bikinischönheiten so weit das Auge reicht, illegale Autorennen und, Gipfel der Keßheiten, gemeinschaftliches Nacktbaden bei Nacht. Unbestechliche Dokumentaristen dieser entspannten Lebensart waren Regisseur Robert J. Rosenthal und Koautorin Celia Susan Cotelo, deren Film sich im Zusammenspiel mit Rosenthals vorangegangenen Arbeiten «Machen wir's im Auto» und «Mach mich nicht an!»

zur Langzeitbeobachtung fröhlich gestrandeter Jugendlicher fügt. ▌ USA 1978, Farbe, 92 Min. **Buch:** Celia Susan Cotelo, Robert J. Rosenthal **Regie:** Robert J. Rosenthal **Mit:** Kim Lankford *(Dina)*, James Doughton *(Bobby)*, Susan Player Jarreau *(Sally)*, Stephen Oliver *(Dugan)*, Michael Luther *(Paul)*.

Jefferson Bolt – Reisender in Sachen Dynamit That Man Bolt

Fred Williamson, von führenden B-Movie-Fans heiß verehrt – siehe → FROM DUSK TILL DAWN –, wirft sich hier in James-Bond-Pose, arbeitet aber unabhängig. Mit dem Transport einer größeren Summe betraut, muß er erkennen, daß es sich um Falschgeld handelt. Als seine Auftraggeber auch noch versehentlich seine Gespielin ermorden, wird er ziemlich mürrisch, mischt Hongkong auf und ermittelt den Drahtzieher der dunklen Geschäfte … Kein Ghettofilm, wie die meisten *blaxploitation movies*, sondern eine internationale Verbrecherjagd mit modischen Kung-Fu-Beigaben und einem Klacks Las-Vegas-Glamour. ▌ USA 1973, Farbe, 105 Min. **Buch:** Quentin Werty, Charles Johnson **Regie:** Henry Levin, David Lowell Rich **Mit:** Fred Williamson *(Jefferson Bolt)*, Byron Webster *(Griffiths)*, Miko Mayama *(Dominique Kwan)*, Teresa Graves *(Samantha Nightingale)*, Satoshi Nakamura *(Kumada)*, John Orchard *(Carter)*, Jack Ging *(Connie Mellis)*.

Gut zu wissen:
Henry Levin inszenierte die Hongkong-Sequenzen, erkrankte dann und wurde für den Rest des Films von David Lowell Rich abgelöst.

Jiang Hu: Magie des Schwertes The Bride With White Hair / Jiang Hu – Between Love and Glory

Genrekenner, und sind wir das bei Bedarf nicht alle, stellen dieses melodramatische

Jiang Hu: Brigitte Lin

Schwertkämpfermärchen in eine Reihe mit der allerdings launigeren → CHINESE GHOST STORY. Leslie Cheung ist wieder mit von der Partie, hier als Yi-Hung, ein Meister der Klinge, der die Kriegskunst gern bleibenließe, aber in die Pflicht genommen wird. Als Kind war er einem Mädchen begegnet, das ihn vor einem Wolfsrudel rettete. Auf dem Schlachtfeld trifft er sie wieder, als peitschenschwingende Kämpferin im Dienste siamesischer Zwillinge, die Schwarze Magie praktizieren und Yi-Hungs Meister den Tod geschworen haben. Yi-Hung und Wolfskind erleben ein paar glückliche Momente, ehe sich ihre Bestimmung erfüllt. ▌ Hongkong 1993, Farbe, 85 Min. **Buch:** David Wu, Kei-To Lam, Pik-Yin Tang, Ronny Yu **Koproduktion** und **Regie:** Ronny Yu **Mit:** Brigitte Lin *(Wolfskind / Mondschein)*, Leslie Cheung *(Yi-Hung)*, Elaine Lui *(Schwester Chi Wu-shuang)*, Francis Ng *(Bruder Chi Wu-shuang)*, Nam Kit-ying, Joseph Cheng.

Alternativtitel:
«Das unbesiegbare Schwert»

Starke Töne:
«Erzwungene Liebe gebiert Trauer.» SCHWESTER CHI WU-SHUANG

Jim Carreys Die Maske: Jim Carrey

Joey: Joshua Morrell

Jim Carreys Die Maske
The Mask

Es bedarf schon einer Maske mit magischen Fähigkeiten, um aus dem unscheinbaren Stanley Ipkiss einen tollen Draufgänger zu machen. Immer wenn er die geheimnisvolle Larve trägt, trumpft Stanley auf – er rächt sich an seinen Peinigern, kassiert Millionen und erobert die schönsten Frauen. Das ruft sehr bald Neider auf den Plan ... Komikderwisch Jim Carrey flitzt wie ein Gummiball durch den Film, angetrieben von der rasanten Tricktechnik, mit deren Hilfe es gelang, die Comic-Vorlage stilecht auf der Leinwand auszubreiten.

USA 1994, Farbe, 101 Min. **Buch:** Mike Werb **Regie:** Charles Russell **Mit:** Jim Carrey *(Stanley Ipkiss)*, Cameron Diaz *(Tina Carlyle)*, Peter Riegert *(Lt. Mitch Kellaway)*, Peter Greene *(Dorian Tyrel)*, Amy Yasbeck *(Peggy Brandt)*.

Joey

Der neunjährige Joey kann den Tod des Vaters nicht verwinden. In einer schlaflosen Nacht werden seine Spielzeuge lebendig, und der Verstorbene meldet sich via Kindertelefon. Seither verfügt Joey über paranormale Fähigkeiten, und die braucht er auch, als er Fletcher ins Haus schleppt, die bösartige Handpuppe eines unter mysteriösen Umständen umgekommenen Bauchredners. Dank seiner Kräfte kann Joey die Puppe bezähmen, doch während Legionen von Wissenschaftlern damit befaßt sind, Joey zu examinieren, wird die gefesselte Puppe von einer Mitschülerin befreit und in ein unbewohntes Nachbarhaus getragen, wo Joey zum Showdown antritt, um seine bedrohten Schulkameraden zu retten.

BRD 1985, Farbe, 98 Min. **Buch:** Roland Emmerich, Hans J. Haller, Thomas Lechner **Regie:** Roland Emmerich **Mit:** Joshua Morrell *(Joey Collins)*, Eva Kryll *(Mutter)*, Tammy Shields *(Sally)*, Jerry Hall *(William)*, Sean Johnson *(Bobby)*, Jan Zierold *(Martin, Joeys Lehrer)*.

Johnny Flash

1986 drehte der verdiente Experimentalfilmer Werner Nekes eine kauzige Ruhrpottkomödie mit dem erst später zum Massenidol aufgestiegenen Unikum Helge Schneider. Mäßig blieb der Andrang, leer das Parkett. Nur wenige Eingeweihte verfolgten Jürgen Potzkothens hochkomische

Odyssee durch die Welt des deutschen Schlagers. In weiteren Hauptrollen: ein Graham-Brot, Andreas Kunze und Heike-Melba Fendel.

BRD 1986, Farbe, 80 Min. **Buch:** Werner Nekes, Peter Ritz **Regie:** Werner Nekes **Mit:** Helge Schneider *(Jürgen Potzkothen / Johnny Flash)*, Andreas Kunze *(Mutter Potzkothen)*, Heike-Melba Fendel *(«Tante von Musik SAT»)*, Marianne Traub.

Gut zu wissen:
Heike-Melba Fendel war zum Zeitpunkt der Dreharbeiten Filmkritikerin und schrieb für ‹Spex› und ‹epd film›. Seit 1991 ist sie Mitgesellschafterin der Kölner Medienagentur «Barbarella Entertainment».

John Woo's Blackjack
Blackjack

John Woo, der Meister der sinfonischen Schießerei, unterhält eine eigene Produktionsfirma, die Fernsehfilme entwickelt und herstellt. In diesem Zusammenhang entstand auch «Blackjack». Dolph Lundgren spielt darin den früheren Leibwächter Jack Devlin, der als Folge einer Bombenexplosion an einer Farbenphobie leidet und keine weißen Flächen mehr ertragen kann. Trotz dieses Handicaps stellt er sich zur Verfügung, als ein befreundeter Kollege verletzt wird und seinen Auftrag, den Schutz eines hochbezahlten Fotomodells, nicht erledigen kann. Keine leichte Aufgabe für Devlin, denn sein Schützling muß berufsbedingt immer wieder in die Öffentlichkeit – und das möchte ihr Ex-Gatte für seine mörderischen Pläne nutzen.

USA / Kanada 1998, Farbe, 94 Min **Buch:** Peter Lance **Regie:** John Woo (auch Koproduzent) **Mit:** Dolph Lundgren *(Jack Devlin)*, Kam Heskin *(Cinder James)*, Phillip MacKenzie *(Rory)*, Fred Williamson *(Hastings)*, Kate Vernon *(Dr. Rachel Stein)*, Saul Rubinek *(Thomas)*.

Der jüngste Tag

Der jüngste Tag When Worlds Collide

Mitnichten waren es immer die Russen, die als Marsmenschen verkleidet im Science-fiction-Film der 50er Jahre sämtliche Widrigkeiten verschuldeten. Es durfte auch schon mal ein verspieltes Planetenduo sein, das kollisionsgenau in Richtung Erde pirouettiert und den Bau einer modernen Arche nötig macht, auf der freilich nur wenige Auserwählte Platz finden. Wer zurückbleibt, muß mit dem Schlimmsten rechnen.

USA 1951, Farbe, 81 Min. **Buch:** Sydney Boehm **Regie:** Rudolph Maté **Mit:** Richard Derr *(Dave Randall)*, Barbara Rush *(Joyce Hendron)*, Peter Hanson *(Tony Drake)*, John Hoyt *(Sydney Stanton)*, Larry Keating *(Dr. Hendron)*, Judith Ames *(Julie Cummings)*, Hayden Rorke *(Dr. Bronson)*, Kirk Alyn, Stuart Whitman.

Junges Blut für Dracula Count Yorga, Vampire

Die Vampire in den Kolonien haben sich gewisse Eigenarten des transsylvanischen Zweiges bewahrt. Graf Yorga hält in seinem weitläufigen Heim in Los Angeles spiritistische Sitzungen ab, die freilich allein dazu dienen, junge Frauen heran- und unter seine Kontrolle zu bringen. Dies widerfährt auch der aparten Donna. Allerdings kann sie auf einen treuen Freund bauen, der dem saugstarken Graf und seinen nicht wenigen Gespielinnen – die gern auch mal eine Katze vernaschen – mit gespitztem Holze zu Leibe rückt. Zum Ende dreht und wendet sich alles allerdings so, daß schon bald «The Return of Count Yorga» (➜ DIE SIEBEN PRANKEN DES SATANS) annonciert werden konnte.

USA 1970, Farbe, 90 Min. **Buch** und **Regie:** Bob Kelljan **Mit:** Robert Quarry *(Count Yorga)*, Donna Anders *(Donna)*, Roger Perry *(Hayes)*, Michael Macready *(Michael)*, Michael Murphy *(Paul)*, Judith Lang *(Erica)*, Julie Connors *(Cleo)*, Marsha Jordan *(Donnas Mutter)*.

Gut zu wissen:
Darsteller Michael Macready war auch Produzent des Films, der ursprünglich ein Softporno werden sollte, was die Mitwirkung einschlägig bekannter Starlets erklärt.

Jungle Warriors – Euer Weg führt durch die Hölle Jungle Warriors

Sieben sexy Models in einem Flugzeug über Südamerika? Das endet garantiert im Dschungel, wenn nicht sogar im Sumpf oder Sündenpfuhl. Und richtig, die Maschine stürzt ab, und die Grazien geraten in die Fänge eines Rauschgiftmagnaten, der Sybil Danning auf seiner Gehaltsliste führt. Sybil hat nichts Besseres zu tun, als ihre Geschlechtsgenossinnen zu malträtieren, ehe heftige Scharmützel mit den Mannen eines böswilligen Mafioso einsetzen. Laut Michael Weldon sollte auch Dennis Hopper mitwirken, wurde aber des mexikanischen Drehortes verwiesen, weil er sich in seiner drogenbedingten Verwirrung recht unzüchtig gerierte.

USA / BRD / Mexiko 1983, Farbe, 95 Min. **Buch:** Robert Collector, Ernst von Theumer **Regie:** Ernst von Theumer **Mit:** Nina von Pallandt *(Joanna Quin)*, John Vernon *(Nick Spilatro)*, Alex Cord *(Vito Mastranga)*, Sybil Danning *(Angel)*, Woody Strode *(Luther)*, Paul Smith *(Cesar Santiago)*, Dana Elcar *(D'Antoni)*, Marjoe Gortner, Kai Wulff, Louisa Moritz, Mindy Iden.

Gut zu wissen:
Die Kamera führte Nicolas Sternberg, Sohn der Regie-Legende Josef von Sternberg.

Die Jungs von Spinal Tap
This is Spinal Tap

Rob Reiner, den wir niemals mit seinem Vater Carl verwechseln wollen, betätigte sich in den Siebzigern als Comedy-Autor und -Schauspieler. In «All in the Family», der US-Version von «Ein Herz und eine Seele», spielte er den Schwiegersohn. Mit «Die Jungs von Spinal Tap» debütierte er als Kinoregisseur, dabei als Koautor und auch Darsteller tätig werdend. In der anspielungsreichen Pseudodokumentation schildert er den langen, gewundenen Weg einer fiktiven britischen Rockformation, die ständig ihren Drummer verliert und manch anderen Rückschlag einstecken muß. Sieht aus wie echt, ist aber komplett gelogen.

USA 1983, Farbe, 82 Min. **Buch** und **Musik:** Christopher Guest, Michael McKean, Rob Reiner, Harry Shearer **Regie:** Rob Reiner **Mit:** Michael McKean *(David St. Hubbins)*, Christopher Guest *(Nigel Tufnel)*, Harry Shearer *(Derek Smalls)*, Rob Reiner *(Marty DiBergi)*, Billy Crystal, Fran Drescher, Patrick Macnee, Ed Begley jr., Anjelica Huston, Brinke Stevens, Paul Shaffer.

Gut zu wissen:
Ungeachtet ihrer fadenscheinigen Existenz wurde Spinal Tap zur Kultgruppe, spielte Platten ein, konzertierte beim «Live Aid»-Spektakel und wurde 1992 im Sequel «The Return of Spinal Tap» ein zweites Mal gewürdigt. Gaststars waren Bob Geldof, Rob Reiner, Graham Nash, Jamie Lee Curtis, Jeff Beck, Paul Anka, Martin Short und viele andere.

Das Kabinett des Professor Bondi: Vincent Price (links)

Das Kabinett des Professor Bondi House of Wax

Der Wachsfigurenskulpteur Bondi formt seine Nachbildungen historischer Personen mit künstlerischer Hingabe. Entsprechend unwirsch reagiert er, als sein Partner Burke mit Hinblick auf die mageren Geschäfte vorschlägt, das Museum fürderhin als Gruselkabinett zu führen. Man gerät in Streit, und Burke legt Feuer an die Räumlichkeiten, um via Versicherungsprämie die Gewinnspanne zu erhöhen. Scheinbar kommt Bondi in den Flammen um. Doch er kehrt wieder – furchtbar entstellt, mit verbrannter Seele und gestörtem Geist. Er eröffnet ein neues Etablissement, und das wird nun wirklich zur Schreckenskammer – denn hinter den wachsbleichen Gesichtern verbergen sich die Opfer Bondis, der zum mehrfachen Mörder geworden ist.

USA 1953, SW, 88 Min. **Buch:** Crane Wilbur **Regie:** André de Toth **Mit:** Vincent Price *(Prof. Henry Bondi [Jarrod])*, Phyllis Kirk *(Susie Allen)*, Carolyn Jones *(Cathy Gray)*, Charles Bronson *(Igor)*, Roy Roberts *(Matthew Burke)*, Frank Lovejoy *(Lt. Tom Brennan)*, Paul Picerni *(Scott Andrews)*.

Gut zu wissen:

Das Remake des 1933 gedrehten Gruselfilms «Mystery of the Wax Museum» war einer der ersten 3-D-Filme. Regisseur de Toth hatte sich bereits früh auch publizistisch für dieses Verfahren stark gemacht.

Charles Bronson, der als hünenhaftes Faktotum dem wahnsinnigen Bildhauer zu Willen ist, wurde seinerzeit noch unter seinem bürgerlichen Namen Buchinski geführt.

Kadmos – Tyrann von Theben Arrivano i titani / Les titans

Ein Aufmupf findet statt in Theben
Nach Regeln mag Kadmos nicht leben
Setzt qua Verdikt die Götter ab
So schüppt man sich das eigne
Grab.

Italien / Frankreich 1961, Farbe, 115 Min. **Buch:** Ennio de Concini, Duccio Tessari **Regie:** Duccio Tessari **Mit:** Pedro Armendáriz *(Kadmos)*, Antonella Lualdi *(Hermione)*, Giuliano Gemma *(Crios)*, Jacqueline Sassard *(Prinzessin Antiope)*.

Kaltblütiges Spiel Lies

Eine junge Schauspielerin verläßt aufgebracht die Kulisse eines Zombie-Films, nachdem man ihr absprachewidrig die Bluse vom Leib hatte reißen wollen. Damit ist ihr Engagement beendet. Daheim gönnt die im wirklichen Dasein scheint's weniger prüde Darstellerin uns Voyeuren die genreübliche Duschszene, ehe sie in eine verzwickte Intrige verwickelt wird. In einem neuen Film soll sie eine psychisch Kranke spielen. Die Proben finden an Originalschauplätzen eines grausamen Verbrechens statt und sind weit fortgeschritten, als die Meldung eintrifft, der Film werde nicht gedreht. Die Aktrice erfährt, daß dies auch nie geplant war – ihre Auftritte sollen dazu dienen, eine wohlhabende junge Frau zu entmündigen. Aber auch diese Mitteilung erweist sich als Lüge.

USA 1983, Farbe, 98 Min. **Buch** und **Regie:** Ken und Jim Wheat **Mit:** Ann Dusenberry *(Robin Wallace)*, Gail Strickland *(Jessica Brenner)*, Bruce Davison *(Stuart Russel)*, Clu Gulager *(Dr. Bartlett)*, Bert Remsen *(Murray)*, Terence Knox *(Eric)*, Dick Miller *(Filmproduzent)*.

Starke Töne:
«Das ist gespenstisch. Schlimmer als in einem Horrorfilm.» ROBIN WALLACE

Kampf auf der Todesinsel Iguana

Monte Hellman sicherte sich einen Platz in der Filmgeschichte durch die beiden Western «Das Schießen» und «Ritt im Wirbelwind», in denen er das Genre, in kreativem Zusammenspiel mit seinem Autor und Darsteller Jack Nicholson, gehörig zerpflückte. Mit «Two-Lane Blacktop» brachte er einen ernüchternden Gegenentwurf zu «Easy Rider» in Stellung, der prompt nur wenige Zuschauer fand und Hellman zur Lohnarbeit verdammte. Mit «Iguana» meldete er sich als kreativer Kopf zurück und fügte dem Piratenfilm zu, was er vorher mit dem Western und dem Roadmovie angestellt hatte. Wie immer bewies er ein gutes Gespür bei der Schauspielerauswahl: von Michael Madsen sollte man noch hören.

Italien / Spanien / Schweiz / USA 1987/88, Farbe, 90 Min. **Buch:** Monte Hellman, David M. Zehr, Steven Gaydos **Regie** und **Schnitt:** Monte Hellman **Mit:** Everett McGill *(Oberlus)*, Maru Valdivielso *(Carmen)*, Michael Bradford *(Sailor)*, Roger Kendall *(Roger)*, Fabio Testi, Tim Ryan, Michael Madsen.

Alternativtitel:
«Iguana – Eine verhängnisvolle Liebe»

Kampf der Hyänen Girls in Prison

Der Film habe es «nicht in die Kinos geschafft», meldete altklug der Fischer Film Almanach. Aber da sollte er auch gar nicht hin, denn er wurde für den US-Kabelsender Showtime produziert. Dort unterhielt man die Reihe «Rebel Highway», für die namhafte Regisseure Remakes zünftiger B-Movies anfertigten. John McNaughton zeigte erneut sein Faible für «Wild Things» und begab sich ins Frauengefängnis, wo die Sitten rauh, einmal geschlossene Freundschaften aber innig sind. Sam Fuller und Ehefrau Christa Lang verfaßten das Buch.

USA 1994, Farbe, 82 Min. **Buch:** Sam Fuller, Christa Lang **Regie:** John McNaughton **Mit:** Missy Crider *(Aggie)*, Bahni Turpin *(Melba)*, Anne Heche *(Jennifer)*, Ione Skye *(Carol Madison)*, Diane McGee *(Mrs. Felton)*, Harvey Chao *(Lum Fong)*, Nicolette Scorsese, Jon Polito.

Kampf der Welten The War of the Worlds

An diesen fliegenden Untertassen hatte Luigi Colani vermutlich seine helle Freude: 100prozentig stromlinienförmig, dürften die konsequent gerundeten Luftschiffe der Marsianer über einen konkurrenzlos niedrigen CW-Wert verfügen. 1953 waren die designtechnisch vorbildlichen Fluggeräte Ausdruck der Furcht vor kommunistischen Invasoren. Der Film trieb die Paranoia auf den Höhepunkt, denn den Erdlingen stand kein Mittel zur Verfügung gegen die überlegenen Waffen der Invasoren. Allein das auf terrestrische Bakterien nicht geeichte Immunsystem der Eindringlinge verhinderte noch die endgültige Abschaffung der Menschheit. Beim nächsten Mal aber bringen die Fremden gewißlich Schutzanzüge mit.

USA

1953, Farbe, 85 Min. **Buch:** Barré Lyndon **Regie:** Byron Haskin **Mit:** Gene Barry *(Clayton Forrester)*, Ann Robinson *(Sylvia van Buren)*, Les Tremayne *(General Mann)*, Bob Cornthwaite *(Dr. Pryor)*, Sandro Giglio *(Dr. Bilderbeck)*, Lewis Martin *(Pastor Collins)*, Jack Kruschen *(Salvatore)*, Sir Cedric Hardwicke *(Erzähler)*, Carolyn Jones.

Kampf um die 5. Galaxis, Filmplakat

Kampf um die 5. Galaxis
L'Umanoide / The Humanoid

Der Vorspann läuft in die Tiefe des Raumes, und das ist nicht die einzige Anleihe beim «Krieg der Sterne». Metropolis, vormals Erde, wird von Arthur Kennedy bedroht, der mit Hilfe der Ex-Bond-Gespielin Barbara Bach seinem Gefängnissatelliten entronnen ist, wohin ihn sein demokratisch gesinnter Bruder verbannt hatte. Die Ex-Bond-Gespielin Corinne Clery und der Ex-Bond-Gespiele Richard Kiel versuchen den Widerling aufzuhalten ... Ivan Rassimov trägt einen ausladenden schwarzen Helm, eine Mode, die auf Darth Vader zurückgeht, und Barbara Bach ließ ihr Haar in Form einer Schutzkappe formen, die auf verblüffende Weise der Schwerkraft trotzt. Einen Robohund gibt es auch, dessen Kopf früher eine Registrierkasse gewesen sein muß.

Italien

1979, Farbe, 100 Min. **Buch:** Adriano Bolzoni, Aldo Lado **Regie:** George B. Lewis (= Aldo Lado) **Mit:** Corinne Clery *(Dr. Barbara Gibson)*, Richard Kiel *(Golob)*, Arthur Kennedy *(Kraspin)*, Barbara Bach *(Lady Agatha)*, Ivan Rassimov *(Graal)*, Marco Yeh *(Tom-Tom)*.

Gut zu wissen:
Die Musik stammte von Ennio Morricone, der sich hörbar von Beethoven inspirieren ließ.

Einer der Produzenten war Antonio Margheriti.

Hoppla:
Beim Überfall auf das Forschungszentrum wird mit einer Laserwaffe auf einen der Angestellten gefeuert. Zwar geht der Schuß meterweit daneben, dennoch greift der Komparse mit beiden Händen in seine Magengegend und läßt sich zu Boden fallen – Feigheit vor dem Feind?

Kampf um Rom La vendetta dei barbari

Beklommen zagen die Kohorten
Die Goten nähern sich Roms Pforten

Arglist vermag den Feind zu schwächen
Nicht jedoch seinen Mut zu brechen
Rom fällt mit lautstarkem Getöse
Jetzt sind die Römer aber böse.

Italien 1960, Farbe, 85 Min. **Buch:** Gastone Ramazzotti **Regie:** Giuseppe Vari **Mit:** Daniella Rocca *(Galla Placidia)*, Anthony Steel *(Olimpios)*, Robert Alda *(Attulf)*, José Greci, Mario Scaccia.

Alternativtitel:
«Alarichs Kampf gegen Rom»; «Alarich – Eroberer von Rom»

Kannibalinnen im Avocado-Dschungel des Todes Cannibal Women in the Avocado Jungle of Death / Piranha Women / Jungle Heat

Hinter dem Pseudonym J. D. Athens verbirgt sich der Autor J. F. Lawton, der im Folgejahr mit «Pretty Woman» Kasse machte, hier aber im Bereich der niederen Budgets und Instinkte herumflachst. Shannon Tweed tritt auf als Anthropologin, die im Auftrag der Regierung in die südkalifornischen Avocado-Dschungel vordringt, um einen geheimnisumwitterten Amazonenstamm aufzuspüren. Die von der zivilisationsmüden Adrienne Barbeau geführten Kriegerinnen haben die Gewohnheit, ihre Männer nach dem Geschlechtsverkehr zu verzehren; dieser Brauch aber erscheint den amtlichen Stellen nicht mehr zeitgemäß. Begleitet wird Shannon von Bill Maher, in den USA bekannt als scharfzüngiger *Stand-up*-Komiker, hier in der Rolle eines Machos mit Indiana-Jones-Allüren.

USA 1988, Farbe, 89 Min. **Buch** und **Regie:** J. D. Athens (= J. F. Lawton) **Mit:** Shannon Tweed *(Dr. Margo Hunt)*, Adrienne Barbeau *(Dr. Kurtz)*, Bill Maher *(Jim)*, Karen Mistal *(Bunny)*, Barry Primus *(Ford Maddox)*, Vicky Varner *(Anführerin der Barracudas)*.

Karamurat – sein Kung Fu ist tödlich Karamurat – La belva dell'Anatolia

«Karamurat» ist ein grob gefügtes Patchwork aus Kung-Fu-Film, Märchen aus 1001 Nacht, Sandalenfilm und italienischer Brachialklamotte: Schöne Frauen werden aus den Händen finsterer Räuber befreit, Rauschgifthändler unschädlich gemacht, untreue Vasallen zur Ordnung gerufen.

Italien / Türkei / BRD 1977, Farbe, 85 Min. **Buch:** John Ferguson, Nick Tamil **Regie:** Herb Al Bauer (= Ernst Hofbauer) **Mit:** George Arkin (= Cüneyt Arkin, *Karamurat*), Daniela Giordano, Pasquale Basile, Sidney Ritchie, John Thirty.

Gut zu wissen:
Ernst Hofbauers Filmographie umfaßt ein breites Spektrum – es reicht von der Unterhaltungsreihe «Vorsicht, Kamera!» über «Schulmädchenreports» bis zur Fernsehserie «Percy Stuart».

Karate, Küsse, blonde Katzen Virgins of the Seven Seas / Enter the Seven Virgins / The Bod Squad

In den sechziger Jahren kannten sich die Liebhaber des Rabaukenkinos in Hongkong beinahe ebenso gut aus wie in Jerry Cottons Manhattan. Grund dafür waren die Koproduktionen von Wolf C. Hartwigs Rapid-Film mit Hongkonger Studios. So zeichnet für diesen Eastern mit Ernst Hofbauer ein Koregisseur verantwortlich, der ansonsten für Hartwigs erfolgreiche «Report»-Serie Schulmädchen in Stellung brachte. Hier hingegen lassen sich die jungen Damen dergleichen nicht gefallen – garstigerweise entführt, um reichen Lustgreisen gefügig zu sein, erlernen sie kurzerhand das Karate-Handwerk und verkanten die Knochen ihrer Peiniger.

Hongkong 1974, Farbe, 91 Min. **Buch:** Cheng Yi-Hsin **Regie:** Kuei Chih-Hung (auch Gui Zhi Hong), Ernst Hofbauer **Mit:** Sonja Jeannine *(Dawn)*, Yueh Hua *(Ko Pao)*, Liu Hu-Ling *(Ko Mei Mei)*, Diane Drube *(Anna)*, Gillian Bray *(Brenda)*, Yang Chiang *(der einäugige Drache)*, Deborah Ralls *(Celia)*.

Karthago in Flammen
Cartagine in fiamme

Hoch lodern Flammen und Gefühle
Dem Götzen huldigt blind der Mob
Und mittendrin in dem Gewühle
Tut Feldherr Hiram so als ob
Auch ihm an Molochs Segen läge
Indes peilt er was anderes an
In Camouflage bringt er's zuwege
Und raubt das sexy Opferlamm.

Italien / Frankreich 1959, Farbe, 110 Min. **Buch:** Ennio de Concini, Duccio Tessari **Regie:** Carmine Gallone **Mit:** Pierre Brasseur *(Sidone)*, Daniel Gélin *(Phegor)*, Anne Heywood *(Fulvia)*, Terence Hill *(Tsour)*, Ilaria Occhini *(Ophir)*, Paolo Stoppa *(Astarito)*.

Katanga **The Mercenaries / Dark of the Sun**

Die Söldner Krüger und Ruffo werden in den von Bürgerkriegswirren geschüttelten Kongo gerufen. Dem seit kurzem unabhängigen Land droht das Geld auszugehen. Die beiden sollen mit einem armierten Zug in ein von Rebellen beherrschtes Gebiet vordringen, die dort gehorteten Diamanten bergen und eine größere Gruppe von Zivilisten in Sicherheit bringen. Für Krüger ein Job unter vielen, für Ruffo aber ein Anliegen, denn er stammt aus dem Kongo. Unter den Offizieren des Stoßtrupps ist auch der Rassist Henlein, der seine eigenen Ziele verfolgt ... Ein straffes, solide gemachtes Söldnerabenteuer mit antirassistischer Tendenz, relevant aber als einer der ersten Filme, in denen eine laufende Kettensäge als Mordwerkzeug Anwendung fand.

GB 1967, Farbe, 100 Min. **Buch:** Quentin Werty, Adrian Spies **Regie:** Jack Cardiff **Mit:** Rod Taylor *(Krüger)*, Jim Brown *(Ruffo)*, Yvette Mimieux *(Claire)*, Peter Carsten *(Henlein)*, Bloke Modisane *(Kataki)*, Andre Morell *(Bussier)*, Calvin Lockhart *(Ubi)*.

Starke Töne:
«Ich stelle mich unter Ihr Kommando. Sie wissen ja, ich bin vergnügungssüchtig.» HENLEIN

Katzenmenschen **Cat People**

Nastassja Kinski ahnt noch nichts Böses, als sie ihren älteren Bruder in New Orleans besucht. Der aber eröffnet ihr, daß sie beide der Spezies der Katzenmenschen angehören. Diese Geschöpfe verwandeln sich in wilde Raubtiere, sobald ihre Sexualhormone blubbern und köcheln. Nasti denkt gar nicht daran, sich derartige Ammenmärchen aufbinden zu lassen, und ist entsprechend überrascht, als sie bei passender Gelegenheit die Gestalt eines wilden Panthers annimmt. Und dessen Pfoten haben scharfe Krallen ... Remake eines Horrorklassikers aus dem Jahr 1942.

USA 1982, Farbe, 118 Min. **Buch:** Alan Ormsby **Regie:** Paul Schrader **Mit:** Nastassja Kinski *(Irena Gallier)*, Malcolm McDowell *(Paul Gallier)*, John Heard *(Oliver Yates)*, Annette O'Toole *(Alice Perrin)*, Ruby Dee *(Frau)*, Ed Begley Jr. *(Joe Creigh)*.

Kesse Bienen auf der Matte
... All the Marbles

Die kessen Bienen sind nicht *solche* Bienen und schon gar nicht *solche*, sondern von Peter Falk betreute Wrestlerinnen, die sich durch die schmuddeligen Arenen der Vorstädte prügeln und hart um die Teilnahme an der

US-Meisterschaft ringen. Die Welt, in der sich solches abspielt, ist keine freundliche und Robert Aldrichs mit herbem Humor gewürzte Komödie demgemäß auch alles andere als lieblich, im Kern aber wahr. USA 1980, Farbe, 113 Min. **Buch:** Mel Frohman **Regie:** Robert Aldrich **Mit:** Peter Falk *(Harry Sears)*, Vicki Frederick *(Iris)*, Laurene Landon *(Molla)*, Burt Young *(Eddie Cisco)*, Tracy Reed *(Diane)*, Richard Jaeckel *(Bill Dudley)*, John Hancock *(Big John Stanley)*.

Die Killer-Akademie The XYZ Murders / Crimewave / Broken Hearts and Noses

Die Herren Coddish und Crush geben ein illustres Gespann ab. Hauptamtlich betätigen sie sich als Kammerjäger, gegen gute Bezahlung erledigen sie aber auch Zweibeiner. Eines ihrer potentiellen Opfer ist der unauffällige Vic, der unter dem Eindruck der Gefahr unvermittelt Mut und Tatkraft entwickelt. Das rettet ihm zunächst das Leben, bringt ihm aber neue Schwierigkeiten ein – die Polizei glaubt ihm die Notwehr nicht und verhaftet ihn wegen Mordes. Der Henker kurbelt schon mal den elektrischen Stuhl an ... Die Coens und Sam Raimi, ihr Bruder im Geiste, bringen den *film noir* auf Touren, addieren Slapstick und Klamauk, und es geht bald noch wilder zu als in → ARIZONA JUNIOR. USA 1985, Farbe, 86 Min. **Buch:** Joel Coen, Ethan Coen, Sam Raimi **Regie:** Sam Raimi **Mit:** Reed Birney *(Vic)*, Sheree J. Wilson *(Nancy)*, Louise Lasser *(Mrs. Trend)*, Brion James *(Coddish)*, Paul Smith *(Crush)*, Bruce Campbell *(The Heel)*, Hamid Dana *(Donald Odegard)*, Ted Raimi, Edward R. Pressman.

Gut zu wissen:
Laut Sam Raimi wurde die Endfassung von den Produzenten verunstaltet. Auch hätte er lieber Bruce Campbell in der Hauptrolle gesehen, was ihm verweigert wurde.
Die Komikerin Louise Lasser war zeitweilig mit Woody Allen verheiratet und spielte in seinen frühen Filmen tragende Rollen.

Der Killer im System Ghost in the Machine

Sein tiefsitzender Haß gegen funktionierende Familien hat den seelisch gestörten Computerzauberer Karl Hochman zum Mörder werden lassen. Die Opfer findet er anhand von Adreßbüchern. Nach einem schweren Autounfall wird Hochman im Krankenhaus einer tomographischen Untersuchung unterzogen, als es zu Stromschwankungen kommt. Hochman stirbt, sein Geist aber verflüchtigt sich ins Strom- und von dort ins Computernetz. Als digitalisiertes Bewußtsein frönt er denselben Passionen und bedrängt Terry Munroe, die noch zu Lebzeiten seine Aufmerksamkeit gefunden hatte. Seine neue Existenz gestattet ihm kunstvolle Morde – er setzt Mikrowellenherde, Handtrockner und Geschirrspüler für seine Zwecke ein. USA 1993, Farbe, 91 Min. **Buch:** William Davies, William Osborne **Regie:** Rachel Talalay **Mit:** Karen Allen *(Terry Munroe)*, Chris Mulkey *(Bram Walker)*, Wil Horneff *(Josh Munroe)*, Ted Marcoux *(Karl Hochman)*, Jessica Walter *(Elaine Spencer)*, Brandon Quintin Adams *(Frazer)*.

Starke Töne:
«Wenn die Menschen, die diesen Film gesehen haben, am nächsten Morgen ihren Toaster mit anderen Augen betrachten, dann haben wir unseren Job gut gemacht.» RACHEL TALALAY

Killer Krokodil 2 – Die Mörderbestie Killer Crocodile 2

In einem radioaktiv verseuchten Sumpf in Florida, dessen Besucher in Autos mit italienischen Kennzeichen anreisen, wird mal wieder eine neue Ferienanlage eröffnet. Was die Natur bekanntlich immer übel nimmt. Doch während US-Monstren bevorzugt sexbesessene Teenager verschlingen, machen italienische Artgenossen auch vor unschuldigen Waisenkindern nicht halt. Die Reporterin Lisa Post lernt die Killerechse kennen, als sie im luftigen Sommerkleidchen den Sumpf durchkreuzt, um Umweltsünden zu recherchieren. Die Amphibie beißt ihrem Bootsführer den Kopf ab, was dieser sich freilich durch einen Vergewaltigungsversuch redlich verdient hat. Es kommt aber der Moment, an dem das Krokodil das Maul zu voll nimmt.

Italien 1989, Farbe, 83 Min. **Buch:** David Parker jr. **Regie:** Giannetto De Rossi **Mit:** Debra Kerr *(Lisa Post)*, Anthony Crenna *(Kevin Jones)*, Thomas Moore *(Joe)*, Terry Baer, Hector Alvarez, Alan Bult.

Starke Töne:
«Kevin, wissen Sie nicht, daß Gefahrensituationen, in denen man Angst hat, auf die entscheidenden Fortpflanzungsorgane des Menschen stimulierend wirken?» LISA POST

Der Killer mit der Bohrmaschine The Toolbox Murders

Cameron Mitchell läßt wieder einmal alle Zügel schießen in der Rolle eines «Hausmeisters from hell». Er lockt seine Lieblingsmieterin in seine Wohnung, kleidet sie in die Garderobe seiner verstorbenen Tochter und greift zur Werkzeugkiste. Darin findet sich alles, was man für möglichst blutige Morde benötigt – Hammer, Bohrmaschine, Säge. Zum Glück verfügt Mitchell nicht über eine komplett eingerichtete Werkstatt – sonst wäre es wohl kaum bei vier Leichen geblieben. Ein (S)platter Film.

USA 1978, Farbe, 85 Min. **Buch:** Robert Easter, Ann N. Kindberg **Regie:** Dennis Donnelly **Mit:** Cameron Mitchell *(Kingsley)*, Pamelyn Ferdin *(Laurie)*, Wesley Eure *(Kent)*, Tim Donnelly *(Detective)*.

Killer-Schlangen Rattlers

Die Polizei bittet den Zoologen Dr. Parkinson um Mithilfe, als in der Mojave-Wüste zum wiederholten Male Leichen aufgefunden werden, die eine Vielzahl von Schlangenbissen aufweisen. Tatsächlich treten die geschmeidigen Giftspritzen gegen ihre sonstige Art in Scharen auf und verhalten sich ungewöhnlich aggressiv, weil ihnen militärische Kampfstoffe die Sinne vernebelt haben. Parkinson aber hat die Synchronstimme von Sly Stallone und Arnold Schwarzenegger, ist also fraglos der Richtige, dem Geschlängel Einhalt zu gebieten. Um dies zu bewirken, muß er sich zunächst einmal mit betonharten Kommißköppen anlegen und klappernde Dialogsätze niederringen.

USA 1975, Farbe, 78 Min. **Buch:** Jerry Goldring **Regie:** John MacCauley **Mit:** Sam Chew *(Dr. Tom Parkinson)*, Elizabeth Chauvet *(Ann)*, Tony Ballen *(Sheriff)*, Dan Priest *(Colonel)*, Ron Gold *(Dr. Delaney)*.

Alternativtitel:
«Unternehmen Klapperschlange»

Killer Target Zongheng sihai / Once a Thief

Der Urheber John Woo nannte seinen Film ursprünglich «Once a Thief», und er wird sich dabei wohl etwas gedacht haben. Wenngleich die Geschichte tragische Untertöne aufweist, zeigte Woo bei dieser 1991 entstandenen Gaunerkomödie auch seine heitere Seite. Chow Yun-Fat, Leslie Chung und Cherie Chung sind Ziehkinder eines Hongkon-

Kinder des Zorns: Linda Hamilton

ger Paten, werden von diesem zu Meisterdieben ausgebildet, dann aber von ihrem Pflegevater verraten. Ihr Coup geht schief, Chow Yun-Fat landet im Rollstuhl und sinnt ab sofort auf Rache.

Hongkong 1991, Farbe, 86 Min. **Buch:** John Woo, Janet Chun Clifton Ko **Regie:** John Woo **Mit:** Chow Yun-Fat *(Joe)*, Leslie Cheung *(Jim)*, Cherie Chung *(Cherie)*, John Woo *(Stanley Wu)*.

Starke Töne:
«In allen Filmen wird am Ende der Böse gefangen. Dies hier ist keine Ausnahme.» POLIZIST

Der Killer und der Kommissar **Le tueur / Il commissario le guen e il caso gassot**

Die Jüngeren werden es nicht mehr wissen, aber früher einmal verfügte ausgerechnet Uschi Glas über ein Image, das ohne weiteres gestattete, sie in Kriminalreißern wie diesem glaubwürdig als Prostituierte einzusetzen. Über das übliche Dienstleistungsangebot des Gewerbes hinausgehend, ist sie einem mehrfachen Mörder bei der Flucht behilflich. Der knorrige Jean Gabin weiß jedoch den blutjungen Gerard Depardieu auf seiner Seite, wenn er sich daranmacht, den entsprungenen Soziopathen in die Enge zu treiben.

BRD / Frankreich / Italien 1971, Farbe, 110 Min. **Buch:** Denys de la Patellière, Thomas Keck, Pascal Jardin **Regie:** Denys de la Patellière **Mit:** Jean Gabin, Fabio Testi, Uschi Glas, Bernard Blier, Marcel Bozzuffi.

Das Kindermädchen: Jenny Seagrove

wann wurde ihnen bewußt, daß sie ihren Eltern die Erde nur geliehen haben. Über deren unsachgemäßen Umgang mit ihrem Eigentum in höchstem Maße erbost, üben die Hühneraugenkinder Vergeltung und düngen Iowas Felder mit dem Blut derer, die älter als 19 sind – bis Peter Horton und Linda Hamilton zum Exorzismus ausholen.

USA 1983, Farbe, 89 Min. **Buch:** George Goldsmith **Regie:** Fritz Kiersch **Mit:** Peter Horton *(Dr. Burt Stanton)*, Linda Hamilton *(Vicky Baxter)*, John Franklin *(Isaac)*, R.G. Armstrong *(Diehl)*, Courtney Gains *(Malachai)*, Robby Kiger *(Job)*, Annemarie McEvory *(Sarah)*.

Alternativtitel:
«Stephen King's Kinder des Zorns»

Kinder des Teufels
Creeps / Bloody Birthday

Als wär's ein Stück vom King: Drei Kinder, deren Geburt im Dunkel einer Sonnenfinsternis vonstatten ging, bleiben lebenslang unterbelichtet und entwickeln sich zu blutrünstigen Mordsbälgern. Nach dem Motto «Macht kaputt, was euch kaputtmacht» entvölkern sie nach und nach ihr kalifornisches Heimatstädtchen.

USA 1980, Farbe, 85 Min. **Buch:** Ed Hunt, Barry Pearson **Regie:** Ed Hunt **Mit:** José Ferrer *(Doktor)*, Susan Strasberg *(Mrs. Davis)*, Lori Lethin *(Joyce Russel)*, Melinda Cordell *(Mrs. Brody)*, Julie Brown *(Beverly Brody)*, K. C. Martel *(Timmy Russel)*, Michael Dudikoff *(Willard)*.

Alternativtitel:
«Angst»

Kinder des Zorns Children of the Corn

Eigentlich sind sie ja Kinder des Hühnerauges, *children of the corn* nämlich, und irgend-

Das Kindermädchen
The Guardian

Jenny Seagrove, die liebenswerte Nixe aus «Local Hero», legt die Hand an die Wiege des kleinen Jake, um mit dem Wonneproppen ein menschenverschlingendes Baummonster zu beköstigen. Was die Eltern des Rackers naturgemäß nicht gutheißen. «Sobald meine Filme in die Kinos kommen», reflektierte Regisseur Friedkin einmal, «empfinde ich eine Art Haßliebe – es gibt immer irgend etwas, das man hätte besser machen können.» Einsichtige Worte. Eine Sache aber ist nicht zu beanstanden: das Engagement des großartigen Miguel Ferrer, der als Special Agent Rosenfield einst der Kultserie «Twin Peaks» ein zusätzliches Glanzlicht aufsetzte.

USA 1989, Farbe, 93 Min. **Buch:** Stephen Volk, Dan Greenburg, William Friedkin **Regie:** William Friedkin **Mit:** Jenny Seagrove *(Camilla)*, Carey Lowell *(Kate)*, Dwier Brown *(Phil)*, Brad Hall *(Ned Runcie)*, Miguel Ferrer *(Ralph Hess)*, Natalia Nogulich *(Molly Sheridan)*.

King Kong – Frankensteins Sohn

King Kobra King Cobra

Fritz Weaver, ein Priester mit fataler Neigung zu Alkohol und makabren Scherzen, spürt, daß es kälter wird auf Erden. Im Krankenhaus der Stadt häufen sich die Leichen. Todesursache: Schlangenbiß. Die Vorfälle sollen vertuscht werden, da der Landvogt in Bälde eine neue Hunderennstrecke eröffnen möchte. Das Gezücht aber kringelt sich bereits allerorten, im Drugstore, in Gretchen Corbetts Schlafzimmer und selbst in ihrer Dusche. Zur Zoologie gibt's gratis eine mächtige Packung Metaphysik, die überaus spaßbremsend wirkt.

USA 1980, Farbe, 92 Min. **Buch:** Gerry Holland **Regie:** Bob Claver **Mit:** Gretchen Corbett *(Dr. Sheridan)*, Fritz Weaver *(Thomas Farrow)*, Jan Korkes *(Dr. Paul Hendrix)*, Christina Applegate *(Kim Perry)*, John McCurry *(Sheriff George Tatum)*.

King Kong – Frankensteins Sohn King Kong no gyakushu / King Kong Escapes / The Revenge of King Kong

Ungeheuerlich, was dem armen Frankenstein alles angelastet wird. Dabei ziehen ganz andere die Fäden, der schwer aus der

King Kong gegen Godzilla

Spur geratene Wissenschaftler Dr. Who nämlich und seine Auftraggeberin Madame Piranha, auch bekannt als Madame X, die den Roboter Mechanikong auf die Welt loslassen, der sich jedoch als wenig anstellig erweist, weshalb der echte Kong in Aktion treten muß – aber nicht so, wie der unlautere Doktor sich das vorgestellt hat. Madame Piranha heißt realiter Mie Hama und war Sean Connerys Gespielin in «Man lebt nur zweimal».

Japan 1967, Farbe, 104 Min. **Buch:** William J. Keenan, Kaoru Mabuchi (= Takeshi Kimura) **Mit:** Linda G. Miller *(Susan Watson)*, Rhodes Reason *(Capt. Carl Nelson)*, Mie Hama *(Madame Piranha)*, Eisei Amamoto *(Dr. Who)*, Akira Takarada *(Jiro Nomura)*.

King Kong gegen Godzilla

Gojira tai Mechagojira

Schwarze Wolken, bebende Erde, düstere Prophezeiungen – da bahnt sich Schlimmes an. Diverse Gesellen, auch finstere darunter, jagen einer Statuette nach, die bei Ausgrabungen gefunden wurde. Godzilla entsteigt den Tiefen des Gebirges und versohlt ein Stacheltier. Dann taucht ein Doppelgänger auf, der echte Godzilla, denn der erste ist ein ferngesteuerter Automat, ein blecherner Konservengodzilla. Gode Zillas, schlechte Zillas – die Menschen sind verwirrt. Sie kommen aber darauf, daß sich außerirdische Affenwesen in Glamrockergestalt die Erde unterwerfen wollen. Godzilla, durch Blitzeinschlag zum Energiebündel geworden, mag dies nicht dulden.

King of New York: Christopher Walken

Japan 1974, Farbe, 84 Min. **Buch:** Hiroyasu Yamaura **Regie:** Jun Fukuda **Mit:** Masaaki Daimon *(Keisuke Shimizu)*, Akihiko Hirata *(Prof. Miyajima)*, Reiko Tajima *(Saeko Kaneshiro)*, Kazuya Aoyama *(Mashahiko Shumizu)*.

Starke Töne:
«Was Freunde nicht wissen, können Feinde nicht erfahren.» KEISUKE SHIMIZU

King Kong lebt King Kong lives

Aber haben wir ihn denn nicht alle dereinst vom World Trade Center plumpsen sehen? Schon, nur ist jetzt Linda Hamilton zur Stelle, die trotz ihrer leidigen Erfahrungen mit dem Terminator keine Angst vor dem hochgewachsenen Trampel hat. Sie leistet Erste Hilfe, baut dem Urviech ein Kunstherz ein – eine ähnliche Operation wurde auch an Arnold Schwarzenegger vollzogen – und bringt sogar eine Bluttransfusion zustande, indem sie eine entfernte Verwandte des zotteligen Patienten auftreibt. So was hat man doch noch nicht gesehen ... Nach seiner Genesung paaren sich King und Queen Kong, und danach wird's ziemlich affig.

USA 1986, Farbe, 98 Min. **Buch:** Ronald Shusett, Steven Pressfield **Regie:** John Guillermin **Mit:** Linda Hamilton *(Amy Franklin)*, Peter Elliot *(King Kong)*, George Yiasomi *(Lady Kong)*, Brian Kerwin *(Hank Mitchell)*, John Ashton *(Colonel Nevitt)*.

King of New York – König zwischen Tag und Nacht King of New York

Nachdem er unter Federführung des Produzenten Michael Mann ansehnliche Beiträge zu den TV-Serien «Miami Vice» und «Crime Story» geleistet hatte, wandte sich Abel Ferrara wieder dem Kino zu und fand in Italien Geldgeber für einen Gangsterfilm, in dem er, aller Beschränkungen der Fernsehproduktion ledig, gehörig die Fetzen fliegen ließ. Prompt verdüstert sich die Sonne, da Christopher Walken einen Dauerkugelhagel veranstaltet im durch nichts gezügelten Bemühen, sich den New Yorker Drogenmarkt untertan zu machen. David Caruso, Wesley Snipes und Victor Argo halten dagegen.

Italien / USA 1990, Farbe, 99 Min. **Buch:** Nicholas St. John **Regie:** Abel Ferrara **Mit:** Christopher Walken *(Frank White)*, David Caruso *(Dennis Gilley)*, Laurence Fishburne *(Jimmy Jump)*, Victor Argo *(Bishop)*, Wesley Snipes *(Thomas Flanigan)*, Janet Julian, Giancarlo Esposito, Steve Buscemi, Theresa Randle.

Der Klan der Vampire Blood Ties

Früher sah man Patrick Bauchau schon mal gedankenschwer durch Wim-Wenders-Filme schlurfen, aber auch ungescheut jugendgefährdend als Sylvia Kristels Galan in «Emmanuelle 4» oder in Dario Argentos deftigem «Phenomena». Später landete er beim amerikanischen Fernsehen und damit auch beim unsrigen und machte einmal die Woche gute Figur in der hierzulande von Vox ausgestrahlten Serie «Pretender». Im vorliegenden Fall jedoch mimt er den Patriarchen einer Blutsaugersippe der karpatischen Linie, deren Angehörige ausnahmsweise besser wegkommen als die Herren mit den dicken Pfählen. Das Ganze entstand im Zuge der Vampir-Renaissance Anfang der 90er und war als Pilotfilm einer Serie gedacht, die jedoch nicht zustande kam. Die Inszenierung übernahm Jim McBride, bekannt als Regisseur recht ansehnlicher Lichtspiele wie «Atemlos» und «The Big Easy».

USA 1991, Farbe, 92 Min. **Buch:** Richard Shapiro **Regie:** Jim McBride **Mit:** Jason London *(Cody)*, Harley Venton *(Harry)*, Patrick Bauchau *(Eli)*, Kim Johnson Ulrich *(Amy)*, Michelle Johnson *(Celia)*.

Gut zu wissen:
Einige Außenkulissen fanden bereits in dem Horrorfilm «Das Haus auf dem Geisterhügel» Verwendung.

***Die Klasse von 1999:* Pam Grier**

Die Klasse von 1999 Class of 1999

Nachdem → DIE KLASSE VON 1984 von der Zeit überholt worden war, setzte Mark L. Lester 1988 mit «Die Klasse von 1999» nach. Malcolm McDowell, Direktor der Kennedy High in Seattle, läßt sich vom in der Wolle gebleichten Stacy Keach drei Robopädagogen in seine im Ausnahmezustand befindliche Schule schicken, weiß aber nicht, daß die Androiden Pam Grier, John P. Ryan und Patrick Kilpatrick eigentlich für den Kriegseinsatz programmiert sind. Ein paar Schulstunden lang geht's gut, dann brennen die Sicherungen durch, und die drei artifiziellen Lehrkörper beginnen einen Vernichtungsfeldzug gegen ihre Schüler, die sich freilich, unter Leitung Bradley Greggs, tatkräftig zur Wehr setzen.

USA 1988, Farbe, 98 Min. **Buch:** C. Courtney Joyner **Regie:** Mark L. Lester **Mit:** Bradley Gregg *(Cody Culp)*, Traci Lind *(Christie Langford)*, Malcolm McDowell *(Dr. Miles Langford)*, Pam Grier *(Miss Connors)*, Stacy Keach *(Dr. Robert Forrest)*, John P. Ryan *(Mr. Hardin)*, Patrick Kilpatrick *(Mr. Brydes)*, Darren E. Burrows *(Sunny)*.

Gut zu wissen:
Im Vorspann ungenannt blieben die Romanciers John Skipp und Craig Spector sowie Abbie Wool, die gleichwohl zum Drehbuch beitrugen.

Darren E. Burrows, der hier als waffenschwingender Crackhead einen vorzeitigen Tod stirbt, spielte in der TV-Serie «Ausgerechnet Alaska» die Rolle des sanften Ed Chigliak.

Die Klasse von 1984 Class of 1984

Perry King ist der neue Musiklehrer an der Abraham Lincoln High School, glaubt sich aber eher an einen Kriegsschauplatz versetzt. Kollege Roddy McDowell trägt sichtbar eine Waffe, und das scheint nötig, weil ein Rudel von Punks unter der Leitung einer begabten, aber fehlgeleiteten Intelligenzbestie in großem Stil Drogenhandel und Zuhälterei betreibt und Lehrer wie Mitschüler schikaniert, ohne daß die Polizei eine Handhabe gegen sie fände. Allein der Neue hält dagegen und bekommt die Quittung, sein Auto wird abgefackelt, er selbst verprügelt, schließlich fallen die Übeltäter über seine wehrlose Frau her. Während das Schulorchester auf seinen Dirigenten wartet, ereignet sich in den Korridoren des Gebäudes ein tödliches Katz-und-Maus-Spiel.

USA 1981, Farbe, 99 Min. **Buch:** Mark Lester, John Saxton, Tom Holland **Regie:** Mark Lester **Mit:** Perry King *(Andy Norris)*, Roddy McDowall *(Terry Corrigan)*, Merrie Lynn Ross *(Diane)*, Michael Fox *(Arthur)*, Timothy Van Patten *(Stegman)*, Stefan Arngrim *(Drugstore)*, Keith Knight *(Barnyard)*, Al Waxman *(Det. Stawiski)*.

Achtung:
Bei dem auffallend pausbäckigen Michael Fox handelt es sich um Michael J. Fox, der mit der TV-Serie «Familienbande» / «Jede Menge Familie» bekannt und mit «Zurück in die Zukunft» zum Weltstar wurde.

Starke Töne:
«Der Unterricht ist etwas, was Sie nebenbei erledigen müssen.» REKTOR

Der kleine lila Menschenfresser The Purple People Eater

Neben einem bezaubernden Alien hat die vorliegende Fantasy-Komödie eine gehörige Portion echten jugendverderbenden Rock 'n' Rolls zu bieten. Der zwölfjährige Billy nämlich ist ganz vernarrt in die alten Platten seines Vaters, und als ein Musikgenie *from outer space* in sein Leben tritt, gründen die beiden eine Band, die sie nach Sheb Wooleys '58er Tophit «The Purple People Eater» benennen. Der echte Sheb Wooley ist als Darsteller mit von der Partie, desgleichen Rock-Legende Little Richard und Twist-Cherub Chubby Checker.

USA 1988, Farbe, 87 Min. **Buch** und **Regie:** Linda Shayne **Mit:** Neil Patrick Harris *(Billy Johnson)*, Ned Beatty *(Opa)*, Shelley Winters *(Rita)*, Peggy Lipton *(Mom)*, James Houghton *(Dad)*, Little Richard *(Bürgermeister)*, Chubby Checker, Sheb Wooley.

Gut zu wissen:
Die Regisseurin Linda Shayne ist auch Schauspielerin und war u. a. in «Das Grauen aus der Tiefe» und

in «Screwballs – Das affengeile Klassenzimmer» zu sehen. Zu letzterem verfaßte sie gemeinsam mit Jim Wynorski auch das Drehbuch.

Peggy Lipton ist bekannt aus der 60er-Jahre-Kultserie «Twen Police» und aus «Twin Peaks», Neil Patrick Harris spielte die Titelrolle in der TV-Serie «Doogie Howser».

Kleiner Laden voller Schrecken The Little Shop of Horrors

Gravis Mushniks kleiner Blumenladen hat einen echten Standortnachteil. Kunden verirren sich nur selten hierher, weshalb der Lohn für Pflanzenwart Seymour Krelboined kaum noch aufzubringen ist. Der aber möchte partout bleiben, gehört doch seine ganze Liebe den Pflanzen. Und bald gehört ihnen auch sein Blut – ein kleines verkümmertes Gewächs blüht förmlich auf, als es zufällig einige Tropfen zu schmecken bekommt. Es wird groß und gierig und stößt sein berühmtes «Feed me!» aus. Seymour füttert es mit sämtlichen Nichtsnutzen der Umgebung, was die Polizei bald aufmerken läßt ... Der 23jährige Jack Nicholson erspielte sich einige Aufmerksamkeit als Masochist, der sich mit Wonne einem sadistischen Zahnarzt hingibt.

USA 1960, SW, 70 Min. **Buch:** Charles B. Griffith **Regie:** Roger Corman **Mit:** Jonathan Haze *(Seymour Krelboined)*, Jackie Joseph *(Audrey)*, Mel Welles *(Gravis Mushnik)*, Myrtle Vail *(Winifred)*, Leola Wendorff *(Mrs. Shiva)*, Jack Nicholson *(Wilbur Force)*, Dick Miller *(Fouch)*, Charles B. Griffith *(Einbrecher)*.

Gut zu wissen:
Der vom stets ökonomisch denkenden Roger Corman angesichts einer ungenutzten Ladenkulisse binnen einer Nacht entwickelte und an zwei Tagen gedrehte Stoff warf später noch eine Musicalversion und die dazugehörige Verfilmung ab.

Das Kloster zum heiligen Wahnsinn Entre tinieblas

Nachdem ein enger Freund einer Überdosis erlegen ist und ein paar dunkle Gestalten ihre Garderobe heimgesucht haben, flieht die Rocksängerin Yolanda in die Obhut eines Klosters, dessen Adresse sie einst von zwei ornierten Autogrammjägerinnen erhielt. Diese Nonnen haben recht eigene Methoden der Kontemplation und setzen sich beispielsweise gern mal einen Schuß oder verfassen schlüpfrige Romane. Als die Ehefrau eines verstorbenen Gönners der «Gemeinschaft der demütigen Erlöserinnen» die finanzielle Unterstützung streichen möchte, wird Yolanda zum Spielball der Intrigen – die Äbtissin und die geldgierige Witwe gehen ganz unchristlich in den Clinch.

Spanien 1983, Farbe, 96 Min **Buch** und **Regie:** Pedro Almodovar **Mit:** Cristina S. Pascual *(Yolanda)*, Willmore *(Jorge)*, Laura Cepeda *(Lina)*, Miguel Zuñiga *(Madere)*, Julieta Serrano *(Superiera)*, Mari Carrillo *(Marquesa)*, Carmen Maura *(Ser Perdida)*.

Erhabene Momente:
Als ein Feuerspucker einer der Schwestern zu imponieren versucht, bohrt sich diese ganz ungerührt eine Stricknadel durch die Wange.

Starke Töne:
«In der Selbstzerstörung liegt die wahre Schönheit.» MUTTER OBERIN

Knight Rider 2010

Der Film macht den Eindruck, als habe der Autor Restszenen aus fünf bis sechs anderen Drehbüchern zu einem neuen zusammengestückelt. Jake McQueen schmuggelt mit einem abenteuerlichen Vehikel illegale Einwanderer ins Land. Die werden von der Chrysalis Corporation als Versuchskaninchen mißbraucht. Dieser Handlungsstrang ist alsbald vergessen, denn der sieche Chef

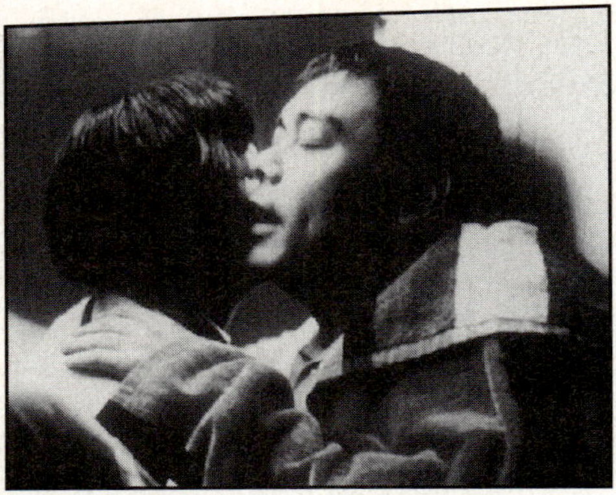

Der Koch und die Killerin: Wu Chien Lien und Lau Ching Wan

dieses Konzerns möchte McQueen als Helden eines Computerspiels einsetzen und nebenbei dessen Körper übernehmen. Hannah soll das Spiel entwerfen und McQueen scannen. McQueen macht sich davon und spielt ein wenig Mad Max, Hannah erlebt virtuelle Realitäten, und am Ende landen alle in einem Auto, das entfernt an Hasselhoffs K.I.T.T. erinnert. USA 1994, Farbe, 87 Min. **Buch:** John Leekley **Regie:** Sam Pillsbury **Mit:** Richard Paul Joseph *(Jake McQueen)*, Heide Leick *(Hannah)*, Brion James *(Jared)*, Ramon Chavez *(Professor)*.

Gut zu wissen:
Heide Leick nannte sich später Hudson Leick und gewann viele Fans mit ihren feurigen Auftritten als Callisto in der Kultserie «Xena».

Starke Töne:
«Wo die Maschine aufs Fleisch trifft, da liegt das Problem.» JARED

Der Koch und die Killerin
Beyond Hypothermia

Gegen diese Auftragsmörderin ist Luc Bessons Nikita eine Dilettantin. Die junge Kambodschanerin Ching, ein Adoptivkind, ist von kleinauf zur Killerin erzogen worden und erledigt ihre Jobs mit eiskalter Präzision. Dabei ist sie todunglücklich, sie darf keine Freundschaften schließen, hat keine eigene Identität, nicht einmal Fotos von sich als Zeugnisse eines gelebten Lebens. Der Besitzer einer Nudelküche erregt ihre Aufmerksamkeit, behutsam entwickelt sich eine zarte Freundschaft, die jedoch überschattet wird von einem Auftrag, der die Killerin in die Auseinandersetzungen eines Gangsterclans verwickelt und zum Objekt der Rache eines in seiner Ehre verletzten Leibwächters werden läßt. Hongkong 1996, Farbe, 85 Min. **Buch:** Roy Szeto **Regie:** Patrick Leung **Mit:** Wu Chien Lien *(Ching)*, Lau Ching Wan *(Long, Suppenküchenbesitzer)*, Shirley Wong *(Mei)*, Han Sang Woo *(Killer)*.

Starke Töne:
«Leute wie wir verbessern sich nie.» CHING

König der Fischer **The Fisher King**

Ex-Monty Python Terry Gilliams Filme sind Zeugnis der Abseitigkeit eines Regisseurs, dem Hollywood im Grunde ein Greuel ist. Dennoch dreht er dort Filme wie diesen, denn das Skript war wie für ihn gemacht. Es erzählt von der Nemesis eines New Yorker Talk-Radio-Moderators, der mit dem Obdachlosen Parry einen Gralsritter der Neuzeit kennenlernt und in dessen Gesellschaft wahrlich bizarre Abenteuer erlebt. USA 1991, Farbe, 137 Min. **Buch:** Richard LaGravenese **Regie:** Terry Gilliam **Mit:** Jeff Bridges *(Jack Lucas)*, Robin Williams *(Parry)*, Amanda Plummer *(Lydia)*, Mercedes Ruehl *(Anne Napolitano)*, Michael Jeter *(obdachloser Nachtclub-Sänger)*, Tom Waits, Christian Clemenson, Bradley Gregg.

Gut zu wissen:
Der gebürtige New Yorker Richard LaGravenese schrieb im weiteren noch Kassenknüller wie «Die Brücken am Fluß» und «Der Pferdeflüsterer». 1998 wechselte er mit «Wachgeküßt» selbst zur Regie.

König der Fischer: Robin Williams und Jeff Bridges

Achtung:
Ein Filmplakat in Annes Videothek verweist auf Terry Gilliams Erfolgsfilm «Braz l».

Der Koloß The Amazing Colossal Man

Während eines Atomtests verläßt Colonel Manning den Schutzgraben, um einem abgestürzten Piloten zu Hilfe zu eilen. Dabei erfährt er die volle Wirkung der Bombe. Er überlebt mit schweren Verbrennungen. Zur Verblüffung der Ärzte regeneriert sich seine Haut über Nacht, doch wächst nicht nur die Epidermis, sondern auch der Knochenbau. Als Mannings Verlobte ihn in einer abgelegenen Militärbasis aufspürt, hat er bereits erschreckendes Format angenommen. Fatal daran ist, daß Mannings Herz seine Größe beibehält und bald nicht mehr imstande sein wird, den kolossalen Organismus zu versorgen. Während Wissenschaftler ein geeignetes Gegenmittel brauen, nimmt der verzweifelte Manning Reißaus und poltert haushoch durch Las Vegas.

USA 1957, SW, 77 Min. **Buch:** Mark Hanna, Bert I. Gordon **Produktion, Spezialeffekte, Regie:** Bert I. Gordon **Mit:** Glenn Langan *(Glenn Manning)*, Cathy Downs *(Carol Forrest)*, William Hudson *(Dr. Paul Lindstrom)*, Larry Thor *(Dr. Eric Coulter)*, Russ Bender *(Richard Kingman)*.

Der Koloß von Konga The Mighty Peking Man / Goliathon

Wundersam sind die Wege mancher B-Film-Akteure. Als blonde, nicht selten leichtgeschürzte Dschungelprinzessin und enge

Der Koloß von Konga: Evelyne Kraft

Vertraute des in der Hauptrolle sich fläzenden Riesenaffen begegnet uns Evelyne Kraft, in den 70ern häufig in Lichtspielen der absonderlichen Art vor der Kamera. Ansonsten bleibt alles, wie es bei «King Kong» schon zu sehen war, nur daß der haarige Trampel in diesem Fall aus dem Himalaja herabsteigt und die wohl nicht nach ihm benannte Küstenmetropole Hongkong demoliert. Ein Pflichtfilm also für Anhänger des ausnehmend abseitigen Spektakels.

Hongkong 1977, Farbe, 86 Min. **Buch:** Yi Kuang **Regie:** Ho Meng-Hua **Mit:** Evelyne Kraft *(Ah Wei)*, Li Hsiu-Hsien *(Chen Cheng-Feng)*, Hsiao Yao *(Huang Tsai-Hua)*, Ku feng *(Lu Tien)*.

Gut zu wissen:
Die Produktionszeit des für Hongkong-Verhältnisse enorm aufwendigen, unter Mithilfe japanischer Trickspezialisten gedrehten Spektakels belief sich auf mehr als ein Jahr – der Einsatz in den Kinos der Kronkolonie beschränkte sich hingegen auf eine Woche, in der der Film nur einen Bruchteil seiner Kosten wieder einspielte.

Mit Hinblick auf die internationale Vermarktung wurden zwei Fassungen gedreht: Die Asiaten bekamen ein Happy-End geliefert, der Rest der Welt eine Wendung ins Tragische.

Der Komet – Der Tod kommt aus dem All The Night of the Comet

«Schon weit vor unserer Zeitrechnung raste er in einer so großen elliptischen Umlaufbahn durch das Weltall, daß seine Existenz ein Geheimnis von Zeit und Raum blieb. Doch in den letzten Jahren des 20. Jahrhunderts kehrte der Besucher zurück.» Der Autor Thorn Eberhardt spekulierte schon früh auf Millenniumsängste und rottete die Erdbevölkerung aus. Tröstlich, daß immerhin die gepanzerte Vorführkabine eines Kinos einen gewissen Schutz bietet. Regina und ihr Liebhaber überleben denn auch den Gifthauch des Kometen, andere sterben oder regredieren zu Zombies. Damit sind die Fronten markiert: Menschen und Mutanten machen einander die Vorhölle heiß.

USA

1984, Farbe, 95 Min. **Buch** und **Regie:** Thom Eberhardt **Mit:** Catherine Mary Stewart *(Regina)*, Robert Beltran *(Hector)*, Kelli Maroney *(Samantha)*, Mary Woronov *(Audrey)*, Geoffrey Lewis *(Carter)*, Sharon Farrell *(Doris)*.

Erhabene Momente:
Brav stoppt Reggie ihr Motorrad an einer roten Ampel – inmitten einer völlig ausgestorbenen Großstadt.

Kommando Schwarzer Panther War and Violence / Wartime

Kaum ein Filmlexikon verzeichnet ihn, und eine Monographie wird ihm auch nie gewidmet werden. Dennoch war Werner Pochath eine verläßliche Stütze des europäischen Kinos, stand und steht doch sein Name unverbrüchlich für den ausgereiftesten Unfug zumeist italienischer Herkunft. Einzigartigen und zu 100 Prozent bizarren Produktionen wie «Laser Mission» oder «Jungfrau unter Kannibalen» lieh dieser Ausnahmemime sein charakteristisches Schurkengesicht, diese ewig schwitzende Soziopathenfresse, samt und sonders Filme beglänzend, für die es Kritikerinjurien wie «perfide und dämlich» oder «miserabel inszeniert» förmlich hagelte. Oder, wie in diesem Fall, «billiges Kriegsfilmeinerlei mit Disco-Soße».

Italien

1986, Farbe, 90 Min. **Buch:** P. Molteni, Umberto Lenzi **Regie:** Umberto Lenzi **Mit:** Peter Hooten, Werner Pochath, Giacomo Rossi Stuart, Boris Dvornik, Maurizio Smith.

Der Kopf, der nicht sterben durfte The Brain That Wouldn't Die

Dr. Bill Courtner ist ein brillanter Arzt, betreibt aber ein privates Labor, was nichts Gutes verheißt. Mit einer von ihm entwickelten Substanz kann er Transplantationen von Gliedmaßen und Organen vornehmen, ohne daß diese vom neuen Körper abgestoßen werden. Darauf hofft sein Faktotum Curt, ein ehemaliger Arzt, der einen Arm verloren hat. Doch Bill muß sich vordringlich mit seiner Freundin Jan befassen. Deren Kopf wurde bei einem Autounfall abgetrennt, steht nun unterleibslos im Labor

Kopfüber in die Nacht: Jeff Goldblum

und plaudert mit Curt, kommuniziert aber auch telepathisch mit einem künstlich geschaffenen Menschen, der von Courtner unter Verschluß gehalten wird. Derweil sucht der Arzt den perfekten Reparatursatz für seine wiederherzustellende Verlobte.

USA 1959, SW, 79 Min. **Produktion, Buch, Regie:** Joseph Green **Mit:** Herb Evers (= Jason Evers; *Dr. Bill Courtner*), Virginia Leith *(Jan Compton)*, Adele Lamont *(Doris Powell)*, Bruce Brighton *(Curt)*, Doris Brent *(Krankenschwester)*, Bonnie Shari *(Stripperin)*.

Kopfüber in die Nacht Into the Night

Jeff Goldblum, wegen der offensichtlichen Untreue seiner Frau von Schlaflosigkeit geplagt, gerät an eine noch unbeschwerte, taufrisch aufspielende Michelle Pfeiffer, die gerade von einer Meute munterer Killer gejagt wird. Ehe der schwerlidrige Jeff dann endlich einmal ausruhen kann, hat er eine ganze Reihe von wilden Abenteuern zu bestehen. In Nebenrollen zeigen sich einige als hellwach geltende Herrschaften von prominentem Rang. Auf der Gästeliste des Regisseurs standen u.a. David Bowie, Roger Vadim, Vera Miles, Paul Bartel, Don Siegel, Jack Arnold, David Cronenberg, Jim Henson, Jonathan Lynn, Jonathan Demme, Amy Heckerling.

USA 1985, Farbe, 115 Min. **Buch:** Ron Koslow **Regie:** John Landis **Mit:** Jeff Goldblum *(Ed Okin)*, Michelle Pfeiffer *(Diana)*, Dan Aykroyd *(Herb)*, Roger Vadim *(Melville)*, Richard Farnsworth *(Jack Caper)*, Kathryn Harrold *(Christie)*, Paul Mazursky *(Bud Herman)*, Irene Papas *(Shaheen Parvizi)*, Bruce McGill, John Landis.

Gut zu wissen:
John Landis ist der Sohn von Jessie Royce Landis, bekannt als Cary Grants Mutter aus Hitchcocks «Der unsichtbare Dritte».

Achtung:
Michelle Pfeiffers Schwester Dedee ist ganz kurz in der Rolle einer Prostituierten zu sehen.

Kreuzfahrt des Grauens Ore di terrore

Eine topdekadente Gesellschaft geht auf Einladung eines Hotelmagnaten im Mittelmeer auf Kreuzfahrt. Man fischt eine Kiste auf, der Herbert Fux und zwei andere Galgengesichter entsteigen. Die angeblich Schiffbrüchigen, so stellt sich heraus, sind flüchtige Soziopathen. Vorbei ist es mit der Idylle an Bord. Fux, der sieben Jahre Pathologie oder Psychologie – so genau wissen er und der Drehbuchautor das auch nicht – studiert haben will, durchschaut rasch die Machtverhältnisse an Bord und versteht sein Wissen zu nutzen. Trotz angespannter

Situation wird intrigiert und geturtelt, vor allem Karin Schubert ist vorrangig damit befaßt, sich lasziv zu räkeln – kein Wunder, daß ihr später die Mitwirkung in Hardcore-Pornos angetragen wurde. BRD / Italien 1971, Farbe, 79 Min. **Buch:** Rolf Grimminger **Regie:** Robert Bradley **Mit:** Karin Schubert *(Vera)*, Herbert Fux, Ann Smyrner, Rainer Basedow, Mario Novelli.

Hoppla:
Während einer tätlichen Auseinandersetzung zwischen Rainer Basedow und einem Gangster trägt Karin Schubert anfangs Hose und bauchfreies Oberteil, zieht sich offenbar in Rekordzeit um und stellt dann ein grünes Minikleid zur Schau.

Der Krieger des Kaisers Chin yung / A Terra-cotta Warrior

Zhang Yimou, Regisseur von Filmen wie «Die Geschichte der Qiu Ju» und «Rote Laterne», tritt hier selbst vor die Kamera, pirouettiert als unsterblich gewordener Krieger durch die Jahrhunderte und trifft allenthalben auf die jeweils pünktlich wiedergeborene Gong Li. Auch gibt es bei jeder Wiederkunft genügend Anlässe für einen stilechten Schwertkampf oder andere tollkühne Eskapaden. Hongkong 1989, Farbe, 145 Min. **Buch:** Lee Bik Wah **Regie:** Ching Tung Yee **Mit:** Zhang Yimou *(Mong Tian Fong)*, Gong Li *(Twon Lili Chu)*, Yu Yung Kang *(Bai Yun Fei)*, Wu Tian Min *(Kinodirektor)*, Luk Suk Ming *(Kaiser Qin)*, Tse Pok Man *(Tsui Fok)*.

Gut zu wissen:
Die Stuntaufnahmen leitete «Chinese Ghost Story»-Regisseur Ching Siu-Tung.

Krieg im Weltenraum Uchu dai senso

Man hätte von vornherein den Mond besser im Auge behalten sollen. Nun sitzen die Außerirdischen drauf und bedrängen die Erde mit Naturkatastrophen, um sie problemlos übernehmen zu können. Doch läßt die Menschheit dergleichen nicht stillschweigend über sich ergehen, sondern schart sich um die findigen Japaner, die eine gesalzene Gegenoffensive in die Wege leiten. Japan 1960, Farbe, 91 Min. **Buch:** Shinichi Sezikawa **Regie:** Inoshiro Honda **Mit:** Ryo Ikebe *(Ishiro Katsumiya)*, Kyoko Anzai *(Etsuko Shiroishi)*, Koreya Senda *(Prof. Adachi)*, Yoshio Tsuchiya *(Koichi Adachi)*, Hisaya Ito *(Kogure)*, Leonard Stanford *(Dr. Richardson)*, Harold Conway *(Dr. Immerman)*.

Krull

Mit Verve und Wonne hieb die Rezensentenschar seinerzeit ein auf dieses postmoderne Fantasy-Crossover, diesen bunten Eintopf populärer Zutaten, und hechelte wider die Umrührseligkeit des filibusternden Regisseurs Peter Yates. Von nordischen Götter- bis antiken Heldensagen bleibt nichts ungerupft, im Kern läuft alles auf einen sportlichen Wettstreit zwischen Prinz und Monster hinaus, bei dem es eine bildhübsche Prinzessin zu gewinnen gibt. Ich setze fünf Mark auf den Prinzen. Die Besetzungsliste aber ist nicht ohne. GB / USA 1983, Farbe, 121 Min. **Buch:** Stanford Sherman **Regie:** Peter Yates **Mit:** Ken Marshall *(Prinz Colwyn)*, Lysette Anthony *(Lyssa)*, Freddie Jones *(Ynyr)*, Liam Neeson *(Kegan)*, Robbie Coltrane *(Rhun)*, Belinda Mayne *(Vella)*, Francesca Annis *(Witwe im Netz)*, David Battley *(Ergo)*, Alun Armstrong *(Torquil)*.

Der Kühlschrank The Refrigerator

Das kalte Grausen wartet auf die jungen Eheleute Eileen und Steve, die in Manhattan ein billiges Apartment ergattert haben. Zum Inventar gehört ein alter Kühlschrank der

Marke «*Norge*», und der hat es in sich – er erzeugt Alpträume und Wahnvorstellungen, und er verfügt, wie sich zeigen wird, über einen gesunden Appetit ... Vier Jahre und viel Phantasie investierten Regisseur Nicholas Jacobs und seine Studienfreunde in ihren 16-mm-Film, der sich durchaus mit teureren Produktionen messen kann.

USA 1991, Farbe, 84 Min. **Buch:** Nicholas Jacobs, Christopher Oldcorn, Philip Dolin **Regie:** Nicholas Jacobs **Mit:** David Simonds *(Steve Bateman)*, Julia McNeal *(Eileen Bateman)*, Angel Caban *(Juan the Plumber)*, Phyllis Sanz *(Tanya)*, Nena Segal *(Eileens Mutter)*, Peter Justinius *(Mr. Walters)*.

Alternativtitel:
«Der Kühlschrank – Eiskalt, böse und gemein»

Hoppla:
Wegen der sommerlichen Hitze versucht Steve ein Fenster zu öffnen, doch seine Bemühungen bleiben vergeblich. Nur eine Einstellung später blähen sich die Vorhänge desselben Fensters im Abendwind.

Die Küste der Piraten **I pirati della costa**

Nicht Indianer sticht Lex Barker ab
Sondern voll Wagemut in See
Iberias Regent hält ihn auf Trab
Verlangt Nachschub fürs Portemonnaie
Es gilt, ein Schiff voll Silber einzutreiben
Der König hat es einst verborgt
Versagt Lex, wird man ihn entleiben
Mit Recht schaut Käpt'n Lex besorgt.

Italien / Frankreich 1960, Farbe, 100 Min. **Buch:** Luciano Martino, Ugo Guerra, Bruno Rasia, George Reville **Regie:** Domenico Paolella **Mit:** Lex Barker, Livio Lorenzon, Estella Blain, Liane Orfei, John Kitzmiller.

Kugeln sind sein Autogramm **Sol Madrid / The Heroin Gang**

... und sein Name lautet Sol Madrid. Im wirklichen Leben hingegen hieß er David McCallum und wurde unsterblich durch die Rolle des Illya Kuryakin in der Agentenserie «The Man from U.N.C.L.E.». Auf Basis des anhaltenden Ruhms – bei seinem Anblick verfielen junge Menschen in schiere Raserei – unternahm McCallum nach Ende der Serie einen Abstecher zum Kintopp und befaßte sich mit den Drogengangstern Telly Savalas und Rip Torn. Der Action-Spezialist Brian G. Hutton inszenierte, Lalo Schifrin lieferte die Musik.

USA 1967, Farbe, 90 Min. **Buch:** David Karp **Regie:** Brian G. Hutton **Mit:** David McCallum *(Sol Madrid)*, Stella Stevens *(Stacey Woodward)*, Telly Savalas *(Emil Dietrich)*, Rip Torn *(Dano Villanova)*, Ricardo Montalban *(Jalisco)*, Pat Hingle *(Harry Mitchell)*, Paul Lukas *(Capo Riccione)*.

Gut zu wissen:
Gefragt war ein Protagonist europäischer Herkunft. Wohl um Verständigungsschwierigkeiten am Drehort Mexiko zu vermeiden, entschied man sich für einen Spanier. Wäre die Sache anders verlaufen, würde uns womöglich ein Soleil de Paris, Sunny London oder Zon den Haag durch die Nachtvorstellung geleiten.

Erhabene Momente:
Stella Stevens durchlebt das, was damalige Hollywood-Produzenten unter einem Drogentrip verstanden.

Lady Dracula

Anno 1876 wird es Dracula unter seiner Grabplatte zu eng. Er erhebt sich und strebt Richtung «K & K privilegiertes Mädchenpensionat», wo junges Blut in Gestalt blutjunger Dinger zu finden ist. Dracula wird böse enden, eines der angezapften Komteßchen hingegen ersteht 100 Jahre später von den Toten und geht in Wien einer soliden Nachtbeschäftigung nach, während sie vorwiegend von Blutkonserven zehrt. Sobald die ausbleiben, muß sie nach alter Tradition Schlagadern anzapfen. Das bekommt auch Brad Harris zu spüren, der kraft seines Amtes als Kriminalbeamter an die wächserne Dame gerät und sich stante pede in sie verliebt ... Die Protagonisten tragen Nachnamen wie Marmorstein oder Dr. Kannoft, und auch die restlichen Humorversuche sind kein Deut ergiebiger.

BRD 1975, Farbe, 75 Min. **Buch:** Redis Reda **Regie:** Franz Josef Gottlieb **Mit:** Brad Harris *(Kommissar)*, Stephen Boyd *(Graf Dracula)*, Evelyne Kraft *(Barbara von Weidenborn)*, Theo Lingen *(Herr Marmorstein)*, Eddi Arent *(Inspektor Eddi Arent)*, Walter Giller *(Herr Oskar)*, Herbert Fux, Rinaldo Talamonti, Christine Schubert, Heinz Reincke, Klaus Höhne, Roberto Blanco, Christine Buchegger.

Gut zu wissen:

Hinter der Produktion steckte ein «IfV-Institut für Vermögensplanung» – wobei es an künstlerischem Vermögen freilich eher mangelt.

Die Vorlage zum Drehbuch lieferte der Hauptdarsteller selbst – gezeichnet mit vollem Namen «Bradfort Harris».

Schauspielkollege Stephen Boyd focht in glorreicheren Tagen ein berühmtes Wagenrennen aus – in «Ben Hur» bot er Charlton Heston die Stirn.

Starke Töne:

«Es gibt Menschen, für die ist ein Verblichener nichts weiter als ein Gabelfrühstück.» MARMORSTEIN

Lana, Königin der Amazonen

Auf ewig unvergessen ist Catherine Schells zeitweilige Mitwirkung in der skurrilen Science-fiction-Serie «Mondbasis Alpha 1» in der Rolle der schönen Maya, weswegen ihr Andenken noch immer von einem eigenen Fanclub gepflegt wird. Gut zehn Jahre vor dem Ausflug ins All huschte das in jenen Tagen noch kindlich-pausbäckige Objekt der Verehrung grell blondiert durch den Amazonas-Dschungel und verwirrte die Sinne eines Trupps deutscher Abenteurer. Verständlich, denn die vom Himmel herabgefallene bleichgesichtige Amazonenkönigin gab sich manche Blöße, trug aber Langhaar und Blütenkranz zumeist auf dem rechten Fleck.

BRD 1964, Farbe, 79 Min. **Buch:** Ernst von Hasselbach, Enrico Anden **Regie:** Geza von Cziffra **Mit:** Catherine von Schell *(Lana)*, Michael Hinz *(Mathias)*, Anton Diffring *(Professor van Vries)*, Christian Wolff *(Peter van Vries)*, Yara Lex *(Tahira)*, Dieter Eppler *(Emanuel)*, Atila Jorio *(Don Aussa)*, Haydee Pinto *(Amizar)*.

Erhabene Momente:

Der ungeheuer furchteinflößende Aufmarsch barbusiger Amazonen.

Lance – Stirb niemals jung

Never too Young to Die

George Lazenby darf noch einmal einen Agenten vom Stamme der Bonds mimen, ehe ihn sein Schicksal ereilt. Sein vernachlässigter Sohn Lance übernimmt nicht nur das immobile, sondern auch das ideelle Erbe. *Kiss*-Bassist Gene Simmons verkörpert mit sichtbarer Wonne einen Hermaphroditen mit Federkopfputz und Ledersuspensorium. Diese verderbte Gestalt hat den alten Stargrove ermordet, befehligt eine Heerschar liederlicher Motorradrabauken und plant die radioaktive Verseuchung des

Trinkwassers. Mit Unterstützung des Tüftlers Cliff und der rassigen Agentin Danja tritt Lance dem züngelnden Widerling entgegen und muß sich dabei nicht nur dessen scheußlicher Lache erwehren. ▌ USA 1985, Farbe, 93 Min. **Buch:** Steven Paul, Anton Fritz **Regie:** Gil Bettman **Mit:** John Stamos *(Lance Stargroves)*, Vanity *(Danja Deering)*, Gene Simmons *(Velvet van Ragnar)*, George Lazenby *(Drew Stargrove)*, Peter Kwong *(Cliff)*, Robert Englund *(Reilly)*.

Starke Töne:
«Das ist ja fast wie bei Rambo.» LANCE STARGROVE

Landhaus der toten Seelen
Burnt Offerings

Seit er mit «Dark Shadows» die erste Horror-Seifenoper der Menschheitsgeschichte ersann, schleppt Dan Curtis einiges Renommee mit sich herum. Auch hier stimmt er die Tonart klassischer Gruselfilme an. Karen Black und Oliver Reed buchen für den Sommer eine Villa, die man ihnen unter der Maßgabe, sich um die dort hausende alte Dame zu kümmern, zu einem günstigen Preis überläßt. Die Mitbewohnerin freilich macht sich rar. Trotzdem wird der Urlaub alles andere als erholsam, denn das gespenstische Haus hat nachteilige Auswirkungen auf die Befindlichkeit der Anwesenden. ▌ USA 1976, Farbe, 116 Min. **Buch:** William F. Nolan, Dan Curtis **Produktion** und **Regie:** Dan Curtis **Mit:** Karen Black *(Marian Rolfe)*, Oliver Reed *(Ben Rolfe)*, Burgess Meredith *(Arnold Allerdyce)*, Bette Davis *(Tante Elizabeth)*, Lee Montgomery *(David, Bens Sohn)*, Eileen Heckart *(Roz Allerdyce)*, Anthony James *(der Chauffeur)*.

Lange Beine – Lange Finger

Der Filmtitel möchte den Körperbau Senta Bergers kennzeichnen, die dem Beruf einer Entwenderin nachgeht und ergo in einen gehörigen Schlamassel gerät, als sie sich in den rechtschaffenen Langweiler Joachim Fuchsberger verguckt, was Vater Martin Held auch gar nicht gern sieht. Verständlich. ▌ BRD 1965/66, Farbe, 92 Min. **Buch:** Peter Lambda, Eberhard Keindorff, Johanna Sibelius **Regie:** Alfred Vohrer **Mit:** Senta Berger *(Dorothea «Dodo» Halbach)*, Martin Held *(«Baron» Halbach)*, Joachim Fuchsberger *(Sir Robert Hammond)*, Irene von Meyendorff *(Lady Hammond)*, James Robertson Justice *(Sir Hammond)*.

Das lange Elend **The Tall Guy**

Rowan Atkinson spielt sich selbst: einen erfolgreichen, misanthropischen Bühnenkomiker. Ewiges Opfer des launengeplagten Egozentrikers ist der hoch aufgeschossene Schlaks Jeff Goldblum, dem erst die liebreizende Krankenschwester Emma Thompson zu einigem Selbstbewußtsein verhilft. Einen Platz in der Filmgeschichte verdient der erste Liebesakt der beiden, der mit solchem Überschwang vollzogen wird, daß darüber die halbe Wohnungseinrichtung zu Bruch geht. ▌ GB 1988, Farbe, 92 Min. **Buch:** Richard Curtis **Regie:** Mel Smith **Mit:** Jeff Goldblum *(Dexter King)*, Rowan Atkinson *(Ron Anderson)*, Emma Thompson *(Kate Lemon)*, Geraldine James *(Carmen)*, Kim Thomson *(Cheryl)*.

Gut zu wissen:
Autor Richard Curtis arbeitete schon bei der TV-Serie «Blackadder» (1983–1989) mit Rowan Atkinson zusammen und zeichnete auch für die Welterfolge «Vier Hochzeiten und ein Todesfall» und «Notting Hill» verantwortlich.

Starke Töne:
«Ich verbrachte zwei Tage nackt mit Jeff Goldblum und hatte sehr viel Spaß. Es war so befreiend. Ich kann es nur jedem empfehlen.» EMMA THOMPSON

Last Boy Scout – Das Ziel ist Überleben The Last Boy Scout

Als abgewrackte Frohnatur mit leichtem Haltungsschaden macht sich Bruce Willis immer gut. Auch hier hat er Grund zum Seufzen: Die Gattin liegt in den Armen eines anderen und Bruce öfter trunken zwischen den Mülltonnen als in einem Bett. Als die Stripperin Halle Berry, die bei Bruce um Beistand nachsuchte, ermordet wird, rappelt er sich – Ehrensache – noch einmal auf, um die Schuldigen zur Strecke zu bringen. Dabei muß er sich zunächst an Heißsporn Damon Wayans gewöhnen, der mit der Toten verbandelt war und darauf brennt, eine saftige Heimzahlung vorzunehmen.

USA 1991, Farbe, 105 Min. **Buch:** Shane Black **Regie:** Tony Scott **Mit:** Bruce Willis *(Joe Hallenbeck)*, Damon Wayans *(Jimmy Dix)*, Chelsea Field *(Sarah Hallenbeck)*, Noble Willingham *(Sheldon Marcone)*, Taylor Negron *(Milo)*, Halle Berry *(Cory)*, Kim Coates, Bruce McGill, Joe Santos.

Gut zu wissen:
Verschiedene Produzenten überboten sich gegenseitig im Wettstreit um Shane Blacks hochgehandeltes Drehbuch, für das er letztlich einen siebenstelligen Betrag kassiert haben soll.

Last Boy Scout: Bruce Willis und Damon Wayans

The Last Woman on Earth

Berühmt und gleichermaßen berüchtigt war B-Film-Mogul Roger Corman für seine außerordentlich ökonomischen Produktionsmethoden. Als er 1960 nach Puerto Rico zog, um binnen fünf Wochen drei Kinofilme herunterzukurbeln, ließ er den Drehbuchautor Edward Wain das Skript zu diesem postapokalyptischen Dreipersonenstück vor Ort zu Ende schreiben und scheuchte den schauspielerisch völlig Unerfahrenen auch noch als Darsteller vor die Kamera. Ebendies aber macht den Film zur Rarität: Hinter dem Pseudonym Edward Wain verbirgt sich Robert Towne, der Mann, der «Chinatown» schrieb und zu Hollywoods begehrtestem *script doctor* wurde.

USA 1960, Farbe, 71 Min. **Buch:** Edward Wain (Robert Towne) **Regie:** Roger Corman **Mit:** Anthony Carbone *(Harold)*, Betsy Jones-Moreland *(Evelyn)*, Edward Wain *(Martin)*.

Die lebenden Leichen des Dr. X Scream and Scream Again / Screamer

Ein Jogger bricht in einem belebten Londoner Park zusammen. Er erwacht in einer Klinik, hat eine hübsche Schwester an seiner Seite – aber nur noch ein Bein. Eine Frauenleiche wird aufgefunden, nackt, übel mißhandelt – ein Serienmörder geht um. In einem totalitären Staat gibt es Tote innerhalb der Führung; der Chef des britischen Geheimdienstes pflegt dubiose Kontakte … Der Handlungsfaden mäandert zwischen verschiedenen Schauplätzen hin und her, deren Zusammenhang erst im letzten Drittel deutlich wird. Gerade dadurch aber bleibt der Film spannend und erschöpft sich nicht in horriblen Szenen wie jener,

***Lebendig begraben:* Ray Milland und Hazel Court**

in der ein Tatverdächtiger sich von einer Handschelle befreit, indem er seine Hand abreißt. Stippvisiten in Londoner Discos und mitreißende Sixties-Klänge tun ihr übriges – ein Film für Connaisseure des Ausgefallenen.

GB 1969, Farbe, 95 Min. **Buch:** Christopher Wicking **Regie:** Gordon Hessler **Mit:** Vincent Price *(Dr. Browning*/dt. Fassung: *Dr. Mabuse)*, Christopher Lee *(Fremont)*, Peter Cushing *(Major Heinrich)*, Christopher Mathews *(David Sorel)*, Judy Huxtable *(Sylvia)*, Michael Gothard *(Keith)*, Uta Levka *(Jane)*, David Lodge *(Inspektor Strickland)*, Alfred Marks *(Bellaver)*, Marshall Jones, Yutte Stensgaard, Judy Bloom.

Alternativtitel:
«Die lebenden Leichen des Dr. Mabuse»

Lebendig begraben The Premature Burial

Unter den acht Edgar-Allan-Poe-Verfilmungen des Low-budget-Strategen Roger Corman ist dies die einzige ohne seinen ständigen Hauptdarsteller Vincent Price. Der war an die AIP-Studios gebunden. Corman aber wollte «Lebendig begraben» auf eigene Rechnung realisieren und gab die Hauptrolle dem Briten Ray Milland, einem renommierten Mimen, der freilich schon bessere Tage gesehen hatte. Er spielte den Part des neurotischen Guy Carrell, dessen panische Angst, lebendig begraben zu werden, sein vorzeitiges Ende beschleunigt ... Ein liebenswert altmodischer Grusel mit Spezialeffekten aus der Spinnweberei und dem Nebelwerfer.

USA 1961, Farbe, 81 Min. **Buch:** Charles Beaumont, Ray Russell **Regie:** Roger Corman **Mit:** Ray Milland *(Guy Carrell)*, Hazel Court *(Emily Gault)*, Richard Ney *(Miles Archer)*, Heather Angel *(Kate Carrell)*, Alan Napier *(Dr. Gideon Gault)*, John Dierkes *(Sweeney)*.

Leben und sterben lassen
Live And Let Die

Im Zuge des weltweiten Erfolges der *blaxploitation*-Filme kamen nicht einmal die britischen Bond-Produzenten umhin, der neuen Welle Rechnung zu tragen: Erstmals ist Bonds Gegenspieler ein Schwarzer, und ein Großteil des Films spielt in New Orleans und in der Karibik, zwischen Voodoo-Kult und großangelegtem Drogenhandel. Die Klischees treiben einem die Haare zu Berge, werden aber, wie in allen Bond-Abenteuern, mit einer gehörigen Portion Ironie verabreicht.

GB 1972, Farbe, 117 Min. **Buch:** Tom Mankiewicz **Regie:** Guy Hamilton **Mit:** Roger Moore *(James Bond)*, Jane Seymour *(Solitaire)*, Yaphet Kotto *(Kananga)*, Julius W. Harris *(Tee Hee)*, Bernard Lee *(«M»)*, Clifton James *(Sheriff Pepper)*, Lois Maxwell *(Miss Moneypenny)*, Gloria Hendry, Geoffrey Holder.

Gut zu wissen:
Die Filmmusik lieferten Paul McCartney & The Wings.

Alternativtitel:
«James Bond 007 – Leben und sterben lassen»

Legende Legend

Ridley Scotts Arbeit an «Legende» erschöpfte sich weitgehend im ungenierten Plündern des Genrebaukastens; von Max Reinhardts «Ein Sommernachtstraum» bis zu «Das letzte Einhorn» wurde alles abgegriffen, was zum gleichfalls zusammengeräuberten Skript von William Hjortsberg paßte. Tom Cruise schafft es gar, noch unbedarfter als sonst schon dreinzublicken; Mia Sara und das letzte Einhorn erstrahlen hingegen in der makellosen Schönheit naturgewachsener Fabelwesen, während Tim Curry – wie originell – den Kinderschreck markiert.

GB 1985, Farbe, 94 Min. **Buch:** William Hjortsberg **Regie:** Ridley Scott **Mit:** Tom Cruise *(Jack)*, Mia Sara *(Lili)*, Tim Curry *(Herr der Finsternis)*, David Bennent *(Gump)*, Billy Barty *(Screwball)*, Alice Payton *(Blix)*.

Gut zu wissen:
Ein paar Aufnahmen der Einhörner legte Ridley Scott beiseite, um sie später in den «Director's Cut» von «Blade Runner» einzufügen.

Die Legionen des Cäsaren Le legioni di cleopatra

Ägypten ist der Römer Ziel
Denn Anarchie herrscht dort am Nil
Cleopatra ist frech geworden
Und kuscht auch nicht vor Gustls Horden
Frei nach IKEA wird der Fall geregelt:
Ein ganzes Volk gekonnt vermöbelt.

Italien / Frankreich / Spanien 1959, Farbe, 100 Min. **Buch:** Ennio de Concini, Vittorio Cottafavi, Giorgio Cristallini, Arnaldo Marrosu **Regie:** Vittorio Cottafavi **Mit:** Linda Cristal *(Cleopatra / Berenice)*, Ettore Manni *(Curridio)*, Georges Marchal *(Antonius)*, Corrado Sammartin *(Gotarze)*, Maria Mahor *(Marianne)*, Alfredo Mayo *(Octavianus)*.

Gut zu wissen:
Linda Cristal heißt bürgerlich Marta Victoria Moya Burges. In Deutschland kennt man sie vor allem als Victoria Cannon aus der Westernserie «High Chaparral».

Das Leichenhaus der lebenden Toten Non si deve profanare ol sonno dei morti / The Living Dead at Manchester Morgue / Breakfast at Manchester Morgue / Don't Open the Window

Die Briten haben ein Gerät zur Insektenvernichtung per Strahlenwirkung entwickelt, aber wenig Freude dran – was das Geziefer vernichtet, lockt die Toten aus ihren Gräbern. Die haben nach der langen Ruhezeit beträchtlichen Appetit entwickelt und tun sich an den Lebenden gütlich. Arthur Kennedy verfolgt aber lieber Gammler und andere Tagediebe. Einer dieser harmlosen Gesellen kommt durch sein Verschulden zu Tode, dann als Leiche zurück und zeigt Arthur mal, was Verstorbene noch so draufhaben. Italien 1974, Farbe, 92 Min. **Buch:** Sandro Continenza, Marcello Coscia **Regie:** George Grau (= Jorge Grau) **Mit:** Ray Lovelock *(George)*, Arthur Kennedy *(McCormick)*, Christine Galbo *(Edna)*, Rita Howard *(Kathy)*, John Blain *(Dr. Duffield)*.

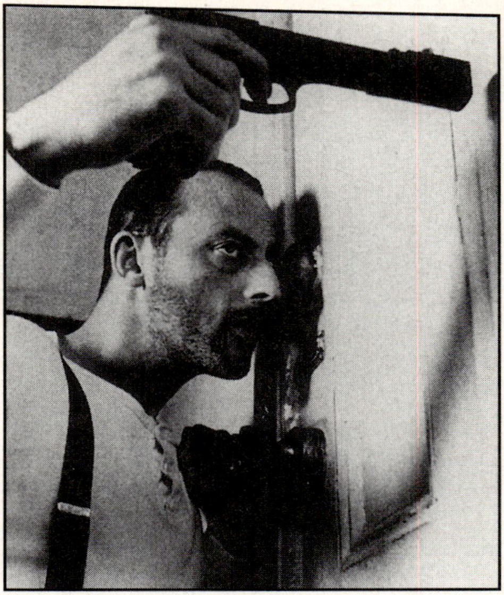

Léon – Der Profi: Jean Reno

Die Leichenmühle The Corpse Grinders

Gerade als die Existenzgründer Landau und Maltby ihre Katzenfutterfabrik anwerfen wollen, verweigert ihr Finanzier weitere Mittel. Erbost stoßen sie ihn in die Knochenmühle und geben die Masse zum Verzehr frei. Den Miezen mundet die Fleischmischung vorzüglich. Um die Marktlücke und ihre Konserven auch weiterhin zu füllen, engagieren die beiden Fabrikanten einen Grabräuber. Sie sind auf dem besten Weg, Unternehmer des Jahres zu werden, als Komplikationen auftreten: Die Katzen fallen ihre Herrchen an. Veterinär Glass und seine ansehnliche Assistentin Angie untersuchen die Ursache des aggressiven Verhaltens. Bald schon laufen sie bei Landau und Maltby auf und damit Gefahr, verhackstückt zu werden. USA 1971, Farbe, 77 Min. **Buch:** Arch Hall, Joseph L. Cranston **Produktion, Schnitt, Musik, Regie:** Ted V. Mikels **Mit:** Sean Kenney *(Dr. Howard Glass)*, Monika Kelly *(Angie Robinson)*, Sanford Mitchell *(Landau)*, J. Byron Foster *(Maltby)*, Warren Ball *(Caleb)*, Ann Noble *(Cleo)*.

Leise flüstern die Pistolen The Silencers

Schallgedämpft macht sich Dean Martin als Amerikas lässigster Geheimagent daran, Fremdeingriffe ins Raketentestprogramm zu unterbinden, hat aber auch für Stella Stevens, Daliah Lavi und Cyd Charisse noch ein wenig Zuwendung übrig. Eine kleine Spitze gegen den Sangeskollegen Frank Sinatra ist obligat, das Vorbild James Bond aber bleibt in weiter Ferne. USA 1965, Farbe, 105 Min. **Buch:** Oscar Saul **Regie:** Phil Karlson **Mit:** Dean Martin *(Matt Helm)*, Stella Stevens *(Gail)*, Daliah Lavi *(Tina)*, Victor Buono *(Tung-tze)*, Cyd Charisse *(Sarita)*, James Gregory *(MacDonald)*, Robert Webber *(Sam Gunther)*, Arthur O'Connell *(Wigman)*, Richard Devon *(Domino)*, Nancy Kovack *(Barbara)*, Beverly Adams *(Lovey Kravezit)*.

Léon – Der Profi Léon / The Professional

Jean Reno ist Profikiller und geht unbeteiligt seiner Arbeit nach, bis ihm der Zufall eine 13jährige zuführt, deren Verwandtschaft einer von Gary Oldman angezettelten Bluttat zum Opfer gefallen ist. Reno wehrt sich lange, kann seine mählich erwachenden Beschützerinstinkte aber auf Dauer nicht ignorieren und kümmert sich schließlich um die Kleine – die sich sehr bald schon als anstellige Praktikantin erweist.

USA / Frankreich 1994, Farbe, 105 Min **Buch** und **Regie:** Luc Besson **Mit:** Jean Reno *(Léon)*, Natalie Portman *(Mathilda)*, Gary Oldman *(Norman Stansfield)*, Danny Aiello *(Tony)*, Peter Appel *(Malky)*, Michael Badalucco *(Mathildas Vater)*, Ellen Greene *(Mathildas Mutter)*, Elizabeth Regen *(Mathildas Schwester)*, Carl Matusovich *(Mathildas Bruder)*.

Gut zu wissen:
Luc Besson drehte die Außenaufnahmen an Originalschauplätzen in den New Yorker Vierteln Little Italy und Spanish Harlem, die Innenaufnahmen hingegen in französischen Ateliers

Leprechaun

Der Leprechaun entstammt der irischen Mythologie. Der kleinwüchsige Kobold hütet einen Topf voll Gold und hegt eine besondere Vorliebe für gepflegtes Schuhwerk. Einer dieser unleidlichen Gesellen schmuggelt sich in Dans Gepäck mit in die USA, weil der ihm seinen Schatz geraubt hatte. Es gelingt Dan, den bissigen Giftzwerg in eine Kiste einzuschließen, dann erleidet er einen Schlaganfall. Zehn Jahre später beziehen J. D. und seine verzickte Tochter Tory das verwahrloste Haus und heuern drei Malergesellen an, den Anstrich zu erneuern. Einer von ihnen befreit ungewollt den Gnom, der daraufhin den Anwesenden unter fortwährendem höhnischem Gelächter heftig zusetzt … Aus klassischen Märchenmotiven entwickelte Horrorgeschichte mit viel Humor – und «Friends»-Star Jennifer Aniston als *scream queen*!

USA 1992, Farbe, 88 Min.
Buch und **Regie:** Mark Jones **Mit:** Warwick Davis *(Leprechaun)*, Jennifer Aniston *(Tory)*, Ken Olandt *(Nathan)*, Mark Holton *(Ozzie)*, Robert Hy Gorman *(Alex)*, John Sanderford *(J. D. Reding)*, Shay Duffin *(Dan O'Grady)*.

Gut zu wissen:
Warwick Davis, hier hinter der Troll-Maske versteckt, spielte 1988 die Titelrolle in dem von George Lucas ausgeheckten Fantasy-Abenteuer «Willow».

Erhabene Momente:
Der Leprechaun saust mit einem Spielzeugauto durch die Nacht und wird von einem Verkehrspolizisten gestoppt. Für die Ausstellung eines Strafmandats bleibt diesem dann keine Zeit mehr.

Lethal Attraction Heathers

Absurder geht's nimmer: Der durchaus zufriedenstellende Originaltitel wurde durch ein nicht minder undeutsches, indes erheblich in die Irre führendes Schwachsinnslabel ersetzt. Die «Heathers» sind drei auf den gleichen Vornamen hörende elitäre Gören, die ihren Mitschülerinnen an der Westerburg High das Dasein vergällen. Dann aber kommt der Tag, an dem die erste Heather einen tödlichen «Unfall» erleidet … Michael Lehmann inszenierte mit schwarzem Humor und sehr ergötzlich, so daß auch die Mitwirkung Shannen Dohertys gar nicht weiter schadet, während Christian Slater den «Variety»-Kritiker nicht von ungefähr an den frühen Jack Nicholson erinnerte.

USA 1989, Farbe, 102 Min. **Buch:** Daniel Waters **Regie:** Michael Lehmann **Mit:** Winona Ryder *(Veronica Sawyer)*, Christian Slater *(J. D.)*, Shannen Doherty *(Heather Duke)*, Lisanne Falk *(Heather McNamara)*, Kim Walker *(Heather Chandler)*, Penelope Milford *(Pauline Fleming)*.

Der letzte Action Held: Arnold Schwarzenegger

Starke Töne:
«Ich kaufe, also bin ich.» HEATHER CHANDLER

Der letzte Action Held Last Action Hero

Der Action-Superstar Jack Slater befindet sich mitten in einer mörderischen Autoverfolgungsjagd, als er Besuch aus der Wirklichkeit bekommt: Der elfjährige Danny, Jacks größter Fan, wurde durch eine magische Kinokarte direkt ins Leinwandgeschehen versetzt und gehört nun zu den Protagonisten des Actionthrillers «Jack Slater IV». Der Titelheld ist nicht gerade begeistert von seinem neuen Partner, zumal die kleine Nervensäge ihm ständig einzureden versucht, daß er nur als Filmfigur existiert. Als die beiden aber den umgekehrten Weg gehen und bei der Verfolgung des Filmschurken in die Realität gelangen (wo sie unter anderem einem gewissen Arnold Schwarzenegger begegnen), muß auch Slater erkennen: «This hero stuff has it's limits.»

USA 1993, Farbe, 131 Min. **Buch:** Shane Black, David Arnott **Regie:** John McTiernan **Mit:** Arnold Schwarzenegger *(Jack Slater)*, Austin O'Brien *(Danny Madigan)*, F. Murray Abraham *(John Practice)*, Art Carney *(Frank)*, Anthony Quinn *(Vivaldi)*, Charles Dance *(Benedict)*, Mercedes Ruehl *(Dannys Mutter)* und Cameos von James Belushi, Chevy Chase, Danny DeVito, Little Richard, MC Hammer, Robert Patrick, Maria Shriver, Sharon Stone, Jean-Claude Van Damme, Melvin Van Peebles, Damon Wayans.

Der letzte der Gladiatoren Eroe di Britannia

Caligula, der Tunichtgut
Ist unentwegt erpicht auf Blut
Im Zirkus will er Ringer seh'n
Die sich aufs Schlachtgeschäft versteh'n
Noar läßt sich darauf nicht ein
Der Sklave mag kein Mörder sein.

Caligula entbrennt vor Wut
Man ahnt es schon, das geht nicht gut
Er läßt die Deckung hinter sich
Ein Dolch blitzt auf, senkt sich zum Stich
Caligula war ein Despot
Mit dem Beruf ist man früh tot.

Nicht lange bleibt der Thron verwaist
Weil Messalina, wüst und dreist
Im Hintergrund die Fäden spinnt
Und noch manch bösen Streich ersinnt
Eh Noar, wie es sich gehört
Empfindlich ihre Pläne stört.

Italien/Frankreich 1965, Farbe, 96 Min. **Buch:** Gian Paolo Callegari, Albert Valentin **Regie:** Umberto Lenzi **Mit:** Richard Harrison *(Noar)*, Marilù Tolo *(Hela)*, Lisa Gastoni *(Messalina)*, Jean Claudio *(Cassius Cherea)*.

Der letzte Dinosaurier The Last Dinosaur

Irgendwo findet sich immer noch ein Urviech, entweder im Archivkeller eines Privat- oder Nebensenders oder unter dem ewigen Eis des Südpols. Die bei Ölbohrungen aufgestöberte alte Echse weckt das Jagdfieber des unermeßlich reichen Richard Boone. In prähistorischen Kulissen aus dem Fundus der japanischen Tsuburaya Enterprises erlebt der Waidmann unerhörte Abenteuer, und Nancy Wilson trällert dazu «He Is the Last Dinosaur».

USA / Japan 1976, Farbe, 106 Min. **Buch:** William Overgard **Regie:** Alex Grasshoff, Tom Kotani **Mit:** Richard Boone *(Masten Thrust)*, Joan Van Ark *(Fran Banks)*, Steven Keats *(Chuck Wade)*, Luther Rackley *(Bunta)*, Carl Hansen *(Barney)*, William Ross.

Die letzte Flut The Last Wave

Rechtsanwalt David Burton hat nicht nur das zweite Gesicht, sondern auch dasjenige Richard Chamberlains. Alle drei Gesichter vertreten australische Aborigines, die des Mordes verdächtigt werden. Burtons Klienten lehnen freilich jede Verteidigung ab. Statt dessen führen sie ihren Anwalt an eine unterirdische Kultstätte und in ihre Mythologie ein. Burton, der seit geraumer Zeit von merkwürdigen Träumen geplagt wird, erkennt, daß eine neue Sintflut bevorsteht. Wer würde in Anbetracht dessen noch Zeit auf das Aktenstudium verschwenden?

Australien 1977, Farbe, 110 Min. **Buch:** Peter Weir, Tony Morphett, Petru Popescu **Regie:** Peter Weir **Mit:** Richard Chamberlain *(David Burton)*, Olivia Hamnett *(Annie Burton)*, David Gulpilil *(Chris Lee)*, Frederick Parslow *(Pfarrer Burton)*, Vivean Gray *(Dr. Whitburn)*.

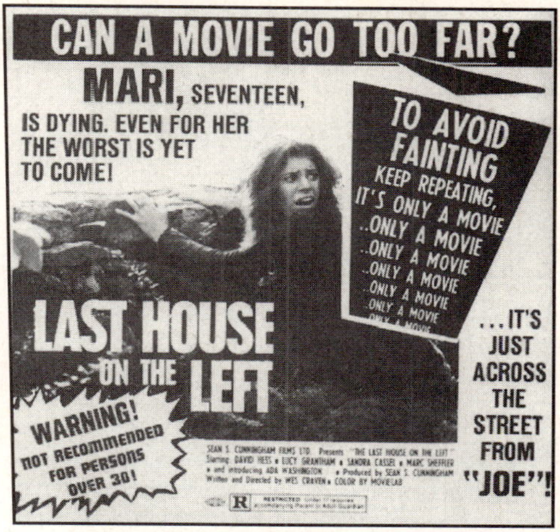

Das letzte Haus links, Filmplakat

Die letzte Grenze The Last Border / Viimeisellä Rajalla

Wir schreiben das Jahr 2009, und es hat kein gutes Ende genommen mit der Zivilisation. Anders als die Biotope haben die Motorradrocker überlebt und terrorisieren die Dörfer der russischen Tundra. Immer vorneweg übelt Jürgen Prochnow, und weil Mika Kaurismäki den Endzeitradau inszeniert hat, sind auch Kari Väänänen und Matti Pellonpää – Friede seiner Masche – nicht fern.

Finnland 1992, Farbe, 101 Min. **Buch:** Mika Kaurismäki, Pia Tikki **Regie, Produktion** und **Schnitt:** Mika Kaurismäki **Mit:** Jalyon Baker *(Jake)*, Jürgen Prochnow *(Duke)*, Fanny Bastien *(Doaira)*, Kari Väänänen *(Borke)*, Matti Pellonpää *(Dimitri)*.

Das letzte Haus links Last House on the Left / Krug and Company / Sex Crime of the Century

Einen plättenden Horrorfilm verlangten die Geldgeber von ihrem Team Sean S. Cunningham (Produktion) und Wes Craven, und den lieferten sie ab mit der Geschichte der Teenager Mari und Phyllis, die, unterwegs zu einem Konzert der Gruppe Bloodlust (!), einen Stopp einlegen, um verbotenes Rauchkraut zu erwerben, und dabei einer Gruppe von Schändern in die Hände fallen, zwei entwichenen Sexualstraftätern nebst Sohn und Freundin des einen, ein familienähnlicher Verband also. Die Mädchen werden ermordet, die Täter suchen Unterschlupf ausgerechnet bei Maris Eltern, die sich in brutale Racheengel verwandeln, als sie von den Untaten ihrer Gäste erfahren. Womit für die Gesetzlosen das Ende des Gewaltmonopols gekommen wäre.

USA 1972, Farbe, 91 Min. **Buch** und **Regie:** Wes Craven **Mit:** David Hess *(Krug)*, Lucy Grantham *(Phyllis Stone)*, Sandra Cassel *(Mari Collingwood)*, Marc Scheffler *(Junior)*, Fred J. Lincoln *(Weasel)*, Jeramie Rain *(Sadie)*, Gaylord St. James *(Mr. Collingwood)*, Cynthia Carr *(Mrs. Collingwood)*, Ada Washington *(Ada)*, Marshall Anker *(Sheriff)*.

Die letzte Rechnung zahlst du selbst Al di la della legge / Beyond the Law

Die völlig unmaßgebliche Handlung berichtet von den drei Gaunern Cudlip, Al und dem Prediger, die von kleineren Diebereien leben, bis sie mit härter gesottenen Desperados aneinandergeraten, woraufhin sich Cudlip vom Sattel herab- und zum Ordnungshüter aufschwingt. Von Belang aber ist, wer da alles in dieser Geschichte auftaucht: Lee Van Cleef macht ja schon einiges her. Es geben sich aber auch Deutschlands Edelschurken Günther Stoll und Herbert Fux die Ehre, das frühe Sexsymbol Ann Smyrner, der noch nicht ausgereifte Bud Spencer, Hollywoods Widerborst Rip Torn und, das hat man doch noch nicht gesehen, der Großschriftsteller Norman Mailer, wohl wieder einmal auf der Suche nach den Nackten und den Toten.

BRD / Italien 1967, Farbe, 110 Min. **Buch:** Fernando Di Leo, Giorgio Stegani, Ina Hilger **Regie:** Giorgio Stegani **Mit:** Lee Van Cleef *(Cudlip)*, Antonio Sabàto *(Ben Novack)*, Lionel Stander *(Prediger)*, Al Hossman (Al), Günther Stoll *(Denholm)*, Rip Torn *(Popcorn)*, Graziella Granata *(Sally)*, Herbert Fux *(Eustaccio)*, Gordon Mitchell *(Burton)*, Ann Smyrner *(Lola)*, Norman Mailer *(Lt. Francis Xavier Pope)*, Bud Spencer, George Plimpton.

Alternativtitel:
«Mondo Brutale»

Die letzten Sieben The Day the World Ended

«Was Sie jetzt sehen, wird hoffentlich niemals geschehen .... aber in dem Zeitalter, in dem wir leben, soll es uns eine Warnung sein ... Unsere Geschichte beginnt mit ... DEM ENDE!» Und das Ende schießt wie ein Atompilz aus dem Boden. Einige wenige Menschen stolpern durch die verwüstete Landschaft und quartieren sich gegen den Willen des Hausherrn in einem unversehrt gebliebenen Anwesen ein. Für Mißtrauen sorgt der strahlenverseuchte Radek, der nachts jagt und das erbeutete Fleisch roh verschlingt. Draußen in der Wildnis hausen stachelköpfige Mutanten, drinnen schmiedet Tony finstere Pläne zur Ermordung der anderen, weil die spärlichen Vorräte in absehbarer Zeit zur Neige gehen werden.

USA 1956, SW, 75 Min. **Buch:** Lou Rusoff **Regie:** Roger Corman **Mit:** Richard Denning *(Rick)*, Lori Nelson *(Louise Maddison)*, Adele Jergens *(Ruby)*, Touch Connors (= Michael Connors; *Tony Lamont*), Paul Dubov *(Radek)*, Paul Birch *(Capt. Jim Maddison)*, Raymond Hatton *(Pete)*.

Gut zu wissen:
Michael Connors fand später eine Festanstellung als Titelheld der Detektivserie «Mannix».

Die letzte Verführung The Last Seduction

Das lärmende Lob für Quentin Tarantino macht mitunter vergessen, daß auch andere Regisseure Wesentliches zum neueren *film noir* beigetragen haben. Ganz obenan steht John Dahl, der von Drehbuchautor Steve Barancik einen ausgeklügelten Plot geliefert bekam: Linda Fiorentino macht sich mit den Erträgen ihres drogenmakelnden Gatten Bill Pullman davon und entwickelt ganz erstaunliches Geschick, sich vor den Nachstellungen des Geprellten zu schützen, indem sie ihren Sex-Appeal einsetzt und sich den Landburschen Peter Berg willfährig macht, damit der den Verfolger ermorde.

USA 1993, Farbe, 110 Min. **Buch:** Steve Barancik **Regie:** John Dahl **Mit:** Linda Fiorentino *(Bridget Gregory)*, Bill Pullman *(Clay Gregory)*, Peter Berg *(Mike Swale)*, Bill Nunn *(Harlan)*, J. T. Walsh *(Frank Griffith)*, Jack Shearer, Michael Raysses, Zack Phifer.

Gut zu wissen:
Linda Fiorentino wurde in Anbetracht ihrer darstellerischen Leistung mehrfach für einen ‹Oscar› ins Gespräch gebracht. Die Statuten des ‹Academy Award› schlossen jedoch eine Nominierung aus, weil «Die letzte Verführung» im Pay-TV-Kanal HBO uraufgeführt worden war.

Libero

Libero hier, Libero da: Franz Beckenbauer in der Rolle eines gefeierten Nationalspielers namens Franz Beckenbauer, den hinterrücks die Sinnkrise anfällt, was seinem Rivalen Klaus Löwitsch Gelegenheit gibt, eine Schmutzkampagne gegen den Arglosen anzuzetteln. Der dem Kaiser und überhaupt jeglichem Titelträger zugeneigte Konsul Weyer finanzierte, Wigbert Wicker inszenierte, die komplette Familie Beckenbauer chargierte, Harald Leipnitz assistierte. Alles in allem: Peinlichkeit, wie sie wirkt, würgt und waltet.

BRD 1973, Farbe, 88 Min. **Buch:** Bernt Engelmann, Wigbert Wicker **Regie:** Wigbert Wicker **Mit:** Franz Beckenbauer, Brigitte Beckenbauer, Klaus Löwitsch, Harald Leipnitz, Antje Kühnemann, Walter Born, Gaby Fuchs, Beatrice Kessler, Rüdiger Bahr, Corinna Genest, Franz Rudnick.

Gut zu wissen:
Rüdiger Bahr ist Al Bundys deutsche Synchronstimme.

Liebling, sei nicht albern

Wenig Würdigung erfahren hat bislang Hubert Frank, dessen Œuvre Filme von hinreißender Nichtsnutzigkeit umfaßt, mit heute schon sprichwörtlichen Titeln wie «Unterm Röckchen stößt das Böckchen». 1970 holte der rustikale Tabubrecher Frank den nachmaligen Kabarettisten und großen Vorsitzenden der RTL-Reihe «7 Tage – 7 Köpfe» Jochen Busse vor die Kamera und hieß ihn Komödie veranstalten. Was man, je nach Gemütslage, zum Lachen finden kann oder zum Schießen.

BRD 1970, Farbe, 79 Min. **Buch** und **Regie:** Hubert Frank **Mit:** Jürgen Draeger *(Andreas)*, Janie Murray *(Maria)*, Jochen Busse *(Freund)*, Francisca Tu *(Nicole)*, Hans Hass jr. *(Martin)*, Christiane Lange, Christa Siems, Edgar Bessen, Friedrich Schütter.

Alternativtitel:
«Ach du mein Schreck, mein Mann ist weg»

Lifeforce – Die tödliche Bedrohung Lifeforce

Tobe Hooper, Freund aller Kettensägen, bittet zum Totentanz. Mathilda May schneit aus den Tiefen des Raums auf die Erde, schlürft das Blut traditionell gut gekühlter Briten, was Steve Railsback nicht sehr zusagt, weshalb er mit Furor zum finalen Todesstoß ansetzt, während sich Shakespeare-Schauspieler Patrick Stewart allmählich ans Science-fiction-Genre gewöhnt, um eines Tages mit fester Hand die Enterprise und deren Geschicke lenken zu können. GB

1985, Farbe, 114 Min. **Buch:** Dan O'Bannon, Don Jakoby **Regie:** Tobe Hooper **Mit:** Steve Railsback *(Col. Tom Carlsen)*, Mathilda May *(Space Girl)*, Peter Firth *(Insp. Caine)*, Frank Finlay *(Fallada)*, Patrick Stewart *(Dr. Armstrong)*, Michael Gothard *(Bukowski)*.

Link, der Butler Link

Elisabeth Shue läßt sich von ihrem Anthropologiedozenten Terence Stamp in den Ferien als Assistentin anheuern. In einem abseits gelegenen Landhaus experimentiert der Wissenschaftler mit Primaten, die er wie Menschen behandelt. Der Orang Utan Link, früher beim Zirkus, erledigt alle Pflichten eines Butlers. Als er zufällig ein Telefongespräch belauscht und erfährt, daß er getötet werden soll, dreht er durch. Plötzlich ist Elizabeth Shue allein im Haus, und was wie spielerisches Raufen aussieht, entpuppt sich als Aufstand der Tiere, die äußerst intelligent jeden Fluchtversuch vereiteln. GB

1986, Farbe, 103 Min. **Buch:** Everett De Roche **Regie:** Richard Franklin **Mit:** Elisabeth Shue *(Jane Chase)*, Terence Stamp *(Dr. Steven J. Phillip)*, Steven Pinner *(David)*, Richard Garnett *(Dennis)*, David O'Hara *(Tom)*, Kevin Lloyd *(Bailey)*, Joe Belcher *(Taxifahrer)*.

Gut zu wissen:
Die malerischen Schauplätze fand das Team nahe St. Abbs in Schottland.

Living Nightmare Tobe Hooper's Night Terrors

Robert Englund muß erneut ein verunstaltetes Gesicht feilhalten, wenn er anfangs als Marquis de Sade in Erscheinung tritt. Ein würdiger Erbe des blaublütigen Wüstlings ist Paul Chevalier, der Jahrhunderte später in Alexandria seinen Lastern frönt. In dieses Milieu verschlägt es Genie, die unverdorbene Tochter eines frömmelnden Archäologen, die sich von Wüste und sinnenfrohem Klima zu wollüstigem Tun verleiten läßt. Doch unversehens wird aus dem Ausflug in die orientalische Erotik ein handfester Splatter-Film mit abgetrennten Köpfen, zerstochenen Augäpfeln und anderen Deftigkeiten – denn das Morgen – ist ein Schauermärchenland, und die Neigung zu vorehelichem Sex wird im Horrorfilm bestraft.

USA 1993, Farbe, 98 Min. **Buch:** Daniel Matmor, Rom Globus **Regie:** Tobe Hooper **Mit:** Robert Englund *(de Sade / Paul Chevalier)*, Zoe Trilling *(Eugenie Matteson)*, Zachi Noy *(Mr. Harrison)*, Alona Kimhi, William Finley, Chandra West.

Alternativtitel:
«Tobe Hooper's Living Nightmare»

Starke Töne:
«Grausamkeit ist das erste Gefühl, das die Natur uns allen injiziert.» DE SADE

Long Riders The Long Riders

Walter Hills exzellent bebilderte Ballade über die Banditen Jesse und Frank James bemüht sich um Entmythologisierung der in zahllosen Western glorifizierten Helden. Namentlich die Einbeziehung des soziokulturellen Hintergrundes der James-Bande, die in der Folge des Bürgerkriegs verelendete, von engen familiären Bindungen geprägte ländliche Gemeinschaft im

Lord of Illusions: Daniel von Bergen

US-Bundesstaat Missouri, trägt zu einer realistischen Einschätzung der historischen Figuren bei. Die Filmbrüder James, die Youngers und die Millers werden von echten Brüdern dargestellt: von David, Robert und Keith Carradine, von Randy und Dennis Quaid, von Christopher und Nicholas Guest sowie von Stacy und James Keach, die beide auch am Drehbuch beteiligt waren.

USA 1979, Farbe, 99 Min. **Buch:** Bill Bryden, Steven Philip Smith, Stacy Keach, James Keach **Regie:** Walter Hill **Mit:** David Carradine *(Cole Younger)*, Keith Carradine *(Jim Younger)*, Robert Carradine *(Bob Younger)*, James Keach *(Jesse James)*, Randy Quaid *(Clenn Miller)*, Stacy Keach *(Frank James)*, Dennis Quaid *(Ed Miller)*, Harry Carey jr. *(George Arthur)*, Christopher Guest *(Charlie Ford)*, Nicholas Guest *(Bob Ford)*, Pamela Reed *(Belle Starr)*, West Buchanan *(McCorkindale)*.

Lord of Illusions

Famke Janssen tritt als eine Liebe von Swann in Erscheinung, keine Figur Proustscher Prägung, sondern ein Magier, der im Verlauf einer Vorstellung zu Tode kommt. Privatdetektiv Harry D'Amour, ein Fachmann fürs Okkulte, findet heraus, daß sich Swann ehedem mit einer Sekte angelegt hatte, deren Anführer Nix alias «Der Puritaner» erschossen und begraben wurde, nun aber seiner Auferstehung entgegensieht ... Clive Barker ist immer für ein paar einfallsreiche Phantasmagorien gut – wer aber schon beim Anblick metallverzierter Nasen zurückzuckt, sollte hier tunlichst auch nicht hinschauen.

USA 1995, Farbe, 117 Min. **Buch** und **Regie:** Clive Barker **Mit:** Scott Bakula *(Harry D'Amour)*, Famke Janssen *(Dorothea Swann)*, Joel Swetow *(Valentin)*, Kevin J. O'Connor *(Philip Swann)*, Daniel von Bergen *(Nix)*, Barry Del Sherman *(Butterfield)*, Vincent Schiavelli *(Vinovich)*, Joseph Latimore *(Caspar Quaid)*.

Starke Töne:
«Man kann gar nicht genug Erlöser haben.» HARRY D'AMOUR

Love and a .45

Der esoterisch angehauchte Berufskriminelle Watty begreift sich als Künstler. Diese Haltung bestimmt sein Tun, ob er das Frühstück bereitet oder Minimärkte überfällt. Seine Gefährtin in allen Lebenslagen ist Starlene, die vermöge ihres Aussehens keine Probleme hat, störende Elemente abzulenken, derweil ihr Gespons seiner Arbeit nachgeht. Das Familienunternehmen gerät in eine Krise, als Wattys Knastgeselle Billy mit einem «todsicheren Ding» aufwartet. Bei dem Überfall stirbt eine vollgekokste Verkäuferin, und da sie zufällig die Tochter des Sheriffs war, geraten die Täter in schockschwere Not. Watty und Starlene enteilen Richtung Mexiko – Billy, zwei Schuldeneintreiber, die Bundespolizei und die Medien hautnah an ihren Fersen. ▌ USA 1994, Farbe, 101 Min. **Buch** und **Regie:** C. M. Talkington **Mit:** Gil Bellows *(Watty Watts)*, Renee Zellweger *(Starlene Cheatham)*, Rory Cochrane *(Billy Mack Black)*, Jeffrey Combs *(Dino Bob)*, Jace Alexander *(Creepy Cody)*, Peter Fonda *(Vergil)*.

Gut zu wissen:
In der Kultserie «Ally McBeal» spielt Gil Bellows den Arbeitskollegen und früheren Liebhaber der Titelheldin.

Erhabene Momente:
Auf der Flucht legen Watty und Starlene einen Stopp bei deren Eltern ein. Ihr in ferne Sphären entrückter Vater ist ein Wohlstands-Hippie mit imposanter Drogenvergangenheit und wird natürlich von Peter Fonda verkörpert.

Starke Töne:
«Um seinen Platz in der Unendlichkeit des Seins zu finden, muß man fähig sein, sowohl teilen als auch vereinen zu können.» WATTY

Love Potion Nr. 9 – Der Duft der Liebe

Die anfangs graumäusig zurechtgemachte Sandra Bullock und Tate Donovan erforschen allerlei Wunderelixiere und genehmigen sie sich schließlich auch, werden daraufhin begehrenswert und, nachdem dies hinlänglich ausgereizt wurde, aus Schaden klug. ▌ USA 1992, Farbe, 97 Min. **Buch** und **Regie:** Dale Launer **Mit:** Tate Donovan *(Paul)*, Sandra Bullock *(Diane)*, Dale Midkiff *(Gary)*, Mary Mara *(Marisa)*, Anne Bancroft *(Wahrsagerin)*, Adrian Paul *(Autofabrikant)*.

Alternativtitel:
«Der Duft der Liebe»

Gut zu wissen:
Adrian Paul griff in der Fantasy-Serie «Highlander» zum Schwert, Mary Mara hatte wiederkehrende Rollen in den Erfolgsserien «Emergency Room» und «Nash Bridges».

Lunatics – Duell der Alpträume **Lunatics: A Love Story**

Atonale Saxophoneruptionen lassen Verstörungen ahnen. Fürwahr, Hank wird von Wahnvorstellungen geplagt, Nancy lebt in dem Glauben, ihrer unmittelbaren Umgebung nur Unglück zu bescheren. Zufällig wählt Hank, der einer Vielzahl von Phobien wegen sein mit Aluminiumfolie verkleidetes Apartment seit sechs Monaten nicht verlassen hat, eine Telefonzelle an, in der die soeben von ihrem Freund verlassene Nancy über ihre weitere Zukunft sinniert. Sie treffen sich, gehen wieder auseinander, aber Hank weiß: Nancy ist die Richtige. Also hüllt er sich in glitzernde Folie und tritt, einem Ritter in silberner Rüstung gleich, tapfer hinaus ins feindliche Leben, seine Dämonen zu bekämpfen und Nancy vor den Nachstellungen einer Straßenbande zu beschützen. ▌ USA 1990, Farbe, 84 Min. **Buch** und **Regie:** Josh Becker **Mit:** Theodore Raimi *(Hank)*, Deborah Foreman *(Nancy)*, Bruce Campbell *(Ray)*, George Aguilar *(Comet)*, Brian McCree *(Presto)*, Eddy Roumaya *(Joker)*, Michelle Stacey *(Frau von der Reklametafel)*.

Gut zu wissen:
Bruce Campbell, der zusätzlich in mehreren Kleinstrollen zu sehen ist, produzierte diesen nur 700 000 Dollar teuren Film. Seine langjährigen Weggefährten Sam Raimi und Robert Tapert fungierten als *executive producers*.

Mach ein Kreuz und fahr zur Hölle: Peter Fonda (rechts)

Machen wir's wie Cowboys: Woody Harrelson und Kiefer Sutherland

Mach ein Kreuz und fahr zur Hölle **Fighting Mad**

Der später zu Edlerem sich aufschwingende Jonathan Demme beschäftigte in diesem B-Movie den leichtfertigen Rider Peter Fonda, wie der Regisseur ein Absolvent der Roger-Corman-Schule, und den Jahre später im «Schweigen der Lämmer» mitwirkenden Scott Glenn. Fondas Familie ist den Nachstellungen eines üblen Burschen ausgesetzt, dem daran liegt, ihre kleine Farm in die spitzen Gaunerfinger zu bekommen, da unter der pittoresken Ober- und Weidefläche gewinnträchtige Kohlevorkommen festgestellt wurden. Weil der Halunke ohne Skrupel meuchelt und vom Sheriff keine Hilfe zu erwarten ist, nimmt Fonda die Angelegenheit nach alter Pioniersitte selbst in die Hand.

USA 1976, Farbe, 87 Min. **Buch** und **Regie:** Jonathan Demme **Mit:** Peter Fonda *(Tom)*, Lynn Lowry *(Lorene)*, John Doucette *(Jeff)*, Phil Carey *(Pierce)*, Scott Glenn *(Charlie)*, Kathleen Miller *(Carolee)*, Harry Northup *(Sheriff)*, Ted Markland *(Hal)*, Gino Franco *(Dylan)*, Noble Willingham *(Senator)*.

Machen wir's wie Cowboys **The Cowboy Way**

Die Suche nach einem vermißten Freund führt zwei zerstrittene Rodeoreiter nach New York. Nur mit Mühe finden sie sich in der fremden Welt zurecht. Die Auseinandersetzung mit skrupellosen Menschenhändlern zwingt die beiden Streithähne zur friedlichen Koexistenz, gewisse berufliche Fertigkeiten erweisen sich bei den Händeln mit den Gangstern als durchaus hilfreich ... Das Image der amerikanischen Kuhhirten ist vor allem durch Werbung und Westernfilme geprägt. Eingedenk dessen ging Gregg Champion mit einer guten Portion Ironie zu Werke.

USA 1993, Farbe, 106 Min. **Buch:** Bill Wittliff **Regie:** Gregg Champion **Mit:** Woody Harrelson *(Pepper)*, Kiefer Sutherland *(Sonny)*, Dylan

McDermott *(Stark)*, Ernie Hudson *(Officer Sam Shaw)*, Cara Buono *(Teresa)*, Marg Helgenberger *(Margarette)*, Tomas Milian *(Huerta)*, Luis Guzman *(Chango)*.

Erhabene Momente:
Die Verfolgungsjagd Pferd gegen U-Bahn gegen Ende des Films.

Macht der Shaolin Nan bei Shao Lin / Arahan / Martial Arts of Shaolin / North and South Shaolin / Shaolin Temple 3: Martial Arts of Shaolin

Der Unterschied zum Gros der in Hongkonger Studios produzierten Historienfilme springt förmlich ins Auge: Es ist die Weite der Landschaft. Vor eindrucksvollen Naturkulissen und Baudenkmälern wie der Chinesischen Mauer und der Verbotenen Stadt läßt Martial-arts-Maestro Lau Kar Leung seine drei Hauptfiguren auf riesige Statistenheere treffen. Der Mönch Zhi Ming verläßt unerlaubt das Kloster, um den Tyrannen Hi Sou für den Mord an seinen Eltern zur Rechenschaft zu ziehen. Zu ihm gesellt sich ein junges Paar, das von ähnlichen Absichten geleitet wird. Nach anfänglichen Mißverständnissen geht man gemeinsam vor. Privat allerdings rivalisieren die Männer um die Gunst der jungen Dame, und Zhi Ming muß sich obendrein gegenüber seinen Ordensoberen verantworten.

Hongkong 1986, Farbe, 94 Min. **Buch:** Yeung Sze-Ping **Regie:** Lau Kar Leung **Mit:** Jet Li *(Zhi Ming)*, Yu Hai *(Sifu)*, Hu Jian-Quiang, Huang Qiu-Yan, Sun Jian-Kui, Liu Huai-Liang, Ji Chun-Hua.

Starke Töne:
«Nur der Gerechte wird erleuchtet.» MEISTER WU LOU

Maciste, der Sohn des Herkules: Mitchell Gordon

Maciste, der Held von Sparta
Maciste, gladiatore di Sparta

Mit Maciste ist nicht gut Christen fressen
Der jüngst Getaufte rebelliert
Muß sich, gestraft, mit einem Affen messen
Man glaubt es nicht: das Tier verliert
Der Kämpe lotst die Glaubensbrüder
Konspirativ am Tod vorbei
Die Heiden greifen ihn sich wieder
Und laden ein zur Keilerei.

Italien / Frankreich 1964, Farbe, 96 Min. **Buch:** Mario Amendola, Alfonso Brescia, Albert Valentin **Regie:** Mario Caiano **Mit:** Mark Forest, Marilu Tolo, Elisabeth Fanti, Robert Hundar, Peter Wite, Guiseppe Addobbati, Lea Monaco.

Maciste, der Sohn des Herkules Maciste nella terra dei ciclopi

Maciste verläßt, schon schwer in Rage
Seine behagliche Eremitage
Von Ferne ward ihm zugetragen
Daß Folterknechte Bürger plagen
Und Menschen meucheln sonder Zahl
Für unsern Mann ein klarer Fall

Er wirft sich zwischen das Gelichter
Und staucht die häßlichen Gesichter
Auch dem Zyklopen geht's ans Fell
Bei seinem Strafregister nur reell
Maciste packt der Schurken Ohren
Läßt sie im Römertopfe schmoren.

Italien 1961, Farbe, 98 Min. **Buch:** Oreste Biancoli, Gino Mangini **Regie:** Antonio Leonviola **Mit:** Mitchell Gordon *(Maciste)*, Chelo Alonso *(Capys)*, Germano Longo *(König Agisandros von Coos)*, Dante Di Paolo *(Iphitos)*, Vira Silenti.

Maciste, der Stärkste unter der Sonne Maciste, l'eroe piu' grande del mondo

Zwei Dutzend Damen mit intaktem Hymen
Fordert Pergaso, der Tyrann, pro Jahr
Für diese Untat soll er sühnen
Maciste macht ihm das handfest klar.

Italien 1963, Farbe, 93 Min. **Buch:** Roberto Gianviti, Elio Scardamaglia **Regie:** Michele Lupo **Mit:** Mark Forest *(Maciste)*, José Greci *(Prinzessin)*, Livio Lorenzon *(Evandro)*, Giuliano Gemma *(Xandros)*, Erno Crisa *(Morakeb)*.

Alternativtitel:
«Der Stärkste unter der Sonne»

Maciste und die gewaltigen Sieben Maciste il gladiatore piu forte del mondo

Talima plant die Erstbesteigung
Des jüngst ererbten Königsthrons
Doch ordert ihre neidgeplagte Schwester
Auf Anordnung ihres Gespons
Gleich sieben saubre Tunichtgute
Die Edle zu entführen
Maciste aber schwingt die Keule
Und lehrt das Pack Manieren.

Italien 1962, Farbe, 94 Min. **Buch:** Lionello de Felice, Ernesto Guida **Regie:** Michele Lupo **Mit:** Mark Forest, Scilla Gabel, Erno Crisa, Vittorio Sanipoli, John Chevron.

Alternativtitel:
«Die gewaltigen Sieben»

Mad Mission 1 – Knochenbrecher und Kanonen Tsui-chia p'aio-tang / Aces Go Places

Der vormalige TV-Serienregisseur und spätere Kritikerliebling Tsui Hark gehörte 1981 zu einer Clique aufstrebener Hongkonger Filmemacher, die mit entwaffnender Unverfrorenheit den Fundus populären Kintopps plünderten, um diese grell überzogende Slapstick-Komödie zu collagieren. Der erhoffte Erfolg trat ein und zeitigte mehrere Fortsetzungen. Ein Rekordeinspiel erzielte der 3. Teil, den Tsui Hark persönlich inszenierte, ehe er sich kurz darauf mit «Shanghai Blues» selbständig machte.

Hongkong 1982, Farbe, 79 Min. **Buch:** Raymond Wong **Regie:** Eric Tsang (= Tseng Chih-wei) **Mit:** Carl Mak *(Kodijak)*, Samuel Hui *(Sam)*, Sylvia Chang *(Hai Tang)*, Dean Shek *(Panda)*, Robert Houston *(White Glove)*.

Alternativtitel:
«Mad Mission»

Mad Mission II – Heißes Pflaster Unterwelt Aces Go Places II

Wieder sind Diamantendieb Sam Hui und Karl Maka zugange und treiben den aberwitzigsten Unfug, gescheucht und gejagt von einem verrückten Wissenschaftler, dem Mob und den Hütern der Ordnung. Ein gewisser «Filthy Harry» tritt auf, ein Kissinger-Double plaudert aus dem Nähkästchen internationaler Diplomatie, und bei den Stunts, darunter ein Motorradsprung von einer Brücke auf vier fahrende Doppeldeckerbusse, reiben sich selbst erfahrene Sehbären verdutzt die Augen. Hongkong 1983, Farbe, 88 Min. **Buch:** Raymond Wong **Regie:** Eric Tsang **Mit:** Samuel Hui *(King Kong [Sam])*, Carl Mak *(Kodijak)*, Sylvia Chang *(Inspektorin Ho)*, Suzanna Valentino, Yasuaki Kurata.

Starke Töne:
«Keine Bewegung, oder du bist eine Blockflöte!» SAM

Mad Mission III – Unser Mann von der Bond Street **Aces Go Places III: Our Man From Bond Street**

Heißsporn Tsui Hark, noch jung, aber bereits auf Erfolgskurs, nimmt «Einsatz in Manhattan» («Kojak»), «Kobra, übernehmen Sie» und die James-Bond-Filme auf die Schippe, schaufelt sämtliche Ingredienzen in eine große Mischmaschine, und was dabei herauskommt, ist wild geschüttelt, nicht zart gerührt. HK 1984, Farbe, 85 Min. **Buch:** Raymond Wong, Samuel Hui **Regie:** Tsui Hark **Mit:** Carl Mak *(Kodijak)*, Richard Kiel *(Big G)*, Peter Graves *(Tom Collins)*, Sylvia Chang, Samuel Hui.

Starke Töne:
«Geschwindigkeit ohne Gehirn ist soviel wert wie ein Loch im Kopf.» JAMES

Madra ... Das achtköpfige Ungeheuer **Orochi, the Eight-headed Dragon**

Godzilla hat heuer mal Pause und überläßt das Planieren japanischer Landstriche dem achtköpfigen Drachenmonster Madra und anderem Getier. Drumherum entspinnt sich eine aus japanischen Mythen abgeleitete Geschichte um den arglosen Königssohn Ousu, der dazu auserkoren ist, dem einst in einen Eiskristall verbannten, nun aber erneut aktiv gewordenen Herrn über das Böse die Stirn zu bieten. Auf beiden Seiten mischen Götter mit, so daß für Spannung gesorgt ist. Japan 1994, Farbe, 100 Min. **Regie:** Takao Okawara **Mit:** Masahiro Takashima, Yasuko Sawaguchi, Sekiji Maro.

Alternativtitel:
«Madra, das achtköpfige Drachenmonster»

Gut zu wissen:
1963 entstand unter der Regie von Yugo Serikawa der Animationsfilm «Wanpaku oji no orochi taiji», der dieselbe Sage zur Vorlage hatte.

Das Mädchen mit den schwarzen Strümpfen **The Girl in Black Stockings**

In der Nähe einer Hotelanlage in Utah wird ein Starlet namens Marcia Morgan ermordet aufgefunden. Ihre Wunden, mit einem Messer beigebracht, zeigen ein bestimmtes Muster und deuten auf einen psychisch gestörten Täter. Einheimische wie Hotelgäste werden vernommen; einigen dieser seltsamen Gestalten wäre in der Tat allerhand zuzutrauen. Selbst die zentrale Figur, gespielt von Lex Barker, muß nervliche Zerrüttungen eingestehen. Beinahe alle Beteiligten haben verschrammte Psychen, und die unheimliche Mordserie führt neue Beschädigungen herbei. Mit seinen ironiegesättigten Dialogen und einer gewitzten Bildgestaltung ist der Film eine kleine Perle unter den Nachzüglern des *film noir*. USA 1957, SW, 71 Min. **Buch:** Richard Landau **Regie:** Howard W. Koch **Mit:** Lex Barker *(David Hewson)*, Anne

Bancroft *(Beth Dixon)*, Mamie Van Doren *(Harriet Ames)*, Ron Randell *(Edmund Parry)*, Marie Windsor *(Julia Parry)*, John Dehner *(Sheriff Jess Holmes)*.

Achtung:
Mike, der Barkeeper, wird gespielt von Dan Blocker, unvergessen als gemütlicher Hoss Cartwright von der Ponderosa Ranch.

Starke Töne:
«Atmen Sie meinetwegen so schwer oder wegen der Höhenluft?» DAVID HEWSON

Magic – Eine unheimliche Liebesgeschichte Magic

Man mag gar nicht hinschauen, so deprimierend erfolglos agiert Anthony Hopkins als Zauberkünstler. Doch ein Jahr später bewegt er sich in der Oberliga des Unterhaltungsgewerbes. Er arbeitet jetzt mit einer Handpuppe, die ausspricht, was andere nicht zu denken wagen. In Hopkins' Wahrnehmung verfügt die Puppe über ein eigenes Bewußtsein, sie reagiert mit ausgesprochener Eifersucht, als Hopkins eine aufrichtige Liebesbeziehung zu der leider anderweitig verheirateten Ann-Margret eingeht. Dem Agenten des Illusionisten bleibt der schleichende Wahnsinn seines Klienten nicht verborgen, was seinen Tod zur Folge hat. Noch heikler wird die Situation, als der Ehemann seiner Angebeteten heimkehrt und die Idylle zu stören beginnt.

USA 1978, Farbe, 107 Min. **Buch:** William Goldman **Regie:** Richard Attenborough **Mit:** Anthony Hopkins *(Corky)*, Ann-Margret *(Peggy Ann Snow)*, Burgess Meredith *(Ben Greene)*, Ed Lauter *(Duke)*, E. J. André *(Merlin)*, David Ogden Stiers *(Todson)*.

Starke Töne:
«Niemand außer einem Rolls-Fahrer sollte jemals einen Rolls anrühren.» BEN GREENE

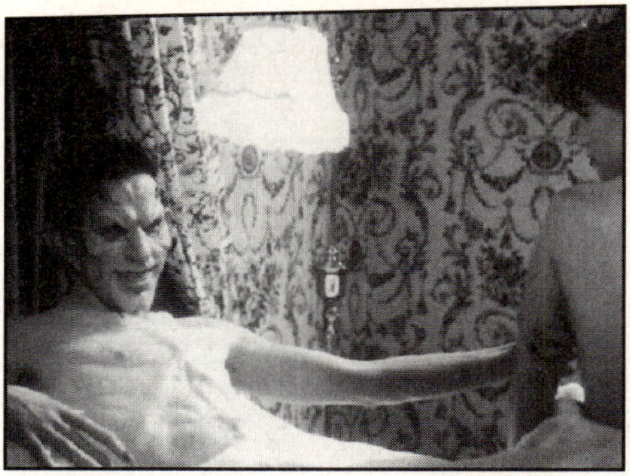

Manchmal kommen sie wieder: Robert Rusler

Manchmal kommen sie wieder Sometimes They Come Back

Nur ungern folgt der Lehrer Jim Norman der Berufung in die Stadt seiner Kindheit, in der einst vor seinen Augen sein Bruder von Jugendlichen ermordet wurde, die gleich darauf bei einem Zugunglück ums Leben kamen. Genau diese üblen Gestalten kehren nun aus dem Jenseits zurück, töten einige von Normans Schülern und nehmen deren Stelle ein. Norman legt Kreide und Rohrstock beiseite und knöpft sich die unansehnlichen Wiedergänger vor, unterstützt vom Geist seines Bruders, der gleichfalls Ferien vom Jenseits genommen hat.

USA 1991, Farbe, 98 Min. **Buch:** Mark Rosenthal, Lawrence Konner, Tom McLoughlin, Tim Cring **Regie:** Tom McLoughlin **Mit:** Tim Matheson *(Jim Norman)*, Brooke Adams *(Sally Norman)*, William Sanderson *(Mueller)*, Nicholas Sadler *(Vinnie)*, Robert Rusler *(Lawson)*, Chris Demetral *(Wayne Norman)*, Robert Hy Gorman *(Scott Norman)*, Bentley Mitchum *(North)*.

Manchmal kommen sie wieder 2: Alexis Arquette

Manchmal kommen sie wieder 2 Somethimes They Come Back ... Again

Selten war ein Filmtitel so stichhaltig wie dieser. Nicht nur, weil es sich bei dem Opus im weitesten Sinne um eine Fortsetzung handelt, sondern weil von einer doppelten Wiederkehr erzählt wird: Jon Porter begibt sich nach dem Tod der Mutter zurück in seinen Heimatort, wo sich alsbald dem Jenseits entronnene Nachtmahre anschicken, ein seinerzeit von Porter unterbrochenes okkultes Ritual zu einem bösen Ende zu bringen. Und Porters Tochter soll bei der Teufelei im Mittelpunkt stehen.

USA 1995, Farbe, 94 Min. **Buch:** Guy Ridel, Adam Grossman **Regie:** Adam Grossman **Mit:** Michael Gross *(Jon Porter)*, Alexis Arquette *(Tony Reno)*, Hilary Swank *(Michelle Porter)*, W. Morgan Sheppard *(Father Roberts)*, Jennifer Elise Cox *(Jules Martin)*.

Gut zu wissen:
Michael Gross ist ein bekanntes Gesicht aus der TV-Serie «Familienbande», in der er die Vaterrolle innehatte.

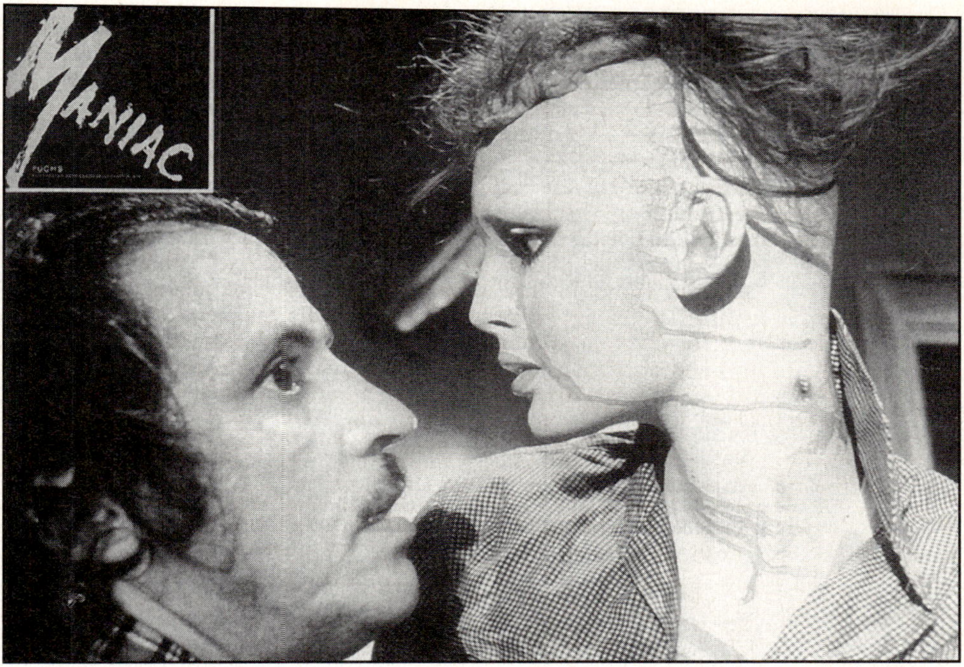

Maniac: Joe Spinell

Der Arquette-Clan ist unerschöpflicher noch als die Baldwin-Sippe. Das muß er auch sein, denn die Familienmitglieder stecken ständig in Schwierigkeiten: Patricia Arquette bekam es mit Freddy Krueger zu tun, Schwester Rosanna geriet auf den «schwarzen Regenbogen». David Arquette erlebte Angst und Schrecken in beiden «Scream»-Filmen (durfte dafür aber auch, nicht nur im Film, Courteney Cox heimführen). Nur Alexis Arquette ist aus der Art geschlagen – er mimt den Finsterling.

Maniac

Tom Savini, der Experte für Kunstbluteffekte, übernahm eine kleine Sprechrolle und war somit gleich bei der Hand, wenn es an die Inszenierung drastischer Szenen ging. Die machten Kritikern ebenso wie Staatsanwaltschaften schwer zu schaffen, und so blieb wenig Aufmerksamkeit übrig für den Umstand, daß der Film von geläufigen Genremustern abweicht. Der Killer ist von vornherein bekannt, weder gesichtslose Bestie wie Michael Myers noch höhnischer Rächer wie später Freddy Krueger, sondern ein beinah mitleiderregender Durchschnittstyp mit gestörtem Mutterverhältnis, der blutig mordet, dabei aber gramvoll wimmert, der sich gegen den Trieb anstemmt und am Schluß von den eigenen Schimären zerfleischt wird.

USA 1979, Farbe, 88 Min.

Buch: Joe Spinell (auch **Idee** und **Koproduktion**), C. A. Rosenberg **Koproduktion** und **Regie:** William Lustig **Mit:** Joe Spinell *(Frank Zito)*, Caroline Munro *(Ann D'Antoni)*, Gail Lawrence *(Rita)*, Kelly Piper *(Krankenschwester)*, Sharon Mitchell *(zweite Krankenschwester)*, Rita Montone *(Hooker)*, Tom Savini.

Gut zu wissen:
Ein wirkungsvolles Gespann bildeten Caroline Munro und Joe Spinell auch in dem 1981 gedrehten «Love to Kill» («The Last Horror Film»).

Der Mann mit dem Glasauge:
Karin Hübner und Fritz Wepper

Der Mann mit den Röntgenaugen:
Ray Milland

Ein Mann – ein Mord Grosse Pointe Blank

Was eigentlich, und diese Frage steht bereits seit geraumer Zeit zur Klärung an, antwortet ein Berufskiller, wenn er auf einem Klassentreffen nach seiner Profession gefragt wird? Martin Blank sieht sich mit diesem Problem konfrontiert, als ihm eine entsprechende Einladung aus seinem Heimatstädtchen Grosse Pointe auf den Tisch flattert. Die kommt ihm gerade recht, denn erstens hadert er ohnehin seit längerem mit seiner Profession, zweitens muß er sowieso eines Auftrages wegen nach Grosse Pointe, und schließlich wartet ebendort seine ewige große Liebe Debi, die er dereinst stiekum verlassen hatte, ein Fehler, den er gerne ausbessern würde. Ebenfalls auf dem Weg nach Grosse Pointe sind zwei Mitbewerber – der eine möchte Martin für eine Art Killergewerkschaft gewinnen, der andere will ihn umlegen.

USA 1997, Farbe, 107 Min. **Buch:** Tom Jankiewicz, D. V. De Vicentis, Steve Pink, John Cusack **Regie:** George Armitage **Mit:** John Cusack *(Martin Q. Blank)*, Dan Aykroyd *(Mr. Grocer)*, Minnie Driver *(Debi Newberry)*, Joan Cusack *(Marcella)*, Alan Arkin *(Dr. Oatman)*, Jeremy Piven *(Paul Spericki)*, Hank Azaria, Barbara Harris, Mitchell Ryan, Jenna Elfman.

Gut zu wissen:
John Cusack, kein Star der Superlative, aber ein stets gerngesehenes Gesicht, betätigte sich bei dieser hochkomischen Killerballade als Koautor, Produzent und Hauptdarsteller und ließ auch seine Schwester Joan sowie andere Familienmitglieder teilhaben.

Die Musik steuerte Joe Strummer bei, und das paßt, denn der war früher bei The Clash.

Der Mann mit dem Glasauge

Nach bewährtem Muster inszenierte Alfred Vohrer 1968 mit der 28. Edgar-Wallace-Verfilmung ein Routineprodukt, das seinerzeit keine übergebührliche Aufmerksamkeit erregte, aus heutiger Warte aber durchaus einen Platz in der Filmgeschichte beanspruchen darf, führte es doch zwei Schauspieler zusammen, die mittlerweile in einem Atemzug mit Laurel & Hardy, Abbott & Costello, Cheech & Chong und Peek & Cloppenburg genannt werden: Hauptdarsteller Horst Tappert und Nebenrolleninhaber Fritz Wepper. Ebenfalls von historischem Interesse: Am Rande der Szenerie huschen die blutjungen Aktricen Christiane Krüger und Iris Berben durchs Bild.

BRD 1968, Farbe, 87 Min. **Buch:** Paul Hengge **Regie:** Alfred Vohrer **Mit:** Horst Tappert *(Inspektor Perkins)*, Karin Hübner *(Yvonne)*, Hubert von Meyerinck *(Sir Arthur)*, Stefan Behrens *(Sergeant Pepper)*, Fritz Wepper *(Bruce Sharringham)*, Ilse Pagé *(Miss Finley)*, Friedel Schuster *(Lady Sharringham)*.

Gut zu wissen:
Autor Paul Hengge verbuchte 1998 einen großen Kritikererfolg mit dem TV-Film «Das Urteil», das vielfach preisgekrönt und auch für einen internationalen ‹Emmy› nominiert wurde.

Der Mann mit den Röntgenaugen X – The Man with X-Ray Eyes / The Man with X-Ray Eyes

Ray Milland freut sich anfangs sehr über sein selbstgebrautes Serum, das das menschliche Sehvermögen erheblich verbessert – selbst Wände werden nach Anwendung des Mittels durchschaubar. Aber Mutter Nemesis reibt sich die Hände, denn Milland wird aus Versehen zum Totschläger und damit zum Gejagten. Ob als Wahrsager auf dem Rummel oder in Las Vegas beim Schummel – sein Lebensglück hat er verspielt. Auch haben sich seine Pupillen monströs verändert, so daß ihm schon normales Tageslicht schmerzhaft zwischen die Lider fährt. Ein bibelfester Prediger empfiehlt dem geplagten Vielseher, ärgerliche Organe doch einfach auszureißen – und an dieser Stelle schreien die Empfindsamen im Publikum in aller Regel mit weit aufgerissenen Augen «iiiieh».

USA 1963, Farbe, 88 Min. **Buch:** Robert Dillon, Ray Russell **Regie:** Roger Corman **Mit:** Ray Milland *(Dr. James Xavier)*, Diana Van der Vlis *(Diane Fairfax)*, Harold J. Stone *(Dr. Sam Brant)*, John Hoyt *(Dr. Willard Benson)*, Don Rickles *(Crane)*, John Dierkes *(Prediger)*, Lorie Summers, Vicki Lee, Carol Irey.

Gut zu wissen:
1963 gewann der Film den «Goldenen Asteroiden» beim Science-fiction-Filmfestival in Triest.

Der Mann mit den zwei Köpfen The Incredible Two-headed Transplant

Gepriesen seien die Nebenkanäle des deutschen Fernsehens, denn wer sonst liefert einem solch rares Filmgut frei Haus? Natürlich handelte es sich um eine Ausgrabung aus der Mottenkiste der AIP. Bruce Dern, dessen Tochter Laura diesen Film hoffentlich nie zu sehen bekommt, rollt furchterregend mit den Augen und enthauptet einen wahnsinnigen Killer, um einen retardierten Burschen mit einem Zweitkopf zu versehen. Nach dem Erwachen aus der Narkose gewinnt der Killerkopf rasch die Oberhand und verfolgt dieselben Passionen wie früher, z. B. blonden Frauen nachzujagen. Und auch das Morden geht weiter.

USA 1971, Farbe, 88 Min. **Buch:** James Gordon White, John Lawrence **Regie:** Anthony M. Lanza **Mit:** Bruce Dern *(Roger)*, Pat Priest *(Linda)*, Casey Kasem *(Ken)*, Albert Cole *(Cass)*, John Bloom *(Danny)*.

Starke Töne:
«Manchmal kann zuviel Phantasie einen Mann vernichten.» KEN

Der Mann ohne Körper The Man Without a Body

Der Finanzgigant Brussard versucht einen schweren Schicksalsschlag vorteilhaft zu wenden, indem er sein von einem Tumor befallenes Hirn gegen das des Propheten Nostradamus eintauscht, um von den Aktienkursen der Zukunft profitieren zu können. Den kleinen Eingriff soll der Londoner

Facharzt Merritt vornehmen. Nostradamus' Schädel wurde bereits beschafft und reanimiert. Jetzt steht er im Labor herum und nimmt übel, weil er sich für profane Geldgeschäfte viel zu schade ist. Fürs erste gibt er Brussard ein paar falsche Tips. Bankrott und obendrein gehörnt, gerät der Gierhals außer sich, und die ganze Chose gipfelt in einer handfesten Auseinandersetzung zwischen Brussard und dem inzwischen mit einem Unterleib versehenen Nostradamus ... Ob der das wohl jemals kommen sah? GB

1957, SW, 80 Min. **Buch:** William Grote **Regie:** W. Lee Wilder, Charles Saunders **Mit:** George Coulouris *(Karl Brussard)*, Robert Hutton *(Dr. Merritt)*, Julia Arnall *(Jean Kramer)*, Michael Golden *(Nostradamus)*, Nadja Regin *(Odette Vernay)*, Sheldon Lawrence *(Dr. Waldenhaus)*, William Sherwood *(Dr. Charot)*.

Gut zu wissen:
W. Lee Wilder ist Billy Wilders älterer Bruder.

Der Mann von Hongkong The Man from Hong Kong

Nur kurz ist der Auftritt Sammo Hungs, der sich noch zum Star des Hongkong-Kinos aufschwingen sollte – er wird gleich nach Filmbeginn ermordet. Inspector Fang Sing-ling hatte ihn aus Australien nach Hongkong überführen sollen, macht sich nun aber auf die Suche nach dem Mörder, was Konflikte mit den australischen Kollegen nach sich zieht. Finstermann im Hintergrund ist George Lazenby, Inhaber einer Karateschule. Fang legt sich mit dem gesamten Dojo an, kommt nicht ohne Schrammen davon und erholt sich bei einem Tierarzt und dessen Töchtern, ehe er Lazenby zur Endabrechnung buchstäblich aufs Dach steigt. HK / Australien 1974, Farbe, 107 Min. **Buch** und **Regie:** Brian Trenchard Smith **Mit:** Jimmy Wang Yu *(Inspector Fang Sing-ling)*, George Lazenby *(Jack Wilton)*, Hugh Keays-Byrne *(Morrie)*, Roger Ward *(Bob)*, Sammo Hung *(Win Chan)*, Rebecca Gilling.

Gut zu wissen:
Der frühere Sportschwimmer Jimmy Wang Yu ist als Darsteller und Regisseur ein Pionier des modernen Kung-Fu-Films und Vorgänger Bruce Lees. «Der Mann von Hongkong» sollte ihn international bekannt machen, doch blieb es bei lokalem Ruhm. 1992 trat er noch einmal ins Rampenlicht als Partner von Jackie Chan und Sammo Hung in dem Gefängnisfilm ➜ THE PRISONER («Island on Fire»), den er auch produzierte.

Der Titelsong «Sky High» von Jigsaw plazierte sich 1975 weltweit in den Charts.

M.A.R.K. 13 – Hardware Hardware

Auch eine Überlegung wert: Was hätte geschehen können, wenn der Metallschädel des ultrafiesen «Terminators» auf dem Schrottplatz gelandet, dort gefunden und zu einer Assemblage verarbeitet worden wäre? Bei Richard Stanley heißt der kybernetische Koloß M.A.R.K. 13 und ist befähigt, sich eigenständig zu regenerieren, um seine frühere Mordtätigkeit wieder aufnehmen zu können. Leidtragende seiner destruktiven Aktivitäten sind Stacy Travis und Dylan McDermott. Im Hintergrund hörbar ist Iggy Pop, der überdies zum Soundtrack beitrug. GB 1990, Farbe, 90 Min. **Buch** und **Regie:** Richard Stanley **Mit:** Stacey Travis *(Jill)*, Dylan McDermott *(Mo)*, John Lynch *(Shades)*, William Hootkins *(Lincoln)*, Mark Northover *(Alvy)*, Iggy Pop *(Radiosprecher Angry Bob)*, Carl McCoy, Oscar James.

Achtung:
Lemmy Kilminster von Motörhead absolviert einen Gastauftritt in der Rolle eines Taxifahrers.

Mars – The Dark Secret Mars

Als «Sci-fi-Reißer» pries RTL 2 diesen Film – eine unverschämte Übertreibung. Von einigen wenigen lachhaften Computeranimationen abgesehen, gibt es keinerlei Science-fiction-Elemente, auch wenn die Handlung in der Mars-Kolonie Alpha City angesiedelt ist. Dort platzt Kickboxer Olivier Gruner in die dunklen Geschäfte eines Energiekonzerns, der auf dem roten Planeten das angeblich schadstofffreie Element Silex abbauen läßt. Tatsächlich aber verursacht das Teufelszeug tödliche Krankheiten und Erbschäden. Um das herauszubekommen, prügelt sich Gruner durch die endlosen Flure der Kolonie, während er das Reden – und damit verbunden das Textlernen – seinem komischen Sidekick Gabriel Dell jr. überläßt.

USA 1996, Farbe, 87 Min. **Buch:** Patrick Highsmith, Steven Hartov **Regie:** Jon Hess **Mit:** Olivier Gruner *(Caution Templar)*, Shari Belafonte-Harper *(Doc Halliday)*, Gabriel Dell jr. *(Buckskin Greenberg)*, Alex Hyde-White *(Clement)*, Lindsey Lee Ginter *(Ike Ringo)*.

Martians – Ein Außerirdischer kommt selten allein Spaced Invaders / Martians

Während eines Routinefluges hören fünf kartoffelköpfige Marsianer rein zufällig eine von der Erde heraufstrahlende Wiederholung des Hörspielklassikers «Der Krieg der Welten» und nehmen die Fiktion für bare Münze. Kampfbegeistert steuern sie die Erde an, um an der vermeintlichen Invasion teilzuhaben, geraten dort aber nur in die Halloween-Umzüge. Vergebens bemühen sie sich, Angst und Schrecken zu verbreiten, statt dessen werden sie fröhlich willkommen geheißen und von einem tumben Sheriff wegen Fahrens ohne Führerschein, ohne Rücklichter und ohne Räder belangt. Wirkliche Gefahr droht derweil von einer Bestrafungsdrohne, die ihnen auf den Fersen geblieben ist. Die kleine Katie, die als eine der ersten die wahre Natur der Fremden erkannt hat, empfindet Mitleid: «Sie sind nicht wirklich böse. Sie sind bloß – dämlich.» Mit ihrem Vater und weiteren Verbündeten kommt sie den putzigen Aggressoren zu Hilfe, die nach all den Wirrnissen nur noch eines wollen: nach Hause.

USA 1988, Farbe, 101 Min. **Buch:** Scott Lawrence Alexander, Patrick Read Johnson **Regie:** Patrick Read Johnson **Mit:** Douglas Barr *(Sam Hoxley)*, Ariana Richards *(Kathy Hoxley)*, Royal Dano *(Wrenchmuller)*, Kevin Thompson *(Blaznee)*, Jimmy Briscoe *(Captain Bipto)*.

Starke Töne:
«Sülz mich nicht mit Dez malstellen voll.» MARSIANER

Die Maschine La Machine

Immer nur Filmkunst, das war selbst Wonnebrocken Gérard Depardieu auf die Dauer zu anstrengend. So gönnte er sich einen Ausflug ins Horrorgenre und ließ einen Psychopathen von seinem massigen Körper Besitz ergreifen – eine gute Gelegenheit, einmal mit Furor den wilden Mann zu spielen, mit Zähnefletschen, Augenrollen und allem Drum und Dran.

Frankreich / Deutschland 1994, Farbe, 92 Min. **Buch** und **Regie:** François Dupeyron **Mit:** Gérard Depardieu (*Dr. Marc Lacroix)*, Natalie Baye *(Marie)*, Didier Bourdon (*Zyto*), Natalia Wörner *(Marianne)*, Erwan Baynaud *(Leonard)*, Claude Berri, Marc Andreoni, Alain Azerot

Gut zu wissen:
Der Film wurde in den Babelsberger Studios bei Berlin gedreht.

Die Maschine: Gerard Depardieu (rechts)

M*A*S*H

Die Abkürzung «M*A*S*H» steht für «Mobile Army Surgical Hospital»; das Verb «to mash» bedeutet u.a. zerdrücken, zerquetschen. Eine passende Wortspielerei also für Robert Altmans Antikriegssatire, die den Koreakonflikt beschreibt, aber den Vietnamkrieg meint. Die beiden despektierlichen Hauptfiguren, die Chirurgen Hawkeye und Trapper John, sind in ihrer Aufsässigkeit und Unverfrorenheit gegenüber Autoritäten und Vorgesetzten typische Figuren der 60er. Angesichts der magenverdrehenden Operationsszenen wenden sich zimperliche Gemüter mit Grausen, aber Freunde des menschenverachtenden Zynismus' und zynischer Menschenverachtung bekommen eine Behandlung erster Qualität.

USA 1970, Farbe, 116 Min. **Buch:** Ring Lardner jr. **Regie:** Robert Altman **Mit:** Donald Sutherland *(Hawkeye Pierce)*, Elliott Gould *(Trapper John McIntyre)*, Tom Skerritt *(Duke Forrest)*, Sally Kellerman *(Maj. «Hot Lips» Houlihan)*, Robert Duvall *(Maj. Frank Burns)*, Jo Ann Pflug *(Lt. «Hot Dish»)*, René Auberjonois *(Dago Red)*, Gary Burghoff *(Radar)*, Roger Bowen *(Col. Henry Blake)*.

The Master

Die Action-Komödie erweckt den Eindruck, als hätten Regisseur Tsui Hark und sein Star Jet Li schon mal ihr künftiges Betätigungsfeld Hollywood sondieren wollen und nebenbei noch rasch einen Film gedreht. Li spielt einen Heilkundigen und Kung-Fu-Meister, der nach Los Angeles kommt, um seinem dort lebenden Lehrer zur Hand zu gehen. Dem wurde gerade von einem Konkurrenten arg zugesetzt, sein Kräuterladen von der Bank geschlossen. Li laufen ein paar Mexikaner zu, die ihm bei der Suche nach dem verschollenen Meister behilflich sind und sich dafür Nachhilfe in Karate erhoffen ... Hark beläßt es bei einem spektakulären Stunt, dafür zeigt Li sein artistisches Können im Umgang mit gewöhnlichen Alltagsgegenständen.

Hongkong 1992, Farbe, 87 Min. **Buch:** Lam Kee To, Lau Tai Mo **Regie:** Tsui Hark **Mit:** Jet Li *(Jet Li)*, Yuen Wah *(Onkel Tak)*, Crystal Kwok *(May)*, Jerry Trimble *(Jonny)*, Ruben Gonzales *(Cito)*, Guy Fadallone *(Ruben)*.

Erhabene Momente:
Jet Li heilt den an Magengeschwüren leidenden Polizisten, der ihn soeben festgenommen hat. Sämtliche Revierangehörigen gesellen sich hinzu und nehmen an seinen Akkupressurübungen teil.

seiner schlagfertigen Schwiegermutter in spe nach allen Regeln der Kunst vertrimmt werden.

Hongkong 1993, Farbe, 88 Min., **Buch** und **Regie:** Wong Ching, Martial Arts Director: Corey Yuen **Mit:** Jet Li *(Hong Hey Kwan)*, Yau Shuk Ching *(Roter Lotus)*, Deannie Ip *(Chu)*, Tse Miu *(Hung Man Ting)*, Kai Chun Wah *(Ma Ling)*, Corey Yuen, Wong Jing (Cameo).

Erhabene Momente:
Unter dem Vorwand, ihm eine neue Kluft schneidern zu wollen, nimmt Frl. Lotus bei Kwan Maß, versucht dabei aber, ihn buchstäblich zu umgarnen und mit Schneiderschere und pfeilschnell abgefeuerten Nähnadeln außer Gefecht zu setzen, was ihr Gegenüber mit furiosen Aktionen zu verhindern weiß.

Starke Töne:
«Von diesem Tage an sollen die Schuldigen Trauer tragen.» HONG HEY KWAN

Master der Shaolin New Legend of Shaolin

Das korrupte Regime zu stürzen und der Ming-Dynastie wieder zur Macht zu verhelfen, ist es u.a. nötig, eine geheime Karte zum «Pavillon des Friedens» zu schaffen. Damit sie unentdeckt bleibe, wird je einer von insgesamt fünf Teilen auf den Rücken eines Klosterschülers tätowiert. Am Hofe eines eitlen Parvenüs finden die jungen Burschen, Jet Li nebst Sohn und zusätzlich zwei Trickbetrügerinnen zusammen. Auch die Verfolger lassen nicht lange auf sich warten. Jet Li steht nicht an, sie mit unbewegter Miene zusammenzustauchen. Ehe aber die Karte ihr Ziel erreicht hat, gibt es noch die aberwitzigsten Widrigkeiten zu bewältigen: einen verunstalteten, giftspritzenden Verrätermönch in einer Art fahrendem Projektil, Kung Fu-Kämpfer mit sägeblattartigen Schilden, ein mysteriöses Wachsfigurenkabinett sowie gegnerische Schwertkämpfer sonder Zahl, die freilich von Jet Li respektive

Masters of the Universe

Skeletors Mordbuben verfolgen den edlen He-Man bis auf die Erde, von seiner Warte eine unglaublich primitive Zivilisation. Ein paar Menschenkinder werden in die Auseinandersetzungen verwickelt und tragen letztlich dazu bei, daß sich die Dinge zum Guten wenden. Vorher aber gibt es noch eitel Feuerzauber und gediegensten Krawall, daß es nur so eine Art hat. Maliziöse Freude herrscht unter lehrergeschädigten Lausern aller Generationen, wenn Skeletors Finsterlinge fein säuberlich eine Schule zerlegen.

USA 1987, Farbe, 105 Min. **Buch:** David Odell **Regie:** Gary Goddard **Mit:** Dolph Lundgren *(He-Man)*, Frank Langella *(Skeletor)*, Meg Foster *(Evil-Lyn)*, Courteney Cox *(Julie Winston)*, Chelsea Field *(Teela)*, Billy Barty *(Gwildor)*, James Tolkan *(Lubic)*, Christina Pickles *(Sorceress)*.

Gut zu wissen:
Courteney Cox wurde weithin populär als Ensemblemitglied der Sitcom «Friends» und als Reporterin in «Scream» und «Scream 2».

Matinee – die Horrorpremiere Matinée

Joe Dante, selbst Urheber einiger überaus ansehnlicher B-Movies, huldigt den großen Meistern. Anfang der 60er Jahre tingelt John Goodman mit seinem Star Cathy Moriarty durch Florida, ein aktuelles Opus zu promoten: den Monsterfilm «Mant!» – Werbeslogan: «Half Man, Half Ant – All Terror!», aufgenommen in «Atomo-Vision» und besetzt mit Akteuren wie Kevin McCarthy, die einst tatsächlich in derlei Filmen mitwirkten. Auch Regiekollegen wie John Sayles laufen durchs Bild, und so gibt es fortwährend zu gucken und zu staunen in dieser liebevoll gemachten Reminiszenz an die goldene Ära des B-Films. USA 1993, Farbe, 94 Min. **Buch:** Charles Haas **Regie:** Joe Dante **Mit:** John Goodman *(Lawrence Woolsey)*, Cathy Moriarty *(Ruth Cordey)*, Simon Fenton *(Gene Loomis)*, Mark McCracken *(Bill «Mant»)*, Kevin McCarthy, Dick Miller, John Sayles, Lisa Jakub, Robert Picardo, Robert Cornthwaite, William Schallert.

Gut zu wissen:
Gastdarsteller Kevin McCarthy spielte in Don Siegels «Invasion of the Body Snatchers», Robert Cornthwaite examinierte «Das Ding aus einer anderen Welt», William Schallert begann seine Karriere als böswilliger Wissenschaftler in «The Man from Planet X».

Matinee – die Horrorpremiere, Filmplakat

Max mon amour

Charlotte Rampling verliebt sich in den Schimpansen Max, was ihr Gatte, der seinerseits vor keinem Seitensprung zurückschreckt, arg affig und vor allem mit Hinblick auf seine Standesgenossen nicht ganz *comme il faut* findet. Das Primatengeplänkel ist eine bissige Gesellschaftssatire und für Voyeure völlig unergiebig. Frankreich/USA 1986, Farbe, 92 Min. **Buch:** Nagisa Oshima, Jean-Claude Carrière **Regie:** Nagisa Oshima **Mit:** Charlotte Rampling *(Margaret)*, Anthony Higgins *(Peter)*, Diana Quick *(Camille)*, Christopher Hovik *(Nelson)*, Milena Vukotic *(Margarets Mutter)*, Victoria Abril *(Maria)*, Pierre Etaix *(Detektiv)*.

Megavixens Cherry, Harry and Raquel!

Zu diesem Russ-Meyer-Film, in dem es vornehmlich um das eine, wenn nicht sogar um das andere geht, schrieb Tom Wolfe das Drehbuch, damals rasender Popreporter und später Bestsellerautor von besonderen Gnaden. Charles Napier ist als korrupter Sheriff in den Drogenschmuggel verwickelt und macht Jagd auf einen Komplizen, der gern selbständig arbeiten möchte. Auftraggeber sämtlicher Schandtaten ist der ehrwürdige Franklin H. Bolger.

USA 1969, Farbe, 72 Min. **Buch:** Russ Meyer, Tom Wolfe **Regie:** Russ Meyer **Mit:** Larissa Ely *(Raquel)*, Linda Ashton *(Cherry)*, Charles Napier *(Harry)*, Bert Santos *(Enrique)*, Franklin H. Bolger *(Mr. Franklin)*, Astrid Lillimor (= Uschi Digard, *Soul*), John Milo *(Apache)*, Michele Grand *(Millie)*.

Mein Freund, der Zombie My Boyfriend's Back

Seit frühesten Kindertagen ist Ich-Erzähler Johnny in die hübsche Missy verliebt. Die freilich hält es eher mit Buck. Johnny inszeniert einen Überfall auf den Drugstore, in dem Missy arbeitet, um sich als Held darzustellen. Doch aus Spaß wird Ernst, und schwupps ist Johnny tot. Des Nachts aber wurstelt er sich aus dem Grab und meldet sich zurück. Eltern und Mitschüler gehen rasch zur Tagesordnung über, allerdings bekommt Johnny eine gewisse Ablehnung zu spüren: der Umgang mit Untoten gilt als unschicklich. Allein Missy ist ihm zugetan. Die junge Beziehung wird getrübt durch den Umstand, daß Missy bei einer kleinen Knutscherei Johnnys Ohr im Mund behält – denn der Verwesungsprozeß geht solange weiter, wie er nicht durch frische Zellen aufgehalten wird. Johnny fühlt sich indes nicht zum Körperfresser berufen.

USA 1993, Farbe, 81 Min. **Buch:** Dean Lorey **Regie:** Bob Balaban **Mit:** Andrew Lowery *(Johnny Dingle)*, Traci Lind *(Missy McCloud)*, Danny Zorn *(Eddie)*, Edward Herrmann *(Mr. Dingle)*, Mary Beth Hurt *(Mrs. Dingle)*, Jay O. Sanders *(Sheriff McCloud)*, Cloris Leachman *(Maggie, Zombieexpertin)*.

Starke Töne:
«Untote haben heutzutage mit vielen Vorurteilen zu kämpfen.» JOHNNY

Mein großer Freund Shane
Shane

Alan Ladd steigt vom Gebirge herab, den bedrängten Kleinfarmern in der Ebene Erlösung zu bringen. Er predigt, steht für seine kleine Gemeinde ein und nimmt gar den Opfertod auf sich – vielleicht aus Altruismus, vielleicht aber auch, weil ihm die kleine Nervensäge Brandon De Wilde, wie uns Normalsterblichen auch, ganz gehörig auf den Geist geht.

USA 1953, Farbe, 116 Min. **Buch:** A. B. Guthrie jr., Jack Sher **Regie:** George Stevens **Mit:** Alan Ladd *(Shane)*, Jean Arthur *(Marion Starrett)*, Van Heflin *(Joe Starrett)*, Brandon De Wilde *(Joey)*, Jack Palance *(Slick Wilson)*, Ben Johnson *(Chris Calloway)*.

Gut zu wissen:
1966 entstand nach dem Vorbild dieses Edelwestern eine Fernsehserie, in der David Carradine den schweigsamen Helden verkörperte. Mangels Zuschauerzuspruchs mußte er, genau wie im Film, bald weiterziehen und tauchte 1972 als Shaolin-Priester in «Kung Fu» wieder auf.

Mein Liebhaber vom anderen Stern Earth Girls are Easy

Maniküre Geena Davis hat das Hochzeitskleid schon beschafft, als sie ihren Zukünftigen beim Fremdgang ertappt. Trost erfährt sie von Jeff Goldblum, der nebst Jim Carrey und Damon Wayans mitsamt Raumschiff in ihren Pool platscht. Via Fernsehen machen sich die drei Fernreisenden mit den irdischen Gepflogenheiten vertraut, und Geena nutzt ihre kosmetischen Fertigkeiten, aus den Zottelburschen ansehnliche Geschöpfe zu formen, was ihr auch ganz leidlich gelingt. Noch am selben Abend geht es zum «Körperschütteln» in die Disco «Deca Dance», erste Paarungen zeichnen sich ab,

Mein großer Freund Shane: Jean Arthur, Van Heflin, Alan Ladd

und die Romanze wäre perfekt, gerieten die drei nicht auf die Unfallstelle, wo man noch nie einen Menschen mit doppeltem Herzen gesehen hat. ▌

USA 1988, Farbe, 102 Min. **Buch:** Julie Brown, Charlie Coffey, Terrence E. McNally **Regie:** Julian Temple **Mit:** Geena Davis *(Valerie Dale)*, Jeff Goldblum *(Mac)*, Jim Carrey *(Wiploc)*, Damon Wayans *(Zeebo)*, Charles Rocket *(Ted Gallagher)*, Julie Brown *(Candy)*, Michael McKean *(Woody)*, Larry Linville *(Dr. Bob)*, Angelyne.

Alternativtitel:
«Zebo, der Dritte aus der Sternenmitte»

Gut zu wissen:
Geena Davis und Jeff Goldblum waren zur Zeit der Dreharbeiten verheiratet.

Erhabene Momente:
Um ihren Verlobten zu vermehrten Sexualleistungen anzuregen, unterzieht sich Valerie im Schönheitssalon einer Runderneuerung, die Temple als schmissige Musicalnummer inszeniert.

Hoppla:
Unübersehbar hängen die Außerirdischen an Schnüren, wenn sie sich in den Schwebebetten ihres Raumschiffs zur Ruhe begeben.

Meine Mutter ist ein Werwolf
My Mom's a Werewolf

Howard Shaber hockt vorzugsweise mit seinen Kumpels beim Football zusammen und mampft heimlich Fast food anstelle der liebevoll zubereiteten Gerichte seiner Frau. So ist Leslie Shaber überaus anfällig für die Avancen eines Mannes mit eleganten Manieren und bestechendem Blick. Als der die Zähne in ihren Zeh versenkt, macht sich die

Meine teuflischen Nachbarn: Tom Hanks (Mitte) und Bruce Dern (rechts)

biedere Vorstadthausfrau freilich doch lieber aus dem Staub. Aber es ist zu spät. Die Vegetarierin entwickelt in jeder Hinsicht außerordentliche fleischliche Gelüste und erwacht anderntags mit wölfischen Merkmalen. Ihrer Tochter Jennifer sind die Veränderungen nicht entgangen. Gemeinsam mit ihrer Freundin Stacey, einer ausgewiesenen Horrorspezialistin, sucht sie nach einer Lösung.

USA 1988, Farbe, 84 Min. **Buch:** Mark Pirro **Regie:** Michael Fischa **Mit:** Susan Blakely *(Leslie Shaber)*, Katrina Caspary *(Jennifer Shaber)*, John Saxon *(Harry Thropen)*, John Schuck *(Howard Shaber)*, Diana Barrows *(Stacey Pubah)*, Ruth Buzzi *(Madame Gypsy)*.

Starke Töne:
«Das könnte haarig werden.» JENNIFER

Meine teuflischen Nachbarn
The 'burbs

Mit diabolischer Freude zeigen Tom Hanks, Bruce Dern und Carrie Fisher, was passiert, wenn paranoide Spießbürger außer Kontrolle geraten. Das Inferno als göttliche Komödie – ein absolut passendes Thema für Joe Dante, der gern mal schweres satirisches Geschütz gegen Kleinstadtelysium und Reihenhausidylle auffährt. ▮ USA 1988, Farbe, 103 Min. **Buch:** Dana Olsen **Regie:** Joe Dante **Mit:** Tom Hanks (*Ray Peterson*), Bruce Dern (*Mark Rumsfield*), Carrie Fisher (*Carol Peterson*), Rick Ducommun (*Art Weingartner*), Corey Feldman (*Rick Butler*).

Das Messer am Ufer River's Edge

Der alte Knabe könnte Billy sein, der langhaarige Biker aus «Easy Rider», sofern der die Attacke der Rednecks überlebt hätte. Das Motorrad rostet im Schuppen, der Mann ist drogenabhängig, ein unter schwersten Demenzen leidender, tobsüchtiger Altrocker, der in irgendeinem Kaff dahinvegetiert. Den Jugendlichen des Ortes geht es nicht viel besser. Samson bringt im Rausch seine Freundin um, ohne besonderen Grund. Seine Clique versucht, dem Freund aus der Klemme zu helfen, macht aber die Sache nur noch schlimmer. ▮ USA 1986, Farbe, 99 Min. **Buch:** Neal Jimenez **Regie:** Tim Hunter **Mit:** Crispin Glover (*Lane*), Keanu Reeves (*Matt*), Ione Skye Leitch (*Clarissa*), Daniel Roebuck (*Samson*), Dennis Hopper (*Feck*), Phil Brock (*Mike*), Tom Bower (*Bennett*).

Gut zu wissen:

Keanu Reeves legte mit diesem Film den Grundstein zu seiner Karriere.

Tim Hunters sinistre Inszenierung war wohl mit ausschlaggebend, daß er in die Garde der «Twin Peaks»-Regisseure aufgenommen wurde.

Meteor

Sämtliche Katastrophengesichter, von Martin Landau über Brian Keith bis Karl Malden, sind versammelt, um Gefahr von der Erde abzuwenden. Ein Meteor droht unseren Heimatplaneten anzurumsen, und so müssen sich Sowjets und Amerikaner perestroikamäßig zusammenraufen, um das vorwitzige Ding aus der Bahn zu kegeln. Weil der große Meteor aber viele kleine mit sich führt und diese quasi als Vorhut vorausschickt, dürfen die Trickspezialisten Hongkong, einen Teil New Yorks und ein paar Alpenlandschaften fachgerecht zerlegen, während Sean Connery ungehalten drauflospoltert. ▮ USA 1977, Farbe, 107 Min. **Buch:** Stanley Mann, Edmund H. North **Regie:** Ronald Neame **Mit:** Sean Connery *(Dr. Paul Bradley)*, Natalie Wood *(Tatiana Donskaya)*, Karl Malden *(Harold Sherwood)*, Brian Keith *(Dr. Alexei Dubov)*, Henry Fonda *(Präsident)*, Martin Landau *(Gen. Barry Adlon)*, Trevor Howard *(Sir Michael Hughes)*, Richard Dysart *(US-Verteidigungsminister)* u. a.

Meuterei auf der Todesinsel I Escaped from Devil's Island

Roger Corman reagierte fix auf Hollywoods Vorhaben, Henri Charrieres autobiographischen Roman «Papillon» zu verfilmen und brachte im selben Jahr seine Billigversion in die Kinos. Wenn überhaupt einer den unmenschlichen Bagnos der französischen Strafkolonien entkommen konnte, dann die *blaxploitation*-Ikone Jim Brown, der sicher froh war, mal aus den Schwarzenghettos, Schauplatz seiner sonstigen Filme, herauszukommen, denn gedreht wurde auf den Philippinen. Wie sein Leidensgefährte Steve McQueen in «Papillon», bekam es auch Brown mit Alligatoren, Leprakranken und brutalen Aufsehern zu tun. ▮

USA 1973, Farbe, 87 Min. **Buch:** Richard L. Adams **Regie:** William Witney **Mit:** Jim Brown *(Le Bras)*, Christopher George *(Davert)*, Rick Ely *(Jo-Jo)*, Richard Rust *(Zamorra)*.

Gut zu wissen:
Der 1910 geborene William Witney arbeitete sich vom Botenjungen zum Regisseur hoch und inszenierte für das Republic Studio zahlreiche Serials und Low-Budget-Filme aller Genres.

Eine Million Jahre vor unserer Zeit One Million Years B.C.

Rauh sind die Sitten in der grunzenden Urhorde, die Umgangsformen so ruppig wie in einer Land-Disco. Selbst Blutsverwandte werden kurzerhand über die Klippe gestoßen, so es dem Rudelführer grad gefällt. Dies widerfährt auch John Richardson. Auf sich gestellt, entdeckt er Dinge, die der Menschheit weiterhelfen, die See, den Speer und Racquel Welch, die Mutter aller Pin-ups vom Stamme der Blondinen. Sie rettet den angeschlagenen Wilden vor einer beutehungrigen Riesenschildkröte, doch auch bei ihrem Volk macht sich der ungehobelte Grobian unbeliebt und muß erneut auf die Walz, diesmal freilich von holder Weiblichkeit begleitet. Beide gewärtigen Strapazen, garstige Raubtiere und gewaltige Erschütterungen.

GB 1966, Farbe, 94 Min. **Buch:** Michael Carreras **Regie:** Don Chaffey **Mit:** John Richardson *(Tumak)*, Racquel Welch *(Loana)*, Robert Brown *(Akhoba)*, Percy Herbert *(Sakana)*, Martine Beswick *(Nupondi)*, Malya Nappi *(Tohana)*, Jean Waldon *(Ahot)*, Lisa Thomas *(Sura)*.

Hoppla:
Zwar sind die Damen des Rudels ungewaschen, tragen aber ihre Augenbrauen säuberlich gezupft, die Haare à la mode toupiert, und auch an Kajal und Mascara hatte es in grauer Vorzeit offenkundig keinen Mangel.

Minnie Tennessee Nights

Julian Sands, der Mann mit den schönsten Geheimratsecken der Filmbranche, spielt einen europäischen Juristen der Yuppie-Generation, der nach geschäftlichen Verhandlungen in der Country & Western-Metropole Nashville in ein mysteriöses Verbrechen verwickelt wird, das ihm einige Mordanschläge, aber auch die Bekanntschaft mit der hübschen Tramperin Minnie einbringt.

Schweiz/USA 1989, Farbe, 100 Min. **Buch:** Nicolas Gessner, Laird Koenig **Regie:** Nicolas Gessner **Mit:** Julian Sands *(Wolfgang Leighton)*, Stacey Dash *(Minnie)*, Rod Steiger *(Richter Prescott)*, Ned Beatty *(Sheriff Kiefer)*, Denise Crosby *(Sally Lomax)*, Johnny Cash.

Alternativtitel:
«Schwüle Nächte in Tennessee»; «Tennessee Waltz»; «Tennessee Nights»

Gut zu wissen:
Die Romanvorlage schrieb der Kölner Autor Hans Werner Kettenbach.

Die Darstellerin Stacey Dash ist u. a. bekannt aus dem Kinofilm «Clueless» und aus der darauf aufbauenden TV-Serie «Clueless – Die Chaosclique».

Minnie und Moskowitz Minnie and Moskowitz

Ein Parkplatzwächter aus New York schaut sich im Kino «Der Malteser Falke» an, schwatzt hernach seiner Mutter das nötige Geld ab und fliegt nach Los Angeles. Dort stößt er im weiteren auf die Museumsangestellte Minnie Moore, die gleichfalls gern die Realität durch Bogart-Filme ersetzt. Der langhaarige Moskowitz mit dem ausladenden Schnurrbart entspricht ganz und gar nicht ihren Vorstellungen von einem Traummann – und trotzdem kommt es zu einer wenn auch holprigen Romanze zwischen den beiden vereinsamten Stadtmenschen.

USA 1971, Farbe, 115 Min. **Buch:** Dean Riesner, John Cassavetes **Regie:** John Cassavetes **Mit:** Gena Rowlands *(Minnie Moore)*, Seymour Cassel *(Seymour Moskowitz)*, Val Avery *(Zelmo Swift)*, Tom Carey *(Morgan Morgan)*, Katherine Cassavetes *(Sheba Moskowitz)*, Elizabeth Beering *(Mädchen)*, Elsie Ames *(Florence)*, Lady Rowlands *(Georgia Moore)*.

Mistaken Identity

«Face off» hieß es schon sechs Jahre vor John Woos gleichnamigem Film für Hongkongs Simon Yam. Er wird in einen schweren Unfall mit einem gesuchten Räuber verwickelt, bekommt bei der Gesichtsrekonstruktion irrtümlich dessen Züge – und gerät ins Kreuzfeuer von Kriminalbeamten und den Komplizen des verstorbenen Halunken.

Hongkong 1991, Farbe, 87 Min. **Produktion, Buch** und **Regie:** Tsui Siu-Ming **Mit:** Richard Yiu-Hon Ng *(Detective Cheung)*, Simon Yam *(Hong/Mr. Chow)*, Nancy Chang *(Schwester)*, Cheung Mei-Chi *(Freundin)*, Philip Ko.

Erhabene Momente:
In der geschlossenen Anstalt wird Chow von einem Jackie-Chan-Doppelgänger verhört, der sich im nächsten Moment als Patient entpuppt.

Mit Eva fing die Sünde an

Wie der spätere Ehrenmann Dieter Hildebrandt einmal das Drehbuch zu einem Ferkelfilm schrieb ... Eigentlich war's nur ein frivoles Stückchen um eine Bühnenschauspielerin, die sich von ihrem Regisseur über die Sittengeschichte der Menschheit unterrichten lassen muß mit dem Ziel, daß sie sich dem Publikum gegenüber ein wenig offenherziger gebe. Der deutsche Film fiel in den USA einem findigen Produzenten in die Hände, der dem jungen Filmstudenten Francis Coppola den Auftrag gab, das Material ein wenig aufzupeppen. Damit die Angelegenheit richtig zünde, drehte Coppola in Farbe, 3-D und mit June Wilkinson, die kurzzeitig mit Raquel Welch und Ursula Andress in eine Reihe gestellt wurde, deren Popularität aber nie erreichte. Das Resultat wurde unter dem Titel «The Playgirls and the Bellboy» aktenkundig.

BRD 1958, SW, 85 Min. **Buch:** Dieter Hildebrandt, Margh Malina **Regie:** Fritz Umgelter **Mit:** Karin Dor, Mady Rahl, Willy Fritsch, Michael Cramer, Hanne Wieder.

Gut zu wissen:
In der US-Fassung spielten neben June Wilkinson noch Don Kenney, Louise Lawson, Laura Cummings und Lori Shea.

Mit Vollgas in die Tafelrunde
A Young Connecticut Yankee in King Arthur's Court

Hank mißachtet die erste Selbstschrauberregel, die da lautet: Vor Öffnen der Rückwand den Netzstecker ziehen. Schon trifft ihn der Schlag, der ihn weit zurückwirft: bis ins Mittelalter. An König Arthurs Hof lernt er Merlin, Morgan Le Fay und andere Sagengestalten kennen, ganz wie es bei Mark Twain geschrieben steht. Nur der einfältige Arthur kommt im Film wesentlich besser weg.

Kanada 1995, Farbe, 89 Min. **Buch:** Frank Encarnacao, Ralph Thomas **Regie:** Ralph Thomas **Mit:** Philippe Ross *(Hank)*, Michael York *(Merlin)*, Theresa Russell *(Morgan Le Fay)*, Nick Mancuso *(König Arthur)*, Polly Shannon *(Alisande/Alexandra)*, Ian Falconer *(Sir Lancelot)*, David Shaeffer *(Clarence)*, Lisa Flores *(Guinevere)*, Paul Hopkins *(Sir Galahad)*.

Alternativtitel:
«Mit Vollgas in König Arthurs Tafelrunde»

Mögen sie in Frieden ruh'n
Requiescant / Kill and Pray / Let Them Rest

Niemand anderes als Pier Paolo Pasolini mischt sich im Gewand eines mexikanischen Priesters unter die übliche Italowestern-Bagage und unterstützt tatkräftig die Revolution. Der Film entstand 1966 und ist ein unverbrämt politisches Pamphlet, das am Beispiel eines von US-amerikanischen Truppen drangsalierten mexikanischen Dorfes den Widerstand gegen Unterdrückung und Fremdherrschaft einsichtig macht – Parallelen zum Vietnamkonflikt drängen sich förmlich auf.

Italien / BRD 1966, Farbe, 92 Min. **Buch:** Franco Bocceri, Umberto Segato, Ernst von Theumer **Regie:** Carlo Lizzani **Mit:** Lou Castel *(Requiescant)*, Mark Damon *(Ferguson)*, Pier Paolo Pasolini *(Don Juan)*, Barbara Frey, Rossana Martoni, Mirella Maradiv .

Gut zu wissen:
Der fürs US-Fernsehen gedrehte, in Europa in den Kinos gezeigte Film erhielt einen ‹Emmy› für die beste Tonmischung.

Mörderbienen greifen an The Savage Bees

Summ, summ, summ, ein Bienchen summt herum. Erst eins, dann zwei, dann drei, dann vier, dann steht der Sheriff vor der Tür. Der ist erst einmal völlig überfordert, weil man auf die Immen nicht gut schießen kann. Unser Hotte Buchholz aber erscheint als Superimker, der das gerade im Karnevalstaumel befindliche New Orleans nicht im Stich läßt, ohne zu zögern die Stacheln im Fleisch der dekadenten Gesellschaft erkennt und beherzt zupackt, um sie herauszureißen.

USA 1976, Farbe, 90 Min. **Buch:** Guerdon Trueblood, Fernando Di Leo **Regie:** Bruce Geller **Mit:** Ben Johnson *(Sheriff Donald McKew)*, Michael Parks *(Dr. Jeff DuRand)*, Paul Hecht *(Dr. Rufus Carter)*, Gretchen Corbett *(Jeannie Devereaux)*, Horst Buchholz *(Dr. Jorge Mueller)*.

Mördersaurier Dinosaurus!

Eben noch riskiert Betty eine kesse Lippe und springt kühn ins Meer, um einer Picknicktasche nachzutauchen, da wird sie auch schon ohnmächtig vor Schreck, weil ihr aus der Tiefe ein Saurier entgegengrinst. Gleich zwei davon haben sich im kalten Strom erhalten und werden nun an Land gehievt. Zu den beiden gesellt sich noch ein Höhlenmensch, und in einer gewittrigen Tropennacht erweckt sie ein Blitz zu neuem Leben. Als die Menschen mit schweren Baumaschinen fliehen, erinnert der Zug der Nutzfahrzeuge nicht von ungefähr an die trampeligen Urviecher. Der Höhlenmensch durchstöbert unterdessen ein Wohnhaus und bekommt einen heillosen Schreck, als er plötzlich einer Frau mit einer pastosen Schönheitsmaske gegenübersteht.

USA 1960, Farbe, 80 Min. **Buch:** Dan E. Weisburd, Jean Yeaworth **Regie:** Irvin S. Yeaworth jr. **Mit:** Ward Ramsey *(Bart Thompson)*, Kristina Hanson *(Betty Piper)*, Paul Lukather *(Chuck)*, Gregg Martell *(der Höhlenmensch)*, Fred Engelberg *(Mike Hacker)*.

Starke Töne:
«Du darfst mir nichts tun. Du frißt doch nur Grünzeug. Das tun alle Brontosaurier.» JULIO

Mörderspinnen Kingdom of the Spiders

William Shatner wünscht sich vermutlich die Beam-Technologie herbei, als er mit einigen wenigen Überlebenden in einer Hütte festsitzt, belagert von Abermillionen von Spinnen. Böse Vorahnungen hatte er einige

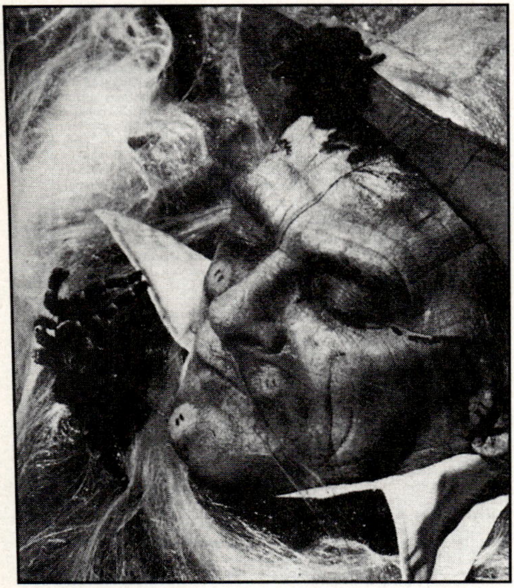

Mörderspinnen

Tage zuvor, als ihm ein totes Kalb vorgelegt wurde. Die Untersuchung einer Blutprobe bestätigt seine Annahme: Das Tier starb an Spinnengift. Was die zu Rate gezogene Biologin verblüfft, da Spinnen nie in Gruppen angreifen und ohnehin für gewöhnlich kein aggressives Verhalten zeigen. Diese hier aber, durch die übermäßige Anwendung von DDT um ihre Lebensgrundlage gebracht, sind enorm angriffslustig, und die Bewohner von Verde Valley bekommen es zu spüren.

USA 1977, Farbe, 95 Min. **Buch:** Richard Robinson, Alan Caillou **Regie:** John «Bud» Carlos **Mit:** William Shatner *(Rack Hansen)*, Tiffany Bolling *(Diane Ashley)*, Woody Strode *(Walter Colby)*, Lieux Dressler *(Emma Washburn)*, David McLean *(Sheriff Gene Smith)*.

Der Mond über Plymouth
Plymouth

Lee David Zlotoff darf für sich in Anspruch nehmen, die noch immer auf einen festen Freundeskreis zählende TV-Serie «Mac Gyver» erfunden zu haben. Dieser von Zlotoff inszenierte SF-Film über die Umsiedlung der Bewohner einer chemisch verseuchten Stadt auf den zu kolonisierenden Mond sollte gleichfalls eine Serie zur Folge haben, jedoch wurde nichts draus. Der Film widmet sich weder Monstren noch Sternenkriegen, sondern vergleichsweise alltäglichen Problemen, die eine Besiedelung des Trabanten mit sich bringen würde.

USA 1990, Farbe, 90 Min. **Buch** und **Regie:** Lee David Zlotoff **Mit:** Cindy Pickett *(Addy Matthewson)*, Richard Hamilton *(Wendell MacKenzie)*, Dale Midkiff *(Gil Eaton)*, Perrey Reeves *(Hannah)*, Matthew Brown *(Jed)*, Joseph Gordon-Levitt *(Simon)*.

Die Mongolen I mongoli / Les mongols

1960 war die Welt noch in Ordnung. Der Russe und der Chinese standen vor der Tür, wo sie nach Meinung mittlerweile erkalteter Krieger ja auch hingehörten. André de Toth und L. Savona warfen ihr Regietalent in die Waagschale, das Abendland zu retten. Ihr mahnend allegorisches Lichtspiel über Dschingis Khan wies weit über sich hinaus, spielte es doch 1240, also 13 Jahre nach dem Tod des Mongolenführers. Unverhohlen zielte man auf die asiatischen Horden jenseits des Eisernen Vorhangs, denen Einhalt zu gebieten dringlichste Aufgabe europäischer Demokraten sein mußte. Meinte auch der Off-Kommentator, der als Schlußwort anmahnt, daß die Gefahr aus dem Osten gebannt werden könne, sofern nur «die Völker Europas zusammenhalten».

Italien / Frankreich 1960, Farbe, 115 Min. **Buch:** Ugo Guerra, Ottavio Alessi, Pasquale Martino **Regie:** André de Toth, Leopoldo Savona, Riccardo Freda **Mit:** Anita Ekberg *(Huluna)*, Jack Palance *(Ogotai)*, Antonella Lualdi *(Amina)*, Franco Silva *(Stefan von Krakau)*, Roldano Lupi *(Dschingis Khan)*.

Alternativtitel:
«Raubzüge der Mongolen»; «Schreckensreiter der Mongolenwölfe»; «Brut des Bösen»

Monkey Hustle

Obzwar im Zeichen der *blaxploitation*-Welle entstanden, weicht die vom Soul getragene Gaunerkomödie um einiges ab vom Standardformat. Eine Vielzahl von Personen tritt auf, alle in den Chicagoer Slums beheimatet und genötigt, mit Schlitzohrigkeit, guter Witterung und Findigkeit ihren Lebensunterhalt zu fristen. Allenthalben wird getrickst und gemogelt, ob der seriöse Einzelhändler täglich seine Morgenzeitung erschleicht, Minderjährige Autoreifen stehlen oder der korrupte Streifenpolizist seinen Obolus kassiert. In ungleich größerem Stil gaunern die Spekulanten, die eine Schnellstraße durchs Viertel bauen wollen. Der Widerstand vereinigt Schieber, Dealer und Kleinkriminelle, die sich ansonsten nach Kräften zu übervorteilen suchen.

USA 1976, Farbe, 90 Min. **Buch:** Charles Johnson **Produktion** und **Regie:** Arthur Marks **Mit:** Yaphet Kotto *(Daddy Foxx)*, Rudy Ray Moore *(Goldie)*, Rosalind Cash *(Mama)*, Randy Brooks *(Win)*, Debbie Morgan *(Vi)*, Thomas Carter *(Player)*.

Starke Töne:
«Wir kämpfen für Wahrheit, Gerechtigkeit und Bargeld für alle.» DADDY FOXX

Monster Busters The Monster Squad

Nachdem Graf Draculas ruchloses Treiben in der Vergangenheit hinlänglich belegt worden ist, verlagert sich die Geschichte flugs in die Gegenwart, an einen anderen Ort des Grauens: eine Grundschule. Hier befassen sich die Pennäler Sean und Patrick lehrplanwidrig mit Monsterkunde. Als Unterrichtsmaterialien dienen Gruselfilme, Schundromane und Monster-Comics. Doch der Tag ist nicht fern, an dem sie ihr mühsam erworbenes Fachwissen nutzbringend anwenden können. Denn nachts zieht der Vollmond auf, Graf Dracula geht in der Nachbarschaft nieder und hat gleich noch ein paar Gesinnungsgenossen aus alten Universal-Filmen mitgebracht, den Werwolf, die Mumie und Frankensteins Monster. Letzterer, von unseren Freunden bald Frank genannt, erweist sich als gutmütiger Kerl, die anderen Spukgestalten aber sind weitaus weniger freundlich gesinnt, und darum wird es Zeit, Holzpflöcke zu spitzen, Silberkugeln zu gießen und Knoblauchbrote zu schmieren.

USA 1987, Farbe, 79 Min. **Buch:** Shane Black, Fred Dekker **Regie:** Fred Dekker **Mit:** Andre Gower *(Sean)*, Robby Kiger *(Patrick)*, Stephen Macht *(Seans Vater)*, Duncan Regehr *(Dracula)*, Tom Noonan *(Frankenstein)*, Randi Brooks.

Gut zu wissen:
Hinter dem Gruselspaß stecken die auch anderweitig hervorgetretenen Produzenten Peter Hyams und Rob Cohen.

Koautor Shane Black schrieb u.a. das Buch zum ersten Film der «Lethal Weapon»-Reihe.

Achtung:
Sean trägt ein T-Shirt mit dem Slogan «Stephen King rules».

Monster aus dem All Death and the Green Slime / Gamma sango uchu daisakusan / The Green Slime

Nahe Verwandte des alles verschlingenden «Blob» hausen auf dem Asteroiden Flora, der ihren Ansprüchen jedoch nicht mehr genügt. Gern breitete sich das *Space*-Mus auf der Erde aus, jedoch macht Jack Rankin von der Raumstation Gamma den ablehnenden Standpunkt der Erdlinge durch den Ab-

Monster des Grauens greifen an

wurf einiger Atombomben nachdrücklich klar. Allerdings bringt er unwissentlich auch einige Partikel des grünen Schleims mit auf die Station, wo er sich rasend schnell ausbreitet und die Besatzung bedroht. Flüchtiger Hautkontakt genügt, und schon wird man zum Kinderschreck.

USA / Japan 1969, Farbe, 90 Min. **Buch:** Charles Sinclair, William Finger, Tom Rowe **Regie:** Kinji Fukasaku **Mit:** Robert Horton *(Jack Rankin)*, Luciana Paluzzi *(Lisa Benson)*, Richard Jaeckel *(Vince Elliott)*, Bud Widom *(Jonathan Thompson)*, Ted Gunther *(Dr. Halvorsen)*, Robert Dunham *(Capt. Martin)*.

Monster des Grauens greifen an **Gezora, Ganime, Kameba: Kessen nankai no daikaiju / Yog – Monster from Space / The Space Amoeba**

Der Fotograf Kudo wird ausgelacht, als er behauptet, vom Flugzeug aus eine niedergehende Raumkapsel beobachtet zu haben. Denn die sollte sich eigentlich auf dem Weg zum Saturn befinden. Tatsächlich aber ist sie unter den Einfluß eines machtgierigen Zellhaufens geraten, der sie zur Erde zurücklenkte, direkt auf eine Insel im Südwestpazifik, wo sich einige Urviecher erhalten haben. Die bringen die Außerirdischen umgehend unter ihre Kontrolle und hetzen sie auf eine Erkundungsgruppe, zu der auch Kudo gehört. Der bekommt fortan ordentlich was vor die Linse: ein haushoher Krake mit einer Art Mitra auf der weichen Birne, Riesenkrebse und monströse Schildkröten gehen um und sind nur schwer zu bändigen.

Japan 1970, Farbe, 83 Min. **Buch:** Ei Ogawa **Regie:** Inoshiro Honda **Mit:** Akira Kubo *(Taro Kudo)*, Atsuko Takahashi *(Ayaka Hoshino)*, Kenji Sahara *(Makoto Obata)*, Yoshio Tsuchiya *(Miya)*, Yu Fujiki *(Werbeleiter)*.

Starke Töne:
«Allmählich geht mir die Sache auf die Nerven. Ich bin auch nur ein Mensch.» DER PROFESSOR

Monster im Nachtexpress
Terror Train

Bei einer studentischen Silvesterfeier kommt es zu einem üblen Ulk: Einem unscheinbaren Kommilitonen wird eine Liebesnacht mit Jamie Lee Curtis versprochen. Statt der Angebeteten aber findet er eine perforierte Leiche im Bett und verliert darüber den Verstand. Drei Jahre später trifft sich dieselbe Korona zur Kostümparty in einem Sambaexpress; David Copperfield und die Band Crime sorgen für das Unterhaltungsprogramm. Bald findet Zugleiter Ben Johnson einen blutigen Passagier nach dem anderen: ein Mörder ist mit an Bord. Die Maskerade bietet ihm eine treffliche Tarnung, und da erscheint selbst David Copperfield nicht unverdächtig.

Kanada 1980, Farbe, 97 Min. **Buch:** T. Y. Drake **Regie:** Roger Spottiswoode **Mit:** Jamie Lee Curtis *(Alana)*, Ben Johnson *(Carne)*, Hart Bochner *(«Doc» Manley)*, Derek Mackinnon *(Kenny Hampson)*, Sandee Currie *(Mitchie)*, Timothy Webber *(Mo)*, Anthony Sherwood *(Jackson)*, D. D. Winters (= Vanity).

Gut zu wissen:
Roger Spottiswoode nahm erschwerte Bedingungen in Kauf und drehte den Film in einem echten Zug. Eine Herausforderung auch für Kameramann John Alcott, bekannt durch seine Zusammenarbeit mit Stanley Kubrick.

Das Monster von London Dr. Black & Mr. Hyde / The Watts Monster

William Crain hatte schon → BLACULA auf dem Kerbholz und griff kühn nach einem weiteren Klassiker des Gruselgenres. Sein Dr. Pride forscht über einem Mittel gegen Leberzirrhose, was mit dem frühen Ableben seiner Mutter zu tun hat. Als Nebeneffekt der entwickelten Arznei werden die Hautpigmente beeinflußt. Pride erprobt den Stoff in einer freien Klinik, an der er ehrenamtlich arbeitet, dann auch an sich selbst – mit den bekannten Folgen. Er wird böse, gemein – und weiß. In seiner Zweitidentität stellt er Prostituierten nach, was er sich in zivilisiertem Stadium tunlichst versagt. Ein schwarzweißes Polizistenduo übernimmt den Fall und jagt «Mr. Hyde» die Wattstürme hinauf, von wo es kein Entkommen gibt.

USA 1976, Farbe, 87 Min. **Buch:** Larry LeBron **Regie:** William Crain **Mit:** Bernie Casey *(Dr. Henry Pride / Mr. Hyde)*, Rosalind Cash *(Dr. Billie Worth)*, Marie O'Henry *(Linda Monte)*, Ji-Tu Cumbuka *(Lt. Jackson)*, Milt Kogan *(Lt. O'Connor)*, Stu Gilliam *(Silky)*.

Alternativtitel:
«Dr. Black & Mr. Hyde»

Moonbase

In naher Zukunft werden über der erdabgewandten Seite des Mondes alle erdenklichen Abfälle ausgeschüttet, darunter eines Tages auch einige Dreckskerle, die vom Gefängnisplaneten L 4 entwichen sind, nicht ahnend, daß die Transporte automatisch abgewickelt werden und die Erd-Shuttles nicht mehr landen. Ein Ausweg bietet sich mit der Ankunft eines Inspektionstrupps. Statt der erwarteten Prüftechniker aber treten schwerbewaffnete Militärs auf die Rampe. Die Ausreißer verstecken sich im Innern der Anlage, während die Soldaten außerhalb mit der Bergung hochgefährlicher Sprengköpfe beginnen. Inzwischen versuchen die zivilen Müllwerker, einen Notruf an die Erde abzusetzen. Aber unter ihnen ist ein Verräter.

USA 1997, Farbe, 82 Min. **Buch:** Brian DiMuccio, Dino Vindeni **Regie** und **Schnitt:** Paolo Mazzucato **Mit:** Scott Plank *(John Russell)*, Jocelyn

Seagrave *(Dana Morgan)*, Robert O'Reilly *(Karl Stark)*, Kurt Fuller *(Deckert)*, Randy Vasquez *(Masani)*, Gretchen Palmer *(Mina)*, Billy Maddox *(Lt. Col. Caldecott)*, Sam Phillips *(virtuelle Konkubine)*.

Starke Töne:
«Vielleicht bin ich altmodisch, aber ich mag nur Frauen, die ein zentrales Nervensystem haben.» DECKERT

Moon 44

Auch in seinem viertem Film suchte Roland Emmerich in fernen Galaxien nach schicken Bildern, fand aber nur abgedroschene Klischees der Gefängnis- und Fliegerfilmgenres. So klamm die Story daherkommt, in puncto handwerklichem Können war der damals noch in Deutschland filmende Regisseur vielen seiner einheimischen Kollegen weit voraus. Und hatte mit Michael Paré, Lisa Eichhorn und Top-Schurke Malcolm McDowell auch eine internationale Besetzung auf seiner Seite.

BRD 1989, Farbe, 98 Min. **Buch:** Dean Heyde, Roland Emmerich **Regie:** Roland Emmerich **Mit:** Michael Paré *(Felix Stone)*, Lisa Eichhorn *(Major Terry Morgan)*, Malcolm McDowell *(Captain Lee)*, Dean Devlin *(Tyler)*, Brian Thompson *(Jake O'Neal)*, Leon Rippy *(Sgt. Sykes)*, Stephen Geoffreys *(Cookie)*.

Achtung:
Die Rolle des Tyler spielt Dean Devlin, der bei weiteren Filmen Emmerichs als Koautor tätig wurde.

Moon Over Miami – Ein mörderischer Trip Off and Running

Cyndi Lauper übernimmt Melanie Griffiths' Lulu-Perücke aus ➔ GEFÄHRLICHE FREUNDIN und taucht ab, nicht nur als festangestellte Hotelbadenixe, sondern auch als prospektives Opfer eines Killers, der ihr an den ererbten Schlüssel will, was sie, wie auch ihr vorzeitiges Ableben, wortreich und findig zu verhindern sucht. Und für eine knappe Gesangseinlage – «Blue Moon» – ist auch noch Zeit.

USA 1990, Farbe, 87 Min. **Buch:** Mitch Glazer **Regie:** Edward Bianchi **Mit:** Cyndi Lauper *(Cyd Morse)*, David Keith *(Jack Cornett)*, Johnny Pinto *(Pompey)*, Richard Belzer *(Milt Zoloth)*, José Perez *(Woody)*, David Thorton *(Reese)*, Anita Morris *(Florence)*.

Moonraker – Streng geheim
Moonraker

Ende der 70er war der Krieg der Sterne angesagt, und so verschlug es auch Ihrer Majestät vortrefflichsten Agenten ins All, im Gepäck den «Beißer» Richard Kiel und eine Begleiterin, die, als Nachfolgerin einer Pussy Galore, Honey Chile Ryder oder Fatima Blush, mit «Holly Goodhead» wieder einen dieser für die Bond-Serie typischen hintersinnigen Frauennamen abbekommen hat. Anlaß des Ausflugs in neue Sphären ist der abgefeimte Klau einer US-amerikanischen Raumfähre, die man gern wiederhaben möchte. Weitaus bedauerlicher als der Verlust des ersetzbaren Vehikels aber erscheint der frühe Filmtod Corinne Clerys, die trotz schlechten Geschmacks bei der Auswahl ihrer Drehbücher («Die Geschichte der O.») dergleichen nicht verdient hat.

GB / Frankreich 1978, Farbe, 126 Min. **Buch:** Christopher Wood **Regie:** Lewis Gilbert **Mit:** Roger Moore *(James Bond)*, Lois Chiles *(Holly Goodhead)*, Michael Lonsdale *(Drax)*, Richard Kiel *(Jaws)*, Corinne Clery *(Corinne Dufour)*, Bernard Lee *(M)*, Lois Maxwell *(Miss Moneypenny)*, Toshiro Shuga *(Chang)*.

Mothra bedroht die Welt, Filmplakat

Mothra bedroht die Welt
Mosura / Mothra

Skrupellose Expeditionsmitglieder entführen die Alilenas, zwei gerade mal daumengroße, vollkommen synchron singende und tanzende Mädchen, von einer exotischen Insel. Da aber grollt der Inselgott und schickt die Super-Raupe Mothra aus, den Frevel zu sühnen. Und da Ishiro Honda Regie führte, können Sie sich denken, daß das possierliche Tierchen auf seinem Weg nach Tokio ungeheuren Versicherungsschaden anrichtet.

Japan 1961, Farbe, 88 Min **Buch:** Shinichi Sekizawa **Regie:** Ishiro Honda **Mit:** Emi und Yumi Itoh *(die Alilenas)*, Hiroshi Koizumi *(Dr. Chujo Nakazo)*, Frankie Sakai *(Tsinchan Fukuda)*, Jerry Ito *(Clark Nelson)*.

Gut zu wissen:
Die Alilenas hießen im richtigen Leben Emi und Yumi Itoh, traten als The Peanuts auf, und wenn Sie irgendwo die LP «The Peanuts Hit Parade» entdecken – säumen Sie nicht und bergen Sie dieses kostbare Zeugnis fernöstlicher Kultur.

Mr. Nice Guy

Auslöser für die rasante Handlung ist diesmal ein Videoband, das einen Gangsterboß belastet und zufällig in den Besitz des Fernsehkochs Jackie gerät. Allein Chans Darbietungen mit Töpfen und Pfannen sind schon ein Spaß, als aber die Schurken seine Freundin entführen, kocht die Sache richtig hoch.

Hongkong 1997, Farbe, 88 Min. **Buch:** Edward Tang, Fibe Ma **Regie:** Sammo Hung **Mit:** Jackie Chan *(Jackie)*, Richard Norton *(Giancarlo)*, Miki Lee *(Miki)*, Karen McLymont *(Lakisha)*, Gabrielle Fitzpatrick *(Diana)*, Vince Poletto *(Romeo)*, Barry Otto *(Baggio)*, Rachel Blakely *(Sandy)*.

Mr. Nice Guy, Filmplakat

Mr. North – Liebling der Götter **Mr. North**

Die Frohnatur Theophilus North verdingt sich unter den Bewohnern der Millionärskolonie Newport als Gesellschafter. Auf unorthodoxe Art verhilft er dem müde und harmvoll dahinwelkenden Patriarchen Bosworth zu Gesundheit und Lebensfreude und wird dafür reichlich belohnt, nachdem er seine Neider und Widersacher in ihre Schranken verwiesen hat. Die schwere Krankheit John Hustons machte diese Thornton-Wilder-Verfilmung ungewollt zu einer Familienangelegenheit. Huston selbst schrieb noch am Drehbuch mit; an seiner Statt führte aber Sohn Danny Regie, der somit Gelegenheit erhielt, seine große Schwester Anjelica zu dirigieren.

USA 1987, Farbe, 92 Min. **Buch:** Janet Roach, John Huston, James Costigan **Regie:** Danny Huston **Mit:** Anthony Edwards *(Theophilus North)*, Robert Mitchum *(James McHenry Bosworth)*, Anjelica Huston *(Persis Bosworth-Tenneyson)*, Lauren Bacall *(Amelia Cranston)*, Harry Dean Stanton *(Henry Simmons)*, Mary Stuart Masterson, Virginia Madsen.

Mutant City **Yiu Sau Dousi / The Wicked City**

In nicht allzu ferner Zukunft ist Hongkongs Polizei mit der Jagd auf reptilienartige Wesen befaßt, die menschliche Gestalt angenommen haben. Die Polizisten Taki und Ken gehören zu einer Anti-Reptoid-Einheit. Ken allerdings, zur Hälfte selbst Reptoid, ist ins Zwielicht geraten, und Taki hat sich in eine reptoide Schönheit verliebt, was beider Aufgabe nicht leichter macht, zumal Shudo, der Sohn eines auf Ausgleich bedachten Reptoid-Führers, nach Kräften Unfrieden stiftet ... Die Ritter von der wechselnden Gestalt erheben sich mühelos in die Lüfte, zerteilen Autos in gleiche Hälften und reiten auf Düsenjets. Die Figuren aber verlangen nach Mitgefühl, und so ergibt sich in der Summe mehr als nur eine Reihung optischer Attraktionen.

Hongkong 1992, Farbe, 86 Min. **Buch:** Tsui Hark, Roy Szeto **Regie:** Mak Tai Kit **Mit:** Leon Lai *(Taki)*, Jacky Cheung *(Ken)*, Tatsuya Nakadai *(Daishu)*, Michelle Li *(Windy)*, Roy Cheung *(Shudo)*, Yuen Wo-Ping *(Sgt. Kayama)*, Carmen Lee *(Shira)*, Lisa Jane Burrett *(Cleo)*.

Starke Töne:
«In 15 Sekunden erlebt man hier mehr als in einem Jahr.» TAKI

Mutronics – Invasion der Supermutanten Mutronics

Kann es eine bessere Empfehlung geben für diesen Film als den Namen eines der beiden Regisseure, der da lautet: Screaming Mad George. Selbiger war nicht das einzige Monster auf dem Set, denn nach Maßgabe des japanischen Comics «Guyver» erzählt der Film vom Kampf gegen außer- und innerirdisches Gezücht, das trotz geringer Herstellungskosten recht ansehnlich geriet. Mit im Spiel sind der schon ziemlich aufgedunsene Mark Hamill und *scream queen* Linnea Quigley, die bei anderer Gelegenheit einen lasziven Tanz mit einer Kettensäge hinlegte und schon allein dadurch auf jeden Fall Unsterblichkeit erlangte.

USA 1991, Farbe, 85 Min. **Buch:** John Purdy **Regie:** Screaming Mad George (= George Tani), Steve Wang **Mit:** Mark Hamill *(Max Reed)*, Vivian Wu *(Mizky Segawa)*, Jack Armstrong *(Sean Barker)*, Jimmie Walker *(Striker)*, David Gale *(Fulton Balcus)*, Linnea Quigley, Jeffrey Combs.

Muttertag Mother's Day

Ferienzeit ist Mörderzeit. Es kann innerhalb der Familie geschehen wie in «The Stepfather – Kill, Daddy, Kill» oder im Urlaub wie in «Freitag, der 13.» Manchmal kommt beides zusammen, so wie hier, auch wenn die Rollen anders verteilt wurden. Drei junge Frauen unternehmen einen Campingtrip und werden von zwei Hinterwäldlern belästigt. Es ergibt sich, daß die Urlauberinnen die Mutter der beiden Wüstlinge kennenlernen, eine nette alte Dame mit ausgeprägt sadistischem Wesenszug. Während sich die Söhne über ihren Musikgeschmack streiten – einer liebt Disco, der andere schätzt Punk –, gehen die ungeheuerlichsten Dinge vor sich, bis die Mädchen zum Gegenschlag ausholen.

USA 1980, Farbe, 90 Min. **Buch:** Warren D. Leight, Charles Kaufman (auch **Produktion**) **Regie:** Charles Kaufman **Mit:** Nancy Hendrickson *(Abbey)*, Deborah Luce *(Jackie)*, Tiana Pierce *(Trina)*, Holden McGuire *(Ike)*, Billy Ray McQuade *(Addley)*, Rose Ross *(Mutter)*.

My New Gun

Debbie Bender führt an der Seite ihres Gatten ein solides New-Jersey-Dasein, bis sie – gegen ihren Willen – eine Schußwaffe geschenkt bekommt. Der Revolver wird zum Auslöser vertrackter Geschehnisse, als ihn sich der faszinierend undurchsichtige Nachbar Skippy kurzerhand ‹ausborgt›. Bei der Rückführaktion schießt sich Debbies Ehemann ins Bein, landet im Krankenhaus und zieht sich dort auch noch eine Salmonellenvergiftung zu, während seine Gattin versucht, Skippys Geheimnisse zu ergründen.

USA 1991, Farbe, 99 Min. **Buch** und **Regie:** Stacy Cochran **Mit:** Diane Lane *(Debbie Bender)*, James LeGros *(Skippy)*, Stephen Collins *(Gerald Bender)*, Tess Harper *(Kimmy Hayes)*, Bill Raymond *(Andrew)*, Bruce Altman *(Irwin)*, Maddie Corman *(Myra)*.

Gut zu wissen:
Die zum Zeitpunkt der Dreharbeiten 25jährige Stacy Cochran entwickelte das Drehbuch als Studentin der Columbia University.

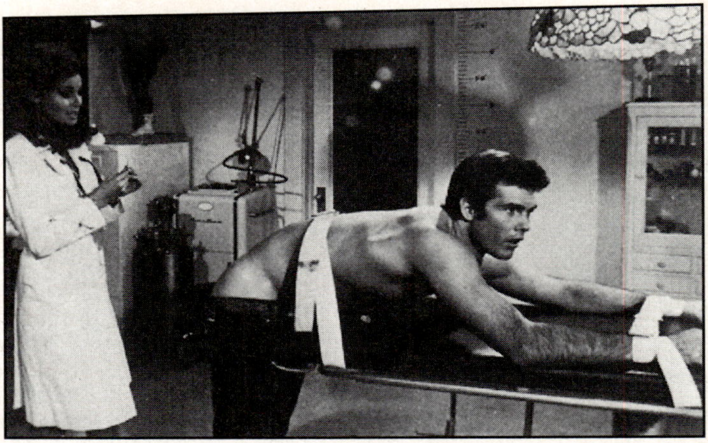

Myra Breckinridge: Raquel Welch und Peter Ireland

Myra Breckinridge – Mann oder Frau Myra Breckinridge

Nach einer Geschlechtsumwandlung wird aus Myron Breckinridge die verführerisch schöne Myra, die in der Schauspielschule ihres Onkels unterrichtet und sich um ihr ausstehendes Erbteil bemüht. Die anspielungsreiche Farce bekam als erster Film der 20th Century Fox ein *X-rating* und wurde vielfach wegen ihrer Geschmacklosigkeiten gerügt. So bearbeitet Raquel Welch etwa das Hinterteil eines noch leidlich unerfahrenen Studenten mit einem Dildo, verführt die nymphenhafte Farah Fawcett, und die göttliche Mae West, damals im besten Alter von 78 Jahren, nimmt sich augenzwinkernd gleich vier Muskelprotze zur Brust und mit ins Bett. Einer ihrer Goldjungen ist der Grünschnabel Tom Selleck.

USA 1970, Farbe, 94 Min. **Buch:** Michael Sarne, David Giler **Regie:** Michael Sarne **Mit:** Raquel Welch *(Myra Breckinridge)*, Mae West *(Leticia)*, John Huston *(Buck Loner)*, Farrah Fawcett *(Mary Ann)*, Roger Herren *(Rusty)*, Roger Carmel *(Dr. Montag)*, Rex Reed *(Myron)*, Calvin Lockhart *(Irving Amadeus)*, John Carradine *(Chirurg)*.

Gut zu wissen:
Die Romanvorlage schrieb Gore Vidal.

Die Nacht der Abenteuer
Adventures in Babysitting / A Night on the Town

Nächtens ist die Welt am schönsten. Das finden jedenfalls die minderjährigen Schützlinge der Babysitterin Chris, die mit den kessen Gören einen Ausflug in die große Stadt unternimmt, um eine Freundin vor Fehltritten zu bewahren. Ein geplatzter Reifen aber lenkt den kleinen Stoßtrupp zuvörderst auf eine andere Route. Ein gemeinsamer Auftritt mit *Iceman* Albert Collins in einem urgemütlichen Blues-Club ist noch das harmloseste der Fährnisse, die im weiteren über das tapfere Fähnlein hereinbrechen. Aber lieber mit Chris in der Großstadt als mit Kevin allein zu Haus.

USA 1987, Farbe, 102 Min. **Buch:** David Simkins **Regie:** Chris Columbus **Mit:** Elisabeth Shue *(Chris Parker)*, Keith Coogan *(Brad Anderson)*, Maia Brewton *(Sara Anderson)*, Anthony Rapp *(Daryl)*, Vincent D'Onofrio *(Dawson)*, Penelope Ann Miller *(Brenda)*, Joe Gipp *(Calvin Levels)*.

Gut zu wissen:
Eine völlig unbeschwerte Achterbahndramaturgie, ordnungsgemäß plazierte *running gags* und die durchgängige ironische Note machten die turbulente Komödie zu einem vielversprechenden Regiedebüt – und in der Tat sollte man von Spielberg-Zögling Chris Columbus (und anderen Beteiligten) noch einiges zu sehen bekommen.

Achtung:
In einer kleinen Nebenrolle kann man Lolita Davidovich entdecken. Der Nachspann führt sie als «Lolita David».

Die Nacht der Creeps Night of the Creeps

Anno 1959 stürzt ein feuriges Etwas auf die Erde und spuckt ein extraterrestrisches Wesen aus. Im selben Revier geht ein Axtmörder um, so daß Todesfälle nicht ausbleiben … Zeitsprung ins Jahr 1986. Chris und James, Studenten an der «Corman University» (!), ist als Mutprobe auferlegt, eine Leiche zu stehlen. Sie finden einen eisgekühlten Burschen, den Wirt des Aliens. Einmal aufgetaut, ist er nicht mehr zu bremsen, und auch der Axtmörder erhebt sich aus seinem Grabe … Die Protagonisten tragen die Namen bekannter Genrekoryphäen, auch die Herren Cameron, Siegel, Dante und DePalma bleiben nicht unerwähnt – gewitzt flitzt Fred Dekker im Eiltempo durch die neuere Genregeschichte, von «Der Blob» bis «Halloween» und wieder zurück.

USA 1986, Farbe, 85 Min. **Buch** und **Regie:** Fred Dekker **Mit:** Jason Lively *(Chris Romero)*, Steve Marshall *(James Carpenter Hooper)*, Jill Whitlow *(Cynthia Cronenberg)*, Tom Atkins *(Ray Cameron)*, Wally Taylor *(Det. Landis)*, Bruce Solomon *(Sgt. Raimi)*, Allan J. Kayser *(Brad Craven)*, Dick Miller, Suzanne Snyder.

Gut zu wissen:
In den USA wurden Film- und TV-Fassung jeweils mit unterschiedlichen Schlußszenen versehen.

Starke Töne:
«Ich glaube, ich bin in einem B-Film und nicht bei der Mordkommission.» DET. CAMERON

Die Nacht der offenen Särge
Dracula contra el Dr Frankenstein / Dracula prisonnier du Docteur Frankenstein / Dracula against Frankenstein / Dracula vs Frankenstein / Satana contra Dr. Exortio / The Erotic Rites of Frankenstein

Dr. Exortio, das berichtet er uns als Off-Erzähler, wandelt auf den Spuren Frankensteins und hat bereits erfolgreich einen künstlichen Menschen erstellt – «ein mißgebildetes Ungeheuer zwar, aber ein lebendes Wesen». Jetzt holt er zu Größerem aus und plant die Wiederbelebung des durch

Die Nacht der lebenden Toten: Duane Jones (vorne)

Eintrieb eines silbernen Nagels in eine schlafende Fledermaus stillgelegten Grafen Dracula. Exortio führt der Fledermaus das Blut eines jungen Mädchens zu, wobei das arme Tier beinahe ertrinkt, ehe es sich zum fahlgesichtigen Grafen mausert, der fortan Exortio zu Willen ist, damit der plangemäß die Menschheit unterjochen kann. Ein Werwolf sieht in den anderen Monstren unwillkommene Konkurrenz; zum restlos unmotivierten Schluß gibt's geröstete Fledermaus, Dracula am Spieß und gegrillten Homunkulus.

Portugal / Spanien / Liechtenstein 1972, Farbe, 87 Min. **Buch:** Jess Franco, Paul D'Ales (englischspr. Version: David Mills) **Regie:** Jess Franco **Mit:** Dennis Price *(Dr. Exortio)*, Howard Vernon *(Graf Satanas / Dracula)*, Alberto D'Albes *(Dr. Emmanuel Seward)*, Fernando Bilbao *(Morph)*, Mary Francis *(Amira)*, Britt Nichols *(Vampir)*, Luis Barboo *(Morpho)*.

Die Nacht der lebenden Toten The Night of the Living Dead / Night of the Flesh Eaters

Regisseur George Romero begeisterte sich schon als Kind für Horrorfilme und schlug eine entsprechende Laufbahn ein. Zunächst befaßte er sich mit Werbe- und Industriefilmen. Seinen ersten Spielfilm realisierte er fern der großen Hollywood-Studios in seiner Freizeit mit Investorengeldern für die lächerliche Summe von 114 000 Dollar. Bewußt wählte er eine Gattung, für die sich in den Auto- und Vorortkinos in jedem Fall ein Publikum finden lassen würde. Die Geschichte ist simpel: Die Strahlen einer Venussonde lassen die Toten auferstehen, die nach menschlichem Fleisch gieren. In einem entlegenen Farmgebäude verbarrikadiert sich eine kleine Gruppe von Menschen und versucht, den heranbrandenden Wiedergängern standzuhalten ... Und alsbald begann jeder zweite Horrorfilmtitel mit den Worten «Die Nacht der ...»

USA 1968, SW, 96 Min.

Buch: John A. Russo **Kamera, Regie, Schnitt:** George A. Romero **Mit:** Judith O'Dea *(Barbara)*, Russell Streiner *(Johnny)*, Duane Jones *(Ben)*, Karl Hardman (auch **Produktion**; *Harry Cooper*), Keith Wayne *(Tom)*, Judith Ridley *(Judy)*, Marilyn Eastman *(Helen Cooper)*, Kyra Schon *(Karen)*.

Achtung:
George Romero selbst spielt einen Journalisten.

Die Nacht der reitenden Leichen La noche del terror ciego / Tombs of the Blind Dead / La noche de la muerta ciega / Crypt of the Blind Dead / Night of the Blind Dead / The Blind Dead

Virginia White reist mit ihrem Freund Roger durch Spanien, trifft dort auf ihre Freundin Bette und geht eigene Wege, als Roger und Bette miteinander liebäugeln. Sie sucht Unterschlupf in einer Klosterruine, deren Bewohner des Nachts aus ihren Gräbern steigen: Es sind Templer eines satanischen Ordens, die im 13. Jahrhundert hingerichtet und geblendet wurden. Die augenlosen, in Mönchskutten gehüllten Skelette folgen ausschließlich ihrem Gehör und der Witterung menschlichen Blutes. Virginia wird ihr Opfer, auch Roger, der gemeinsam mit Bette nach ihr sucht – und es gibt keinen Van Helsing, der den reitenden Leichen eine silberne Kugel verabreichte, so daß der Titel der Fortsetzung durchaus stimmig geriet: «Die Rückkehr der reitenden Leichen» (BRD/Spanien 1973).

Spanien / Portugal 1971, Farbe, 93 Min. **Buch** und **Regie:** Amando de Ossori **Mit:** Lone Fleming *(Bette Turner)*, Cesar Burner *(Roger)*, Helen Harp *(Virginia White)*, Joseph Thelman *(Pedro)*, Maria Silva *(Maria)*, Rufino Inglés *(Inspektor)*.

Die Nacht der unheimlichen Bestien The Killer Shrews

Ken Curtis, bekannt als krächzender Hillbilly aus dem Westernklassiker «Rauchende Colts», produzierte dieses kuriose Werk und zählt auch zu den Mitwirkenden. Es entstand in Texas und wurde, wie der artverwandte Billigschocker «The Giant Gila Monster», von dem ortsansässigen Millionär Gordon McClendon finanziert. Harmlose Haushunde wurden als Monsterratten verkleidet und trieben Curtis erst aufs Dach, bekamen ihn dann aber doch in die Fänge. Ebenfalls von Lach- und anderen Anfällen bedroht war Baruch Lumet, Vater des späteren Starregisseurs Sidney Lumet.

USA 1959, SW, 77 Min. **Buch:** Jay Simms **Regie:** Ray Kellogg **Mit:** James Best *(Thorne Sherman)*, Ingrid Goude *(Ann Craigis)*, Ken Curtis *(Jerry Lacer)*, Baruch Lumet *(Dr. Craigis)*, Gordon McLendon *(Radford Baines)*.

Gut zu wissen:
Ray Kellogg arbeitete als Regieassistent für John Ford und Howard Hawks.

Ingrid Goude war die Miss Universum des Jahres 1957.

Die Nacht des Jägers The Night of the Hunter

Nur einen Film konnte der Schauspieler Charles Laughton inszenieren, aber der wurde ein Meisterwerk. Robert Mitchum spielte den Soziopathen Harry Powell, der als Prediger getarnt über Land zieht, sich Ehefrauen sucht und diese nach kurzer Frist ermordet. Auf der einen Hand trägt er das Wort «Love» eintätowiert, auf der anderen «Hate», Sinnbild seiner gespaltenen Persönlichkeit. Im Gefängnis erfährt der Unhold von der Beute aus einem Raub. Nach seiner

Entlassung sucht er die Familie des hingerichteten Mithäftlings auf und erschleicht sich das Vertrauen der Mutter, die sein nächstes Opfer wird. Ihre Kinder sind rechtzeitig geflohen. Da sie wissen, wo sich das Geld befindet, begibt sich der Mann im schwarzen Rock auf die Jagd.

USA 1955, SW, 91 Min.

Buch: James Agee **Regie:** Charles Laughton **Mit:** Robert Mitchum *(Harry Powell)*, Shelley Winters *(Willa Harper)*, Lillian Gish *(Rachel)*, Evelyn Varden *(Icey)*, Peter Graves *(Ben Harper)*.

Gut zu wissen:
Peter Graves bewältigte später die unmöglichsten Missionen – als Teamchef in der TV-Serie «Kobra, übernehmen Sie».

Nacht ohne Reue Skinless Night

Wohl an die 120 Filme hatte Rokuro Mochizuki bereits in Szene gesetzt, und trotzdem war anläßlich der Premiere von «Nacht ohne Reue» von seinem Spielfilmdebüt die Rede. Der weitaus größere, aber klamm ignorierte Teil der Filmographie des 34jährigen bestand aus Stöpselfilmen, die in Japan in einem gleichsam hermetischen Arbeitsklima wie am Fließband gefertigt werden. In «Nacht ohne Reue» reflektierte Mochizuki seine bisherige Tätigkeit: er porträtierte einen Pornoregisseur, der Produktionstrott und Abschottung überwindet und jenseits der Studiomauern neue Perspektiven ausmacht.

Japan 1991, Farbe, 105 Min.

Buch: Shinko Saito, Rokuro Mochizuki **Regie:** Rokuro Mochizuki **Mit:** Kin Ishikawa *(Mutsuro Kayama)*, Yasuko Yagami *(Chie Kayama)*, Aya Katsuragi *(Yoriko Jinbo)*, Masahiro Sato *(Tajima Shinji)*, Sabu Kawahara *(Mikio Oya)*.

Nachts, wenn das Skelett erwacht The Creeping Flesh

Peter Cushing schleppt allerlei Gerümpel in sein Londoner Heim, darunter ein riesenhaftes Skelett, das er in Neu-Guinea ausfindig gemacht hat. Mit dem hat es besondere Bewandtnis: Es setzt wieder Fleisch an, sobald es mit Wasser in Berührung kommt. Cushing hat die fixe Idee, ein Cocktail aus gequirltem Skelettgewebe und seinem eigenen Blut könnte der Gesundheit seiner Tochter zuträglich sein, irrt aber schwer. Das liegt offenbar in der Familie, denn auch sein Bruder Christopher Lee begeht einen Fehler, als er das Skelett raubt und in den Regen hinausschleppt. Flugs hat es wieder sein altes Kampfgewicht und kehrt seine unleidliche Seite heraus.

GB 1972, Farbe, 88 Min.

Buch: Peter Spenceley, Jonathan Rumbold **Regie:** Freddie Francis **Mit:** Peter Cushing *(Emmanuel Hildern)*, Christopher Lee *(James Hildern)*, Lorna Heilbron *(Penelope)*, George Benson *(Waterlow)*, Kenneth J. Warren *(Lenny)*, Duncan Lamont *(Inspector)*.

Nachts, wenn die Leichen schreien The Devil's Rain

Die lärmenden Leichen sind bereits seit drei Jahrhunderten tot, wollen es aber noch einmal wissen, genau wie die Filmstars Ernest Borgnine, Ida Lupino und William Shatner, die sich für diesen Hokuspokus buchen ließen, was ihnen immerhin eine Reise zu den mexikanischen Drehorten einbrachte. Borgnine bekam eine dicke Packung Make-up ins Gesicht und tobt als ziegenköpfiger Satanist herum, um einen bedeutsamen Folianten in seinen Besitz zu bringen. Besonderen Schmelz hat die Schlußsequenz, wenn der teuflische Regen fällt und alle Nichtsnutze buchstäblich zer-

***Die nackte Kanone:* Leslie Nielsen**

fließen. So schlüpft auch John Travolta aus diesem Film, in dem er ohnehin kaum zu erkennen ist und auch nur einen Satz sagen durfte.

USA 1975, Farbe, 79 Min. **Buch:** Gabe Essoe, James Ashton, Gerald Hopman **Regie:** Robert Fuest **Mit:** Ernest Borgnine *(Jonathan Corbis)*, William Shatner *(Mark Preston)*, Ida Lupino *(Mrs. Preston)*, Eddie Albert *(Dr. Richards)*, Keenan Wynn *(Sheriff Owen)*, John Travolta *(Danny)*, Joan Prather *(Julie Preston)*.

Die nackte Kanone The Naked Gun: From the Files of Police Squad

1982 lancierten die Gebrüder Zucker die TV-Serie «Police Squad», in der sie Klischees und Genremerkmale landläufiger Polizeiserien ebenso liebevoll wie respektlos auf die Schippe nahmen. Vielleicht überstieg das Pointensperrfeuer das Fassungsvermögen der Zuschauer, vielleicht ließen sich die visuellen Gags auf dem kleinen Bildschirm nicht so leicht entziffern – im Fernsehen jedenfalls vermochte Lt. Drebin nicht zu reüssieren. Die Zuckers blieben hartnäckig. Sechs Jahre später tauchte Drebin in den Kinos auf und zog blank – diesmal mit so großem Erfolg, daß aus dem Einzelfilm wieder eine Serie wurde.

USA 1988, Farbe, 85 Min. **Buch:** David Zucker, Jerry Zucker, Jim Abrahams, Pat Proft **Regie:** David Zucker **Mit:** Leslie Nielsen *(Lt. Frank Drebin)*, George Kennedy *(Ed Hocken)*, Ricardo Montalban *(Vincent Ludwig)*, Priscilla Presley *(Jane Spencer)*, O. J. Simpson *(Nordberg)*, Nancy Marchand *(Bürgermeisterin)*.

Achtung:
Der Abspann ist vollgestopft mit Gags und Kalauern. Schändlich, daß er im Fernsehen immer abgeschnitten wird.

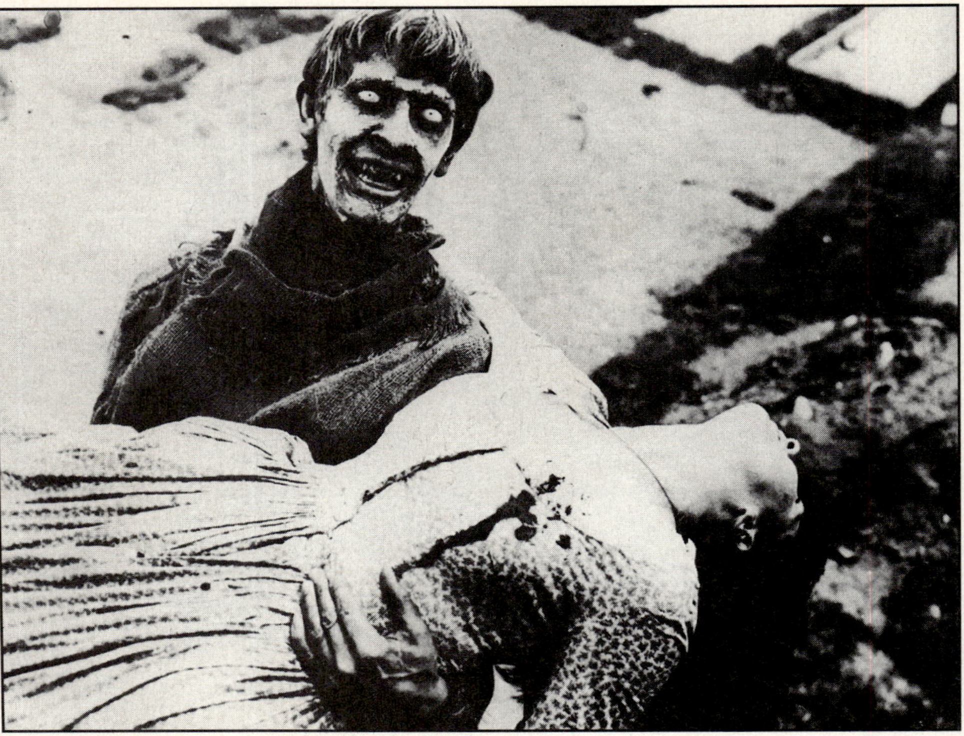

Nächte des Grauens

Nächte des Grauens
The Plague of the Zombies / The Zombie / The Zombies

Im 19. Jahrhundert wird die Wirtschaft im Südwesten Englands von der Zinnförderung bestimmt. Der Minenbesitzer Hamilton ist auf eine recht eigene Idee verfallen, die Lohnnebenkosten zu senken. Nach der Devise «nur ein toter Arbeiter ist ein guter Arbeiter» erhöht er vorsätzlich die Sterberate seines Beritts, um die Toten sodann mittels Schwarzer Magie, die er in Westindien eingehend studierte, als willenlose Zombies in seine Bergwerke zu verbannen. Wie sich's für einen Gruselfilm gehört, richten diese Kreaturen nebenher allerlei Unfug an, was langfristig natürlich nicht durchgeht.

GB 1966, Farbe, 91 Min. **Buch:** Peter Bryan **Regie:** John Gilling **Mit:** Andre Morrell *(Sir James Forbes)*, Diane Clare *(Sylvia)*, Brook Williams *(Dr. Peter Thompson)*, John Carson *(Clive Hamilton)*, Jacqueline Pearce *(Alice)*.

Gut zu wissen:
Der Film entstand nahezu zeitgleich mit → DAS SCHWARZE REPTIL. Jacqueline Pearce wirkte in beiden Filmen mit.

Der Navigator The Navigator: A Medieval Odyssey

Zwar steht ein Kind im Mittelpunkt dieser «mittelalterlichen Odyssee», aber das phantastische Filmmärchen des neuseeländischen Regisseurs Vincent Ward ist doch eher an ein erwachsenes Publikum gerichtet. Auf

Grund einer Vision des neunjährigen Griffin macht sich im Jahr 1348 eine Gruppe von Männern von Schottland aus auf den Weg, um auf der höchsten Kirche der Welt ein Kreuz zu errichten und so ihr Heimatdorf vor der Pest zu bewahren. Die Wanderer steigen in den Berg ein, durchqueren ein Höhlensystem und gelangen auf der anderen Seite der Erde wieder ans Tageslicht – im Auckland des Jahres 1987.

Neuseeland / Australien 1988, SW / Farbe, 91 Min. **Buch:** Vincent Ward, Kelly Lyons, Geoff Chapple **Regie:** Vincent Ward **Mit:** Hamish McFarlane *(Griffin)*, Bruce Lyons *(Connor)*, Marshall Napier *(Searle)*, Noel Appleby *(Ulf)*, Paul Livingston *(Martin)*, Chris Haywood *(Arno)*, Sarah Pierce *(Linnet)*.

Gut zu wissen:
Der Film wurde mehrfach prämiert. U. a. erhielt er 1989 den Publikums- und den Jurypreis beim Internationalen Festival des Phantastischen Films in München.

Near Dark – Die Nacht hat ihren Preis: Joshua Miller

Near Dark – Die Nacht hat ihren Preis Near Dark

In neonbeschienener Nacht lernt Cowboy Caleb die in dieser trostlosen Umgebung auf Anhieb auffallende Mae kennen. Seine Annäherungsversuche sind ein Spiel mit dem Feuer, denn Mae gehört zur Spezies der Blutsauger. Nach Maes Biß zeigt Caleb einschlägige Symptome wie erhöhte Lichtempfindlichkeit. Maes Artgenossen gabeln ihn auf und nehmen ihn mit auf ihre Reise. Anführer der vagabundierenden Gruppe ist Jesse, eine verwegene Gestalt mit Revolvergurt und langem Staubmantel. Caleb bleibt ein Außenseiter, weil er vor dem Töten zurückschreckt und von Mae miternährt wird. Schließlich läßt Caleb das unstete Leben hinter sich und kehrt zu seiner Familie zurück. Die Vampire aber geben ihn noch nicht verloren.

USA 1987, Farbe, 92 Min. **Buch:** Eric Red, Kathryn Bigelow **Regie:** Kathryn Bigelow **Mit:** Adrian Pasdar *(Caleb)*, Jenny Wright *(Mae)*, Lance Henriksen *(Jesse)*, Bill Paxton *(Severen)*, Jenette Goldstein *(Diamondback)*, Joshua Miller *(Homer)*.

Starke Töne:
«Ich hasse es, wenn sie nicht rasiert sind.»
SEVEREN

Necronomicon – Geträumte Sünden Necronomicon / Succubus

Lorna unterhält eine Beziehung zu Bill, den sie offenbar liebt. Desungeachtet streunt sie des öfteren geistesabwesend in wehendem Morgenmantel durch Lissabon und läßt sich mit Männern und Frauen ein, die diese Huld nicht überleben. Lorna frequentiert

Necronomicon – Geträumte Sünden, Filmplakat

Jet-set-Partys, wo die Anwesenden sinnentleert ins Blaue hineinreden, unbewegt wie bei Fassbinder oder Godard, der in einer Textzeile namentlich erwähnt wird. Man reist nach Berlin, wo man noch stolz ist aufs neu errichtete, kühl abgefilmte Europa-Center. Ist die Heldin schizophren oder vom Teufel gesandt, wie Joe Hembus vermutete? Unwichtig. Was zählt, sind die kunstvollen Tableaus, die das Geschehen ins Reich der Träume rücken.

BRD 1967, Farbe, 95 Min.

Produktion und **Buch:** Pier A. Caminneci **Regie:** Jess Franco **Mit:** Janine Reynaud *(Lorna)*, Jack Taylor *(Bill Mulligan)*, Howard Vernon *(Admiral)*, Nathalie Nord *(Bella)*, Adrian Hoven *(Psychiater)*, Michel Lemoine (*Pierce*), Pier A. Caminneci *(Hermann)*.

Gut zu wissen:
Janine Reynauds Kostüme entwarf Karl Lagerfeld.

Nigger Charley The Legend of Nigger Charley

Sinfonischer Soul untermalt die Eingangsszenen, die die Versklavung der Vorfahren unseres Helden schildern. Mit der Unterdrückung hat es vorerst ein Ende, als ein sterbender Plantagenbesitzer den Schwarzen die Freiheit gewährt, zum großen Mißbehagen seines Aufsehers Houston, der den Betrieb gern in alter Manier weitergeführt hätte. Bei einem Streit mit Charley kommt Houston ums Leben; Charley und seine Freunde Toby und Joshua ziehen gen Westen, verfolgt von Kopfjäger Nils Fowler. Im Saloon einer Westernstadt kommt es zur Konfrontation.

USA 1972, Farbe, 98 Min.

Buch: Larry G. Spangler, Martin Goldman **Regie:** Martin Goldman **Mit:** Fred Williamson *(Nigger*

Charley), D'Urville Martin *(Toby)*, Don Pedro Colley *(Joshua)*, Gertrude Jeanette *(Theo)*, Marcia McBroom *(Julia)*, John Ryan *(Houston)*, Thomas Anderson *(Shadow)*, Tricia O'Neil *(Sarah Lyons)*, Keith Prentice *(Nils Fowler)*, Joe Santos *(Reverend)*.

Gut zu wissen:
Über Charleys und Tobys weiteres Schicksal berichtete die Fortsetzung «The Soul of Nigger Charley» (USA 1973).

Night Caller – Der heiße Draht Dangerous Action

Sie spielen Golf, paffen dicke Zigarren, und wenn bei alldem noch Zeit bleibt, betreiben Fred Williamson und Gary Busey eine kleine Privatdetektei. Weil dort gerade Flaute herrscht, kümmert sich Williamson vorrangig um seine Ex-Frau, die von einem anonymen Anrufer terrorisiert wird. Ein zweiter Fall hat gleichfalls mit einer schönen Frau und zusätzlich mit Schutzgelderpressungen zu tun. Die reifen Herren Williamson, Busey, Peter Fonda und Robert Forster – eine Traumbesetzung – erledigen das Nötige ohne Widerspruch und Zögerlichkeiten, gehen dabei aber mit Gemach und einer gewissen Abgeklärtheit zu Werke.

USA 1993, Farbe, 88 Min. **Buch:** Michael Montgomery **Regie** und **Produktion:** Fred Williamson **Mit:** Fred Williamson *(Mac Derringer)*, Peter Fonda *(Jake)*, Gary Busey *(Lenny)*, Robert Forster *(Ted)*, Vanity *(Jennifer)*, Henry Silva *(Santiago)*, Stella Stevens.

Gut zu wissen:
Einige Motive der Handlung finden sich in dem Belmondo-Film «Angst über der Stadt» (1975), der im angelsächsischen Sprachraum den Titel «Night Caller» trägt.

Starke Töne:
«Er wird es überstehen, weil alles durch alles ersetzbar ist.» JAKE

Nightmare – Mörderische Träume A Nightmare on Elm Street

Die 15jährige Nancy und ihre Freunde werden von erschreckenden Alpträumen heimgesucht, in denen ihnen ein verbrutzelter Mann mit einer rasiermesserscharfen Stahlklaue nach dem Leben trachtet. Seine Anschläge sind echt – wer ihnen zum Opfer fällt, stirbt tatsächlich. Die blonde Tina ist bereits sexuell aktiv und im Zuge strenger Genregesetze die erste, die stirbt. Verdächtigt wird ihr Freund. Nancy weist ihren Vater, den zuständigen Ermittler, auf den wahren Täter hin: Freddy Krueger, ein Kindermörder, der von aufgebrachten Eltern lebendig verbrannt wurde. Aber Erwachsene sind in solchen Fällen ja nicht zu gebrauchen, und so nimmt Nancy selbst den Kampf auf, nachdem auch ihr Freund Glen – beachten Sie den jungen und noch sehr blassen Johnny Depp, der mit diesem Film sein Leinwanddebüt gab – in den Teenagerhimmel einging.

USA 1984, Farbe, 85 Min. **Buch** und **Regie:** Wes Craven **Mit:** Heather Langenkamp *(Nancy Thompson)*, Robert Englund *(Freddy Krueger)*, John Saxon *(Lt. Thompson)*, Ronee Blakley *(Marge Thompson)*, Johnny Depp *(Glen Lantz)*, Amanda Wyss *(Tina Gray)*, Nick Corri *(Rod Lane)*, Mimi Meyer-Craven *(Krankenschwester)*.

Starke Töne:
«O Gott – ich sehe heute wieder aus wie 20.» NANCY

Nightshift – Das Leichenhaus flippt völlig aus Night Shift

In der Sitcom «Happy Days» war Ron Howard einst der amerikanische Musterknabe schlechthin, als Regisseur lieferte er später brav Filme ab wie «Backdraft» oder «Apollo

13». Doch auch er hat seine dunkle Seite. So betreute er 1989 als Produzent Joe Dantes gallige Satire «Meine teuflischen Nachbarn». Schlimmer noch, inszenierte er 1982 mit eigener Hand diese grelle Groteske um ein Bordell im Leichenhaus, in der Howards vormaliger Serienkollege Henry Winkler die Hauptrolle spielte, Michael Keaton wild schnatternd debütierte, die sonst so zugeknöpfte Shelley Long eine Hetäre mimte, während Kevin Costner wie auch Shannen Doherty kleindarstellend ein paar Dollar dazuverdienten.

USA 1982, Farbe, 108 Min. **Buch:** Lowell Ganz, Babaloo Mandel **Regie:** Ron Howard **Mit:** Henry Winkler *(Chuck Lumley)*, Michael Keaton *(Bill Blazejowski)*, Shelley Long *(Belinda)*, Gina Hecht *(Charlotte)*, Richard Belzer *(Pig)*, Kevin Costner *(Frat Boy Nr. 1)*, Shannen Doherty *(Bluebird)*, Pat Corley.

Gut zu wissen:
Richard Belzer mimt hier den Grobian und prügelt sich sehr unfein herum. Er wurde weithin bekannt mit der Rolle des Det. John Munch in der TV-Serie «Homicide».

Starke Töne:
«Fahren wir 'rum und sammeln Steife auf?» BILLY

Nocturna – Der sinnliche Vampir **Nocturna, Granddaughter of Dracula**

Vielleicht liegt's am schlechten Ruf der Sippe, Tatsache jedenfalls ist, daß Gevatter Draculas familienbetriebenes Hotel sich nicht amortisiert. Die flotte Urenkelin des Inhabers versteigt sich dazu, eine Discogruppe als Zugnummer für den maroden Laden zu engagieren, entbrennt für einen der Musiker und zieht mit ihm gen New York, der erziehungsberechtigte Großvater immer hinterdrein. – Die Besetzung mit Yvonne «Lily Munster» De Carlo und John Carradine spricht für sich.

USA 1980, Farbe, 78 Min. **Buch** und **Regie:** Harry Tampa **Mit:** Nai Bonet *(Nocturna)*, John Carradine *(Graf Dracula)*, Yvonne De Carlo *(Jugulia)*, Brother Theodore *(Theodore)*, Sy Richardson *(R. H. Factor)*, Tony Hamilton *(Jimmy)*, Monica Tidwell *(Brenda)*.

Alternativtitel:
«Dracula auf Abwegen»; «Unsichtbare Dämonen»; «Draculas erotische Abenteuer»

Gut zu wissen:
Nai Bonet war eine vormalige Bauchtänzerin. Ihre Firma «Nai Bonet Enterprises» produzierte den Film mit finanzieller Unterstützung des Schauspielers und Finanzjongleurs William Callahan.

Nomads – Tod aus dem Nichts **Nomads**

Staunen darf Lesley-Anne Down, denn unverhofft liegt Pierce Brosnan auf ihrem Tisch. Freilich handelt es sich um einen Behandlungstisch, und Pierce stirbt der Ärztin unter den Händen weg. Damit aber beginnt für Lesley-Anne ein nervenzehrender Alptraum, in dem sie die letzten Tage ihres Patienten nacherlebt und dabei häßliche Erfahrungen mit jenseitigen Wesen macht: den Nomads. Außerdem muß sie sich mit Adam Ant abgeben. John McTiernan, heute ein Blockbuster-Regisseur, erprobte sich mit seinem selbstverfaßten Debütfilm recht wacker am Horrorgenre.

USA 1985, Farbe, 89 Min. **Buch** und **Regie:** John McTiernan **Mit:** Lesley Ann Down *(Dr. Eileen Flax)*, Pierce Brosnan *(Jean Charles Pommier)*, Adam Ant *(Number One)*, Anna-Maria Montecelli *(Niki Pommier)*, Jeannie Elias *(Cassie)*, Mary Woronov *(Dancing Mary)*, Josie Cotton *(Silver Ring)*, Nina Foch.

Die Normannen **Les vikings attaquent / I normanni**

Als Dagobert die Briten lenkte
Und Neffe Wilfried sich vor Haß verrenkte

Nosferatu in Venedig: Klaus Kinski

Ersann der Letztgenannte eine List
Um innert knapp gesetzter Frist
Den Oheim um den Thron zu bringen
Der Anschlag scheint auch zu gelingen
Dann aber dreht sich flugs der Wind
Es meldet sich des Königs Kind
Das Anspruch auf ein Erbe hat
Und dieser Zug setzt Wilfried matt.

Italien/Frankreich 1962, Farbe, 82 Min. **Buch:** Nino Stresa **Regie:** Giuseppe Vari **Mit:** Cameron Mitchell *(Graf Oliver D'Anglon)*, Ettore Manni *(Wilfried)*, Geneviève Grad *(Svetiana)*, Franca Bettoja *(Königin Patricia)*, Philippe Hersent *(Olaf)*, Paul Muller *(Thomas)*.

Nosferatu in Venedig

Nosferatu a Venezia / Vampires in Venice

Paris Catalano wird nach Venedig gerufen, das anhaltende Unheil über dem Haus der Prinzessin Helietta zu bannen. Erreicht wird das Gegenteil: Nach 200 Jahren erhebt sich Nosferatu aus der mit Eisenbändern versiegelten Truhe, wandert durch das karnevalistische Treiben der Lagunenstadt und schlurft und schlürft, derweil ihm Helietta vollends verfällt. Endlich erscheint er in ihrem Schlafzimmer und führt sie hinweg. Ihre Schwester stürzt sich in die Tiefe, wird aber von Nosferatu aufgefangen und davongetragen. Der blutsatte Vampir ist todesmüd, nur die reine Liebe einer Jungfrau kann ihn vom Fluch ewiger Wiederkehr erlösen, und die Gerettete ist dazu bereit ... Für Venediganhänger sehr reizvoll, für Freunde brachialen Horrors weniger.

Italien 1987, Farbe, 96 Min. **Buch** und **Regie:** Augusto Caminito **Mit:** Klaus Kinski *(Nosferatu)*, Barbara de Rossi *(Helietta Canins)*, Christopher Plummer *(Paris Catalano)*, Yorgo Voyagis *(Giuseppe Barnabo)*, Donald Pleasence *(Don Alvisc)*, Anne Knecht, Elvire Audray.

Nosferatu – Vampirische Leidenschaft **Embrace of the Vampire / Nosferatu Diaries**

Bei den Alyssa-Milano-Fans steht dieser Film an zentraler Stelle des Schreins. Um ihrem Kleinmädchenimage entgegenzuwirken, entschied sich die aus TV-Serien wie «Wer ist hier der Boß?» bekannte Schauspielerin für diesen erotischen Vampirfilm. Sie spielt eine von Nonnen erzogene reine Seele. Ein Vampir hält die keusche junge Studentin für die Reinkarnation einer früheren Geliebten und benötigt ihr jungfräuliches Blut für sein Weiterbestehen. Er buhlt um die attraktive Frau und inszeniert etliche Versuchungen für sie und ihren Freund, woraufhin sich die sexuellen Phantasien der beiden entzünden – kein Wunder, da sich Jennifer Tilly und Charlotte Lewis als Lustobjekte anbieten.

USA 1994, Farbe, 86 Min. **Buch:** Halle Eaton & Nicole Coady, Rick Bitzelberger **Regie:** Ann Goursaud **Mit:** Alyssa Milano *(Charlotte)*, Martin Kemp *(Vampir)*, Charlotte Lewis *(Sarah)*, Jennifer Tilly *(Marika)*, Harrison Pruett *(Chris)*, Jordan Ladd *(Eliza)*.

Gut zu wissen:
Regisseurin Ann Goursaud gehörte zum Schnitteam von «Bram Stokers Dracula». 1995 drehte sie, wiederum mit Alyssa Milano, «Poison Ivy II» («Duplicate»).

No Way Back – Die ultimative Menschenjagd **Latino Encounter**

Derek Cheung liefert mit diesem Film ein beinahe Bild für Bild übereinstimmendes Remake von Robert Rodriguez' → EL MARIACHI, dem Augenschein nach sogar teilweise an denselben Schauplätzen gedreht, aber kurioserweise mit chinesischen Darstellern in den Hauptrollen, besser budgetiert und natürlich durchschlagender in den Action- und Gewaltszenen. Wieder etwas, was man nicht alle Tage sieht.

Hongkong 1994, Farbe, 93 Min. **Buch:** Au Pui Ying **Regie:** Derek Cheung Man-Gong **Mit:** Leon Lai Ming *(Hall / Lam Ling Fai)*, Veronica Yip Yuk-Hing *(Elena / Ho Ying)*, Eric Kot Man-Fai, Jan Lamb Hoi-Fung, Chin Siu Ho, Chan Lung.

Nur die Pflanze war Zeuge **The Kirlian Witness / The Plants are Watching**

Die Anzeigentexter der US-Werbekampagne formulierten voll blühender Phantasie: «This motion picture will scare you. You may never feel safe around plants again. Take the risk but ... BEWARE!» Hier wurde einseitig Stimmung gegen Zimmerpflanzen gemacht, denn realiter ist die floristische Komparserie bei der Entlarvung eines Mörders behilflich, wie es sich für brave Fleuropäer gehört. Also: Fokus auf den Ficus!

USA 1978, SW / Farbe, 85 Min. **Buch:** Jonathan Sarno, Lamar Sanders **Produktion** und **Regie:** Jonathan Sarno **Mit:** Nancy Snyder *(Rilla)*, Ted LePlat *(Dusty)*, Joel Colodner *(Robert)*, Nancy Boykin *(Laurie)*, Lawrence Tierney *(Detektiv)*, Maia Danziger *(Claire)*.

Octopussy: Roger Moore

Octopussy

Agent 009 legt der britischen Vertretung in Berlin noch schnell ein Fabergé-Ei ins Nest, dann pocht er an die Türe des Agentenhimmels. 007 muß ran, die Scharte auszuwetzen. Ohne lange über einen Plan zu brüten, braust er nach Indien, und der Eiertanz mit gegnerischem Spionagepersonal beginnt. Manch ein Schurke kriegt eins hinter die Löffel, manches Häschen fährt in die Grube, denn es gilt die Welt zu retten, die ein ausgerasteter Sowjetgeneral via Atombombe zu Rührei verarbeiten möchte.

GB 1982, Farbe, 130 Min. **Buch:** George MacDonald Fraser, Richard Maibaum, Michael G. Wilson **Regie:** John Glen **Mit:** Roger Moore *(James Bond)*, Maud Adams *(Octopussy)*, Louis Jourdan *(Kamal)*, Kristina Wayborn *(Magda)*, Kabir Bedi *(Gobinda)*, Steven Berkoff *(Orlov)*, Desmond Llewelyn *(«Q»)*, Robert Brown *(«M»)*, Lois Maxwell *(Miss Moneypenny)*.

Der Onkel vom Mars My Favorite Martian

In den US-Fernsehserien der 60er regierte der pure Wahnsinn. Es gab fliegende Nonnen («The Flying Nun»), goldige Flaschengeister («Bezaubernde Jeannie»), hexende Hausfrauen («Bewitched»). Da fiel ein Marsianer mit einer Art Antennengeweih auf der Stirn schon gar nicht mehr auf. «My Favorite Martian» war eine Sitcom um einen Zeitungsreporter, der über einen notgelandeten Marsmenschen stolpert und diesem bis zur Wiederherstellung des Raumschiffs Asyl gewährt. Für die Kinoadaption wurde die Exposition übernommen, aber mit modernster Illusionstechnologie aufgepeppt, die es ermöglichte, Onkel Martins Raumanzug zu einer eigenständigen Figur zu erheben.

USA 1999, Farbe, 93 Min. **Buch:** Sherri Stoner & Deanna Oliver **Regie:** Donald

Der Onkel vom Mars: Christopher Lloyd

Petrie **Mit:** Christopher Lloyd *(Onkel Martin)*, Jeff Daniels *(Tim O'Hara)*, Elizabeth Hurley *(Brace Channing)*, Daryl Hannah *(Lizzie)*, Wallace Shawn *(Coleye)*, Christine Ebersole *(Mrs. Brown)*, Michael Lerner *(Mr. Channing)*, Ray Walston *(Armitan)*.

Achtung:
Der Serienmarsianer Ray Walston, durch «Picket Fences» erneut zum Kultserienheros geworden, ist in der kleinen, aber entscheidenden Rolle des Armitan zu sehen.

Operation «Kleiner Bruder» O.K. Connery / Operation Kid Brother

Der Umstand, daß Sean Connery einen kleinen Bruder namens Neil hat, brachte italienische Produzenten auf die Idee, in Sachen Bond ein wenig zu nassauern. So spielt der Bruder also tatsächlich den Bruder eines gewissen Herrn Bond, ist zwar eigentlich Chirurg von Beruf, muß sich aber widriger Umstände wegen auch ins Dickicht der Geheimdienste vorwagen, weil der bereits Bond-bewährte Adolfo Celi in einer mit technischen Finessen ausgestatteten unterirdischen Stadt hockt und die Weltherrschaft anstrebt. Da gerade kein echter Bond auf dem Spielplan stand, konnte auch Bernard Lee alias «M» gedungen werden.

Italien 1966, Farbe, 107 Min. **Buch:** Paolo Levi, Franck Walker, Stanley Wright, Stefanio Canzio **Regie:** Alberto de Martino **Mit:** Neil Connery *(Dr. Connery)*, Daniela Bianchi *(Maya)*, Adolfo Celi *(Beta)*, Agata Flory *(Mildred)*, Bernard Lee *(Cunningham)*, Anthony Dawson.

Orca, der Killerwal Orca – The Killer Whale

Was ist größer als ein weißer Hai? Ein weißer Wal. Produzent Dino de Laurentiis ließ gleich klarstellen, was er von dem Mitbewerber hielt: In den ersten Szenen wird ein aggressiver weißer Hai von einem mächtigen weißen Wal zu Filet verarbeitet. Noch Fragen, Spielberg? Mit dieser anfänglichen Attacke rettet der brave Orca Robert Carradines Leben, wird aber trotzdem von dem sturen Seebären Richard Harris bedrängt. Versehentlich trifft die abgeschossene Harpune die schwangere Begleiterin des Wals. Nun ist's vorbei mit der Gemütlichkeit, der Fettwanst schwört ewige Rache und legt richtig los, denn den Abbruch eines Hauses oder eines kompletten Anlegers erledigt er locker mit der linken Flossenspitze.

USA 1977, Farbe, 92 Min. **Buch:** Luciano Vincenzoni, Sergio Donati **Regie:** Michael Anderson **Mit:** Richard Harris *(Kapitän Nolan)*, Charlotte Rampling *(Rachel Bedford)*, Will Sampson *(Jacob Umilak)*, Bo Derek *(Annie)*, Robert Carradine *(Ken)*, Keenan Wynn.

Orion 3000 – Raumfahrt des Grauens

Original Gangstas

Sie sind noch da, sie sind in bestem Zustand und machen der nichtsnutzigen Jugend Feuer unter dem Hintern: Ron O'Neal, Richard Roundtree, Pamela Grier, Jim Brown und Fred Williamson, die ragendsten Ikonen des *blaxploitation*-Films, schreiten in Westernmanier die Hauptstraße von Gary (Indiana) hinunter und schießen, was die Kammern hergeben. Nötig wurde das Eingreifen der alten Garde, weil die heruntergekommene Stahlmetropole vom Mob beherrscht wird. Williamson und Brown, beide anderweitig zu Ruhm und Wohlstand gelangt, kehren in ihre Heimatstadt zurück, versammeln alte Weggefährten und fegen das Ghetto aus – mit eisernem Besen.

USA 1996, Farbe, 95 Min. **Buch:** Aubrey Rattan **Regie:** Larry Cohen **Mit:** Jim Brown *(Jake Trevor)*, Fred Williamson *(John Bookman)*, Pam Grier *(Laurie Thompson)*, Paul Winfield *(Reverend Dorsey)*, Isabel Sanford *(Gracie Bookman)*, Richard Roundtree *(Slick)*, Ron O'Neal *(Bubba)*, Charles Napier *(Bürgermeister)*, Robert Forster *(Det. Slatten)*, Wings Hauser *(Michael Casey)*.

Gut zu wissen:
Fred Williamson war auch Produzent des Films.

Wie seine Darsteller, ist Larry Cohen ein Veteran des Genres. Er drehte u. a. ➜ GODFATHER OF HARLEM und die Fortsetzung HELL UP IN HARLEM.

Pam Grier und Robert Forster standen im Jahr darauf bei Quentin Tarantinos «Jackie Brown» erneut gemeinsam vor der Kamera.

Orion 3000 – Raumfahrt des Grauens Missione pianeta errante

Natürlich hat dieser Film rein gar nichts mit dem Raumschiff Orion aus der Kultserie «Raumpatrouille» zu tun – galaxisweit und milchstraßenbreit ist kein Dietmar Schönherr in Sicht. Hilfsweise übernimmt Commander Rod Jackson die Erdenrettung, da ein vagabundierender roter Himmelskörper heftige Erdstöße verursacht. So verläßt der tapfere Raumfahrer die schützende Außenbasis Gamma 1, um die Sache zu bereinigen.

Italien 1965, Farbe, 83 Min. **Buch:** Ivan Reiner, Renato Moretti **Regie:** Anthony Dawson (= Antonio Margheriti) **Mit:** Jack Stuart *(Com. Rod Jackson)*, Ombretta Colli *(Janet Norton)*, Halina Zalewska *(Terry Sanchez)*, Peter Martell, Archie Savage.

Der Ostfriesenreport

Mit erstaunlichem Einfühlungsvermögen und förmlich sich überschlagender mimetischer Nuancierungswut verkörpert der Schauspieler, Autor und fahrende Sänger Konstantin Wecker in dieser ethnographisch angelegten Spieldokumentation einen Angehörigen des in noch unerforschten Gebieten des Ems-Deltas hausenden, von zivilisatorischen Errungenschaften weitgehend unbeleckt gebliebenen Stammes der bajuwarischen Singrecken. Diese Darbietung des über den Dreharbeiten gerade 26jährigen Universaltalents, welches späterhin furchtlos auch als Verfasser volkstümlicher Mundartdichtungen ebenso vehement wie beängstigend hervortrat, gilt bis heute als eine schauspielerische Leistung von exorbitantem Rang.

BRD 1973, Farbe, 80 Min. **Buch:** Fred Denger, Jean C. Aurive **Regie:** Walter Boos **Mit:** Josef Moosholzer *(Alois)*, Margot Mahler *(Lisa)*, Konstantin Wecker *(Hinnerk)*, Joachim Hackethal *(Ossi Jansen)*, Alena Penz *(Nelly)*, Katrin Hofmann *(Gigi)*, Rosy Schubert, Isa Brandt, Gudrun Thiel.

Alternativtitel:
«Ostfriesen-Report: O mei, haben die Ostfriesen Riesen»; «Laß jubeln, Zenzi!»

Over the Top

Menahem Golan wollte seinen Goldesel wenigstens einmal selbst inszenieren und bugsierte ihn hinter den Volant einer mächtigen Zugmaschine, die hinlänglich geeignet ist, geschmacklose Ziergärten umzupflügen. Nebenher wird Stallone noch Champion im Armdrücken und bringt seinen verwöhnten Filius zur Räson. Koautor Stirling Silliphant brachte wahrlich schon Originelleres zu Papier.

USA 1987, Farbe, 93 Min. **Buch:** Stirling Silliphant, Sylvester Stallone **Regie:** Menahem Golan **Mit:** Sylvester Stallone *(Lincoln Hawk)*, Robert Loggia *(Jason Cutler)*, David Mendenhall *(Michael Cutler)*, Susan Blakely *(Christina Hawk)*, Rick Zumwalt *(Bob Hurley)*, Terry Funk *(Ruker)*, Chris McCarthy *(Tim Salanger)*, Bob Beattie, Alan Graf, Magic Schwarz.

Ein Papst zum Küssen The Pope Must Die

Um einiges drastischer als der deutsche, forderte der ursprüngliche Titel: «The Pope Must Die». Dem US-Distributor erschien dieser Imperativ ein wenig heikel. Man fand aber eine elegante Lösung für das Problem: In den Staaten hieß der Film «The Pope Must Diet». Auch wenn der für seinen reichlich zügellosen Humor bekannte Peter Richardson als Regisseur zeichnet – ganz so wüst ist die Klerikalklamotte denn doch nicht geraten. Im groben und ganzen geht's um einen unbescholtenen Pater, der durch göttliche Fügung irrtümlich zum Papst berufen wird und sich im Vatikan mit korrupten Kardinälen und anderen seltsamen Heiligen herumschlagen muß.

GB 1990, Farbe, 97 Min. **Buch:** Peter Richardson, Pete Richens **Regie:** Peter Richardson **Mit:** Robbie Coltrane *(Pater Dave Albinizi)*, Beverly D'Angelo *(Veronica Dante)*, Herbert Lom *(Vittorio Corelli)*, Balthazar Getty *(Joe Don Dante)*, Alex Rocco *(Kardinal Rocco)*, Paul Bartel *(Monsignor Fitchie)*, Peter Richardson *(Bish)*, Adrian Edmondson *(Pater Rookie)*.

Gut zu wissen:
Für den Soundtrack zeichnen Anne Dudley, vormals bei The Art of Noise, und Altrocker Jeff Beck verantwortlich.

Parasite

Auch Demi Moore hat die Ochsentour hinter sich: vom B-Film über die *daytime soap* «General Hospital» (1982–1983) zum Weltruhm. Hier ist sie einem Wissenschaftler behilflich, selbstgezüchtete Parasiten auszurotten, die sich vorzugsweise durch menschliche Leiber fressen. Einen Ableger seiner Schöpfung trägt der Forscher im eigenen Körper, ein anderer ist entwischt. Die allmächtige Zyrex Corporation, der Arbeitgeber des Monsterzüchters, möchte die Biester gern zurückhaben und schickt einen gedungenen Mörder aus. Ein paar Rocker im Mad-Max-Look treten auf, und auch der gierige Parasit hat immer wieder erhabene Momente, die in der 3-D-Version besonders wirkungsvoll zur Geltung kommen.

USA 1982, Farbe, 84 Min. **Buch:** Alan J. Adler, Michael Shoob, Frank Levering **Produktion** und **Regie:** Charles Band **Mit:** Robert Glaudini *(Dr. Paul Dean)*, Demi Moore *(Patricia)*, Luca Bercovici *(Ricus)*, James Davidson *(Wolf)*, Al Fann *(Collins)*, Tom Villard, Cherie Currie, Vivian Blaine.

Alternativtitel:
«Killer-Parasit»; «Der Killerparasit»

Gut zu wissen:
Cherie Currie war von 1975 bis 1977 Leadsängerin der Mädchenband The Runaways, der zeitweilig auch Joan Jett, Lita Ford und die später bei den Bangles anzutreffende Micki Steele angehörten.

Die Spezialeffekte besorgte Stan Winston, im weiteren Karriereverlauf in derselben Funktion tätig für Großproduktionen wie «Edward mit den Scherenhänden», «Terminator 2» und «Jurassic Park».

Charles Band hatte bereits einige Filme des gleichen Kalibers produziert, als er mit «Parasite» seinen Einstand als Regisseur gab. Er ist der Sohn Albert Bands, der seinerseits Auto- und Off-Kinos mit Nachschub versorgte (➜ ZOLTAN, DRACULAS BLUTHUND).

Parasiten-Mörder The Parasite Murders / Shivers / Frissons / They Came From Within

Cronenbergs Weitsicht ist schon verblüffend: Entstanden aus einem mißratenen Aphrodisiakum, verbreitet sich ein parasitäres Gewürm beim Geschlechtsverkehr von Mensch zu Mensch und ist bald nicht mehr zu bremsen. Die Befallenen entwickeln entweder außerordentlichen sexuellen Appetit oder mörderische Aggressionen … Produziert wurde der Schocker von einer Film-

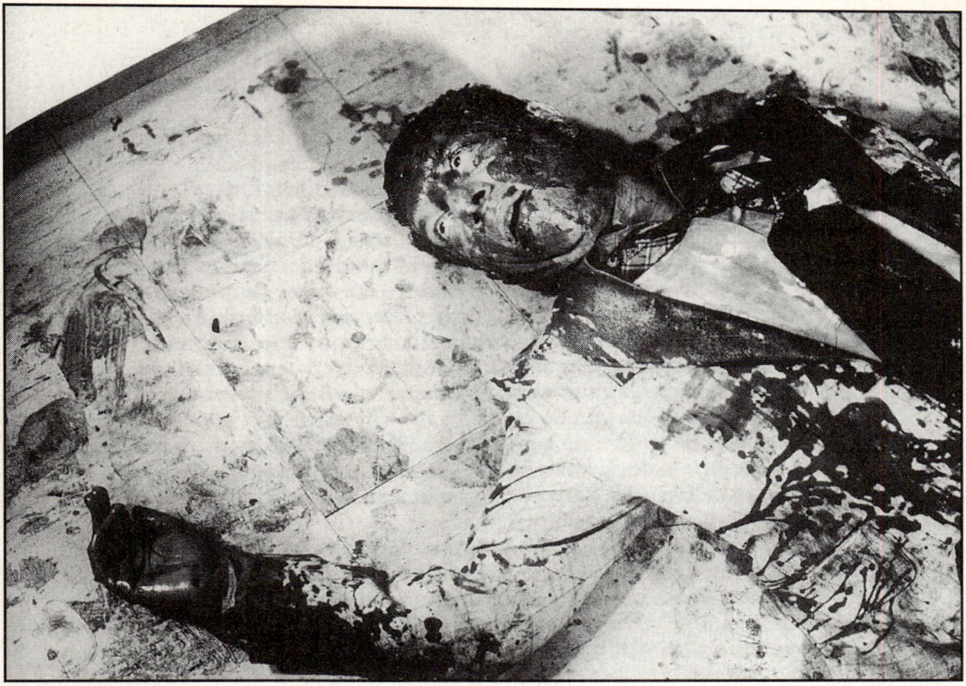

Parasiten-Mörder

firma, die bis dahin ihr Auskommen mit Erotikfilmen fand, und finanziert mit Geldern von der damals gerade eingeführten staatlichen kanadischen Filmförderung ... Ohne diese beiden Einrichtungen hätte man womöglich nie von David Cronenberg gehört.

Kanada 1974, Farbe, 87 Min. **Buch** und **Regie:** David Cronenberg **Mit:** Paul Hampton *(Dr. Roger St. Luc)*, Barbara Steele *(Betts)*, Joe Silver *(Rollo Linsky)*, Lynn Lowry *(Forsythe)*, Alan Migicovsky *(Nicholas Tudor)*, Susan Petrie *(Janine Tudor)*.

Gut zu wissen:
Produzent und Komponist des Films war Ivan Reitman, später in Hollywood als Regisseur zuständig für familienfreundliche Großproduktionen wie «Ghostbusters» oder «Kindergarten Cop».

Parfüm des Todes Ultimate Desire

Ein edles Olfaktorium aus der Schnupperwarenfabrik der graziösen Grace Lantel macht die Männer wild, im vorliegenden Fall jedoch anders, als der Herstellerin lieb sein kann: Ein mysteriöser Killer geht um und hinterläßt stets nach vollbrachter Tat besagte Duftnote. Zwei Schnüffler, Ex-Polizistin die eine, amtierender Cop der andere, stecken ihre Nasen in diese Angelegenheit und stoßen dabei unter anderem auf Martin Kemp, der früher mal bei Spandau Ballet den Baß schlug und schon in «Die Krays» einen infernalischen Fiesling abgab.

USA 1993, Farbe, 89 Min. **Buch** und **Regie:** Rodney McDonald **Mit:** Martin Kemp *(Gordon*

Lewis), Kate Hodge *(Lauren Allen)*, Robert Miranda *(Nick Palermo)*, Deborah Shelton *(Grace Lantel)*, Mary Stavin *(Adrienne)*, Greg Daniel *(Polizist)*.

Pee Wees irre Abenteuer
Pee-wee's Big Adventure

Von fern grüßen de Sicas «Fahrraddiebe», aber der Komiker Pee-Wee Herman und sein Regisseur, der spätere «Batman»-Interpret Tim Burton, hatten wahrlich anderes im Sinn als spröden Neorealismus. Weil ihm sein heißgeliebtes, mit allerlei Spezifikationen versehenes Velo gestohlen wird, verläßt der Titelheld seine paradiesische Spielzeugwelt und sucht erst in Fort Alamo, dann in Hollywood, wo er denn auch gleich in irgendwelche Dreharbeiten hineinstolpert.

USA 1985, Farbe, 90 Min. **Buch:** Phil Hartman, Paul Reubens, Michael Varhol **Regie:** Tim Burton **Mit:** Pee-Wee Herman (= Paul Reubens; *Pee-Wee Herman*), Elizabeth Daily *(Dottie)*, Mark Holton *(Francis)*, Diane Salinger *(Simone)*, Judd Omen *(Mickey)* und *Cameos* von Morgan Fairchild, James Brolin, Milton Berle, Cassandra Peterson, Twisted Sister.

Gut zu wissen:
«Pee-Wee Herman», gespielt von Komiker Paul Reubens, trat erstmals 1982 in der TV-Produktion «The Pee-Wee Herman Show» ins Rampenlicht und wurde 1986 Moderator der Kindersendung «Pee-Wee's Playhouse», die ein schnelles Ende fand, nachdem Reubens 1991 wegen sittenwidrigen Verhaltens in einem Pornokino verhaftet worden war.

Perry Rhodan – SOS aus dem Weltall Orbit a mortal / 4, 3, 2, 1, Muerte

Knapp verhauen haben sich die beiden Szenaristen, als sie seinerzeit den ersten Mondlandeanflug für das Jahr 1971 prophezeiten. Auf dem Trabanten stoßen Rhodan und Begleiter unverhofft auf reizende Herrschaften von der Milchstraße gegenüber, die zwar über allerlei avancierten technischen Schnickschnack verfügen, desungeachtet aber auf irdische Medizinmänner angewiesen sind, um ihre kosmischen Wehwehchen auszukurieren. Diesen Humbug akzeptierten nicht einmal die verstiegensten Rhodan-Fans, die den Film nebst Darstellern liebend gern zum Mond geschossen hätten.

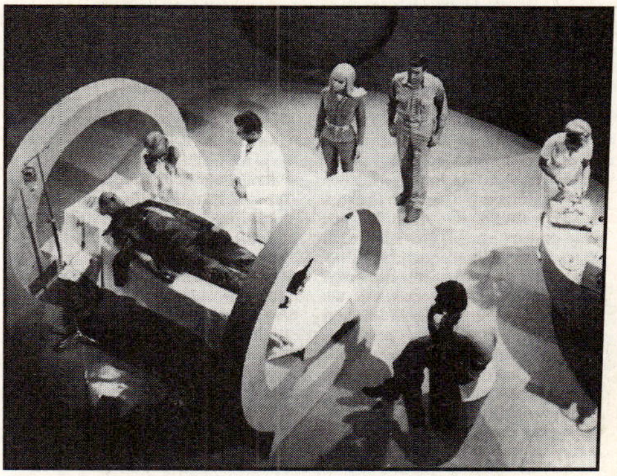

Perry Rhodan

BRD / Italien / Spanien 1966, Farbe, 79 Min. **Buch:** Karlheinz Vogelmann, Federico d'Urutia **Regie:** Primo Zeglio **Mit:** Lang Jeffries *(Perry Rhodan)*, Ann Smyrner *(Dr. Sheridan)*, Pinkas Braun *(Homer Arkin)*, Essy Persson *(Thora)*, John Carlesen *(Crest)*, Joachim Hansen *(Dr. Manoli)*, Luis Davila *(Reginald Bull)*.

Gut zu wissen:
Die Spezialeffekte verantwortete Antonio Margheriti alias Anthony Dawson, der als Regisseur auch noch ein gehöriges Quantum zum abseitigen Kino beitragen sollte.

Das Phantom von Hollywood
The Phantom of Hollywood

Phantome gehen nicht nur in der Oper um. Manche sind Filmfans und hausen in der

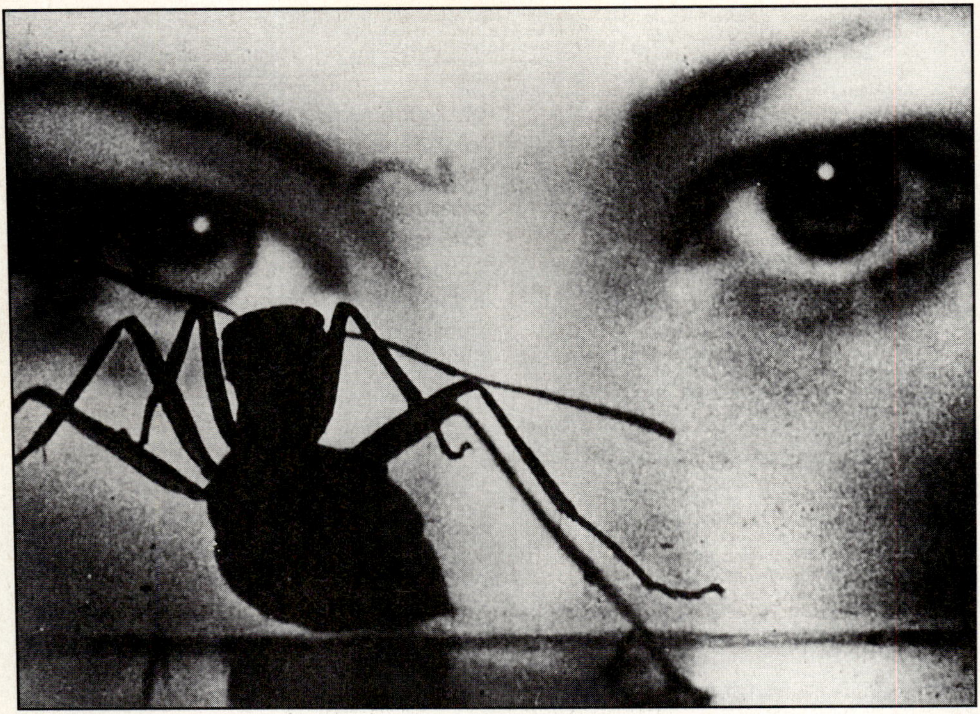

Phase IV

verschachtelten Kulissenwelt des weitläufigen MGM-Geländes. Freilich gleicht die Geschichte erkennbar dem Roman von Gaston Leroux und den darauf basierenden Film- und Musicalversionen: Ein junger Schauspieler wird durch einen Unfall entstellt und lebt fortan weltabgewandt inmitten von ausrangierten Studiodekors. Als der Betrieb eingestellt und der Fundus aufgelöst werden soll, fallen mehrere Arbeiter mysteriösen Unfällen zum Opfer. Dann wird auch noch die Tochter des Studiochefs verschleppt.

USA 1974, Farbe, 74 Min. **Buch:** Robert Thom, George Schenck **Regie:** Gene Levitt **Mit:** Jack Cassidy *(Otto Vonner/Phantom)*, Skye Aubrey *(Randy Cross)*, Peter Lawford *(Roger Cross)*, Skye Aubrey *(Randy)*, Jackie Coogan *(Jonathan)*, Broderick Crawford *(Gifford)*, John Ireland, Kent Taylor, Regis Toomey, Billy Halop.

Gut zu wissen:
Die Verbindung zur Wirklichkeit: Im Mai 1970 wurden tatsächlich die MGM-Bestände an Requisiten, Kostümen und Kulissenteilen im Rahmen eines 18tägigen Ausverkaufs verschleudert und Teile des Studiogeländes in Bauland umgewandelt. Verantwortlich dafür war der berüchtigte Studioboß James T. Aubrey – dessen Tochter in diesem Film die Rolle der Randy Cross spielt!

Phase IV

Nicht immer braucht es galaktisches Gezücht für eine beklemmende Schreckensvision. In Saul Bass' Thriller genügen ein paar aufmüpfige Ameisenvölker, die plötzlich ungeahnte Intelligenz zeigen und sich mit den Menschen anlegen. Es scheint kein Mittel zu geben gegen die enorm anpas-

Phenomena

sungsfähigen Insekten. Schließlich gelingt es einem Forscher, mit den Angreifern zu kommunizieren, und er vernimmt das Anliegen der Tiere: Sie wollen nicht ablassen von ihrem tödlichen Treiben, ehe nicht menschlicherseits ein Opfer dargebracht wurde.

GB/USA 1973, Farbe, 84 Min. **Buch:** Mayo Simon **Regie:** Saul Bass **Mit:** Nigel Davenport *(Ernest Hubbs)*, Lynne Frederick *(Kendra)*, Michael Murphy *(James Lesko)*, Alan Gifford *(Eldridge)*, Helen Horton *(Mrs. Eldridge)*, Robert Henderson *(Clete)*.

Gut zu wissen:
Der gelernte Grafikdesigner Saul Bass gestaltete die Titelvorspänne von Filmen wie «Carmen Jones», «Vertigo» und «Der Rosenkrieg», außerdem die Storyboards zu Hitchcocks «Psycho». Als zweiter Regisseur arbeitete er an «Spartacus» mit und an dem Rennfahrerfilm «Grand Prix».

Phenomena

Wenn der Vorhang aufgeht und die Kamera ein Mädchenpensionat ins Visier nimmt, läßt der erste Mord nicht lange auf sich warten. So auch hier. Allerdings weiß Dario Argento der Standardsituation einiges abzugewinnen, indem er Elemente des Insektenthrillers zitiert: Die kindliche Jennifer Connelly, auch sie ein Internatszögling, vermag auf telepathischem Wege mit Insekten zu kommunizieren und nimmt ihre geflügelten Freunde in Anspruch, das Rätsel der Serienmorde zu lösen. Ihr zur Seite steht Donald Pleasence, der ja längst allerhand gewohnt ist.

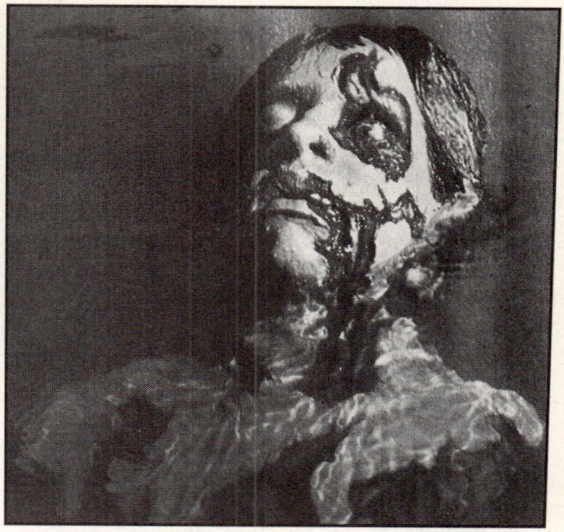

Piranha

Italien/Schweiz 1984, Farbe, 111 Min. **Buch:** Dario Argento, Franco Ferrini **Produktion** und **Regie:** Dario Argento **Mit:** Jennifer Connelly *(Jennifer Corvino)*, Daria Nicolodi *(Frau Bruckner)*, Dalila di Lazzaro *(Rektor)*, Patrick Bauchau *(Inspektor Geiger)*, Donald Pleasence *(Professor McGregor)*, Fiore Argento.

Gut zu wissen:
Fiore Argento ist die Tochter des Regisseurs. Trotzdem erfährt sie im Film eine alles andere als pflegliche Behandlung ...

Unter dem Titel «Creepers» wurde auf dem englischsprachigen Markt eine um 20 Minuten gekürzte Version in Umlauf gebracht.

Piranha

Zwei Twens auf Wandertour stoßen in einer scheint's stillgelegten Industrieanlage auf ein Bassin und entschließen sich zum nächtlichen Bade. Böser Fehler. Eine Woche später

Piranha II – Fliegende Killer

erscheint die resolute Maggie McKeown vom *Interstate*-Suchbüro und forscht nach dem Verbleib der beiden. Der trinkfreudige Einsiedler Grogan weist ihr den Weg, und gemeinsam lassen sie das Wasser aus dem Becken, um nach den Leichen der Vermißten zu suchen. Der Hüter der Anlage versucht sie aufgeregt schnatternd daran zu hindern. Sein Geschwätz entwirrt sich, als Maggie und Paul per Floß die Heimreise antreten. Während weiter unten am Fluß ein Wettschwimmen vorbereitet wird, erfahren die beiden, warum der Film ausgerechnet diesen Titel trägt.

USA 1978, Farbe, 94 Min.

Buch: John Sayles **Regie:** Joe Dante **Mit:** Bradford Dillman *(Paul Grogan)*, Heather Menzies *(Maggie McKeown)*, Kevin McCarthy *(Dr. Robert Hoak)*, Keenan Wynn *(Jack)*, Dick Miller *(Buck Gardner)*, Barbara Steele *(Dr. Mengers)*, Paul Bartel *(Dumont)*.

Achtung:
Maggie vergnügt sich im Flughafenfoyer mit einem Computerspiel namens «Jaws».

John Sayles erledigt seinen üblichen Kurzauftritt diesmal in Gestalt eines Wachsoldaten.

Piranhas 2 – Die Rache der Killerfische Killer Fish

«Piranhas 2» ist ja eigentlich «Killer Fish 1». Aber das soll nicht weiter stören, solang die Fische beißen. Und das tun sie mit großem Behagen, wenn sich Lee Majors und Karen Black bemühen, einen versenkten Schatz zurückzugewinnen. Es handelt sich um die Beute aus einem Raubzug, die vorübergehend in einem Urwaldsee deponiert wurde. Um voreiligen Zugriff zu verhindern, hat der Kopf der Bande Piranhas freigesetzt –

ohne seine Komplizen zu informieren. Schnapp, weg waren sie ... Als zusätzliche Appetithappen servieren sich Margaux Hemingway und Marisa Berenson, und weil Piranhas alleine schon nicht mehr abendfüllend waren, gab's noch eine recht flüssig inszenierte Überschwemmung als kleines Extra.

Italien/Brasilien 1978, Farbe, 101 Min. **Buch:** Michael Rogers **Regie:** Anthony M. Dawson **Mit:** Lee Majors *(Robert Lasky)*, Karen Black *(Kate Neville)*, Margaux Hemingway *(Gabrielle)*, Marisa Berenson *(Ann)*, James Franciscus *(Paul Diller)*, Roy Brocksmith *(Ollie)*, Dan Pastorini *(Hans)*.

Hoppla:
Als eine Staumauer bricht, reißt die gigantische Flutwelle selbst weit entfernte Industrieanlagen von den Sockeln. Das direkt unterhalb des Damms mit sämtlichen Hauptfiguren festsitzende Boot aber nimmt nicht den mindesten Schaden und rührt sich keine Handbreit von der Stelle.

Piranha II – Fliegende Killer
Piranha Part Two – The Spawning/ Piranha II: Flying Killers

Es bestehe keine Gefahr mehr, hatte Barbara Steele in Teil 1 voreilig behauptet. Von wegen – es kann ja der Piranha nicht in Frieden leben, so es dem Menschen nicht gefällt. Gerade versucht ein junges Paar, seinem Liebesleben durch submarine Aktivitäten neuen Auftrieb zu geben, da schwirren die Zuchtergebnisse der «Operation Rasierzähne» auch schon heran. Es folgt der Personalüberblick: Touristen, Fischer, tölpelhafte Wochenendsegler stehen als Naschwerk bereit. Die Killerfische haben neue Talente entwickelt, sie agieren nicht mehr allein im Wasser, sondern auch zu Lande und in der Luft. Tapfere Menschen machen sich daran, die Brut der Gierfische zu vernichten, doch die kommen von ihrem Beutezug früher zurück als erwartet.

USA 1981, Farbe, 94 Min. **Buch:** H. A. Milton **Regie:** James Cameron **Mit:** Tricia O'Neil *(Anne)*, Steve Marachuk *(Tyler)*, Lance Henriksen *(Sheriff)*, Ricky G. Paul *(Chris)*, Ted Richert *(Raoul)*, Carol Davis *(Jai)*.

Alternativtitel:
«Fliegende Killer – Piranha II»

Gut zu wissen:
Noch vor Fertigstellung des Films wurde Regisseur James Cameron von seinen Pflichten entbunden. Es ward sein Schade nicht – als nächstes drehte er «Terminator», ein paar Jahre später «Titanic», und bei der folgenden Oscar-Verleihung grölte er gar, er sei der König der Welt.

Die Piratenbraut Cutthroat Island

Geena Davis, frisch verwaist, steht ihrem seeräubernden Vater nicht nach und trennt beherzt dessen Kopftätowierung vom entseelten Schädel, zeigt diese doch den Zipfel einer Schatzkarte. Ein ergänzendes Stück befindet sich im Besitz Frank Langellas, der den Hort gern für sich hätte. So hebt ein grandioses Hauen und Stechen an, übermütig und tolldreist wie zu Zeiten Errol Flynns, mit verwegenen Stunts und lärmenden Seeschlachten, die den Produzenten trotz gekonnter Ausführung keine Reichtümer, sondern den Bankrott einbrachten.

USA 1995, Farbe, 124 Min. **Buch:** Robert King, Marc Norman **Regie:** Renny Harlin **Mit:** Geena Davis *(Morgan Adams)*, Matthew Modine *(William Shaw)*, Frank Langella *(Capt. Dawg Brown)*, Maury Chaykin *(John Reed)*.

Hoppla:
Die mit nur wenigen Metern Abstand längsseits nebeneinanderliegenden Schiffe befeuern sich aus allen Rohren mit mehreren Breitseiten – und richten dennoch keinerlei Schaden an.

Plan 9 aus dem Weltall, Filmplakat

Piraten im karibischen Meer
Reap the Wild Wind

Wenn Cecil B. DeMille als Regisseur zeichnet, sind schwelgerische Farben und opulente Ausstattung gewiß. So auch in dieser Seeungeheuerlichkeit mit John Wayne als knorrigem Kapitän, der nebenher ein wenig Strandräuberei betreibt, was Ray Milland auf den Plan ruft, der prompt auch noch mit Waynes Mädchen liebäugelt. Einen ‹Oscar› bekam der Film seinerzeit für seine Spezialeffekte, namentlich jene aufregende Unterwassersequenz, in der Wayne und Milland selbander einem monströsen Kraken die Gummibeine langziehen – für Milland nicht die letzte Begegnung mit einer aus der Art geschlagenen Kreatur.

USA 1942, Farbe, 112 Min. **Buch:** Alan LeMay, Jesse L. Lasky jr., Jeanie MacPherson (ohne Nennung im Abspann) **Produktion** und **Regie:** Cecil B. DeMille **Mit:** John Wayne *(Capt. Jack Stuart)*, Paulette Goddard *(Loxi Claiborne)*, Ray Milland *(Stephen Tolliver)*, Raymond Massey *(King Cutler)*, Susan Hayward *(Drusilla Alston)*, Robert Preston *(Dan Cutler)*, Lynne Overman *(Capt. Philpott)*, Victor Kilian *(Nathias Widgeon)*, Charles Bickford *(Captain der «Tyfib»)*.

Plan 9 aus dem Weltall **Plan 9 from Outer Space**

Die ersten acht Pläne zur Eroberung der Erde sind schmählich gescheitert, aber Eros und Tanna haben noch einen in Reserve: Die Wiederbelebung ganzer Heerscharen von Toten, die die Lebenden zu ihresgleichen machen sollen. Polizei und Armee sind hilflos. Einzig der stramme Pilot Jeff Trent vermag ihnen Einhalt zu gebieten. Das zu ver-

***Planet der Affen:* Charlton Heston**

hindern, entführen die Untertäßler Jeffs propere Gattin und bringen diesen erst recht gegen sich auf. Ein paar gezielten Boxschlägen sind die Fremden nicht gewachsen. Jeff holt seine Frau zurück, und das Raumschiff explodiert beim Fluchtversuch. – Ein echter Garagenfilm Marke Ed Wood, mit den letzten zwei Minuten Film, die Bela Lugosi vor seinem Tod noch abdrehen konnte. Den Rest bestritt ein Ersatzmann, sein Gesicht hinter einem hochgehaltenen Umhang verbergend.

USA 1956–58, SW, 79 Min. **Produktion, Buch** und **Regie:** Edward D. Wood jr. **Mit:** Bela Lugosi *(Ghoul Man)*, Vampira *(Ghoul Woman)*, Lyle Talbot *(Gen. Roberts)*, Tor Johnson *(Insp. Clay)*, Gregory Walcott *(Jeff Trent)*, Dudley Manlove *(Eros)*, Mona McKinnon *(Paula Trent)*, Duke Moore *(Lt. Harper)*, Joanna Lee *(Tanna)*, Criswell, Tom Keene.

Starke Töne:
«Können Sie beweisen, daß es nicht so passiert ist?» CRISWELL

Planet der Affen Planet of the Apes

Die Weltraumexkursion der drei Astronauten Taylor, Landon und Dodge währte länger, als diese zunächst ahnen. Sie stranden auf einem Planeten, der ihr Weltbild erschüttert: Hier sind Menschen primitive Geschöpfe, die Primaten hingegen eine intelligente Spezies. Man pflegt entsprechenden Umgang mit den Neuankömmlingen. Landon und Dodge finden den Tod, Taylor kann sich einer Halsverletzung wegen vorerst nicht artikulieren. Als der ruppige Draufgängertyp seine Sprache zurückgefunden hat, wird er zum Objekt wissenschaftlicher Begierde, sein Bericht aber als ersponnen abgetan. Weil Taylors Schilderungen die Überlieferungen der Affengesellschaft in Frage stellen könnten, soll er zum Schweigen gebracht werden.

USA 1968, Farbe, 112 Min. **Buch:** Michael Wilson, Rod Serling **Regie:** Franklin J. Schaffner **Mit:** Charlton Heston *(George Taylor)*, Roddy McDowall *(Cornelius)*, Kim Hunter *(Zira)*, Maurice Evans *(Dr. Zaius)*, James Whitmore *(Präsident)*, James Daly *(Honorious)*, Linda Harrison *(Nova)*.

Gut zu wissen:
Die Romanvorlage stammte von Pierre Boulle. Koautor Rod Serling ist der Schöpfer der Kultserie «Twilight Zone».

Planet der Vampire Terrore nello spazio / Planet of the Vampires

Der deutsche und der englische Titel spielen an auf Mario Bavas Vampirfilm «Die Stunde, wenn Dracula kommt». Anders als in jenem Kostümstückchen hausen hier die bestialischen Gierhälse in den nebelverschleierten Kulissen des Planeten Aura. Auf den werden Captain Markary und seine in modische Raumanzüge gehüllten Getreuen von fremden Mächten niedergezwungen. Nur zwei Angehörige des ausschwärmenden Spähtrupps kehren in das Raumschiff zurück – zu ihrem Nachteil verändert, wie der dort harrende Wess voller Entsetzen erkennen muß.

Planet der Vampire

Italien / Spanien 1965, Farbe, 86 Min. **Buch:** Ib Melchior, Castillo Cosulich, Antonio Roman, Alberto Bevilacqua, Mario Bava, Rafael J. Salvia **Regie:** Mario Bava **Mit:** Barry Sullivan *(Capt. Mark Markary)*, Norma Begell *(Sanya)*, Angel Aranda *(Wess)*, Evi Morandi *(Tiona)*, Fernando Villena *(Karan)*.

Alternativtitel:
«Schrecken im Weltall»

Planet des Grauens World Without End

Rein zeitlich gesehen schießen vier Astronauten unter der Führung John Bordens bei der Rückkehr vom Mars schwungvoll über ihr Ziel hinaus – sie landen im Jahr 2508. Der Vorteil: Sie haben den großen Atomkrieg bereits hinter sich. Dasselbe gilt für die Überlebenden, die allerdings unter den Folgen der radioaktiven Verstrahlung leiden. Oberirdisch hausen verfressene Mutanten aller Art, eine Zivilisation gibt es nur noch im Erdinneren. Doch diese braven Herrschaften drohen auszusterben, denn die Männer sind nicht fortpflanzungsfähig. Da trifft es sich doch glänzend, daß vier potente Burschen aus der Vergangenheit hereingeschneit kommen, die auch gleich die Verteidigung gegen die zunehmend angriffslustigeren Mißgebilde organisieren.

USA 1956, Farbe, 81 Min. **Buch** und **Regie:** Edward Bernds **Mit:** Hugh Marlowe *(John Borden)*, Nancy Gates *(Garnet)*, Nelson Leigh *(Galbraithe)*, Rod Taylor *(Ellis)*, Shawn Smith *(Elaine)*, Lisa Montell *(Deena)*, Christopher Dark *(Jaffe)*, Everett Glass *(Timmek)*, Stanley Fraser *(Elda)*, Booth Colman *(Mories)*, Paul Brinegar *(Vida)*.

Alternativtitel:
«Der verfluchte Planet»

Der Planet Saturn läßt schön grüßen The Incredible Melting Man

Die Menschheit hat einfach kein Glück mit ihren Ausflügen zum Saturn. Leidtragender ist diesmal Steve West, einziger Überlebender eines solchen Unternehmens und schwer gestraft mit einer Art Infektion, die ihn gleichsam schmelzen läßt. Damit einher geht eine Veränderung seiner Eßgewohnheiten – es gelüstet ihn nach menschlichem Fleisch, weil nur diese Nahrung seine Regeneration ermöglicht. Er entweicht aus der Quarantäne, tut sich in der Umgebung um und delektiert sich u.a. an der Schwiegermutter des für seinen Fall zuständigen Wissenschaftlers. Derweil tropft er vor sich hin und verliert auch mal ein Ohr oder einen Arm, was die Arbeit seiner Verfolger ungemein erleichtert.

USA 1977, Farbe, 86 Min. **Buch** und **Regie:** William Sachs **Mit:** Alex Rebar *(Steve West)*, Burr DeBenning *(Dr. Ted Nelson)*, Myron Healey *(Gen. Mike Perry)*, Ann Sweeny *(Judy Nelson)*, Julie Drazen *(Carol)*, Rainbeaux Smith, Michael Aldredge.

Gut zu wissen:
Rick Baker, der Schöpfer des zerfließenden Monsters, stieg auf zu einem der begehrtesten Effektspezialisten Hollywoods.

Achtung:
Als Nebendarsteller betätigte sich Sachs' Regiekollege Jonathan Demme.

Posse: Mario van Peebles

Posse – Die Rache des Jessie Lee Posse

Schwarze Amerikaner waren im klassischen Hollywood-Western wenn überhaupt, dann nur als Narren oder Domestiken zugelassen. Tatsächlich aber gab es schwarze Cowboys, Sheriffs und Rancher; Afroamerikaner kämpften während des Bürgerkriegs und auch Ende des 19. Jahrhunderts auf Kuba im Konflikt zwischen den USA und Spanien. Aus den historisch verbürgten Tatsachen hat Mario Van Peebles einen stilechten Western gemacht – besetzt mit Ikonen der schwarzen Kulturgeschichte aus drei Generationen. Woody Strode ist dabei, der schon unter John Ford und Sergio Leone spielte, Pam Grier und Isaac Hayes, die Rapper Big Daddy Kane und Tone Loc, die Filmemacher Charles Lane und die Gebrüder Hudlin. Alle miteinander satteln auf und rappen das Lied vom Tod.

USA/GB 1993, Farbe, 107 Min. **Buch:** Sy Richardson, Dario Scardapane **Regie:** Mario Van Peebles **Mit:** Mario Van Peebles *(Jessie Lee)*, Stephen Baldwin *(Little J.)*, Charles Lane *(Weezie)*, Tiny Lister jr. *(Obobo)*, Paul Bartel *(Bürgermeister)*, Isaac Hayes *(Cable)*, Salli Richardson *(Lana)*, Billy Zane *(Col. Graham)*, Big Daddy Kane *(Vater Time)*, Blair Underwood *(Carver)*, Melvin Van Peebles *(Papa Joe)*, Tone Loc *(Angel)*, Pam Grier *(Phoebe)*, Vesta Williams *(Vera)*, Woody Strode *(Erzähler)*.

Predator

Die US-Truppe metzelt mal wieder auswärts, wo sie, bei kleinlicher Auslegung des Völkerrechts, eigentlich nichts zu suchen hat. Bis ein unsichtbares Wesen aus dem All die Verhältnisse umkehrt und das Platoon systematisch dezimiert. Schwarzenegger bleibt als letzter übrig, reckt entschlossen seinen Keilerkiefer und steigt in den Matsch, um den Bewegungsmeldern der Bestie zu entgehen.

USA 1987, Farbe, 107 Min. **Buch:** Jim Thomas, John Thomas **Regie:** John McTiernan **Mit:** Arnold Schwarzenegger *(Dutch Schaeffer)*, Carl Weathers *(Dillon)*, Elpidia Carillo *(Anna)*, Bill Duke *(Mac)*, Sonny Landham *(Billy)*, Jesse Ventura *(Blain)*, R. G. Armstrong *(General Phillips)*, Kevin Peter Hall *(Predator)*, Shane Black *(Hawkins)*.

Gut zu wissen:
Shane Black ist der Drehbuchautor der Filme «Lethal Weapon» und ➜ THE LAST BOY SCOUT, die wie «Predator» von Joel Silver produziert wurden. Er hatte sich bei Vertragsabschluß ausbedungen, eine kleine Rolle in einem Action-Film übernehmen zu dürfen.

Predator II Predator 2

Als hätten sie nicht schon genug mit paramilitärischen Dealerbanden zu tun, stolpern Danny Glover und seine Kollegen inmitten der bürgerkriegsähnlichen Wirren

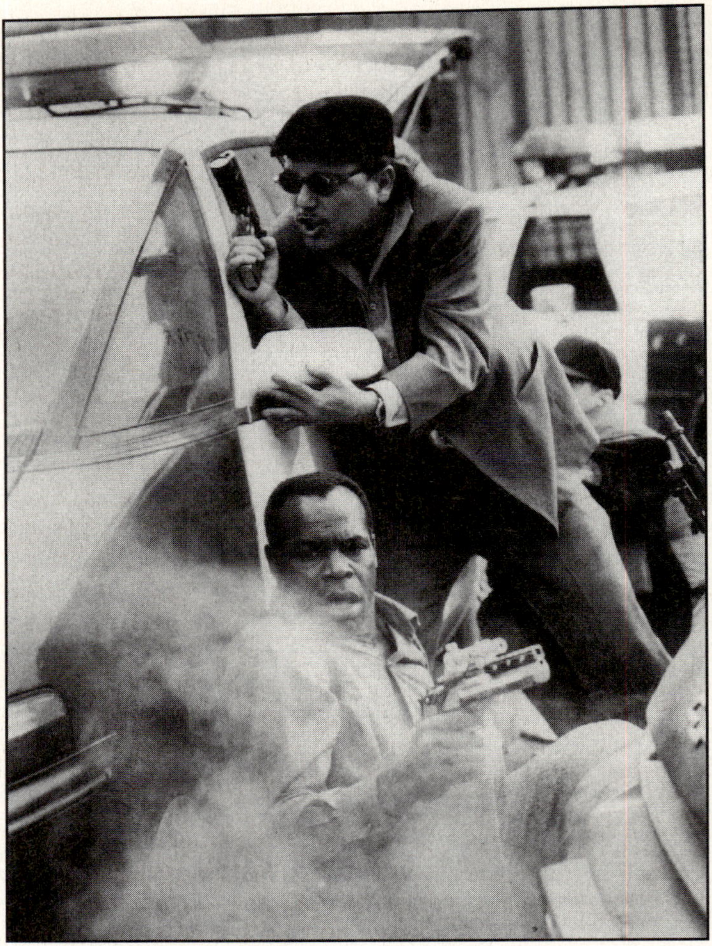

Predator II:* *Danny Glover und Ruben Blades

im Los Angeles des Jahres 1997 auch noch über einen schlüpfrigen Außerirdischen. Wer dessen häßliche Eigenschaften nicht mehr in Erinnerung hat, bekommt sie noch einmal vorgeführt, drastischer und effektvoller denn je. Beim Bemühen, den galaktischen Nimrod zur Strecke zu bringen, kommen den wackeren Polizisten u. a. FBI-Leute in die Quere, die das Alien gern examinieren würden. In flottem Tempo geht es über diverse urbane Schauplätze bis ins Raumschiff des Fremden, wo noch eine besondere Überraschung wartet.

USA 1990, Farbe, 108 Min. **Buch:** Jim Thomas, John Thomas **Regie:** Stephen Hopkins **Mit:** Danny Glover *(Harrigan)*, Gary Busey *(Keyes)*, Ruben Blades *(Danny)*, Maria Conchita Alonso *(Leona)*, Bill Paxton *(Jerry)*, Kevin Michael Hall *(Predator)*, Robert Davis, Adam Baldwin, Calvin Lockhart, Teri Weigel, Elpidia Carillo, Morton Downey jr.

Achtung:
Zu den Jagdtrophäen, die der Predator über die Jahre zusammengetragen hat, gehört auch das Skelett eines ziemlich berühmten Aliens.

Pridemoore Reform School Girls

Weniger die Musik als vielmehr effekthascherische Mätzchen waren das Metier der von einem cleveren Stripclub-Besitzer in die Welt gesetzten Retortenband The Plasmatics. Deren Frontfrau Wendy O. Williams gab sich als Schwererziehbare und setzte dies später im Filmgeschäft mit gleichfalls eher mäßigem Erfolg fort. Hier turnt sie auf einem Bus herum und gerät ins Frauengefängnis «Pridemoore», das von den strengen Matronen Sybil Danning und der schwergewichtigen Pat Ast mit harter Hand geleitet wird. Als die beiden ein Mädchen in den Selbstmord treiben, erheben sich die Gedemütigten und machen reinen Tisch ... Einige Rezensenten verstanden den Film als Parodie, andere rieten ab.

USA 1986, Farbe, 94 Min. **Buch** und **Regie:** Tom DeSimone **Mit:** Wendy O. Williams *(Charlie)*, Sybil Danning *(Sutter)*, Pat Ast *(Edna)*, Linda Carol *(Jenny)*, Charlotte McGinnis *(Dr. Norton)*, Sherri Stoner *(Lisa)*, Michelle Bauer, Leslie Bremmer.

Alternativtitel:
«Pridemoore – Revolte im Frauenzuchthaus»

Gut zu wissen:
Pat Ast spielte zuvor u. a. in der Andy-Warhol-Produktion «Hollywood».

The Prisoner Island on Fire

Um den Mord an seinem Gönner und Schwiegervater in spe zu rächen, läßt sich Andy in ein Gefängnis sperren. Dort trifft er den wegen Mordes verurteilten Steve – Jackie Chan in einer ungewohnt ernsten Rolle –, der aus Notwehr handelte, dies aber nicht beweisen konnte. Sie und zwei andere Männer werden in Morde verstrickt und zum Tode verurteilt. Die Vorgänge erweisen sich als Manöver einer geheimen Regierungsorganisation. Die läßt Hinrichtungen fingieren, um Killer zu rekrutieren für heimtückische Morde an Kriminellen. Für den Fall der erfolgreichen Ausführung wird den Delinquenten die Freiheit versprochen – eine Lüge, denn niemand möchte unliebsame Zeugen für diese illegale Form der Verbrechensbekämpfung.

Hongkong 1991, Farbe, 92 Min. **Buch:** Fu Li, Yeh Yuen Chio **Regie:** Chu Yin Ping **Mit:** Tony Leung *(Andy)*, Jackie Chan *(Steve)*, Sammo Hung *(Eddie)*, Jimmy Wang Yu (auch **Produktion;** *Lucas)*, Andy Lau *(Boss Lee)*.

Gut zu wissen:
Die All-Star-Besetzung fand sich zusammen, um dem Genreveteranen Jimmy Wang Yu, Hauptdarsteller wegweisender Filme wie «One-Armed Boxer», beim Wechsel ins Produzentenfach behilflich zu sein.

Privileg: Paul Jones

Privileg Privilege

Ein Rocksänger wird unwissentlich zum Werkzeug rechtsgerichteter Politiker, die die Popularität des Teenageridols mißbrauchen, um die Jugend zu manipulieren. Johnny Speight, der mit der Sitcom «Till Death Do Us Part» die Originalversion von «Ein Herz und eine Seele» konzipierte, lieferte die Idee. Regie führte Peter Watkins, der den dokumentarischen Inszenierungsstil seines bekanntesten Films «War Games» beibehielt. Obwohl mit dem Sänger Paul Jones (später Frontmann der Blues Band) und dem Fotomodell Jean Shrimpton prominent besetzt, wurde der Film ein Flop. Das lag zum Teil an der mangelnden Unterstützung der zuständigen Vertriebsfirma, deren Führung Anstoß nahm an den autoritäts- und kirchenfeindlichen Inhalten dieser fabulösen Mischung aus Popkultur und Zeitkritik. GB 1967, Farbe, 103 Min. **Buch:** Norman Bogner, Peter Watkins **Regie:** Peter Watkins, Derek Ware **Mit:** Paul Jones *(Steve Shorter)*, Jean Shrimpton *(Vanessa Ritchie)*, Mark London *(Alvin Kirsch)*, William Job *(Andrew Butler)*, Max Bacon *(Julie Jordan)*, Jeremy Child *(Martin Crossley)*, James Cossins *(Prof. Tatham)*, Victor Henry.

Gut zu wissen:
Den Soundtrack besorgte der Komponist und Produzent Mike Leander, später Mentor und musikalische Stütze des Glamrock-Idols Gary Glitter.

Proteus – Das Experiment
Proteus

Es muß nicht immer Weltall sein, auch auf einer vermeintlich verlassenen Bohrinsel kann das Grauen lauern, ein doppelter Schock, wenn man als Schiffbrüchiger schon einiges hinter sich hat. So widerfährt es einem Sechserpack junger Leute, die eigentlich Drogen schmuggeln wollten. Nach ihrer Havarie retten sie sich auf die stählerne Plattform, die vormals ein Forschungslabor beherbergte. Die Wissenschaft aber gebar ein Monster, das einen eigenwilligen Begriff von Gastfreundschaft hat. USA/GB 1995, Farbe, 92 Min. **Buch:** John Brosnan **Regie:** Bob Keen **Mit:** Craig Fairbrass *(Alex)*, Toni Barry *(Linda)*, William Marsh *(Mark)*, Jennifer Calvert *(Rachel)*, Robert Firth *(Paul)*.

Psychock The Silent Scream

Es wäre alles in der Familie geblieben, hätte sich nicht Mrs. Engels genötigt gesehen, einige Zimmer an Studenten des nahe gelegenen Colleges zu vermieten. Eine junge Kommilitonin zieht hier ein, bekommt aber bald Grund zur Sorge, als ein Mitbewohner ermordet am Strand aufgefunden wird. Sie investigiert und stößt auf Barbara Steele, die auf dem Dachboden hockt und alte Platten hört. Sie ist Yvonne De Carlos Tochter und hat ihren Verstand verloren. Ihr Sohn, der bislang De Carlo für seine Mutter hielt, tut es ihr nach und macht sich daran, seine Familie auszurotten. Bangen muß man um die Studentin – wird Cameron Mitchell, hier ausnahmsweise mal nicht als Übeltäter zu sehen, noch rechtzeitig eintreffen? USA 1979, Farbe, 85 Min. **Buch:** Ken Wheat, Jim Wheat (auch **Produktion**), Wallace Bennett **Regie:** Denny Harris **Mit:** Rebecca Balding *(Scotty)*, Cameron Mitchell *(Lt. McGiver)*, Avery Schreiber *(Sgt. Rusin)*, Barbara Steele *(Victoria)*, Yvonne De Carlo *(Frau Engels)*, Brad Reardon *(Mason Engels)*.

Psych-Out

Susan Strasberg gerät im Haight-Ashbury des Jahres 1968 an die Hippies Jack Nicholson, Max Julien und Dean Stockwell und im Drogenrausch beinahe unter die Räder. Eigentlich sucht sie ihren Bruder, bei dem es sich um Bruce Dern handelt, der durch langjährigen Betäubungsmittelmißbrauch einen schweren Dachschaden davongetragen hat. Es musizieren The Strawberry Alarm Clock und The Seeds. USA 1968, Farbe, 88 Min. **Buch:** E. Hunter Willett, Betty Ulius, Betty Tusher **Regie:** Richard Rush **Mit:** Susan Strasberg *(Jenny Davis)*, Bruce Dern *(Steve)*, Jack Nicholson *(Stoney)*, Dean Stockwell *(Dave)*, Adam Roarke *(Ben)*, Max Julien *(Elwood)*, Robert Kelljan.

Pulp Fiction, Filmplakat

Achtung:
Nebendarsteller Robert Kelljan inszenierte die beiden «Count Yorga»-Filme ➜ JUNGES BLUT FÜR DRACULA und ➜ DIE SIEBEN PRANKEN DES SATANS.

Pulp Fiction

Die Verlängerung der Sitcom mit den Mitteln des Kinos.

USA 1994, Farbe, 153 Min **Buch:** Quentin Tarantino und Roger Avary **Regie:** Quentin Tarantino **Mit:** John Travolta *(Vincent Vega)*, Samuel L. Jackson *(Jules Winfield)*, Uma Thurman *(Mia Wallace)*, Harvey Keitel *(Mr. Wolf)*, Tim Roth *(Pumpkin)*, Amanda Plummer *(Honey Bunny)*, Ving Rhames *(Marsellus Wallace)*, Eric Stoltz *(Lance)*, Rosanna Arquette *(Jody)*, Bruce Willis *(Butch Coolidge)*, Maria de Medeiros *(Fabienne)*, Christopher Walken *(Capt. Koons)*.

Pulse

Hier gibt's Hochspannung in doppeltem Sinne, denn das elektrisch betriebene Hausgerät probt den Aufmupf. Der kleine David, vorübergehend zu Gast bei Vater und Stiefmutter, merkt's recht früh, die Erwachsenen hingegen erst, nachdem ihnen hochvoltig und wattstark eins übergebraten wurde. Dann aber kennt Vater Bill kein Pardon und haut den nächstbesten Strommast um. Ein nichtsnutziger, aber unterhaltsamer kleiner Thriller mit dezent eingebetteter Ökobotschaft.

USA 1988, Farbe, 87 Min. **Buch** und **Regie:** Paul Golding **Mit:** Joey Lawrence *(David)*, Cliff De Young *(Bill)*, Roxanne Hart *(Ellen)*, Matthew Lawrence *(Stevie)*, Charles Tyner *(Old Man)*, Dennis Redfield *(Pete)*, Robert Romanus *(Paul)*, Myron Healey *(Howard)*.

Gut zu wissen:
Die Musik des Films schrieb Jay Ferguson, einst Mitglied der Hippie-Band Spirit, später ein gefragter Studiomusiker und mit Songs wie «Thunder Island» auch als Solist in den Hitparaden erfolgreich. Er steuerte ferner zum Soundtrack der TV-Serie «Melrose Place» bei.

Puppet Masters – Bedrohung aus dem All **Puppet Masters**

In Abrose (Iowa) ziehen sich eines Tages die Wolken zusammen. Drei Knaben, die auf grünen Wiesen zwischen weißen Zäunen spielen, zeigen fortan abnormes Verhalten. Die hellwache NASA schickt gleich Donald Sutherland und ein Team gewiefter Burschen aus. Sie finden ein UFO, das angeblich von einigen Jugendlichen gebaut wurde. Wer aber in sein Inneres vordringt, kehrt mit glasigen Augen zurück. Sutherlands Leute ermitteln, daß die Bewohner des Örtchens von außerirdischen Parasiten befallen wurden. Während der Untersuchung

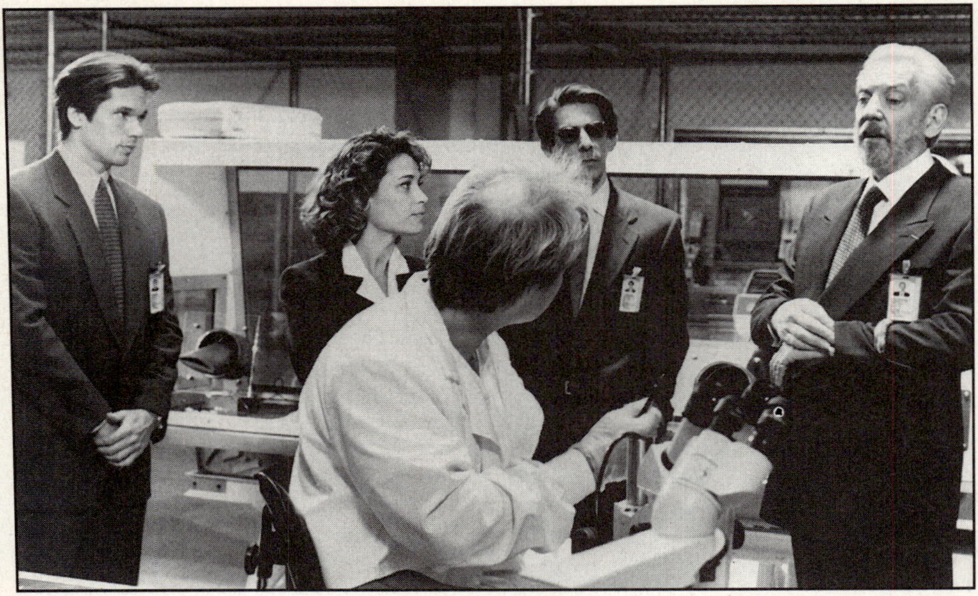

Puppet Masters – Bedrohung aus dem All: Richard Belzer (hinten) und Donald Sutherland (rechts)

entkommt eines dieser polypenartigen Wesen, und fortan macht sich Mißtrauen breit – mit Recht, denn die schlüpfrigen Ekelpakete winden sich von einem Wirt zum nächsten.

USA 1994, Farbe, 108 Min. **Buch:** Ted Elliott, Terry Rossio, David S. Goyer **Regie:** Stuart Orme **Mit:** Donald Sutherland *(Andrew Nivens)*, Eric Thal *(Sam Nivens)*, Julie Warner *(Mary Sefton)*, Keith David *(Holland)*, Will Patton *(Graves)*, Richard Belzer *(Jarvis)*, Ressler *(Yaphet Kotto)*.

Quiet Earth – Das letzte Experiment Quiet Earth

Ein Endzeitfilm ohne goldige E.T.s, wilde Maxe, mutierte Biker. Der neuseeländische Regisseur Geoff Murphy registriert kühl die Erlebnisse und Empfindungen eines Menschen, der sich in einer offenbar entvölkerten Welt wiederfindet. Der Mann versucht den Grund für die Katastrophe herauszufinden und stößt dabei auf weitere Überlebende. Die kleine Gruppe muß zur Kenntnis nehmen, daß vom technischen Erbe der untergegangenen Menschheit noch immer tödliche Gefahren ausgehen.

USA 1985, Farbe, 91 Min. **Buch:** Bill Baer, Bruno Lawrence **Regie:** Geoff Murphy **Mit:** Bruno Lawrence *(Zac Hobson)*, Alison Routledge *(Joanne)*, Pete Smith *(Api)*, Norman Fletcher *(Perrin)*, Tom Hyde, Tui Downie, Anzac Wallace.

Gut zu wissen:
1987 erhielt «Quiet Earth» den Publikums- und den Jurypreis auf dem 13. Festival des Phantastischen Films in München.

Quiet Earth – Das letzte Experiment: Bruno Lawrence

Rabbits Night of the Lepus

Nichts zu lachen haben Arizonas Farmer, als die Killerkaninchen kommen, wohl aber die Zuschauer. Entstanden sind die löffelohrigen Monstren, weil ein Biologenpärchen sich am Erbgut der Tiere vergriffen hatte. Jetzt sind sie groß und aggressiv wie tollwütige Dobermänner und hoppeln in bedrohlichen Zeitlupenbewegungen über die Prärie. Da muß schon die Nationalgarde her, um der Invasion etwas entgegenzusetzen. Letztlich ist es aber ein schlitzohriger Sheriff, der eine rettende Lösung findet.

USA 1972, Farbe, 86 Min. **Buch:** Don Holliday, Gene R. Kearney **Mit:** Stuart Whitman *(Roy Bennett)*, Rory Calhoun *(Cole Hillman)*, Janet Leigh *(Gerry Bennett)*, Paul Fix *(Sheriff Cody)*, Melanie Fullerton *(Amanda Bennett)*, DeForest Kelley *(Dr. Elgin Clark)*, Chris Morrell *(Jackie Hillman)*, Chuck Hayward *(Jud)*, Henry Wills *(Frank)*, Francesca Jarvis *(Mildred)*, Inez Perez *(Haushälterin)*, I. Stanford Jolley *(Berichterstatter)*.

Rabid – der brüllende Tod

Ein junges Paar verunglückt in der Nähe der Klinik des Schönheitschirurgen Dr. Keloid. Hart ist nur leicht verletzt, Roses Verletzungen machen hingegen eine Hauttransplantation nötig. Bei der Operation wendet Keloid ein neues Verfahren an und rettet seiner Patientin damit das Leben. Einen Monat später ist sie wiederhergestellt, hat sich aber unbemerkt verändert: Unter ihrem Arm ist ein Stachel gewachsen, mittels dessen sie anderen Menschen Blut absaugt. Die Gestochenen werden zu ihresgleichen, bald ist ganz Montreal von Blutsaugern übervölkert. Die Regierung verkündet den Ausnahmezustand und setzt Militär ein. Hart und ein Arzt machen sich auf die Suche nach der Urheberin der Epidemie.

Kanada 1977, Farbe, 91 Min. **Buch** und **Regie:** David Cronenberg **Mit:** Marilyn Chambers *(Rose)*, Frank Moore *(Hart Read)*, Joe Silver *(Murray Cypher)*, Howard Ryshpan *(Dr. Dan Keloid)*, Susan Roman *(Mindy Kent)*.

Alternativtitel:
«Der Überfall der teuflischen Bestien»

Gut zu wissen:
Marilyn Chambers war in ihrer Jugend ein prominentes Werbemodell. 1972 debütierte sie als Pornodarstellerin mit der Hauptrolle in dem Hardcore-Klassiker «Behind the Green Door». Neben ihrer Filmkarriere spielte sie auch Theater.

Die Rache der Pharaonen The Mummy

Auch in der «Hammer»-Neuauflage des Gruselklassikers «The Mummy» geben sich die treuen Weggefährten Christopher Lee und Peter Cushing ein Stelldichein. In der Rolle des Archäologen Banning öffnet Cushing gegen die üblichen Warnungen das Grab einer Pharaonenprinzessin. Gleich nebenan wurde der Hohepriester Kharis zur vorerst letzten Ruhe gebettet. Doch der bandagierte Schelm hat noch etwas auf dem Herzen – er will Vergeltung für die Schän-

***Die Rache der Pharaonen*: Peter Cushing und Christopher Lee**

dung des Grabes seiner glühend verehrten Chefin. Irritierend nur, daß die Gattin des Archäologen der Angebeteten wie aus dem Gesicht geschnitten ist. GB 1959, Farbe, 86 Min. **Buch:** Jimmy Sangster **Regie:** Terence Fisher **Mit:** Peter Cushing *(John Banning)*, Christopher Lee *(Kharis)*, Yvonne Furneaux *(Isobel/ Ananka)*, Eddi Byrne *(Insp. Mulrooney)*, Felix Aymler *(Stephen Banning)*.

Die Rache der schwarzen Spinne The Spider / Earth vs. the Spider

Die langbeinige Höhlenbewohnerin ist nicht etwa vergällt, weil sie «Tarantula» gesehen hat. Vielmehr wurde sie nach ihrer Entdeckung mit chemischen Giften überschüttet und galt bereits als tot, weshalb man das acht Tonnen schwere Ungetüm im Triumph in die Schulaula verbrachte, um sie dort zur Schau zu stellen. Nebenan aber lärmt eine Schülerband, und diese Ruhestörung verstimmt die Spinne dermaßen, daß sie die Glieder reckt, hinauszieht und für ein wenig Sachschaden sorgt. USA 1958, SW, 80 Min. **Buch:** Laszlo Gorog, George W. Yates **Regie:** Bert I. Gordon **Mit:** Ed Kemmer *(Kingman)*, June Kenny *(Carol Flynn)*, Geene Persson *(Mike Simpson)*, Gene Roth *(Sheriff Cagle)*, Hal Torrey *(Mr. Simpson)*.

Die Rache der 1000 Katzen La noche de los mil gatos / Night of a Thousand Cats

Nachher ist der Katzenjammer wieder groß. Aber Hugo Stiglitz mußte ja partout seine gut 1000 Miezen zu Menschenfressern heranzüchten. Die benötigt er als Schutzgarde, verbringt er doch seine Tage damit, bildhübsche Frauen auf sein Kastell zu locken, wo er sich mit ihnen verlustiert und ihnen dann den Garaus macht. Wenn Stiglitz die Haustiger losläßt, quieken die Opfer, aber weniger vor Entsetzen, als vielmehr vor Ekel vor dem Katzenfutter, das man ihnen auf die Haut geschmiert hat, um der Katzenstatisterie Appetit zu machen. Wirklich Art hätte es gehabt, Tom Jones zum bösen Ende «What's New, Pussycat» schmettern zu lassen. Aber auch ohne dies enthält der Film einige echte Brüller.

Mexiko 1972, Farbe, 83 Min. **Buch:** Mario Marzac **Regie:** René Cardona **Mit:** Anjanette Comer, Hugo Stiglitz, Zulma Fayad, Christa Linder, Scott H. Hall, Ashlyn Martin, Thomas Wood, Jerome Eden, Astrid Olsen.

Die Rache des Würgers, Filmplakat

Die Rache des Ungeheuers
Revenge of the Creature

Das Ungeschick ihrer Kollegen aus ➜ DER SCHRECKEN VOM AMAZONAS wettzumachen, ziehen John Bromfield und Robert Williams hinaus, den Wassermann von der Schwarzen Lagune in die Zivilisation zu überführen. Das Vorhaben gelingt, und das gar nicht so ungeheuerliche Geschöpf findet ein neues Zuhause in einem Ozeanarium, wo es vom Volke beguckt und von Fachleuten begutachtet werden kann. Letzteres übernehmen Lori Nelson und John Agar. Der Fischmann aber, aus seiner letzten Erfahrung nicht schlau geworden, findet abermals Gefallen an der Menschenfrau und entwickelt auch wieder voyeuristische Neigungen, wenn er Agar und Nelson beim Vorspiel zum Laichen zuschaut. Das kann nicht gutgehen.

USA 1955, SW, 82 Min. **Buch:** Martin Berkeley **Regie:** Jack Arnold **Mit:** John Agar *(Prof. Clete Ferguson)*, Lori Nelson *(Helen Dobson)*, John Bromfield *(Joe Hayes)*, Robert B. Williams *(George Johnson)*, Nestor Paiva *(Lucas)*, Grandon Rhodes *(Foster)*, Ricou Browning *(der Kiemenmensch)*.

Achtung:
Clint Eastwood gab in diesem Film sein Leinwanddebüt – in seinem sekundenkurzen Auftritt als Laborassistent Jennings muß er eine entlaufene Labormaus suchen.

Die Rache des Würgers **Bride of the Monster / Bride of the Atom**

Dr. Eric Vornoff, ein *mad scientist*, wie er im Drehbuche steht, tüftelt seit geraumer Zeit an der Züchtung einer Superrasse. Behilflich ist ihm dabei der barhäuptige Koloß Lobo, und damit ihm niemand drauf kommt, hält

Das Rätsel des silbernen Halbmonds: Uschi Glas

sich Vornoff anstelle eines Wachhunds einen Wachkraken, der sich freilich ein wenig träge ausnimmt. Der Polizist Dick Craig untersucht das Verschwinden mehrerer Personen, seine Freundin Janet, eine Journalistin, schließt sich aus beruflichen Gründen an und gerät in Vornoffs Fänge. Der nähme sie gern als Versuchskaninchen her, doch der schwergewichtige Lobo, für die junge Frau entflammt, richtet die Strahlenapparatur auf Vornoff selbst, der daraufhin Superkräfte entwickelt, was sein Ableben aber nicht verhindert.

USA 1956, SW, 70 Min.

Buch: Ed Wood jr., Alex Gordon **Regie:** Ed Wood jr. **Mit:** Bela Lugosi *(Dr. Eric Vornoff)*, Loretta King *(Janet Lawton)*, Tony McCoy *(Lt. Dick Craig)*, Tor Johnson *(Lobo)*, Harvey B. Dunn *(Capt. Robbins)*.

Gut zu wissen:
Tony McCoys Vater stiftete die Produktionsmittel unter der Bedingung, daß sein Sohn den Helden spielen dürfe.

Racheengel in Leder **Model by Day**

In «Goldeneye» starb Famke Janssen als «Xenia Onatopp» seinerzeit einen viel zu frühen Tod; gern hätte sie dem Schnösel vom Dienst mit ihrer ansteckenden Todesverachtung noch ein wenig zusetzen dürfen. Diese Comic-Verfilmung aus kanadischer Fertigung half über die Trauer hinweg: Des Tags macht sich Famke als Supermodel auf den Laufstegen nützlich, nachts aber pirscht sie im atemberaubenden Kampfanzug durch den Großstadtdschungel und versohlt Tunichtgute aller Art, gerät freilich in eine arge Situation, als eine geheimnisvolle Doppelgängerin in Erscheinung tritt, die von weniger gemeinnützigen Motiven geleitet wird. Es hat Anspielungen, Selbstironie und Gastauftritte in geziemendem Maße; so ist für viel Spaß und Kurzweil gesorgt.

Kanada

1993, Farbe, 86 Min. **Buch:** Kevin Taylor, Joseph Loeb III **Regie:** Christian Duguay **Mit:** Famke Janssen *(Lex)*, Sean Young *(Mercedes)*, Shannon Tweed *(Shannon)*, Stephen Shellen, Clark Johnson, Kim Coates, Traci Lind.

Gut zu wissen:
Clark Johnson wurde bekannt als Det. Meldrick Lewis in der Kultserie «Homicide».

Das Rätsel des silbernen Halbmonds Sette orchidee macchiate di rosso

Uschi Glas – eine Frau geht ihren Weg. Der mit Leichen gepflastert ist. Zumindest in dieser mit dem eingeführten Markennamen Edgar Wallace zu Markte getragenen, von diesem aber nicht verantworteten Kriminalerzählung. Darin springt Uschi mit letzter Kraft dem Tod von der Schippe und macht sich auf die Suche nach dem Mordbuben, dessen Kerbholz schon zu diesem Zeitpunkt kaum noch Raum läßt für weitere Missetaten.

BRD / Italien 1972, Farbe, 80 Min. **Buch:** Umberto Lenzi, Paul Hengge, Roberto Gianviti **Regie:** Umberto Lenzi **Mit:** Uschi Glas *(Giulia)*, Antonio Sabàto *(Mario)*, Pier Paolo Capponi *(Vismara)*, Marisa Mell *(Giuseppina-Maria)* Petra Schürmann *(Concetta)*.

Ragman Trick or Treat

Wenn man US-amerikanischen Sektierern glauben darf, gerät unter den Einfluß des Höllenfürsten, wer gewisse Heavy-metal-Platten rückwärts abspielt. Von der modernen Hexenjagd religiöser Fanatiker ließen sich die Drehbuchautoren zu einem Okkultfilmchen inspirieren, in welchem der vorzeitig verstorbene Rockstar Sammi Curr effektsicher reinkarniert, als sein jugendlicher Fan Eddie die letzte Platte des teuren Verblichenen in der falschen Richtung laufen läßt. Fortan heißt es *Ghost – Nachricht von Sammi*, wenn sich der Dies- und der Jenseitige an ihren Peinigern rächen. Die einschlägig vorbelasteten Musiker Gene Simmons und Ozzy Osbourne durften auch mitmachen.

USA 1986, Farbe, 97 Min. **Buch:** Michael S. Murphey, Joel Soisson, Charles Martin Smith, Rhet Topham **Regie:** Charles Martin Smith **Mit:** Marc Price *(Eddie Weinbauer)*, Tony Fields *(Sammi «Ragman» Curr)*, Lisa Orgolini *(Leslie Graham)*, Doug Savant *(Tim Hainey)*, Elaine Joyce *(Angie)*, Ozzy Osbourne *(Reverend)*, Gene Simmonds *(Nuke)*.

Gut zu wissen:
Doug Savant gehörte zur Stammbesetzung der Erfolgsserie «Melrose Place».

Achtung:
Der Regisseur läßt sich in der Rolle eines Lehrers kurz *vor* der Kamera blicken.

Rakete 510 First Man into Space

Wie alle guten Testpiloten, ist auch Dan Prescott nicht zu bändigen. Sein Bruder Chuck, zugleich sein Vorgesetzter, weiß das und hätte lieber einen verläßlichen Mann am Steuer des neuen Raketenflugzeugs Y-13. Sein Argwohn ist berechtigt – gegen seinen Flugplan verläßt Dan die Erdatmosphäre. Der Funkkontakt bricht ab. Später findet man den Flieger, bedeckt mit einem unbekannten Schleim, von Dan aber keine Spur. Als in der Umgebung Tiere gerissen und Blutkonserven geraubt werden, weiß der offenbar B-Film-erfahrene Chuck, was ihn erwartet. Und richtig: Dan ist noch da, sieht aber jetzt aus wie eine verbrutzelte Pizza und schmeckt gern Blut.

GB 1957, SW, 78 Min. **Buch:** John C. Cooper, Lance Z. Hargreaves **Regie:** Robert Day **Mit:** Marshall Thompson *(Comm. Chuck Prescott)* Bill Edwards *(Dan Prescott)*, Marla Landi *(Tia Wellington)*, Carl Jaffe *(Dr. Von Essen)*, Robert Ayres *(Capt. Ben Richards)*.

Rambo III: Sylvester Stallone

Gut zu wissen:
Marshall Thompson blieb den Bestien treu und kümmerte sich ab 1966 in der TV-Serie «Daktari» um schielende Löwen und andere Leidtragende.

Rambo First Blood

Schnell einmal flutscht das Wörtchen «Rambo-Manier» über die kritische Zunge. Wie aber ist diese Manier eigentlich gestaltet? Zählt denn John Rambo nicht im Grunde zu den Mühseligen und Beladenen, als langhaariger Tramper nämlich, der, wie ähnlich einst Peter Fonda und Dennis Hopper, in einem abgeschiedenen Provinznest von einem reaktionären Polizisten drangsaliert wird und daraufhin in die Wälder entweicht, wo er sich, allerdings, mit Guerillamethoden gegen die waffentechnisch überlegene Staatsmacht zur Wehr setzt.

USA 1982, Farbe, 94 Min. **Buch:** Michael Kozoll, William Sackheim, Sylvester Stallone **Regie:** Ted Kotcheff **Mit:** Sylvester Stallone *(John Rambo)*, Richard Crenna *(Col. Trautman)*, Brian Dennehy *(Teasle)*, David Caruso *(Mitch)*, Jack Starrett *(Galt)*, Michael Talbott *(Balford)*.

Gut zu wissen:
Autor Michael Kozoll war Ko-Creator der TV-Serie «Polizeirevier Hill Street». David Caruso spielte dort in einigen Episoden den Anführer der irischen Straßengang «The Shamrocks».

Rambo III

Wenn Amerikas führender Rammbock in den ersten Szenen auf einem buddhistischen Kloster hockt und einen Dachschaden repariert, darf man das durchaus symbolisch auffassen. Es bleibt nicht aus, daß er irgendwann doch zur Sache gehen muß. «Wer sind Sie?» will der brunzdumme

Red Heat: James Belushi und Arnold Schwarzenegger

wischt nach Chicago, wo der sympathische James Belushi schon auf ihn wartet. Arnold kommt seinen Mann abholen, doch der verschwindet ... «Red Heat» bekam einen Eintrag im Filmgeschichtsbuch, weil erstmals eine US-amerikanisch dominierte Produktion auf dem Roten Platz drehen durfte. Auf dem Weg zu Starehren war bereits der Nebendarsteller Larry Fishburne, und die dito unübersehbar auftrumpfende Gina Gershon heimste seither ebenfalls ihren Anteil am Ruhm ein.

USA 1988, Farbe, 103 Min. **Buch:** Harry Kleiner, Walter Hill & Troy Kennedy Martin **Regie:** Walter Hill **Mit:** Arnold Schwarzenegger *(Ivan Danko)*, James Belushi *(Art Ridzik)*, Peter Boyle *(Lou Donnelly)*, Ed O'Ross *(Viktor Rostavili)*, Larry Fishburne *(Lt. Stobbs)*, Gina Gershon, Richard Bright.

Reise in die Unendlichkeit
Le passage

Die Arbeit mit seinem computergesteuerten Ablebesystem ist Gevatter Tod zur Routine geworden. Zwecks Abwechslung läßt er den Schriftsteller und Filmemacher Jean Diaz durch einen Autounfall sterben, um sich von ihm phantasievollere Szenarien entwerfen zu lassen. Als Druckmittel muß Jeans Sohn herhalten, der beim selben Unglück schwer verletzt wurde und jederzeit abberufen werden kann. Jean Diaz aber wird von Alain Delon verkörpert, und es wäre doch gelacht, wenn der alte Haudegen nicht fähig wäre, seinem Peiniger eins auszuwischen.

Frankreich 1986, Farbe, 84 Min. **Buch** und **Regie:** René Manzor **Mit:** Alain Delon *(Jean Diaz)*, Christine Boisson *(Catherine Diaz)*, Alain Musy *(David Diaz)*, Jean-Luc Moreau *(Patrick)*, Alberto Lomeo *(Chirurg)*.

Alternativtitel:
«Le Passage – Reise in die Unendlichkeit»

Die Reise ins Ich **Innerspace**

Tuck Pendleton war mal ein ausgezeichneter Testpilot, bevor ihm sein Hang zum Alkohol die Karriere verdarb. Schließlich bleibt ihm nichts übrig, als an einem dubiosen Experiment teilzunehmen: Mitsamt Spezial-U-Boot wird er ins Mikroformat verkleinert und in eine Spritze gezogen. Der Versuch allerdings verläuft anders als geplant: Gangster machen Jagd auf die Kanüle, und einer der Wissenschaftler rammt sie in höchster Not einem Unbeteiligten (Martin Short) in den Hosenboden. Eine heikle Situation für den miniaturisierten Tuck: er hat nur Sauerstoff für 24 Stunden. Also lotst er seinen Wirt, ein hysterisches Nervenbündel, durch alle anstehenden Hemmnisse. Und daran hat es wahrlich keinen Mangel ... Ein echter Dante.

USA 1987, Farbe, 120 Min. **Buch:** Jeffrey Boam, Chip Proser **Regie:** Joe Dante **Mit:** Dennis Quaid *(Lt. Tuck Pendleton)*, Martin Short *(Jack Putter)*, Meg Ryan *(Lydia Maxwell)*, Kevin McCarthy *(Victor Scrimshaw)*, Fiona Lewis *(Dr. Margaret Canker)*, Robert Picardo *(Cowboy)*, Dick Miller *(Taxifahrer)*.

Reise ins Zentrum der Zeit
Journey to the Center of Time

Dr. Gordon, Mark Manning und Karen White werkelten unter der Ägide ihres Sponsors Stanton ohne Zeitnot vor sich hin, ihre Zeitmaschine zu perfektionieren. Doch mehr als 24 Stunden sind sie bislang nie vorangekommen. Dann stirbt Stanton, und sein Sohn möchte die Einrichtung lukrativeren Forschungsarbeiten widmen, es sei denn, man zeigt ihm relevante Fortschritte. Also reißt Manning alle Regler auf Anschlag, und schon befindet sich das Labor samt Personal und Stanton jr. in ferner Zukunft. Man lernt sympathische Außerirdische und kriegerische Erdlinge kennen, saust wieder zurück, landet in grauer Vorzeit und erlebt mannigfache Kümmernisse, die zum Teil auf das Konto des opportunistischen Feiglings Stanton gehen.

USA 1967, Farbe, 79 Min. **Buch:** David Prentiss **Koproduktion** und **Regie:** David L. Hewitt **Mit:** Abraham Sofaer *(Dr. Gordon)*, Scott Brady *(Stanton jr.)*, Anthony Eisley *(Mark Manning)*, Gigi Perreau *(Karen White)*, Poupee Gamin *(Dr. Vina)*, Austin Green *(Denning)*.

Das Relikt The Relic

Von solchen Möglichkeiten konnten Corman, Castle und Cronenberg nur träumen: Das Monster, gentechnisch betrachtet eine Mischung aus Mensch und Reptil, optisch eine Kreuzung zwischen Riesenwildschwein und Gecko, erklettert Wände und Decken, walzt Industrieregale nieder, köpft Komparsen, als entkorkte es Sektflaschen. Denn, so die Geschichte, es benötigt gewisse menschliche Hormone zum Fortbestand, und es weiß, wie es sie kriegt. Die Biologin Penelope Ann Miller muß all das erst ermitteln, Polizist Tom Sizemore versucht das Schlimmste zu verhindern. Das Geschehen

Das Relikt: Tom Sizemore und Penelope Ann Miller

bleibt weitgehend auf die Keller und Kammern des Chicagoer Museums beschränkt, was dem Film durchaus zum Vorteil gereicht.

USA 1996, Farbe, 110 Min. **Buch:** Amy Jones & John Raffo, Rick Jaffa & Amanda Silver, **Kamera** und **Regie:** Peter Hyams **Mit:** Penelope Ann Miller *(Dr. Margo Green)*, Tom Sizemore *(Lt. Vincent D'Agosta)*, Linda Hunt *(Dr. Ann Cuthbert)*, James Whitmore *(Dr. Albert Frock)*, Clayton Rohner *(Det. Hollingsworth)*, Chi Muoi Lo *(Greg Lee)*, Robert Lasser *(Bürgermeister)*.

The Replacement Killers

Einer alten Verpflichtung wegen muß Chow Yun-Fat für einen Triadenchef Mordaufträge ausführen. Den Schuß auf einen siebenjährigen Jungen aber verweigert er und macht sich damit selbst zur Zielscheibe. Bei der Paßfälscherin Mira Sorvino ordert er neue Papiere. Schon aber stehen die Häscher vor der Tür und die Gesuchten im schallenden Kugelhagel. Beide entkommen, Sorvino wird vorübergehend verhaftet. Nach ihrer Freilassung nimmt Chow erneut Kontakt zu ihr auf. Das Duo hat alsbald die Polizei und Jürgen Prochnow am Hals, während die titelgebenden Ersatzkiller, darunter Til Schweiger, der hier seinem Namen alle Ehre macht, Chows Auftrag übernehmen – was das Publikum um das Leben des Jungen bangen läßt. USA 1998, Farbe, 86 Min. **Buch:** Ken Sanzel **Regie:** Antoine Fucua **Mit:** Chow Yun-Fat *(John Lee)*, Mira Sorvino *(Meg Coburn)*, Michael Rooker *(Stan «Zeedo» Zedkov)*, Kenneth Tsang *(Terence Wei)*, Jürgen Prochnow *(Michael Kogan)*, Til Schweiger *(Ryker)*, Danny Trejo *(Collins)*, Clifton Gonzalez Gonzalez *(Loco)*, Carlos Gomez *(Hunt)*.

Gut zu wissen:
«The Replacement Killers» war Chow Yun-Fats Einstand im US-Filmgewerbe. Als *executive producer* fungierte John Woo.

Starke Töne:
«Kidnapperregel Nr. 1: Der Kidnapper zahlt die Unkosten.» MEG COBURN

Revak, der Sklave von Karthago The Barbarians

Die Lage ist verfahren
Auf seiten der Barbaren
Denn Hannibal begehrt die Welt
Und zieht auch gegen sie ins Feld
Ob Römer oder Slawen
Aus Männern werden Sklaven
Selbst Revak, edler Kelten Sohn
Erleidet Schmach, erduldet Fron
Er sinnt auf Rache für den Tod
Der Schwester, welche in der Not
Sich selbst versenkt' im Meere
Zwecks Wahrung ihrer Ehre
In Karthagos Palästen
Läßt Revak sich nun mästen
Anstatt im Dreck zu suhlen
Muß in Boudoirs er pfuhlen
Tiratha liebt den stolzen Kelten
Den ihre Reize jählings fällten
Doch der hat keine Weile
Denkt immer nur an Keile
Für den verruchten Kainus
Der in die Gruft hinein muß
Und wie's im Altertum so Brauch:
Ein Happy-End gibt's schließlich
auch. USA 1960, Farbe, 82 Min. **Buch:** John Lee Mahin **Regie:** Rudolph Maté **Mit:** Jack Palance *(Revak)*, Milly Vitale *(Tiratha)*, Austin Willis *(Varro)*, Guy Rolfe *(Kainus)*, Richard Wyler *(Lycursus)*, Joseph Cuby *(Babu)*.

Riffs III – Die Ratten von Manhattan Rats – notte di terrore / Les rats de Manhattan

Dieser Film steht in keiner inhaltlichen Beziehung zu jenen beiden, die das Wörtchen «Riff» im Titel führen und jeweils Vernichtungsfeldzüge gegen die vogelfreien Bewohner der Bronx des Jahres 1990 zum Gegenstand rüder filmischer Darstellungen machen. Allerdings könnten die Protagonisten in direkter Linie von den verwegenen Briganten abstammen, denn auch sie schätzen lederne Garderobe. Vermutlich ihrer Zähigkeit wegen überstanden sie die zurückliegende Atomkatastrophe ohne Schaden und tun sich nur in New York um. Dort hausen und herrschen intelligente Ratten, die großen Appetit auf Menschenfleisch entwickelt haben, was etlichen Beteiligten gar nicht gut bekommt. Italien / Frankreich 1984, Farbe, 97 Min. **Buch:** Claudio Fragasso, Bruno Mattei, Hervé Piccini **Regie:** Vincent Dawn **Mit:** Richard Raymond, Janna Ryann, Alex McBride, Tony Lombardo, Richard Cross, Chris Fremont.

Ein Riß in der Welt Crack in the World

Um die Menschheit mit unerschöpflichen Energien aus dem Erdinneren zu versorgen, sprengt Dr. Sorensen mittels Atombombe eine Art überdimensionierter Steckdose in die Kruste unseres leidgeprüften Planeten. Natürlich geht die Sache schief, das Loch erweitert sich zum gigantischen Riß, der die Erde zu spalten droht. Also wird flugs noch 'ne Bombe plaziert. Die Erde gebiert einen neuen Mond, der Verursacher des Desasters stirbt einen unschönen Tod, zurück bleibt ein gefühlsmäßig vernetztes Pärchen, das hoffentlich ein paar pfiffigere Wissenschaftler in die Welt setzen wird.

USA 1964, Farbe, 98 Min. **Buch:** Jon Manchip White, Julian Halevy **Regie:** Andrew Marton **Mit:** Dana Andrews *(Dr. Stephen Sorensen)*, Janette Scott *(Maggie Sorensen)*, Kieron Moore *(Ted Rampion)*, Alexander Knox *(Sir Charles Eggerston).*

Ritter auf heißen Öfen
Knightriders

George A. Romero, sonst in der Hauptsache für Pflege und Wartung des Zombie-Mythos zuständig, transferierte die Artus-Sage ins zeitgenössische Amerika. Unbändige Kradfahrer ziehen über die Auen und verdienen ihren Lebensunterhalt durch die Veranstaltung von Schauturnieren. Nachdem einer der verwegenen Kubikbändiger Starallüren entwickelt hat, ist der Zusammenhalt der Tafelrunde gefährdet.

USA 1980, Farbe, 115 Min. **Buch, Schnitt** und **Regie:** George A. Romero **Mit:** Ed Harris *(Billy)*, Gary Lathi *(Alan)*, Tom Savini *(Morgan)*, Amy Ingersoll *(Linet)*, Patricia Tallman *(Julie)*, Christine Forrest *(Angie)*, Warner Shook *(Pippin)*, Brother Blue *(Merlin).*

Gut zu wissen:
Tom Savini war bei vielen Filmen Romeros für die Make-up-Effekte zuständig. Er wechselte 1990 mit dem Remake des Romero-Klassikers «Die Nacht der lebenden Toten» vom Schminktisch zum Regiestuhl.

Achtung:
Unter den Zuschauern der wackeren Chaisen-Ritter versteckt sich Stephen King. Erkennungszeichen: auffälliger Bierkonsum.

Die Ritter der Kokosnuß
Monty Python and the Holy Grail

König Artus und seine Knappen hoppeln zum Geklapper von Kokosnüssen durchs britische Reich, Freiwillige zu werben für die Tafelrunde. Unterwegs wird allerlei Nonsens geredet, Humbug getrieben und so manche Geschmacksverletzung begangen. Artus trifft auf präkommunistische Kollektive und fanatische Brückenwächter, die buchstäblich bis zum letzten Glied kämpfen, um den Reisenden den Durchgang zu verwehren. Nachdem Artus seine Ritterbande beisammen hat, meldet sich der Herr persönlich und schickt die Getreuen auf die Suche nach dem Heiligen Gral. Sie finden ihn auch, doch zwischen Gralssuchern und Gral lauert der Gralshüter – und der ist schrecklicher noch als der fürchterliche Jabberwocky.

GB 1974, Farbe, 92 Min. **Buch** und **Regie:** Terry Jones, Terry Gilliam **Mit** (in verschiedenen Rollen)**:** Graham Chapman, John Cleese, Terry Gilliam, Eric Idle, Neil Innes, Terry Jones, Michael Palin, Carol Cleveland.

Achtung:
Die Blödeleien heben schon im Vorspann an – zur aufmerksamen Lektüre empfohlen.

Roar – Die Löwen sind los
Roar

Nach all ihren schlechten Erfahrungen mit Hitchcocks Vögeln nicht klug geworden, zieht Tippi Hedren durch Afrika und fällt unter die Löwen. Gedoubelt wird der schwarze Kontinent vom Anwesen ihres Ehemannes Noel Marshall, der tatsächlich eine Vielzahl wilder Tiere hielt und hier als Produzent, Regisseur und Akteur fungierte. Hedrens Stiefsöhne und Tochter Melanie Griffith mußten auch mitmachen; kein Wunder, daß das Kind zeitweise zu delinquentem Verhalten neigte und als Teenager mit Don Johnson durchbrannte.

USA 1970–81, Farbe, 100 Min. **Buch, Produktion** und **Regie:** Noel Marshall **Mit:** Noel Marshall *(Hank)*, Tippi Hedren *(Madeline)*, Kyalo Mativo *(Mativo)*, John Marshall *(John)*, Jerry Marshall *(Jerry)*, Melanie Griffith *(Melanie)*.

Alternativtitel:
«Roar – Ein Abenteuer»

Gut zu wissen:
Die Kamera bediente Jan de Bont, der auch am Schnitt beteiligt war.

Robin Hood und die Dämonen des Satans Una spada per brando

Man kann sich nicht helfen, aber nach Sherwood Forest sieht diese Landschaft nun gar nicht aus. Auch alles andere erinnert nur von ferne an die britische Heldensage. Totenköpfige Dämonen steigen aus Grüften und Gräbern und machen Jagd auf tief – sehr tief – dekolletierte Dirnen wie Karin Schubert. Auch entführen sie Robin Hood, der sich ihnen wacker entgegenstellte. Ein Konvent rustikaler und schlagkräftiger Mönche mit Namen wie «Pater Homunculus» steht ihm aber bei, und es ist schon eine Pracht, wie die raufiustigen Gottesmänner die stieren Dämonen Mann für Mann verläßlich erledigen.

Italien 1970, Farbe, 88 Min. **Buch** und **Regie:** Alfio Caltabiano **Mit:** Paul Winston *(Robin Hood)*, Karin Schubert, Tano Cimarosa, Furio Miniconi, Gérard Herter.

Robinson Crusoe auf dem Mars: Paul Mantee

Robinson Crusoe auf dem Mars Robinson Crusoe on Mars

Als ihm ein Meteorit entgegenrauscht, kann Colonel MacReady zwar das Steuer herumreißen, die Notlandung auf dem Mars aber nicht verhindern. Der Colonel findet den Tod, Kopilot Draper und das Äffchen Mona überleben. Draper hat das Glück, sich in einer Phantasiewelt zu bewegen und schafft sich nicht nur Luft zum Atmen, sondern entdeckt auch Trinkwasser und eßbare Pflanzen auf der Oberfläche des Planeten, leidet aber schwer unter der Einsamkeit. Samt und sonders geht alles defoegetreu seinen Gang, wobei einige Außerirdische recht artig die Piraten ersetzen.

USA 1964, Farbe, 95 Min. **Buch:** Ib Melchior, John C. Higgins **Regie:** Byron Haskin **Mit:** Paul Mantee *(Comm. Christopher «Kit» Draper)*, Vic Lundin *(Kosmos [Friday])* und Adam West *(Col. Dan MacReady)*

Alternativtitel:
«Notlandung auf dem Mars»

Gut zu wissen:
Adam West war als Titeldarsteller der Kultserie «Batman» zeitweilig einer der Topstars des US-Fernsehens.

Starke Töne:
«Ich fühl mich ein bißchen wie Kolumbus.» DRAPER

Robin und Marian **Robin and Marian**

Auch schon recht alt geworden ist der Volksheld Robin Hood und sieht jetzt aus wie Sean Connery ohne Toupet. Zwanzig Jahre nach den bekannten Ereignissen zieht er als Getreuer König Richards kreuzfahrend durch die Morgenlande, bis nämlicher sein Heil endgültig im Jenseits sucht. Endlich heimgekehrt, findet Robin sein Audrey Hepburn aufs Haar gleichendes Gespons Maid Marian im Kloster und den unersättlichen König John auf dem Weg zur Macht. Hilft also nichts, der längst minder wendige Robin muß sich noch einmal wappnen und den ruchlosen Kanaillen Manieren einbleuen.

USA 1975, Farbe, 107 Min. **Buch:** James Goldman **Regie:** Richard Lester **Mit:** Sean Connery *(Robin Hood)*, Audrey Hepburn *(Marian)*, Nicol Williamson *(Little John)*, Richard Harris *(König Richard)*, Robert Shaw *(Sheriff von Nottingham)*, Denholm Elliott *(Will Scarlett)*.

Gut zu wissen:
In «Robin-Hood – König der Diebe», jener überaus erfolgreichen Version mit Kevin Costner als Titelhelden, war Sean Connery ebenfalls mit von der Partie – er hatte einen Kurzauftritt als König Richard.

Robot Jox

Achilles ist ein Roboterjockey. Als solcher steuert er einen turmhohen Maschinenmenschen, der in einer Art Gladiatorenkampf gegen das Gerät des Russen Alexander antritt, von diesem aber durch unsportliche Methoden zu Fall gebracht wird. Dabei kommen über 300 Zuschauer zu Tode. Achilles trifft keine Schuld, dennoch gibt er unter dem Eindruck des Geschehens seinen Beruf auf. Das Retortengewächs Athena nimmt seinen Platz ein. Lange aber hält es Achilles nicht im Ruhestand, denn die fortlaufenden unsauberen Machenschaften erfordern ein finales hartes Durchgreifen.

USA 1989, Farbe, 96 Min. **Buch:** Joe Haldeman, Stuart Gordon **Regie:** Stuart Gordon **Mit:** Gary Graham *(Achilles)*, Anne-Marie Johnson *(Athena)*, Paul Koslo *(Alexander)*, Robert Sampson *(Jameson)*, Danny Kamekona *(Dr. Matsumoto)*, Hilary Mason *(Prof. Laplace)*, Jeffrey Combs, Jason Marsden.

Gut zu wissen:
Ursprünglich sollte der Titel des Films «Robojox» lauten. Er wurde geändert, weil die Produzenten der «Robocop»-Serie Verwechslungsgefahr wittern und rechtliche Schritte androhten.

Robot Jox 2 – Krieg der Stahlgiganten **Robot Wars**

Die gewaltige Hebebühne mutet an wie eine Raketenstartrampe, wuchtet aber keinen Flugkörper, sondern einen Riesenroboter ans Licht. Mit diesen blechernen Boliden wurde der Kampf um die letzten Rohstoffreserven ausgetragen. Inzwischen herrscht Friede. Ein stählernes Ungetüm namens MARS-2 blieb erhalten, um Touristen durch öde Gegenden zu tragen, was es auch brav verrichtet, bis es von einem aufmüpfigen General gekapert wird. Captain Drake, der Steuermann des mechanischen Trampels, weiß von einem weiteren Kampfroboter. Der ist angestaubt, aber nicht verrottet, und läßt sich wieder flottmachen. Mit Drake in der Pilotenkanzel drückt er sich durch den Asphalt der Geisterstadt Crystal Vista, die den Rebellen als Versteck dient.

USA 1993, Farbe, 81 Min. **Buch:** Jackson Barr **Regie:** Albert Band **Mit:** Don Michael Paul *(Capt. Marion Drake)*, Barbara Crampton *(Dr. Leda Fenning)*, James Staley *(Stumpy)*, Lisa Rinna *(Annie)*, Danny Kamekona *(Wa-Lee)*, Peter Haskell *(Rooney)*.

Achtung:
In der Geisterstadt kündigt das Fox-Kino «Puppet Master 54» an – die Filme dieser Reihe wurden wie «Robot Jox 2» von Charles Band produziert.

Hoppla:
Statt vom «MARS-2» spricht der Lauftext vom «MRAS-2».

Robot Monster Robot Monster / Monster From the Moon

Während eines Picknicks in zivilisationsferner Landschaft entdeckt der kleine Johnny eine Höhle und lernt zwei dort tätige Archäologen kennen. Wenig später gönnt sich die Familie ein Schläfchen. Johnny erwacht als erster und unternimmt noch einmal einen Ausflug zur Höhle, wo er eine komische Figur entdeckt: Sie ist groß, zottelig wie ein Affenkostüm und trägt auf dem Kopf einen Taucherhelm mit einer Art Antennengeweih. Es handelt sich um Ro-Man, Emissär des Großen Führers, in dessen Auftrag er soeben die gesamte Menschheit zerstrahlt hat. Stimmt nicht, sagt der allwissende Große Führer, acht Leutchen lungern immer noch herum. Auch die müssen stracks hinweggefegt werden, ansonsten nämlich ist Ro-Man selbst des Todes.

USA 1953, SW, 63 Min. **Buch:** Wyott Ordnung, **Produktion** und **Regie:** Phil Tucker **Mit:** George Nader *(Roy)*, Gregory Moffett *(Johnny)*, Claudia Barrett *(Alice)*, John Mylong *(Professor)*, Selena Royle *(Johnnys Mutter)*, Pamela Paulson *(Carla)*, George Barrows *(Ro-Man / der Große Führer)*.

Gut zu wissen:
George Nader machte später noch ganz leidlich Karriere, u.a. als Hauptdarsteller der Serie «Gefährliche Experimente», bevor er sich aus privaten Gründen nach Europa verfügte. In Deutschland spielte er die Titelfigur der Jerry-Cotton-Filme; hier genoß er zeitweise große Popularität, ehe er sich vom Filmgeschäft abwandte und Schriftsteller wurde.

Rockula

Die bewährte Vampirchose, einmal mehr humorig angelegt und auf die Musikbranche übertragen, wo Blutsauger bekanntlich artgerechte Lebensbedingungen vorfinden. Alle 22 Jahre trifft der schmucke Ralph auf seine weiland Verlobte. Dummerweise fällt die Gute altem Brauch zufolge so regelmäßig wie todsicher einem Meuchelmörder zum Opfer. Im vorliegenden Falle reinkarniert sie als Rocksängerin, was einschlägige musikalische Darbietungen mit sich bringt. Der große Bo Diddley wirkt mit, Soundtüftler Thomas Dolby und auch Toni Basil, die schon die Monkees das Tanzen lehrte.

USA 1990, Farbe, 87 Min. **Buch:** Jeffrey Levy, Luca Bercovici, Christopher Verwiel **Regie:** Luca Bercovici **Mit:** Dean Cameron *(Ralph)*, Tawny Fere *(Mona)*, Thomas Dolby *(Stanley)*, Toni Basil *(Phoebe)*, Susan Tyrrell *(Chuck)*, Bo Diddley *(Axman)*, Kevin Hunter *(Betrunkener)*, Nancy Ferguson *(Robin)*, Rick Zumwalt *(Boom Boom)*, Tamara DeTreaux *(Bat Dork)*, Tony Cox *(Big Al)*, Greg Rusin *(Elmo)*.

Gut zu wissen:
Tamara DeTreaux schlüpfte seinerzeit in die faltige Haut des possierlichen Außerirdischen «E.T.»

Roller-Fieber Unholy Rollers / Leader of the Pack

Claudia Jennings war 1969 «Playmate of the Year» und etablierte sich mit einer Reihe von *exploitation movies*, in denen sie zumeist unbeugsame Frauen verkörperte, am Steuer, ein Gewehr in der Hand oder, wie in dieser Roger-Corman-Produktion, als Rollschuhprofi, der sich ohne Rücksicht auf Verluste bis zur Spitze vorkämpft. Vermutlich hatte Joe Eszterhas diesen Film auf der inneren Leinwand, als er seinen *Big-Budget-Exploiter* «Showgirls» schrieb.

USA 1972, Farbe,

89 Min. **Buch:** Howard R. Cohen **Regie:** Vernon Zimmerman **Mit:** Claudia Jennings *(Karen)*, Louis Quinn *(Stern)*, Roberta Collins *(Jennifer)*, Betty Anne Rees *(Mickey)*, Alan Vint *(Greg)*.

Gut zu wissen:
Über die Szenenfolge bestimmte ein Schnittmeister namens Martin Scorsese.

Rollkommando The Wrecking Crew

Drittüchtigster Weltenretter nach Sean Connery und James Coburn war in den 60ern Dean Martin in der Rolle des Matt Helm. Sein viertes und letztes Abenteuer führt ihn nach Dänemark, wo ein Zug voller Goldbarren gekapert wurde. Ihm zur Seite steht Sharon Tate, für die Gegenpartei arbeiten Elke Sommer und Nancy Kwan, und wenn man nicht aufpaßt, übersieht man den Grünschnabel Chuck Norris, der mit Dean Martin sogar ein paar Worte wechseln darf. Als Instrukteur für fernöstliche Kampfkünste fungierte Bruce Lee.

USA 1968, Farbe, 116 Min. **Buch:** William McGivern **Regie:** Phil Karlson **Mit:** Dean Martin *(Matt Helm)*, Elke Sommer *(Linka Karensky)*, Sharon Tate *(Ferya Carlson)*, Nancy Kwan *(Yu-Rang)*, Nigel Green *(Graf Massimo Contini)*, Tina Louise *(Lola Medina)*, John Larch *(MacDonald)*.

Romeo Is Bleeding

Gute Nerven sind gefragt, wenn man an den seltsamen Erlebnissen des New Yorker Cops Jack Grimaldi teilzuhaben gedenkt. Der korrupte Polizist läßt der Unterwelt regelmäßig Informationen zukommen, was für manch wichtigen Zeugen tödlich endet. Grimaldi lebt in der Überzeugung, sein falsches Spiel unter Kontrolle zu haben. Die nicht einmal vor Selbstverstümmelung zurückschreckende Profikillerin Mona Demarkov belehrt

Romeo Is Bleeding: Gary Oldman

ihn eines besseren – sie ist sowohl der Polizei als auch der Mafia stets einige Schritte voraus. Und kleine Würstchen wie Jack verputzt sie mit einem Happs.

USA / England 1993, Farbe, 105 Min. **Buch:** Hilary Henkin **Regie:** Peter Medak **Mit:** Gary Oldman *(Jack Grimaldi)*, Lena Olin *(Mona Demarkov)*, Annabella Sciorra *(Natalie Grimaldi)*, Roy Scheider *(Don Falcone)*, Michael Wincott *(Sal)*, Juliette Lewis *(Sheri)*, Ron Perlman.

Rote Lippen – Sadisterotica Sadisterotica / El Caso de las dos Bellezas / Red Lips / The Case of the Two Beauties

«Rote Lippen» ist das Pseudonym der mehr oder minder verdeckt arbeitenden Detektivinnen Diana und Regina. Im Auftrag eines

Rote Lippen, Filmplakat

gewissen Radek suchen sie nach einem Mannequin, das spurlos verschwunden ist, wie zuvor schon einige andere junge Frauen. Die Spur führt zu einer Galerie und einem anonymen Künstler, der Bilder von zu Tode verängstigten Frauen malt. Tatsächlich hat sich der perverse Kreativling einen jungen Mann mit «psychotropen» Drogen so zugerichtet, daß der wie wild über die jungen Frauen herfällt. Zum Glück sieht man ihm sein abseitiges Verhalten gleich an, denn er ist über und über behaart. Dennoch drohte auch Diana sein Opfer zu werden, gäbe es nicht den tapferen Interpol-Beamten Chris Howland.

BRD / Spanien 1967, Farbe, 92 Min. **Buch:** Jesus Franco, Luis Revenga **Regie:** Jesus Franco (= Jess Franco) **Mit:** Janine Reynaud *(Diana)*, Rosanna Yanni *(Regine)*, Adrian Hoven *(Thiller)*, Michel Lemoine *(Morpho)*, Jesus Franco *(Wachmann)*, Chris Howland, Alexander Engel, Maria Rohm, Marta Reves, Marcelo Arroita-Jauregui.

Alternativtitel:
«Der Wolf – Horror pervers»

Gut zu wissen:
Die deutsche Fassung wurde um 13 Minuten gekürzt.

Die Fortsetzung «Bésame Monstruo», in der die beiden sinnenfrohen Detektivinnen weitere Abenteuer erleben, kam in Deutschland nicht in die Kinos.

Erhabene Momente:
Regina wendet sich direkt an die Zuschauer und erklärt, daß die Kamera näher kommen – meint: nur ihr Gesicht aufnehmen – müsse, weil sie «völlig ohne» sei.

Hoppla:
Als Regina dem Galeristen einen Cocktail mixt, trägt sie das Oberteil ihres flammend bunten Hosenanzugs offen. Dann wendet sie sich dem Wartenden wieder zu, und es ist über der Hüfte geschlossen – obwohl sie keine Hand frei hat.

Rote Sonne

Männermordende Schlampen waren eigentlich die Domäne des *exploitation*-Kinos, aber auch der Neue Deutsche Film gönnte sich mitunter einen Spaß. Mit den trefflichen Worten des Kritikers Reinhard Lüke: «Die Damen … denken nicht daran, ihre BHs zu verbrennen, sind ausgesprochen langbeinig, haben eine Vorliebe für transparente Blusen, Miniröcke und weiße Knautschlackstiefel, lümmeln auf orangefarbenen Plastikstühlen vor dem Fernseher herum und trinken Wein aus Zweiliter-Flaschen mit Schraubverschluß!» Und legen ihre jeweiligen Liebhaber nach Gebrauch nicht nur ab, sondern um – ohne mit den langen Wimpern zu zucken. Ein Hit für jede Retro-Party.

BR Deutschland 1969, Farbe, 89 Min. **Buch:** Max Zihlmann **Regie:** Rudolf Thome **Mit:** Marquard Bohm *(Thomas)*,

***Rote Sonne:* Uschi Obermeier (links), Diana Körner (Mitte)**

Uschi Obermeier *(Peggy)*, Diana Körner *(Christine)*, Gaby Go *(Isolde)*, Sylvia Kékulé *(Sylvie)*, Peter Moland *(Wenders)*, Henry van Lyck *(Lohmann)*, Don Wahl, Hark Bohm, Peter Berling.

Gut zu wissen:
Fotomodell Uschi Obermeier erhielt für ihre Mitwirkung neben großzügigen Konzessionen in puncto Arbeitszeit die damals sehr erhebliche Summe von 20 000 Mark.

Die Rückkehr des Dr. Phibes
Dr. Phibes Rises Again

Drei Jahre nach seinem Kinodebüt erscheint es Dr. Phibes an der Zeit, seine Gruft zu verlassen. Es zieht ihn nach Ägypten, wo er bereits eine Zufluchtsstätte hergerichtet hat in der Hoffnung, sein geliebtes Eheweib Victoria ins Leben zurückrufen zu können. Nur ist die Karte, die den Weg zum «Fluß des Lebens» weist, mittlerweile im Besitz des Archäologen Biederbeck, der gleichfalls eine Reise ins Morgenland plant. Phibes stiehlt den Plan, läßt sich von Peter Cushing in den Nahen Osten schippern, wo sich auch Biederbeck und Begleitung einfinden, die von Phibes, unterstützt von der ätherischen Vulnavia, in bewährt origineller Manier dezimiert wird.

GB 1972, Farbe, 85 Min. **Buch:** Robert Fuest, Robert Blees **Regie:** Robert Fuest **Mit:** Vincent Price *(Dr. Phibes)*, Robert Quarry *(Biederbeck)*, Valli Kemp *(Vulnavia)*, Hugh Griffith *(Ambrose)*, Fiona Lewis *(Diana)*, John Thaw *(Shavers)*, Peter Cushing *(Captain)*, Caroline Munro *(Victoria Phibes)*.

Alternativtitel:
«Im Bund mit dem Teufel»

Gut zu wissen:
Robert Fuest inszenierte zuvor für die TV-Serie «Mit Schirm, Charme und Melone».

Achtung:
Victoria liegt in einem gläsernen Sarg mit der Kühlerpartie eines Rolls-Royce.

Die Rückkehr des Dr. Phibes: Valli Kemp und Vincent Price

Rush Hour, Filmplakat

Rumble in the Bronx Hung fan kui

Eigentlich ist Keung nur auf Verwandtenbesuch in New York, aber es dauert nicht lange, da muß er bereits randalierende Rocker zur Ordnung rufen. Er vertreibt die Halbstarken aus dem Supermarkt seines Onkels, der das Geschäft eben an die Sinoamerikanerin Elaine verkauft hat. Später lauern sie ihm auf und setzen ihm übel zu. Schwer angeschlagen schleppt sich Chan heim und wird von Nancy aufgelesen, selbst der Rockerbande zugehörig und Schwester des gehbehinderten Danny, mit dem Jackie bereits Freundschaft geschlossen hatte. Alle drei geraten in weitaus größere Schwierigkeiten, als ein flüchtiger Diamantendieb seine Beute in Dannys Rollstuhl versteckt. Eine Gruppe brutaler Gangster beansprucht die Edelsteine für sich und schreckt vor keiner Maßnahme zurück, diese zurückzuerlangen.

Hongkong 1995 Farbe, 89 Min. **Buch:** Edward Tang, Fibe Ma **Regie:** Stanley Tong **Mit:** Jackie Chan *(Keung)*, Anita Mui *(Elaine)*, Francoise Yip *(Nancy)*, Bill Tung *(Onkel Bill)*, Marc Akerstream *(Tony)*, Garvin Cross, Morgan Lam, Kris Lord, Carrie Cain Sparks.

Rush Hour

Jetzt wird's bunt: Ein Afroamerikaner, ein Chinese und eine Latina tun sich zusammen, einem skrupellosen Kidnapper das Handwerk zu legen. Der Schurke hat die Tochter des chinesischen Konsuls in Los Angeles entführt. Der besorgte Vater schaltet das FBI ein. Seine Bitte, Inspektor Lee aus Hongkong in die Untersuchungen einzubeziehen, wird zwar gewährt, man stellt aber den Maulhelden James Carter als Aufpasser ab, den auswärtigen Kollegen vom eigentlichen Geschehen fernzuhalten. Der Einzelgänger Carter ist wenig erbaut von diesem Auftrag und läßt dies Lee auch spüren. Mit der Zeit aber raufen sich die grundverschiedenen Kollegen zusammen – denn beide möchten den Hintermann der Entführung unbedingt zur Strecke bringen.

USA 1998, Farbe, 99 Min. **Buch:** Jim Kouf, Ross Lamanna **Regie:** Brett Ratner **Mit:** Jackie Chan *(Inspektor Lee)*, Chris Tucker *(James Carter)*, Tom Wilkinson *(Thomas Griffin)*, Elizabeth Peña *(Tania Johnson)*, Tzi Ma *(Konsul Han)*, Julia Hsu *(Soo Yung)*, Chris Penn *(Clive)*.

Starke Töne:

«Hey, Mann, tu einfach so, als wärst du nicht von hier.» CARTER

Gut zu wissen:

Zwar hatte Jackie Chan bereits einige Filme in den USA gedreht, «Rush Hour» aber war die erste rein US-amerikanische Produktion.

The Rutles: All You Need is Cash

Der Autor und Koregisseur Eric Idle vom kleinen, aber hochwirksamen britischen Fernsehsender Rutland Weekend Television erinnert in seiner Dokumentation an die erste weltweit erfolgreiche Boygroup der Musikgeschichte: die Rutles. Noch einmal erklingen deren größte Hits wie «A Hard Day's Rut», «All You Need is Lunch» oder «W.C. Fields Forever», und Zeitzeugen wie Mick Jagger, Ron Wood und Michael Palin parlieren über die entbehrungsreichen, aber schönen Anfangsjahre der Popmusik.

GB 1978, Farbe, 70 Min. **Buch:** Eric Idle **Regie:** Gary Weis, Eric Idle **Mit:** Eric Idle *(Dirk)*, Neil Innes *(Nasty)*, Rikki Fataar *(Stig)*, John Halsey *(Barry)*, Michael Palin *(Eric Manchester)*, John Belushi *(Ron Decline)*, Dan Aykroyd *(Brian Thigh)*, Neil Innes.

Die Sadisten Satans Satan's Sadists

Als junger Mann war Russ Tamblyn 153 Minuten lang Anführer der Jugendbande «The Riffs», wie der «West Side Story» zu entnehmen ist. Die Resozialisierung mißlang, über die Jahre wurde es nur noch schlimmer mit ihm: Nun sehen wir ihn als Häuptling einer Horde von Motorradrockern, die einen ohnehin dünn besiedelten Wüstenlandstrich offenbar völlig entvölkern will. Als sie das Personal eines Rasthauses meucheln, ist zufällig Vietnamveteran Johnny zugegen, der als gelernter Totmacher das Rudel um einige Mitglieder dezimiert. Das macht den Chef der Truppe wütend, erstaunlich insofern, als er selbst nicht zögert, die eigenen Leute umzulegen. Johnny und eine Serviererin entkommen knapp, die Mörder aber eilen ihnen nach.

USA 1969, Farbe, 86 Min. **Buch:** Dennis Wayne **Regie:** Al Adamson **Mit:** Russ Tamblyn *(Anchor)*, Scott Brady *(Charles Baldwin)*, Gary Kent *(Johnny Martin)*, Kent Taylor *(Lew)*, Greydon Clark *(Acid)*, John Cardos, Regina Carrol, Robert Dix, William Bonner, Evelyn Frank, Cheryl Anne, Bambi Allen.

Alternativtitel:
«Sadisten des Satans»

Sador – Herrscher im Weltraum Battle Beyond the Stars

Richard Thomas, der gute Junge aus «Die Waltons», schwingt sich zum Rebellen auf, als sein Heimatplanet Akir von John Saxons Expansionstruppen mit Vernichtung bedroht wird. Er sucht sich sieben Astro-Samurai, die gegen Geld und gute Worte den Widerstand aufnehmen. Einige unserer Prächtigsten sind darunter, Robert Vaughn zum Beispiel, der spätere «A-Team»-Anführer George Peppard und die schwer gewappnete Sybil Danning. Da sollte Sadors sardonisches Lachen bald vergehen.

Sador – Herrscher im Weltraum: Sybil Danning

USA 1980, Farbe, 104 Min. **Buch:** John Sayles **Regie:** Jimmy T. Murakami **Mit:** Richard Thomas *(Shad)*, Robert Vaughn *(Gelt)*, George Peppard *(Space Cowboy)*, John Saxon *(Sador)*, Sybil Danning *(St. Exmin)*, Darlanne Fluegel *(Namelia)*.

Gut zu wissen:
Mit einem Etat von fünf Millionen Dollar war das Science-fiction-Abenteuer Roger Cormans bis dahin teuerste Produktion. Zusätzliche zwei Millionen hatte John Dykstra verlangt, der ursprünglich die Spezialeffekte beisteuern sollte. Corman winkte ab und investierte das Geld in eine eigene Effektabteilung, die im weiteren auch für andere Regisseure tätig wurde, z. B. für John Carpenters «Die Klapperschlange».

Samson und Delilah Samson and Delilah

Samson, den selbst ein Heer nicht hält
Wird durch Delilahs List gefällt
Und daraufhin gemein gequält.

Der Held ist edel von Geblüt
Sportiv und von der Freiheit Geist durchglüht
Ahnt nicht von ferne, was ihm blüht
Im Kerker landet der Rebell
Dort lauert schon – Maria Schell!

USA 1984, Farbe, 91 Min. **Buch:** John Gay **Regie:** Lee Philips **Mit:** Anthony Hamilton *(Samson)*, Belinda Bauer *(Delilah)*, Max von Sydow *(Sidka)*, Victor Mature *(Manoah)*, Maria Schell *(Deborah)*, José Ferrer *(Hohepriester)*, Daniel Stern *(Micah)*, Stephen Macht *(Malchuk)*.

Gut zu wissen:
Victor Mature, hier als Samsons Vater präsent, spielte den ehernen Helden 1949 im gleichnamigen Film unter der Regie von Cecil B. DeMille.

Samson und der Schatz der Inkas Sansone e il tesore degli Incas

Alttestamentarische Heldensagen und Karl May kühn verknetet, die Kraftnudel Alan Steel und der schneidige Toni Sailer in zünftiger Westernkluft, ein Autor und Regisseur mit Meriten wie «Samson gegen die Korsaren des Teufels» – wenn das nicht Spaß verspricht ... Allerdings heißt Samson in Wirklichkeit William, was aber nur seine engsten Freunde wissen. Tollkühne Abenteuer erlebt er zwischen der «roten Wiese», dem «Geierbrunnen» und den «bleichen Bergen». Die Cascadeure der Produktion konnten über mangelnde Beschäftigung nicht klagen.

BRD / Italien 1965, Farbe, 96 Min. **Buch:** Piero Pierotti, Arpad De Riso **Regie:** Piero Pierotti **Mit:** Alan Steel *(Samson)*, Toni Sailer *(Alan Fox)*, Wolfgang Lukschy *(El Puma)*, Mario Petri *(Jerry Damon)*, Brigitte Heiberg *(Jenny)*, Harry Riebauer *(Sheriff)*, Anna Maria Polani *(Mysia)*, Pierre Cressoy *(Finch)*.

Starke Töne:
«Dies ist kein Ort zum Träumen.» (Finch)

Hoppla:
Die Kutsche, die den fälschlich in Mordverdacht geratenen Toni Sailer ins Gefängnis bringen soll, fährt über erstaunlich moderne Straßen.

Das satanische Dreieck Witchboard – The Possession

Wer mit dem dreieckigen Ouija-Brett zu spielen beginnt, läßt sich auf eine höllische Angelegenheit ein. Zwei Filme widmete Kevin S. Tenney der Idee, daß ein Hexenbrett die Geschicke eines Menschen bestimmt; beide waren in eher jugendlicher Umgebung angesiedelt. Im dritten verlegte Tenney das Geschehen ins Börsenmilieu. Brian Fields hat nach einer Fehlinvestition seinen Job verloren, als er auf das Hexenbrett stößt. Sein Schicksal nimmt eine vorteilhafte Wendung, jedoch wird er selbst zum Werkzeug der unheimlichen Mächte – mit häßlichen Bildern ist zu rechnen.

USA / Kanada 1995, Farbe, 90 Min. **Buch:** Kevin S. Tenney, Joe Ezrine **Regie:** Peter Svatek **Mit:** David Nerman *(Brian Fields)*, Locky Lambert *(Julie Fields)*, Cedric Smith *(Francis Redmond)*, Donna Sarrasin *(Lisa)*, Danette McKay *(Dora Redmond)*, Addison Bell *(Lynch)*.

Alternativtitel:
«Witchboard – Gate to Hell»

Der Satan mit den 1000 Masken **How to Make a Monster**

Als einer der besten Maskenbildner Hollywoods ist Pete Dumont auf Horrorfilme spezialisiert. Für die «American International Studios» (sic!) hat er so manche Monstervisage entworfen. Als neue Eigner die Ateliers übernehmen, wird er entlassen, weil man die Produktion von Gruselfilmen einstellen möchte. Pete mixt daraufhin eine Paste, die der geschminkten Person über die Haut eine Droge zuführt. So bringt Pete zwei Schauspieler unter seine Kontrolle und läßt sie die Verantwortlichen für seine Demütigung umbringen, wobei sie stilecht in ihren Monsterkostümen tätig werden. Die Polizei rätselt ratlos vor sich hin, bis sie durch einen Schminkrest unter den Fingernägeln eines der Opfer auf den richtigen Gedanken gerät.

USA 1958, SW/Farbe, 73 Min. **Buch:** Kenneth Langtry, Herman Cohen **Regie:** Herbert L. Strock **Mit:** Robert H. Harris *(Pete Dumont)*, Paul Brinegar *(Rivero)*, Gary Conway *(Tony Mantell)*, Garry Clarke *(Larry Drake)*, Malcolm Atterbury *(Richards)*, Dennis Cross *(Monahan)*, Morris Ankrum *(Capt. Hancock)*.

Achtung:
Die gespenstische Schlußpassage, in der Pete Dumont zwei Besuchern sein Kabinett früherer Kreationen vorführt, wurde in Farbe gedreht.

Die Satansengel von Nevada **The Mini-Skirt Mob**

In diesem Beitrag zur Reihe «Abenteuer auf zwei Rädern» haben einmal die Damen das Sagen. Diane McBain mißgönnt Sherry Jackson den Bräutigam, weil sie ältere Rechte zu haben meint. Außerdem befehligt sie eine Rockerbande, und so fliegen bald die Fetzen, Molotowcocktails und andere Dinge. Auch der wackere Harry Dean Stanton wird in die Auseinandersetzungen verwickelt.

USA 1968, Farbe, 85 Min. **Buch:** James Gordon White **Regie:** Maury Dexter **Mit:** Diane McBain *(Shayne)*, Jeremy Slate *(Lon)*, Sherry Jackson *(Connie)*, Patty McCormack *(Edie)*, Ross Hagen *(Jeff Logan)*, Harry Dean Stanton *(Spook)*.

Achtung:
Pattie McCormack singt auch den Titelsong «The Mini-Skirt Mob».

Satisfaction

Obschon nicht gerade skandalträchtig, ist diese Teenageralberei doch geeignet, Liam Neeson, Julia Roberts und Debbie Harry die Schamröte ins Gesicht zu treiben. Im großen und ganzen geht's um eine Mädchenband und deren Karrierebemühungen. Julia Roberts mimt das Biest am Baß, Liam Neeson einen Clubbesitzer mit großer Songwriter-Vergangenheit. Prädikat: Nicht satisfaktionsfähig.

USA 1987, Farbe, 89 Min. **Buch:** Charles Purpura **Regie:** Joan Freeman **Mit:** Justine Bateman *(Jennie Lee)*, Liam Neeson *(Martin Falcon)*, Trini Alvarado *(May Stark)*, Scott Coffey *(Nickie Longo)*, Britta Phillips *(Billy Swan)*, Julia Roberts *(Daryle Shane)*, Deborah Harry *(Tina)*.

Scanners – Ihre Gedanken können töten **Scanners**

Cameron Vale hört allerlei und manches davon nicht gern – die Gedanken seiner Mitmenschen beispielsweise. Etwas abrupt wird er Dr. Ruth vorgestellt, der ihm seine Besonderheit erklärt: Vale verfügt über eine außerordentliche telepathische Begabung, ein Talent, das freilich schmerzhafte Migräneanfälle mit sich bringt. Ruth offeriert ihm das Medikament Ephemerol, das die Fehlentwicklung der Scanner verursacht hat, ih-

Scanners, Filmplakat

nen aber auch Linderung gewährt. Zugleich möchte Ruth seinen Patienten als Mitarbeiter der Firma ConSec gewinnen, denn ein abtrünniger Scanner namens Revok gefährdet nicht nur deren Arbeit, sondern betreibt die Züchtung weiterer Scanner, um das Land unter seine Kontrolle zu bringen.

Kanada 1980, Farbe, 100 Min. **Buch** und **Regie:** David Cronenberg **Mit:** Stephen Lack *(Cameron Vale)*, Jennifer O'Neill *(Dr. Kim Obrist)*, Patrick McGoohan *(Dr. Paul Ruth)*, Michael Ironside *(Darryl Revok)*, Lawrence Dane *(Braedon Keller)*.

Scanners II – The New Order

Der Vorspann läuft noch, da findet schon jemand den Film zum Heulen – nachts, vor der dunklen Silhouette der Stadt, probt ein Wilder mit Rastalocken den Urschrei. Er ist ein Scanner. Zur kleinen Telepathengemeinde zählt auch David, soeben vom Land in die Stadt gekommen und seiner Fähigkeiten noch nicht vollends gewiß. Ein Polizeioffizier wird auf ihn aufmerksam und macht ihn sich dienstbar. Andere, weniger willige oder befähigte Scanner werden von seinesgleichen unter Drogen gesetzt und wie Tiere gehalten. Mit der Zeit durchschaut David das unschöne Spiel und bereitet zur Abwechslung den Strolchen einige Kopfschmerzen. Was ihnen immerhin deutlich besser bekommt als den Kollegen aus dem ersten Teil, denen es die Schädel förmlich zerriß.

USA 1990, Farbe, 104 Min. **Buch:** B. J. Nelson **Regie:** Christian Duguay **Mit:** David Hewlett *(David Kellum)*, Deborah Raffin *(Julie Vale)*, Yvan Ponton *(Comm. Forrester)* Isabelle Mejias *(Alice)*, Tom Butler *(Dr. Morse)*.

Scarletto – Schloß des Blutes
Il boia scarlatto

Vielleicht, man weiß ja nie, war dieser Film als Verhöhnung seines Hauptdarstellers gedacht. Der frühere Kraftsportler Mickey Hargitay führte den Titel des «Mr. Universum» und war zum Zeitpunkt der Dreharbeiten gerade von Jayne Mansfield geschieden worden. Und so erfreut sich denn seine Figur, ein arbeitsloser Schauspieler, am eigenen ausgeprägten Muskelbau und läßt seinem Frauenhaß freien Lauf, wozu er ausgiebig Gelegenheit erhält, als ein Troß von Mannequins und Lichtbildnern sein Schloß für eine Fotoproduktion bucht. Historisch untermauert wird des Schauspielers blutiges Treiben durch dessen Abkunft von einem berüchtigten Henker, der auch kein gutes Ende nahm.

Italien / USA 1965, Farbe, 87 Min. **Buch:** Bob Christmas (= Roberto Natale), Robert McLorin (= Roberto Migliorini) **Regie:** Max Hunter (= Massimo Pupillo) **Mit:** Mickey Hargitay *(Anderson)*, Louisa Baratto *(Edith)*, Femi Benussi, Walter Brandi, Rita Klein, Ralph Zucker.

Gut zu wissen:
Die gemeinsame Tochter von Mickey Hargitay und Jayne Mansfield, Mariska Hargitay, ist ebenfalls Schauspielerin. Deutsche Fernsehzuschauer kennen sie aus den TV-Serien «Falcon Crest», «Tequila & Bonetti» und «Emergency Room».

Scharfe Schüsse auf Jamaica

US-Agent Ken Steward, Kennummer 01, nähert sich den Damen gern mit der James-Bond-Masche. Genau die haben auch Autor, Regisseur sowie Komponist Marcello Giombini eingehend studiert. Von der *gadget*-Ausgabe über die ordnungsgemäße Durchnumerierung der Agenten bis hin zu exotischen Schauplätzchen wird das Original kopiert, nur geriet alles mindestens eine Nummer schäbiger. 01 muß nach Jamaica, um das Verschwinden von 09 zu klären. Der ist nur noch als Leiche auffindbar, hat aber eine reizende Schwester (M. Scherr) hinterlassen. Für einen Einser-Agenten verhält sich Steward ziemlich tölpelig, wird aber stets rechtzeitig von einem ihm zunächst Unbekannten aus der Patsche gezerrt – Captain Mike Jefferson vom britischen Secret Service. Gemeinsam gehen sie den mysteriösen Vorgängen auf den Grund.

BRD / Italien / Spanien 1965, Farbe, 84 Min. **Buch:** Antonio Del Amo, Karlheinz Vogelmann **Regie:** Richard Jackson **Mit:** Larry Pennell *(Ken Steward)*, Brad Harris *(Capt. Mike Jefferson)*, Barbara Valentin *(Gloria)*, Margitta Scherr *(Jane Pyatt)*, Christine Schuberth *(Evelyn)*, Wolfgang Kieling *(Elmar Hayes)*, Rolf Lüder *(Larry Pyatt alias 09)*.

Gut zu wissen:
Brad Harris fungierte im Zweitjob als Action-Choreograph. Margitta Scherr gehörte ab 1968 zum Stammensemble des deutschen Serienklassikers «Salto Mortale».

In einem war man den Bond-Filmen voraus: Die Szene, in der eine Informantin in einem Trauerzug mit Jazzkapelle zu Grabe getragen wird, taucht so ähnlich erst acht Jahre später in «Leben und sterben lassen» auf.

Starke Töne:
«Ein unmögliches Leben – erst wird man von Gangstern gejagt und dann von Frauen.» KEN STEWARD

Gut zu wissen:
Wenn der Film ein wenig zerfasert wirkt, hat dies konkrete Gründe: Die Produktion begann 1984 auf den Philippinen, konnte aber erst nach mehrjähriger Unterbrechung in Mexiko fortgeführt werden.

Schatten der Angst Fragment of Fear

Schon in «Blow Up» wirkte David Hemmings ein wenig wunderlich. Hier aber schlägt er vollends über die Stränge und hechtet mit einer derartigen Eloquenz in den Strudel des Wahnsinns, daß sich der sonst so nüchterne Enzyklopädist Leslie Halliwell zu der Wortschöpfung «sub-Antonioni puzzle» hinreißen ließ. Begleitet von schillerndsten Halluzinationen, versucht der geläuterte Drogenabhängige Hemmings den Mord an seiner Tante aufzuklären und erfährt nachhaltige Störungen seines Seelenfriedens.

USA 1970, Farbe, 95 Min. **Buch:** Paul Dehn **Regie:** Richard C. Sarafian **Mit:** David Hemmings *(Tom Brett)*, Gayle Hunnicutt *(Juliet)*, Flora Robson *(Lucy Dawson)*, Wilfrid Hyde-White *(Mr. Copsey)*, Daniel Massey *(Major Ricketts)*, Adolfo Celi, Zakes Mokae.

Der Schatz der Mondgöttin Treasure of the Moongoddess

Eigentlich wollte Linnea Quigley nur ihr Repertoire flotter Unterhaltungsweisen vor lateinamerikanischem Publikum zum besten geben. Doch dann wird sie als Reinkarnation einer allseits beliebten Mondgöttin erkannt und muß in dieser Funktion den ihr gleichsam zugelaufenen Eingeborenenstamm betreuen, dessen Vermögen die Habgier einiger Abenteurer geweckt hat.

USA 1988, Farbe, 87 Min. **Buch:** Eric Weston, Asher Brauner **Regie:** José Luis Garcia Agraz **Mit:** Linnea Quigley *(Lu de Belle)*, Don Calfa *(Harold)*, Jo-Ann Ayres *(Brandy)*, Asher Brauner *(Sam Kidd)*.

Scheherazade Sheherazade – les 1001 nuits

Wenn sich Philippe de Broca der Geschichten aus 1001 Nacht annimmt, dann bleibt es selbstredend nicht bei einem simplen Kostümstückchen. Scheherazade sitzt bereits auf dem Richtblock des Henkers und erzählt um ihr Leben – wie der fliegende Teppich in die Welt kam und wie der Geist aus Aladins Lampe in das moderne England verbannt wurde, wie er das biedere Dasein eines britischen Gentlemans führte, bei Bedarf aber in den vorchristlichen Orient zurückkehrte. Als Durchstieg für den Zeitenwechsel dient ein Fernseher. Auch erfahren die Zuhörer einiges über das Verhältnis von Männern und Frauen ... Wer den Film je sah, bezweifelte keine Sekunde, daß der Debütantin Catherine Zeta-Jones eine große Karriere bevorstand.

Frankreich / Italien 1990, Farbe, 94 Min. **Buch:** Philippe de Broca, Jerôme Tonnerre **Regie:** Philippe de Broca **Mit:** Catherine Zeta-Jones *(Scheherazade)*, Thierry Lhermitte *(Kalif)*, Vittorio Gassmann *(Sindbad)*, Gérard Jugnot *(Jimmy Genious)*, Stéphane Freiss *(Aladin)*, Roger Carel *(Großwesir)*.

Alternativtitel:
«Sheherazade – Mit 1001 PS ins Abenteuer»

Starke Töne:
«Wir befinden uns in einer Krise – der König ist monogam!!» GROSSWESIR

Schizoid Schizoid / Murder by Mail

Zwei Filme lang hatte sich Klaus Kinski mit Werner Herzog herumgeärgert, danach machte er sich wieder über die Billigfilmer her und schwang, wie in diesem Beispiel, auch schon mal die Axt. Mit Verve erfüllt er die Rolle eines Psychoanalytikers, der detektivische Neigungen entwickelt, als Mitglieder seiner Patientengruppe umgebracht werden. Der Täter setzt jeweils vorher die Journalistin Julie in Kenntnis – auch sie zählt zu Kinskis Patienten ... Apart auch die weitere Besetzung mit «Angel» Donna Wilkes, Christopher Lloyd und dem späteren «Murphy Brown»-Star Joe Regalbuto.

USA 1980, Farbe, 90 Min. **Buch** und **Regie:** David Paulsen **Mit:** Klaus Kinski *(Dr. Paul Fales)*, Mariana Hill *(Julie)*, Donna Wilkes *(Alison Fales)*, Joe Regalbuto *(Jake)*, Christopher Lloyd *(Gilbert)*, Richard Herd *(Donahue)*, Kiva Lawrence *(Rosemary)*.

Schizomaniac Playroom

Als Kind war Chris zugegen, als sein Vater, ein Archäologe, in einer jugoslawischen Grabungsstätte einem grausigen Mord zum Opfer fiel. Jahre später begibt er sich mit einer kleinen Entourage an den Ort des Verbrechens, um jene Grabkammer ausfindig zu machen, nach der sein Vater einst vergeblich suchte. Bald ereignet sich erneut Seltsames – ein imaginärer Spielkamerad, den Chris als Kind aus Einsamkeit erfunden hatte, erscheint vor seinen Augen und beginnt ihn zu beeinflussen. Langsam verfällt Chris dem Irrsinn, rückt seinen Begleitern zu Leibe, und auch von außerhalb der Ruine droht Gefahr ... Mitunter läßt sich der guten alten Spukschloßgeschichte durchaus noch etwas abgewinnen – und sei es eine Muppetshow für Volljährige.

USA 1989, Farbe, 84 Min. **Buch:** Keaton Jones **Regie:** Manny Coto **Mit:** Christopher McDonald *(Chris)*, Lisa Aliff *(Jenny)*, James Purcell *(Paul)*, Jamie Rose *(Mary)*, Aron Eisenberg *(Daniel)*, Vincent Schiavelli.

Gut zu wissen:
Aron Eisenberg dürfte kaum auf Anhieb zu erkennen sein, denn in seiner bekanntesten Rolle trug er dicke Schichten von Make-up – er spielte den Ferengi Nog in «Star Trek – Deep Space Nine».

Schlacht der Barbaren
Coriolano – eroe senza patria / La terreur des gladiateurs

Gordon Scott steht vor der Kamera
Das Bein entblößt, der Busen bar
Doch Tarzan heißt er längst nicht mehr
Der Ruhm verblaßt, das Konto leer
Allein in Rom gibt es noch viel zu tun
Man verfilmt dort gern das Altertum
Stolz führt Scott das Statistenheer
Als Legionär macht er was her.

Italien / Frankreich 1963, Farbe, 97 Min. **Buch:** Remigio Del Grosso **Regie:** Giorgio Ferroni **Mit:** Gordon Scott *(Marcius)*, Alberto Lupo *(Sizinius)*, Lilla Brignone *(Volumnia)*, Nerio Bernardi *(Menenius)*, Rosalba Neri *(Virginia)*, Philippe Hersant *(Cominius)*.

Alternativtitel:
«Der Tribun von Rom»

Die Schlacht um Babylon Il conquistatore d'oriente

Nadir, genannt «Il Conquistadore D'Oriente»
Pflügt sich durch babylonisches Ambiente
Sein Vater starb durch Mörderhand
Ein Intrigant regiert das Land
Nadir, zur Kampfnatur erzogen
Beherrscht das Schwert, den Pfeil, den Bogen

Er nimmt es auf sich, den infamen
Gierhals und Miesling abzumahnen
Zunächst mißdeutet der die Zeichen
Muß dann jedoch dem Volkszorn weichen
Geschlagen zieht der Strolch von hinnen
Ein Freudenschrei umbraust die
Zinnen.

Italien 1959, Farbe, 82 Min. **Buch:** Mario Maroni, Gianni Mauro **Regie:** Tonio Boccia **Mit:** Rik Battaglia, Gianna Maria Canale, Fosco Giachetti, Paul Muller, Irene Tunc.

Das Schlafzimmerfenster
The Bedroom Window

Sylvia beobachtet einen Mord. Der Täter ist ein gefürchteter Serienkiller, der seit langem die Stadt in Atem hält. Doch Sylvia will nicht zur Polizei gehen, denn sie befand sich zum Zeitpunkt der Tat an einem Ort, an dem sie nicht hätte sein dürfen: im Schlafzimmer eines Angestellten ihres Mannes. Also geht ihr Liebhaber an ihrer Stelle zur Polizei. Belohnt wird sein vorbildlicher Bürgersinn jedoch nicht – er verwickelt sich in Widersprüche und gerät in Tatverdacht. Als auch Sylvia ermordet wird, ist es mit seiner Reputation endgültig vorbei. Ihm bleibt nur, selber nach dem Täter zu suchen.

USA 1986, Farbe, 113 Min. **Buch** und **Regie:** Curtis Hanson **Mit:** Steve Guttenberg *(Terry Lambert)*, Elizabeth McGovern *(Denise)*, Isabelle Huppert *(Sylvia)*, Paul Shenar *(Colin Wentworth)*, Carl Lumbly *(Quirk)*, Wallace Shawn *(Verteidiger)*.

Schlappe Bullen beißen nicht
Dragnet

Ob Bullen beißen oder nicht, kümmerte die Autoren Dan Aykroyd und Tom Mankiewicz eher wenig. In der Hauptsache liefern sie eine Parodie auf «Dragnet», den Klassiker unter den Polizeiserien, der die Welt um unvergessene Fangphrasen bereicherte wie «My name ist Friday, I'm a cop» oder «Just the facts, ma'am». Wer Gaststar Henry Morgan ohne weiteres als ehemaligen Serienhelden Bill Gannon zu orten und outen vermag und überdies in der Zahl 714 Sergeant Fridays Dienstmarkennummer erkennt, gehört einwandfrei zur Zielgruppe dieses Zitatenschatzes.

USA 1986, Farbe, 106 Min. **Buch:** Dan Aykroyd, Alan Zweibel, Tom Mankiewicz **Regie:** Tom Mankiewicz **Mit:** Dan Aykroyd *(Friday)*, Tom Hanks *(Streebek)*, Christopher Plummer *(Whirley)*, Alexandra Paul *(Connie Swail)*, Harry Morgan *(Gannon)*.

Gut zu wissen:
Den Soundtrack lieferte The Art of Noise.

Das Schloß der blauen Vögel
La bestia uccide a sangue freddo / Asylum Erotica / Beast Kills in Cold Blood / The Cold-Blooded Beast / Slaughter Hotel

Ein Schloß ist gegeben, die blauen Vögel aber machen sich rar. Vielmehr werden in dem herausgeputzten Gemäuer junge Frauen untergebracht, denen laut Verleihinformation die Nymphomanie ausgetrieben werden soll – und das ausgerechnet unter Anleitung Klaus Kinskis! –, derweil der Film doch eher den Eindruck vermittelt, sie fänden sich dort ein, um ihre jeweiligen Neigungen uneingeschränkt ausleben zu können. Das gefiel prüden Kritikern ebensowenig wie einem unbekannten Killer, der einige der vorhandenen Antiquitäten als Mordwerkzeuge zur Anwendung bringt. Wie man hört, hat die italienische Originalfassung noch einige zwischenmenschliche Begegnungen mehr zu bieten.

Italien 1971,

Das Schloß des Grauens: Rossana Podestà

Farbe, 84 Min. **Buch:** Fernando Di Leo, Nino Latino **Regie:** Fernando Di Leo **Mit:** Klaus Kinski *(Dr. Keller)*, Margaret Lee *(Luise)*, Rosalba Neri *(Ann Palmer)*, John Karlsen *(Prof. Doriar)*, Sara Bay *(Ann Palmer)*, Monica Strebel, Jane Garret, Giulia Desideri.

Alternativtitel:
«Der Triebmörder»

Das Schloß des Grauens
La vergine di norimberga

Schlösser, so lehrt uns der B-Film, sind um der Leibesgesundheit wegen tunlichst zu meiden. Zumindest bei Nacht. Denn hier gibt es Folterkeller, Marterwerkzeuge und garantiert auch einen verstörten Mitmenschen, der diese Dinge zu gebrauchen willens und in der Lage ist. Hier ist Rossana Podestà eine der Leidtragenden, denn als frisch angeheiratete Schloßherrin muß sie sich mit diversen Sonderlingen abgeben, die in ihrem dämmrigen Kastell ein Zuhause gefunden haben. Einer davon verrichtet die üblichen Mordtaten, was in der Originalfassung auf ein Martyrium in Nazigefängnissen zurückzuführen ist. Die ursprüngliche deutsche Synchronisation ließ das lieber unerwähnt.

Italien 1964, Farbe, 78 Min. **Buch:** Anthony M. Dawson, Ernesto Gastaldi, Edmond T. Gréville **Regie:** Anthony M. Dawson (= Antonio Margheriti) **Mit:** Rossana Podestà *(Mary Hunter)*, Christopher Lee *(Erich)*, Georges Rivière *(Max Hunter)*, Jim Dolen *(Insp. Selby)*, Anny delli Uberti *(Martha)*, Luigi Severini *(Arzt)*, Luciana Milone *(Trude)*.

Gut zu wissen:
Regieassistent bei dieser Produktion war Bertrand Blier, später als Regisseur ein verläßlicher Lieferant schräger Komödien, darunter Titel wie «Frau zu verschenken» oder «Abendanzug».

Schmeiß die Mama aus dem Zug
Throw Momma from the Train

Der Autor Stu Silver und Regiedebütant Danny DeVito erdreisteten sich, Hitchcocks «Der Fremde im Zug» herzunehmen und eine durch und durch unanständige Komödie daraus zu basteln. DeVito macht sich anheischig, Billy Crystals garstige Geschiedene zu meucheln, sofern der im Gegenzug Dannys dominante Mutter aus dem Weg räumt. Und schon nimmt das Mißgeschick seinen Lauf ... DeVitos Kameramann war der stets einfallsreiche Barry Sonnenfeld, der hernach als Regisseur «Die Addams Familie» und, mit DeVito als Produzenten, → SCHNAPPT SHORTY inszenierte.

USA 1987, Farbe, 87 Min. **Buch:** Stu Silver **Regie:** Danny DeVito **Mit:** Danny DeVito *(Owen Lift)*, Billy Crystal *(Larry Donner)*, Kim Greist *(Beth)*, Kate Mulgrew *(Margaret)*, Anne Ramsay *(Momma)*, Oprah Winfrey *(cameo)* und Branford Marsalis, Rob Reiner, Bruce Kirby, Joey DePinto

Hoppla:
Danny DeVito war bei den Dreharbeiten 43 Jahre alt, Anne Ramsay 58 – demnach müßte Owens Mutter mit 15 schwanger geworden sein. Das erklärt manches.

Schneller als der Tod: Sharon Stone

Schnappt Shorty Get Shorty

Die Romanvorlage war gedacht als Abrechnung mit den filmproduzierenden Bewohnern Hollywoods. Die haben den Stoff nun vereinnahmt, aber die Ironie ist geblieben. Man muß doppelt lachen, wenn man weiß, daß für Danny DeVitos Part Dustin Hoffman Pate stand. Auch sonst hat die Geschichte ihren Reiz: Ein Inkassoauftrag und der Wunsch, ins Filmgeschäft einzusteigen, führen den bis dahin unbedeutenden Geldeintreiber John Travolta nach Hollywood. Wie man sehen wird, bringt er die besten Voraussetzungen mit für den Job eines Filmproduzenten.

USA 1995, Farbe, 105 Min. **Buch:** Scott Frank **Regie:** Barry Sonnenfeld **Mit:** John Travolta *(Chili Palmer)*, Gene Hackman *(Harry Zimm)*, Rene Russo *(Karen Flores)*, Danny DeVito *(Martin Weir)*, Dennis Farina *(Ray «Bones» Barboni)*, David Paymer *(Leo Devoe)*, Martin Ferrero *(Tommy Carlo)* und *cameos* von u.a. Bette Midler, Harvey Keitel, Penny Marshall

Gut zu wissen:
Ermöglicht wurde der Film durch Danny DeVitos Produktionsfirma Jersey Films, die ferner Filme wie «Reality Bites», «Pulp Fiction» und «Out of Sight» realisierte.

Schneller als der Tod The Quick and the Dead

Viel zu erzählen hat Regisseur Sam Raimi eigentlich nicht: Da gibt es ein Jungsspiel in Form eines Wettschießens mit tödlichen K.o.-Regeln, an dem Sharon Stone auch mal teilnehmen möchte, um mit dem Veranstalter und Dauergewinner Gene Hackman abzurechnen. Milchbart Leonardo DiCaprio zählt ebenso zu den Schießwütigen wie Lance Henriksen. Die karge Story wird aufgelockert durch launige Scherzchen – hier reißen die Kugeln echte Löcher und lassen die Sonnenstrahlen durch.

USA 1995, Farbe, 111 Min. **Buch:** Simon Moore **Regie:** Sam Raimi **Mit:** Sharon Stone *(Ellen)*, Gene Hackman *(Herod)*, Leonardo DiCaprio *(Kid)*, Lance Henriksen *(Ace Hanlon)*, Russell Crowe *(Cort)*, Tobin Bell *(Dog Kelly)*, Roberts Blossom *(Doc Wallace)*, Pat Hingle *(Horace)*, Gary Sinise *(Ellens Vater)*, Woody Strode *(Charlie Moonlight)*.

Gut zu wissen:
Für Genreveteran Woody Strode, der u.a. mit John Ford und Sergio Leone drehte, sollte dies der letzte Leinwandauftritt werden – er starb 1994, im Produktionsjahr des Films.

Auch Sam Raimis langjähriger Weggefährte Bruce Campbell wurde vor die Kamera gelockt und spielte einen gewissen «Wedding Shemp» – eine Rolle, die später der Schere zum Opfer fiel.

Starke Töne:
«Kid ist ein trauriger Mensch – ein wirklich interessanter Charakter für einen Schauspieler.»
LEONARDO DICAPRIO

Schönen Muttertag – Dein George Happy Mother's Day – Love, George

Der 17jährige Johnny wurde nach seiner Geburt zur Adoption freigegeben und von streng religiösen Ersatzeltern aufgezogen. Nun besucht er das kanadische Küstenstädtchen, um seine Herkunft zu ergründen. Seine Mutter Ronda heißt ihn willkommen, deren Lebensgefährte Eddie aber prügelt ihn windelweich. Auch die anderen Bewohner des Ortes geben sich feindselig, eingeschlossen Rondas Schwester Cara. Nur deren Tochter Celia begegnet ihm freundlich. Kurz darauf werden Caras Nachbarn und Eddie zerstückelt aufgefunden, für Johnny ein guter Grund, seine Angelegenheiten mit ein wenig mehr Nachdruck zu verfolgen.

USA 1973, Farbe, 89 Min. **Buch:** Robert Clouse, **Produktion** und **Regie:** Darren McGavin **Mit:** Ron Howard *(Johnny)*, Patricia Neal *(Cara)*, Cloris Leachman *(Ronda)*, Tessa Dahl *(Celia)*, Bobby Darin *(Eddie)*, Simon Oakland *(Roy)*, Kathie Browne *(Crystal)*, Joe Mascolo *(Piccolo)*.

Gut zu wissen:
Darren McGavin wurde zum Kultstar durch die TV-Serien «Der Einzelgänger» und «Der Nachtjäger». Cloris Leachman war u. a. in «Lassie» und der «Mary Tyler Moore Show» zu sehen gewesen, und, jawohl, bei Ron Howard handelt es sich um den späteren Blockbuster-Regisseur der Filme wie «Backdraft», «Willow» und «Apollo 13» zum Erfolg führte.

Die Schönheit und das Ungeheuer The Beauty and the Beast

Ein böser Fluch kann eine lästige Sache sein. Herzog Eduardo weiß eine Moritat davon zu singen, denn zwar möchte sich die schöne Lady Althea mit ihm vermählen, zeigt sich aber ein klein wenig indigniert über die ungebührliche Angewohnheit ihres Verlobten, sich des Nachts in eine reißende Bestie zu verwandeln. Kann man ja verstehen. So was passiert zwar allnächtlich in tausenden von Schlafzimmern, aber als traurigschön dargebrachtem Gruselmärchen läßt sich der Angelegenheit doch etwas abgewinnen.

USA 1961, Farbe, 76 Min. **Buch:** George Bruce, Orville H. Hampton **Regie:** Edward L. Cahn **Mit:** Mark Damon *(Herzog Eduardo)*, Joyce Taylor *(Lady Althea)*, Eduard Franz *(Baron Orsini)*, Michael Pate *(Prinz Bruno)*, Merry Anders *(Prinzessin Sybil)*.

Gut zu wissen:
Die Maske des tragikumwehten Ungeheuers schuf Jack Pierce, der weiland einige der schönsten Monstren der Universal Studios zur Welt brachte.

Der Schrecken der Medusa The Medusa Touch / La grande menace

Die Gebrüder Medved, ausgebuffte Kenner des Schräglagenfilms, kürten Richard Burton selig seinerzeit zum schlechtesten Schauspieler aller Zeiten. Im vorliegenden Werk stellt der Mime telekinetische Kräfte zur Schau, und als ihn nach einer Schädelverletzung unerwartet die Moral überkommt, knallt er eine Reihe von Menetekeln in die Welt, daß es die Menschheit nur so graust. Lino Ventura ist der Mann, der dem Spuk auf die Schliche kommt.

England / Frankreich 1977, Farbe, 105 Min. **Buch:** John Briley, Jack Gold **Regie:** Jack Gold **Mit:** Richard Burton *(John Morlar)*, Lino Ventura *(Kommissar Brunel)*, Lee Remick *(Zonfield)*, Marie-Christine Barrault *(Patricia)*, Michael Byrne *(Duff)*, Derek Jacobi, Harry Andrews.

Alternativtitel:
«Medusa Touch – Schrecken der Medusa»

***Der Schrecken vom Amazonas:* Julia Adams**

Schrecken in der Nacht
Night Walk

Nach mehrjähriger Ehe hat Geneva Miller ihren Karrieregatten satt, der aber möchte nicht von ihr lassen. Wie in besseren Kreisen üblich, reist die Dame allein ins Ferienhaus der Familie, wo sie, sonst wäre ja nie ein Fernsehfilm draus geworden, einen Mord beobachtet. Die Polizei glaubt ihr nicht, bis einer der Beamten von den Killern, die mittlerweile Jagd auf die unerwünschte Zeugin machen, umgebracht wird. Der andere, zufällig Witwer, überlebt und kümmert sich um die Schutzbefohlene. Sie bestehen gemeinsam allerlei Gefahren, und wenn sie nicht gestorben sind …

USA 1989, Farbe, 90 Min. **Buch:** Renee Longstreet, Harry Longstreet **Regie:** Jerrold Freedman **Mit:** Lesley-Anne Down *(Geneva Miller)*, Robert Urich *(Lt. John Simon)*, Ryan Urich *(Matt Simon)*, Michael Alldredge *(Brody)*, Frederick Koehler *(Eric Miller)*, Lawrence P. Casey *(Shooter)*.

Alternativtitel:
«Nightwalk»

Der Schrecken vom Amazonas **Creature from the Black Lagoon**

In den 50ern gab es doch manches zu entdecken auf dieser Erde, und Abenteurer hatten Konjunktur. Einige von ihnen reisen mit seriösem wissenschaftlichem Auftrag in das Amazonasgebiet. Man sucht nach Versteinerungen, findet aber einen geschmeidigen Kiemenmenschen, den man sich gern angeln möchte. Der originelle Schuppenmann

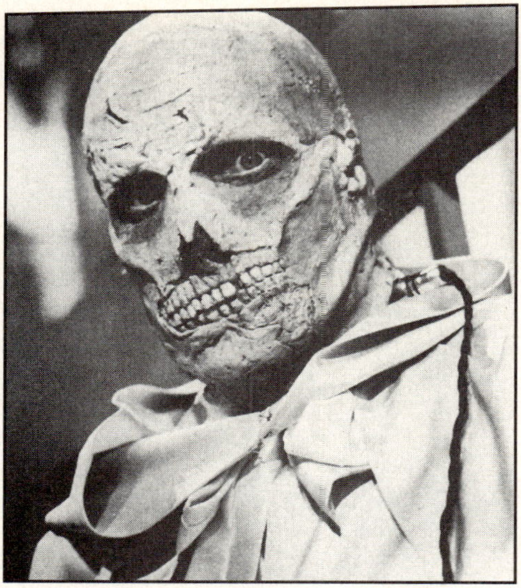

Das Schreckenskabinett des Dr. Phibes

wird von einer Harpune, aber auch von Armors Pfeil getroffen, als er der Forschungsreisenden Kay Lawrence ansichtig wird. Weil er es nicht anders kennt, freit er sie nach Dschungelmanier: Er packt sie und taucht ab. Das können die anderen Männchen selbstredend nicht hinnehmen – und darum wird eine der beiden Parteien den Tag mit einer neuen Trophäe beschließen.

USA 1954, SW, 79 Min. **Buch:** Harry Essex, Arthur Ross **Regie:** Jack Arnold **Mit:** Richard Carlson *(Dr. David Reed)*, Julia Adams *(Kay Lawrence)*, Richard Denning *(Dr. Mark Williams)*, Antonio Moreno *(Prof. Carl Maia)*, Nestor Paiva *(Lucas)*, Whit Bissell *(Edwin Thompson)*, Harry Escalante *(Chico)*, Ricou Browning / Ben Chapman *(Lagunenmonster)*.

Gut zu wissen:
Ben Chapman trug das hautenge Schuppenkostüm an Land, Ricou Browning übernahm die Unterwasserauftritte. Der Hawaiianer Browning war auf aquatische Stunts spezialisiert; er hatte später als Koautor, Regisseur und Dompteur maßgeblichen Anteil am Entstehen der Jugendserie «Flipper».

Dreifach schön ist die Geschichte von der Beauté und ihrem Biest in der ursprünglichen 3-D-Fassung.

Das Schreckenskabinett des Dr. Phibes The Abominable Dr. Phibes

Vincent Price rächt den von einem Operationsteam verantworteten Tod seiner über alles geliebten Ehefrau. Als Illusionist und Erfinder versteht er sich darauf, den Beteiligten ein jeweils angemessenes und originelles Ende zu bereiten: Er inszeniert die Morde gemäß den alttestamentarischen ägyptischen Plagen. Zwischendurch nimmt er Platz vor einer gewaltigen Orgel und zieht sämtliche Register, eine Szene, die im folgenden oft kopiert und parodiert wurde. Am Ende versetzt sich der Schreckensmann selbst in einen Tiefschlaf, um in der Fortsetzung frisch und ausgeruht weiteres Unheil anrichten zu können.

GB 1971, Farbe, 94 Min. **Buch:** James Whiton, William Goldstein, George Bant **Regie:** Robert Fuest **Mit:** Vincent Price *(Dr. Anton Phibes)*, Joseph Cotten *(Dr. Vesalius)*, Hugh Griffith *(Rabbi)*, Caroline Munro *(Victoria Phibes)*, Virginia North *(Vulnavia)*, Terry-Thomas *(Dr. Longstreet)*.

Schrei in der Stille
The Reflecting Skin

Das Geschehen spielt sich ab in der ländlichen Idylle Idahos, dessen landschaftliche Schönheit das grausige Geschehen kontrastiert. Übermütige Kinder verursachen den Tod eines Frosches, Blut spritzt, bedrohlich schiebt sich eine schwarze Limousine durch das pralle Gelb der erntereifen Felder – Menetekel für das Kommende. Freunde des achtjährigen Seth sterben durch die Hand eines unbekannten Mörders, sein Vater gerät unter Verdacht und wählt den Freitod. Seth beargwöhnt die junge Witwe aus der Nachbarschaft, er hält sie für einen Vampir. Sein älterer Bruder, aus dem Krieg heimge-

Schrei in der Stille: Lindsay Duncan und Jeremy Cooper

kehrt, verliebt sich in die attraktive Frau. Seth wähnt ihn darob in Gefahr und wird darum mitschuldig an einem unnötigen Tod.

GB 1989, Farbe, 106 Min. **Buch** und **Regie:** Philip Ridley **Mit:** Viggo Mortensen *(Cameron Dove)*, Lindsay Duncan *(Dolphin Blue)*, Jeremy Cooper *(Seth Dove)*, Sheila Moore *(Ruth Dove)*, Duncan Fraser *(Luke Dove)*.

Gut zu wissen:
Philip Ridley ist auch Kunstmaler. Ehe er mit «Schrei in der Stille» als Regisseur debütierte, war er als Autor an dem modernen Gangsterfilm «Die Krays» beteiligt.

Schrei, wenn der Tingler kommt The Tingler

Ein echter Klassiker der verwegenen Filmgestaltung: Vincent Price entdeckt ein krabbenartiges Insekt, das von menschlichen Nervenbahnen zehrt und sich darum gern am Rückgrat festbeißt. Allerdings braucht es keine Antibiotika, sondern nur einen spitzen Schrei, um den aufdringlichen Mitesser zu töten. Eine unglückliche Therapie für eine Patientin, die ihre Stimme verloren hat. Nach ihrem Tod separiert Price ihren «Tingler», der dummerweise in ein Kino entflitzt ... Diese Szene korrespondierte mit einer Spielerei namens «Percepto», die der Produzent und Regisseur William Castle in den Kinos installieren ließ: Die verkabelten Sitze verabreichten den Zuschauern leichte Stromschläge, was für entsprechendes Entsetzen sorgte.

USA 1959, SW, 82 Min. **Buch:** Robb White **Produktion** und **Regie:** William Castle **Mit:** Vincent Price *(Dr. William Chapin)*, Judith Evelyn *(Mrs. Higgins)*, Darryl Hickman *(David Morris)*, Patricia Cutts *(Isabel Chapin)*, Philip Coolidge *(Ollie Higgins)*, Pamela Lincoln *(Lucy Stevens)*.

***Schrei, wenn der Tingler kommt*, Filmplakat**

Gut zu wissen:
Einige Bilder, die ein Blutbad im wörtlichen Sinne zeigen, waren in der ursprünglichen Kinofassung rot eingefärbt.

Schreie in der Nacht Contranatura / The Unnaturals

In den 30er Jahren zwingt ein Unwetter eine Gruppe von Reisenden zur Zufluchtnahme in einem altenglischen Landhaus, das von einer greisen Dame und ihrem Sohn bewohnt wird. Die stürmische Nacht vertreibt man sich mit einer spiritistischen Sitzung, die erhebliche Missetaten der Anwesenden zutage fördert, und es zeichnet sich ab, daß deren Zusammenkunft keineswegs zufällig erfolgte. Zu den kleinen Gewagtheiten dieser filmischen Unternehmung gehört eine dezente lesbische Begegnung zwischen Marianne Koch und Helga Anders.

BRD / Italien 1969, Farbe, 83 Min. **Buch:** Antonio Margheriti, Hannes Dahlberg (Mitarbeit) **Regie:** Anthony M. Dawson **Mit:** Joachim Fuchsberger *(Ben Taylor)*, Marianne Koch *(Vivian)*, Dominique Boschero *(Margarete)*, Helga Anders *(Elisabeth)*, Alan Collins (= Luciano Pigozzi; *Uriat)*, Marianne Leibl *(Uriats Mutter)*.

***Die Schutzengel*: Christian Clavier**

Die Schutzengel Les anges gardiens

Wenn der Franzos sich an den Rohmers und Resnais' satt gesehen hat, geht er zur Erholung in einen Film von Christian Clavier, der mit jedem neuen Drehbuch gegen die Behauptung anschreibt, der Klamauk sei ein Meister aus Deutschland. 1995 unternahm Clavier, der stets auch als Darsteller auftritt, einen Abstecher nach Hongkong, von dessen Kino ja Wunderdinge erzählt werden, das Regisseur Poiré indes nur unzureichend zu

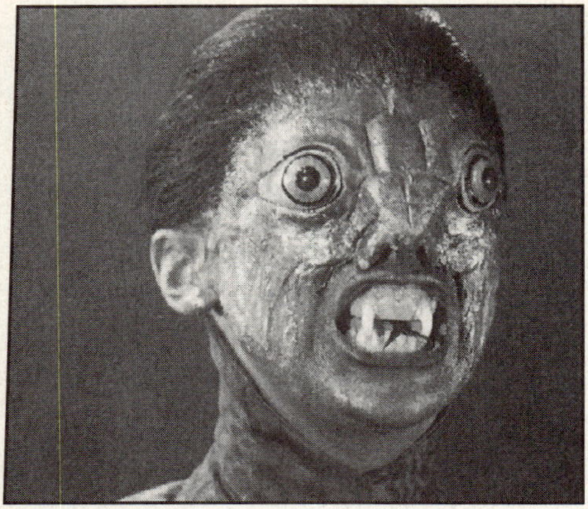

Das schwarze Reptil: Jacqueline Pearce

kopieren vermochte: Im fernen Osten erleben Clavier und Gérard Depardieu aberwitzige Abenteuer, ehe sie sich sicherheitshalber nach Paris zurückziehen. Mordlustige Gangster setzen ihnen auch dorthin nach, vorwitzige Astralleiber und eifersüchtige Gespielinnen machen das Durcheinander perfekt.

Frankreich 1995, Farbe, 111 Min. **Buch:** Christian Clavier, Jean-Marie Poiré **Regie:** Jean-Marie Poiré **Mit:** Gérard Depardieu *(Antoine Carco)*, Christian Clavier *(Vater Tarain)*, Alexandre Eskimo *(Bao)*, Eva Grimaldi *(Régina Podium)*, Olivier Achard *(Jean-Luc)*, Yves Rénier *(La Pince)*.

Hoppla:

Als Depardieu in einem Hongkonger Internat mit Bao spricht, trägt er das schüttere Haar je nach Kameraeinstellung mal mittig, mal seitlich gescheitelt.

Starke Töne:

«Ein Essen ohne Dessert ist wie ein Wochenende ohne Häschen.» CARCO

Die schwarze 13 The Eye of the Devil

Grusel in altenglischem Stil, auch wenn er gen Frankreich führt: David Niven verkörpert einen Schloßherren, der nach längerer Abwesenheit samt Ehefrau und Nachwuchs auf sein Anwesen zurückkehrt. Dort wird er bereits sehnlichst erwartet, denn zum dritten Mal in Reihe hat es eine Mißernte gegeben. Dies erfordert, einer alten Tradition zufolge, ein Blutopfer – der Schloßherr gibt sein Leben zum Wohle aller. Die Dame des Hauses, eine aufgeklärte junge Frau, versucht, das archaische Ritual zu verhindern.

GB 1965, SW, 90 Min. **Buch:** Robin Estridge, Dennis Murphy **Regie:** J. Lee Thompson **Mit:** David Niven *(Philippe de Montfaucon)*, Deborah Kerr *(Catherine de Montfaucon)*, David Hemmings *(Christian de Caray)*, Sharon Tate *(Odile)*, Emlyn Williams *(Alain de Montfaucon)*, Donald Pleasence *(Pater Dominic)*, Edward Mulhare *(Jean-Claude Ibert)*.

Das schwarze Reptil
The Reptile

Warum der herzige Raffzahn zum «schwarzen» Reptil umgedichtet wurde, wo doch allenfalls die Seele deutscher Titelhändler die Bezeichnung schwarz verdient, bleibt das Geheimnis ebendieser Strolche. Ungeachtet dessen inszenierte Regisseur John Gilling einen liebenswerten «Hammer»-Gruselfilm der manierlichsten Art, darin eine gewisse junge Dame unter dem Einfluß malaysischer Flüche sich nächtens durchs idyllische Cornwall schlängelt und unschuldige Junker peinigt. Ein Doublefeature mit Ken Russells giftgeladenem «Biß der Schlangenfrau» böte sich an.

GB 1965, Farbe, 90 Min. **Buch:** John Elder **Regie:** John Gilling **Mit:** Noel Willman *(Dr. Franklyn)*, Jennifer Daniel *(Valerie Spalding)*, Ray Barrett *(Harry Spalding)*, Jacqueline Pearce *(Anna)*, Michael Ripper *(Tom Bailey)*.

Schwarzes Leder, heißes Blut Red Blooded American Girl II / Hit & Run / Hot Blooded

Einem Trivialfilm kommt es per definitionem zu, eindeutig zu sein. Dieser hier aber stiftet Verwirrung, führt er doch den Originaltitel «Red Blooded American Girl II», was natürlich auf «Red Blooded American Girl I» verweist. Dortselbst aber war besagtes «Red Blooded American Girl» ein von einem Vampirvirus befallenes, cronenbergeskes junges Ding, während in «Red Blooded American Girl II» weit und breit keine Blutsauger auszumachen sind. So etwas gehört sich doch nicht. Das rotblütige amerikanische Mädchen wird hier von Kari Wuhrer gegeben, die zu einem jungen Burschen ins Auto steigt und dem Musterknaben allerlei Abenteuer beschert.

USA 1995, Farbe, 90 Min. **Buch:** Nicolas Stiliadis **Mit:** Kari Wuhrer *(Miya)*, Kristoffer Ryan Winters *(Trent)*, David Keith *(Mr. Colbert)*, Art MacDonald *(Buster)*, Burt Young *(Roy)*, Philip Riccio *(Jimmy)*.

Das Schwert des Barbaren Le spade die barbari

Nachdem sie in einigen grobgestrickten Komödien mit grammatikalisch verwegenen Titeln wie «Flotte Teens runter mit den Jeans» ihre Haut zu Markte getragen hatte, griff die italienische Schauspielerin Sabrina Siani zu den Waffen. Sie säbelte sich durch Radaufilme wie «Ator – Herr des Feuers», und weil die Italiener bei der Herstellung von Aufgüssen amerikanischer Kassenerfolge kaum Hemmungen kennen, geht's hier in der Tat barbarisch zu. Putzmunter wird gemeuchelt und massakriert. Größere Blutverluste sind desungeachtet nicht zu beklagen, so daß alles in einigermaßen jugendfreiem Rahmen bleibt. Der Recke Sangraal ist nur an den nötigsten Stellen bekleidet, spuckt allenthalben große Töne und verliert doch kurz nach Beginn bereits Volk, Verlobte und seine gute Laune. Er rennt in nahezu jede Falle, die sich vor ihm auftut, wird ans Kreuz geschlagen, in Netze geknüpft und in Fallgruben geworfen. Aki und der opferbereite Asiate Wang wissen jedoch das Schlimmste zu verhindern. Wer bis zum Ende durchhält, wird noch mit einem Blick in Akis Dekolleté belohnt.

Italien 1982, Farbe, 88 Min. **Buch:** Michele Massimo Tarantini, Pietro Regnoli, Franco Coppino **Regie:** Michael E. Lemick (= Pino Buricchi) **Mit:** Peter MacCoy *(Sangraal)*, Sabrina Siani *(Aki)*, Al Huang *(Wang)* und Margareta Rance, Antony Freeman, Yvonne Fraschetti, Xiomaria Rodriguez, Massimo Pittarello

Erhabene Momente:
Das Erscheinen der ebenso böswilligen wie rassigen und obendrein barbusigen Göttin Rani inmitten einer feurigen Lohe.

Hoppla:
Beim abschließenden Zweikampf der zentralen Kontrahenten wälzen sich die beiden kapitalen Schlagetots in einem Fluß. Bei dem ungezügelten Gerangel bekommt auch die Kamera einen kräftigen Spritzer ab.

Starke Töne:
«Lieber fünfmal umdrehen als einmal mit einem Messer im Rücken sterben.» WANG

Das Schwert des roten Giganten I giganti della tessaglia / Le geant de Thessalie

Tief in den Gliedern sitzt der Schreck
Der Argonauten Vlies ist weg
Jason packt Wegzehrung und Waffen
Den Fetisch wieder herzuschaffen
Leis lächelt Adrastus in sich hinein
Er soll Jasons Vertreter sein
Doch sind Sandalenfilme nicht gemacht
Daß so ein Strolch als letzter lacht.

Italien / Frankreich 1960, Farbe, 86 Min. **Buch:** Giuseppe Masini, Ennio de Concini **Regie:** Riccardo Freda **Mit:** Roland Carey *(Jason)*, Ziva Rodann *(Creusa)*, Alberto Farnese *(Adraste)*, Cathia Caro *(Aglae)*, Alice Clements *(Prima Ballerina)*, Nadine Duca *(Gaia)*, Massimo Girotti, Nadine Sanders.

Das Schwert von Persien
Esther and the King / Esther e il re

Dem Xerxes wird die Frau gemeuchelt
Macht nix, denn ihre Liebe war geheuchelt
Doch nun muß eine neue her
Dem Xerxes fällt die Wahl nicht schwer
Joan Collins mag er gerne leiden
Sie soll'n sich haben, diese beiden
Doch eh man zur Vermählung schreitet
Müssen Verschwörer, angeleitet
Von Haman, einem finstren Wicht
Zwecks Aburteilung vor Gericht
Der Henker reibt sich schon die Hände
Erfüllt packt Xerxes Collins' Lende.

Italien 1960, Farbe, 102 Min. **Buch:** Raoul Walsh, Michael Elkins **Regie:** Raoul Walsh **Mit:** Richard Egan *(König Xerxes)*, Joan Collins *(Esther)*, Denis O'Dea *(Mardochai)*, Sergio Fantoni *(Haman)*, Daniella Rocca *(Vashti)*, Rik Battaglia.

Gut zu wissen:
Einer der beiden Kameraleute war Mario Bava.

Schwingen der Angst
Nightwing

Blutschlürfende Fledermäuse vernaschen allerlei nützliches Getier. Endgültig in Rage gerät der mit den Ermittlungen betraute indianische Sheriff Duran, als die gierigen Viecher auch noch die prallen Wohlstandsleiber campierender Touristen ausschlürfen. Ein Schamane vom Stamme der Maskai fürchtet, durch spirituelles Wirken das Unheil heraufbeschworen zu haben. Duran und ein durch seine britische Herkunft befugter Biologe ziehen aus, Erkenntnisse über die seltsamen Vorfälle zu erlangen.

USA 1978, Farbe, 105 Min. **Buch:** Steve Shagan, Bud Shrake, Martin Cruz Smith **Regie:** Arthur Hiller **Mit:** Nick Mancuso *(Duran)*, David Warner *(Philip Payne)*, Kathryn Harrold *(Anne Dillon)*, Stephen Macht *(Walker Chee)*, Strother Martin *(Selwyn)*, George Clutesi *(Abner Tasupi)*.

Der sechste Kontinent At the Earth's Core

Peter Cushing hat eine überdimensionale Schraube mit integrierter Fahrgastzelle gebaut, nimmt Doug McClure an Bord und arbeitet sich ins Erdinnere vor. Das Ungetüm aber macht sich selbständig, die nachfolgende Irrfahrt endet in einem unterirdischen Tropenwald, wo schon riesige Schnabelwesen, humanoide Naturvölker mit schweinenasigen Eierköpfen und Caroline Munro auf die beiden Helden warten. Hier unten werden Sklaven gehalten und Menschen geopfert, was die Botschafter der Zivilisation nicht dulden können, zumal auch sie selbst rasch in Bedrängnis geraten. So zetteln sie, der Hand- und der Kopfarbeiter in harmonischer Eintracht, zu *spacigen* Sphärenklängen von Mike Vickers eine Revolution wie nach Lehrbuch an.

GB 1976, Farbe, 90 Min. **Buch:** Milton Subotsky **Regie:** Kevin Connor **Mit:** Doug McClure *(David Innes)*, Peter Cushing *(Dr. Perry)*, Caroline Munro *(Dia)*, Cy Grant *(Ra)*, Godfrey James *(Ghak)*, Sean Lynch *(Hooja)*, Michael Crane *(Jubal)*.

Alternativtitel:
«Angriff der Dinosaurier»

Starke Töne:
«Sie können mich nicht hypnotisieren. Ich bin Engländer.» DR. PERRY

Der sechste Kontinent

Shadow und der Fluch des Khan: Penelope Ann Miller

Sex Frauen räumen ab Guns

Im nächsten Leben möchte Andy Sidaris gewißlich als Russ Meyer wiedergeboren werden. Dem nämlich eifert er beflissen, aber minderbegabt hinterdrein mit seinen buchstäblich reihenweise produzierten Agentenkrimis, in denen fraglos gut ausgestattete Regierungsangestellte weiblichen Geschlechts die karikaturartigsten Tunichtgute jagen, aber immer auch Zeit für ein erotisches Intermezzo finden. Im vorliegenden Fall übernimmt Erik Estrada, seit Einstellung der TV-Serie «CHiPS» eine veritable B-Movie-Existenz, den Part des Erzstrolchs, dem einige vom «Playboy» entdeckte Damen das Handwerk legen. Ferner rücken ins Bild: Tony Curtis' Tochter Allegra und die von einem spleenigen Millionär in Arizona nachgebaute London Bridge.

USA 1990, Farbe, 92 Min. **Buch** und **Regie:** Andy Sidaris **Mit:** Dona Speir *(Donna Hamilton)*, Erik Estrada *(Jack of Diamonds / Juan Degas)*, Roberta Vasquez *(Nicole Justin)*, Devin Vasquez *(Cash)*, Allegra Curtis *(Robyn)*, Chu Chu Malave *(Cubby)*, Bruce Penhall *(Bruce Christian)*, Cynthia Brimhall *(Edy Stark)*, Danny Trejo.

Shadow und der Fluch des Khan The Shadow

«The Shadow» ist eine Ausgeburt der Pulp-fiction-Kultur. In die Welt gesetzt von Maxwell Grant alias Walter B. Gibson, wurde der nebulöse Verbrecherjäger mit den übersinnlichen Fähigkeiten zum Helden von Comics, Hörspielserien und Kinoserials. «Highlander»-Regisseur Russell Mulcahy ließ die mythische Figur wiederaufleben und schickt sie nach einer einführenden Rückblende ins New York der Art-déco-Ära, wo John Lone als Nachfahre Dschinghis Khans zerstörerische Pläne hegt.

USA 1993, Farbe, 108 Min. **Buch:** David Koepp **Regie:** Russell Mulcahy **Mit:** Alec Baldwin *(Lamont Cranston / Shadow)*, John Lone *(Shiwan Khan)*, Penelope Ann Miller *(Margo Lane)*, Peter Boyle *(Moe Shrevnitz)*, Ian McKellen *(Reinhardt Lane)*, Tim Curry *(Farley Claymore)*.

Shadowzone – Die Vampire von Manhattan Shadow Zone – The Undead Express

Zach, ein ziemlich vernachlässigtes Bürschchen mit einer Vorliebe für Horrorvideos, ist als notorischer Lügner bekannt. Deshalb glaubt ihm auch niemand seine Erzählung von der kleinen Vampirgemeinde in den verlassenen U-Bahn-Schächten New Yorks. Doch diese Geschichte ist wahr. Valentine, das Oberhaupt der Untoten, möchte nach langer Zeit wieder einmal an die Oberfläche und hat sich Zach als Führer erwählt für einen Spaziergang durch das nächtliche New York. Im Gegenzug zeigt er ihm die prächtigen alten U-Bahnhöfe und schützt ihn vor den Nachstellungen der anderen Blutsauger. Als aber Zachs Freundin Gabe auf eigene Faust in die Unterwelt vordringt, um Fotos anzufertigen, wird die Sache bedenklich.

USA 1996, Farbe, 95 Min. **Buch:** Roy Sallows **Regie:** Stephen Williams **Mit:** Chauncey Leopardi *(Zach)*, Ron Silver *(Valentine)*, Natanya Ross *(Gabe)*, Sherry Miller *(Mutter)*, Tony T. Johnson *(J. T.)*.

Achtung:
Kultregisseur Wes Craven spielt den Psychiater.

Starke Töne:
«Ich bevorzuge Ratten. Menschen sind zu fetthaltig.» VALENTINE

Shaft

Schwarze Haut, schwarzes Leder, schwarzer Humor – mit dieser zündenden Mischung gelang dem schwarzen Regisseur Gordon Parks sr. 1972 ein unerwarteter Kassenhit, der die kriselnden MGM-Studios vor dem Konkurs bewahrte. Die schlichte Geschichte um den hartgesottenen Privatdetektiv John Shaft, der weißen Polizisten Widerworte gibt, mit nur einer Freundin nicht auskommt und sich mit Hilfe der Black Panther gegen italienische Gangster durchsetzt, erfreute auch weiße Kinogänger, nicht nur in den USA. Es folgten zwei Fortsetzungen sowie eine deutlich gemäßigte TV-Serie.

USA 1970, Farbe, 100 Min. **Buch:** Ernest Tidyman, John D. F. Black **Regie:** Gordon Parks **Mit:** Richard Roundtree *(John Shaft)*, Moses Gunn *(Bumpy Jonas)*, Charles Cioffi *(Lt. Vic Androzzi)*, Christopher St. John *(Ben Buford)*, Lawrence Pressman *(Sgt. Tom Hannon)*, Sherri Brewer *(Marcy Jonas)*, Camille Yarborough *(Dina Greene)*, Margaret Warncke *(Linda)*, Joseph Leon *(Byron Leibowitz)*, Antonio Fargas *(Bunky)*.

Shakma

Schon ein schlechtes Omen, daß sich die kleine Forschungsstation ein wenig abseits belebter Landstriche befindet. Hier wirkt Roddy McDowall und läßt seine Studenten an Pavian Shakma herumforschen. Gut ausgehen kann das selbstredend nicht – wenn Shakma den Spieß umkehrt, stellt sich auch dem Zuschauer das Nackenfell auf ... Die Augenzwinkerei an der Geschichte aber liegt darin, daß Roddy McDowall ehedem in «Planet der Affen» selbst im Primatenkostüm einherwanderte.

USA 1990, Farbe, 101 Min. **Buch:** Roger Engle **Regie:** Hugh Parks **Mit:** Christopher Atkins *(Sam)*, Amanda Wyss *(Tracy)*, Roddy McDowall *(Sorenson)*, Ari Meyers *(Kim)*, Rob Morris *(Gary)*, Greg Flowers *(Richard)*, Tre Laughlin *(Bradley)*, Ann Kymberlie *(Laura)*, Donna Jarrett *(Brenda)*.

Sheba, Baby

Eben noch raunzt Privatdetektivin Pam Grier in Chicago ihren nichtsnutzigen Partner zusammen, da wird sie auch schon heim nach Louisville gerufen, wo dunkle Gestalten ihren Vater behelligen im Versuch, sich seine Geldleihe anzueignen. Hinter diesen Machenschaften steckt selbstredend ein hellhäutiger Oberbösewicht, der den legalen wie auch den illegalen Einzelhandel übernehmen möchte. Bis Pam das herausgefunden hat, müssen allerdings noch einige

Ohrfeigen verteilt werden. Dies erledigt sie mit der gewohnten Grazie; im Vergleich mit ihren früheren Auftritten läßt der lieblos hingeschluderte Film ansonsten sehr zu wünschen übrig. USA 1975, Farbe, 90 Min.

Buch und **Regie:** William Girdler **Mit:** Pamela Grier *(Sheba Shayne)*, Austin Stoker *(Brick Williams)*, D'Urville Martin *(Pilot)*, Rudy Challenger *(Andy Shayne)*, Richard Merrifield *(Shark)*, Christopher Joy *(Walker)*, Charles Broaddus *(Hammerhead)*, Ernest Cooley *(Whale)*.

Gut zu wissen:
«Sheba, Baby» war der letzte Film, den Pam Grier vertragsgemäß für das B-Film-Studio AIP zu drehen hatte. Nach Auslaufen ihres Kontraktes mußte sie einen Karriereknick verbuchen. Erst 1977 sah man sie wieder auf der Leinwand – als Richard Pryors Ehefrau in der Actionkomödie «Stock Car Race».

Starke Töne:
«Ich werde mich nicht aus einer Sache heraushalten, nur weil ich zufällig eine Frau bin.» SHEBA

Shock Waves – Die aus der Tiefe kamen **Shock Waves / Death Corps / Almost Human**

Verbittert und zernarbt hockt Peter Cushing auf einer einsamen Insel. Einst fischte er im trüben, als er im Auftrage der Nazis ein Korps von Übermenschen herstellte, das mit konkreten Mordaufträgen per U-Boot gen Amerika gesandt, aber rechtzeitig versenkt wurde. Die amphibischen Kerle blieben 35 Jahre unter Wasser gefangen, bis ein Seebeben sie erlöst. Dasselbe Beben wirft auch einige Schiffbrüchige auf Cushings Insel. Der kann ihnen nur raten, baldigst wieder zu verschwinden, denn seine tatendurstigen Monstren machen haltlos nieder, was immer ihnen über den Weg läuft. USA 1977, Farbe, 85 Min. **Buch:** John Harrison, Ken Wiederhorn **Regie:** Ken Wiederhorn **Mit:** Peter Cushing *(Scar)*, John Carradine *(Capt. Ben)*, Brooke Adams *(Rose)*, Luke Halpin *(Keith)*, Fred Buch *(Chuck)*, Jack Davidson *(Norman)*.

Shock Waves, Filmplakat

Gut zu wissen:
Zum Wassersportspezialisten wurde Luke Halpin durch die Tierserie «Flipper».

Alternativtitel:
«Zombies – Die aus der Tiefe kamen»; «Die Schreckensmacht der Zombies»

Sie haben alle gelacht **They all laughed**

Ben Gazzara, John Ritter und Blaine Novak verdienen ihren Lebensunterhalt, indem sie im Auftrage mißtrauischer Ehemänner deren Gattinnen observieren. Dabei lassen die drei sympathischen Schwerenöter keine Kinderei aus und sind auch einem Flirt mit ihren Beobachtungsobjekten selten abgeneigt. Peter Bogdanovichs wehmütige Komödie ist eine Skizze über Leben und Liebelei in New York, ein metropolitaner Reigen, der von Kameramann Robby Müller superb illustriert wurde. USA 1981, Farbe, 115 Min.

Buch und **Regie:** Peter Bogdanovich **Mit:** Audrey Hepburn *(Angela Niotes)*, Ben Gazzara *(John Russo)*,

John Ritter *(Charles Rutledge)*, Colleen Camp *(Christy Miller)*, Patti Hansen *(Sam)*, Dorothy Stratten *(Dolores Martin)*.

Gut zu wissen:
Dorothy Stratten war ein Mädchen aus einfachen Verhältnissen, das als ‹Playboy›-Modell Karriere gemacht hatte und mit Peter Bogdanovich liiert war. Sie erlangte traurigen Ruhm, weil sie 1980 von ihrem früheren Lebensgefährten aus Eifersucht ermordet wurde. Bogdanovich widmete ihr diesen Film und schrieb ein Buch über sie, Bob Fosse verfilmte ihre Lebensgeschichte 1983 unter dem Titel «STAR 80». Die Hauptrolle spielte Mariel Hemingway.

Sie nannten ihn Gringo La ley del forastero

Vor der Kamera eines waschechten, weil aus Amerika importierten Westernregisseurs (Roy Rowland) keilten sich anno 1965 zwei späterhin skandalumwitterte «Tatort»-Kriminalisten: Sieghardt Rupp, unvergessen als Zollfahnder Kressin, und Götz George. Götz sorgt, wie später als Schimanski, für Gerechtigkeit und Ordnung im Westen, als ein Häuflein von Lauch- und Strauchdieben brandschatzend und mordend durch die unerschlossenen Lande zieht. Ihr Anführer ist der ... Aber man soll ja auch nicht zuviel verraten. Nicht einmal, wenn das schon der Filmtitel besorgt.

BRD / Spanien 1965, Farbe, 86 Min. **Buch:** Clark Reynolds, Helmut Harun **Regie:** Roy Rowland **Mit:** Götz George *(Mace)*, Helmut Schmid *(Ken)*, Alexandra Stewart *(Lucy)*, Sieghardt Rupp *(Reno)*, Sylvia Solar *(Kate)*, Daniel Martin *(Gringo)*.

Sie nannten ihn Stick Stick

Ex-Häftling Burt Reynolds findet eine Anstellung als Chauffeur eines Millionärs, brettert mit dessen Limousine durchs sonnige Florida und muß angelegentlich der Ermordung eines Freundes einige Drogenschmuggler durchwalken, was er mit der gewohnten Eleganz, Sorgfalt und Finesse durchaus zufriedenstellend bewältigt.

USA 1985, Farbe, 109 Min. **Buch:** Elmore Leonard, Joseph C. Stinson **Regie:** Burt Reynolds **Mit:** Burt Reynolds *(Stick)*, Candice Bergen *(Kyle)*, José Perez *(Rainy)*, Charles Durning *(Chucky)*, George Segal *(Barry Brahn)*, Alex Rocco *(Firestone)*.

Sie tötete in Ekstase Mrs. Hyde

Weniger ekstatisch als vielmehr mit kaltem Kalkül nimmt Soledad Miranda die Entleibung einiger Herrschaften in Angriff, die ihren Geliebten, standeswidriger medizinischer Experimente wegen, gemaßregelt und in den Selbstmord getrieben haben. Drei Männer und eine Frau stehen auf ihrer Liste, und ihr Vorgehen wiederholt sich: Verführung, Erniedrigung, Abpfiff. Einer der Malträtierten ist Regisseur Jess Franco selbst. Die Szene wird all jene Kritiker ergötzen, die jemals einen seiner Filme als Marter empfanden. Und wer stimmt sich schon mal auf langjährige Inspektorentätigkeit ein? Der solide Horst Tappert.

BRD / Spanien, Farbe, 77 Min. **Buch:** Jess Franco **Regie:** Frank Hollmann (= Jess Franco) **Mit:** Susan Korda (= Soledad Miranda; *Mrs. Johnson*), Fred Williams *(Dr. Johnson)*, Paul Müller *(Dr. Franklin Houston)*, Howard Vernon *(Prof. Jonathan Walker)*, Horst Tappert *(Inspector)*, Ewa Stroemberg *(Dr. Crawford)*, Jess Franco *(Dr. Donen)*.

Die sieben Gladiatoren I sette gladiatori

Laut Filmgeschichte ist es klar:
Nur einer siebenköpf'gen Schar
Kann ein Tyrannenmord gelingen,

Von dem nachmals die Dichter singen.
Auch Dario, wiewohl verwegen,
Holt sich noch weit're sechs Strategen,
Um Spartas Hierba zu besiegen
Und ihm die Gräten zu verbiegen.
Zu oft hat er das Volk gequält,
Zur Strafe wird er ausgezählt.

Italien / Spanien 1962, Farbe, 92 Min. **Buch:** Pedro Lazaga, Alessandro Continenza, Bruno Corbucci, Alberto de Martino, Giovanni Grimaldi **Regie:** Pedro Lazaga **Mit:** Richard Harrison *(Dario)*, Gérard Tichy *(Hierba)*, Livio Lorenzon *(Panurgo)*, Loredana Nusciak *(Alcaia)*, Edoardo Toniclo *(Milon)*, Joseph Marco *(Xeno)*, Tony Zamperla *(Vargas)*.

Die sieben goldenen Vampire, Filmplakat

Die sieben glorreichen Gladiatoren The Seven Magnificent Gladiators / I sette magnifici gladiatori

Anstelle der sieben Samurai diesmal sechs Berserker und eine Amazone, gespielt natürlich von Sybil Danning, die 1980 auch schon in der Science-fiction-Version des Stoffes (→ SADOR, HERRSCHER IM WELTRAUM) zu sehen war. Die sieben wackeren Helden stehen einem bedrängten Dorf bei; nicht alle kommen davon. Es gibt ein zünftiges Wagenrennen mit allen Schikanen, auch Frauencatchen und Massenszenen, bei denen schlecht instruierte Komparsen unkoordiniert mit ihren Extremitäten fuchteln. Aber auch die Stars machen's kaum besser – zwar dreschen alle mit Schwertern aufeinander ein, doch werden die Gegner selten getroffen, sondern vom bloßen Windhauch des geschwungenen Schwertes umgehauen. Oder vom Körpergeruch der schweißglänzenden Recken, wer weiß.

Italien 1983, Farbe, 87 Min. **Buch:** Claudio Fragasso **Regie:** Bruno Mattei **Mit:** Lou Ferrigno *(Gan)*, Sybil Danning *(Julia)*, Brad Harris *(Scipio)*, Dan Vadis, Carla Ferrigno, Mandy Rice-Davies, Yehuda Efroni.

Hoppla:
Ist schon wenig einsichtig, daß die Bevölkerung in der Antike bereits in antiken Ruinen lebte, so erscheint um so unwahrscheinlicher, daß man schon damals die zerbröselnden Bauten durch Beton vor weiterem Verfall zu bewahren suchte.

Starke Töne:
«Er verfügt über Kraft und viel Geschick. Aber ich frage mich: Hat der Barbar auch nur ein Gramm Hirn?» KAISER

Die sieben goldenen Vampire The Legend of the Seven Golden Vampires / Dracula and the Seven Golden Vampires / The Seven Brothers Meet Dracula

Ein mandeläugiger Wandermönch spaziert in eine von Fledermäusen bevölkerte Gruft, und siehe da, Langnase Dracula, im Lauf der Jahre grün angelaufen, erhebt sich aus dem Grab. Die beiden tauschen ihre Gestalten, und Dracula wandelt fortan als langhaariger Chinese fürbaß. Van Helsing hält derweil in Chung King Vorlesungen über den Vampirismus. Er eilt einem Dorf zu Hilfe, in dem grindige Gestalten knackige junge Asiatinnen, einige ganz keß oben ohne, in ihrer Gewalt halten. Begleitet wird Van Helsing von seinem Sohn und einer abenteuerlustigen schwedischen Witwe, die die Unternehmung auch finanziert. GB / Hongkong 1973, Farbe, 88 Min. **Buch:** Don Houghton **Regie:** Roy Ward Baker **Mit:** Peter Cushing *(Prof. Van Helsing)*, David Chiang *(Hsi Ching)*, Julie Ege *(Vanessa Buren)*, Robin Stewart *(Leyland Van Helsing)*, Shih Szu *(Mai Kwei)*, John Forbes-Robertson *(Dracula)*.

Gut zu wissen:
John Forbes-Robertson übernahm den Dracula-Part, weil Christopher Lee sich kategorisch weigerte, die Reißzähne noch einmal in den Mund zu nehmen.

Sieben Jungfrauen für den Teufel Nude ... si muore

Und wohin geht der Bocksbeinige, so es ihn nach sieben Jungfrauen gelüstet? Ins Mädchenpensionat. Dort werden bald ein paar Betten frei, denn der da umgeht, stammt nicht aus der Hölle, sondern ist nicht ganz bei Verstand. Zwischen den Morden gibt es ein paar Nackedeis, die aber der Stimmung auch nur bedingt zuträglich sind. Italien 1967, Farbe, 98 Min. **Buch:** Antonio Margheriti, Franco Bottari **Regie:** Anthony M. Dawson (= Antonio Margheriti) **Mit:** Mark Damon *(Riccardo)*, Eleonora Brown *(Lucille)*, Sally Smith *(Jill)*, Patrizia Valturri *(Denise)*, Michael Rennie *(Insp. Durand)*, Alan Collins *(Laforet)*.

Die sieben Pranken des Satans The Return of Count Yorga

Im Schlußkapitel von → JUNGES BLUT FÜR DRACULA sah es ja nicht sonderlich gut aus für Count Yorga, doch muß er sich noch einmal gefangen haben, denn wir erleben ihn in alter Frische, diesmal im kleinstädtischen Milieu, wo er sich in einem Waisenhaus umtut. Auch hat er wieder eine große weibliche Gefolgschaft und einen süßen kleinen Jungen, der ungeachtet seines adretten Äußeren die schlimmsten Untaten vollbringt. Yorga ist ziemlich spitz auf die attraktive Cynthia, muß sich darob aber zunächst mit deren Freund Dr. Baldwin auseinandersetzen, der auch mit gröberem Gerät als dem Skalpell umzugehen weiß. USA 1971, Farbe, 94 Min. **Buch:** Bob Kelljan, Yvonne Wilder **Regie:** Bob Kelljan **Mit:** Robert Quarry *(Graf Yorga)*, Marietta Hartley *(Cynthia Nelson)*, Roger Perry *(Dr. David Baldwin)*, Yvonne Wilder *(Jennifer)*, Tom Toner *(Rev. Thomas)*, Philip Frame *(Tommy)*.

Sieben Stuntmänner räumen auf Stunt Seven

Bevor sie das tun, hauen sie aber noch Requisiten und Kulissen zu Klump, hat doch der moderne Freibeuter Patrick Macnee den Filmstar Elke Sommer entführt und dabei einen Berufskollegen der glorreichen Sieben getötet. Da das FBI versagt, tauschen die Jungs für diesmal die Platzpatronen gegen echte. Der Fernsehfilm war der Probelauf für eine geplante Serie, die nicht realisiert wurde. Und das war wohl auch besser so. USA 1979, Farbe, 80 Min. **Buch:** David Shaw **Regie:** John Peyser **Mit:** Christopher Connelly *(Hill Singleton)*, Christopher Lloyd *(Skip Hartman)*, Elke Sommer *(Rebecca Wayne)*, Patrick Macnee *(Maximilian Boudeau)*, Soon-Teck Oh *(Kenny Uto)*, Bill Macy *(Frank Wallach)*, Morgan Brittany *(Elena Sweet)*.

Sieben Tote in den Augen der Katze La morte negli occhi del gato

Die schmiedeeisernen Schnörkel des Gittertores gemahnen an starrende Augen, und auch die zottelige Katze beobachtet interessiert das Treiben des degenerierten schottischen Adels. Das Stammschloß derer zu MacGrieff ist ein schon arg ungemütliches Gemäuer und finanziell kaum noch zu halten. Die Hausherrin aber will keinesfalls weichen, möge es auch, so spricht sie leichtfertig ins Rund, ihr Leben kosten. Der Fall ist zu gewärtigen, denn ein Mordbube geht um. Und er paßt traun in dieses Ambiente, wo Ratten an Leichen nagen, über Vampire gesimpelt wird, der labile Erbe sich einen Orang-Utan hält – von Spinnweben, knarrenden Türen, geheimen Verliesen, Serge Gainsbourg und ähnlichen Zutaten gar nicht zu reden.

BRD / Italien / Frankreich 1972, Farbe, 93 Min. **Buch:** Anthony Dawson (= Antonio Margheriti), Giovanni Simonelli **Regie:** Anthony Dawson **Mit:** Jane Birkin *(Corringa)*, Doris Kunstmann *(Susan)*, Hiram Keller *(Lord James)*, Anton Diffring *(Franz)*, Françoise Christophe *(Lady Mary)*, Dana Ghia *(Lady Alice)*, Venantino Venantini *(Pater Robertson)*, Konrad Georg *(Butler)*, Serge Gainsbourg *(Polizeiinspektor)*.

Der 27. Tag The 27th Day

Die Außerirdischen haben wieder eine verschrobene Idee ausgeheckt: Einer ihrer Vertreter versammelt eine internationale Gruppe von Menschen in seinem Raumschiff und eröffnet ihnen, daß sein Volk einen neuen Heimatplaneten benötigt, sich die gewaltsame Eroberung der Erde aber aus ethischen Gründen verbietet. Also händigt er jedem der fünf eine Kapsel aus, die es erlaubt, ein Gebiet von 3000 Meilen Durchmesser zu entvölkern. Kaum zurück auf dem Erdboden, gieren auch schon die Mächtigen dieser Welt nach der Superwaffe. Nur die Sowjets aber haben böse Absichten, sie martern Ivan, bis er das Geheimnis der Kapsel preisgibt, und erpressen sodann den Rückzug US-amerikanischer Truppen aus Europa.

USA 1957, SW, 74 Min. **Buch:** John Mantley **Regie:** William Asher **Mit:** Gene Barry *(Jonathan Clarke)*, Valerie French *(Eve Wingate)*, Marie Tsien *(Su Tan)*, Azenath Janit *(Ivan Godovski)*, George Voskovec *(Prof. Klaus Bechner)*, Frederick Ledebur *(Dr. Neuhaus)*, Paul Birch *(Admiral)*, Ralph Clanton *(Ingram)*.

Silent Movie

Der einst renommierte, dann dem Alkohol verfallene Regisseur Mel Fun plant ein Comeback. Ausgerechnet mit einem Stummfilm will er dem angeschlagenen ‹Big Picture Studio› zu einem Kassenhit verhelfen. Skrupellose Handlanger des Konzerns ‹Engulf & Devour›, der an einer Übernahme des Studios interessiert ist, suchen dieses Unternehmen mit allen Mitteln zu verhindern … Koautor, Produzent und Hauptdarsteller Mel Brooks stopfte eine Fülle von Anspielungen in seine Slapstick-Komödie, die freilich nach all den Jahren kaum noch zu entschlüsseln sind. Beispielsweise befand sich die ausführende Produktionsfirma 20th Century Fox seinerzeit tatsächlich in einer Krise – die nicht zuletzt dank «Silent Movie» beigelegt werden konnte.

USA 1976, Farbe, 87 Min. **Buch:** Mel Brooks, Ron Clark, Rudy DeLuca, Barry Levinson **Regie:** Mel Brooks **Mit:** Mel Brooks *(Mel Fun)*, Marty Feldman *(Marty Eggs)*, Dom DeLuise *(Dom Bell)*, Bernadette Peters *(Vilma Kaplan)*, Sid Caesar *(Studio-Chef)* und James Caan, Burt Reynolds, Harold Gould, Anne Bancroft, Paul Newman, Liza Minnelli, Marcel Marceau.

Silent Movie: Marty Feldman

Alternativtitel:
«Mel Brooks' letzte Verrücktheit: Silent Movie»

Achtung:
Das einzige Wort, das im Film fällt, spricht ausgerechnet der französische Pantomime Marcel Marceau. Es lautet: «Non».

Skeeter – Invasion des Grauens Skeeter

Tracy Griffith, Melanies Halbschwester, mußte in ihren frühen Filmen manches erdulden – Serienkiller, Wiedergänger oder, wie hier, ins Gigantische mutierte Moskitos. Denen hat Radioaktivität die Gene verbrutzelt, weswegen sie nun in großem Stil und mit Todesfolge unbedarfte Zeitgenossen entsaften.

USA 1993, Farbe, 90 Min. **Buch:** Lanny Horn, Clark Brandon **Regie:** Clark Brandon **Mit:** Tracy Griffith *(Sarah Crosby)*, Jim Young *(Roy Boone)*, Charles Napier *(Ernie Buckle)*, Michael J. Pollard *(Hopper)*, William Sanderson *(Gordon Perry)*, Jay Robinson *(Drake)*, Stacy Edwards *(Mary)*.

Gut zu wissen:
Die Produktion oblag dem durch zwei «Ilsa»-Filme unsterblich gewordenen Don Edmonds. Stacy Edwards fand ein freundlicheres Umfeld als Mitwirkende der Klinikserie «Chicago Hope».

Sklave der Semiramis
Io, Semiramide

Leis lächelnd lästert das Orakel
Der Königshof hat einen Makel
Beherbergt einen Attentäter
Momentchen noch, der Mord kommt
später –

Ninurte freit Semiramis
Die Ehe währt jedoch nur bis
Der avisierte Mordgeselle
Die frisch Getraute auf die Schnelle

Zur wohlbetuchten Witwe macht
Worüber sie wohl herzlich lacht
Der Mord bringt ihr Assyriens Thron
Die Feinde aber lauern schon.

Italien 1962, Farbe, 95 Min. **Buch:** Alberto Liberati, Fede Arnaud **Regie:** Primo Zeglio **Mit:** Yvonne Furneaux *(Semiramis)*, John Ericson *(Kir)*, Renzo Ricci *(Minurte)*, Gianni Rizzo *(Ghelas)*, Germano Longo *(Onnos)*, Valérie Camille *(Ballerina)*, Lucio de Santis *(Marduk)*, Calisto Calisti.

Sklavin des Satans Satan's Slave

In den 70er Jahren fuhr Satanas reiche Ernte ein, zumindest auf den Leinwänden dieser Welt. Auch Catherine York ist ihm zugedacht, wurde doch ihr liebreizender Körper von Onkel und Vetter dazu ausersehen, einer noch von den Toten zu erweckenden Ahnin als neue Hülle zu dienen. Mit allerlei Täuschungen und Finten bringt Drehbuchautor David McGillivray seine Geschichte halbwegs abwechslungsreich über die Runden. Die Bildgestaltung ist – italienischer Einfluß? – vergleichsweise drastisch.

GB 1976, Farbe, 90 Min. **Buch:** David McGillivray **Regie:** Norman J. Warren **Mit:** Candace Glendenning *(Catherine Yorke)*, Michael Gough *(Alexander Yorke)*, Martin Potter *(Stephen Yorke)*, Barbara Kellerman *(Frances)*, Michael Grace *(John)*, James Bree *(Malcolm)*, Celia Hewitt *(Elizabeth)*.

Slam Dance

Wayne Wang, der mit «Smoke» das Programmkinopublikum für sich einnahm, drehte 1987 ebenfalls mit geringem Etat ein neonschillerndes Genrestückchen, in dem Hauptdarsteller Tom Hulce nicht von ungefähr als Comic-Zeichner arbeitet. Durch die verführerische Virginia Madsen wird der lebensuntüchtige Nichtsnutz in eine undurchsichtige Affäre verwickelt, in deren Verlauf er als Mörder verdächtigt und von herzlosen Schlägern inkommodiert wird. Die eigentlich bereits amtlich von ihm geschiedene Mary Elizabeth Mastrantonio aber steht ihm treulich bei.

USA/GB 1987, Farbe, 99 Min. **Buch:** Don Opper **Regie:** Wayne Wang **Mit:** Tom Hulce *(C. C. Drood)*, Mary Elizabeth Mastrantonio *(Helen Drood)*, Adam Ant *(Jim Campbell)*, John Doe *(Gilbert)* und Virginia Madsen, Harry Dean Stanton, Millie Perkins, Rosalind Chao, Lisa Niemi.

Alternativtitel:
«Blondinen sterben früher» (TV)

Achtung:
Drehbuchautor Don Opper ist in einer Nebenrolle als Auftragskiller *Buddy* zu sehen.

Gut zu wissen:
Lisa Niemi *(Miss Schell)* ist die Lebensgefährtin von Patrick Swayze, mit dem sie bereits mehrfach vor der Kamera stand.

S.O.B. – Hollywoods letzter Heuler S.O.B.

Nach einem 30-Millionen-Dollar-Flop scheint die Karriere des vormaligen Erfolgsproduzenten Felix Farmer beendet. Auch Ehefrau Sally, zugleich der Star seiner Filme, wendet sich von ihm ab, was er mit einem grandios scheiternden Selbstmordversuch beantwortet. Die Exzesse einer typischen Hollywoodparty inspirieren ihn, das durchgefallene Musical mit Nacktszenen aufzupeppen. Die spektakuläre Neufassung bewirkt viel Aufhebens, zugleich entbrennt ein bitterer Kampf um die Urheberrechte … Blake Edwards verarbeitete eigene Erfahrungen, als er Hollywoods Vergnügungsindustrie zum Gegenstand dieser ungestümen Satire machte.

USA 1981, Farbe, 121 Min.

Buch, Produktion Regie: Blake Edwards **Mit:** Richard Mulligan *(Felix Farmer)*, Julie Andrews *(Sally Miles)*, William Holden *(Tim Cully)*, Robert Vaughn *(David Blackman)*, Robert Webber *(Ben Coogan)*, Robert Preston *(Irving Finegarten)*, Larry Hagman *(Dick Benson)* Shelley Winters *(Eva Brown)*, Marisa Berenson *(Mavis)*, Robert Loggia, Stuart Margolin, Jennifer Edwards, Rosanna Arquette.

Gut zu wissen:
Blake Edwards' Ehefrau Julie Andrews, wie ihr filmisches Alter ego lange Zeit zur Darstellung sittlich gefestigter Frauenfiguren verdammt, entblößt hier ein wenig mehr von sich.

Hoppla:
Zu Beginn versucht Felix Farmer, sich mit Autoabgasen zu vergiften, bringt aber versehentlich seine Limousine in Gang, durchbricht die Garagenwand und rollt in die Dünung. Sein Sparsamkeitsreflex scheint indes noch intakt – das in den Sand gesetzte Auto ist ein billigeres Modell als das, in welches er kurz zuvor eingestiegen war.

Der Sohn des Mandingo
Slaughter's Big Rip Off

In «Slaughter» (1972) hatte der Titelheld – «It's not only his name, it's his business and sometimes – his *pleasure*!» – unnachsichtig die Mörder seiner auch nicht sonderlich gesetzestreuen Eltern ausgemerzt. Aber Gangster wachsen nach, und so bleibt Slaughter keine Zeit zum Verschnaufen: Kaum daheim, wird ein enger Freund von Mitgliedern des Verbrechersyndikates ermordet. Auch das läßt Slaughter nicht auf sich beruhen und findet sogar Unterstützung bei dem schwarzen Kriminalisten Reynolds, der seinen direkten Vorgesetzten auf der Gehaltsliste der Mafia vermutet und Slaughter um die Beschaffung entsprechender Beweise bittet.

USA 1973, Farbe, 93 Min. **Buch:** Charles Johnson **Regie:** Gordon Douglas **Mit:** Jim Brown *(Slaughter)*, Ed McMahon *(Duncan)*, Brock Peters *(Reynolds)*, Don Stroud *(Kirk)*, Gloria Hendry *(Marcia)*, Richard Williams *(Joe Creole)*, Judy Brown *(Norja)*, Scatman Crothers *(Cleveland)*.

Der Sohn von Cäsar und Cleopatra Il figlio di Cleopatra

Von Rabeneltern zwar geboren
Dennoch zum Heros auserkoren
Gab Cäsarion den Römern Saures
Der Drehbuchautor weiß
Genau'res.

Italien / VAR (Ägypten) 1964, Farbe, 103 Min. **Buch:** Ferdinando Baldi, Franco Airaldi, Anacleto Fontini **Regie:** Ferdinando Baldi **Mit:** Mark Damon *(El Kebir)*, Scilla Gabel *(Livia)*, Arnoldo Foà *(Petronius)*, Livio Lorenzon, Samira Ahmed, Shukri Shahan.

Alternativtitel:
«Der Sohn der Kleopatra»; «Der Sohn der Cleopatra»

SOS-SOS-SOS Bermuda-Dreieck Il triangolo delle Bermude / El triangulo diabolico de las Bermudas

Um es in der klangvollen Sprache Alighieris, D'Amatos und Margheritis auszudrücken: Il triangolo delle Bermude. Was soviel bedeutet wie: John Huston, Marina Vlady, Claudine Auger und andere Nobilitäten erleben Schröckliches, derweil sie das Geheimnis des vielumraunten Bermudadreiecks zu ergründen suchen. Und in der Tat: Gloria Guida, Hugo Stiglitz und John Huston in einem Ensemble – solch wunderbare Fügungen sind nur im Bermudadreieck möglich.

Italien / Mexiko 1978, Farbe, 109 Min. **Buch:** René Cardona, Carlos Valdemar **Regie:** René Cardona jr. **Mit:** John Huston, Claudine Auger, Marina Vlady, Gloria Guida, Hugo Stiglitz, Andres Garcia.

Space Defender – Goldrausch im Weltraum
Precious Find

Im Jahr 2049 ist, warum auch nicht, die Trabantenmetropole Moon City zum Tummelplatz sämtlicher Glücksritter der Milchstraße geworden. Hier begegnen wir auch Rutger Hauer, der mit zwei Kumpanen aufbricht, auf einem Asteroiden nach Gold zu schürfen. Sie werden fündig, aber Eifersucht und Paranoia verderben allen den Spaß, nachdem Joan Chen sich den Männern zugesellt hat. Eine nicht ganz unbekannte Geschichte: John Wayne, Stewart Granger und Capucine trieben dergleichen schon 1960 in «Land der tausend Abenteuer».

USA 1995, Farbe, 90 Min. **Buch:** Lenny Britton **Regie:** Philippe Mora **Mit:** Rutger Hauer *(Armond Crile)*, Joan Chen *(Camilla Jones)*, Don Stroud *(Loo Seki)*, Harold P. Pruett *(Ben)*, Brion James *(Horton)*, Morgan Hunter *(Salomon)*.

Gut zu wissen:
Doppelte Wiedersehensfeier: Rutger Hauer und Brion James blickten schon in «Der Blade Runner» gemeinsam in die Zukunft; James hatte im Jahr zuvor mit Mora die Thrillerparodie «Hard Business» abgedreht.

Achtung:
Philippe Mora zeigt sein Gesicht in der Rolle des Kosznikov.

Spacehunter

Spacehunter – Jäger im All
Spacehunter: Adventures in the Forbidden Zone

Der einsame Wolf Peter Strauss reitet auf dem Planeten Terra 11 ein, versammelt einen verwegenen Haufen um sich und zieht in die verbotene Zone, um den maschinell aufgerüsteten Megaschurken Michael Ironside aus dem Raumanzug zu stoßen. Dreißig Jahre früher hätte man die Geschichte im Wilden Westen angesiedelt, aber, hey, es waren die Achtziger, und jeder zweite Film trug das Wörtchen «Space» im Titel.

USA 1983, Farbe, 90 Min. **Buch:** Edith Rey, David Preston, Dan Goldberg, Len Blum **Regie:** Lamont Johnson **Mit:** Peter Strauss *(Wolff)*, Molly Ringwald *(Niki)*, Ernie Hudson *(Washington)*, Andrea Marcovicci *(Chalmers)*, Michael Ironside *(Overdog McNabb)*.

Spacetrek Within the Rock

Ein Bergbauteam landet auf dem erdwärts sausenden Kometen Galileo's Child, wo es Tunnel bohrt, die bei einer späteren Explosion wie eine Rückstoßdüse wirken sollen. So hofft man, den Irrstern aus der Bahn zu werfen. Unter immensem Zeitdruck werden die Arbeiten vorangetrieben, Menschen und Material bis an die Leistungsgrenze beansprucht. Das Bohrgerät stoppt, als man auf eine platinverstärkte Kammer stößt, in der sich Skelette und ein Tierfossil finden. Als man zur Nacht die Sauerstoffzufuhr zurückfährt, fängt das Tier an zu tropfen, räkelt sich und wird mählich munter. Gegen Kugeln und Sprengladungen scheint es gefeit, und die Habgier des Projektleiters Ryan macht die Sache auch nicht einfacher.

The Specialist: Sylvester Stallone

USA 1996, Farbe, 90 Min. **Buch** und **Regie:** Gary J. Tunnicliffe **Mit:** Xander Berkeley *(Ryan)*, Caroline Barclay *(Dr. Dana Shaw)*, Bradford Tatum *(Cody Harrison)*, Brian Krause *(Luke Harrison)*, Barbara Patrick *(Samantha «Nuke 'em» Rogers)*, Michael Zelniker *(Archer)*.

Gut zu wissen:
Gary J. Tunnicliffe begann seine Karriere in der Filmindustrie als Maskenbildner. Seine Filmographie verzeichnet Genrewerke wie ➜ CANDYMAN'S FLUCH, ➜ LORD OF ILLUSIONS und ➜ BLADE.

Hoppla:
Als Cody beim Starten des Rovers von dem Ungeheuer durch die Luft gewirbelt wird, landet er erkennbar auf einer weichen Unterlage.

Spatz in der Hand Percy

Die schnittigen Abenteuer des John Wayne Bobbitt sind natürlich nicht zu überbieten, ereigneten sich aber erst lange Zeit nach dieser filmischen Unternehmung, in der Hywel Bennett durch einen herabstürzenden Kronleuchter entmannt wird und in einer Notoperation von Denholm Elliott das einem verstorbenen Playboy abgenommene Ersatzteil angepflockt bekommt. Nachdem alles gut verheilt und verwachsen ist, sucht der Wiederhergestellte Ehefrau und Freundinnen seines Vorträgers auf und erprobt die Paßgenauigkeit des neuen Gliedes, das zumindest aus medizinischer Warte recht gut dasteht.

GB 1970, Farbe, 95 Min. **Buch:** Hugh Leonard, Terence Feely **Regie:** Ralph Thomas **Mit:** Hywel Bennett *(Edwin Anthony)*, Denholm Elliott *(Emmanuel Whitbread)*, Elke Sommer *(Helga)*, Janet Key *(Hazel)*, Pauline Delany *(Schwester Flanagan)*, Britt Ekland *(Dorothy Chiltern-Barlow)*, Cyd Hayman *(Moira Warrington)*.

Alternativtitel:
«Percy – Spatz in der Hand»

The Specialist

Auf die Frage, ob er in diesem Film der «Bad Guy» sei, retournierte der verdienstvolle James Woods: «Sylvester Stallone spielt mit, Sharon Stone spielt mit – was glaubst du, welche Rolle für mich da noch übrigblieb?» Ganz so einfach verhält es sich aber auch wieder nicht mit der Grenzlinie zwischen Gut und Böse. Stallone ist ein ehemaliger CIA-Sprengmeister, der nun einen florierenden Rent-To-Kill-Service betreibt. Sharon Stone erteilt Auftrag, die Mörder ihrer Eltern abzuservieren; Stallone zögert, kann dann aber doch nicht widerstehen und sitzt auch schon im Schlamassel, hat es doch mit Miss Stone recht eigene Bewandtnis.

USA 1994, Farbe, 109 Min. **Buch:** Alexandra Seros **Regie:** Luis Llosa **Mit:** Sylvester Stallone *(Ray Quick)*, Sharon Stone *(May Munro)*, James Woods *(Ned Trent)*, Rod Steiger *(Joe Leon)*, Eric Roberts *(Tomas Leon)*.

Speed

Bei dem humordurchsetzten Thriller ist der Titel Programm – Sandra Bullock steuert einen vollbesetzten Bus, dessen Geschwindigkeit keinesfalls 50 Meilen / h unterschreiten darf, weil andernfalls eine ans Tachometer gekoppelte Bombe detoniert. Aber nicht allein das Tempo des Films macht seinen Reiz aus: Regisseur de Bont ließ sich eine Fülle visueller Gags einfallen. Man achte beispielsweise auf die Reklameschilder am Bus («Good Vibrations»!) oder auf die Schlußszene, in der das zersplitterte Verbundglas diverser demolierter Vehikel auf Bullock und Keanu Reeves herabregnet wie Reiskörner auf ein frisch vermähltes Ehepaar.

USA 1994, Farbe, 115 Min. **Buch:** Graham Yost **Regie:** Jan de Bont **Mit:** Sandra Bullock *(Annie Porter)*, Keanu Reeves *(Jack Travers)*, Dennis Hopper *(Howard Payne)*, Jeff Daniels *(Harry Temple)*, Joe Morton *(Capt. Herb McMahon)* und Alan Ruck, Glen Plummer, Richard Lineback, Beth Grant.

Speed: Dennis Hopper und Keanu Reeves

Gut zu wissen:
Erstmals wurde die zum Zeitpunkt der Dreharbeiten noch im Bau befindliche U-Bahn von Los Angeles zum Filmschauplatz.

Jan de Bont war in den Niederlanden Stammkameramann Paul Verhoevens, wurde bereits vor ihm in Hollywood tätig und arbeitete dort bei «Basic Instinct» auch wieder mit dem Landsmann zusammen.

Spion mit meinem Gesicht
The Spy With My Face

Sie reisen meist ohne Gepäck und sind doch stets picobello gewandet. In Windeseile wechseln sie von einer Hemisphäre zur anderen, ohne daß der *jet lag* ihr untadeliges Erscheinungsbild zu trüben vermöchte. Immer wieder werden sie von ihren Gegnern gefangengesetzt. Ebenso regelmäßig gelingt ihnen die Flucht. Nicht von ungefähr erinnern diese Phänomene an den fürtrefflichsten Agenten Ihrer Majestät. James-

Bond-Erfinder Ian Fleming sollte ursprünglich einiges beisteuern zur US-Serie «Solo für O.N.C.E.L.». Weil Fleming aber erkrankte, beschränkte sich sein Beitrag auf den Namen des Titelhelden: Napoleon Solo. Zeitweise wurden Solo und sein Teamgefährte Kuryakin ans Kino ausgeliehen. Dort hatten sie fast doppelt soviel Zeit pro Auftrag, um die Welt zu retten.

USA 1965, Farbe, 86 Min. **Buch:** Clyde Ware, Joseph Calvelli **Regie:** John Newland **Mit:** Robert Vaughn *(Napoleon Solo)*, Senta Berger *(Serena)*, David McCallum *(Ilya Kuryakin)*, Leo G. Carroll *(Alexander Waverly)*, Michael Evans *(Darius Two)*, Sharon Farrell *(Sandy Wister)*, Fabrizio Mioni *(Arsene Coria)*.

Split Second

Hübsch warm ist es im London des Jahres 2008; eine Folge der Klimakatastrophe. In der versumpften Megalopole haben die Ratten Oberwasser, und auch ein glibschiges Ungetüm, das die Dezimierung der Population zum Lebenszweck erhoben hat, suhlt sich mit großem Behagen im Morast der Kapitale. Rutger Hauer, seit «Blade Runner» ausgewiesener Kenner präapokalyptischer Stadtlandschaften, mißfällt dieses unzivilisierte Verhalten, zumal ausgerechnet sein Partner Opfer der blutrünstigen Bestie wurde.

GB/USA 1991, Farbe, 87 Min. **Buch:** Gary Thompson **Regie:** Tony Maylam **Mit:** Rutger Hauer *(Harley Stone)*, Kim Cattrall *(Michelle)*, Neil Duncan *(Dick Durkin)*, Alun Armstrong *(Trasher)*, Ian Dury *(Jay Jay)*, Pete Postlethwaite *(Paulsen)*, Roberta Eaton *(Robin)*, Michael J. Pollard *(Rat)*, Tony Steedman *(O'Donnell)*.

Das Spukschloß im Spessart: Liselotte Pulver

Ein Sprung in der Schüssel
Hysterical

Die Hudson Brothers waren eine dreiköpfige Gesangs- und Comedy-Truppe, die im US-Fernsehen kurzzeitig mit der «Hudson Brothers Show» hervortrat, 1978 in der Comedy-Reihe «Bonkers» wieder auftauchte und auch die Hitparaden nicht unbehelligt ließ. Aber ihr Anliegen, als Kreuzung aus Marx Brothers und Monkees die Jugend der Welt zu erobern, kam über die Ansätze nie hinaus. 1982 versuchten sie sich an einer Horrorfilmparodie und verquirlten Elemente aus «Shining», «Der weiße Hai», → DER EXORZIST und anderen Genrehits. Interessant daran ist ehestens die Besetzung – siehe unten.

USA 1982, Farbe, 86 Min. **Buch:** William und Mark Hudson, Trace Johnson **Regie:**

Squirm

Chris Bearde **Mit:** William Hudson *(Frederick Lansing)*, Mark Hudson *(Paul Batten)*, Brett Hudson *(Fritz)*, Cindy Prickett *(Kate)*, Richard Kiel *(Capt. James Howdy)*, Julie Newmar *(Venetia)*, Bud Cort *(Dr. John)*, Clint Walker *(Sheriff)*, Keenan Wynn *(Fischer)*, Murray Hamilton *(Bürgermeister)*, Charlie Callas *(Dracula)*, Gary Owens *(TV-Moderator)*, John Larroquette, Natalie Cole.

Gut zu wissen:
Die Hudson Brothers trennten sich Mitte der 80er. Mark Hudson, der mittlere Bruder, blieb Schauspieler, war aber auch als Komponist tätig. Einige seiner Songs sind auf dem Soundtrack von «Gremlins» zu hören.

Das Spukschloß im Spessart

Die Fortsetzung des erfolgreichen Musicals «Das Wirtshaus im Spessart» (1957) spielte anders als der Vorläufer in der Gegenwart des Jahres 1960, was zahlreiche satirische Anspielungen gestattete, die zum Teil auf das Konto des Kabarettisten Günter Neumann gingen. So ziehen die Geister der legendären Spessarträuber in einer schönen Szene gen Bonn mit der Absicht, der verarmten Schloßherrin Liselotte Pulver bei ihren Angelegenheiten auf politischer Ebene beizustehen.

BRD 1960, Farbe, 102 Min. **Buch:** Günter Neumann, Heinz Pauck **Regie:** Kurt Hoffmann **Mit:** Liselotte Pulver *(Charlotte von Sandau)*, Heinz Baumann *(Martin)*, Hubert von Meyerinck *(Von Teckel)*, Elsa Wagner *(Tante Yvonne)*, Ernst Waldow *(Ernst-August)*, Hans Clarin *(Prinz Kalaka)*, Georg Thomalla *(Max)*, Curt Bois *(Hugo)*, Paul Esser *(Tom)*, Hanne Wieder *(Katrin)*.

Gut zu wissen:
Kurt Hoffmann erhielt für diesen Film den «Preis der deutschen Filmkritik»

Squirm – Invasion der Bestien Squirm

Im Vergleich zu beispielsweise den Bienen sind Würmer auf der Leinwand eindeutig unterrepräsentiert, auch wenn ihnen mit → DIE WURMFRESSER ein besonders exquisites Lichtspiel zugeeignet wurde. «Squirm» hält da wacker mit, werden doch ansonsten harmlose Kriecher unter dem Einfluß von Elektrizität zu gefährlichen Raubtieren. Regisseur Lieberman ließ sich nicht lumpen und setzte Abertausende von Würmern in Bewegung. Der zu Besuch weilende Stoffel Mick muß sich ihrer erwehren, nicht nur um seiner selbst willen, sondern auch um sein Mädchen Geri vor Schaden zu bewahren, derweil sich sein steiler Nebenbuhler Roger selbst in eine egelige Kreatur verwandelt.

USA 1975, Farbe, 93 Min. **Buch** und **Regie:** Jeff Lieberman **Mit:** Don Scardino *(Mick)*, Patricia Pearcy *(Geri)*, R. A. Dow *(Roger)*, Jean Sullivan *(Naomi)*, Peter MacLean *(Sheriff)*, Fran Higgins *(Alma)*, William Newman *(Quigley)*.

Stadt der Vampire A Return to Salem's Lot

1979 zeigte das US-Fernsehen einen aufwendigen Zweiteiler nach Stephen Kings Blutsaugermär «Salem's Lot». Der mit STIHLvollen Werken hervorgetretene Tobe

Hooper führte Regie. David Soul, James Mason und Bonnie Bedelia spielten Hauptrollen. Der ursprünglich vierstündige Film wurde zur Weitervermarktung auf drei und dann noch einmal auf zwei Stunden gekürzt und verkaufte sich gut. Die Fortsetzung «A Return to Salem's Lot» war eine Nummer kleiner dimensioniert. Larry Cohen führte Regie, brachte seinen bevorzugten Hauptdarsteller Michael Moriarty mit und übertrug die Rolle des verbissenen Vampirjägers dem Regie-As Samuel Fuller. Und es hat schon Art, wenn der mit wehender weißer Mähne dem Wiedergängergesindel nachstellt.

USA 1987, Farbe, 95 Min. **Buch:** Larry Cohen, James Dixon **Regie:** Larry Cohen **Mit:** Michael Moriarty *(Joe Weber)*, Richard Addison Reed *(Jeremy)*, Samuel Fuller *(Van Meer)*, Andrew Duggan, June Havoc, Evelyn Keyes.

Alternativtitel:
«Salem II – Die Rückkehr»

Stadt im Meer City Under the Sea / War-Gods of the Deep

Im Verlauf seiner Karriere bändigte Regisseur Jacques Tourneur Katzenmenschen und Zombies und wurde auch mit Vincent Price fertig, der draußen vor der Küste Cornwalls eine unterseeische Stadt unterhält und junge Britinnen entführen läßt, nur weil sie seiner verstorbenen Ehefrau ähnlich sehen. Tab Hunter und David Tomlinson beenden diese Unsitte.

GB/USA 1965, Farbe, 83 Min. **Buch:** Charles Bennett, Louis M. Heyward **Regie:** Jacques Tourneur **Mit:** Vincent Price *(Kapitän)*, Tab Hunter *(Ben Harris)*, David Tomlinson *(Harold T. Jones)*, Susan Hart *(Jill Tegellis)*, John Le Mesurier *(Reverend Jonathan Ives)*.

Gut zu wissen:
Mit diesem auf einem Gedicht von Edgar Allan Poe basierenden Film beendete Roger Corman seinen Zyklus von Poe-Adaptionen.

Eine Stadt sucht einen Mörder Jack the Ripper / The Return of Jack the Ripper

Fast ein wenig ehrenrührig für Albions Kriminalisten, daß ein Kollege aus den Kolonien, sprich den USA, herangezogen werden muß, das Mysterium um den Serientäter Jack the Ripper zu lösen. Dessen messerscharfe Sticheleien werden zuvor ausgiebig dargeboten, kaum vom sprichwörtlichen Londoner Nebel verborgen, der in Wahrheit wenig Romantisches hatte, sondern auf massive Luftverschmutzung zurückzuführen war. Da der wahre Ripper nie gefaßt wurde, bleibt auch hier das Ende Spekulation: Autor Jimmy Sangster erfand einen geschlechtskranken Chirurgen, der die Gesellschaft von einem ‹Virus› namens Prostitution befallen sieht und diesen nach Art seines Berufsstandes mit dem Skalpell bekämpft.

GB 1958, SW, 88 Min. **Buch:** Jimmy Sangster **Produktion, Regie, Kamera:** Robert S. Baker, Monty Berman **Mit:** Lee Patterson *(Sam Lowry)*, Eddie Byrne *(Insp. O'Neill)*, Betty McDowall *(Anne Ford)*, Ewen Solon *(Sir David Rogers)*, John LeMesurier *(Dr. Tranter)*, George Rose *(Clarke)*, Barbara Burke *(Kitty Knowles)*, Philip Leaver *(Direktor)*.

Star Cracks – Die irre Bruchlandung der Außerirdischen Morons From Outer Space

Mel Smith und Griff Rhys-Jones, in Großbritannien bekannt aus ihrer Comedy-Reihe «Alas Smith and Jones», vergingen sich unter Anleitung des «Flash Gordon»-Regisseurs Mike Hodges 1985 am Science-fiction-Genre. Vier Trottel aus den Tiefen der Galaxis unternehmen eine Stippvisite auf die Erde. Einen von ihnen verschlägt es durch ein Mißgeschick in die USA, die anderen landen in England, wo sie zunächst eingehend examiniert und später zu Popstars werden, bis ihr Raumschiffverleiher einschwebt, um sie an die fälligen Überziehungsgebühren zu erinnern. Nur Freunden des britischen Humors zu empfehlen.

GB 1985, Farbe, 86 Min **Buch:** Griff Rhys-Jones, Melvin Smith **Regie:** Mike Hodges **Mit:** Mel Smith *(Bernard)*, Griff Rhys-Jones *(Graham Sweetley)*, Joanna Pearce *(Sandra Brock)*, Paul Brown *(Julian Tope)*, Jimmy Nail *(Desmond Brock)*, James B. Sikking *(Col. Laribee)*.

Gut zu wissen:
Mel Smith arbeitet auch selbst als Kinoregisseur. Er inszenierte u. a. die Komödien «Puppenmord», «Das lange Elend» und «Bean – Der ultimative Katastrophenfilm».

Star Crash

Star Crash – Sterne im Duell
Scontri stellari / Star Crash

Wieder einmal stand «Krieg der Sterne» Pate für eine italienische Billigversion. Allerdings konnte Lewis Coates dem Kollegen Lucas nicht das Wasser reichen – sein knauseriger Produzent Nat Wachsberger hätte einen solchen Bewirtungsposten gewiß niemals genehmigt. Selbst bei den Tricksequenzen wurde sichtlich gegeizt. Sparsam ging auch Prinzendarsteller David Hasselhoff mit seinen schauspielerischen Mitteln um. Er darf sich, und das hat nun wieder eigenen Reiz, von der aparten Astro-Agentin Stella Star retten lassen, da er von einem finsteren Herrn namens Zarth Arn zwecks Erpressung der Weltherrschaft entführt wurde. Das klingt nicht nur lächerlich, das sieht auch so aus.

Italien / USA 1978, Farbe, 97 Min. **Buch:** Lewis Coates, Nat Wachsberger, R. A. Dillon **Regie:** Lewis Coates (= Luigi Cozzi) **Mit:** Caroline Munro *(Stella Star)*, Marjoe Gortner *(Akton)*, Christopher Plummer *(Kaiser)*, Joe Spinell *(Graf Zarth Arn)*, David Hasselhoff *(Prinz Simon)*, Nadia Cassini *(Königin der Amazonen)*.

Gut zu wissen:
Joe Spinell ist Autor und Hauptdarsteller von «Maniac», in dem er wiederum mit Caroline Munro zusammenarbeitete. Auch in «The Last Horror Film» traten die beiden gemeinsam vor die Kamera.

Star-Pilot 2 + 5: Missione Hydra

Der Geophysiker Wallace, in der Originalfassung heißt er Solmi, begibt sich zu einem Außenposten seines Instituts und entdeckt ein havariertes Raumschiff, das von in der altgriechischen Mythologie außerordentlich bewanderten Außerirdischen «Hydra» getauft wurde. Wallace hilft bei der Reparatur, wird zum Dank entführt und gelangt mit seinen Gastgebern auf einen Planeten mit prähistorischem Environment. Und dann wird's erst richtig bunt.

Italien 1965, Farbe, 84 Min. **Buch:** Fernando Paolo Girolami, Pietro Francisci, Ermano Curti **Regie:** Pietro Francisci **Mit:** Leonora Ruffo *(Keina)*, Anthony Freeman *(Paul)*, Roland Lesaffre *(Prof. Solmi)*, Kirk Morris *(Belsi)*, Gordon Mitchell *(Murdu)*, Al Norton.

Alternativtitel:
«Raumkreuzer Hydra – Duell im All»

Starship Troopers

Gut zu wissen:
Pietro Francisci lotste in den Fünfzigern ‹Mister Universum› Steve Reeves nach Italien, um mit ihm «Herkules»-Filme zu drehen.

Star Rock The Apple

Menahem Golan, zeitweilig auf dem *exploitation*-Sektor ein würdiger Nachfahre Roger Cormans, wird gewiß eher mit Kugelhageln und Prügelorgien in Verbindung gebracht, versuchte sich aber auch am Musikfilm. Die Geschichte ist einige Jahre in die Zukunft verlegt, den Hintergrund bildet der «Worldvision Song Contest». Das Gesangspaar Alphie und Bibi ist reinen Herzens und darum dem fiesen Hintermann Boogalow ein Dorn im Auge. Bibi wird korrumpiert, Alphie sträubt sich, hat einen wüsten Albtraum rund um Bibis Sündenfall einschließlich Gruppensex und findet sich auf einer Parkbank neben einem alten Hippie wieder, der mit anderen verfemten Idealisten in einer Höhle haust und dazu beiträgt, Alphies Kümmernisse zu beheben.

USA 1980, Farbe, 86 Min. **Produktion, Buch** und **Regie:** Menahem Golan **Mit:** Catherine Mary Stewart *(Bibi)*, George Gilmour *(Alphie)*, Grace Kennedy *(Pandi)*, Allan Love *(Dandi)*, Vladek Sheybal *(Boogalow)*, Ray Shell *(Shake)*, Joss Ackland *(Hippie)*.

Starship Troopers

Keine Panik – die Wissenschaft hat festgestellt, daß es keine Monsterinsekten geben kann, weil das Gewicht ihres Panzers jede Bewegung verunmöglichen würde. Freilich, wenn das Getier so pfiffig wäre wie dieses, fände es womöglich auch dafür eine Lösung. Die Filmbiester, Heu- und andere Schrecken, werfen Meteoriten vom Himmel, setzen Feuerwalzen in Gang und sind auch sonst nicht um Einfälle verlegen, wenn es darum geht, die Menschheit auszutilgen. Unten auf der Erde hat im 23. Jahrhundert das Militär das Sagen; das Wort Zivilist ist gleichbedeutend mit Paria. So verfolgen wir also Leben, Liebe und Grundausbildung einiger junger Herrschaften, die wenig später den Kampf gegen das extraterrestrische Ungeziefer aufnehmen werden, was den Special-effects-Experten einiges an Arbeit bescherte.

USA 1997, Farbe, 129 Min. **Buch:** Edward Neumeier **Regie:** Paul Verhoeven **Mit:** Casper Van Dien *(Johnny Rico)*, Dina Meyer *(Dizzy Flores)*, Denise Richards *(Carmen Ibanez)*, Jake Busey *(Ace Levy)*, Clancy Brown *(Sgt. Zim)*.

Das Stendhal-Syndrom
La sindrome di Stendhal

Anna Manni besucht die Uffizien in Florenz und erlebt verstörende Visionen – sie taucht förmlich ein in die dort ausgestellten Gemälde. Aus einer kurzen Bewußtlosigkeit erwacht, rekonstruiert sie mühsam, wer sie ist und warum sie sich in Florenz aufhält. Als Polizistin war sie einem Vergewaltiger und Mörder auf der Spur, der in Rom, später in Florenz eine Serie von Straftaten begangen hat. Auch Anna wurde sein Opfer, und er stellt ihr weiterhin nach. Selbst als sie den Soziopathen tötet, nehmen die beunruhigenden Vorfälle kein Ende – wilde Halluzinationen und bedrückende Realitäten mischen sich, von Argento inszeniert als imposanter Bilderrausch, der der gespaltenen Psyche eines Vergewaltigungsopfers Ausdruck verleiht.

Italien 1995, Farbe, 113 Min. **Buch** und **Regie:** Dario Argento **Mit:** Asia Argento *(Anna Manni)*, Thomas Kretschmann *(Alfredo Grossi)*, Julien Lambroschini *(Marie)*, Marco Leonardi *(Marco Longhi)*, Luigi Diberti *(Inspektor Manetti)*, Paolo Bonacelli *(Dr. Cavanna)*.

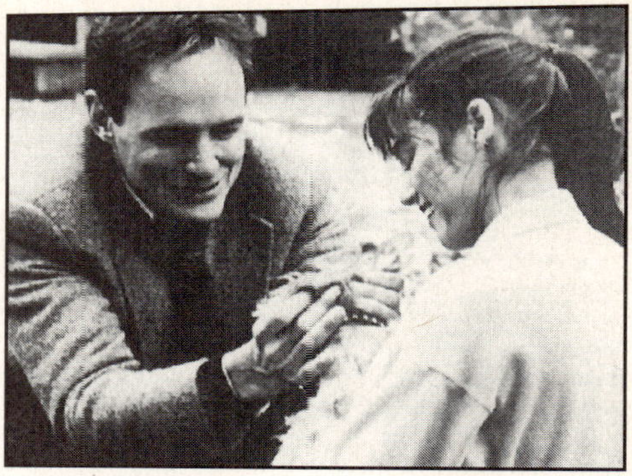

The Stepfather:
Terry O'Quinn und Jill Schoelen

Gut zu wissen:
Die durch das Betrachten von Bildern ausgelöste Selbstvergessenheit wurde nach dem Schriftsteller Stendhal benannt, der die Symptome bei sich selbst beobachtete und in seinem Tagebuch eingehend beschrieb.

The Stepfather – Kill, Daddy, Kill
The Stepfather

Jerry Blakes Vorstellungen vom familiären Zusammenleben sind geprägt von 60er-Jahre-Fernsehserien wie «Father Knows Best» und «Mr. Ed», in denen ein perfektes häusliches Idyll dargeboten wurde. Bei Jerry haben sich diese Bilder zur Manie entwickelt. Registriert er Abweichungen vom Idealbild, verliert er die Fassung und wird zum Mörder. Als der Film beginnt, hat er soeben seine frühere Familie ausgelöscht und wechselt Aussehen und soziales Umfeld. Mit seiner neuen Stieftochter Stephanie gibt es sehr bald Probleme. Ihr Fehlverhalten löst bei Jerry erneut den Mordtrieb aus. Bevor er allerdings zur Tat schreitet, baut er sich zunächst eine neue Existenz auf – bange Minuten für den Zuschauer, der ahnt, was kommen wird.

USA 1986, Farbe, 85 Min. **Buch:**

Donald E. Westlake **Regie:** Joseph Ruben **Mit:** Terry O'Quinn *(Henry Morrison/Jerry Blake/Bill Hodkins)*, Jill Schoelen *(Stephanie Maine)*, Shelley Hack *(Susan Blake)*, Charles Lanyer *(Dr. Bondurant)*, Stephen E. Miller *(Al Brennan)*, Stephen Schellen *(Jim Ogilvie)*.

Alternativtitel:
«Spur in den Tod 2»; «Kill, Daddy, Kill»

Gut zu wissen:
Terry O'Quinn spielt in Chris Carters *mystery*-Serie «Millenium» Frank Blacks Partner Watts und war auch in «Akte X: Der Film» am Tatort präsent.

Starke Töne:
«Ich brauche nur ein bißchen Ordnung. Das ist alles.» JERRY BLAKE

Stephen Kings Tommyknockers Stephen King's Tommyknockers

Wenn Stephen King etwas niederschreibt, muß es, so lautet ein Naturgesetz, auch verfilmt werden. Infolgedessen war die Bebilderung des dickleibigen Horrorschmökers «Das Monstrum» unumgänglich. In der zweiteiligen Fernsehproduktion buddeln Jimmy Smits, Marg Helgenberger und Traci Lords ein UFO aus, was für die meisten Beteiligten unliebsame Folgen hat – die Zuschauer nämlich fallen, sofern sie nicht rechtzeitig wegschalten, in einen eigenartigen Dämmerzustand, aus dem sich unter Umständen ein lang anhaltender, komatöser Tiefschlaf entwickeln kann. USA 1993, Farbe, 171 Min. **Buch:** Lawrence D. Cohen **Regie:** John Power **Mit:** Jimmy Smits *(Jim Gardner)*, Marg Helgenberger *(Bobbi)*, Traci Lords *(Nancy)*, Joanna Cassidy *(Sheriff Ruth)*, Leon Woods *(Hilly)*, Paul McIver *(Davy)*, E. G. Marshall, Cliff DeYoung, Robert Carradine.

Alternativtitel:
«Stephen King: Das Monstrum – Tommyknockers»

Die Steppenreiter
The Horsemen

Mit seinem Bein bricht auch der Stolz des Steppensohns Omar Sharif, der unter den strengen Augen seines Vaters Jack Palance die Meisterschaft im Buzkashi erringen sollte, eine Art Polo, bei dem ein Kalbskopf über das Spielfeld getrieben wird. Ob der Schmach leidet Omar weh und geht in die Fremde, begleitet von Lakai und Kurtisane, die ihm freilich nicht wohl wollen. Trotzig betreibt er die Wiederherstellung seiner Mannesehre. USA 1970, Farbe, 109 Min. **Buch:** Dalton Trumbo **Regie:** John Frankenheimer **Mit:** Omar Sharif *(Uraz)*, Jack Palance *(Tursen)*, Leigh Taylor-Young *(Zereh)*, David Lee *(Mukhi)*, Peter Jeffrey *(Hayatal)*, George Murcell *(Mizrar)*.

Stirb lachend Die Laughing

Dem Droschkenkutscher Pinsky widerfährt Absonderliches: In seiner Chaise lümmelt sich ein soeben widernatürlich verstorbener Atomwissenschaftler. Dessen Gepäck, ein massiv hölzerner Schrein, weckt die Begierde diverser Geheimdienstler und anderer Strolche. Pinsky drischt den Schaltknüppel, drückt die Tube und gibt Gummi, um seine vom Fahrtwind gegerbte Haut zu retten. USA 1980, Farbe, 103 Min. **Buch:** Jerry Segal, Robby Benson, Scott Parker **Regie:** Jeff Werner **Mit:** Robby Benson *(Pinsky)*, Linda Grovenor *(Amy)*, Charles Durning *(Arnold)*, Elsa Lanchester *(Katie)*, Bud Cort *(Mueller)*, Rita Taggart, Peter Coyote.

Stoßtrupp Gold Kelly's Heroes

Brian G. Hutton nahm sich Clint Eastwood, Telly Savalas, Donald Sutherland und Don

Rickles und drehte einen Kriegsfilm, der eigentlich ein Italowestern sein möchte. Deshalb gibt es weder Disziplin noch Kadavergehorsam, sondern eine Bande schillernder Existenzen und eine artige Ehrbezeugung in Richtung Sergio Leone.

USA / Jugoslawien 1970, Farbe, 146 Min. **Buch:** Troy Kennedy Martin **Regie:** Brian G. Hutton **Mit:** Clint Eastwood *(Kelly)*, Telly Savalas *(Big Joe)*, Don Rickles *(Speckbacke)*, Donald Sutherland *(Spinner)*, Carroll O'Connor *(Gen. Colt)*, Stuart Margolin *(Little Joe)*.

Gut zu wissen:
Ebenfalls mit Brian G. Hutton als Regisseur drehte Eastwood zwei Jahre zuvor «Agenten sterben einsam».

Straße der Verdammnis
Damnation Alley

Eingangs rumst es, und die Zivilisation ist nicht mehr. Einige Menschlein überstehen den doppelten Atomschlag dank vortrefflichster Bunkerbaukunst. Zwei Jahre später trauen sie sich wieder an die Oberfläche und erkennen Ungeheuerliches: Die Erdachse hat sich durch die Kraft der Explosion verschoben. Riesenskorpione, nach Menschenfleisch gierende Kakerlaken und humanoide Mutanten machen das Nachkriegsleben nicht gerade angenehm. Trotzdem besteigt man ein Amphibienfahrzeug und begibt sich auf eine gefährliche Reise in Richtung New York, weil dort weitere Überlebende vermutet werden.

USA 1977, Farbe, 91 Min. **Buch:** Alan Sharp, Lukas Heller **Regie:** Jack Smight **Mit:** Jan-Michael Vincent *(Tanner)*, George Peppard *(Denton)*, Dominique Sanda *(Janice)*, Paul Winfield *(Keegan)*, Jackie Earle Haley *(Billy)*.

Gut zu wissen:
Durch die TV-Serie «Airwolf» wurde Jan-Michael Vincent zum Überflieger.

Straße der Verdammnis

Die Straße des Bösen
Homebodies

In Cincinnati soll ein Mietshaus einem Wolkenkratzer weichen, was für sechs ältere Herrschaften die Umsiedlung bedeuten würde. Nur ungern fügen sich die Senioren in das ihnen auferlegte Schicksal. Als der Unfalltod eines Arbeiters die Bautätigkeit vorübergehend zum Erliegen bringt, sehen sie eine Möglichkeit der Rettung. In den nächsten Tagen erleiden etliche der an der Maßnahme Beteiligten tödliche Unfälle …

USA 1974, Farbe, 97 Min. **Buch:** Howard Kaminsky, Bennett Sims, Larry Yust **Regie:** Larry Yust **Mit:** Peter Brocco *(Blakely)*, Frances Fuller *(Emily)*, Ian Wolfe *(Loomis)*, Ruth McDevitt *(Mrs. Loomis)*, William Hansen *(Sandy)*, Paula Trueman *(Mattie)*.

Die Straße zum Jenseits
Across 110th Street

Drei Männer rauben 300 000 Dollar und töten dabei kaltblütig sieben Menschen. Fortan werden die Täter unbarmherzig gejagt, zum einen von der Mafia, der das Geld gehört, zum anderen von der Polizei. Da der blutige Überfall in Harlem stattfand, befürchten die Staatsorgane Rassenunruhen für den Fall, daß die Täter nicht schnellstens gefaßt werden. Rassendiskriminierung und die trostlose Situation der schwarzen Bevölkerung bilden den Hintergrund dieses Kriminalfilms, zu dem Bobby Womack das musikalische Leitmotiv beisteuerte, das Quentin Tarantino Jahre später für «Jackie Brown» übernahm. USA 1972, Farbe, 102 Min. **Buch:** Luther Davis **Regie:** Barry Shear **Mit:** Anthony Quinn *(Capt. Frank Mattelli)*, Yaphet Kotto *(Det. Lt. William A. Pope)*, Anthony Franciosa *(Nick D'Salvio)*, Paul Benjamin *(Jim Harris)*, Antonio Fargas *(Henry Jackson)*, Ed Bernard *(Joe Logart)*, Norma Donaldson *(Gloria Roberts)*, Richard Ward *(Doc Johnson)*, Robert Sacchi, Burt Young.

Gut zu wissen:
Anthony Quinn zeichnete als Koproduzent für den Film verantwortlich.

Streets – Straßen des Schreckens **Streets**

Nur 19 Tage Drehzeit und eine Handvoll Dollar standen der Regisseurin Katt Shea Ruben zur Verfügung, um das mit ihrem Mann Andy Ruben verfaßte Skript umzusetzen. Eingekleidet in die handelsübliche Geschichte vom unfaßbaren Serienkiller, der unter obdachlosen Straßenmädchen wildert – wohl ein unumgänglicher Tribut an den ausführenden Produzenten Roger Corman –, birgt der Film eine durchaus ernsthafte Bestandsaufnahme des Lebens in den häßlichen Winkeln L.A.s. Christina Applegate, ansonsten als Tochter der dysfunktionalen Bundy-Sippe von vielen gern gesehen, debütierte als Hauptdarstellerin und zeigte ein bißchen von dem, was Kelly Bundy häufig angelastet wird, aber aus Jugendschutzgründen stets nur andeutet. USA 1990, Farbe, 82 Min. **Buch:** Katt Shea Ruben, Andy Ruben (auch **Produktion**) **Regie:** Katt Shea Ruben **Mit:** Christina Applegate *(Dawn)*, David Mendenhall *(Sy)*, Eb Lottimer *(Lumley)*, Patrick Richwood *(Bob)*, Kady Tran *(Dawns Zimmernachbarin)*.

Die Stunde der harten Männer **Ercole, Sansone, Maciste e Ursus gli invincibili/Le grand defi**

Der Säfteüberschuß der Jugend
Treibt Herkules vom Pfad der Tugend
Die Auserwählte macht noch Zicken
Läßt sich von jemand anders freien
Inor heißt der erkorene Beschicker
Ein nobler Mensch und guter Freund
Zudem ein kluger Ränkeschmied
Kurzum: ein nützliches Gesellschaftsglied
Er ist Omphale zugetan
Die akzeptiert ihn als Galan
Was ihre Mutti schwer betrübt
Weil ihre Tochter jemand liebt
Den sie zu ihren Feinden zählt
Und lieber mit dem Dreizack quält. Italien/Frankreich/Spanien 1964, Farbe, 96 Min. **Buch:** Sandro Continenza, Roberto Gianviti **Regie:** Giorgio Capitani **Mit:** Alan Steel *(Herkules)*, Nadir Baltimor *(Samson)*, Red Ross *(Maciste)*, Yann Larvor *(Ursus)*, Elisa Montez *(Ompahle)*, Lia Zoppelli *(Nemea)*, Nino dal Fabbro *(Demokrit)*.

Die Stunde, wenn Dracula kommt **La maschera del demonio/Black Sunday/The Demon's Mask/Revenge of the Vampire/House of Fright/Masque du demon**

Die Inquisitoren des 17. Jahrhunderts kennen kein Pardon, selbst wenn die eigene Schwester gemartert und verbrannt werden muß. Prinzessin Asa ist als Hexe angeklagt, doch scheint die Strafe eher Ausfluß einer repressiven Sexualmoral, dient sie doch unverkennbar der Zerstörung ihrer Schönheit: Ihr wird eine dornenbesetzte Maske aufs Gesicht geschlagen. Aus dem Reich der Toten zurückgerufen, erhält sie Jahrzehnte später Gelegenheit zur Rache und geht daran, den Nachkommen ihrer Häscher spürbares Leid

***Die Stunde, wenn Dracula kommt:* Barbara Steele**

zuzufügen. Die Wundmale der eisernen Stacheln haben ihr Antlitz entstellt, auch eine Wurmkur wäre anzuraten. Ein makelloses Ebenbild findet sie in der keuschen Katia, die beinahe ihren Umtrieben zum Opfer fällt.

Italien 1960, SW, 85 Min. **Buch:** Mario Bava, Ennio de Concini **Mit:** Barbara Steele *(Prinzessin Asa/Katia)*, John Richardson *(Dr. Gorobec)*, Ivo Gerrani *(Prinz Vaida)*, Andrea Checchi *(Dr. Choma)*, Arturo Dominici *(Javuto)*, Enrico Olivieri *(Constantin)*.

Sturzflug durch die Zeit
Biggles: Adventures in Time

Anstand und gute Kinderstube verlangen gemeinhin, daß man als Zeitreisender nicht in fremden Epochen herumpfuscht. In diesem Film ist das anders – da wird der Werbefachmann Jim Ferguson rüde aus seinem New Yorker Berufsalltag gerissen und auf schnellstem Wege in das Jahr 1917 verfrachtet mit dem Auftrag, seinem «Zeitzwilling» aus der Patsche zu helfen.

Großbritannien 1985, Farbe, 92 Min. **Buch:** John Groves und Kent Walwin **Regie:** John Hough **Mit:** Neil Dickson *(James Biggles)*, Alex Hyde-White *(Jim Ferguson)*, Fiona Hutchison *(Debbie Stephens)*, Peter Cushing *(Colonel Raymond)*, William Hootkins *(Chuck)*.

Alternativtitel:
«Der Biggles-Effekt»

Gut zu wissen:
Alex Hyde-White spielte in diesem Film seine erste, Peter Cushing seine letzte Filmrolle.

Sudden Death

Wer Van-Damme-Filme nicht mag, darf sich diesen trotzdem genehmigen, denn als Brandmeister ist er ganz passabel. Gangster besetzen zwecks Erpressung die Ehrenloge eines Eishockey-Stadions, und während das Spiel beim nichtsahnenden Publikum für Aufregung sorgt, knöpft sich Van Damme einen Strolch nach dem anderen vor. Autor Gene Quintano fügte dem «Stirb langsam»-Schema ein paar neue Aspekte hinzu, indem er Spielverlauf und Van Dammes Anti-Terror-Maßnahmen ironisierend in Beziehung setzte.

USA 1995, Farbe, 110 Min. **Buch:** Gene Quintano **Regie:** Peter Hyams **Mit:** Jean-Claude Van Damme *(Darren)*, Powers Boothe *(Joshua Foss)*, Raymond J. Barry *(Vizepräsident)*, Whittni Wright *(Emily)*, Dorian Harewood *(Hallmark)*, Ross Malinger *(Tyler)*, Kate McNeil *(Kathi)*.

Der Sunsetkiller 4 – The Redeemer **Relentless 4 – The Redeemer**

Fünf Jahre und drei Filme sind vergangen, seit Sam Dietz seinen ersten Serienkiller zur Strecke gebracht hat. Routine ist eingekehrt, und die Budgets sind kleiner geworden. Statt mit namhaften Stars muß unser Mann nun mit Nachwuchskräften auskommen. Eine davon heißt Famke Janssen, die noch billig zu haben war, ehe sie im Jahr darauf Pierce Brosnan in die Beinzange nahm, weshalb sie – vollends zu Recht – mittlerweile besseres gewohnt ist.

***Sudden Death:* Jean-Claude van Damme**

USA 1994, Farbe, 91 Min. **Buch:** Mark Sevi **Regie:** Oley Sassone **Mit:** Leo Rossi *(Sam Dietz)*, Famke Janssen *(Sara Lee Jaffee)*, Colleen Coffey *(Jessica Parreti)*, Ken Lerner *(Al Rosenberg)*, John Scott Clough *(Martin Trainer)*.

Die Supercops – zwei irre Hunde The Super Cops

Die Berufsbezeichnung «Supercops» ist hier mal nicht krawallschlagenden deutschen Titel-Helden zu verdanken, sondern signalisiert die ironische Perspektive des Films. Angesichts außerordentlicher Absurditäten erlaubte sich Regisseur Gordon Parks, seit ➜ SHAFT eine bekannte Größe, einen belustigten Blick auf den New Yorker Polizeialltag. So – oder ähnlich – geschah es nämlich wirklich: Zwei Streifenpolizisten, frisch von der Polizeiakademie gekommen, hielten es für ihre Aufgabe, wirksam gegen das Verbrechen, namentlich den Drogenhandel, in ihrem Viertel vorzugehen, wurden jedoch von oben herab gerügt, weil sie gegen gewisse «Regeln» verstießen.

USA 1973, Farbe, 93 Min. **Buch:** Lorenzo Semple jr. **Regie:** Gordon Parks sr. **Mit:** Ron Leibman *(Dave Greenberg)*, David Selby *(Robert Hantz)*, Dan Frazer *(Det. Krasna)*, Sheila Frazier *(Sara)*, Pat Hingle *(Lt. Novick)*, Joseph Sirola *(Lt. O'Shaughnessy)*.

Gut zu wissen:
Die Spitznamen der beiden aufrechten Gesetzeshüter lauten «Batman und Robin». Wohl nicht zufällig – auch das Skript zu ➜ BATMAN HÄLT DIE WELT IN ATEM stammte von Lorenzo Semple jr.

Achtung:
Die echten Detectives Greenberg und Hantz sind in kleinen Nebenrollen als Det. Basoff und Det. Neel zu sehen.

Superfly

Die Geschichte des schwarzen Dealers Priest, der den weißen Syndikatsboß übervorteilt, um aus dem Gewerbe aussteigen zu können, mutet aus heutiger Sicht nur noch kurios an, sorgte aber seinerzeit für heftige Kontroversen – und das nicht allein, weil sich die jungen Menschen auf den Straßen wie Mr. Priest zu kleiden begannen, der in ungemein greller Kluft durch Harlem streunt und nach Belieben weiße Polizisten schmiert. Hingegen schmeichelt Curtis Mayfields Soundtrack den Ohren wie am ersten Tag.

Superfly: Ron O'Neal

USA 1972, Farbe, 93 Min. **Buch:** Philip Fenty **Regie:** Gordon Parks jr. **Mit:** Ron O'Neal *(Youngblood Priest)*, Carl Lee *(Eddie)*, Sheila Frazier *(Georgia)*, Julius W. Harris *(Scatter)*, Charles McGregor *(Fat Freddie)*, K. C. *(Zuhälter)*, The Curtis Mayfield Experience.

Achtung:
Der korrupte Polizeibeamte Reardon wird von Sig Shore dargestellt, dem Produzenten des Films. Shore selbst inszenierte 1990 die Neuauflage «The Return of Superfly», in der Nathan Purdee die Titelrolle spielte.

Superfly TNT Superfly T.N.T.

Die beiden relevantesten *blaxploitation movies* entstammen der Familie Parks: Der frühere Fotograf Gordon Parks sr. inszenierte → SHAFT, sein 1979 tödlich verunglückter Sproß Gordon Parks jr. → SUPERFLY. Dessen Fortsetzung hingegen, für eine Handvoll Lire in Rom gedreht, vermurkste der Hauptdarsteller Ron O'Neal höchstselbst. Eitel posiert er in endlos langen Einstellungen vor der Kamera, ohne daß die Geschichte auch nur ansatzweise in Fluß kommt. Derart billige Absahnerproduktionen, ein Tiefpunkt auch im Schaffen des durch «Roots» bekannt gewordenen Autors Alex Hailey, waren es, die das Anfang der 70er noch so vielversprechende afroamerikanische Kino weit zurückwarfen. Die Musik stammt diesmal von Osibisa.

USA 1973, Farbe, 87 Min.
Regie: Ron O'Neal **Buch:** Alex Haley **Mit:** Ron O'Neal *(Youngblood Priest)*, Roscoe Lee Browne *(Dr. Lamine Sonko)*, Sheila Frazier *(Georgia)*, Robert Guillaume *(Jordan Gaines)*, William Berger *(Lefevre)*, Jacques Sernas *(Matty Smith)*.

Supergrass – Unser Mann bei Scotland Yard The Supergrass

Ein heiterer und mit guter Musik unterlegter Film, der neben anderem eine jugendfreie, dennoch herzerquickende Kettensägenszene zu bieten hat und deswegen in keiner Kettensägenfilmographie fehlen sollte. Ergötzlich auch die Aufnahmen südenglischer Landschaften, in die es einen Maulhelden verschlägt, der sich gegenüber seiner Herzensdame als Drogendealer aufspielte und in die Bredouille gerät, als die Polizei seine Aufschneidereien für bare Münze nimmt. Nun soll er unter den Augen zweier Beamter eine Rauschgiftlieferung entgegennehmen. Aber es gibt noch andere, die im Küstenstädtchen auf den Drogenfrachter warten.

GB 1985, Farbe, 95 Min.
Buch: Peter Richardson und Pete Richens **Regie:** Peter Richardson **Mit:** Adrian Edmondson *(Dennis)*, Jennifer Saunders *(Lesley Reynolds)*, Peter Richardson *(Harvey Duncan)*, Dawn French *(Andrea)*, Keith Allen *(Wong)*, Robbie Coltrane *(Troy)*, Nigel Planer, Alexei Sayle, Ronald Allen.

Gut zu wissen:
Regisseur, Autor und die meisten Darsteller entstammen dem inneren oder äußeren Zirkel des Londoner Comedy-Clubs «The Comic Strip», der sich später zu einer florierenden Produktionsfirma auswuchs.

Surf Ninjas

In dieser Welt, die nicht von ungefähr immer wieder mit einem Computerspiel in Beziehung gesetzt wird, verfügt jede vorzeigbare amerikanische Großstadt über ein Viertel namens «Little Patu San». Hier leben patusanische Einwanderer. Einer davon ist Johnny, der Thronerbe des echten Patu San. Der aber ahnt davon nichts, bis ihm ein paar vermummte Ninjas am Strand auflauern. Ihr Auftraggeber ist Leslie Nielsen, halb Mensch, halb Kabelgewirr, der Patu San unter seine Kontrolle bringen möchte. Per Schiff und im Hauruckverfahren arbeiten sich die jugendlichen Helden zur Insel vor, um Johnnys Ziehvater aus den Händen des Finsterlings zu befreien. Und zum Schluß heißt es nicht «The End», sondern «Game Over».

Hongkong / USA 1992/93, Farbe, 100 Min. **Buch:** Dan Gordon **Regie:** Neal Israel **Mit:** Ernie Reyes jr. *(Johnny)*, Leslie Nielsen *(Capt. Chi)*, Ernest Reyes sr. *(Zatch)*, Nicolas Cowan *(Adam)*, Rob Schneider *(Iggy)*, Neal Israel *(Mr. Dunbar)*.

Hoppla:
Die Helden und ihre Mitstreiter nähern sich Patu San per Surfbrett. In Luftaufnahmen ist zu sehen, wie sie gegen eine heftige See ankämpfen, in der Naheinstellung aber ist das Meer spiegelglatt.

Starke Töne:
«Entfernte Verwandte sind die besten Verwandten.» KRIMINALBEAMTER

Surviving the Game – Tötet ihn! Surviving the Game

Ernest Dickerson und Spike Lee sind Weggefährten seit gemeinsamen Studientagen. Dickerson arbeitet in erster Linie als Kameramann, stand aber für Lee auch schon mal vor der Kamera und führte 1992 bei dem von ihm mitverfaßten Milieu-Thriller «Juice» erstmals selbst Regie. Wie dort, geht's in «Surviving The Game» erneut kernig zur Sache. Ice-T ergattert einen Job als Begleiter einer Jagdexpedition, muß aber vor Ort feststellen, daß er selbst als Opfer der blutrünstigen Waidmänner herhalten soll. Natürlich fügt sich ein renitentes Kerlchen wie Ice-T nicht einfach so in sein Schicksal, sondern kehrt den Spieß kurzerhand um ... Als Nimrods betätigen sich die Edelschurken Rutger Hauer, Gary Busey und F. Murray Abraham.

USA 1994, Farbe, 96 Min. **Buch:** Eric Bernt **Regie:** Ernest Dickerson **Mit:** Ice-T *(Jack Mason)*, Rutger Hauer *(Burns)*, Charles S. Dutton *(Cole)*, Gary Busey *(Hawkins)*, F. Murray Abrahams *(Wolfe sr.)*, John C. McGinley *(Griffin)*, William McNamara *(Wolfe jr.)*, Jeff Corey *(Hank)*.

Der Tag, an dem die Erde stillstand: Gort

Der Tag, an dem die Erde Feuer fing The Day the Earth Caught Fire

Die Journalisten Peter Stenning und Bill Maguire sind Zeitungsmänner alter Schule. Trotz höchster Geheimhaltung gelingt es ihnen, das Rätsel einer ganzen Reihe von Naturkatastrophen zu lösen: Atombombenversuche an entgegengesetzten Punkten des Erdballs haben diesen aus der Bahn geschleudert. Jetzt trudelt er gemächlich, aber zielstrebig in Richtung Sonne, was Flutwellen, Wirbelstürme und Temperaturveränderungen bewirkt. Die Menschen geraten außer Rand und Band; sie plündern und feiern zügellose Weltuntergangspartys. Wasser wird das teuerste Gut. Wissenschaftler sehen nur eine Möglichkeit, die Vernichtung des Planeten abzuwenden: Durch die Zündung weiterer Atombomben wollen sie die Abdrift regulieren.

GB 1961, SW, 99 Min. **Buch:** Wolf Mankowitz, Val Guest **Regie:** Val Guest **Mit:** Leo McKern *(Bill Maguire)*, Edward Judd *(Peter Stenning)*, Janet Munro *(Jeannie Craig)*, Michael Goodliffe *(Nachtredakteur)*, Arthur Christiansen *(Chefredakteur)*, Bernard Braden *(Nachrichtenredakteur)*, Reginald Beckwith *(Harry)*.

Gut zu wissen:
Arthur Christiansen war tatsächlich ehedem Chefredakteur des ‹Daily Express› und spielt hier gleichsam sich selbst.

Der Tag, an dem die Erde stillstand The Day the Earth Stood Still

Es beginnt wie eine dieser lustvoll ausgespielten Angstvorstellungen der 50er Jahre: Ein UFO rauscht herein und landet nahe der Regierungsstadt Washington. Doch Klaatu führt Gutes im Schilde: Er möchte den irdischen Staatenlenkern die Abrüstung nahelegen. Daß das dringend not tut, erfährt Klaatu am eigenen Leibe: Eher unabsichtlich wird er angeschossen, von seinem Begleiter, dem Roboter Gort, aber mit avancierten medizinischen Methoden wiederhergestellt. Klaatu mischt sich unauffällig unter die Menschen, wird erkannt und gejagt. Um die Maßstäbe zurechtzurücken, hält er für eine Stunde alle Maschinen auf Erden an – die Welt steht still und darf noch in Ruhe darüber nachdenken, nachdem Klaatu in den Himmel aufgefahren ist.

USA 1951, SW, 92 Min. **Buch:** Edmund H. North **Regie:** Robert Wise **Mit:** Michael Rennie *(Klaatu)*, Patricia Neal *(Helen Benson)*, Hugh Marlowe *(Tom Stevens)*, Sam Jaffe *(Dr. Barnhardt)*, Lock Martin *(Gort)*, Frank Conroy *(Harley)*.

Gut zu wissen:
Lock Martin, der herkulische Darsteller des Roboters Gort, hatte zuvor als Kartenkontrolleur in «Grauman's Chinese Theatre» gearbeitet.

Eine 1973 gegründete kanadische Rockgruppe benannte sich nach Klaatu. Zeitweise stand sie im Mittelpunkt beträchtlichen Medienwirbels, weil man hinter den nicht namentlich bekannten Musikern irrigerweise einzelne oder mehrere Mitglieder der Beatles vermutete.

Der Tag, an dem die Fische kamen The Day the Fish Came Out

Zwei Atombomben und eine ominöse neue Geheimwaffe landen nicht an ihrem Ziel, sondern in der Ägäis. Mehr als beunruhigt, schickt die NATO Suchmannschaften aus, die sich der Tarnung halber wie Touristen verhalten sollen. Echte Katastrophentouristen treffen auch ein und bekommen die Quittung, denn das mörderische Zeug ist ins Meer eingeflossen. Zuerst sterben die Fische, und auch die Urlauber sind dem Tode geweiht. Im Wissen darum feiern sie frenetische Partys – füglich könnte man sagen: bis zum Umfallen.

Griechenland/GB 1967, Farbe, 109 Min., **Produktion, Buch** und **Regie:** Michael Cacoyannis **Mit:** Tom Courtenay *(Navigator)*, Colin Blakely *(Pilot)*, Sam Wanamaker *(Elias)*, Candice Bergen *(Elektra)*, Ian Ogilvy *(Peter)*, Patricia Burke *(Frau Mavroyannis)*, Dimitris Nicolaides *(Zahnarzt)*.

Gut zu wissen:
Michael Cacoyannis, der 1964 mit «Alexis Sorbas» einen Welterfolg verbuchen konnte, entwarf selbst einige der in Pop-art-Manier gestalteten Kostüme für seine futuristisch angehauchte Weltuntergangssatire.

Tai-Chi Taigik Cheung Sam-Fung / Tai Chi Master

Tianbao und Junbao wurden im selben Shaolin-Tempel erzogen und waren befreundet. Später nehmen sie unterschiedliche Wege und werden sogar zu Gegnern. Junbao kämpft an der Seite der Rebellin Siu Lin gegen Tianbaos Herrn, den Despoten Jin. Bei einem Schwertduell mit Tianbao wird Junbao verletzt und verliert sein Gedächtnis. Während der Rekonvaleszenz erfindet und trainiert er den neuen Kampfstil Tai Chi, bei dem er ausschließlich seinen Körper als Waffe benutzt ... Massenaufmärsche, rote Teppiche, weiße Rundzelte ornamentieren diesen üppig ausgestatteten und visuell ausgefeilten Kostümfilm und geben prächtige Kulissen ab für die temporeichen Kampfszenen.

Hongkong 1993, Farbe, 90 Min. **Buch:** Ip Kwong Kim **Regie:** Yuen Wooping **Mit:** Jet Li *(Junbao)*, Michelle Khan (= Michelle Yeoh, *Siu Lin)*, Chin Siu Ho *(Tianbao)*, Fannie Yuen *(Little Melon)*, Yuen Cheung Yan *(Rev. Ling)*, Lau Shun *(Master)*, Yue Hoi *(Head Master)*.

Tampopo

Taifun vor Ravalo Trouble in Paradise

Der Gedanke, so ist die Welt nun mal, mag wohl schon durch viele Männerhirne gerauscht sein, aber Di Drew hat einen TV-Film daraus gemacht: mit Racquel Welch allein auf einer einsamen Insel. Ebendies widerfährt dem rauhbeinigen Seebären Jack Thompson, nachdem das Schiff, das Racquel und den Sarg ihres verstorbenen Ehemannes nach Hause tragen sollte, von einem Taifun geschrägt wurde. So tot aber scheint der Verblichene nicht zu sein, denn eines Tages steht er putzmunter auf dem Strand.

USA 1989, Farbe, 89 Min. **Buch:** Robert B. Sherman, Ben Marshall **Regie:** Di Drew **Mit:** Raquel Welch *(Rachel Baxeley)*, Jack Thompson *(Jake LaFontaine)*, Anthony Wong *(Ringe)*, Ralph Cotterill *(Hughes)*, Adrian Brown *(Gang Han)*, James Condon *(Captain Lindstrom)*, Bogdan Koca *(Lustig)*, Tim Elston *(Calyton)*, Charles Little *(Minister)*, Nicholas Hammond.

Alternativtitel:
«Gefährliches Paradies – Ein Sarg voller Heroin»

Erhabene Momente:
Als ihr ein vorwitziger Hund während eines Bades die Garderobe stiehlt, bedeckt Raquel Welch ihre Blöße mit einem Faß, das bei angestrengtem Hinsehen den einen oder anderen Einblick gewährt – immer jugendfrei, versteht sich.

Tampopo

Nicht Tampons spielen die Hauptrolle in dem wohl ersten Spaghetti-Eastern der Geschichte und auch nicht Popos, sondern Suppe. Kann mensch über das Thema Nudelsuppe einen zugleich abendfüllenden und kurzweiligen Spielfilm drehen, mögen Skeptiker an dieser Stelle einwerfen. Die Antwort: Nicht jeder kann es, Juzo Itami aber doch. Zu den Ingredienzen gehören: Sinnes- und Fleischeslust, Cowboy- und Truckermythen, Stil- und Traditionsbewußtsein und guter Geschmack, nicht nur was das Essen anbelangt. Juzo Itami faßte es kürzer: «Ein Fremder kommt in die Stadt, verwandelt ein schäbiges Nudellokal in das

Tanz der Teufel

beste der Stadt und verschwindet wieder.» Resultat: einer der bekömmlichsten Filme aller Zeiten. Japan 1986, Farbe, 114 Min. **Buch** und **Regie:** Juzo Itami **Mit:** Tsutomu Yamazaki *(Goro)*, Nobuko Miyamoto *(Tampopo)*, Koji Yakusho *(Gangster)*, Fukumi Kuroda *(Gangsterbraut)*, Ken Watanabe *(Gun)*.

Tanyas Insel Tanya's Island

Robinson Crusoe ist weiblich und heißt Tanya; ihr Freitag gehört zur Spezies der Primaten, und so spielt sich «Die Schöne und das Biest» diesmal auf einem tropischem Eiland ab. In der Rahmenhandlung zankt sich Tanya mit ihrem Freund Lobo und träumt sich darum hinweg in ferne Gefilde. Dort erwartet sie der Affe Blue, der sich ihr artgemäß zunächst sehr ruppig nähert. Aber Tanya verzeiht, und den beiden stünde eine glückliche Zukunft bevor, käme nicht Lobo angedampft, um seinerseits den Wilden zu spielen. Kanada 1980, Farbe, 86 Min. **Buch:** Pierre Brousseau **Regie:** Alfred Sole **Mit:** D. D. Winters (= Vanity; *Tanya)*, Richard Sargent *(Lobo)* und Don McCleod im Affengewand (Design: Rick Baker)

Gut zu wissen:
Die Hauptdarstellerin D. D. Winters, ein kanadisches Model, rückte hier, nach einem Nebenpart in «Monster im Nachtexpress», erstmals ins Zentrum eines Films. Später nannte sie sich Vanity, machte drei Platten mit Prince und wurde anschließend eine so anschau- wie verläßliche Größe des B-Films.

Der Film wurde für den deutschen Vertrieb um elf pikante Minuten gekürzt.

Tanz der Teufel **The Evil Dead**

Die subjektive Kamera bewegt sich so zielstrebig wie bei John Carpenter und läßt keinen Zweifel daran, daß hier Arges bevorsteht. Der noch sehr milchgesichtige Bruce Campbell und seine Freunde bekommen es schon auf dem Weg in ihr Ferienhaus zu spüren. Das Domizil liegt in der Ödnis zwischen Wald und Heide, und die Uhr muß nicht einmal Zwölfe schlagen, ehe das Grauen beginnt. Schuld ist das sumerische «Buch der Toten», das vom Vorbesitzer der Hütte ausgegraben wurde. Die darin enthaltenen Beschwörungsformeln rufen das Böse in die Welt. Das kommt dann auch und fährt der Reihe nach in jeden der Urlauber, ausgenommen Bruce Campbell, der hier zum ersten, aber nicht letzten Male zur Kettensäge greift.

USA 1982, Farbe, 86 Min. **Buch** und **Regie:** Sam Raimi **Mit:** Bruce Campbell *(Ashley)*, Ellen Sandweis *(Cheryl)*, Hal Delrich *(Scott)*, Betsy Baker *(Linda)*, Sarah York *(Shelly)*.

Gut zu wissen:
Schnittassistent war ein gewisser Joel Coen.

Tanz der Totenköpfe
The Legend of Hell House

Das Angebot lautet, für beachtliche 100 000 Pfund eine Woche lang ein Spukhaus zu beziehen, das von einem Wüstling erbaut wurde und bereits einige Opfer gefordert hat. Der Physiker Dr. Barrett läßt sich locken, für den schwerreichen, aber ebenso kranken Millionär Deutsch zu erkunden, ob es ein Leben nach dem Tode gibt. Barrett und seine Begleiter kommen der Antwort auf diese Frage näher, als ihnen lieb sein kann.

GB 1972, Farbe, 94 Min. **Buch:** Richard Matheson **Regie:** John Hough **Mit:** Pamela Franklin *(Florence Tanner)*, Roddy McDowall *(Ben Fischer)*, Clive Revill *(Dr. Lionel Barrett)*, Gayle Hunnicutt *(Ann Barrett)*, Roland Culver *(Rudolph Deutsch)*.

Alternativtitel:
«Kampf der Totenköpfe»

Erhabene Momente:
In der Rolle eines Mediums hat der frühere Kinderstar Pamela Franklin eine erotische Begegnung mit einem unsichtbaren Geist.

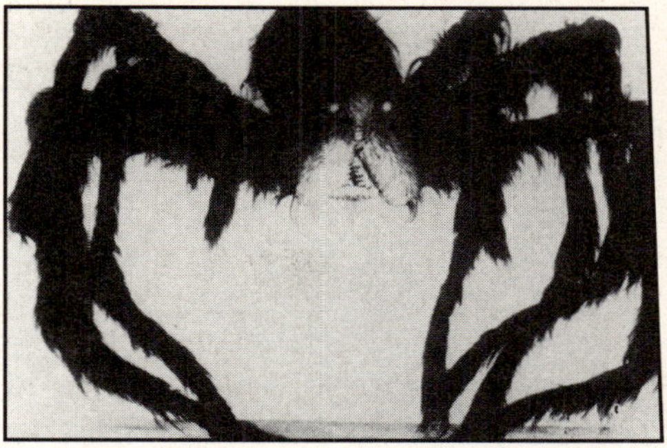

Tarantula

Tarantula

Gut gemeint ist einmal mehr das Gegenteil von gut, wenn Leo G. Carroll in seiner Einsiedelei mit wachstumsfördernden Tinkturen herumspritzt und dabei auch die Entwicklung einer Tarantel auf Touren bringt. Die treibt sich, auf der Suche nach mehr Beinfreiheit, bald in freier Wildbahn herum, um sich am Nutzvieh der umliegenden Farmer zu delektieren. Menschen fallen ihr zum Opfer und, da hört der Spaß nämlich auf, selbst Autos zerquetscht die mittlerweile haushohe Freigängerin zwischen ihren gewaltigen Fangwerkzeugen. Die Wissenschaft wird bemüht, kann aber wenig ausrichten, also bleibt wieder alles an der Armee hängen, die ihren Kampfpiloten Clint Eastwood ausschickt und Napalm werfen läßt.

USA 1955, SW, 80 Min. **Buch:** Robert M. Fresco, Martin Berkeley **Regie:** Jack Arnold **Mit:** John Agar *(Dr. Matt Hastings)*, Mara Corday *(Stephanie Clayton)*, Leo G. Carroll *(Prof. Gerald Deemer)*, Nestor Paiva *(Sheriff Jack Andrews)*, Ross Elliott *(Joe Burch)*, Raymond Bailey *(Townsend)*, Clint Eastwood *(Pilot)*.

Gut zu wissen:
Leo G. Carroll gehörte ab 1964 als Mr. Waverly zur festen Besetzung der Kultserie «Solo für O.N.C.E.L.».

Mara Corday ließ sich 1958 vom ‹Playboy› als Playmate ins Bild setzen.

Target – Zielscheibe Target

Chris Lloyd hält seinen Vater, einen unscheinbaren Geschäftsmann, für eine Niete. Das ändert sich, als Donna Lloyd in Europa entführt wird. Vater und Sohn reisen an, die unentbehrliche Frau und Mutter den Klauen östlicher Agenten zu entreißen. Zur Vorbeugung bei drohendem Autoritätsverlust empfiehlt Arthur Penn: fremde Sprachen akzentfrei sprechen, hin und wieder eine Autoverfolgungsjagd veranstalten (am besten in Hamburg über eine der Landungsbrücken), regelmäßig irgendwelche Mieslinge vermöbeln und, vor allem, gelegentlich eine Leiche in der Landschaft zurücklassen. Schon stimmt es wieder, das Verhältnis zwischen Vater und Sohn.

USA 1985, Farbe, 117 Min. **Buch:** Howard Berk, Don Peterson **Regie:** Arthur Penn **Mit:** Gene Hackman *(Walter Lloyd)*, Matt Dillon *(Chris Lloyd)*, Gayle Hunnicutt *(Donna Lloyd)*, Victoria Fyodorova *(Lise)*, Ilona Grübel *(Carla)*, Josef Sommer *(Taber)*, Richard Münch *(Hauptmann)*, Werner Pochath *(Agent)*.

Alternativtitel:
«Target – Entführt in Paris»

Die Tataren The Tartars / I tartari

Orson Welles wuchtet sich als grimmig dreinblickender Tatarenhäuptling die Wolga entlang, um Wikingeroberhaupt Victor Mature zu Klopsen zu verarbeiten. Jedoch: Wer mit dem Fleischwolf tanzt, kommt darin um.

Italien / Jugoslawien 1960, Farbe, 83 Min. **Buch:** Sabatino Ciuffini, Ambrogio Molteni, Gaio Fratini, Oreste Paolella, Emimmo Salvi **Regie:** Richard Thorpe, Ferdinando Baldi **Mit:** Orson Welles *(Burundai)*, Victor Mature *(Oleg)*, Folco Lulli *(Togrul)*, Bella Cortez *(Samia)*, Liana Orfei *(Helga)*, Luciano Marin *(Eric)*, Arnoldo Foà *(Chu-Lung)*.

Taurus, der Gigant von Thessalien Taur, il re della forza bruta / Taur, roi de la force brutale

Taurus schnürt seine Sandalen
Und rüstet sich für die Bataille
Denn gute Freunde leiden Qualen
In den Verliesen der Kanaille
Mit Namen Akiba, dem bösen Weib
Das jüngst Thessalien besetzte
Ein strafbewehrter Zeitvertreib
Der Taurus sehr vergrätzte.

Italien / Frankreich 1962, Farbe, 94 Min. **Buch** und **Regie:** Antonio Leonviola **Mit:** Joe Robinson *(Taurus)*, Harry Baird *(Ubaratutu)*, Bella Cortez *(Königin Akiba)*, Thea Flemming *(Jia)*, Claudia Capone *(Tuja)*, Carla Foscari *(Ararut)*, Alberto Cevennini *(Syros)*, Jianine Hendy *(Afer)*.

Alternativtitel:
«Taurus – Zorn der Götter»

Achtung:
Regisseur Antonio Leonviola gastiert in der Rolle des El Kab.

Die 1000 Augen des Dr. Mabuse

Die 1000 Augen des Dr. Mabuse

Eigentlich hatte sich das Thema Mabuse für Fritz Lang erledigt. Als der Berliner Produzent Artur Brauner eine Fortsetzung anregte, verweigerte der Hollywood-Heimkehrer diese noch. Zwei Zeitungsberichte indes paßten derart kongruent in die Welt des Verbrechergenies Mabuse, daß Lang sich doch entschloß, den unheimlichen Inszenator übler Machenschaften wiederaufleben zu lassen. Die eine Meldung beschrieb eine Entwicklung der US-Armee: ein Projektil, das nach Eintritt in den Körper spurlos zerfällt. Die andere betraf Pläne der Nazis, ein Hotel mit umfassenden Überwachungsmöglichkeiten zu bauen. Ein solches Hotel ist der Handlungsort dieses Films, der Dr. Mabuses Bemühungen um die Atombombe beschreibt.

BRD / Italien / Frankreich 1960, SW, 104 Min. **Buch:** Fritz Lang, Heinz Oskar Wuttig **Regie:** Fritz Lang **Mit:** Dawn Addams *(Marion Menil)*, Peter van Eyck *(Travers)*, Wolfgang Preiss *(Dr. Jordan)*, Gert Fröbe *(Kommissar Kras)*, Werner Peters *(Mistelzweig)*, Reinhard Kolldehoff *(Klumpfuß)*, Andrea Checchi *(Hoteldetektiv Berg)*.

Achtung:
Wolfgang Preiss ist als «Lupo Prezzo» in einer zweiten Rolle zu sehen.

Tele-Terror The Seduction

Wer Andrew Stevens in dem einen oder anderen sogenannten Erotikthriller gesehen hat, entwickelt vollstes Verständnis für Nachrichtensprecherin Morgan Fairchild, die äußersten Unwillen zum Ausdruck bringt, als Stevens ihr nachzusteigen beginnt. Überhaupt markiert Stevens in diesem Thriller den Soziopathen, und das macht seine Annäherungsversuche nicht erfolgversprechender, sorgt aber für ein bißchen Spannung, denn der Bursche lauert irgendwo dort draußen.

USA 1982, Farbe, 101 Min. **Buch** und **Regie:** David Schmoeller **Mit:** Morgan Fairchild *(Jamie Douglas)*, Andrew Stevens *(Derek)*, Colleen Camp *(Robin)*, Michael Sarrazin *(Brandon)*, Vince Edwards, Joanne Linville.

Gut zu wissen:
Andrew Stevens ist der Sohn der B-Movie-Ikone Stella Stevens.

Nach zwölf Jahren Pause kehrte TV-Star Morgan Fairchild («Flamingo Road»; «Fackeln im Sturm» etc.) mit diesem Film auf die Leinwand zurück.

Terminal Force

Wieder einmal steht alles schlecht draußen in den Galaxien, in denen bullige Space-Boliden kreuzen und den Krieg der Sterne proben. Viele Unschuldige lassen ihr Leben, was Brigitte Nielsen zu Tränen rührt. Richard Moll giert nach einem Kristall, der unendliche oder sonstwelche Macht verleihen soll. Moll schickt Androiden aus, die offenbar als Restposten von der «Terminator»-Produktion übernommen wurden. Brigitte hört von einem zweiten Kristall, der Moll bremsen könnte, und hechtet durch Raum und Zeit in eine dem Zuschauer vertrautere Ecke des Universums, wo der Edelstein mit dem Namen «Das Auge des Inka» soeben gehoben wurde. Moll folgt ihr, veranstaltet ein wildes Feuerwerk, und die etwas einfältigen irdischen Polizisten wissen gar nicht, was sie davon zu halten haben.

USA 1994, Farbe, 87 Min. **Buch:** Nick Davis **Regie:** William Mesa **Mit:** Brigitte Nielsen *(Ladera)*, Richard Moll *(Kyla)*, John H. Brennan *(Jed Sanders)*, Craig Fairbrass *(Tarkin)*, John Romauldi *(Soldat)*, Kristin Bauer *(Commander)*.

Starke Töne:
«Blond, üppig, über eins achtzig und gekleidet wie Barbarella.» POLIZEILICHE PERSONENBESCHREIBUNG LADERAS

Der Teufel auf Rädern The Car

Radfahren in den ländlichen Regionen Utahs? Keine gute Idee, wenn ein unbemanntes Gespensterauto die Straßen unsicher macht. Weder TÜV noch Verkehrswacht vermögen es aufzuhalten, Kugeln prallen von seiner undurchdringlichen Schürze einfach ab. Man könnte es für einen Anarchisten im Blechgewande halten, fielen seinen Attacken neben Autoritätspersonen wie Sheriff, Polizisten, Lehrer nicht auch unbescholtene Anhalter zum Opfer. James Brolin setzt sich vehement für eine sofortige Stillegung des Kraftfahrzeuges ein.

USA 1977, Farbe, 97 Min. **Buch:** Dennis Shryack, Michael Butler, Lane Slate **Produktion** und **Regie:** Elliott Silverstein **Mit:** James Brolin *(Wade Parent)*, Kathleen Lloyd *(Lauren)*, Ronny Cox *(Luke Johnson)*, John Marley *(Everett Pack)*, John Rubinstein *(John Morris)*, R. G. Armstrong *(Amos Clemens)*.

Der Teufel in ihr I Don't Want to Be Born/The Monster/The Baby/The Devil Within Her/Sharon's Baby

Was die Fans des «Denver-Clan» nur ahnen konnten, wird im immer noch swingenden London der Mittsiebziger zur Gewißheit: In Joan Collins steckt der Teufel. Geburtshelfer Donald Pleasence erleichtert sie und bringt ein bösartiges kleines Ding zur Welt. Der durchtriebene Racker verwüstet sein üppig ausgestattetes Kinderzimmer, erledigt das Kindermädchen, knüpft Daddy auf und ist auch sonst ein ganz verspieltes Früchtchen. All dies ist die Strafe, weil Collins vor ihrer gutbürgerlichen Zeit als Stripperin arbeitete, einen kleinwüchsigen Verehrer abwies und obendrein kurz vor der Hochzeit noch einen Seitensprung auf ihr Gewissen lud.

GB/USA 1975, Farbe, 94 Min. **Buch:** Stanley Price **Regie:** Peter Sasdy **Mit:** Joan Collins *(Lucy Carlesi)*, Eileen Atkins *(Schwester Albana)*, Ralph Bates *(Gino Carlesi)*, Donald Pleasence *(Dr. Finch)*, Caroline Munro *(Mandy Gregory)*, Hilary Mason *(Mrs. Hyde)*.

Teufelscamp der verlorenen Frauen Dirty Jobs

Während eines Ausflugs mit einer Sportmaschine täuscht deren Besitzer einen Motorschaden vor, um seine deutlich jüngere Geliebte Susan Mercury (!) zum Absprung zu bewegen. Der Plan gelingt, und die Gefoppte schwebt am Fallschirm auf eine tropische Insel. Dort frönen leicht oder gar nicht bekleidete Wesen ihren diversen Gelüsten, laufen zwischendurch böse guckend mit Schießgewehren durchs üppige Grün und halten nebenbei auch einen Bankierssohn gefangen, um ein Lösegeld zu erpressen. Regisseur Frank weidet sich genüßlich am mediterranen Ambiente und den schmucken Körpern seiner Darsteller und bringt die Krimihandlung eher widerwillig zu einem entsprechend dürftigen Abschluß.

BRD / Spanien 1977, Farbe, 93 Min.
Buch, Regie, Schnitt: Hubert Frank **Mit:** Brigitte Stein *(Maud)*, Alexander Allerson *(Tom)*, Patricia Adriani, Barbara Rey, José Antonio Ceinos.

Gut zu wissen:
Als Regieassistent ist Carl Scherkel verzeichnet, bekannt u. a. durch den Film «Abwärts» und seit Ende der 80er in den USA und Kanada tätig.

Der Teuflische Lisa e il diavolo / Il diavolo e i morti / La casa del exorcismo / The House of Exorcism / Lisa and the Devil

Verwirrenderweise existieren zwei Versionen dieses Films. Verbreiteter ist die jüngere, für die Produzent Alfred Leone Szenen nachdrehen ließ, um ins Fahrwasser von → DER EXORZIST zu hechten. Darum muß Elke Sommer nun Gift, Galle und Unken spucken, was ihr vordem erspart geblieben war. Die ursprüngliche Geschichte, 1972 gedreht, sah Elke als Besucherin eines feudalen griechischen Gehöftes, wo ihre Ähnlichkeit mit der verstorbenen Schloßherrin allerlei Leidenschaften weckt. Auch ohnedies legen die Ortsansässigen deviantes Verhalten an den Tag, Sadismus, Nymphomanie, Nekrophilie, wählen Sie aus dem Angebot … Den Gipfel der Perversitäten aber ersteigt Telly Savalas, der schon hier obszön an einem Lolli herumlutscht.

Italien / Spanien 1972/1975, Farbe, 98 Min. **Buch:** Alfred Leone, Alberto Cittini **Regie:** Mario Bava **Mit:** Telly Savalas *(Leandro / Satan)*, Elke Sommer *(Lisa / Helena)*, Robert Alda *(Pater Michel)*, Alida Valli *(Gräfin)*, Alessio Orano *(Sohn)*, Gabriele Tinti *(Chauffeur)*.

Gut zu wissen:
Gabriele Tinti war mit Laura Gemser verheiratet. Beide traten häufig gemeinsam vor die Kamera.

The Texas Chainsaw Massacre II The Texas Chainsaw Massacre Part 2

Mit dem Nachfolger seines berüchtigten Kettensägenmassakers machte sich Tobe Hooper bereits über den selbstgeschaffenen Mythos lustig, indem er ihn parodistisch mit den Konventionen anderer Genres verquickte. So stiefelt ein rachlüsterner Dennis Hopper in ein Fachgeschäft für Kettensägen, wählt kundig aus dem Angebot das Geeignete aus und marschiert wieder hinaus – mit zwei überdimensionalen Lederholstern am Gürtel, in denen je eine kleine Kettensäge steckt, während er eine weitere, übergroße Säge in den Händen hält. Daß die Sawyer-Familie, die Menschenfleisch zu Chili verarbeitet, Hoppers Maßnahmen immerfort als Angriffe auf das freie Unternehmertum interpretiert, lotst die Angelegenheit in satirische Gefilde.

USA 1986, Farbe, 95 Min.
Buch: L. M. Kit Carson **Regie:** Tobe Hooper **Mit:** Dennis Hopper *(Lt. Lefty Enright)*, Caroline Williams *(Stretch)*, Bill Moseley *(Chop Top)*, Bill Johnson *(Leatherface)*, Jim Siedow *(Cook)*.

Gut zu wissen:
L. M. Kit Carson schrieb auch das Drehbuch zu dem Godard-Remake «Atemlos».

Thomas Crown ist nicht zu fassen The Thomas Crown Affair

Steve McQueen gibt einen unbescholtenen Geschäftsmann, raubt zu den bereits vorhandenen Millionen noch ein paar hinzu und wird von einer kaltschnäuzigen Faye Dunaway sowohl geliebt als auch gejagt. Das Tempo des Kriminalfilms läßt nach einem furiosen Beginn merklich nach, jedoch gewinnt das Werk an Bedeutung durch eine ganz und gar unmoralische Konklusion. Se-

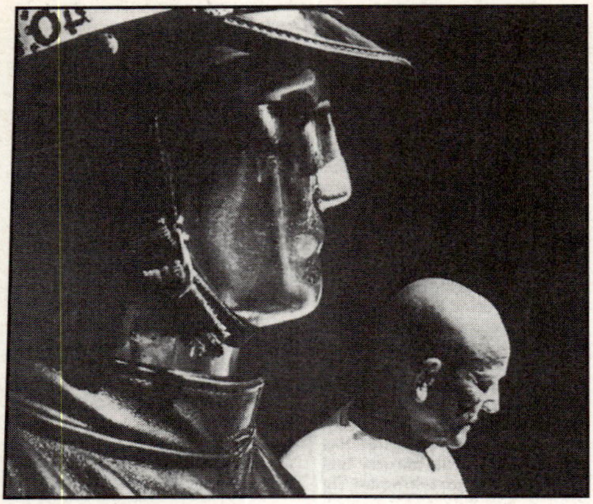

THX 1138

henswert im Wortsinn ist Norman Jewisons verspielte Bildführung: herrliches, völlig der Großleinwand zugedachtes Augenfutter, ganz im Stil der 60er Jahre. USA 1967, Farbe, 102 Min. **Buch:** Alan R. Trustman **Regie:** Norman Jewison **Mit:** Steve McQueen *(Thomas Crown)*, Faye Dunaway *(Vicky Anderson)*, Paul Burke *(Eddy Malone)*, Jack Weston *(Erwin Weaver)*, Yaphet Kotto *(Carl)*.

Gut zu wissen:
Einer der drei verantwortlichen Cutter war Hal Ashby.

THX 1138

Denkbar weit entfernt ist diese Zukunftsvorschau von George Lucas' späterem Megaerfolg «Krieg der Sterne». Hier wird die moderne Welt von Robotern und Psychopharmaka beherrscht. Die Eheleute THX und LUH verzichten eines Tages auf ihre tägliche Drogenration und erleben ihre Umwelt erstmals ganz bewußt. Auch entdecken sie ihre Sexualität. Die schwangere LUH wird zum Tode verurteilt. THX vermag zu fliehen und entkommt in ein kafkaeskes System aus Tunneln, Röhren und Gängen. Die Roboterpolizei setzt ihm nach, bis ein Computer errechnet, daß die Kosten der Verfolgung deren Nutzen übersteigen. THX findet einen Ausweg aus dem Labyrinth und sieht erstmals in seinem Leben die Sonne. USA 1969, Farbe, 95 Min. **Buch:** George Lucas, Walter Murch **Regie:** George Lucas **Mit:** Robert Duvall *(THX 1138)*, Donald Pleasence *(SEN 5241)*, Maggie McOmie *(LUH 3417)*, Ian Wolfe *(PTO)*, Johnny Weissmuller jr.

Gut zu wissen:
THX wurde später Markenzeichen des von Lucasfilm entwickelten Tonsystems.

Das Tier The Howling

Dee Wallace, die ewig Leidgeprüfte, läßt sich nach einem berufsbedingten Schockerlebnis von Patrick Macnee in ein Sanatorium einweisen. Das macht die Sache nicht besser, haben sich doch ausgerechnet Werwölfe das Institut als Refugium auserkoren ... Joe Dante inszenierte, John Sayles war Koautor. Folglich wimmelt es nur so von Anspielungen: die Protagonisten tragen Namen von Horrorfilmregisseuren wie Freddie Francis und Terence Fisher, Roger Corman absolviert einen Gastauftritt, und wie immer übernahm auch John Sayles einen kleinen Part. Selbst die Requisiten sind mit Bedacht gewählt. Nicht von ungefähr liest einer der Protagonisten einen Roman von, na?, Thomas Wolfe. USA 1980, Farbe, 91 Min. **Buch:** John Sayles, Terence H. Winkless **Regie:** Joe Dante **Mit:** Dee Wallace *(Karen White)*, Patrick Macnee *(Dr. George Waggner)*, Dennis Dugan *(Chris)*, Christopher Stone *(R. William Neill)*, Belinda Balaski *(Terry Fisher)*, John Carradine *(Erle Kenton)*, Kevin McCarthy *(Fred Francis)*, Robert Picardo *(Eddie)*, Dick Miller *(Walter Paisley)*.

Gut zu wissen:
Seit ihrer Heirat mit Christopher Stone trägt Dee Wallace dessen Nachnamen.

Tiger Cage

Nach einem mißglückten Polizeieinsatz kriechen, kraxeln und flitzen Gute wie Böse über Balkone, Brüstungen, Leuchtreklamen, Gerüste, Autobahnen, Straßenlampen – und dies beinahe schneller, als die Kugeln fliegen, die wie ein Platzregen auf sie herniedergehen. Das aber ist erst der Auftakt, denn in der Hongkonger Polizei gibt es Korruption an höchster Stelle, was die beiden ehrbaren Beamten Eddie und Stewart auf- und in Gefahr bringt. Und das bedeutet: *No rest for the stunt crew* – die hier in der Tat Unglaubliches zustande bringt, zum Beispiel einen Sprung durch die Windschutzscheibe eines fahrenden Autos.

Hongkong 1988, Farbe, 85 Min. **Buch:** Kim Ip, Wong Wing-Fei **Regie:** Yuen Woo Ping **Mit:** Jacky Cheung *(Stewart)*, Donnie Yen *(Eddie)*, Carol Cheng *(Shirley)*, Simon Yam *(Polizeichef)*, Ng Man-Tat, Leung Kar-yan.

Gut zu wissen:
Yuen Woo Ping gehörte als Kampfchoreograph zum Stab des Kassenknüllers «Matrix».

Time Bandits

«Le tigre» in Aktion – «cherchez la femme» würde wohl der Franzose nennen, was nun folgt.

Frankreich 1964, SW, 86 Min. **Buch:** Antoine Flachot (= Roger Hanin) **Regie:** Claude Chabrol **Mit:** Roger Hanin *(Louis Rapière)*, Maria Mauban *(Mme. Baskine)*, Daniela Bianchi *(Mehlica Baskine)*, Roger Dumas *(Duvet)*, Pierre Moro *(Ghislain)*, Mario David *(Dobrovsky)*, Stéphane Audran *(Opernsängerin)*, Christa Lang *(Dobrovskys Freundin)*.

Der Tiger liebt nur frisches Fleisch Le tigre aime la chair fraîche

Mit «Der Tiger ...» begann Chabrol 1964 im Zuge der James-Bond-Erfolge seinen Ausflug in die Welt der Geheimdienste und Superwaffen. Sein Titelheld ist Louis Rapière, Spitzname «Tiger». Frankreichs Allzweckwaffe bekommt den Auftrag, die Sicherheit eines türkischen Ministers und seiner Familie zu gewährleisten. Der Gast steht bereit, 40 französische Düsenjäger zu erwerben. Bestimmte Kreise möchten die Unterschrift des Abgesandten aber nun gerade nicht auf dem Kaufvertrag sehen und entführen Ministers Töchterlein. Ohne Zögern tritt

Time Bandits

Der zehnjährige Kevin, allein im Kinderzimmer, folgt den urplötzlich hereinstürmenden verwegenen Zeitbanditen und rutscht in ihrer Gesellschaft von einem Zeitloch ins andere, sagt mal Napoleon guten Tag oder schüttelt Robin Hood die ungewaschene Hand. Ausgeheckt haben den wüsten Zeitreisespaß die Herren Michael Palin und Terry Gilliam. Ex-Beatle George Harrison war willens, den Fantasy-Spuk zu produzieren und die passende Musik beizusteuern. John Cleese, Sean Connery und Shelley Duvall treten als prominente Gaststars in Erscheinung.

GB 1981 Farbe, 116 Min. **Buch:**

Terry Gilliam, Michael Palin **Regie:** Terry Gilliam **Mit:** Craig Warnock *(Kevin)*, David Rappaport *(Randall)*, Kenny Baker *(Fidgit)*, Tiny Ross *(Vermin)*, John Cleese *(Robin Hood)*, Sean Connery *(König Agamemnon)*, David Warner *(der Böse)*, Shelley Duvall *(Pansy)*, Ralph Richardson *(das Große Wesen)*, Katherine Helmond *(Mrs. Ogre)*, Peter Vaughan *(Ogre)*, Ian Holm *(Napoleon)*, Michael Palin *(Vincent)*.

Gut zu wissen:
Der kleinwüchsige Kenny Baker ist namentlich kaum bekannt, spielte aber eine weltberühmte Rolle: Er steckte im Robotergehäuse des R2D2 in «Krieg der Sterne».

Time Barbarians

Wenn's dem Barbaren im Fantasialand zu langweilig wird, schnappt er sich sein Zauberschwert und flitzt durch Raum und Zeit ins Los Angeles des Jahres 1990, wo es immer Arbeit gibt für kampferprobte Rabauken. Zum Einstand rettet der muskelbepackte Archaiker eine Fernsehjournalistin vor den Nachstellungen einer Straßengang, was ihm erstklassige Publicity einbringt. USA 1990, Farbe, 96 Min. **Buch** und **Regie:** Joseph John Barmettler **Mit:** Deron Michael McBee *(Doran)*, Jo Ann Ayres *(Lystra Penny)*, Daniel Martine *(Mandrak)*, Louis Roth *(Stako)*, Michael Ferrare *(Brice)*.

Timescape

Jeff Daniels zieht seltsame Besucher an. In → DER ONKEL VOM MARS war es ein kauziger Bursche vom roten Planeten, hier platzt sogar eine komplette Reisegruppe herein, die, aus der Zukunft kommend, dem Katastrophentourismus frönt. In Erwartung eines verheerenden Meteoriteneinschlags nehmen sie Logis in Jeffs kleinem Hotel. Der nutzt geistesgegenwärtig die Möglichkeit zur Zeitreise, um dem Unglück vorzubeugen, und weil er ohnehin noch etwas Gewichtiges in der Vergangenheit zu erledigen hat ... Regisseur David N. Twohy ist der Koautor von «Auf der Flucht» und auch sonst nicht ohne Renommee. USA 1991, Farbe, 90 Min. **Buch** und **Regie:** David N. Twohy **Mit:** Jeff Daniels *(Ben Wilson)*, Ariana Richards *(Hilary Wilson)*, Emilia Crow *(Reeve)*, Jim Haynie *(Oscar)*.

Alternativtitel:
«The Grand Tour»; «Disaster in Time»

Tod auf dem Highway Roadkill

Während einer Tournee durch die kanadische Provinz Ontario ist die Rockband Children of Paradise spurlos verschwunden. Ihr Promoter beauftragt seine Mitarbeiterin Ramona mit der Suche. Damit beginnt eine wunderliche Odyssee durch die kanadische Wildnis, in deren Verlauf Ramona recht sonderbare Individuen trifft, darunter ein abgedrehter Filmregisseur, der kein Ende für seinen Film findet, ein verhinderter Rocksänger, ein schräger Vogel, der gern ein berühmter Serienmörder werden möchte. Ein weiteres Roadmovie also, aber eines, das sich von vornherein über sich selbst lustig macht – Ramona hat nämlich keinen Führerschein und muß sich von einem Taxi durch die unendlichen Weiten chauffieren lassen. Kanada, 1989, Farbe, 80 Min. **Buch:** Don McKellar **Regie:** Bruce McDonald **Mit:** Valerie Buhagiar *(Ramona)*, Gerry Quigley *(Roy Seth)*, Larry Hudson *(Buddy)*, Shaun Bowring *(Matthew)*, Bob *(Bunny Rabbit)*, Don McKellar, Mark Tarantino.

Alternativtitel:
«Roadkill – Move or Die»

Gut zu wissen:
Der Erstlingsfilm des damals 31jährigen Regiedebütanten Bruce McDonald, der selbst die Rolle des Filmemachers Bruce Shack übernahm, wurde 1989 auf dem Toronto Film Festival als beste kanadische Produktion ausgezeichnet.

Das Todesauge von Ceylon
Tempete sur Ceylan/Tempesta su Ceylon

Ehe er als alte Schmetterhand für längere Zeit in den jugoslawischen Jagdgründen heimisch wurde, streifte Lex Barker im Auftrage eines deutsch-italienisch-französischen Filmproduzentenkonsortiums durch ein imaginäres Ceylon und half Hans Nielsen, einen verschütteten Tempel freizulegen. Die darin verborgenen Schätze wecken selbstredend auch das Begehr anderer Weltenbummler, Gierhälse und, schlimmer noch, gar das der Einheimischen, und so wird Lex gehörig in Atem gehalten.

BRD/Italien/Frankreich 1962, Farbe, 82 Min. **Buch:** Ludwig Bruckmann **Regie:** Gerd Oswald **Mit:** Lex Barker *(Larry Stone)*, Ann Smyrner *(Helga Ferlach)*, Hans Nielsen *(Prof. Ferlach)*, Eleonora Rossi-Drago *(Maharani)*, Magali Noël *(Kathy)*, Peter Carsten *(Hermann)*, Maurice Ronet *(Dr. Rinaldi)*.

Die Todesgöttin des Liebescamps

Barbusig und -ärschig tanzen die zerebral ausgemergelten Gläubigen einer skurrilen Sekte unter der südlichen Sonne. Laura Gemser ist ihre Göttin und Christian Anders ihr Prophet. Die «Göttliche», gleichermaßen exhibitionistisch wie geschäftstüchtig veranlagt, sucht mit krudem Weltuntergangsgefasel das Vermögen des Unordens zu erhöhen. Die von allen heiligen Geistern verlassenen Sektiererinnen sind ihr willige Dienerinnen und geben sich zahlenden Ungläubigen hin, derweil der strohblonde Anders eine wohlhabende Senatorentochter aufgabelt, deren reine Liebe seine Bekehrung bewirkt. – Ein Meisterwerk kinematographischer Inkompetenz mit höchstem Spekulationsfaktor.

BRD 1981, Farbe, 80 Min. **Produktion, Buch, Regie, Musik:** Christian Anders **Mit:** Laura Gemser *(Die Göttliche)*, Christian Anders *(Dorian)*, Gabriele Tinti *(Gabriel)*, Sascha Borysenko *(Tanga)*, Simone Brahmann, Maximilian Wolters, Veronika Schecker.

Gut zu wissen:
Christian Anders war von seiner Drehbuchidee so angetan, daß er später nach Kalifornien ging und tatsächlich Sektenguru wurde.

Der Todeskuß des Dr. Fu Man Chu
The Blood of Fu Man Chu / Kiss & Kill / Fu Man Chu y el beso de la muerte

Er gibt noch immer keine Ruh
Der Megaschurke Fu Man Chu.
Die Geduld der Behörden ist zu Ende, und sie greifen zu härtesten Mitteln: kein Geringerer als Götz George wird ausgesandt, dem mongolenbärtigen Tunichtgut ein für allemal die Flausen auszutreiben. Wird er obsiegen, wo schon Heinz Drache und Joachim Fuchsberger klein beigeben mußten? Leicht ist die Aufgabe nicht, denn Fu gebietet über Amazonen, die Gift in sich tragen und mit ihren Küssen töten können … Bleib standhaft, Götz!

GB/USA/Spanien/BRD 1968, Farbe, 82 Min. **Buch:** Peter Welbeck **Regie:** Jess Franco **Mit:** Christopher Lee *(Dr. Fu Man Chu)*, Richard Green *(Nayland Smith)*, Götz George *(Carl Jansen)*, Loni von Friedl *(Celeste)*, Maria Rohm *(Ursula)*, Tsai Chin *(Lin Tang)*, Howard M. Crawford *(Dr. Petrie)*.

Gut zu wissen:
Götz George und Loni von Friedl waren zeitweilig liiert.

Todesparty 2 Cutting Class

Im Publikumserfolg «Rendezvous mit Joe Black» war Brad Pitt als der personifizierte

Tod unterwegs, aber schon zehn Jahre früher stand er im Verdacht lebensverkürzender Verrichtungen. Auch Donovan Leitch wäre allerhand zuzutrauen, zumal er der Sproß des entrückten Hippie-Barden gleichen Namens ist und Kinder sich gern gegen die Werte der Vorgängergeneration auflehnen. Wer immer aber an dieser Schule umgeht und Kollegium wie Schülerschaft dezimiert, beweist ungeheuren Einfallsreichtum. Und einmal mehr wird offenbar, daß schon vor «Scream» Slasher-Filme mit schelmischem Beiklang gedreht wurden.

USA 1988, Farbe, 88 Min. **Buch:** Steve Slavkin **Regie:** Rospo Pallenberg **Mit:** Jill Schoelen *(Paula Carson)*, Donovan Leitch *(Brian Woods)*, Brad Pitt *(Dwight Ingalls)*, Roddy McDowall *(Mr. Dante)*, Martin Mull *(William Carson)*, Brenda Lynn Klemme *(Colleen)*, Mark Barnet, Robert Glaudini, Eric Boles.

Gut zu wissen:
Martin Mull ist ein bekanntes Gesicht aus der US-Kultserie «Sabrina – Total verhext»: Dort spielt er den stellvertretenden Direktor Kraft.

Starke Töne:
«Wo die Kunst ist, da ist auch viel Dreck.» HAUSMEISTER SCHULZ

Der Todesplanet New Eden

Anno 2237 werden verurteilte Gefangene in der Strafzone 142 Alpha auf einem wüsten Planeten ausgesetzt. Sandpiraten beherrschen das trostlose Terrain. Nur der Ex-Freiheitskämpfer Addams und sein Schicksalsgenosse Ares überleben einen Angriff der brutalen Horden. Addams wird von einem Drifter versklavt und als «Geschichtenerzähler» an einen Stamm von Seßhaften veräußert. Lily erwirbt ihn, obwohl er als Erzähler wenig taugt. Dafür baut er eine Kläranlage für das Wasser eines verseuchten Tümpels. Es gelingt, die Wüste urbar zu machen, doch der Erfolg lockt auch die Piraten an. Unter Addams' Führung leisten die Siedler Widerstand. Addams wird zum Freiheitshelden – was ihm auf Erden versagt geblieben war.

USA 1994, Farbe **Buch:** Dan Gordon **Regie:** Alan Metzger **Mit:** Stephen Baldwin *(Addams)*, Lisa Bonet *(Lily)*, Tobin Bell *(Marcellus Ares Kain)*, Michael Bowen *(Kyne)*, Janet Hubert-Whitten *(Ashtarte)*.

Alternativtitel:
«New Eden – Wüste des Todes»

Starke Töne:
«Du mußt die Gedanken Deines Feindes lesen können.» ARES

Der Todesschrei der Hexen
Cry of the Banshee

Vincent Price macht sich wieder einmal gut als altenglischer Landedelmann. In seinen Wäldern geht Elisabeth Bergner um und hat noch eine Rechnung offen mit dem brutalen Hexenschänder.

GB 1969, Farbe, 86 Min. **Buch:** Tim Kelly, Christopher Wicking **Regie:** Gordon Hessler **Mit:** Vincent Price *(Lord Edward Whitman)*, Elisabeth Bergner *(Oona)*, Essy Persson *(Lady Patricia)*, Patrick Mower *(Roderick)*, Hugh Griffith *(Mickey)*, Hilary Dwyer *(Maureen)*, Sally Geeson *(Sarah)*, Carl Rigg *(Harry Whitman)*.

Todesschrei per Telefon
Don't Answer the Phone / The Hollywood Strangler

Wenn der Originaltitel eines Films mit «Don't ...» beginnt, ist der nächste Frauenmörder nicht weit. Dieser hier, neben dem Norman Bates wie ein kleiner Lauser wirkt, hat seinen Hau aus dem Vietnamkrieg mitgebracht, ebenso eine Art Geldkatze mit vietnamesischen Münzen, die er benutzt, seine Opfer zu würgen. Vorher stellt er durch einen Anruf sicher, daß auch jemand zu Haus ist. Weil er sich mit diesem freud- und fruchtlosen Tun wohl nicht auf ewig aufhalten will, nimmt er die Freundin eines Kriminalbeamten aufs Korn, der denn auch zielstrebig zur Tat schreitet, ohne sich erst lange mit dem Verlesen irgendwelcher Bürgerrechte aufzuhalten.

USA 1979, Farbe, 87 Min. **Produktion** und **Buch:** Michael D. Castle, Robert Hammer **Regie:** Robert Hammer **Mit:** James Westmoreland *(Lt. Chris McCabe)*, Flo Gerrish *(Dr. Lindsay Gale)*, Ben Frank *(Sgt. Hatcher)*, Nicholas Worth *(Kirk Smith)*, Pamela Bryant *(Sue Ellen)*, Denise Galik-Furey *(Lisa)*, Stan Haze *(Adkins)*.

Alternativtitel:
«Das Telefon – Bei Anruf Horror»

Todesstrahlen aus dem All
Laserblast

Laserpistolen, so lehrt uns dieses dubiose US-Produkt, gehören nicht in die Finger kauziger Sonderlinge, denn die zersieben damit nicht nur ihre Peiniger, sondern auch die Plakate zu «Krieg der Sterne». Auf solche Unarten steht, wie hier an einem zur Megalomanie neigenden Individuum warnend demonstriert wird, All-seits Tod durch Krawummsfallera – der Sünder wird von echsenartigen Schupos in alle Winde zerstreut. Billy Duncan, ein von der Pubertät und anderen Verdrießlichkeiten frustrierter Knabe, findet die Waffe und das Amulett des abgestraften Astro-Molchs und fehlentwickelt sich zum Gernegroß – was gleichfalls eine drakonische Abmahnung nach sich zieht.

USA 1979, Farbe, 85 Min. **Buch:** Franne Schacht, Frank Ray Perilli **Regie:** Michael Rae **Mit:** Kim Milford *(Billy Duncan)*, Cheryl Smith *(Kathy Farley)*, Keenan Wynn *(Col. Farley)*, Roddy McDowall *(Dr. Mellon)*, Gianni Russo *(Tony Craig)*, Ron Masak *(Sheriff)*.

Alternativtitel:
«Laserkill – Todesstrahlen aus dem All»

Gut zu wissen:
Produzent Charles Band und Autor Perilli verantworteten auch das ungleich putzigere Weltuntergangsszenario ➜ DAS ENDE DER WELT.

Der tödliche Freund Deadly Friend

Da haben sich zwei gefunden: Der ehemals Philosophie lehrende Gruselfilmer Wes Craven und der Autor Bruce Joel Rubin, der sich intensiv mit dem Tibetanischen Totenbuch und anderen Mitteilungen über das Jenseits befaßt und seine Erkenntnisse in Filme wie «Ghost – Nachricht von Sam» oder «Jacob's Ladder» umgemünzt hatte. In ihrem Gemeinschaftswerk hilft der junge Computertüftler Paul seiner Angebeteten ins Leben zurück, nachdem diese von ihrem gewalttätigen Vater erschlagen worden ist – aber so einfach ist die Lazarusnummer nicht zu haben: Die hübsche Androidin läuft Amok.

USA 1986, Farbe, 90 Min. **Buch:** Bruce Joel Rubin **Regie:** Wes Craven **Mit:** Kristy Swanson *(Samantha Pringle)*, Matthew Laborteaux *(Paul Conway)*, Michael Sharrett *(Tom)*, Anne Twomey *(Jeannie Conway)*, Anne Ramsay *(Elvira Parker)*.

Starke Töne:
«Ich habe Ideen, die noch keiner hatte.» PAUL

Tödliche Geschwindigkeit
Terminal Velocity

Der dem Fallschirmsport frönende Springinsfeld Charlie Sheen guckt steinerweichend schafsgleich, als Nastassja Kinski seine Dienste in Anspruch nimmt und sich wenig später totstellt. Zwar glaubt Charlie dem Schwindel nicht und soll recht behal-

Tödliche Geschwindigkeit

ten, muß aber fürs erste durch eine schwere Prüfung aus KGB- und Mafiamachenschaften, die sich zu einem launig angelegten, herzhaft-übermütigen Allotria summieren, in dem sogar die Dame Kinski schelmisches Talent erkennen läßt und insgesamt weit weniger lästig fällt, als es sonst so ihre Art ist.

USA 1994, Farbe, 102 Min. **Buch:** David Twohy **Regie:** Deran Serafian **Mit:** Charlie Sheen *(Ditch Brodie)*, Nastassja Kinski *(Chris Morrow)*, James Gandolfini *(Ben Pinkwater)*, Christopher McDonald *(Kerr)*, Gary Bullock *(Lex)*, Melvin Van Peebles *(Noble)*, Richard Sarafian jr. *(Dominic)*.

Gut zu wissen:
David Twohy schrieb auch die Drehbücher zu «Critters 2» und «Warlock – Satans Sohn» und war u. a. Koautor von «Auf der Flucht» und «Waterworld».

Die tödlichen Bienen
The Deadly Bees

Eine erholungsuchende Popsängerin gerät auf einer idyllischen Insel an zwei konkurrierende, dabei scheinbar recht nette Imker. Einer von beiden ist allerdings insgeheim eher misanthropisch veranlagt und hat, seiner Neigung Genüge zu tun, ein Elixier entwickelt, das seine an sich harmlosen Honigschlecker in mordlüsterne Killerinsekten verwandelt. Die ungeliebte Gattin des Bienenzüchters wurde bereits Opfer seiner mutierten Stachelträger. Und dabei wird's wohl nicht bleiben ... Eines der ersten ‹Bee-Movies›. Aber noch lange nicht das letzte.

GB 1966, Farbe, 83 Min. **Buch:** Robert Bloch, Anthony Marriott **Regie:** Freddie Francis **Mit:** Suzanna Leigh *(Vicki Robbins)*, Frank Finlay *(Manfred)*, Guy Doleman *(Ralph Hargrove)*, Catherine Finn *(Mrs. Hargrove)*, John Harvey *(Thompson)*.

Der tödliche Schwarm

Tödliche Nebel I diafanoidi vengono da marte / I diafanoidi portano la morte / War of the Planets

Es ist Silvesterabend, und die Besatzungen der bemannten Satelliten im Erdorbit sind auf Party eingestellt, bis ein spielverderberischer Nebel die Milchstraße herabgeweht kommt und Station Delta 2 so dicht umhüllt, daß nicht einmal mehr Funksignale hindurchgelangen. Die Kollegen von Gamma 1 eilen herbei und werden den Neujahrsmorgen nicht mehr erleben. Die Erdstation verlangt die Evakuierung, aber einige Überlebende werden bereits von den fremden Lebewesen beherrscht, andere, darunter der trutzige Commander Halstead, mögen sich nicht beugen.

Italien 1965, Farbe, 97 Min. **Buch:** Ivan Reiner, Renato Moretti **Regie:** Anthony M. Dawson (= Antonio Margheriti) **Mit:** Tony Russell *(Commander Halstead)*, Jane Fate (= Lisa Gastoni; *Lt. Connie Gomez)*, Michel Lemoine *(Capt. Dubois)*, Franco Nero, Carlo Giustini, Enzo Fiermonte, John Bartha, Linda Sini.

Der tödliche Schwarm The Swarm

In einem Raketenstützpunkt hat es Tote gegeben, und die Überwachungsgerätschaften melden ein unbekanntes Flugobjekt. Bei näherem Hinsehen erweist es sich als gewaltiger Bienenschwarm, der Hubschrauber herniederzwingt und Ausflügler tötet. All dies fällt zusammen mit dem jährlichen «Blumenfestival» der nahe gelegenen Kleinstadt Marysville. Michael Caine, Henry Fonda und Richard Widmark werden an die Front geworfen, der Bedrohung Herr zu werden, denn mit ein wenig Nektar sind diese Immen nicht zu bremsen.

USA 1978, Farbe, 116 Min. **Buch:** Stirling Silliphant **Regie:** Irwin Allen **Mit:** Michael Caine *(Brad Crane)*, Katherine Ross *(Helena)*, Richard Widmark *(Gen. Slater)*, Richard Chamberlain *(Dr. Hubbard)*, Henry Fonda *(Dr. Krim)*, Olivia de Havilland *(Maureen)*, Ben Johnson *(Felix)*, Lee Grant *(Anne McGregor)*, Fred McMurray *(Clarence)*, Slim Pickens, Patty Duke Astin, Bradford Dillman, José Ferrer.

Achtung:
Wie der Zufall so spielt – im Kino von Marysville läuft gerade Irwin Allens «Flammendes Inferno».

Hoppla:
Im Film wird angegeben, daß der Bienenschwarm in 17 Stunden («17 hours») Houston erreichen werde. Die deutsche Übersetzung machte 17 Uhr daraus.

Die tollen Abenteuer des Monsieur L. Les tribulations d'un chinois en chine / L' uomo di Hong Kong

Vor Jahren mußte sich Aki Kaurismäki vorwerfen lassen, in Sachen «I Hired a Contract Killer» plagiiert zu haben. Wenn aber überhaupt jemand irgendwo abgeschrieben hat, dann bei Jules Vernes Roman «Die Leiden eines Chinesen in China», den Philippe de Broca bereits 1965 zu einem übermütigen, geziemend eskapistischen und rundum vergnüglichen Abenteuerfilm verarbeitete, mit einem glänzend aufgelegten Jean-Paul Belmondo sowie Ursula Andress und Jean Rocheford in den Hauptrollen.

Frankreich / Italien 1965, Farbe, 110 Min. **Buch:** Philippe de Broca, Daniel Boulanger **Regie:** Philippe de Broca **Mit:** Jean-Paul Belmondo *(Arthur)*, Ursula Andress *(Alexandrine)*, Jean Rochefort *(Leon)*, Darry Cowl *(Biscoton)*, Maria Pacôme *(Suzy)*, Jess Hahn *(Cornelius)*, Valérie Lagrange *(Alice)*.

Alternativtitel:
«Belmondo – Das Rauhbein»

Tomorrow Man

Ahnungslos werkelt ein Astroklempner im All vor sich hin, als eine fliegende Zigarre vorübersaust. Sie birgt einen sogenannten Wächter. Aus der Zukunft kommend, befindet er sich auf dem Weg ins Jahr 1995, um schlimme Fehlentwicklungen noch rechtzeitig abzuwenden. Kaum gelandet, wird er überfahren und ins Krankenhaus gebracht, wo er scheinbar stirbt. Tatsächlich aber ist er nicht einmal halb tot und taucht kregel in Giancarlo Espositos Auto auf, den er um Beistand bittet. Derweil hat Craig Wasson schon die Fährte des Neuankömmlings aufgenommen. Er ist bereits im Besitz eines Chips aus dem Körper eines anderen Zeitreisenden, der mit herkömmlicher Technologie freilich nicht entziffert werden kann.

USA 1995, Farbe, 85 Min. **Buch:** Alan Spencer **Regie:** Bill D'Elia **Mit:** Julian Sands *(Kent)*, Giancarlo Esposito *(Jonathan)*, Craig Wasson *(Dr. Galloway)*, Obba Babatunde *(Ryan Parrish)*.

Starke Töne:
«Die Macht der genauen Beobachtung nennt man gewöhnlich Zynismus.» DR. GALLOWAY

Top Line – Das Geheimnis des Azteken-Berges Top Line

Kaum hatten sie 1987 «Djangos Rückkehr» angerichtet, brachen Regisseur Ted Archer (alias Nello Rosati) und sein Hauptdarsteller Franco Nero in den kolumbianischen Dschungel auf. Dort warf sich Nero in den Tropenanzug, begab sich drehbuchgemäß auf Schatzsuche und fand zum eigenen Erstaunen ein havariertes UFO, dessen Eigner gerade unterwegs waren, die irdischen Machtzentralen zu infiltrieren. Es kommen dann noch, daß wir nur niemanden vergessen, CIA, KGB, Altnazis, gemeingefährliche Cyborgs und – es geht immer noch ein wenig schlimmer – Neros Ex-Gattin ins Spiel. Auweiauwei.

Italien 1988, Farbe, 92 Min. **Buch:** Roberto Gianviti und Nello Rosati **Regie:** Ted Archer (= Nello Rosati) **Mit:** Franco Nero *(Ted Angelo)*, Deborah Barrymore *(Jo)*, George Kennedy *(Heinrich Holzmann)*, Mary Stavin *(Maureen)*, William Berger.

Starke Töne:
«Derjenige, der ohne Freude trinkt, bleibt durstig.» ANGELOS TISCH- UND TRINKGENOSSE

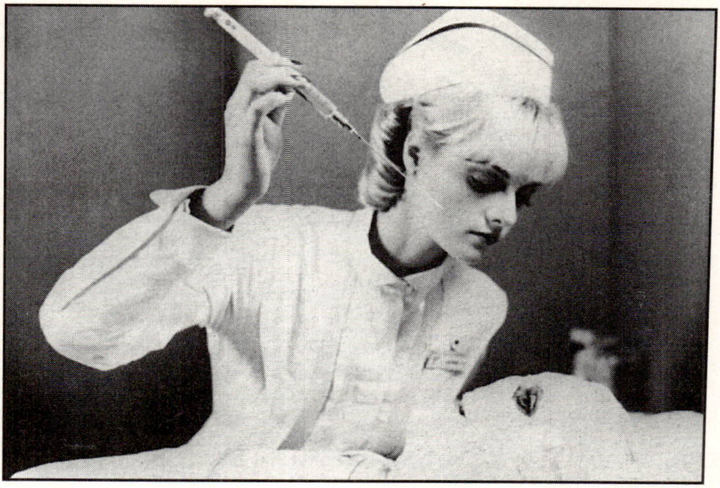

Tot & begraben: Melody Anderson

Tot & begraben Dead and Buried

Was mag mit all den aus der Spur geratenen B-Film-Wissenschaftlern geschehen, nachdem ihr Labor pünktlich zum Filmende in die Luft gegangen ist? Vielleicht ziehen sie, wie der vormalige Chefpathologe Dr. Dobbs, in ein Küstenstädtchen wie Potter's Bluff, wo sie Leichenbeschauer und Beerdigungsunternehmer in einem sind. Eine ungemein vorteilhafte Doppeltätigkeit insbesondere dann, wenn man an einem Verfahren zur Wiederbelebung entschlafener Mitbürger arbeitet. Dr. Dobbs hat bereits einige Zeitgenossen vom Tod ins Leben zurückbefördert, war allerdings auch am umgekehrten Vorgang beteiligt, worüber man hinwegsehen kann, weil sich diese kleine Missetat ja wieder beheben läßt. Der Sheriff aber ist anderer Meinung.

USA 1981, Farbe, 94 Min. **Buch:** Ronald Shusett, Dan O'Bannon **Regie:** Gary A. Sherman **Mit:** James Farentino *(Sheriff Dan Gillis)*, Melody Anderson *(Janet Gillis)*, Jack Albertson *(William G. Dobbs)*, Christopher Allport *(George Le Moyne)*, Robert Englund *(Deputy Harry)*.

Gut zu wissen:
Shusett und O'Bannon schrieben zuvor u. a. den Storyentwurf zum Science-fiction-Klassiker «Alien».

Total abgedreht Living in Oblivion

In dieser pfiffigen Low-budget-Komödie wird das Erzählprinzip aus Kurosawas «Rashomon» auf die Dreharbeiten eines Independent-Films angewandt: Jeder Beteiligte serviert eine andere Version der laufenden Ereignisse, und tatsächlich ist eine abgedrehter als die andere – da hat der deutsche Titel ausnahmsweise recht.

USA 1995, SW/Farbe, 90 Min. **Buch** und **Regie:** Tom DiCillo **Mit:** Steve Buscemi *(Nick Reve)*, Catherine Keener *(Nicole Ellen)*, Dermot Mulroney *(Wolf)*, Danielle von Zerneck *(Wanda)*, James LeGros *(Chad Palomino Damian)*, Rica Martens *(Cora, Nicks Mutter)*.

Gut zu wissen:
Tom DiCillo ist ein Studienfreund Jim Jarmuschs und übernahm bei dessen Abschlußfilm «Permanent Vacation» die Kameraführung.

Totaler Sperrbezirk Forbidden Zone

Hierzulande ist der Film kaum bekannt, im Großraum Los Angeles genoß er lange Zeit Kultstatus. Das hängt mit dem lokalen Ruhm zusammen, den sich Danny Elfmans Band Oingo Boingo durch extravagante Konzerte erarbeitet hatte. Elfmans Bruder Richard ist Koautor und Regisseur dieser verdrehten Musicalkomödie, Danny Elfman, heute ein vielbeschäftigter Filmkomponist, steuerte die Songs bei, die von Oingo Boingo eingespielt wurden. Auch übernahm er die Rolle des Teufels, der in der sechsten Dimension hockt und einem jungen Ding nachstellt, das von seiner Neugier in diese bizarre Welt getrieben wurde. Das Werk ist angefüllt mit Slapstick, animierten Passagen und etlichen Musicalnummern in zeitgenössischem Rhythmus.

USA 1980, SW, 73 Min. **Buch:** Richard Elfman, Matthew Bright, Martin W. Nicholson, Nick Jones **Regie:** Richard Elfman **Mit:** Hervé Villechaize *(Zwergkönig Fausto)*, Susan Tyrell *(Zwergenkönigin)*, Giselle Lindley *(Tochter)*, Marie-Pascal Elfman *(Frenchy)*, Danny Elfman *(Satan)*, Viva *(Ex-Königin)*, Joe Spinell.

Total Reality – Die tödlichen Vier Total Reality

Wohltuend diffus sind die Grenzen zwischen Gut und Böse in diesem Zukunftsausblick, der gewiß dem «Terminator» einiges an Inspiration verdankt. Der militärisch-politische Komplex der «Bridgisten» hat die Aufständischen nahezu besiegt. In den letzten Kriegstagen erschießt Anthony Rand im Affekt seinen Vorgesetzten, der die Zerstörung eines mit Frauen und Kindern besetzten Raumkreuzers befohlen hatte. Die fällige Todesstrafe soll ihm erlassen sein, sofern er den flüchtigen Rebellenführer Tunis aus dem Jahr 1998 zurückbringt. Ihm und seinen drei Leidensgenossen bleibt keine Wahl – um ihre Flucht zu vereiteln, wurden ihnen explosive Implantate eingepflanzt. Im weiteren ergibt sich, daß Tunis und Rand sich ideell näherstehen, als ihnen bewußt ist.

USA 1997, Farbe, 93 Min. **Buch:** Phillip J. Roth, Bob Trenton **Regie:** Phillip J. Roth **Mit:** David Bradley *(Lt. Anthony Rand)*, Thomas Kretschmann *(Comm. Tunis)*, Ely Pouget *(Cathy Easton)*, Bill Shaw *(Guard Ryan)*, Misa Kaprova *(Wingate)*, Brian Faker *(Frankel)*, Melik Malkasian *(Uriah)*.

Total Terminator Timebomb

Weit und breit ist kein Terminator zu sehen, auch wenn Hauptdarsteller Michael Biehn einschlägig vorbelastet ist. Hier hingegen wird er am hellichten Tag von erotischen und blutrünstigen Wachträumen gequält. Da trifft es sich gut, daß er für die Psychologin Patsy Kensit eine Uhr reparieren soll. Ihr vertraut er seine Nöte an, während bereits diverse Killer hinter ihm her sind, darunter Tracy Scoggins, die aufrichtig Spaß an der Arbeit hat. Wie sich herausstellt, wurde Biehn einer Gehirnwäsche unterzogen, seine gesamte Vita ist eine Fälschung, hat er doch Kenntnis von einem Attentatsplan, dessen Details ihm nun peu à peu wieder einfallen.

USA 1991, Farbe, 96 Min. **Buch** und **Regie:** Avi Nesher **Mit:** Michael Biehn *(Eddy Kay)*, Patsy Kensit *(Dr. Anna Nolmar)*, Robert Culp *(Mr. Phillips)*, Tracy Scoggins *(Miss Blue)*, Raymond St. Jacques *(Det. Sanchez)*, Richard Jordan *(Col. Taylor)*.

Erhabene Momente:
Biehn und Kensit fliehen vor ihren Verfolgern in ein Pornokino. Während auf der Leinwand nach allen Regeln der Kunst geächzt und geschnauft wird, verbergen sich die beiden aneinandergeklammert zwischen den Sitzreihen. Nur fürs Protokoll: Patsy Kensit liegt oben.

Die Tote aus der Themse: Uschi Glas und Hansjörg Felmy

Die Tote aus der Themse

Viel zu retten war ja nicht mehr, als Harald Philipp 1971 versuchte, der allmählich verdämmernden Reihe von Edgar-Wallace-Verfilmungen mit jungen Schauspielern noch einmal ein bißchen Leben einzuhauchen. Weder Hansjörg Felmy als der Mann vom Yard noch die beim Sexfilm ausgeborgte Ingrid Steeger brachten das Geschehen auf Touren. Selbst die Mitwirkung der keuschen Uschi Glas an führender Stelle war nicht Pfand genug, das widerspenstige Publikum in die Lichtspieltheater zu locken.

BRD

1971, Farbe, 89 Min. **Buch:** H. O. Gregor, Harald Philipp **Regie:** Harald Philipp **Mit:** Hansjörg Felmy *(Inspektor Craig)*, Uschi Glas *(Danny Ferguson)*, Werner Peters *(William Baxter)*, Siegfried Schürenberg *(Sir John)*, Günther Stoll *(Dr. Ellis)*, Harry Riebauer *(Milton S. Farnborough)*, Petra Schürmann *(Susan)*, Ingrid Steeger *(Kitty)*, Ivan Desny, Vadim Glowna, Lyvia Bauer.

Tote kriegen keine Post One Shoe Makes It Murder

Wer diesen Filmtitel erdachte, kennt die deutsche Post nicht … Aber egal. Robert Mitchum, Mel Ferrer und Angie Dickinson selbdritt in einem TV-Movie, was braucht's da noch ein gutes Drehbuch. Ferrer zeichnet als Produzent verantwortlich und wählte

Die toten Augen des Dr. Dracula: Erika Blanc und Giovanna Galletti

einen gediegenen Krimistoff mit einer Paraderolle für seinen granitgesichtigen Kollegen Mitchum, mimt der doch einen Ex-Polypen, dem neben zahlreichen anderen Dingen auch der geplante Selbstmord mißlingt. Ferrer nun wiederum erteilt der verkrachten Existenz den Auftrag, die abgängige Gattin ausfindig zu machen. Und schon geht, wer hätte es gedacht, der Ärger los.

USA 1982, Farbe, 96 Min. **Buch:** Felix Culver **Regie:** Billy Hale **Mit:** Robert Mitchum *(Harold Schillmann)*, Angie Dickinson *(Fay Reid)*, Mel Ferrer *(Carl Sharnock)*, Jose Perez *(Insp. Carmona)*, Cathee Shirriff *(Caroline)*, John Harkins *(Smiley)*.

Gut zu wissen:
Mit diesem TV-Movie gab Robert Mitchum seinen Einstand als Fernsehschauspieler. Die Miniserie «Der Feuersturm», in der er ebenfalls mitwirkte, wurde zwar früher gedreht, aber später ausgestrahlt.

Die toten Augen des Dr. Dracula **Operazione Paura**

Die Konsultation des Dr. Dracula ist ein Unfug deutscher Titelgeber. Der zuständige Mediziner heißt Paul Eswai und wird in ein Dorf gerufen, um den Leib eines verunglückten Mädchens zu examinieren. Deren Tod scheint dem Obduzenten nicht geheuer. Der Sache nachgehend, gelangt er in das Schloß derer von Graps, dessen Interieur dem Besucher höchst unwirklich erscheint. Die Schrecken lauern, die Geheimnisse wabern und wuchern, auf jedem Treppenabsatz warten neue Verunsicherungen – kurzum: Kafka trifft Poe, und beide sind in Bestform.

Italien 1966, Farbe, 83 Min. **Buch:** Roberto Natale, Romano Migliorini, Mario Bava **Regie:** Mario Bava **Mit:** Giacomo Rossi Stuart *(Dr. Paul Eswai)*, Fabienne Dali *(Ruth)*, Piero Lulli *(Inspektor Kroger)*, Erika Blanc (= Enrica Bianchi Colombatto; *Monika Schuftan)*, Max Lawrence *(Karl)*, Giovanna Galletti.

Die Totengruft des Dr. Jekyll
Daughter of Dr. Jekyll

Janet Smith ahnt nichts von ihrer Herkunft, bis sie dem Gedanken einer Eheschließung nähertritt. Ihr Vormund Dr. Lomas gibt ihr zu verstehen, daß sie Dr. Jekylls Tochter ist und auch einige Erbanlagen des gemeingefährlichen Mr. Hyde mitbekommen haben könnte. Schon dies wäre kein guter Einstieg in eine Ehe. Zusätzlich wird in Janets Umgebung verstärkt gemordet, und natürlich gilt aller Argwohn ihr. Da jedoch Dr. Jekylls nicht unbedeutender Hinterlassenschaft – die rechtmäßig seiner Tochter zusteht – eine gewisse Bedeutung zukommt, sollte man vielleicht das übrige Personal nicht völlig aus den Augen lassen.

USA 1957, Farbe, 77 Min. **Buch:** Jack Pollexfen **Regie:** Edgar G. Ulmer **Mit:** John Agar *(George Hastings)*, Gloria Talbot *(Janet Smith)*, Arthur Shields *(Dr. Lomas)*, John Dierks *(Jacob)*, Martha Wentworth *(Mrs. Merchant)*, Mollie McCart *(Maggie)*.

Ein Toter hing im Netz

Als ob die guten Fund- und Schundsachen immer aus Großbritannien oder den USA kämen – mitnichten. Auch der deutsche Film hatte seine Phantasiegestalten, vor wie hinter der Kamera. Das Geschehen freilich ist fern der Heimat angesiedelt: Nach einem Flugzeugabsturz verschlägt es eine Gruppe Showgirls auf eine einsame Insel, zur Freude einer monströsen Spinne, die die Bereicherung ihres Speiseplans zu schätzen weiß. Ihr giftiger Biß verwandelt den Impresario Gary auch äußerlich in ein Untier, weshalb er dringendst bekämpft werden muß. Ansonsten sind die Damen, Barbara Valentin vorneweg, auch unter widrigen Umständen auf ihre äußere Erscheinung bedacht und demnach angenehm anzusehen.

BRD 1959, SW, 85 Min. **Buch** und **Regie:** Fritz Böttger **Mit:** Harald Maresch *(Joe)*, Barbara Valentin *(Babs)*, Helga Frank *(Georgia)*, Alex D'Arcy *(Gary)*, Helga Neuner *(Ann)*, Rainer Brand *(Robby)*, Dorothee Glöckler *(Gladys)*, Eva Schauland *(Nelly)*, Helma van den Berg *(Kate)*, Elfie Wagner *(Linda)*, Gerry Sammer *(May)*, Harald Maresch *(Joe)*.

Gut zu wissen:
Auch Stanley Kubrick baute auf die fotografischen Künste des Kameramanns Georg Krause und buchte ihn für die «Wege des Ruhms».

Tourist Trap

Chuck Connors mußte schon in der Westernserie «Westlich von Santa Fè» eine Menge Staub schlucken, im Alter bekam er es auch noch mit schlechten Drehbüchern zu tun. Er unterhält mitten in der Wüste eine Art Museum, und statt sich darüber zu freuen, daß eine Gruppe junger Leute den Weg hierher findet, tötet er sie, nur um einige von ihnen hernach in Schaufensterpuppen zu verwandeln und kraft seiner übersinnlichen Fähigkeiten ins Leben zurückzuholen. Warum er das tut? Die Wüste, Mann. Die Wüste.

USA 1977, Farbe, 90 Min. **Buch:** David Schmoeller, J. Larry Carroll **Regie:** David Schmoeller **Mit:** Chuck Connors *(Slausen)*, Jon Van Ness *(Jerry)*, Jocelyn Jones *(Molly)*, Tanya Roberts *(Becky)*, Keith McDermott *(Woody)*, Robin Sherwood *(Eileen)*.

Gut zu wissen:
Tanya Roberts stieß 1980 zum Ensemble der Kultserie «Drei Engel für Charlie».

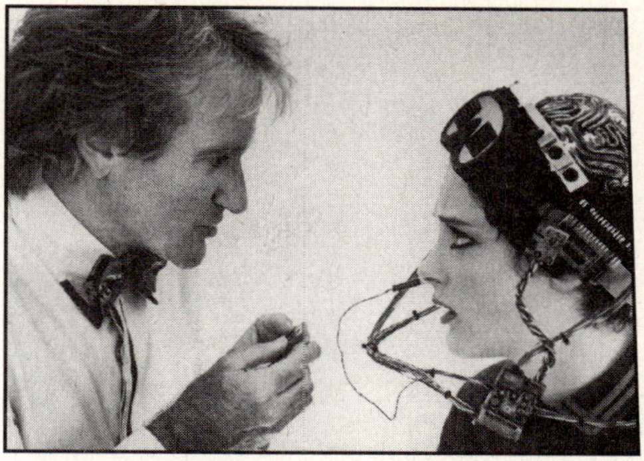

***Toys:* Robin Williams und Joan Cusack**

Toys

Barry Levinson, ein sonst eher auf Feingeistiges gepolter Autor, Regisseur und Produzent, mochte es wohl auch mal heftig krachen lassen. Die Vorsätze waren durchaus ehrenhaft, zeigt doch der Film, wie rasselnde Militärs eine friedliche Spielwarenfabrik okkupieren. Nicht lange, und aus harmlosen Zündplättchen werden tödliche Projektile. Dies alles geschieht in einem surrealen Märchenland, in dem Robin Williams als magrittierter Peter Pan um die Unschuld seines Gewerbes fürchten muß. Am Ende läuft alles ein wenig aus dem Ruder, wenn das gute und das böse Spielzeug in einen Stellvertreterkrieg geraten.

USA 1992, Farbe, 121 Min. **Buch:** Valerie Curtin und Barry Levinson **Regie:** Barry Levinson **Mit:** Robin Williams *(Leslie Zevo)*, Joan Cusack *(Alsatio Zevo)*, Michael Gambon *(Der General)*, Robin Wright *(Gwen)*, LL Cool J *(Patrick)*.

Achtung:
Donald O'Connor, bekannt u. a. aus «Singing in the Rain», hat einen kurzen Auftritt als Vater der Geschwister Zevo, Kenneth Zevo.

Trennung mit Hindernissen
Shooting Elizabeth

Betrachtet man Filme wie → KOPFÜBER IN DIE NACHT oder → DAS LANGE ELEND, durchleidet doch eigentlich niemand die Drangsale und Anfechtungen des modernen Großstadtmenschen so empfindsam, großäugig und urkomisch wie der grundsympathische Jeff Goldblum. Fast jedoch verscherzt er sich die Sympathien gewaltfreier Mitmenschen, möchte er doch dem Originaltitel gerecht werden und sein exaltiertes Eheweib gar zu gern aus der Welt schaffen. Doch entschwindet die Nervensäge während eines Spanienurlaubs ohne jegliches Zutun, weshalb unser Mann völlig ohne Schuld unter Mordverdacht gerät.

Frankreich / USA 1992, Farbe, 96 Min. **Buch:** Robbie Fox **Regie:** Baz Taylor **Mit:** Jeff Goldblum *(Howard Pidgeon)*, Mimi Rogers *(Elizabeth Pidgeon)*, José Conde Cid *(Juan)*, Juan Echanove, Simon Andrew (= Andreu), Cristina Higueras.

Troll – Das Schwert der Macht
Ator L'invincibile / Quest for the Mighty Sword / Ator III: The Hobgoblin

Der alte Ator beharrt auf dem Besitz eines Schwertes, das seinem Reich friedlichen Bestand garantiert, aber von Troll Grindel nur geliehen wurde. Schwert oder Leben, fordert Grindel, Ator gibt sein Leben. Seine Witwe vertraut Grindel das zerborstene Schwert wie auch Ator jr. an, bekommt zum Dank einen Trank verabreicht, der sie gefügig machen soll, und verfällt dem Wahnsinn. Jahre später sinnt der gereifte Ator auf Rache, muß aber zuvor mit siamesischen Zwillingsrobotern und einem feuerspeienden Bonsai-Godzilla fertig werden und sich obendrein der lüsternen Laura Gemser erwehren, die in alte Emmanuelle-Gewohnheiten verfällt. Einen Vulkanausbruch gibt's auch, der offensichtlich mit gut abgelagertem Archivmaterial bebildert wurde.

Italien 1989, Farbe, 97 Min. **Buch** und **Regie:** David Hills (= Joe D'Amato) **Mit:** Eric Allen Kramer *(Ator jr.)*, Don Semeraro *(Grindel)*, Margaret Lensey *(DeJanira)*, Marisa Mell *(Nephele)*, Donald O'Brien *(Gunther)*, Laura Gemser *(Prinzessin Grimelda)*, Dina Morrone *(Sunn)*.

Gut zu wissen:
Abgesehen vom Regisseur hat der Film mit «Troll 2» nichts gemeinsam.

Troll 2 Trolls 2

Der Beginn erinnert an «Die Braut des Prinzen»: Ein Großvater alter Schule erzählt seinem Enkel von den Goblins, bösartigen Trollen, die jede beliebige Gestalt annehmen können. Was als Märchen aus alter Zeit beginnt, setzt sich in der Gegenwart fort, als Joshua mit seinen Eltern, seiner Schwester Holly und deren nachgereistem Anhang in einem Hinterwäldlerörtchen namens Nilbog (rückwärts lesen) ein Feriendomizil bezieht. Die Bewohner Nilbogs, das bleibt nicht lange verborgen, sind Goblins, die ihre Touristen in grüne Pampe verwandeln und verschmausen. Josh wittert die Gefahr, bei den Erwachsenen dauert es wie immer etwas länger.

USA 1990, Farbe, 95 Min. **Buch** und **Regie:** Drake Floyd (= Aristide Massaccesi = Joe D'Amato) **Mit:** Michael Stephenson *(Joey)*, Connie McFarland *(Holly Waits)*, George Hardy *(Michael Waits)*, Margo Prey *(Diana Waits)*, Robert Ormsby *(Seth)*.

Gut zu wissen:
Laura Gemser legt hier die Kleidungsstücke mal nicht ab, sondern zusammen: Sie zeichnete bei der Produktion für die Kostüme verantwortlich.

Erhabene Momente:
In einer parodistischen Sequenz wendet Drake Floyd Kim Basingers Strip aus «9 1/2 Wochen» ins Gruselig-Komische. Dabei kommt einem Maiskolben besondere Bedeutung zu.

Starke Töne:
«Wir lieben unsere Touristen in Nilbog.» LADENBESITZER

Tron

Mit Jeff Bridges' Reise in das Innere eines Computers, wo Gut gegen Böse kämpft und eine holde Maid der Befreiung harrt, gelangten wohl erstmals virtuelle Realitäten in die Kinos. Die Schauspieler wurden separat aufgenommen und in die per Computerprogramm erzeugten Szenen einkopiert. Das Handlungsschema ist seit Jahrhunderten erprobt; gegen Ende aber dient uns Steven Lisberger sein Werk als Parabel an, wenn er die Straßen einer Großstadt in Beziehung setzt zu den Schaltkreisen der an die Macht drängenden Elektronengehirne. «So schön wie dumm», mäkelte der ‹Spiegel› gewohnt verkniffen. Auf die Großleinwand projiziert und zumal unter dem Einfluß bewußtseinserheiternder Drogen, zeigt der Film jedoch gewisse Reize.

USA 1982, Farbe, 96 Min. **Buch:** Steven Lisberger, Bonnie MacBird **Regie:** Steven Lisberger **Mit:** Jeff Bridges *(Flynn)*, David Warner *(Dillinger/Sark)*, Cindy Morgan *(Lora/Yori)*, Bruce Boxleitner *(Alan Bradley/Tron)*, Peter Jurasik *(Crom)*, Barnard Hughes *(Gibbs/Dumont)*, Daniel Shor *(Ram)*.

Der Turm der lebenden Leichen **Horror on Snape Island/ Tower of Evil/Beyond the Fog**

Auf einer kleinen Insel vor der britischen Küste haust verborgen ein entfernter Verwandter Quasimodos. In dem Wahn, einen unterhalb des Leuchtturms versteckten Schatz hüten zu müssen, schwingt er die Stechwerkzeuge, sobald sich ahnungslose Touristen seinem Revier nähern. Penny übersteht seine Attacken, geht aber unter dem Eindruck des Erlebten ihrerseits auf andere Menschen los, woraufhin sie von der Polizei als Mehrfachmörderin angesehen wird. Ihre Eltern schicken einen Privatdetektiv aus, das Vorgefallene zu eruieren. Mit anderen Besuchern landet er auf der Insel und erkennt schnell, daß Penny nicht die Täterin sein kann – das Morden nämlich geht munter weiter, zumal der vermutete Schatz bei einigen aus der Gruppe akute Habgier auslöst.

GB 1972, Farbe, 89 Min. **Buch** und **Regie:** Jim O'Connolly **Mit:** Bryant Halliday *(Brent)*, Jill Haworth *(Rose)*, Anna Palk *(Nora)*, Gary Hamilton *(Brom)*, George Coulouris *(John Gurney)*, Jack Watson *(Hamp Gurney)*, Mark Edwards *(Adam)*, Candace Glendenning *(Penny)*.

Gut zu wissen:
Der Entwurf der Geschichte stammte von George Baxt, heute bekannt als Verfasser von Kriminalromanen, in denen er historische Figuren aus dem Film- und Showmilieu auftreten läßt.

Alternativtitel:
«Devil's Tower – Der Schreckensturm der Zombies»

Der Turm der verbotenen Liebe **La tour de nesle**

Von ferne, fast schon außer Sichtweite, grüßt noch Alexandre Dumas, der hier verfilmt worden sein soll. Terry Torday, in jenen Tagen viel beschäftigt, schlüpft hier in die Rolle der französischen Königin, die des Nachts in Verkleidung umgeht und ahnungslose Junggesellen in ihren Sündenbau lockt, um sie zu verführen, zu martern und zu töten. Eines Tages gerät sie an Captain Bouridan und damit an den Falschen, denn der läßt nicht so einfach mit sich umspringen. Zusätzlich stellt sich heraus, daß der schneidige Bursche noch eine mit Blut geschriebene Rechnung zu begleichen hat.

BRD / Italien / Frankreich 1968, Farbe, 90 Min. **Buch:** Kurt Nachmann **Regie:** François Legrand (= Franz Antel) **Mit:** Terry Torday *(Königin Marguerite)*, Jean Piat *(Bouridan)*, Uschi Glas *(Blanche du Bois)*, Véronique Vendell *(Jeanne)*, Marie Ange Aniès *(Catherine)*, Jörg Pleva *(Artemis)*.

Turtles Teenage Mutant Ninja Turtles

Eine Ninja-Bande treibt in New York ihr Unwesen und raubt von der Handtasche bis zur LKW-Ladung alles, was sich bewegen läßt. Die TV-Journalistin April O'Neil macht mit engagierten Berichten auf die Vorfälle aufmerksam. Daraufhin lauern ihr die Ninjas auf, aber eine der Turtles ist zur Stelle und bringt die bereits bewußtlose April in Sicherheit. Die ursprünglich als Comic-Figuren erdachten Turtles sind mutierte Schildkröten, die im New Yorker Untergrund hausen, asiatische Kampfkünste beherrschen und Pizza lieben. Ihr Mentor ist die weise Ratte Splinter, die im ersten Filmabenteuer der Rasselbande von einem bösen Ninjameister entführt wird und natürlich befreit werden muß.

USA 1989, Farbe, 91 Min. **Buch:** Todd W. Langen, Bobby Herbeck **Regie:** Steve Barron **Mit:** Judith Hoag *(April O'Neil)*, Elias Koteas *(Casey Jones)*, James Saito *(«Shredder» Oruku Saki)*, Michael Turney *(Danny Pennington)*.

Gut zu wissen:
Die vom Hongkonger Studio Golden Harvest finanzierte Produktion gehört zu den erfolgreichsten Independent-Filmen aller Zeiten. Die Turtle-Kostüme wurden in Jim Hensons Creature Shop entworfen.

Achtung:
Turtle Raffael sieht sich im Kino «Critters» an und stichelt trocken: «Schon 16mal gesehen und nicht einmal gelacht.»

Twist ... daß die Röcke fliegen Hey, Let's Twist!

Das New Yorker Peppermint Lounge war Anfang der 60er einer der angesagtesten Szenetreffpunkte und steht im Mittelpunkt dieser fiktiven Geschichte, in der Joey Dee und Teddy Randazzo den Familienbetrieb übernehmen, ihn für die Jugend öffnen und dem Twist ein Zuhause geben. Als die stilbildende Presse über das Lokal berichtet, ist bald nur noch Platz für die Prominenz, während die wahren Twist-Fans draußen bleiben müssen, was dem gutherzigen Joey Dee aber weniger behagt. Ein amüsantes Zeitstück, aufgewertet durch die Tatsache, daß der spätere Hollywood-Star Joe Pesci in einer Nebenrolle als Twist-Musiker bewundert werden kann.

USA 1961, SW, 86 Min. **Buch:** Hal Hackady **Regie:** Greg Garrison **Mit:** Joey Dee (als er selbst), Teddy Randazzo *(Ricky Dee)*, Kay Armen *(Angie)*, Jo-Ann Campbell *(Piper)*, Dino Di Luca *(Papa)*, Zohra Lampert *(Sharon)*, Joe Pesci.

Gut zu wissen:
Der Twist galt als erotisch aufreizender Tanz und war in Ländern wie Südafrika oder China verpönt, in einigen US-Städten als öffentliche Veranstaltung sogar verboten. Präsident John F. Kennedy mußte sich öffentlich rechtfertigen, als das Gerücht aufkam, bei einer Party im Weißen Haus sei Twist getanzt worden.

U 2000 – Tauchfahrt des Grauens

U 1 – Tauchfahrt des Todes
The Rift / La grieta

Nicht U, sondern «Sirene 1» lautet der Name des Tauchbootes, das am Dannekin-Graben verschollen ist. Die «Sirene 2» schippert hinterdrein und entdeckt, wie sollte es anders sein, Grausliches: In einer unterseeischen Höhle hausen monströse Geschöpfe, Ergebnisse eines militärischen Experiments mit «DNA-Beschleuniger» ... DNA-Beschleuniger? Na, seien wir großzügig. Jedenfalls machen sich Quackerkopf R. Lee Ermey und seine Leute an die Ausrottung des blutrünstigen Gezüchts, das sich recht gern in menschlichen Leibern einnistet. Obendrein müssen die Tieftaucher mit einem Verräter in den eigenen Reihen zu Rande kommen.

USA / Spanien 1989, Farbe, 82 Min. **Buch:** David Coleman **Regie:** Juan Picuer Simon **Mit:** Jack Scalia *(Vic Hayes)*, R. Lee Ermey *(Captain Phillips)*, Deborah Adair *(Nina Crowley)*, Ray Wise *(Robbins)*, Ely Pouget, John Toles Bey.

Alternativtitel:
«Sirene 1»

Starke Töne:
«Ist schon sehr unmoralisch, dieses Geschäft mit der biologischen Kriegsführung.» ROBBINS

U 2000 – Tauchfahrt des Grauens Kaitai Gunkan

Kapitän Shinguji, ein fernöstlicher Käpt'n Nemo, setzt ein Super-U-Boot in Gang, das nicht nur tauchen, sondern auch fliegen und Gestein durchbohren kann. Eigentlich widerstrebt es dem Eigenbrötler, den Bitten der Regierungsgesandten Folge zu leisten, hadert der alte Kämpe doch mit den versöhnlerischen Laumännern der Nachkriegsgeneration. Als aber garstige Tiefseebewohner aus dem Reiche Mu sein geliebtes Heimatland zu okkupieren drohen, läßt er sich nicht lumpen und wirft die Maschinen an. ▌ Japan 1963, Farbe, 96 Min. **Buch:** Shinichi Sekizawa. **Regie:** Ishiro Honda **Mit:** Tadeo Takashima (Hatanaka), Yoko Fujiyama (Makoto), Yu Fujiki (Shinguji), Ken Uehara (Admiral Kusumi), Jun Tazaki, Tetsuko Kobayashi, Akihiko Hirata.

Alternativtitel:
«U-2000 – Abenteuer unter Wasser»

Hoppla:
Obschon sich das U 2000 von der Tiefsee her ins Reich der Mu bohrt, strömt beim Durchbruch kein Tropfen Wasser aus. Die Besatzung vermag sogar das Schiff trockenen Fußes zu verlassen.

Erhabene Momente:
Kapitän Shinguji läßt eine widerborstige Riesenseeschlange kurzerhand einfrieren – als Vorratspackung für etwaige Fortsetzungen?

Starke Töne:
«U 2000 wird die Welt retten.» KAPITÄN SHINGUJI

Die Überlebenskünstler The Survivors

Walter Matthau und Robin Williams purzeln einmal quer durch sämtliche Fährnisse des US-amerikanischen Mittelstands: Eingangs verlieren beide ihren Arbeitsplatz, dann geraten sie ins Visier eines Profikillers, woraufhin sich Williams in einem Survival-Camp für die finale Auseinandersetzung drillen läßt, derweil er es – nicht daß wir schon am Ende wären – auch noch mit einem militanten Rechtsausleger zu tun bekommt. ▌ USA 1983, Farbe, 99 Min. **Buch:** Michael Leeson **Regie:** Michael Ritchie **Mit:** Walter Matthau *(Sonny Paluso)* Robin Williams *(Donald)*, Jerry Reed *(Jack)*, James Wainwright *(Wes Huntley)*, Kirsten Vigard *(Candice Paluso)*.

Ultra Force Wong ga jin si / Royal Warriors / In the Line of Duty II

Michelle Yeoh, hier noch mit Nachnamen Khan geführt, und die Herren Yamamoto und Michael Wang verhindern auf der Rückreise von Japan nach Hongkong die gewaltsame Befreiung eines japanischen Gangsters. Einer seiner Komplizen ist laut Treueschwur zur Revanche verpflichtet und eröffnet seinen Rachefeldzug, indem er Yamamotos Familie umbringt. Die anschließende Verfolgungsjagd versorgt sämtliche Karosseriebauer der Stadt auf Jahre hinaus mit Arbeit, bringt aber den Täter nicht zu Fall. Die Auseinandersetzungen eskalieren so weit, daß Hongkongs Stadtbild erheblich leidet. Der Schlußkampf aber wird auf die traditionelle Art geführt, in direktem Kontakt von Mensch zu Mensch. ▌ Hongkong 1986, Farbe, 96 Min. **Buch:** Sammy Tsang **Regie:** David Chung **Mit:** Michelle Khan (= Michelle Yeoh, *Michelle Yip*), Hiroyuki «Henry» Sanada *(Yamamoto)*, Michael Wong *(Michael Wong)*, Niwa Reiko *(Yokiko)*, Cynthia Khan, David Chung.

Alternativtitel:
«Hongkong Cop – Im Namen der Rache»

Gut zu wissen:
David Chung ist gelernter Kameramann und arbeitete vor seinem erfolgreichen Wechsel zur Regie u. a. für Tsui Hark und Ann Hui.

Hoppla:
Als der Schurke Michaels Sarg raubt, trägt das Beerdigungsmöbel die Inschrift «Micheal». Nach Rettung der schwarzen Kiste aber lautet sie richtig «Michael». Sehr gespenstisch.

Um neun Uhr geht die Erde unter City Beneath the Sea/One Hour to Doomsday

Irwin Allen führt Regie, und da weiß man, was die Stunde geschlagen hat: Apokalypse, Armageddon, Infernos ... Obwohl der Weltuntergang so final nun wieder nicht sein durfte, handelte es sich doch um einen Pilotfilm für eine projektierte Fernsehserie. Ein heranschwirrender Planetoid jedenfalls zielt punktgenau auf die stolze Unterwasserstadt Pacifica, wo die früher in Fort Knox verwahrten Goldvorräte eingelagert werden sollen. Trotz des absehbaren Weltenendes wollen einige Miesepeter das Edelmetall für sich gewinnen, darunter, heikle Verstrickung, der mißratene Bruder des Protagonisten Michael Matthews.

USA 1970, Farbe, 120 Min. **Buch:** John Meredyth Lucas, **Idee** und **Regie:** Irwin Allen **Mit:** Stuart Whitman *(Admiral Michael Matthews)*, Robert Wagner *(Brett Matthews)*, Rosemary Forsyth *(Lia Holmes)*, Robert Colbert *(Comm. Woody Patterson)*, Joseph Cotten *(Dr. Ziegler)*, James Darren *(Dr. Talty)*, Whit Bissell *(Prof. Holmes)*, Sugar Ray Robinson *(Capt. Hunter)*.

Das Ungeheuer Trog

Joan Crawford, privat eher Rabenmutter, entwickelt in der Rolle einer Anthropologin mütterliche Gefühle für einen Höhlenmenschen, den sie nahe einer englischen Kleinstadt ausgegraben hat. Der Troglodyt, von Crawford liebevoll «Trog» geheißen, schätzt klassische Musik und grunzt nach ein wenig Training schon die ersten verständlichen Worte. Jedoch gibt es noch den niederträchtigen Michael Gough, der Trog mit aufpeitschendem Rock 'n' Roll zusetzt und hernach auf seine Mitmenschen losläßt.

Großbritannien 1969, Farbe, 91 Min. **Buch:** Aben Kandel **Regie:** Freddie Francis **Mit:** Joan Crawford *(Dr. Brockton)*, Joe Cornelius *(Troglodyt)*, Michael Gough, David Griffin, Bernard Kay, Thorley Walters, Rona Newton-John, John Hamill.

Gut zu wissen:
Was im Hirn eines Troglodyten vorgeht? Dieser Film zeigt es: Es sind Szenen aus Irwin Allens 1956 gedrehter abendfüllender Evolutionsdokumentation «Die Tierwelt ruft» («The Animal World»). Joan Crawford lieferte hier ihre Abschiedsvorstellung – bis zu ihrem Tod im Jahr 1977 trat sie nicht mehr als Schauspielerin vor die Kamera.

Das Ungeheuer von London City

1964 benasrümpfte die Kritik die Autoren dieses Films, weil diese einen Bühnenschauspieler als Mordverdächtigen im Falle «Jack the Ripper» hinstellten. So dumm aber war das gar nicht: Der Schauspieler Richard Mansfield gab 1888 im Londoner Lyceum Theatre eine derart horrible Vorstellung in der Doppelrolle des Dr. Jekyll/Mr. Hyde, daß er anonym als «Ripper» denunziert wurde, der in jenen Tagen sein Unwesen trieb. Der Verdacht wurde rasch entkräftet; Mansfield profitierte gar von der Affäre, denn nun strömte noch mehr Publikum in das erfolgreich angelaufene Schauerstück.

BRD 1964, SW, 89 Min. **Buch:** Robert A. Stemmle, Bryan Edgar Wallace **Regie:** Edwin Zbonek **Mit:** Hansjörg Felmy *(Richard Sand)*, Marianne Koch *(Ann Morley)*, Dietmar Schönherr *(Dr. Morel Greely)*, Hans Nielsen *(Dorne)*, Fritz Tillmann *(Sir George)*, Chariklia Baxevanos *(Betty Ball)*, Kai Fischer *(Helen Capstick)*.

Die unglaublichen Abenteuer des Herkules Le fatiche di Ercole

Jason benötigt auf die Schnelle
Ein nobles Tuch: das Fell der Felle
Es ist das Unterpfand der Krone
Die Pehas raubte, samt dem Throne
Jason schickt Herkules zum Drachen
Von Kolchis, denn der tut's bewachen
Der Recke haut das Vieh in Stücke
Damit sein Haupt die Diele schmücke
Das Untier fühlt sich ziemlich mies
Es retourniert das Goldne Vlies
Der neue König dankt dem Jäger
Veradelt ihn zum ‹Vlieseleger›.

Italien 1957, Farbe, 90 Min. **Buch:** Pietro Francisci, Ennio de Concini, Gaio Frattini **Regie:** Pietro Francisci **Mit:** Steve Reeves *(Herkules)*, Sylva Koscina *(Jole)*, Mimmo Palmara *(Iphitos)*, Ivo Garrani *(Pehàs)*, Gianna Maria Canale *(Antea)*, Fabrizio Mioni *(Jason)*.

Gut zu wissen:
Die Kameraführung oblag dem nachmaligen Regisseur Mario Bava.

Die unglaublichen Abenteuer des Herkules: Steve Reeves

Die unheimlichen Hände des Dr. Orlak The Hands of Orlac / Hands of a Strangler / Les mains d'Orlac

Dem namhaften Konzertpianisten Stephen Orlak droht immerwährende Berufsunfähigkeit, als bei einem Flugzeugunglück seine Hände schwer in Mitleidenschaft gezogen werden. Seine treusorgende Verlobte Louise läßt ihn von einem Spezialisten behandeln, und Orlak gewinnt sein Greifvermögen zurück. Jedoch befremden ihn seine rekonstruierten Glieder, Handschuhe und Ringe passen nicht mehr, und seine Finger unterliegen scheinbar nicht mehr eigenem Willen. Orlak hegt den Verdacht, daß ihm die Hände eines hingerichteten Mörders angesetzt wurden, und befürchtet, nun seinerseits zum Unhold zu werden. Er flieht vor seinen Verpflichtungen und vor Louise und gerät an einen aaligen Illusionisten mit dunklen Absichten.

GB/Frankreich 1960, SW, 95 Min. **Buch:** John Baines, Edmond T. Gréville **Regie:** Edmond T. Gréville **Mit:** Mel Ferrer *(Dr. Stephen Orlak)*, Lucille Saint-Simon *(Louise)*, Christopher Lee *(Nero)*, Sir Donald Wolfit *(Prof. Volcheff)*, Dany Carrel *(Li-Lang)*, Donald Pleasence *(Coates)*.

Gut zu wissen:
Nach «Orlacs Hände» (1924) und «Mad Love» (1935) ist dies die dritte Verfilmung des Romans «Les mains d'Orlac» von Maurice Renard.

Unternehmen Rosebud Rosebud

Robert Mitchum war nicht mehr gesonnen, nachdem er sich mit Regisseur Otto Preminger während der Dreharbeiten tüchtig gezankt hatte, und so übernahm Peter O'Toole die verzwickte Aufgabe, fünf Millionärstöchter aus den wurstigen Händen Richard Attenboroughs und seiner palästinensischen Häscher zu befreien. O'Toole weiß unter anderem Klaus Löwitsch an seiner

Seite, und so sollte eigentlich nicht mehr viel schiefgehen. Wäre ja auch schade um die blutjunge Isabelle Huppert, die eine der Geiseln spielt.

USA 1974, Farbe, 126 Min.

Buch: Erik Lee Preminger, **Produktion** und **Regie:** Otto Preminger **Mit:** Peter O'Toole *(Larry Martin)*, Richard Attenborough *(Sloat)*, Cliff Gorman *(Hamlekh)*, Claude Dauphin *(Fargeau)*, Isabelle Huppert *(Helene)*, Klaus Löwitsch *(Schloß)*, Peter Lawford, Raf Vallone, Kim Cattrall.

Gut zu wissen:
Erik Lee Preminger ist Otto Premingers Sohn.

Urlaubsflug auf die Insel des Grauens Danger Island

Eine bunt zusammengewürfelte Gruppe von Urlaubern gerät auf einer sonnenverwöhnten Ferieninsel ins Kreuzfeuer der Bürgerkriegsparteien und besteigt im Kugelhagel eilig einen Last-minute-Flieger, erfährt aber neuerliches Ungemach, als der Brummer über einem nur scheinbar idyllischen Eiland abstürzt. Ebendort wurde in der Vergangenheit mit biologischen Waffen experimentiert, und wenn sich im weiteren Verlauf einige Damen und Herren in schuppige Gestalten verwandeln, so ist dies nicht allein auf mangelhafte Versorgung mit Haarshampoo zurückzuführen.

USA 1992, Farbe, 86 Min. **Buch:** William Bleich **Regie:** Tommy Lee Wallace **Mit:** June Lockhart *(Kate)*, Joe Lara *(Matt)*, Richard Beymer *(Ben)*, Eddie Velez *(Vic)*, Gary Graham *(Rick)*, Beth Toussaint, Nikki Cox, Lisa Banes, Gary Graham.

Gut zu wissen:
June Lockhart erwarb sich Meriten als Mitwirkende der Kultserien «Lassie» und «Verschollen zwischen fremden Welten». 1946 war sie in der weniger familienfreundlichen Titelrolle des Gruselfilms «The She-Wolf of London» zu sehen.

Ursus im Tal der Löwen: Ed Fury

Ursus, der Unbesiegbare
Ursus nella terra di fuoco

Um höh'ren Status zu erreichen
Geht Hamilcar auch über Leichen
König Lotar ist schon entsorgt
Doch bleibt der Machtgewinn geborgt
Solange Ursus sich noch bäumt
Weshalb auch Hamilcar nicht säumt
Den Kraftprotz zum Turnier zu bitten
Doch der fährt mit den Gegnern
Schlitten.

Italien 1963, Farbe, 86 Min.

Buch: Luciano Martino, Marcello Ciorciolini **Regie:** Giorgio Simonelli **Mit:** Ed Fury *(Ursus)*, Claudia Mori *(Diana)*, Luciana Gilli *(Mila)*, Adriano Micantoni *(Hamilcar)*, Nando Tamberlani *(Lero)*, Giuseppe Addobbati *(Lotar)*.

Ursus im Tal der Löwen Ursus nella valle dei leoni

Ursus, antiker Muskelwanst
Ist einer, der mit Löwen tanzt
Ajak erkämpfte sich den Thron
Klein-Ursus kam nur knapp davon
Im Löwenrund wächst er heran
Bis er dem Strolche kontern kann

Ursus, Rächer der Sklaven: Ed Fury

Rein rechtlich müßt' er König sein
Und hier nun blenden wir uns ein.

Italien 1961, Farbe, 87 Min. **Buch:** Giuseppe Mangione, Alessandro Continenza **Regie:** Carlo Ludovico Bragaglia **Mit:** Ed Fury *(Ursus)*, Moira Orfei *(Diar)*, Alberto Lupo *(Ajak)*, Mary Marlon *(Annia)*.

Gut zu wissen:
Eine auf frühere Leistungen Bezug nehmende Rolle spielte Ed Fury 1996 in «Dinosaur Valley Girls» – Regisseur und Autor Donald F. Glut hatte ihm den Part des «Ur-So» (!) auf den Leib geschrieben.

Ursus, Rächer der Sklaven
Ursus

Der Ursus ist schon sehr geplagt
Hat ihm doch Setas ungefragt
Die Herzensdame abgeknöpft
Der Held, wenngleich vom Krieg erschöpft
Zieht abermals hinaus ins Feld
Der Spaß wird ihm indes vergällt
Attea – um die geht es ihm –
Führt nun ein grausames Regime.

Italien / Spanien 1960, Farbe, 90 Min. **Buch:** Giuseppe Mangione, Giuliano Carnimeo, Sergio Sollima **Regie:** Carlo Campogalliani **Mit:** Ed Fury *(Ursus)*, Cristina Gajoni *(Magali)*, Moira Orfei *(Attea)*, Luis Prendes *(Setas)*, Mary Marlon *(Doreide)*.

Vamp

Zwei Studenten planen, ihrer Erstsemesterparty mit dem Auftritt einer Stripperin einen Hauch Ruchlosigkeit zu verleihen, sichern sich die Dienste eines motorisierten Altersgenossen und brausen ins Neonlichtviertel, das Angebot zu prüfen. Sie geraten in das Striplokal «After Dark», wo sie u.a. dem Auftritt der lasziven Katrina beiwohnen, bis ihnen aufgeht, daß es sich bei den Künstlerinnen um beißlustige Vampire handelt. Und, so ist das im Horrorfilm, wer voreheliche Sex anstrebt und sei's nur in voyeuristischer Form, muß bitter büßen. Das bekommen auch unsere drei jungen Spunde zu spüren.

USA 1986, Farbe, 92 Min. **Buch** und **Regie:** Richard Wenk **Mit:** Chris Makepeace *(Keith)*, Robert Rusler *(A.J.)*, Grace Jones *(Katrina)*, Dedee Pfeiffer *(Amaretto)*, Gedde Watanabe *(Duncan)*, Billy Drago *(Snow)*.

Gut zu wissen:
Grace Jones' Körperbemalung und die Kulissen ihres Auftritts wurden von Keith Haring gestaltet.

Vampire gegen Herakles
Ercole al centro della terra

Reg Park, von Schwarzenegger sehr
geschätzt
Ist skriptgemäß total vergrätzt
Vom Bett weg ward sein Weib gestohlen
Jetzt zieht er los, es wiederholen.
Lykus, ein Spielverderber von Format
Bewegt sich auf recht schmalem Grat
Die böse Tat ist ihm Pläsier
Die Strafe folgt – so hoffen wir.

Italien 1961, Farbe, 83 Min. **Buch:** Alessandro Continenza, Mario Bava, Duccio Tessari **Kamera** und **Regie:** Mario Bava **Mit:** Reg Park *(Herkules/Herakles)*, Christopher Lee *(Lyco)*, Leonora Ruffo *(Dianira)*, Giorgio Ardisson *(Theseus)*, Franco Giacobini *(Telemachus)*, Marisa Belli, Sara Bay, Edy Draco.

Vampire in Brooklyn:
Angela Bassett und Eddie Murphy

Ein Vampir im Paradies
Un vampire au paradis

Nichts gegen Ausländer, aber wenn sie beginnen, aufrechten Franzosen das Blut auszusaugen, hat alle Toleranz ein Ende. Klingt nach rassistischem Pamphlet, aber der sich da einen Spaß macht aus Stereo- und anderen Typen, ist ein Franzose algerischer Abstammung. Abdelkrim Bahloul läßt seinen Vampir «Nosfer Arbi» in Clichy umgehen, und siehe, die Tochter des Ehepaars Belfond spricht unvermutet in arabeskem Idiom.

Frankreich 1991, Farbe, 100 Min. **Buch** und **Regie:** Abdelkrim Bahloul **Mit:** Laure Marsac *(Nathalie Belfond)*, Bruno Cremer *(Monsieur Belfond)*, Brigitte Fossey *(Madame Belfond)*, Farid Chopel *(Nosfer Arbi)*.

Vampire in Brooklyn Vampire in Brooklyn

Der schwarze Vampirfürst → BLACULA findet einen würdigen Nachfolger in Eddie Murphy. Aus dem Bermudadreieck kommend, rumst ein mit Leichen gefüllter rostiger Seelenverkäufer in Brooklyns Hafenanlagen. Ein Wolf springt von Bord und verwandelt sich im Nu in einen Zweibeiner: Maximilian, der letzte seiner Art, der die Halbvampirin Rita finden muß, um sein Geschlecht vor dem Aussterben zu bewahren. Rita ist zufälligerweise Polizistin und mit der Untersuchung des Totenschiffs betraut. Bald wirbt der imposant auftretende Maximilian heftig um die schöne schwarze Frau, mordet und manipuliert, um sie ihrem Freund und Kollegen Justice zu entfremden. Sein Vorhaben scheint zu gelingen – Ritas Zähne spitzen sich bedrohlich zu.

USA

1995, Farbe, 98 Min. **Buch:** Charles Murphy, Michael Lucker & Chris Parker **Regie:** Wes Craven **Mit:** Eddie Murphy *(Maximilian)*, Angela Bassett *(Rita)*, Allen Payne *(Justice)*, Kadeem Hardison *(Julius Jones)*, John Witherspoon *(Silas)*, Zakes Mokae *(Dr. Zeko)*, Joanna Cassidy *(Dewey)*, Simbi Khali *(Nikki)*.

Achtung:
Wie schon in «Der Prinz aus Zamunda» (USA 1988), übernahm Eddie Murphy auch hier, maskenbildnerisch mehr oder minder unkenntlich gemacht, einige Nebenrollen – er spielt den Prediger und den Rowdy Guido.

Jerry Hall hat ein *cameo* als «Frau im Park» und wird von Max der werdenden Vampirin Rita als Nahrungsquelle offeriert.

Vampyros Lesbos – Erbin des Dracula Vampiros Lesbos / El signo del vampiro

Linda, Mitarbeiterin in einer Istanbuler Anwaltskanzlei, träumt des öfteren schwer und erotisch; dann und wann hört sie den hallenden Ruf einer weiblichen Stimme aus dem Ungefähren. Die Angelegenheit wird verstehbar, als sie von Berufs wegen die Gräfin Korody aufsuchen muß, die auf einer sonnigen Insel residiert und die Besucherin wenig prüde zum Bade bittet. Die glutäugige Frau, Graf Draculas Erbin, ist als Folge einer Vergewaltigung in jungen Jahren allein dem weiblichen Geschlecht zugeneigt, und sie begehrt Linda nicht nur als Sättigungsbeilage ... Jess Franco zeigt sich inspiriert und setzt bekannte Motive der Vampirliteratur als mal schwülen, mal duftigen Wachtraum in Szene. Erwähnenswert: die experimentelle Filmmusik von Manfred Hübler und Sigi Schwab.

Vampyros Lesbos: Ewa Strömberg

BRD / Spanien

1970/71, Farbe, 100 Min. **Buch** und **Regie:** Franco Manera (= Jess Franco) **Mit:** Ewa Stroemberg *(Linda Westinghouse)*, Soldedad Miranda (= Susann Korda; *Gräfin Nadine Korody)*, Michael Berling *(Omar)*, Dennis Price *(Dr. Seward)*, Heidrun Kussin *(Agra)*, Paul Müller *(Dr. Steiner)*, Victor Feldman *(Morpho)*, Jess Franco *(Mehmet)*.

Vanilleeis und Pettingcoats
Revenge of the Cheerleaders

Von wegen Tippfehler – der deutsche Titel kalauert tatsächlich von Pettingcoats. Coats aber gehören nicht zur Berufskleidung der Cheerleaders, die regelmäßig das Basketballteam der Aloha High School anfeuern und sich dabei keineswegs prüde gebärden. Wenig erfreut die munteren Mädchen, daß ihre Schule mit der sittenstrengen Lincoln Vocational zusammengelegt werden soll, weshalb man ihre Freizügigkeiten untersagt. Als die Leistung der Basketballer sinkt, bereut der Rektor alsbald sein Dekret, läßt sie gewähren, und die Schulbehörde widerruft die Fusion. Dies wiederum ärgert den Immobilienhai Hartlander, der auf dem Aloha-Gelände ein Einkaufszentrum errichten will. Und er ist nicht bereit, seine Pläne zu stornieren.

USA 1976, Farbe, 83 Min.

Buch: Ted Greenwald **Regie:** Richard Lerner **Mit:** Susie Elene *(Tishi)*, Garry Walberg *(State Inspector)*, Eddra Gale *(Celia)*, Regina Gleason *(Mrs. Watson)*, Jerry Woods *(Gail)*, Rainbeaux Smith *(Heather)*, Helen Lang *(Leslie)*.

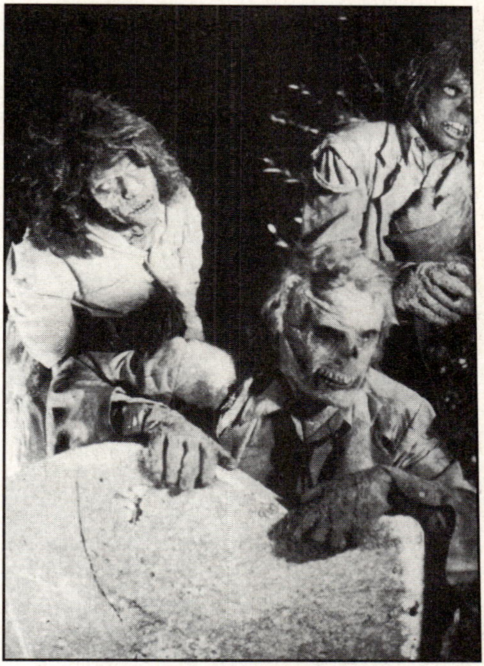

Verdammt, die Zombies kommen

Verdammt, die Zombies kommen The Return of the Living Dead

Da war George Romero ja doch ein wenig ungehalten, denn nicht nur erinnert der Originaltitel an seinen Klassiker → DIE NACHT DER LEBENDEN TOTEN, er selbst brachte obendrein im selben Jahr «Day of the Dead» in die Kinos und fürchtete wohl Geschäftseinbußen. Die Anwälte einigten sich, und so ereignete sich 1985 eine doppelte Zombie-Invasion, wobei Dan O'Bannon seinen Ghulen auch eine gute Portion Humor mit auf den Weg gab. Sie sind, wie alle jüngeren Plagen, ein Produkt der Armee. Ein vorwitziger Angestellter entläßt sie ohne Vorsatz aus ihren sicheren Behältern, und sie vereinigen sich mit einer Gruppe von Punks und Grufties zu einer großen Party auf dem Friedhof, denn es verlangt sie nach: «Mehr Hirn!!»

USA 1985, Farbe, 89 Min. **Buch** und **Regie:** Dan O'Bannon **Mit:** Clu Gulager *(Burt)*, James Karen *(Frank)*, Don Calfa *(Ernie)*, Linnea Quigley *(Trash)*, Beverly Randolph *(Tina)*, Thom Mathews *(Freddy)*, John Philbin *(Chuck)*.

Verdammt, verkommen, verloren The Losers

Jack Starrett saß selbst schon manches Mal im Motorradsattel, nahm hier aber auf dem Regiestuhl Platz und überließ die Zweiradlerei den unten aufgeführten Kollegen, die in verwegene Kostüme gesteckt und in eine vietnamähnliche Landschaft verfrachtet wurden. Die CIA, plötzlich hilflos geworden, heuert nämlich fünf Hell's Angels an, einen ihrer Agenten aus kambodschanischer Kriegsgefangenschaft zu befreien. Im Dschungel dürfen die Rabauken einmal richtig ausleben, was ihnen daheim umgehend Sicherheitsverwahrung einbrächte, und so haben alle einen Mordsspaß.

USA 1970, Farbe, 96 Min. **Buch:** Alan Caillou **Regie:** Jack Starrett **Mit:** Bernie Hamilton *(Capt. Jackson)*, Adam Roarke *(Duke)*, William Smith *(Link)*, Houston Savage *(Dirty Denny)*, Eugene Cornelius *(Speed)*, Paul Koslo *(Limpy)*, Jack Starrett, Ana Korita.

Gut zu wissen:
Bernie Hamilton spielte den Vorgesetzten der beiden Titelhelden in der erfolgreichen Krimiserie «Starsky und Hutch».

Verhängnisvolle Fracht
The Navy vs. the Night Monsters

Macht sich doch ungleich besser, der um so vieles schönere, dabei aussagekräftige und nachgerade poetische Originaltitel dieses Klassikers filmischen Unfugs. Wackere Navy-Soldaten kämpfen am offenbar recht angenehm temperierten Südpol gegen pflanzliche Geschöpfe aus fernen Galaxien. Vegetarier, nehmt euch in acht! Auch Krautwickel sind leidensfähig. Für jugendfreien Sex-Appeal sorgt Mamie Van Doren.

USA 1966, Farbe, 87 Min. **Buch** und **Regie:** Michael A. Hoey **Mit:** Anthony Eisley *(Lt. Charles Brown)*, Mamie Van Doren *(Lt. Nora Hall)*, Bill Gray *(Fred Twining)*, Bobby Van *(Rutherford Chandler)*, Walter Sande *(Dr. Arthur Beecham)*.

Verhaßtes Blut **Blood Clan**

Ein Schauermärchen kanadischer Abkunft, und es wird behauptet, das Geschilderte habe sich wahrhaftig so ereignet. 1895 bringen Richter McKay und seine Leute einen schottischen Clan zur Strecke, dessen Angehörige in Höhlen hausen und kannibalische Riten praktizieren. Ein vierjähriges Mädchen überlebt das Gemetzel und wird von den McKays neben ihrer eigenen als Pflegetochter angenommen. Als sich 15 Jahre später an ihrem neuen Wohnsitz in Kanada grausige Taten ereignen, gerät die junge Frau alsbald in Verdacht.

Kanada 1991, Farbe, 87 Min. **Buch:** Glynis Whiting **Regie:** Charles Wilkinson **Mit:** Michelle Little *(Katy Bane)*, Gordon Pinsent *(Richter William McKay)*, Anne Mansfield *(Margaret McKay)*, Jacqueline Dandeneau *(Mary McKay)*, Robert Wisden *(Stuart Ross)*, Shaun Johnston *(Jerry)*.

Verlockende Falle **Entrapment**

Sean Connery verfällt in alte Bond-Gewohnheiten, auch wenn er diesmal aus purem Eigennutz arbeitet. In New York stiehlt der soignierte Strolch einen Rembrandt und lockt damit eine Versicherungsagentin auf seine Fährte, die zunächst nach London führt. Der alte Fuchs stellt seine Verfolgerin zur Rede; die aber überrascht ihn mit einem unerwarteten Angebot. Es betrifft einen gemeinsamen Fischzug, der die Entwendung einer unersetzlichen goldenen Maske zum Ziele hat. Das diebische Duo ertüftelt einen Plan, probt und führt ihn auch aus, wobei man sich wechselseitig belauert im Bemühen, die wahren Absichten des anderen zu durchschauen.

USA 1999, Farbe, 115 Min. **Buch:** Ron Bass (auch **Produktion**), William Broyles **Regie:** Jon Amiel **Mit:** Sean Connery *(Robert*

Vernetzt – Johnny Mnemonic: Keanu Reeves

«Mac» MacDougal), Catherine Zeta-Jones *(Virginia «Gin» Baker)*, Ving Rhames *(Thibadeaux)*, Will Patton *(Hector Cruz)*, Maury Chaykin *(Conrad Greene)*, Kevin McNally *(Haas)*, Terry O'Neill *(Quinn)*.

Gut zu wissen:
Sean Connery zeichnete als Koproduzent des Films.

Vernetzt – Johnny Mnemonic
Johnny Mnemonic

Das 21. Jahrhundert sieht auch nicht besser aus als das 20. Keanu Reeves arbeitet als Datenschmuggler, das wertvolle Gut speichert er in einem Gehirnimplantat. Gerne würde er den Job aufgeben, benötigt aber viel Geld, seinen Einbau fachgerecht entfernen zu lassen. Darum riskiert er die Überladung seiner Kapazitäten, die seinen baldigen Tod zur Folge hat, sofern die Daten nicht rechtzeitig abgelassen werden. Die Zeit aber wird knapp, da Yakuza-Killer und andere Mieslinge Jagd auf seinen Kopf machen, der wertvolle Daten eines Pharmakonzerns enthält, nämlich das Heilmittel für die Volksseuche «Nerve Attentuation Syndrome», das aus kommerziellen Gründen nicht bekannt werden soll. Hilfe findet Reeves bei der Leibgardistin Dina Meyer und beim Widerständler Ice-T, dem Anführer der «LoTeks». ▌ Kanada 1994/95, Farbe, 98 Min. **Buch:** William Gibson **Regie:** Robert Longo **Mit:** Keanu Reeves *(Johnny Smith)*, Dina Meyer *(Jane)*, Ice-T *(J-Bone)*, Takeshi Kitano *(Takahashi)*, Udo Kier *(Ralphy)*, Dolph Lundgren *(Sektenführer)*, Henry Rollins *(Spider)*, Barbara Sukowa *(Anna Kalmann)*, Denis Akiyama *(Shinji)*, Tracy Tweed *(Pretty)*.

Gut zu wissen:
Robert Longo machte sich einen Namen als Maler, Fotograf und Videoskulpteur, ehe er seine erste Filmregie übernahm.

Die japanische Version ist 15 Minuten länger.

Starke Töne:
«Heutzutage gilt: Tote Männer reden doch!» SHINJI

Die verrückten Nachbarn
Neighbors

Der eher etwas steif wirkende Dan Aykroyd und die wandelnde Abrißbirne John Belushi gaben zeit ihrer Zusammenarbeit ein sich bestens ergänzendes Komödiantenduo ab. Für «Die verrückten Nachbarn», Belushis letzte Filmarbeit, tauschten sie die gewohnten Rollen. Bebrillt mimt Belushi einen spießigen Familienvater, dessen beschauliches Dasein von einem sardonischen Aykroyd und seiner Erotik versprühenden Gattin plan- und lustvoll zerstückelt wird. ▌

USA 1981, Farbe, 95 Min. **Buch:** Larry Gelbart **Regie:** John Avildsen **Mit:** John Belushi *(Earl Keese)*, Kathryn Walker *(Enid Keese)*, Dan Aykroyd *(Vic)*, Cathy Moriarty *(Ramona)*, Igors Gavon *(Chic Abernathy)*, Dru-Ann Chukron *(Marge Abernathy)*.

Alternativtitel:
«... und so was verbraucht Sauerstoff»

Verschollen im Weltraum
Marooned

Da war das Kino wieder schneller: 1969 entstand in Zusammenarbeit mit der NASA der Spielfilm um drei Astronauten, denen nach einer Havarie im All der Sauerstoff auszugehen droht, was eine dramatische Rettungsaktion in Gang setzt. Im Jahr darauf versuchte die Wirklichkeit mitzuhalten und verpaßte Apollo 13 einen Schlag auf die Sauerstofftanks, was im folgenden noch spannend und später seinerseits verfilmt wurde. ▌ USA 1969, Farbe, 113 Min. **Buch:** Mayo Simon **Regie:** John Sturges **Mit:** Gregory Peck *(Raumfahrtchef Charles Keith)*, Richard Crenna *(Kommandant Pruett)*, David Janssen *(Chefastronaut Dougherty)*, James Franciscus *(Wiss. Astronaut Stone)*, Gene Hackman *(Apollo-Navigator)*, Lee Grant *(Celia Pruett)*.

Versunkene Welt The Lost World

Claude Rains ist auch noch aus Casablanca herausgekommen und heißt jetzt Professor Challenger. Dem Namen Ehre zu machen, hat er am Amazonas einen ungepflegten Flecken entdeckt, wo Saurier und Höhlenmenschen umgehen wie vor Jahrtausenden. Da ihm aber niemand glaubt, muß er noch mal hin. Arthur Conan Doyle ersann das abenteuerliche Geschehen, Katastrophenmaestro Irwin Allen machte einen Film draus. ▌ USA 1960, Farbe, 97 Min. **Buch:** Charles Bennett, Irwin Allen **Regie:** Irwin Allen **Mit:** Claude Rains *(Prof. Challenger)*, Michael Rennie *(Lord Roxton)*, Jill St. John *(Jennifer Holmes)*, David Hedison *(Ed Malone)*, Fernando Lamas *(Gomez)*.

Vier himmlische Freunde
Hearts and Souls

Welch angenehme Vorstellung, von den Engeln Kyra Sedgwick, Alfre Woodard, Tom Sizemore und Charles Grodin durchs Leben geleitet zu werden. Allerdings sind deren Astralleiber nur versehentlich auf Erden zurückgelassen worden. Eines Tages steht dann doch der Chauffeur der himmlischen Verkehrsbetriebe vor der Tür, und es bleibt nur wenig Zeit, Angefangenes zu Ende zu bringen. Robert Downey jr., der Schützling der seraphischen Leibwächter, erhält nun Gelegenheit, vergangene Wohltaten zu vergelten. Nur die von ihm angebetete Elisabeth Shue zeigt sich vom seltsamen Verhalten ihres Galans äußerst verwirrt ... Sentimentale Hollywood-Romantik alter Schule, aber auch das muß mal sein.

USA 1993, Farbe, 99 Min. **Buch:** Gregory Hansen, Erik Hansen, Brent Maddock, S. S. Wilson **Regie:** Ron Underwood **Mit:** Robert Downey jr. *(Thomas Reilly)*, Charles Grodin *(Harrison Winslow)*, Elisabeth Shue *(Anne)*, Kyra Sedgwick *(Julia)*, Alfre Woodard *(Penny Washington)*, Tom Sizemore *(Milo Peck)*, David Paymer *(Hal)*, B. B. King *(cameo)*.

Vier im rasenden Sarg Race With the Devil

1974 war ‹Easy Rider› Peter Fonda längst vom Motorrad aufs bequemere Wohnwagengespann umgestiegen, erlebte aber auch damit Schröckliches. Mitsamt Gattin und einem befreundeten Ehepaar reist er in die Ferien. Man sucht Erholung, findet sie aber nicht, denn während eines Zwischenstopps beobachten die Naturfreunde rein zufällig eine schwarze Messe, in deren Verlauf offenbar Menschen geopfert werden. Flugs machen sich die Camper aus dem Staub, finden aber keinen Ansprechpartner für ihre Beschwerden und gehen den Teufeleien darum selbst auf den Grund.

USA 1974, Farbe, 88 Min. **Buch:** Lee Frost, Wes Bishop **Regie:** Jack Starrett **Mit:** Peter Fonda *(Roger)*, Warren Oates *(Frank)*, Loretta Swit *(Alice)*, Lara Parker *(Kelly)*, R. G. Armstrong *(Sheriff)*.

Alternativtitel:
«Urlaub in der Hölle»

Vibes

In dieser hoffnungslos überdrehten Abenteuerkomödie machen alle, was man von ihnen erwartet: Cyndi Lauper ist blond und schrill, Jeff Goldblum großäugig und still, Peter Falk gibt den kauzigen Schelm, und Julian Sands stellt hübsche Geheimratsecken zur Schau. Den Inhalt faßte der ursprüngliche deutsche Titel wie folgt zusammen: «Die übersinnliche Jagd nach der glühenden Pyramide». Und für derart wirrsinnige Schöpfungen werden diese Teufelstexter sogar bezahlt.

USA 1987, Farbe, 99 Min. **Buch:** Lowell Ganz, Babaloo Mandel **Regie:** Ken Kwapis **Mit:** Cyndi Lauper *(Sylvia Pickel)*, Jeff Goldblum *(Nick Deezy)*, Peter Falk *(Harry Buscafusco)*, Julian Sands *(Dr. Harrison Steele)*, Elizabeth Peña *(Consuela)*, Gregory Gress *(Ingo Swedlin)*, Steve Buscemi.

Gut zu wissen:
Das feste Autorenteam Ganz & Mandel schrieb etliche Skripts für und mit Billy Crystal, darunter auch der Kassenerfolg «City Slickers – Die Großstadt-Helden».

Alternativtitel:
«Vibes – Die übersinnliche Jagd nach der glühenden Pyramide»; «Die übersinnliche Jagd nach der glühenden Pyramide»

Vibrations

Der Musiker T. J. ist auf dem Weg zu seinem ersten großen Auftritt, als einige Rüpel sein Auto mit einer Ramme bearbeiten, wobei er beide Hände verliert. Verzweifelt verläßt er seine Heimatstadt, wird in New York zum Alkoholiker, bis ihn Anamika aus der Gosse zieht. Ihre Freunde verhelfen ihm zu der Möglichkeit, wieder aufzutreten. Verkleidet im Gewand eines ‹Tekkno-Terminator› und mit programmierbaren Handschuhen versehen, erlebt er ein triumphales Debüt und erhält die Möglichkeit zur Teilnahme an einer Packagetour. Beim Gastspiel in seiner Heimatstadt begegnet er seinen Peinigern wieder, an denen er lautstarke Vergeltung übt ... Musikanten wie U 96, Utah Saints oder Moses on Acid lieferten den Soundtrack zur skurrilen Fabel, die dennoch wenig Groove zu bieten hat.

USA / Kanada 1994, Farbe, 100 Min. **Buch** und **Regie:** Michael Paseornek **Mit:** James Marshall *(T. J. Cray)*, Christina Applegate *(Anamika)*, Faye Grant *(Zina)*, Paige Turco *(Lisa)*, Scott Cohen *(Simeon)*, Bruce Altman *(Barry)*, Shane Butterworth *(Dano)*.

Alternativtitel:
«Techno-Star mit Handicap»

Achtung:
Auf einem der Konzertplakate wird Sven Väth angekündigt. Er ist aber im Film nicht zu sehen.

Gut zu wissen:
Dritter Fernsehstar im Bunde ist Paige Turco – nennenswerte Rollen spielte sie unter anderem in «Party of Five», «Winnetka Road», «N.Y.P.D. Blue» und Sam Raimis «American Gothic».

Das vierte Protokoll The Fourth Protocol

Vielleicht bekam Pierce Brosnan auch deshalb die vakant gewordene Dienstnummer 007, weil er Erfahrungen mit der Gegenseite einbrachte, schlich er sich doch 1986 als ziemlich kalter Krieger sowjetischer Herkunft in England ein, um eine Atombombe zu zünden. Michael Caine, schon zu Zeiten des frühen Sean Connery gleichfalls im Agentenmetier tätig, läßt sich das nicht bieten.

GB 1986, Farbe, 119 Min. **Buch:** Frederick Forsyth **Regie:** Richard Burridge **Mit:** Michael Caine *(John Preston)*, Pierce Brosnan *(Major Petrofsky)*, Ned Beatty *(Borisov)*, Joanna Cassidy *(Irina Vassileva)*, Julian Glover *(Brian Harcourt-Smith)*, Ian Richardson *(Sir Nigel Irvine)*, Michael Gough.

Visum für die Hölle Black Gunn

Jim Brown unterhält in Los Angeles einen Nachtclub für seine schwarzen Mitbürger und frönt bevorzugt dem schönen Leben. Familiäre Bande aber zwingen ihn kurzfristig in den Kampfanzug. Sein Bruder nämlich gehört der Black Action Group (BAG) an, eine den Black Panthers ähnliche Organisation, wie sie seit «Shaft» in keinem *blaxploitation movie* fehlen darf. Die Politdesperados haben die Mafia um einige Glücksspielerlöse und die dazugehörige Buchhaltung erleichtert. Martin Landau grollt deswegen und schickt ein paar Grobiane aus, deren Eingreifen Jim Brown zum Einzelkind werden läßt. Da mag Brown auch nicht zurückstehen, nimmt sich ein paar Mitstreiter von der BAG und dreht die Mafiosi durch die Nudelpresse.

USA 1972, Farbe, 94 Min. **Buch:** Franklin Coen **Regie:** Robert Hartford-Davis **Mit:** Jim Brown *(Gunn)*, Martin Landau *(Capelli)*, Brenda Sykes *(Judith)*, Luciana Paluzzi *(Toni)*, Vida Blue *(Sam Green)*, Stephen McNally *(Laurento)*, Bernie Casey *(Seth)*, Jeanne Bell *(Lisa)*, Herbert Jefferson jr. *(Scott Gunn)*.

Gut zu wissen:
Der von britischen Investoren finanzierte Film war zunächst nicht als *blaxploitation movie* geplant gewesen. Das ursprüngliche Drehbuch, verfaßt von Robert Shearer nach einer Idee von Robert Hartford-Davis, sah englische Schauplätze vor.

Viva Maria!: Brigitte Bardot und Jeanne Moreau

Viva Maria! Viva Maria

Einmal im Leben sollte man schon gesehen haben, wie Jeanne Moreau und Brigitte Bardot als Tingeltangeltänzerin Maria I und Anarchistentöchterchen Maria II eine bananenrepublikanische Revolution mit Witz, Tücke und blanken Tatsachen zu einem guten Ende bringen. Da bleibt manch einem Despoten nur eines: kopflos die Flucht zu ergreifen. Und das ist wörtlich zu nehmen.

Frankreich / Italien 1965, Farbe, 120 Min. **Buch:** Louis Malle, Jean-Claude Carriere **Regie:** Louis Malle **Mit:** Brigitte Bardot *(Maria Fitzgerald O'Malley)*, Jeanne Moreau *(Maria Maria I)*, George Hamilton *(Florès)*, Gregor von Rezzori *(Diogène)*, Paulette Dubost *(Madame Diogène)*, Claudio Brook *(Rodolfo)*.

Gut zu wissen:
Dem Hauptregisseur Lou s Malle ging ein Assistent namens Volker Schlöndorff zur Hand.

Virus

Kapitän Donald Sutherland und seine Crewmitglieder Jamie Lee Curtis und William Baldwin benötigen einen strapazierfähigen Magen. Zunächst geraten sie in einen Taifun, der mit ihrer Barkasse Schiffchen versenken spielt. Gerade noch gelangen sie ins Zentrum des Sturms und können einmal kräftig schlucken, ehe sie ein russisches Marineboot entdecken. Es scheint verlassen, und in seiner unbezähmbaren Gier will Kapitän Sutherland versuchen, es zu bergen. Das hätte er besser bleibenlassen, denn das Schiff lebt – ein findiger Virus aus fernen Sphären hat die Technik übernommen und erweist sich als wenig menschenfreundlich.

USA 1999, Farbe, 96 Min. **Buch:** Chuck Pfarrer, Dennis Feldman **Regie:** John Bruno **Mit:** Jamie Lee Curtis *(Kit Foster)*, William Baldwin *(Steve Baker)*, Donald Sutherland *(Capt. Everton)*, Joanna Pacula *(Nadia)*, J. W. Woods jr. *(Marshall Bell)*.

Gut zu wissen:
Koautor Chuck Pfarrer ist der Verfasser eines Comics, der dem Film als Vorlage diente.

Die Vögel II – Die Rückkehr
The Birds II: Land's End

Diesmal sind die Vögel mit gutem Grund böse, denn die Menschen haben ihnen mit Ölverschmutzung und anderen Umweltfreveln ihr Dasein sehr verleidet; es hat manchen gefiederten Freund dahingerafft. Als eine US-Durchschnittsfamilie auf einer einsam gelegenen Insel Quartier nimmt, wird sie bereits von funkelnden Vogeläuglein feindselig belauert. Der Vater möchte seine Dissertation beenden, die Mutter für die örtliche Zeitung schreiben. Material bekommt sie bald mehr als genug. Ein Bootsführer wird von aggressiven Möwen getötet, auch ihr Mann muß sich eines Angriffs erwehren. Der Bürgermeister, man kennt das ja, will auf warnende Stimmen nicht hören. Er schießt auf die Vogelschwärme und provoziert damit einen Großangriff.

USA 1994, Farbe, 83 Min. **Buch:** Ken & Jim Wheat, Robert Eisele **Regie:** Alan Smithee (= Rick Rosenthal) **Mit:** Brad Johnson *(Ted)*, Chelsea Field *(May)*, James Naughton *(Frank)*, Tippi Hedren *(Helen)*, Jan Rubes *(Karl)*.

Hoppla:
Nach dem Angriff auf das Boot der Familie entfernt sich der Schwarm, wobei sich einige Tiere scheinbar in Luft auflösen – es handelt sich um Computeranimationen.

Starke Töne:
«Heut' ist ein wunderschöner Tag – kein Vogel weit und breit.» MAY

Das Wachsfigurenkabinett des Grauens Nightmare in Wax

Der Film hebt an, und Cameron Mitchell hat etwas im Auge: Szenen einer Party nämlich, auf der sich die Schönen, Reichen und Oberflächlichen tummeln. Einst war Mitchell Maskenbildner und mit einem Filmstar liiert. Die Ankündigung der Hochzeit ließ beider Arbeitgeber ausrasten; er setzte Mitchell in Brand, der ein Auge verlor und häßliche Narben davontrug. Er floh die Menschen und richtete sich in einem Wachsmuseum ein. Dies wird auch zum Schauplatz seiner Rache – er entführt die Darsteller eines neuen Filmprojekts, um sie in lebende Wachsfiguren zu verwandeln. Die freilich, genau besehen, nur mit Mühe ihren starren Gesichtsausdruck beibehalten können.

USA 1969, Farbe, 84 Min. **Buch:** Rex Carlton **Regie:** Bud Townsend **Mit:** Cameron Mitchell *(Vincent Rinard)*, Anne Helm *(Marie Morgan)*, Scott Brady *(Det. Haskell)*, Berry Kroeger *(Max Black)*, Victoria Carroll *(Theresa)*, Phillip Baird *(Tony Deen)*.

Gut zu wissen:
Drehort war das «Movieland Wax Museum» im kalifornischen Buena Park.

Erhabene Momente:
Rinards Besuch in einer Bar mit Beat-Musik von The T-Bones und ausgelassen herumhüpfenden Go-go-Girls.

Starke Töne:
«Schrei, Baby, schrei.» RINARD

Wagons East – Der Schrecken vom Rio Grande Wagons East!

In dieser Westernkomödie ist alles ein wenig verdreht, und das kann man wörtlich nehmen. Der genretypische Siedlertreck wendet sich gen Osten, weil man vom Wilden Westen genug hat, und die Indianer sind äußerst zuvorkommend, weil froh über jedes Bleichgesicht, das von dannen zieht. Hingegen stellt die Kavallerie in diesem Fall die Fieslinge. Hätte witzig werden können, ging aber nur als John Candys letzter Film in die Annalen ein.

USA 1994, Farbe, 104 Min. **Buch:** Matthew Carlson **Regie:** Peter Markle **Mit:** John Candy *(James Harlow)*, Richard Lewis *(Phil Taylor)*, John C. McGinley *(Julian)*, Ellen Greene *(Belle)*, Robert Picardo *(Ben Wheeler)*, Ed Lauter *(John Slade)*.

Der wahnsinnige Zauberkünstler The Mad Magician

Aus tiefster Gruselkiste stammt dieses schauerliche Stückchen, das allerdings ein ordnungsgemäßes Mitternachtsprogramm abgibt. Vincent Price, hier noch in Schwarzweiß, zeigt sich als Fachmann für Spiegelfechtereien aller Art, dem die schönsten Tricks und die einzige Gattin geraubt werden, was er einigermaßen übel nimmt und unter Einsatz einer kreisenden Säge ahndet. Unter den Mitwirkenden ist Corey Allen, der die Schauspielerei später seinließ und lieber Regisseur wurde. Ob sein Entschluß mit diesem Film in Zusammenhang steht, ist freilich nicht überliefert.

USA 1954, Farbe/SW, 73 Min. **Buch:** Crane Wilbur **Regie:** John Brahm **Mit:** Vincent Price *(Don Gallico)*, Mary Murphy *(Karen Lee)*, Eva Gabor *(Claire Ormond)*, Donald Randolph *(Ross Ormond)*, Patrick O'Neal *(Bruce)*, Jay Novello *(Frank Prentiss)*.

Der Wal aus dem Weltall A Close Encounter With Keiko

Ein grün bepelztes Raumschiff, umgeben von der Aura lausiger Tricktechnik, zischt Richtung Erde mit dem Auftrag, einen weiland dort ausgesetzten Orca-Wal heimzuho-

Walker

len, da die heimischen Gewässer mittlerweile wieder bewohnbar geworden sind. Der Orca ist die Attraktion eines Vergnügungsparks, wo sich gerade die Doppelgänger der Außerirdischen eingefunden haben. Die Erde ist eine Art Gegenstück zu Keikos Heimatplaneten; jeder dortige Bewohner hat hier ein Alter ego. Der Sohn der Außerirdischen trifft sein Pendant. Die beiden beschließen einen Rollentausch und stiften in ihrer jeweiligen Umgebung beträchtliche Verwirrung.

Mexiko 1990, Farbe, 84 Min.
Buch: Hugo Stiglitz, Antonio Orellana, Rène Cardona III **Regie:** Rène Cardona III **Mit:** Hugo Stiglitz, Susanna Dosamantes, Roberto Ballesteros, Cesar Bono, Carlos East, Juan Pelaez, Mario Arevalo, Maria Montano, Mineko Mori, Ernesto East.

Gut zu wissen:
Dickwanst Keiko spielte auch die Titelrolle in «Free Willy».

Hoppla:
Die Aufnahmen von der via PKW anreisenden Familie wurden offensichtlich auf einem Parkplatz gedreht – ständig sind die Markierungen der Stellplätze im Bild.

Walker

Mitte des 19. Jahrhunderts zog der Polit-Hasardeur William Walker als Anführer eines verwegenen Haufens nach Nicaragua, um das Land namens des Industriellen Cornelius Vanderbilt in Besitz zu nehmen. Walker erklärte sich selbst zum Präsidenten, verlor aber die Unterstützung seiner Geldgeber, wurde verjagt und 1860 in Honduras hingerichtet. Alex Cox verfilmte die Geschichte jenes seltsamen Feldzuges 1987 als groteske Italo-Western-Travestie mit überdeutlichen Bezügen auf die damalige

Nicaragua-Politik der USA, eine grelle, von der Kritik zwiespältig aufgenommene Mischung aus Ausstattungsfilm, Brechtschem Lehrstück und Pferdeoper. USA 1987, Farbe, 102 Min. **Buch:** Rudolph Wurlitzer **Regie:** Alex Cox **Mit:** Ed Harris *(William Walker)*, Richard Masur *(Ephraim Squier)*, René Auberjonois *(Major Henningson)*, Marlee Matlin *(Ellen Martin)*, Peter Boyle *(Cornelius Vanderbilt)*, Xander Berkeley, Sy Richardson, John Diehl, Pedro Armendariz.

Gut zu wissen:
René Auberjonois verkörperte den Odo in «Star Trek: Deep Space Nine».

Wanda Nevada

Zur Zeit des Koreakrieges gewinnt der Glücksritter Beaudray die frühreife Waise Wanda Nevada beim Pokern. Es folgt eine Phase des wechselseitigen Angiftens. Eines Abends werden sie Zeugen, wie Goldgräber Curley in einer Bar mit seinen Funden prahlt. Wanda beobachtet wenig später den Mord an dem alten Mann. Die beiden Täter wollen die zufällig in Wandas Besitz gelangte Schatzkarte. Gemeinsam mit Beaudray zieht sie zur Goldsuche in den Grand Canyon. Die Mordbuben bleiben ihnen auf den Fersen, vor ihnen liegen Begegnungen mit einem wunderlichen Ornithologen, einer attraktiven Fotografin und einem gespenstischen Indianer, der Blitze mit den Händen fängt und sie wie Pfeile verschießt. USA 1979, Farbe, 105 Min. **Buch** und **Produktion:** Dennis Hackin **Regie:** Peter Fonda **Mit:** Peter Fonda *(Beaudray Demerille)*, Brooke Shields *(Wanda Nevada)* Fiona Lewis *(Dorothy Deerfield)*, Luke Askew *(Ruby Muldoon)*, Ted Markland *(Strap Pangburn)*, Severn Darden *(Merlin Bittersix)*, Paul Fix *(Texas Curley)*.

Achtung:
Peters Vater Henry Fonda gibt ein kurzes Gastspiel in der Rolle eines zerzausten Goldgräbers, der den beiden Abenteurern rät, nicht in den Grand Canyon zu reiten.

Starke Töne:
«Jeder muß wissen, wann er blufft und wann er aussteigt.» BEAUDRAY DEMERILLE

Warlock Warlock – The Armageddon

Als Mond und Sonne zur Deckung kommen, gebiert eine junge Frau unerwartet einen Haufen Schleim, aus dem sich in einer Art Turboadoleszenz Julian Sands entwickelt, der sich zur Begrüßung erst einmal Hund Obelix zu Gemüte führt. Danach macht er sich auf die Suche nach einem magischen Edelstein, der der Erlösung seines Vaters zuträglich wäre. Das Armageddon stünde bevor, sofern ihm dies gelänge, und so bangen wir mit einer Gruppe älterer Herren, die als Druiden amtieren und das Unheil zu verhindern suchen, während der Schleimgeborene die tollsten Kunststücke zum besten gibt. USA 1993, Farbe, 90 Min. **Buch:** Kevin Rock, Sam Bernard **Regie:** Anthony Hickox **Mit:** Julian Sands *(Warlock)*, Chris Young *(Kenny Travis)*, Paula Marshall *(Samantha Ellison)*, R. G. Armstrong *(Franks)*, Steve Kaban *(Will Travis)*, Joanna Pacula, Ferdy Mayne, Zach Galligan.

Gut zu wissen:
Der Film hatte mit «Warlock – Satans Sohn» einen thematisch verwandten Vorgänger, auf den jedoch weder inhaltlich noch formal Bezug genommen wird.

Erhabene Momente:
Warlock läßt sich von einem toten Taxifahrer chauffieren, indem er dessen Motorik vom Rücksitz aus steuert.

Starke Töne:
«Ich rieche die Furcht und die Erregung, die jeder einzelnen Ihrer Poren entströmen.» WARLOCK

Warnzeichen Gen-Killer
Warning Sign

Inmitten wogender Felder forschen lautere Angestellte zum Wohle der Menschheit. So die Selbstdarstellung der Firma BioTek. Tatsächlich arbeitet man insgeheim an bakteriologischen Waffen. Es kommt der Tag, an dem sich die Krankheitserreger unkontrolliert ausbreiten. Innerhalb des hermetisch abgeschlossenen Gebäudes verwandeln sich die Menschen in tollwütige Bestien, draußen fährt eine Regierungsbehörde ihren technischen Bestand auf, und Sheriff Morse sorgt sich um sein Weib, das drinnen für die Sicherheit verantwortlich und als einzige noch nicht durchgedreht ist. Gemeinsam mit dem geschaßten Wissenschaftler Fairchild ergründet der unerschrockene Gesetzeshüter, was wirklich hinter dem angeblich «harmlosen» Vorfall steckt.

USA 1985, Farbe, 99 Min. **Buch:** Hal Barwood, Matthew Robbins **Regie:** Hal Barwood **Mit:** Sam Waterston *(Cal Morse)*, Kathleen Quinlan *(Joannie Morse)*, Yaphet Kotto *(Maj. Connolly)*, Richard Dysart *(Dr. Nielson)*, Jeffrey De Munn *(Dan Fairchild)*.

Was macht der Tote auf der Wäscheleine? Student Bodies

Unter den Schülern der Lamab High geht ein Serienmörder um. Bevorzugte Opfer: Babysitter und außer- bzw. vorehelich Geschlechtsverkehrende. Damit niemand den Überblick verliert, wird regelmäßig ein «Bodycount» eingeblendet. Andere Inserts weisen auf die gröbsten Fehler der Mordopfer hin – unverschlossene Autotür, halb geöffnetes Fenster etc. Vom Killer, dessen Perspektive die Kamera gern einnimmt, sieht man nur ein paar derbe Gummistiefel. Ferner hört man sein asthmatisches Röcheln – es fällt ihm nicht immer leicht, mit durchtrainierten agilen Zielobjekten Schritt zu halten. Und die Moral von der Geschichte: Wenn Halloween, Freitag, der 13. und Jamie Lee Curtis' Geburtstag auf einen Tag fallen, läßt man seinen Babysitter-Job besser sausen.

USA 1981, Farbe, 83 Min. **Buch** und **Regie:** Mickey Rose **Mit:** Kristen Ritter *(Toby Badger)*, Richard Brando *(Hardy)*, Joe Flood *(Mr. Dumpkin)*, Joe Talarowski *(Schulleiter Peters)*, Matthew Goldsby.

Gut zu wissen:
Mickey Rose war als Koautor in die frühen Woody-Allen-Filme verstrickt.

Starke Töne:
«Hardy, warum hast du diese Gummihandschuhe angezogen? Hardy, warum atmest du so schwer?» TOBY

Watchers

In einer US-Publikation bemühte man das deutsche Wort «Gestalt», um jene Monstren zu beschreiben, deren eines aus einem Genlabor ausbricht und hernach diverse Komparsen aus der Schußlinie des Kameramanns rupft. Dabei bleibt das von Menschenhand geschaffene Killerwesen auf den Spuren eines telepathisch begabten Hundes, der sich dem netten Strubbelkopf Travis anschließt und diesen dadurch in arge Schwierigkeiten bringt. Dean R. Koontz schrieb das Buch gleichen Titels, Roger Corman produzierte den Film dazu. Wegen Teil 3 trafen sich beide später vor Gericht.

Kanada 1988, Farbe, 90 Min. **Buch:** Bill Freed, Damian Lee **Regie:** Jon Hess **Mit:** Corey Haim *(Travis)*, Barbara Williams *(Nora)*, Michael Ironside *(Lemuel Johnson)*, Duncan Fraser *(Sheriff Gaines)*, Christopher Carey und dem Hund Lala.

Der Weg nach Hongkong
The Road to Hong Kong

Nach neun Jahren Pause rafften sich Bob Hope und Bing Crosby 1962 noch einmal auf, der Reihe von «Road to ...»-Komödien eine letzte hinzuzufügen. Selbige ist vollgestopft mit Rekursen auf frühere Filme und private Vorlieben, führt die beiden Starkomiker in fernöstliche und sogar außerirdische Gefilde und mit prominenten Kollegen wie Frank Sinatra, Dean Martin, Peter Sellers und David Niven zusammen. Ulkig zudem, daß der dornige Weg nach Hongkong von einem Regisseur namens Norman Panama vorgezeichnet wurde.

GB / USA 1962, SW, 91 Min. **Buch:** Melvin Frank, Norman Panama **Regie:** Norman Panama **Mit:** Bing Crosby *(Harry Turner)*, Bob Hope *(Chester Babcock)*, Joan Collins *(Diane)*, Dorothy Lamour *(Dorothy Lamour)*, Robert Morley *(Führer)*.

Weiße Fracht für Hongkong
Le mystere de la jonque rouge

Im Deckmantel eines ehrenwerten Spediteurs fungiert Horst Frank in Hongkong als ausführende Kraft eines anonymen Strolchs, der in großem Stil Heroin schmuggeln läßt. Die verkrachten Piloten Dietmar Schönherr und Brad Harris sind engagiert, dies auf dem Luftwege zu erledigen, ohne zu wissen, um welche Art von Fracht es sich handelt. Schon vorher aber zerstreiten sie sich mit ihrem Auftraggeber, mit dem sie aber noch zu tun bekommen, als sie Maria Perschy behilflich sind, deren Firma durch die Machenschaften Franks und seiner Konsorten in Schwierigkeiten geriet. Doch auch Frank bekommt Grund zu Sorge, hat er doch seinen Hintermann um eine wertvolle Lieferung geprellt, was diesem keineswegs entgangen ist.

BRD / Italien / Frankreich 1964, Farbe, 89 Min. **Buch:** Werner P. Zibaso **Regie:** Helmut Ashley **Mit:** Dietmar Schönherr *(Ted Barnekow)*, Brad Harris *(Larry McLean)*, Maria Perschy *(Claudia Laudon)*, Horst Frank *(Robert Perkins)*, Dorothee Parker *(Susan Collins)*, Lili Mantovani *(Nancy Lee)*, Philippe Lemaire *(Laurent)*.

Gut zu wissen:
Eine Standardszene in Wolf C. Hartwigs Hongkong-Produktionen war der Sturz eines Autos über die Klippen. Einmal wurde Hartwigs Team beim Drehen einer solchen Szene von der Polizei gestoppt: Er mußte die bei früheren Aufenthalten zurückgelassenen Wracks beseitigen und ein Bußgeld zahlen, ehe die Dreharbeiten fortgesetzt werden konnten.

Starke Töne:
«Geschäftliche Ambitionen verlangen oft schreckliche Opfer.» ROBERT PERKINS

Der weiße Hai – Die Abrechnung Jaws: The Revenge

1972 inszenierte der bewährte Regiehandwerker Joseph Sargent den Actionfilm «White Lightning». Den Aufgabenbereich Casting und Locations übertrug er einem 25jährigen TV-Regisseur mit Namen Steven Spielberg. Der junge Spund lieferte zwei Jahre später mit «Der weiße Hai» einen der größten Abstauber der Filmgeschichte ab und mauserte sich gar zum Hollywood-Mogul. Ironie der Geschichte, daß für die dritte Fortsetzung der unendlichen Meeressäugersaga besagter Joseph Sargent als Regisseur gedungen wurde. Neben Lorraine Gary, die als einzige des ursprünglichen Ensembles an allen vier Fischzügen beteiligt war, spielen Michael Caine und Mario Van Peebles.

USA 1987, Farbe, 91 Min. **Buch:** Michael de Guzman **Regie:** Joseph Sargent **Mit:** Lorraine Gary *(Ellen Brody)*, Lance Guest *(Michael Brody)*, Mario Van Peebles *(Jake)*, Karen Young *(Carla Brody)*, Michael Caine *(Hoagie)*, Lynn Whitfield.

Alternativtitel:
«Der weiße Hai 4»

Der weiße Hund von Beverly Hills

Der weiße Hund von Beverly Hills White Dog

Hollywoods Marktstrategen hatten keine rechte Freude an diesem Film. Immer wieder wurde er umgeschnitten, der Kinostart hinausgezögert. Erst im Pay-TV gelangte das mißliebige Werk zur Aufführung. Samuel Fuller inszenierte den Thriller um einen Höllenhund, der von Rassisten darauf gedrillt wurde, Menschen mit dunkler Hautfarbe zu stellen und zu töten. Der Vierbeiner gelangt zufällig in den Besitz der jungen Schauspielerin Julie Sawyers. Sie weigert sich, das ansonsten handzahme Biest einschläfern zu lassen, und gewinnt den schwarzen Trainer Keys für die schwierige Aufgabe, dem Tier die anerzogene Bestialität auszutreiben.

USA 1981, Farbe, 89 Min.

Buch: Samuel Fuller, Curtis Hanson **Regie:** Samuel Fuller **Mit:** Kristy McNichol *(Julie Sawyers)*, Paul Winfield *(Keys)*, Burl Ives *(Carruthers)*, Jameson Parker *(Roland)*, Samuel Fuller *(Charlie Felton)*.

Achtung:
Samuel Fullers Ehefrau Christa Lang ist in einer Nebenrolle zu sehen, ebenso Regiekollege Paul Bartel und Marshall «Daktari» Thompson.

Das weiße Zimmer White Room

Ist nicht verwandt mit der weißen Hütte aus «Twin Peaks». Oder doch nur entfernt. Hier geht es um einen eigenartigen Raum, in dem die geheimnisvolle Zelda allnächtlich verschwindet. Norman Gentle, Gärtner und Geliebter der seltsamen Dame, versucht das Rätsel zu lüften. Patrizia Rozema, bekannt geworden durch «I've Heard the Mermaids Singing», schrieb dazu: «Die moderne Technik hat die Geschichte meines Films – zwei Menschen, die denselben Star verkörpern – in den Bereich des Wahrscheinlichen gerückt. Ich bin sicher, daß wir bald von einem jungen Topstar hören werden, der in Wahrheit nur der schillernde Strohmann für eine weniger attraktive, aber äußerst talentierte Person ist.» – Kaum daß die Weissagung publik geworden war, begab sich auch schon der Skandal um Milli Vanilli.

Kanada 1990, Farbe, 98 Min. **Schnitt, Buch** und **Regie:** Patricia Rozema **Mit:** Kate Nelligan *(Jane)*, Maurice Godin *(Norm)*, Margot Kidder *(Madelaine X)*, Barbara Gordon *(Mrs. Gentle)*, Harold Luft *(Mr. Gentle)*, Nicky Guadagni *(Erzähler)*.

Weltraumkommando S.H.A.D.O. UFO: The Man Who Came Back / U.F.O. – Vol. 6

Die Mondmädchen sehen aus wie Gary Glitters *chorus line*, die Unterwassermänner tragen kesse Netzhemden. Commander Straker lacht nie, weil er immerfort feindliche Untertassen vom Firmament putzen muß. Oder weil anscheinend niemand in der Lage ist, die Stoßstämpfer seines schaukelnden Dienstwagens in Ordnung zu bringen. So heiter ging's zu in der vortrefflichen Science-fiction-Serie «U.F.O.», aus deren Episoden dieser Langfilm zusammengestellt wurde.

GB 1972, Farbe, 89 Min. **Buch:** Terence Feeley **Regie:** Alan Perry **Mit:** Ed Bishop *(Commander Edward Straker)*, Michael Billington *(Col. Foster)*, George Sewell *(Col. Alec Freeman)*, Derren Nesbitt *(Craig Collins)*, Gabrielle Drake *(Lt. Ellis)*, Lois Maxwell *(Miss Holland)*, Anouska Hempel *(Funkerin)*.

Gut zu wissen:
1974 folgte mit «80 000 Meilen durch den Weltraum» ein ähnliches Produkt.

Weltraumschiff MR-1 gibt keine Antwort The Angry Red Planet

Die erste Marsexpedition gilt bereits als verloren, als das vermißte Raumschiff doch noch eintrudelt. Nur zwei der vier Besatzungsmitglieder haben überlebt. Einer davon, Col. Tom O'Bannion, ist von einer mysteriösen grünen Wucherung befallen, seine Kollegin Dr. Ryan steht unter Schock. Nur mühsam erinnert sie das Erlebte. Anfangs als Oase der Ruhe empfunden, erwies sich der Mars als höchst ungemütliches Terrain. Hungrige Pflanzen wollten den Erdlingen ans Leder, und eine riesige Amöbe drohte das Raumschiff zu verschlingen. Gerupft und gezaust, zogen die Pioniere wieder ab und nahmen die Mahnung der Marsianer mit, von weiteren Belästigungen doch bitte abzusehen.

USA 1959, Farbe, 83 Min. **Buch:** Sid Pink, Ib Melchior **Regie:** Ib Melchior **Mit:** Gerald Mohr *(Col. Tom O'Bannion)*, Nora Hayden *(Dr. Iris Ryan)*, Les Tremayne *(Prof. Theodore Gettell)*, Jack Kruschen *(Sam Jacobs)*, Paul Hahn *(Gen. Treegar)*.

Wenn es dunkel wird in Harlem **Come Back Charleston Blue**

Noch ehe der schwarze Regisseur Gordon Parks sr. mit «Shaft» das Subgenre des *blaxploitation films* ins Rollen brachte, entstand mit «Cotton Comes to Harlem» («Wenn es Nacht wird in Manhattan») ein konsequent aus afroamerikanischer Sichtweise erzählter Kriminalfilm. Hauptdarsteller, der Autor der Vorlage und der Regisseur Ossie Davis waren schwarz. Der Film spielte gutes Geld ein, und prompt folgte die Fortsetzung «Wenn es dunkel wird in Harlem», ebenfalls auf Basis eines Romans von Chester Himes. Der Regisseur freilich wechselte. Mark Warren, vordem bei der Comedy-Show «Rowan and Martin's Laugh-In», entschied sich für eine eher burleske Inszenierung, die weder Kritiker noch Zuschauer überzeugte.

USA 1972, Farbe, 100 Min. **Buch:** Bontche Schweig (= Ernest Kinoy) **Regie:** Mark Warren **Mit:** Godfrey Cambridge *(Gravedigger Jones)*, Raymond St. Jacques *(Coffin Ed Johnson)*, Peter De Anda *(Joe)*, Jonelle Allen *(Carol)*, Maxwell Glanville *(Caspar)*.

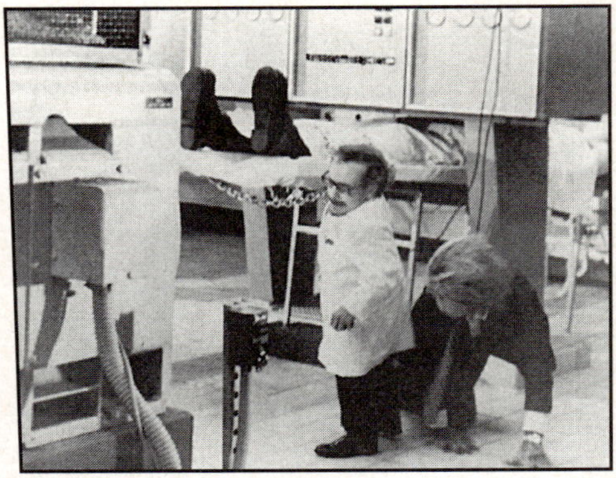

Der Werwolf von Washington

Wenn Killer auf der Lauer liegen **The Ambushers**

Matt Helm, der lässigste Agent des US-Geheimdienstes, muß nach zwei erfolgreich bestandenen Filmabenteuern zunächst zum Auffrischungskurs ins Ausbildungszentrum, das von adretten jungen Mitarbeiterinnen geführt wird. Doch ist seines Bleibens nicht, denn man hat den Amerikanern ihre erste und einzige fliegende Untertasse entwendet. Die liegt jetzt in Mexiko herum und soll meistbietend veräußert werden. Auch Senta Berger hegt Interesse, und das macht den Auftrag für Helm beinahe angenehm ... Die Spionageaktionen liefern den Hintergrund für diverse Drolerien wie kugelspeiende BHs, 35-mm-Filme mit Scall-Funktion und typische Dean-Martin-Sprüche wie «Ich trinke nie Alkohol. Außer wenn ich arbeite.»

USA 1967, Farbe, 102 Min. **Buch:** Herbert Baker **Regie:** Henry Levin **Mit:** Dean Martin *(Matt Helm)*, Senta Berger *(Francesca Madeiros)*, Janice Rule *(Sheila Sommers)*, Albert Salmi *(José Ortega)*, Kurt Kasznar *(Quintana)*, James Gregory *(MacDonald)*, Linda Foster *(Linda)*.

Erhabene Momente:
Matt Helm versucht eine junge Agentin in romantische Stimmung zu versetzen, indem er den Dean-Martin-Hit «Everybody Loves Somebody Sometimes» abspielt. Erfolg hat er jedoch erst, als er die Platte wechselt – mit Frank Sinatras «Strangers in the Night». Helms Kommentar: «Westentaschentenor.»

Wer den Teufel ruft ... **Never Cry Devil**

Daß pfeffergraue Lehrergestalten mitunter Ungeheuerliches zu verbergen haben, schwant schon manchem Erstkläßler. Unser Freund, der Hauptdarsteller, braucht etwas länger. Sein unscheinbarer Geschichtslehrer nämlich frönt der Teufelsanbeterei und betätigt sich nächtens als Hurenmetzger. Kleinen Jungs aber glaubt man nicht, und so muß der Knabe selbst gegen den Missetäter vorgehen. Unterstützung findet er bei Elliott Gould, der auch schon bessere Drehbücher gesehen hat.

USA 1989, Farbe, 93 Min. **Buch:** Randal Visovich **Regie:** Rupert Hitzig **Mit:** Derek Rydall *(Billy Colton)*, Elliott Gould *(Ron Deveraux)*, Allen Garfield *(Zachary Willard)*, Michael J. Pollard *(Stanley Willard)*, Shannon Tweed *(Lisa Grace)*, Richard Roundtree *(Capt. Crane)*.

Alternativtitel:
«Night Visitor»

Der Werwolf von Washington The Werewolf of Washington / Werewolf at Midnight

Dean Stockwell ereilt der Albtraum eines jeden Diplomaten: Er wird in die Karpaten versetzt. Und das ist hier nicht symbolisch gemeint. Doch Erlösung naht, sein Aufenthalt in der Einöde währt nicht lang. Schon auf der Heimreise, wird unser Mann von einem Werwolf angefallen. Die üblichen Symptome bleiben nicht aus – immer bei Vollmond fletscht Dean die Zähne. Der besondere Spaß aber besteht darin, daß diese Verwandlungen auf dem politischen Parkett Washingtons stattfinden, und am Ende steht die Frage im Raum, wer da nächtens im Weißen Haus dieses markerschütternde Geheul anstimmt.

USA 1970, Farbe, 90 Min. **Buch** und **Regie:** Milton Moses Ginsberg **Mit:** Dean Stockwell *(Jack Whittier)*, Biff McGuire *(Präsident)*, Michael Dunn *(Dr. Kiss)*, Clifton James *(Anwalt)*, Jane Houston *(Marion)*, Barbara Siegel *(Hippy)*, Stephen Cheng *(Außenminister)*, James Tolkan.

Die Wespenfrau, Filmplakat

Die Wespenfrau The Wasp Woman

Janice Starlin ist Inhaberin einer eigenen Kosmetikfirma, für deren Produkte sie jahrelang auch als Model geradestand. Nun hat sie die 40 überschritten und möchte nicht mehr vor die Kamera treten. Da aber offeriert ihr Laborfex Dr. Zinthrop ein neues Verjüngungsmittel, das aus dem Gelée royale einer Wespenkönigin gewonnen wurde. Janice spritzt sich den guten Stoff, und ihr Wunsch nach taufrischem Aussehen erfüllt sich. Aber die schnöde beiseite gewischten Warnungen waren berechtigt: Wespenköniginnen sind eine mordlustige Spezies, und Janice Starlin tut es ihnen nach ... – Vergleiche auch das Remake → FORBIDDEN BEAUTY.

USA 1959, SW, 75 Min. **Buch:** Leo Gordon, **Produktion** und **Regie:** Roger Corman **Mit:** Susan Cabot *(Janice*

West World: Yul Brynner

Starling), Fred Eisley *(Bill Lane)*, Michael Mark *(Dr. Zinthrop)*, William Roerick *(Arthur Cooper)*, Barboura Morris *(Mary)*.

Achtung:
Als Produzent und Regisseur scheint's nicht ausgelastet, übernahm Roger Corman auch noch die Nebenrolle eines Arztes.

West World **Westworld**

Nachdem er sich zunächst als TV-Regisseur erprobt hatte, übernahm Michael Crichton bei dieser Produktion erstmals die Inszenierung eines Kinofilms, selbstredend nach eigenem Drehbuch. «Westworld» beschreibt einen futuristischen Vergnügungspark, dessen Besucher humanoide Roboter umlegen dürfen, bis die verkabelten Racker nach einem Kurzschluß zum Gegenangriff übergehen, vorneweg der finstere *gunslinger* Yul Brynner. Dem Schauplatz Themenpark konnte Crichton auch später noch einiges abgewinnen, indem er die Roboter durch Saurier ersetzte.

USA 1972, Farbe, 89 Min. **Buch** und **Regie:** Michael Crichton **Mit:** Yul Brynner *(Revolvermann)*, Richard Benjamin *(Peter Martin)*, James Brolin *(John Blane)*, Alan Oppenheimer *(Chefingenieur)*, Dick Van Patten *(Bankier)*, Linda Scott *(Arlette)*, Majel Barrett *(Miß Carrie)*.

Gut zu wissen:
Majel Barrett war die Ehefrau des «Star Trek»-Stifters Gene Roddenberry.

What's Up, Tiger Lily?

Wie wechselt man ins Regiefach, ohne einen eigenen Film zu drehen? Woody Allen wußte Rat: Er nahm sich einen wüsten japanischen James-Bond-Verschnitt aus der Toho-Fabrikation vor, schnitt ein wenig daran herum, änderte die Dialoge und versah das Ganze mit einem ironischen Kommentar. Zudem wählte er einen Titel, der clever auf den – von ihm verfaßten – Publikumserfolg «What's New, Pussycat» anspielte – fertig ist das Erstlingswerk.

USA 1966, Farbe, 79 Min. **Buch:** Woody Allen, Julie Bennett, Frank Buxton, Louise Lasser, Mickey Rose, Bryna Wilson, **Produktion** und **Regie:** Woody Allen **Mit:** Woody Allen *(Conferencier)*, Tatsuta Mihashi *(Phil Moskowitz)*, Miyi Hana *(Terri Yaki)*, Akiko Wakabayashi *(Suki Yaki)*, Tadao Nakamura *(Sheperd Wong)*, Susumu Kurobe *(Wing Fat)*, The Lovin' Spoonful, China Lee.

Gut zu wissen:
Der Originaltitel des Films lautet «Kizino Kizi» («Schlüssel der Schlüssel»). Regie führte Senkichi Taniguchi, das Buch schrieb Hideo Ando.

Wie killt man eine Millionärin? How to Murder a Millionaire?

Eine Kette seltsamer Unfälle bestärkt den Verdacht der wohlhabenden Irma, ihr jüngst in den Vorruhestand gegangener Gatte Walter wolle sie ermorden. Unterstützt von Freundin Loretta, macht sich Irma aus dem Staub. In der Rolle der Loretta wirkt Morgan Fairchild, deren Nase ein hervorragendes Beispiel für die Schnitzkunst kalifornischer Schönheitschirurgen abgibt. Angesichts dieses filigran modellierten Organs verschwimmt das Geschehen vor den Augen des wie hypnotisierten Betrachters und entrückt restlos ins Unmaßgebliche.

USA 1990, Farbe, 94 Min. **Buch:** Mark Edward Edens und April Kelly **Regie:** Paul Schneider **Mit:** Joan Rivers *(Irma Summers)*, Alex Rocco *(Walter Summers)*, Morgan Fairchild *(Loretta)*, Telma Hopkins *(Teresa)*.

Wie schmeckt das Blut von Dracula? Taste the Blood of Dracula

Drei honorige viktorianische Gentlemen gelüstet es nach ein wenig Nervenkitzel. Sie geraten an einen Gefolgsmann Draculas, der seinem Meister mit ihrer Hilfe zur Auferstehung verhelfen möchte. Er stürzt einen Blutcocktail hinunter und verfällt in konvulsivische Zuckungen. Die entsetzten Augenzeugen erschlagen ihn, was den rückgekehrten Dracula enorm verdrießt. Er bedient die nach seinem Biß gierenden Töchter der Frevler und hetzt diese alsdann auf ihre Väter, die bitter büßen für ihr schändliches Tun. Allein Paul, Bruder eines der Mädchen und Verlobter des anderen, bleibt übrig, dem gräflichen Gierhals den Garaus zu machen.

GB 1969, Farbe, 95 Min. **Buch:** John C. Elder **Regie:** Peter Sasdy **Mit:** Christopher Lee *(Dracula)*, Linda Hayden *(Alice Hargood)*, Anthony Corlan *(Paul Paxton)*, Isla Blair *(Lucy Paxton)*, John Carson *(Jonathan Seckler)*, Geoffrey Keen *(William Hargood)*, Gwen Watford *(Martha Hargood)*, Ralph Bates *(Lord Courtley)*, Roy Kinnear *(Weller)*.

Wilde Mädchen des nackten Westens Wild Gals of the Naked West

Der Film gehört zu einem Zyklus von Filmen, bei denen der ehemalige Kriegsberichterstatter Russ Meyer an Slapstick-Komik ebenso interessiert war wie an den herausragenden Eigenschaften seiner Schauspielerinnen, so daß er sich als mopsfideler Jacques Tati des Striptease-Films profilierte. Sein Biograph Rolf Thissen schrieb über Meyers Erzählungen über die Oberweiten des Wilden Westens: «Der Held, der wegen des schönen Mädchens Goldie Nuggets gegen den Bösewicht Snake Wolf antreten muß, ist knapp 1,50 Meter groß, trägt dafür aber einen Colt, dessen Lauf mindestens einen halben Meter lang ist. Mit diesem fast dadaistischen Film festigte Meyer seinen Ruf als King of the Nudies.»

USA 1961, Farbe, 65 Min. **Buch, Kamera, Schnitt** und **Regie:** Russ Meyer **Mit:** Sammy Gilbert *(der Held)*, Franklin Bolger *(Snake Wolf)*, Julie Williams, Donna Scott.

Alternativtitel:
«Nackte Mädchen des goldenen Westens»

Die wilden Engel The Wild Angels

Roger Corman, Produzent und Regisseur des Films, ließ sich von einigen Hell's Angels

Die wilden Engel

ihre Erlebnisse erzählen, machte einen Film draus – und wurde von seinen Informanten wegen diffamierender Darstellung verklagt! Dabei ist alles so hübsch traurig: Bruce Dern kann sich nicht für ein bürgerliches Leben erwärmen, schließt sich wieder den Kumpels von der Motorradrotte an und wird bei einer Schlägerei getötet. Die gesamte Kavalkade überführt den Leichnam nach Sequoia Groves und feiert eine orgiastische Beerdigung, ehe Peter Fonda eingestehen muß: «There's no place else to go.»

USA 1966, Farbe, 93 Min. **Buch:** Charles B. Griffith **Regie:** Roger Corman **Mit:** Peter Fonda *(Heavenly Blues)*, Nancy Sinatra *(Mike)*, Bruce Dern *(Loser)*, Lou Procopio *(Joint)*, Coby Denton *(Bull Puckley)*, Diane Ladd *(Gaysh)*, Buck Taylor *(Frankenstein)*, Michael J. Pollard *(Pygmy)*, Peter Bogdanovich, Dick Miller.

Gut zu wissen:
Den Schnitt erledigte Monte Hellman, selbst als Regisseur außergewöhnlicher Filme wie «The Shooting» hervorgetreten. Regieassistent war Peter Bogdanovich, der auch einen Part vor der Kamera übernahm.

Bruce Dern und Diane Ladd sind die Eltern von Laura Dern.

Der Film löste in den USA beträchtliche Kontroversen aus, fand hingegen in Europa Anerkennung: Er wurde für das Filmfestival von Venedig ausgewählt.

Starke Töne:
«Elektrische Anlasser sind was für Tucken oder für Bullen.» (Ein Bandenmitglied)

Die wilden Schläger von Rockers Town Hell's Belles / Girl in the Leather Suit

Jeremy Slate und Adam Roarke – wieder vereint. Slate ist stolzer Besitzer eines raren Motorradmodells namens *Rickman Metisse*,

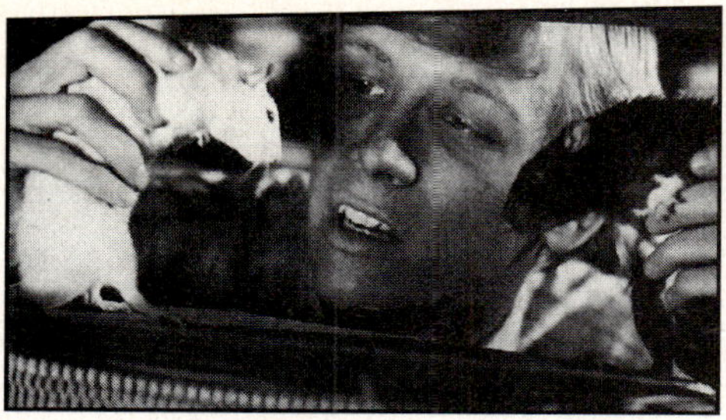

Willard: Bruce Davison

das er gern veräußern möchte, um mit dem Erlös eine Farm anzuzahlen. Der fiese Roarke aber stiehlt das Gefährt und entledigt sich dabei auch noch seiner Freundin. Die widerspenstige Dame am Hals, macht sich Slate auf die Suche nach Roarke, der sich fortan vor Schlangengruben und anderen Fallen in acht nehmen muß.

USA 1969, Farbe, 95 Min. **Buch:** James Gordon White, R. G. McMullen **Regie:** Maury Dexter **Mit:** Jeremy Slate *(Dan)*, Adam Roarke *(Tampa)*, Jocelyn Lane *(Cathy)*, Angelique Pettyjohn *(Cherry)*, Michael Walker *(Tony)*, Astrid Warner, Kristin Van Buren, William Lucking.

Gut zu wissen:

James Gordon White ist auch Autor des Biker-Films → DIE SATANSENGEL VON NEVADA.

Die wilden Schläger von San Francisco Hell's Angels on Wheels

In den 60ern vertrieb sich Jack Nicholson mit allerlei obskuren Filmen die Zeit und verdiente auch noch den einen oder anderen Dollar, indem er sich als Szenarist und Koproduzent betätigte. In diesem hier freundet er sich mit dem Häuptling einer Horde Lederstrümpfe an und begleitet sie ein Stück ihres Weges, ehe es wegen eines Mädchens zum Zerwürfnis kommt. Der Authentizität halber und vielleicht auch, um Kostümkosten zu sparen, kam mit Sonny Barger ein echter Ober-*Angel* zu Filmehren und brachte zum Dreh gleich noch ein paar Kumpels mit.

USA 1967, Farbe 95 Min. **Buch:** Wright Campbell **Regie:** Richard Rush **Mit:** Jack Nicholson *(Poet)*, Adam Roarke *(Buddy)*, Sabrina Scharf *(Shill)*, Jana Taylor *(Abigail)*, John Garwood *(Jock)*.

Willard

Der kontaktscheue Willard ist 27 Jahre alt, wird aber von Mutter und Chef noch immer wie ein kleiner Junge behandelt. Das Verhalten seines Arbeitgebers Al Martin bedeutet eine doppelte Demütigung, war er es doch, der Willards Vater mit betrügerischen Methoden um dessen Firma gebracht hat, so daß sein Platz eigentlich Willard zukäme. Die Gelegenheit zur Revanche bietet sich, als es Willard gelingt, einige Ratten abzurichten, die er eigentlich ertränken sollte. Al Martin findet ein unrühmliches Ende. Willard aber wird die Nager, die er rief, nun nicht mehr los.

USA 1971, Farbe, 95 Min. **Buch:** Gilbert A. Ralston **Regie:** Daniel Mann **Mit:** Bruce Davison *(Willard Stiles)*, Ernest Borgnine *(Al Martin)*, Elsa Lanchester *(Henrietta Stiles)*, Sondra Locke *(Joan)*, Michael Dante *(Brandt)*.

Gut zu wissen:

Bei den Dreharbeiten gelangten 50 echte Ratten zum Einsatz, ein Novum sowohl der Dressur- wie auch der Filmgeschichte

Die Geschichte fand eine Fortsetzung unter dem Titel → BEN.

Wilde Töchter Runaway Daughters

Der Film entstand innerhalb der Reihe «Drive-In-Classics», zollt demgemäß der Ära der Autokinos, des Sputniks und der Röhrenjeans geziemenden Tribut und

***Wolf:* Jack Nicholson**

strotzt vor Anspielungen auf die Großen des B-Movies – schon die Besetzungsliste ist die reine Freude. Eher aus Versehen kommen sich die Teenager Mary und Bob sehr nahe, woraufhin Marys Regel ausbleibt. Bob verspricht seine Unterstützung, macht sich aber davon, um der Marine beizutreten. Die willensstarke Angie stiftet Mary und Laura an, den Flüchtigen zurückzuholen. Sie täuschen eine Entführung vor, stehlen ein Auto, und ab geht's auf eine gefahrenreiche Reise, verfolgt von der Polizei, einem Privatdetektiv und Angies Freund, einem pomadisierten Brando-Verschnitt. ▌ USA 1994, Farbe, 83 Min. **Buch:** Charlie Haas **Regie:** Joe Dante **Mit:** Julie Bowen *(Angie)*, Holly Fields *(Mary)*, Jenny Lewis *(Laura)*, Paul Rudd *(Jimmy)*, Chris Young *(Bob)*, Dick Miller *(Farrell)*, Dee Wallace Stone *(Mrs. Gordon)*, Christopher Stone *(Mr. Gordon)*, Robert Picardo *(Mr. Cahn)*, Roger Corman *(Mr. Randolph)*, Julie Corman *(Mrs. Randolph)*, Fabian *(Mr. Rusoff)*, John Astin *(Minute Man 1)*, Sam Arkoff *(Storekeeper)*.

Achtung:
Cathy Moriarty wird zwar nicht im Nachspann geführt, ist aber in einer kleineren Sprechrolle zu sehen.

Witchcraft – Das Böse lebt
Malefiche presenze / Witchcraft

Das Böse lebt fürwahr, und es erscheint in Gestalt Hildegard Knefs. Die nutzt denn auch flugs die Gelegenheit, als eine Gruppe von Immobilieninteressierten eine menschenleere Insel anläuft und in ihrem zugigen Kastell Zuflucht sucht. Bereits zugegen sind David Hasselhoff und Leslie Cummings, die das sogenannte Hexenlicht erforschen wollen. Unter den Reisenden befindet sich Linda Blair. Und die muß ja ständig dran glauben.

Italien 1988, Farbe, 95 Min.

Buch: Daniele Stroppa Davis **Regie:** Martin Newlin **Mit:** Linda Blair *(Jane Brooks)*, David Hasselhoff *(Gary)*, Leslie Cumming *(Leslie)*, Catherine Hickland *(Linda Sullivan)*, Richard Farnsworth *(Jerry Giordano)*, Hildegard Knef *(Lady in Black)*, Annie Ross *(Rose Brooks)*, Bob Champagne *(Freddie Brooks)*.

Hoppla:

Die Familie Brooks plant den Kauf eines leerstehenden Hotels und verabredet einen Besichtigungstermin. Hinzugebeten wird eine junge Architektin. Obwohl sie keinerlei Angaben über Namen oder Standort des Hotels bekommt, findet sie sich doch pünktlich und zielsicher dort ein.

Starke Töne:

«Es ist ein infantiler Aberglaube des menschlichen Geistes, daß Jungfräulichkeit eine Tugend sein könnte und nicht die Barriere, die die Unwissenheit vom Wissen trennt.» AUS LESLIES QUELLENLITERATUR

Wolf

Der Wolf steht ihm gut, denn gehißte Lefzen sind ja Markenzeichen Jack Nicholsons, seit er in «Shining» den wilden Mann mimte. So begibt es sich denn, daß der phlegmatische, von einem wachen Rivalen schon halbwegs ausgestochene Verlagslektor bald nach Filmbeginn von einem Werwolf gebissen wird und binnen kurzem recht reißerische Eigenschaften entwickelt. Denen selbst Michelle Pfeiffer nicht lange zu widerstehen vermag.

USA 1993, Farbe, 125 Min. **Buch:** Jim Harrison, Wesley Strick **Regie:** Mike Nichols **Mit:** Jack Nicholson *(Will Randall)*, Michelle Pfeiffer *(Laura Alden)*, James Spader *(Stewart Swinton)*, Christopher Plummer *(Raymond Alden)*, Kate Nelligan *(Charlotte Randall)*, Richard Jenkins *(Det. Bridger)*, David Hyde Pierce *(Roy)*.

Wolfen

Kurz vor der Jahrtausendwende haben sich Spekulanten der South Bronx bemächtigt. Einer von ihnen kommt auf entsetzliche Weise zu Tode. Am Tatort finden sich Haare, die aus einem Wolfsfell stammen müssen. Weitere Morde gleicher Art ereignen sich, die Polizei steht vor einem Rätsel. Erst dem einzelgängerischen Querulanten Dewey Wilson gelingt die Auflösung: Im Ghetto hat sich ein Rudel wilder Wölfe eingenistet, hochintelligente Tiere, die ihren neuen Lebensraum gegen die Sanierer verteidigen … Entgegen geläufigen Genremustern zeigt der Film die Tiere nicht als animalische Bestien, sondern wägt deren Taten gegen die der Menschen und vermittelt durch ein innovatives Kamerakonzept buchstäblich deren Sichtweise.

USA 1981, Farbe, 115 Min.

Buch: David Eyre, Michael Wadleigh **Regie:** Michael Wadleigh **Mit:** Albert Finney *(Dewey Wilson)*, Diane Venora *(Rebecca Neff)*, Edward James Olmos *(Eddie Holt)*, Gregory Hines *(Whittington)*, Tom Noonan *(Ferguson)*.

Gut zu wissen:

So abwegig ist die Prämisse des Film nicht – in den 90er Jahren wurde wiederholt beobachtet, daß sich wilde Tiere in städtischen Gebieten ansiedelten, weil sie dort leichter Nahrung fanden als in der freien Wildbahn.

Wonder Woman

Diana alias Wonder Woman verläßt ihre matriarchalisch geführte Heimatinsel, die restliche Welt mit dem Geist der Gerechtigkeit zu infizieren. Wo könnte sie das besser als im US-Geheimdienst? Dort betätigt sie sich als Vorzimmerdame, meldet sich aber bei Bedarf zur ‹Zahnbehandlung› ab und verhindert einen Hochverrat, ausgestattet mit einem überlegenen Lächeln und verblüffen-

Wolfen, Filmplakat

den technischen Fertigkeiten. Wenn's ganz schlimm kommt, hüllt sie sich in ihr Superheldinnenkostüm, das um einiges züchtiger ausfiel als das der Konkurrentin Lynda Carter, die 1975 als «The New Original Wonder Woman» an den Start und hernach fünf Jahre lang als Serienheldin auf Verbrecherjagd ging. Spaßfaktor: die typischen Modetorheiten der 70er.

USA 1974, Farbe, 90 Min.
Buch: John D. F. Black (auch Exec. Producer)
Regie: Vincent McEveety **Mit:** Cathy Lee Crosby *(Diana Prince/Wonder Woman)*, Kaz Garas *(Steve Trevor)*, Ricardo Montalban *(Abner Smith)*, Andrew Prine *(George Calvin)*.

Gut zu wissen:
Cathy Lee Crosby war eine frühere Tennisspielerin, ihre Nachfolgerin Lynda Carter die «Miss World» des Jahres 1973.

Wonder Woman – Eine Amazone räumt auf The New Original Wonder Woman

Die Wonder Woman des Jahres 1975 fiel hinter ihre Vorgängerin zurück, auch zeitlich. Man schreibt die 40er Jahre, die Nazis planen Übles, die Amerikaner ergreifen Gegenmaßnahmen. Ein US-Pilot landet auf Paradise Island, wo Wonder Woman als

Prinzessin tätig ist. Ein Wettkampf entscheidet, wer den Sturzflieger heimschaffen darf. Wonder Woman, mit diversen praktischen Kampfwerkzeugen und einem gewagten Kostüm versehen, übernimmt die Aufgabe. «Sie verbrauchen sicher viel Stoff für ihre Kleider», wundert sich die Wunderfrau, als sie der zeittypischen Mode ansichtig wird. Da sie über keinerlei Barmittel verfügt, zeigt sie ihre Tricks im Varieté, mischt sich aber auch nachhaltig in den Zweiten Weltkrieg ein.

USA 1975, Farbe, 90 Min.

Buch: Stanley Ralph Ross **Regie:** Leonard J. Horn **Mit:** Lynda Carter *(Wonder Woman/Diana Prince)*, Lyle Waggoner *(Maj. Steve Trevor)*, Stella Stevens *(Marcia)*, John Randolph *(Gen. Blankenship)*, Red Buttons *(Ashley Norman)*, Cloris Leachman *(Königin Hippolyte)*, Eric Braeden *(Kapitän Drangel)*.

Gut zu wissen:

Eric Braeden wurde 1939 in Kiel geboren und war unter seinem bürgerlichen Namen Hans Gudegast bereits in den 60ern ein vielbeschäftigter Fernsehschauspieler. Zum Star wurde er mit der Rolle des Victor Newman in der *daytime soap* «Schatten der Leidenschaft» («Young and Restless»).

Starke Töne:

«Jede Zivilisation, die Frauen mißachtet, ist dem Untergang geweiht.» WONDER WOMAN

Die Wurmfresser The Worm Eaters

Hermann Umgar zieht die Gesellschaft stillen Gewürms derjenigen lärmender Menschen vor. Als Einsiedler lebt er in den Wäldern am Ufer eines Sees. Die Idylle jedoch ist bedroht, als Bürgermeister Melnick dort eine Feriensiedlung errichten will. Dies zu unterbinden, hetzt Umgar seine Ringeltierchen auf die Ernteeinfuhr des Ortes, um die Stadtkasse zu ruinieren. Der Plan mißlingt. Enragiert rückt Umgar aus und plaziert seine Schleimer nun in Spaghetti, Hamburgern und sonstwo, auch mit dem Ziel, Weibchen für drei Wurmwesen zu erschaffen, die ihm Unterstützung zugesichert haben, sofern er ihnen passende Lebensgefährtinnen heranzieht. Und das Verschlucken eines seiner Würmer genügt, die Verwandlung in Gang zu setzen.

USA 1977, Farbe, 94 Min.

Buch und **Regie:** Herb Robins **Mit:** Herb Robins *(Herman Umgar)*, Barry Hostetler, Lindsay Armstrong Black, Joseph Sackett, Robert Garrison, Mike Garrison, Muriel Cooper.

X-Tro – Nicht alle Außerirdischen sind freundlich
X-Tro

Es hat den Anschein, als hinterlasse Harry Bromley Davenport einen «X-Tro»-Film, wo immer er sich gerade aufhält. Nr. 1 entstand in England, die durch nichts gerechtfertigte Fortsetzung in Kanada, und zu guter Letzt meldete sich Davenport aus den USA mit der Aufforderung «X-TRO³ – Watch the Sky». Ein thematischer Zusammenhang der drei Filme ist schwer auszumachen. In Teil 1 verschwindet Philip Sayer unversehens und wird drei Jahre später in voller Lebensgröße als Sohn eines außerirdischen Erdbesuchers wiedergeboren. Teil 2 entführt die Betrachter und ein paar Forschungsreisende in die vierte Dimension, was weder den einen noch den anderen zum Vorteil gereicht. Im Schlußfilm der Trilogie entdecken einige Soldaten auf einer von Menschen und allen guten Geistern verlassenen Insel Ungeheuerliches.

Großbritannien 1982, Farbe, 89 Min. **Buch:** Robert Smith, Iain Cassie, Jo Ann Kaplan **Regie:** Harry Bromley Davenport **Mit:** Bernice Stegers *(Rachel Phillips)*, Philip Sayer *(Sam Phillips)*, Simon Nash *(Tony Phillips)*, Danny Brainin *(Joe Daniels)*, Maryam D'Abo *(Analise)*, David Cardy *(Michael)*, Peter Mandell *(Clown)*, Anna Wing *(Miss Goodman)*.

Die Zärtlichkeit der Wölfe

Der bereits mehrfach vorbestrafte Metzger Fritz Haarmann wird einmal mehr auf frischer Tat ertappt, aber nicht der Gerichtsbarkeit zugeführt, sondern von der Polizei zu Spitzeldiensten erpreßt. Haarmann gibt sich fortan als ‹Kriminaler›. Er patrouilliert im Bahnhofsviertel, kontrolliert Ausweise und nutzt seine Stellung, um junge Männer in seine Mansarde zu locken. Einige von ihnen tötet er, zerlegt sie fachgerecht und verteilt das Fleisch unter Bekannten. Seine Affären und Morde trösten ihn indes nicht über die vergebliche Liebe zu Grans hinweg, der mit Haarmann auf Gaunertour geht, sich ansonsten aber lieber seinen Prostituierten widmet. Die Polizei läßt Haarmann lange gewähren. Erst als ein Besatzungsoffizier Fahndungsergebnisse fordert, schickt man einen Lockvogel aus, um den ‹Werwolf von Hannover› zu fassen.

BRD 1973, Farbe, 95 Min. **Buch** und **Ausstattung:** Kurt Raab **Regie:** Ulli Lommel **Mit:** Kurt Raab *(Fritz Haarmann)*, Jeff Roden *(Grans)*, Margit Carstensen *(Frau Lindner)*, Ingrid Caven *(Dora)*, Wolfgang Schenck *(Kommissar Braun)*, Brigitte Mira *(Frau Engel)*, Rainer W. Fassbinder *(Wittowski)*, Heinrich Giskes *(Lungis)*, Christoph Eichhorn, Rosel Zech, Irm Hermann, Jürgen Prochnow, Tana Schanzara, Peter Chatel.

Gut zu wissen:
Rainer Werner Fassbinder übernahm die Produktionsleitung und arbeitete am Schnitt mit.

Zeiram

Solche Filmtitel lobt man sich, denn da weiß man, was man kriegt. Einen japanischen Science-fiction-Film nämlich mit einer nichtirdischen, aber trotzdem bildschönen Kopfgeldjägerin, die mit ihrem Chipskopf auf der Erde landet, diese vor den Machenschaften eines bösartigen Androiden zu bewahren, wobei ihr allerdings zwei tölpelhafte Elektriker fortwährend im Wege herumstehen.

Japan 1991, Farbe, 93 Min. **Buch:** Keita Amemiya, Hajime Matsumoto **Regie:** Keita Amemiya **Mit:** Mizuho Yoshida *(Zeiram)*, Yuko Moriyama *(Iria)*, Yukijiro Hotaru *(Kamiya)*, Kunihiko Ida *(Teppei)*.

Zoltan, Draculas Bluthund

Zoltan, Draculas Bluthund
Dracula's Dog

Als ihn einmal der kleine Hunger überfiel, verbiß sich der alte Lutschmolch Dracula in einen Pinscher, weil gerade keine der ansonsten bevorzugten jungen Damen greifbar war. Der Hund wird also blutabhängig. Jahre später erwacht das Tier durch eine Sprengung zu neuem Leben und reist in Begleitung von Draculas Lakaien Veith in die USA, wo ein Nachfahre seines Herrchens leben soll. Der findet sich auch, hat aber als braver Familienvater mit Wohnmobil nur entfernte Ähnlichkeit mit seinem berühmten Vorfahren.

USA 1977, Farbe, 85 Min.

Buch: Frank Ray Perilli **Regie:** Albert Band (auch Koproduktion) **Mit:** Michael Pataki *(Graf Dracula/Michael Drake)*, José Ferrer *(Insp. Branco)*, Jan Shutan *(Marla Drake)*, Libbie Chase *(Linda Drake)*, John Levin *(Steve Drake)*, Reggie Nalder *(Veit Smith)*.

Zombie High Zombie High / The School That Ate My Brain

Virginia Madsen und Sherilyn Fenn gehören zum ersten gemischten Jahrgang eines vormaligen Knabeninternats. Madsens daheim gebliebener Freund informiert sie über die dunkle Vergangenheit der Lehranstalt, doch sie weist die Vorträge zurück und widmet sich lieber dem Flirt mit ihrem jungen Biologielehrer. Der hat, wie alle Pädagogen an dieser Schule, Dreck am Stecken, und der Wechsel zur subjektiven Kamera verheißt nichts Gutes: Die Schüler werden per Operation zu willfährigen Marionetten gemacht, während die Lehrer mit der entnommenen Hirnmasse ihr Leben verlängern. Unsere Heldin mag da nicht mittun, aber der Dorfsheriff ist auch Absolvent der Schule, und so liegt es allein bei ihr, dem Treiben Einhalt zu gebieten.

USA 1988, Farbe, 87 Min. **Buch:** Tim Doyle, Aziz Ghazal, Elizabeth Passarelli **Regie:** Ron Link **Mit:** Virginia Madsen *(Andrea)*, Sherilyn Fenn *(Suzi)*, Richard Cox *(Philo)*, Kay Kuter *(Dean Eisner)*, James Wilder *(Barry)*, Paul Feig *(Emerson)*, Scott Coffey *(Feiner)*, Paul Williams *(Ignatius)*, Henry Sutton *(Bell)*.

Starke Töne:

«Wenn reiche Leute andere reiche Leute heiraten, dann kriegen sie schwachsinnigen Nachwuchs.»
PAUL EMERSON

Ein Zombie hing am Glockenseil La paura nella citta dei morti viventi / City of the Living Dead / The Gates of Hell / The Fear / Fear in the City of the Living Dead / Twilight of the Dead

Lucio Fulci verzichtet auf eine herkömmliche Handlung und Charakterentwicklung und konzentriert sich in seiner Szenenabfolge völlig auf die Schaffung einer unwirklichen Atmosphäre. Der Rahmen: Ein Priester erhängt sich – unerheblich, ob mit einem Glockenseil oder einem Galgenstrick –, kehrt aber aus dem Jenseits zurück. Das Medium Mary sieht ihn kommen und auch die gräßlichen Zombies, die er zu dirigieren versteht. Mary fällt in eine Schrekkensstarre und wird für tot gehalten. Der Journalist Peter kann sie noch rechtzeitig aus dem bereits geschaufelten Grab befreien und begibt sich mit ihr in die alte Hexensiedlung Dunwich, vormals Salem, wo sich das Unheil zusammenbraut und Pater Thomas wie auch seine wurmzerfressenen Freunde Dinge anstellen, die beim Betrachter eine stabile Gemütslage voraussetzen.

Italien 1980, Farbe, 83 Min. **Buch:** Lucio Fulci, Dardana Sarchetti **Regie:** Lucio Fulci, Christopher George *(Peter Bell)*, Catriona McColl *(Mary Woodhouse)*, Carlo de Mejo *(Larry)*, Janet Agren *(Sandra)*, Daniela Doria *(Rose Kelvin)*, Antonella Interlenghi *(Emily Robbins)*, Giovanni Lombardo Radice *(Bob)*, Michele Soavi *(Tommy Fisher)*.

Alternativtitel:

«Ein Toter hing am Glockenseil»

Zum Freiwild erklärt Folle a tuer

Julie war fünf Jahre in einer geschlossenen Anstalt, weil sie an Verfolgungswahn litt und an einer krankhaften Angst vor Waffen und Uniformen. Der Gönner dieser Klinik, Chef eines großen französischen Konzerns, verschafft ihr Beschäftigung als Kindermädchen seines Neffen. Er verfolgt damit einen verbrecherischen Plan, was Julie allerdings erst durchschaut, als sie und ihr kleiner Schützling gekidnappt werden. Sie vermag zu fliehen, aber ein psychopathischer Killer bleibt ihr auf den Fersen.

Frankreich/Italien 1975, Farbe, 97 Min. **Buch** und **Regie:** Yves Boisset **Mit:** Marlène Jobert *(Julie)*, Tomas Milian *(Thompson)*, Michel Lonsdale *(Mostri)*, Jean Bouise *(Kommissar)*, Victor Lanoux *(George)*, Michel Peyrelon *(Walter)*.

2 Tage in L. A. 2 Days in the Valley

Man möchte ja gar nicht glauben, daß diese wie im Vorbeigehen vorgestellten Sonderlinge jemals miteinander zu tun bekommen könnten: der kaltblütige Killer und die gebeutelte Athletin, der verbitterte Sittenpolizist und der neureiche Choleriker mit der verhuschten Assistentin. Der abgehalfterte schwere Junge mit der panischen Angst vor Hunden und der gescheiterte Regisseur, die Altenpflegerin und die schwedische Blondine ... Aber John Herzfeld bringt sie alle mit ausnehmendem Geschick zusammen, verfolgt die verschiedenen Lebenswege bis zur großen Kreuzung, in einer Geschichte über Mord, Betrug und Neubeginn. Die Musik wird bestimmt vom Soul der 60er Jahre. Und das paßt.

USA 1996, Farbe, 107 Min. **Buch** und **Regie:** John Herzfeld **Mit:** Danny Aiello *(Dosmo Pizzo)*, Teri Hatcher *(Becky Foxx)*, Eric Stoltz *(Wes Taylor)*, Jeff Daniels *(Alvin Strayer)*, James Spader *(Lee Woods)*, Glenne Headley *(Susan Parish)*, Paul Mazursky *(Teddy Peppers)*, Charlize Theron *(Helga)*, Greg Cruttwell *(Allan)*, Keith Carradine *(Det. Creighton)*, Marsha Mason *(Audrey Hopper)*, Kathleen Luong *(Midori)*, Peter Horton, Austin Pendleton, Louise Fletcher.

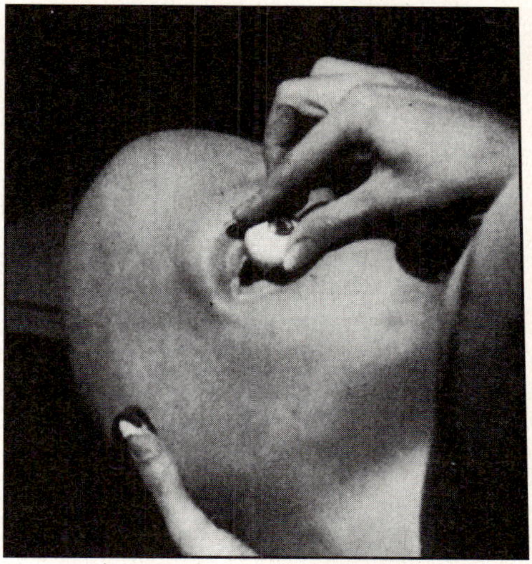

2071 – Mutan-Bestien gegen Roboter

Starke Töne:
«Den neugierigen Spatz holt die Katz.» LEE WOODS

2071 – Mutan-Bestien gegen Roboter The Time Travellers

Eine Forschergruppe tüftelt an einer Zeitreiseapparatur und findet zufällig den Weg ins Jahr 2071. Erfreuliches bekommen sie nicht zu sehen: Nach einer Atomkatastrophe beherrschen bösartige Mutanten die Erdoberfläche, während einige verbliebene Wissenschaftler unter der Erde hausen und die Flucht per Raumschiff planen. Die alten 64er sind an all dem sehr interessiert, geraten aber auch in die Kämpfe und ziehen sich in die Vergangenheit zurück. Doch die funktioniert inzwischen nicht mehr so wie zum Zeitpunkt ihrer Abreise.

USA 1964, Farbe, 85 Min. **Buch** und **Regie:** Ib Melchior **Mit:** Preston Foster *(Dr. Erik von Steiner)*, Philip Carey *(Steve Connors)*, Merry Anders *(Carol White)*, John Hoyt *(Varno)*, Dolores Wells *(Reena)*.

Literatur

CHAS. BALUN: The Deep Red Horror Handbook. New York 1989
MANFRED BARTHEL: So war es wirklich. Der deutsche Nachkriegsfilm. München / Berlin 1986
ANDREAS BERTLER, HARRY LIEBER (Hg.): Hölle auf Erden. München 1997
DONALD BOGLE: Brown Sugar. Eighty Years of America's Black Female Superstars. New York 1980
DERS.: Blacks in American Films and Television. New York 1989
DERS.: Toms, Coons, Mulattoes, Mammies, & Bucks. New York 1991
DOUGLAS BRODE: Lost Films of the Fifties. Secaucus 1988
BEVERLEY BARE BUEHRER: Japanese Films. Chicago / London 1990
JÖRG BUTTGEREIT u. a.: Monster aus Japan greifen an. München 1998
FREDRIC DANNEN, BARRY LONG: Hong Kong Babylon. London 1997
ROGER EBERT: Roger Ebert's Video Companion, 1996 Edition. Kansas City 1995
DEREK ELLEY (Ed.): Variety Movie Guide '96. London 1995
WELCH EVERMAN: Cult Science Fiction Films. New York 1995
Film-Jahrbuch. München (jährl.)
Fischer Film Almanach. Frankfurt / M. (jährl.)
ROLF GIESEN: Kino, wie es keiner mag. München 1984
DERS.: Lexikon des phantastischen Films. 2 Bde. Frankfurt / M. 1984
DENIS GIFFORD: A Pictorial History of Horror Movies. London 1983
DON GRAHAM: Cowboys and Cadillacs. How Hollywood Looks at Texas. Austin 1983
RONALD M. HAHN: Das Heyne Lexikon des erotischen Films. München 1993
RONALD M. HAHN, VOLKER JANSEN: Lexikon des Horrorfilms. München 1989
DIES.: Lexikon des Science Fiction Films. München 1997
STEFAN HAMMOND, MIKE WILKINS: Sex und Zen und eine Kugel in den Kopf. München 1999
PHIL HARDY (Ed.): Science Fiction. The Aurum Film Encyclopedia. London 1991
DERS. (Ed.): Horror. The Aurum Film Encyclopedia. London 1996
ADOLF HEINZLMEIER, BERNDT SCHULZ: Lexikon Filme im Fernsehen. Hamburg 1990
JOE und BENJAMIN HEMBUS: Das Western-Lexikon. München 1995
EPHRAIM KATZ: The Film Encyclopedia. New York 1994
CHRISTIAN KESSLER: Das wilde Auge. Meitingen 1997
KIM (Hg.): Lexikon des internationalen Films. 1999/2000. CD-Rom
STEPHEN KING: Danse Macabre. München 1981
KLAUS KINSKI: Ich brauche Liebe. München 1991

OTTO KUHN: Der Eastern Film. Ebersberg 1983
BEY LOGAN: Hong Kong Action Cinema. London 1995
LEONARD MALTIN (Ed.): Maltin's Movie & Video Guide. New York 1998
DIRK MANTHEY, JÖRG ALTENDORF, WILLY LODERHOSE (Hg.): Das große TV Spielfilm Filmlexikon. Hamburg, o. J.
EDWARD MARGULIES, STEPHEN REBELLO: Bad Movies We Love. New York 1993
ALVIN H. MARILL: Movies Made For Television. New York 1987
MICK MARTIN, MARSHA PORTER (Hg.): Video Movie Guide 1998. New York 1997
HARRY und MICHAEL MEDVED: The Golden Turkey Awards. New York 1980
RICHARD MEYERS: For One Week Only. Piscataway 1983
RICHARD MEYERS, AMY HARLIB, BILL and KAREN PALMER: From Bruce Lee to the Ninjas. Secaucus 1985
DON MILLER: B Movies. New York 1988
MARILYN D. MINTZ: The Martial Arts Films. Rutland / Tokyo 1983
MASSIMO MOSCATI: Comics und Film. Frankfurt / M. 1988
GARY NULL: Black Hollywood. Secaucus 1975
JAMES ROBERT PARISH, GEORGE H. HILL: Black Action Films. Jefferson, N.C., 1989
DANNY PEARY: Cult Movie Stars. New York 1991
LEO PHELIX, ROLF THISSEN: Pioniere und Prominente des modernen Sexfilms. München 1983
DAVID QUINLAN: Wicked Women of the Screen. London 1987
SIMON ROSE: The Essential Film Guide. Glasgow 1993
RALPH SANDER: Die Star Trek Biographien. München 1995
PHILIPPE SETBON: Klaus Kinski. München 1992
DON SIEGEL: A Siegel Film. An Autobiography. London 1993
MEL TOBIAS: Memoirs of an Asian Moviegoer. Hongkong 1982
CATHAL TOHILL, PETE TOMBS: Immoral Tales. London 1995
FRANK TREBBIN: Die Angst sitzt neben dir. CD-Rom-Gesamtausgabe
RALPH UMARD: Film ohne Grenzen. Das neue Hongkong Kino. Lappersdorf 1996
V. VALE, ANDREA JUNO (Ed.): Incredibly Strange Films. San Francisco 1986
Video Hound's Complete Guide to Cult Flicks and Trash Pics. Detroit 1996
JAMES VINSON (Ed.): Actors & Actresses. London 1988
JOHN WALKER (Ed.): Halliwell's Filmguide, 11th Edition. London 1995
DERS. (Ed.): Halliwell's Filmgoers Companion, 12th Edition. London 1997
MICHAEL WELDON: The Psychotronic Encyclopedia of Film. London 1989
DERS.: The Psychotronic Video Guide. New York 1996
MARK WILLIAMS: Road Movies. New York 1982

Titelregister

B

D

E

F

G

H

I

J

K

L

M

N

O

P

Q

R

S

T

U

V

W

X

Y

Z

Abspann

WRITTEN, CONCEIVED, DIRECTED BY:
Harald Keller

SCRIPT SUPERVISOR:
Ariane Schulz

SCRIPT CONSULTANT: Dirk Otte-Lübbert
ASSISTANT CONSULTANT: Kim Kruse

CONTINUITY:
Solveig Westphalen

STOCK FOOTAGE:
Alexander Dai Pra

ADDITIONAL RECORDINGS:
Steffi Kuper

TRANSPORTATION CAPTAIN:
Tobias Sunderdiek

BRUCE CAMPBELL LIAISON:
Eva Bauche-Eppers

DIRECTOR OF PHOTOGRAPHY:
Dieter Bertz

PRODUCTION DESIGN:
Birgit Meyer

PRODUCED BY:
Dr. Ludwig Moos